U052034

万物

战争

从类人猿到机器人，文明的冲突和演变

［美］伊恩·莫里斯 著
（Ian Morris）

栾力夫 译

WAR! WHAT IS IT GOOD FOR?
Conflict and the Progress of Civilization from Primates to Robots

中信出版集团｜北京

图书在版编目（CIP）数据

战争 /（美）伊恩·莫里斯著；栾力夫译 . -- 北京：
中信出版社，2024.5
书名原文：War! What Is It Good For?
ISBN 978-7-5217-6175-7

Ⅰ. ①战… Ⅱ. ①伊… ②栾… Ⅲ. ①世界史 – 研究
Ⅳ. ① K107

中国国家版本馆 CIP 数据核字（2023）第 225977 号

WAR! What is it Good For? by Ian Morris
Copyright © 2013 by Princeton University Press
Simplified Chinese translation copyright © 2024 by CITIC Press Corporation
Published by arrangement with the author through Sandra Dijkstra Literary Agency, Inc. in association with
Bardon-Chinese Media Agency
ALL RIGHTS RESERVED
本书仅限中国大陆地区发行销售

战争

著者：　　[美]伊恩·莫里斯
译者：　　栾力夫
出版发行：中信出版集团股份有限公司
　　　　　（北京市朝阳区东三环北路 27 号嘉铭中心　邮编　100020）
承印者：　河北鹏润印刷有限公司

开本：880mm×1230mm 1/32　印张：18.25　　字数：523 千字
版次：2024 年 5 月第 1 版　　　印次：2024 年 5 月第 1 次印刷
京权图字：01-2013-7148　　　　书号：ISBN 978-7-5217-6175-7
审图号：GS（2024）0658 号（本书地图系原书插附地图）
定价：108.00 元

版权所有·侵权必究
如有印刷、装订问题，本公司负责调换。
服务热线：400-600-8099
投稿邮箱：author@citicpub.com

The farther you can look into the past, the better you can see into the future.

— Ian Morris

总序　人类历史发展的两大主线

葛剑雄

复旦大学文科特聘资深教授

由中信出版集团出版的伊恩·莫里斯教授的系列著作，包括《西方将主宰多久》《文明的度量》《战争》《历史的偏见》《地理即命运》《希腊人》六本。我受邀为该系列图书作总序。

翻阅这些书，我发现其时间跨度从一万年前直至 2103 年，空间跨度几乎遍及全球，涉及人文、科学、自然、社会各领域，覆盖大多数学科，各方面都远远超出了我的研究范围和认知能力。尽管如此，直觉告诉我，作者的研究和论述抓住了人类历史发展的两条主线，相当深刻又非常形象地揭示了人类文明的发展规律。

人类处于地球表层极其复杂多样的环境中，人类历史的发展是各种因素综合作用的结果。但从人类诞生至今，一直到可以预见的未来，始终贯穿着两条主线：一是人类与自然的互动和协调，即人类不自觉地或自觉地适应地理环境；二是人类不断克服自身的生物性、兽性，形成人性，并逐步确立人类共同的精神标准和价值观念。

人类诞生于非洲，在此后相当长的阶段内都不具备生产能力，只能靠采集和狩猎为生。尽管自然界的野生植物、动物丰富多样，但可供史前人类觅食并用于维生的种类和数量还是有限的。特别是在同一个空间范围内,因此史前人类会本能地扩大采集和狩猎的范围,且一旦在新的区域内生存下来,就不再返回。总有些史前人类比同伴有更强的好奇心,他们会在食物并未采尽时就迁入新的区域,这些人或许会因为采集和狩猎所得不足以维生而灭绝,或许就此完成了一次迁徙。

人类就这样走出了非洲,并最终走到地球上大多数适合人类生存的地方。但这一过程极其漫长,而且最终能走到新的定居地的人或许只是少数。那时的人类由于完全不了解外界的环境,再次向外走的时候往往没有选择的余地,只能一次次地试错,其中的无数支迁徙人群会以灭绝告终。有幸迁入一些自然条件相对优越地方的人,则获得了更好的繁衍条件,并逐渐创造出文明。

孕育了早期文明的地方,如肥沃新月地带、爱琴海周边、希腊沿海平原、地中海中的岛屿、尼罗河三角洲、黄河中下游地区等,都具有较好的自然条件。地球上可能被人类驯化为粮食作物的20余个品种,大多数生长在地中海式气候带。环地中海地带的人类最早驯化了小麦、豌豆、橄榄等优质作物,生产出充足的食物,为人口聚集和阶层分化提供了稳定的物质基础。又如黄河中下游地区是黄土高原和黄土冲积形成的平原,土壤疏松,原始植被易于清除,五六千年前气候温暖,降水充足,形成大面积的农田,文明曙光在这一带发展成华夏文明的核心绝非偶然。

因各种原因而迁入自然条件较差地区的人群,不得不选择游牧、狩猎、饲养、采集等生产方式,一般难以形成充足而稳定的食物供应,人口数量有限且分散,阶层分化出现得较晚,且层次简单,以至长期无法形成城市或行政中心。等到他们演化到足以改变生产方式,或有能力发展定居型农业时,近处的宜农地域早已被其他人群占有。在从事不同产业的人群交错分布的地区,由于农耕人群具有更强的生产和生存能力,采用其他生产方式的人群往往会被压缩到自然条件更差的空间,他们或者被迫外迁,或者被并入农耕人群。例如先秦时在黄河中下游地区还有不少以牧业为主的戎、狄部族,到公元前221年秦始皇统一六国，在长城以内已不存在聚居的牧业部族。

在总生产力相对较低而管理成本相对较高的条件下，统治阶层要维持自己的权力、地位和利益，必定会采用专制的办法，早期的政治实体、酋邦、国家基本采用专制政治体制，并先后转为世袭制。但由于地理环境不同，每个地区的专制集权程度不一，统一的范围也各异。如中华文明形成于黄河中下游地区，以黄土高原和黄土冲积平原为基础，这些基本属于宜农地区，面积大，中间没有明显的地理障碍，便于统治管理，行政成本低，很早就产生了大一统的观念和理论，并在公元前221年由秦始皇首先实现，建立了中央集权的专制政治体制，延续到20世纪初的清朝末年。但在希腊半岛，由于仅在沿海地区有狭窄的平原，其他都是山岭、峡谷、山地，交通不便，对异地的统治管理行政成本太高，因此形成了一个个独立的城邦，整个半岛从来没有出现如秦朝那样的中央集权专制政权，即使是在国力最强盛时，也只是主要城邦间的松散联合。上埃及与下埃及之间也只是联合，而不是中国式的中央集权。波斯帝国、亚历山大帝国、罗马帝国、拜占庭帝国、奥斯曼帝国，没有一个产生过"大一统"思想和理论，没有一个建立过真正意义上的中央集权政权。

游牧部族一般只能生产出勉强维持生存的食物，一旦出现不利的气候条件，往往只能选择迁徙。由于他们掌握的地理信息有限，迁徙大多是盲目的，因此其中一部分会以部族的灭绝或被其他部族吞并而告终。在迁徙遇到人为阻力时，他们别无选择，只能以武力对抗，结果可能获得依靠生产无法获得的食物、其他生活物资和财富。这无疑会诱发他们本来就难免的贪欲、野心和兽性，转而以掠夺、杀戮为手段获取更有利的生存条件。在耕地不足、气候不利或遭遇天灾人祸时，农业部族也不得不部分或全部迁徙。他们的最终命运取决于能否获得足够的土地和包括人文、自然两方面资源的基本生存条件。

而像古代中国这样拥有辽阔的疆域和足够的农田、能够生产出足够的食物和其他生活物资供养其人口的国家，在不利的气候条件或异常灾害面前，具有充分的回旋余地，通过内部的人口迁移和资源配置就能解决，如人口从北方迁往南方，从平原进入谷地、山区，由黄河流域转移到长江流域，开发尚未开发的区域。所以，从西汉至明朝，统治者尽管拥有足够的军事控制能力，却始终没有在蒙古高原、青藏高原和东北地区设立正式的郡县（州县）制度。开疆拓土或坚守边界，更多的是出于国家安全的考虑，或者是反击入侵的结果。对于新获得的疆土，统治者仅实施军事监护和象征性的行政管理，一旦国力衰退或鞭长莫及，就会轻易放弃。

有人将不同群体、不同民族、不同国家、不同文明之间的差异和特点归因于血统、基因，甚至认为存在优劣之分。但遗传学研究已经证明，人类出自同一个祖先、同一种基因，今天的不同人种、不同遗传基因是同一祖先的后裔散布到地球各地后长期演变的结果。而导致这些演变发生的主要原因，是各地不同的地理环境，而不是当初已经存在遗传基因的差异。

随着生产力的发展，特别是在工业化以后，一些人陶醉于科学技术的长足进步和物质财富的迅速增加，一度产生"人定胜天"的观念，提出征服自然的号召，造成某些资源的枯竭、某些物种的灭绝，并对局部区域的环境造成难以消除的污染和不可修复的破坏。殖民主义、帝国主义、垄断资本推波助澜，加剧环境恶化，引发社会危机。一方面，科学技术的发展达到空前的高度；另一方面，人类与自然的和谐共生共存也受到严峻的考验。

人类历史的另一条主线，是人类不断克服自身的生物性、兽性，并不断完善人性的过程。

在人类的祖先还在非洲以及走出非洲的过程中，绝大多数人都还只有生物性、兽性，与其他动物没有明显的区别。他们的发声、觅食、饮食、避热、御寒、集群、争斗、交配、生殖、育雏、病痛、死亡、迁徙等，与其他动物无异。与此同时，其中个别人或少数人，由于超常的生理发育，或脑功能的进化，或迄今我们还无法理解的原因，产生或强化了好奇心、羞辱感、舒适感、荣耀感、判断力、思维力、表达力、感染力、想象力、模仿力，并且不断克服自身的生物性和兽性。但多数人并不具备他们这样的能力，而且不认同他们的行为方式和表达出来的感情，视他们为异类，甚至加以驱逐或杀害。但其中有的人依靠自己的体力和智力，成为部落的首领，通过暴力强制或劝导示范，使部落成员接受他的生活方式、是非标准、行为规范，增强了部落成员的人性。这一过程是漫长的、曲折的、反复的，但最终结果是，一些部落形成了比较共同的人性，结为更大的部落联盟或部族，进而形成酋邦、政治实体和早期国家。

早期人类在面对变幻莫测又威力无穷的自然界和无法对抗的敌对群体时，无不寄希望于神灵、祖先，产生广泛的多神崇拜，形成越来越隆重丰盛的祭祀。由于所崇拜和祈求的是拟人化的神灵，所以他们就按自己的标准和理想来准备祭祀用品和殉葬品——动物、植物、鲜血、器官、心脏、头颅、奴隶、俘虏、美女、异人等和各种珍贵的物品。中国秦汉时的观念是"事死如生"，所以皇帝的陪葬品应包括他生前所需要的一切。随着人类自身的物质需求、审美标准和价值观念的变化，食物、鲜花和精心制作的祭祀器物才逐渐出现，伴随以音乐、舞蹈和隆重的仪式，殉葬品也逐渐改为俑、器物、模型、图画和象征性器物。

由于种种原因，包括迄今我们还不能了解的原因，特定区域（一种说法是在亚美尼亚一带）的人类产生了语言，随着人口的迁徙而产生不同语系的分支和更多不同的语言。有了语言，杰出的、先知先觉的人，无论是对部落的其他成员强制推行人性还是教化感化，都有了更有效的手段。一万年以来，地球上先后产生了不同的文字。文字的使用和传播，使人类的思想和精神生活得到记录和推广，也使人的生活方式、行为规范、好恶程度、是非标准、价值观念等得到准确的记录和表达，又通过家庭、家族的权威和政权的权力，形成规则、惯例、法令、制度、法律等。

统治者和统治阶层拥有丰厚的物质条件和强大的行政权力，可以有效地推行他们所认可的人性，尽管他们自己未必真正践行。一方面，他们可以通过家庭、学校、社会等各种途径对民众进行教化；另一方面，他们也会用规则、法律限制乃至严刑峻法加以强化、强制。在宗教盛行后，统治者还会借助于宗教。只要他们想推行的"人性"得到宗教信仰的肯定，被列入信仰的范围，或被解释为信仰的表现，统治者不需要付出任何行政成本，就能获得最大的效益，但统治者实际推行的"非人性"，也在这种政教合一的条件下被推向极致。

虽然宗教是创造人本身的人性的理想化、完美化和神秘化的产物，但一旦形成宗教信仰，信众就丧失了本来的人性，而必须完全接受神、上帝或主赐予的"人性"，方能弥补自己与生俱来的罪愆。宗教领袖、神职人员假神的名义，或者依照他们自己对神谕的理解，推行他们的"人性"。任何宗教信仰本质上都是排他的，在形成世俗的世界秩序和国际条约之前，宗教之间不可避免地存在难以调和的冲突，引发持久的、激烈的宗教战争。政教合一、宗教战争，曾经使欧洲相关宗教信仰地区经历了人类历史上最黑暗的时代。所以现代社会必须实行政教分离，在保证宗教信仰的同时，也要求宗教不干预政治、教育、科学和学术。

在生存资源有限、人类的生存能力不可能及时提升的条件下，群体之间为争夺生存资源引发的斗争和战争不可避免，无论胜负，都可能激发人固有的生物性、兽性，使有些个体或群体以掠夺、侵略代替生产，甚至以杀戮为乐趣。一旦兽性强的人掌握了权力，或者成了大群体的首领，更会不顾后果地持续发动战争。另外，人性的张扬也使有些个体或群体以正义的战争守卫自己的财物，维护自己的权益，以战止战。当拥有足够的实力时，他们还会用人性规范战争，并感化或强制对手遵守这些规则。如中国春秋时代的宋襄公，在敌强我弱的情况下还坚持不攻击正在渡河、未布好阵势的敌军和头发斑白的老年人，在兵败身伤时仍然坚持。在古希腊、古罗马时代，一些决斗、战争的规范初步形成；而在中世纪后，欧洲也逐渐产生规范战争行为、战场救护、善待战俘、保护平民的国际条约。

生产力和科学技术的进步，武器和战争手段的发展，人口的增加，使掌握国家权力的战争狂人具有无限的杀伤力，其兽性的膨胀会给全人类带来浩劫。但人性也凝聚着另一些人类群体、民族、国家，为了自己的利益、尊严、独立、自由、民主进行并坚持正义的战争。在二战中，大多数国家和人民结成同盟，打败了侵略者，消灭了法西斯，建立了联合国，确立了国际关系的准则，制定了相关的国际法。但时至今日，一些人的兽性依然得不到抑制，膨胀为侵略、掠夺、反人类行为、恐怖活动，并因拥有最先进的武器和战争手段给全人类带来巨大的灾难。

人类的精神活动对物质条件的依赖性很低。一位天才、一位杰出人物，只要他（或她）尚未进入脑死亡状态，就能运用思维，就能保持和提升人性，就能创造精神财富。当然，这一切只有被记录、被传播，才具有社会意义和实际意义。所以人类的精神境界、人性的高度，并不一定随着时间的推移和物质基础的改善而同步提升。某位天才、杰出人物曾经创造的精神境界、达到的人性高度和纯度，或许永远不可能被复制和超越。

任何一种人类文明，作为某一特定的群体在特定的时间和空间范围内创造的物质财富和精神财富的总和，其形成和发展、兴盛和衰落，离不开基本的物质条件。但在群体摆脱了物资匮乏状态，特别是进入富裕社会后，文明的命运在很大程度上就取决于精神财富，取决于人性。人类的未来、人类命运共同体的精神基础，就是中国共产党提出和倡导的全人类价值共识，即"和平、发展、公平、正义、民主、自由的全人类共同价值"，这是全人类人性的升华和结晶。

由于主观和客观条件的局限，作者没有涉及这两条主线的全部，在涉及的部分也未必都能做出圆满的阐述，但这套书的贡献已足以奠定作者里程碑式的地位。我谨将这套书介绍给各位读者。

推荐序　对战争的长程观察

何怀宏

郑州大学哲学学院特聘首席教授

我很高兴伊恩·莫里斯教授的又一部著作《战争》出版,他此前的其他作品《西方将主宰多久》《文明的度量》《历史的偏见》都引起了相当广泛的关注。一如既往,这本书也有许多引人入胜的材料和激发我们思想的观点,而其中最具挑战性的观点,也是这本书的中心思想是:从长程的观点看,战争是好的,常常是建设性的,同时他力图展示支持这一观点的理由和数据。

这一"长程"的观点是很"长"的,莫里斯强调他看战争不只是从近代 500 年的观点,也不是从人类有文字以来 5 000 年的观点,而是他在另外三本书中也采取了的、人类近 15 000 年来的历史观点,而且主要是从客观结果来看。他认为,人类经过一万多年的进化,终于摆脱了部落之间与个人之间频繁的互相残杀,人类的暴力死亡率即便在激烈动荡的 20 世纪,也比在石器时代下降了 90%。而战争在这一过程中起了莫大的作用。我们可从史料中清晰地得知,人类几千年来的战争,虽然有建设性的和反建设性的,但总体趋势是建设性的。

而战争之所以在总体上起了这种好的作用,莫里斯认为,是因为通过战争,人类创造出了更庞大、组织更完善的社会。这样的社会减少了社会成员死于暴力的风险。统治者采取措施维持和平,虽然不一定出于心中的善意,但即便在不经意间,这样的举措也达成了"创造更大、更和平的社会"这一目标。战争创造出更大规模的社会,这一社会由更强有力的政府统治,而这样的政府用强制力确保了和平,并为繁荣奠定了基础。简单地说就是,"战争塑造国家,国家缔造和平"。战争创造出强大的国家——利维坦,而利维坦让人们更安全、更富有。战争虽然在有些条件下可以走向建设性的反面,让更大、更富有、更安全的社会倒退回更小、更穷困、更暴力的社会,但从长期的总体趋势来看,战争使人类更安全、更富庶。

我们不难看到,作者还是在肯定生命和反对暴力的基础上赞扬战争的。他说战争是好的,恰恰是因为他认为战争从长远来说可能比和平还更有效地保障了生命。战争促进了大的政治社会的建构,而一种大的政治社会往往能够更有效地维护人们的生命财产安全。换言之,少数大战代替了频繁的小战,一次短暂的剧痛代替了持久的小痛,"坐寇"代替了"流寇",而前者比后者更能保护人们。作者并不美化国家及其统治者的"善意",但十分强调国家的"善果",强调国家相对无政府状态的优越性,甚至也强调大国相对小国的优越性。

的确,在莫里斯那里有一种清醒的现实主义,他对无政府状态的后果极其担心。他引用古罗马著名哲学家爱比克泰德的话,赞扬"罗马治下的和平",说罗马"为我们带来了伟大的和平,不再有战争、打斗、巨寇或是海盗;从日出到日落,任何时候我们都可以随意出行"。同此,他也赞扬曾经的英国乃至今天的美国作为"世界警察"在维护世界秩序与和平方面的作用。他最后的一个观点是:战争正在自我终结。他将21世纪上半叶和20世纪上半叶进行比较,认为未来的40年将是最危险的40年,正像德国曾经挑战英国的霸权,而事实上却是美国取代了英国的霸权一样,现在也有对美国霸权的挑战。而有些奇特甚至有点儿反现实主义的是,莫里斯最后把希望寄托在一种硅基生命的技术发展上,说传统的人的碳基智能和电子技术的硅基智能将合并为一个全球意识,其思维能力将让历史上出现过的一切相形见绌。他认为这种"技术治下的世界"如果及时地取代"美国治下的世界",世界就会有希望。万事万物的计算机化进程发展得越快,我们就越有可能在"世界警察"衰微而引发新的钢铁风暴之前实现从"美国治下的和平"到"技术治下的和平"的转变。但是,将希望寄托在一种技术成就上,期望政治的问题通过目前看来还相当渺茫的科技奇点得到解决,这是否也是一种比较奇特的乐观期望?

莫里斯为战争辩护的主要理由是:战争造就了强大的国家,创造了大规模的、组织完善的政治社会。但我们或许可以质疑。第一,国家,包括强大的国家是不是只能由战争造就?还有没有其他的、同等重要的甚至更重要的原因?第二,即便我们承认国家,尤其是强大国家主要是由战争推动造成的,那是不是也并非战争直接造成的,而是经过了人们对战争的反省,接受战争的教训而采取了防范战争的措施和建设维护持久和平的制度,包括推广反战的意识与观念,如此才造就了强大且长治久安的国家?这也就引出了第三点质疑,即国家,包括强大的国家也有多种形态,而我们究竟要哪种强大的国家?是要短期强大的国家,还是要可持续的强大国家?而可持续的强大国家是不是恰恰要优先考虑全民的安全与福祉,而不是把战争放在首位?而现代意义上可持续的强大国家是否恰恰要通过反战、威权、法治和宪政建设?人类是否应当主要通过"数人头"而非"杀人头"取得进步和发展?第四,在今天的核武器时代,战争是否还能推动造就强大的国家?大国、强国之间的战争,是不是更有可能造成同归于尽甚至人类灭亡的结局?

也就是说,我们可能很难赞同一种在战争与国家之间的单因论和直接论的观点。我们可以看到上万年来人类社会暴力事件的减少,但即便这一减少的趋势的确存在,也不是直线型的,不是由单一因素促成的;而在战争因素对这一趋势的影响方面,看来也更多的是因为反省和吸取战争的教训而出现的制度与观念的努力起了作用，而不是战争直接起了作用。

这里还有一个重要的问题是，当我们在事后谈论一场战争或一系列战争所带来的客观上的好结果的时候，我们是否也将这作为日后事先选择战争的理由（自然只能是一种结果论的理由）？事后评价和事先选择是有区别的，而莫里斯似乎没有清晰地意识到这种区别。比如他谈到战争是地狱，但又说从长期来看，其他选择可能更糟糕。他甚至直接批评丘吉尔的话"吵吵总比打打好"说，在古代历史的记载中，很难找到一个令人信服的例证，表明人们自愿组成一个更大的社会，而不是被实际或潜在的暴力逼迫就范。那么，这种对战争的事后评价会不会变成一种对战争的直接诉求？对只是某些战争所带来的建设性后果的分析，会不会变成对一般的战争的普遍肯定？而如果是的话，这种普遍肯定显然就容易变成一种选择战争的支持理由，或至少催化了这样一种态度：发生战争也没有什么大不了的，或许还更好。因而不畏惧激化走向战争的因素，甚至不畏惧发动战争，从而真的带来了大难。

我们从道德的角度判断战争，主要可以从三个方面观察：第一是战争本身作为行为与活动的性质，即战争的本性；第二是发动战争者乃至介入战争的各方的意图和动机，即所要达到的目标；第三是战争实际上促成的结果，这一结果可能会接近某一方的目标，但由于合力的作用，它绝不会完全满足任何一方的愿望，而且由于战争有暴力相搏的性质，它一定会带来大量生命财产的损失。即便有长期的好的结果，也还是一定有战争中所付出的生命财产的代价。而且正如莫里斯所承认的，还有一种完全是反建设性、纯粹破坏性的战争，不仅造成社会停滞，而且造成社会倒退很多年。

战争有哪些好处？除了作者所说到的，其实还可以补充一些。当然，这还是只能主要指战争的客观结果。除了一场大的统一战争结束了连年的、相持不下的混战，终于带来了强大的国家与其统治下的地区和平，甚至推进了世界和平，战争还可能推动科技的发展。由于双方在战争中集中了人力、物力，极力想战胜对方，从而带来了技术的突破，这种突破性成果常常可以从军用领域向民用领域转移，我们实际看到的许多科技发明最初都是在战时出现的。近代以来，战争还可能推动了社会平等，包括阶级、阶层和两性的平等，缓解了阶级冲突，或者松动了意识形态的禁锢，有时富人和穷人、地位高的人和地位低的人，乃至男人和女人来到了同一条战壕，站到了同一战线。战争甚至还引发了一些不无好处的革命，一些和平时期不易解决的沉疴终于得到了解决。战争还可能刺激经济，从长远来说提高了人们的物质生活水平，同时核武器的威慑也遏制了核大国之间的战争。战争对精神和道德也不无起到锤炼作用，人在和平时期很难战胜的困难，在战时却可能因精神和道德潜力被极大地调动而将其战胜。但我想，无论如何还是要重申：这只是战争一个方面的结果，还有另一方面的、更有可能的结果就是，大量生命财产的损失，家破人亡，对经济的直接摧残甚至毁灭性的打击，多少年都很难恢复过来，还有广泛和持久的心灵创伤和道德伤害，为下一场战争酝酿的持久的敌意和复仇心等。而问题还在于，在核武器时代，一旦战争爆发，前述的种种战争好处，可能都要化为青烟。

　　以上是从战争的结果方面分析，如果从战争的意图方面观察呢？一场战争必定涉及不只一方，而且发动战争一方的意图是主导性的，这种意图是否有好的呢？对此可能要设有极严格的限制，有人甚至否认今天有任何"发动正义战争"的可能性。不过，莫里斯看来也没有从这方的角度为战争辩护，相反，他充分认识到人们发动战争的自利乃至邪恶的意图。

　　最后从战争的属性来说，我们一定不要忘记，战争的第一本性就是人类的相搏，就是成建制的、大规模的人与人之间的互相厮杀。战争不仅本身就残酷，还助长残酷，它容易把残忍的习惯从战场带到非战场，从战时带到战后。战争无论如何都不是人之为人的骄傲。而且，我们不仅要持一种人类的观点，还要持一种个人的观点，因为生命实际是在一个个具体的个人那里真实存在的，我们因此也就不仅要持一种长期的观点，还要持一种短期的观点。这是由战争的本性决定的。某一场战争可能会带来长远的好结果，但我们是否还要念及和哀悼这场战争中死去的人们呢？他们死去就是死去了，那就是他们全部生命的结束。而如果没有这场战争，他们本来是可以不死的。世界上也没有谁能够活 15 000 年，大多数人的寿命也就是 50~100 年。所以，我们总是要优先考虑尽量减少战争，包括减少战争中的伤亡；我们还要尽量优先考虑不通过战争，而是通过和平谈判和相互妥协的方式解决冲突。

我与莫里斯教授曾在 2014 年 11 月中旬见过面。当时对这本书的观点，我当面提出了一些疑问，莫里斯教授解释说，他的意思其实是：战争并不是一无是处，在历史上并不是没有一点儿好处。如果是这样，他的立论应当是建立在比较不易受批评和攻击的立场上的，但细看全书，他似乎在有些地方又表达得过于强势。我希望我的批评没有太误解他的意思，或者可视作一种对赞许战争的一般观点的批评。我推荐人们读这本书，因为它能提供一个让我们澄清自己反战理由的机会，或者让我们看清自己隐蔽的好战"理由"的"缘故"。战争总是引人注目的，这不仅是因为战争中有各种偶然因素、剧烈冲突、戏剧性变化、胜者与败者、英雄与枭雄……归根结底还是因为战争是攸关千百万人生死的事情。研究战争的文献卷帙浩繁，但这本《战争》将以其独特的观点与方法，成为其中一部新颖的杰作。

新版自序　战争的客观意义

《战争》这本书的内容很乐观，尽管是从一个令人沮丧的事实开始的。暴力是我们生物学的一部分，因为人类和其他大多数动物一样，已经进化到具有通过使用武力来获得我们所需东西的能力。然而，尽管人类在这方面与几乎所有动物相似，但从另一个角度讲，我们又与其他动物完全不同：只有我们进化出了可以让自身在文化和生物学上更进一步的强大大脑。当我们发现自己的行为对自身无益时，就会调整这种行为，并且一代一代地不断调整，直到我们的生活方式与我们的祖先所历经的完全不同。结果是，有别于任何其他种类的动物，人类在长期的发展中学会了越来越少地使用暴力。

在过去的一万年里，暴力死亡率，即任何特定个体死于暴力的可能性，已经下降了90%。如果你生活在石器时代，你死于暴力的概率大约是1/10；如果你生活在古罗马或汉朝，这个概率可能更接近1/40；对于20世纪的人来说，尽管经历了两次世界大战，并面临着核武器的威胁，这种可能性约为1%；而到了21世纪，这个概率更低：在丹麦，每3 000人中只有1人会死于暴力。

几乎所有学者都会问的，同时也是最重要的一个问题是，人类是如何做到这一点的？如果能知晓答案，我们也许就能知道如何继续降低暴力死亡率，直至让其变为零。漫长的历史所揭示的答案是，暴力会弄巧成拙。与其他动物不同，人类有时会通过胜方接管并吸收败方的方式来结束战争，并建立由更强大的政府统治的更强大的国家。此时会发生两件事。先是统治者希望人民能够安定地工作和纳税，因此他们制定法律，建立军队和警察部队，迫使国民放弃暴力，整个国家因此变得更加和平、繁荣，贸易兴盛。但与此同时，政府强大到足以阻止其国民使用武力，也意味着其同样强大到能够对敌人发动更可怕的战争。

历史是由军事领域不断发生的革命推动的，战士们发明了新的武器和战斗方式，官僚们也找到了新的承担军事支出的方式。在历史的大部分时间里，这些革命都加强了政府的力量，从而降低了暴力死亡率，但有时也会产生相反的效果。最大的逆转发生在公元最初的几个世纪里，当时来自中亚草原的游牧民族征服了从中国延伸到地中海的庞大农业帝国。大政府崩溃，暴力死亡率回升；成吉思汗率领蒙古人摧毁了亚洲的帝国，并袭击欧洲，造成数百万人死亡。

再次使暴力死亡率下降的，是中国人发明的火器。中国军队在约1200年开始在战争中大量装备火器，远在欧洲的军队很快就效仿起来，同时欧洲人经历的各种战争促使他们不断改进枪支，到1500年，欧洲军队已经成为世界上最致命的军队。欧洲人将他们的枪炮与中国开创的另一项发明，即可以穿越整个海洋的船只结合起来，向世界发动了战争。大约在1800—1850年，英国建立了第一个真正具有全球影响力的帝国，使伦敦成为世界经济体系的中心。

当时英国的经济体系需要依靠皇家海军来保护货物、资本、信息和人员的国际流动。但这样做意味着英国必须允许其他国家与之竞争。在1900年之前，英国就已经失去了对其所创造的体系的控制，而其他国家的政府，尤其是德国政府，越来越想向其发起军事挑战。1914—1945年，英国成功地应对了这一挑战，但代价是向美国屈服——自苏联解体以来，美国一直主导着新的全球体系。然而，到了21世纪20年代，许多分析人士认为，美国的体系正在走英国一百多年前的老路。

当《战争》英文版于2014年出版时，我预测未来40年将是历史上最危险的时期。过去十年发生的事件表明，我可能是对的。随着人们日渐怀疑美国维持全球秩序的能力，东西方之间的猜疑加剧，民族主义和保护主义死灰复燃，战争的阴影再次笼罩着国际。一些战略家认为，我们正在重演1914年的历史，但这一次还加上了核武器的威胁。

然而，漫长的历史表明未必如此。人们会犯很多错误，但从长远来看，我们非常善于观察世界的运作方式，并据此调整自己的行为。如果我们愿意从历史中吸取教训，掌握渡过危机的能力（这一能力帮我们应对了从古代帝国的崩溃到冷战的种种危机），我们也将顺利渡过21世纪。

目　录

前　言　送葬人之友 **001**
　　为我们时代的和平 006
　　战争缔造国家，国家实现和平 016
　　战争猪 020
　　进攻计划 027

第一章　不毛之地？古罗马的战争与和平 **029**
　　世界边缘的战斗 029
　　罗马治下的和平 035
　　坐寇 047
　　我们能不能都安然相处 051
　　我们就是怪兽 057
　　怎样才能成为罗马 069

第二章　将怪兽放入囚笼：建设性战争 **071**
　　并非西方式的战争 071
　　帝国/帝制国家的时代 074
　　囚笼 083
　　当利维坦遇到红桃皇后 091

I

坚守你的立场	098
烈火战车	104
到长安（和华氏城）看看	111
扩张，再扩张	121

第三章　蛮族的反击：反建设性战争（1—1415年）　124

帝国/帝制国家的极限	124
跨上战马	128
坟墓	140
军事上的反革命	149
死而复生	155
没有出路	158
把世界装入"囚笼"	164
自然实验	172
幸运的少数人	181

第四章　500年战争：欧洲（几乎）征服世界（1415—1914年）　183

将成为国王的人	183
顶级的火器	187
回报	197
练啊，宝贝儿，练	207
对世界开战	215
"看不见的拳"	225
战争与永久的和平	235
日不落	242
不列颠治下的和平	252

第五章　钢铁风暴：争夺欧洲的战争（1914年至20世纪80年代）　263
有序世界重归混沌　263
未知的未知　267
风暴来临　275
没有胜利者的和平　286
"世界警察"之死　290
暴风骤雨　296
学会爱上原子弹　304
一路走向彼得罗夫的时刻　312

第六章　赤牙血爪：贡贝黑猩猩为何走向战争　322
杀手人猿与嬉皮黑猩猩　322
死亡博弈　329
我的朋友们帮了一点儿忙　334
人猿星球　338
裸猿　342
1.2千克的魔法　349
和平主义者困境　357
超越彼得罗夫　364

第七章　地球最后的、最好的希望：美利坚帝国（1989年—？）　372
从这儿到不了那儿　372
金星与火星　381
美国的布尔战争　387
难免会进行的类比　398
打破岛链　406

危险年代　　　　　　　　　　　412
　　合而为一　　　　　　　　　　　423
　　死亡博弈的终局　　　　　　　　431
　　战争！将会有什么好处？　　　　439

致　谢　　　　　　　　　　　　　　443

注　释　　　　　　　　　　　　　　445

延伸阅读　　　　　　　　　　　　　465

参考文献　　　　　　　　　　　　　493

出版说明　　　　　　　　　　　　　553

前言　送葬人之友

23 岁那年，我差点死于战火。

那是 1983 年 9 月 26 日的夜晚，大约 9 点半。我当时正在英格兰剑桥一间租来的屋子里，俯身在一台手动打字机前，敲着我考古学博士论文的第一章。此前，我刚刚在希腊群岛上实地考察了 4 个月。我的工作进展顺利，身处恋爱中，生活很不赖。

我根本不知道，远在三千千米之外，斯坦尼斯拉夫·彼得罗夫正在做一个抉择：是否杀掉我。

彼得罗夫是苏联谢尔普霍夫-15 预警指挥中心作战运算方面的副负责人。他是一个做事有条不紊的人，一名工程师，还会编写计算机代码。对我而言，十分幸运的一点是，他不是一个容易惊慌失措的人。但当警报在莫斯科时间刚过午夜的时候响起，就连彼得罗夫这样的人也不禁从椅子上一跃而起。那张占据了控制室一整面墙的北半球巨型地图被红色的灯泡点亮了。地图上显示，一枚导弹刚刚从美国蒙大拿州发射了出来。

在那张地图的上方，一些红色的字母跳出来，拼成彼得罗夫所知道的最糟糕的词语："发射！"

在计算机反复检查了数据之后,红灯再次闪烁,这次的"语气"更加肯定:"发射——高度可信。"

从某种意义上讲,彼得罗夫一直在等待这一天的到来。早在 6 个月前,美国总统罗纳德·里根指责"祖国母亲"是一个邪恶帝国。他威胁说,美国人将建造空基反导弹防御体系,打破维持了近 40 年和平的恐怖平衡。他还宣称,会加速部署新的导弹,这些导弹可以在 5 分钟之内打击莫斯科。接着,仿佛是要嘲弄苏联的脆弱似的,一架韩国客机飞到了西伯利亚上空,看上去"迷了路"。苏联空军花了几个小时才找到这架客机。随后,就在这架客机终于开始向中立空域返航时,一架苏联战斗机将其击落,机上人员全部遇难,其中包括一名美国国会议员。现在,这块屏幕告诉彼得罗夫,帝国主义者开始采取最后的行动了。

可彼得罗夫知道,第三次世界大战看起来不应该是这个样子。如果美国人要先发制人地发动打击,此刻就应该有 1 000 枚"民兵"导弹呼啸着掠过北极,带来火焰与辐射的地狱。它们应当疯狂地倾巢而出,把苏联导弹摧毁在发射井内,让莫斯科方面无力反抗。仅仅发射一枚导弹?那简直是疯了。

彼得罗夫的职责是按照规定进行所有必要检测,以排除错误的可能,但现在没有时间做这些了。他必须做出决定,是否终结这个世界。

他拿起了电话。"我向您报告,"他对电话另一头的值班军官说,尽量让自己的声音听起来很平静,"这是个假警报。"[1]

值班军官没有问任何问题,也没有表现出一丝不安:"明白了。"

过了一会儿,警报解除了。彼得罗夫的下属放松了下来。技术人员开始按照既定的方案,系统地检查线路错误。但随后——

"发射。"

红色的字样又出现了。地图上又亮起了一个红灯:又一枚导弹飞了出来。

接着,又一个灯泡亮了起来。又一个,又一个,直到整张地图都好像烧红了一样。彼得罗夫曾经参与编写的算法发挥作用了。有那么一会儿,地图上方的屏幕暗了下去,但随即又亮了起来,带来了新的警报。它宣布了"世界末日"。

"导弹打击。"

苏联最大的超级计算机开始自动将这条信息在指挥体系中传递,每过一秒钟,这条信息都会更接近整个体系的顶端。年老体衰的苏联共产党总书记尤里·安德罗波夫,即将需要做出有史以来最重要的一个决定。

苏联革命家托洛茨基曾经说过,你或许对战争不怎么感兴趣,但是战争对你很感兴趣。[2] 就像今天一样,那时的剑桥也是一座安静的大学城,远离权力中心。不过,在1983年,剑桥的周围环绕着空军基地,它们可都在莫斯科的打击目标名单上。一旦苏联总参谋部相信了彼得罗夫所编写的算法的运算结果,那么在15分钟之内,我就会沐浴在比太阳表面还要炽热的火球中,被彻底蒸发掉。剑桥大学国王学院和它的唱诗班,吃着草的奶牛,漂过的平底船,穿着长袍在高桌宴会上递着甜酒的学者们,这一切都会化为放射性尘埃。

如果苏联人仅仅发射那些针对军事目标的导弹(核战略专家将其称为"军事力量打击"),并且美国人以同样的方式还击,那么包括我在内的大约一亿人会在战争爆发的第一天被炸死、烧死或是毒死。不过这种情况很可能不会发生。就在彼得罗夫迎来生死攸关的抉择前的三个月,美国战略理念发展中心刚刚进行了一次军事演习,试图探寻核战争的开始阶段可能会发生什么。他们发现,没有哪个演习参与者能够坚守军事力量打击的底线。每一次,每一方都会将核打击等级升级到民间目标打击,不仅会摧毁导弹发射井,而且会向城市发难。如果情况演变成这样,那么战争最初几天的死亡人数将上升到大约五亿;而在随后的几个星期或几个月中,核爆炸留下的放射尘,以及引发的饥荒和后续战斗将再导致五亿人死亡。

不过,在现实世界中,彼得罗夫止步了。他后来承认说,自己当时已经吓得腿都软了,但还是选择相信自己的直觉,而不是他的算法。他鼓起勇气,告诉值班军官,这次仍然是一个假警报。导弹打击的信息在抵达最高统帅层之前被截了下来。1.2万枚苏联核弹头仍然留在它们的发射井内。地球上的10亿人得以活到了下一天。

彼得罗夫拯救了世界,但他没有得到挂满胸前的勋章。他得到的"奖励"是一份正式的批评,因为他递交的文书不符合规范,而且没有按照规章办事(决定是否毁灭这个星球是总书记的职责,不是彼得罗夫的事)。他被调到了一个没那么重要的岗位上,后来提前退休。他经历了一次精神失常,在苏联解体之后陷入贫困,因为再也没人付给他养老金了。★

就这样,拙劣的工程设计和计算机程序员的瞬间判断就能决定末日之战是否会打响,这样的世界显然疯了。当时的很多人都这么认为。在美国及其盟国的这一方,数以百万计的人走上街头,要求禁止核武器,反对本国政府的侵略行径,或是投票给那些承诺实行单方面裁军的政客;在苏联的这一方,人们并没有做这些事情的自由,因此只有比平时稍微多一些的持不同政见者站出来表明立场,随后便被出卖给了秘密警察。

但这一切并没有带来太多改变。西方的领导人带着更高的支持率重掌权力,却买回更先进的武器;苏联的领导人则制造出更多的导弹。1986年,全球核弹头的库存达到了有史以来的最高峰,总数超过七万枚;而苏联切尔诺贝利核反应堆泄漏事件,让这个世界略微领教了未来可能会发生的事情。

★ 2004年,总部位于旧金山的世界公民总会授予彼得罗夫红杉木徽章,以表彰他拯救了世界,并给了他一张1 000美元的支票。2013年,彼得罗夫获得了德国的德累斯顿奖以及2.5万欧元奖金。更多相关信息可见:www.brightstarsound.com。(本书以"★""†"为注释符号的均为作者注,下文不再标注。)

人们怒吼着,想要寻求解决危机的答案。"铁幕"两侧的年轻人都抛弃了那些年老昏聩的政客,转而聆听更嘹亮的声音。作为"婴儿潮"后新一代的代言人,美国歌手布鲁斯·斯普林斯汀选择演唱越南战争时期最伟大的反战歌曲——歌手埃德温·斯塔尔在摩城唱片公司推出的经典之作《战争》[3],并推出了一个封面充满能量的版本,使这首歌再度打入榜单前十:

战争!
哈,上帝啊。
它有什么好处?
它一无是处。
说啊,说啊,说啊……

哦,战争!我唾弃你
因为你只能毁灭
那些无辜的生灵
战争意味着眼泪
闪动在无数母亲的眼中
当她们的孩子走向战场
当她们的孩子丢掉性命……

战争!
它一无是处,只能让人心碎。
战争!
它只是送葬人之友……

为我们时代的和平*

在这本书中，我要提出一些不同意见——在某种程度上。

我认为，战争并非送葬人之友。战争确实是大屠杀，但战争是殡仪工作者最大的敌人——这或许是历史上最具讽刺意味的事情了。与那首歌里唱的不同，战争是有好处的：从长期来看，战争使人类更安全、更富庶。战争是地狱，但从长期来看，其他的选择可能更糟糕。

我知道这个观点颇具争议，所以请容我解释一下。

我的观点包括四点。第一点是，通过战争，人类创造出了更庞大、组织更完善的社会，而这样的社会使得其成员死于暴力的风险减少了。

这一观点的建立基于 20 世纪一项重大的考古学和人类学发现。石器时代的社会规模通常很小，由于找到食物很困难，人们一般生活在几十人的团体里，或是几百人的村庄中，或者（很少见地）生活在几千人的小镇内。这样的社区并不需要太多的内部组织，而且通常对外来人非常戒备，甚至抱有敌意。

通常来说，人们会用和平的手段解决彼此的分歧。但一旦有人决定诉诸武力，他（或者偶尔是她）所面对的束缚要比现代人少得多。虽然偶尔会有一整个小团体或是村庄的人死于暴力及其带来的疾病和饥荒，但是大多数杀戮都是小规模的，比如家族仇杀或是持续不断的劫掠袭击。不过，由于总人口数量也很少，持续不断的低水平暴力也会导致惊人的伤亡。据大多数估算，在石器时代的社会中，有 10%~20% 的人死于他人之手。

而 20 世纪则与之形成了鲜明的对比。20 世纪见证了两次世界大战、一系列的种族灭绝以及多次政府行为引发的大饥荒。这些惨剧令

---

* 这个细节可能只有一个教授会留意：1938 年，当尼维尔·张伯伦从慕尼黑回到英国时，他的原话是"为我们时代的和平"（Peace for our time），而非"在我们时代的和平"（Peace in our time）。⁴

人难以置信地导致了 1 亿~2 亿人的死亡。广岛和长崎的原子弹爆炸造成的死亡人数超过 15 万，这一数量比公元前 50000 年的人类总数还要多。但在 1945 年，地球上共计有 25 亿人口；而在整个 20 世纪，地球上生活过大约 100 亿人。这就意味着，20 世纪与战争有关的那 1 亿~2 亿的死亡人数，仅占整个地球人口的 1%~2%。如果你十分幸运地出生于工业化的 20 世纪，那么平均而言，你直接/间接死于暴力的可能性仅为石器时代的人的 1/10。

如果这一数据让你吃惊，那么对这一数据的解释会让你更加吃惊。让世界变得更加安全的东西，正是战争。我将在第一至第五章详细解释这一观点。在大约一万年以前，人类中的战胜者开始融合战败者，从而组成更大的社会。这一现象从地球上的一些地方开始出现，随后遍及整个星球。而唯一能让这些较大的社会运转起来的方法，就是发展出更强力的政府。这样的政府如果想要持续掌权，其需要做的第一件事就是镇压社会内部的暴力。

政府的统治者采取措施维持和平，并非出于心中的善意。他们镇压杀戮行为，是因为那些"表现好"的臣民比那些愤怒的、杀气腾腾的人更易于统治和征税。而在不经意间，这样的举措使得从石器时代到 20 世纪，暴力死亡率下降了 90%。

这一过程并不美好。无论是在不列颠行省的罗马人，还是在印度的英国人，那些"维持和平的人"可能跟他们想要消灭掉的"野蛮人"一样残暴。这一过程也并不顺利：在一些地方，短期内的暴力死亡率可以飙升到石器时代的水平。例如，在 1914—1918 年，几乎每六个塞尔维亚人中就有一人死于暴力、疾病或饥饿。此外，很显然，并非所有政府都擅长缔造和平。民主制度或许是一团乱麻，但其极少吞噬自己的子民；独裁体制办事高效，但经常枪毙、饿死或是用毒气杀死大量国民。不过，尽管存在这些变数、政府能力的差异和例外事件，从一万年这样一个长期跨度来看，战争缔造了政府，而政府实现了和平。

我的第二个观点是，要达到创造更大的、更和平的社会这一目的,战争是我们可以想到的最糟糕的方式,但也几乎是人类迄今为止发现的唯一方式。"上帝知道,一定有一种更好的方法。"[5] 埃德温·斯塔尔这样唱道。但显然,并没有更好的方式。如果罗马帝国的崛起不需要造成数以百万计的高卢人和希腊人的死亡,如果美利坚合众国可以不建立在数以百万计的美洲原住民的尸骸之上,如果人类在类似的情况下没有选择使用武力解决冲突,而是协商解决问题,那么人类的确可以在不付出那么高昂的代价的情况下享有大社会的益处。但这样的情况没有发生。这令人沮丧,但是事实如此。除非被强迫,否则人们总是不愿意放弃自己的自由,其中也包括互相杀戮和剥削的权利。事实上,唯一可以让人们放弃这些权利的,就是在战争中失败,或是对迫在眉睫的失败产生恐惧。

如果我的观点正确,即政府的存在让我们更加安全,而战争几乎是已知的唯一塑造政府的方式,那么我们就不得不承认,战争确实是有好处的。不过,我的第三个观点还要更进一步。我认为,由战争创造出的更大的社会,不仅让人们生活得更安全,而且从长期来看,它也让人们更富有。和平为经济增长和生活水平的提高提供了可能。这一过程同样混乱不堪,充满波折。战胜者经常奸淫掳掠,把成千上万的幸存者贩卖为奴,并且霸占他们的土地。战败者或许要世代遭受盘剥。这一切既可怕,又丑陋。但随着时间的推移——也许是几十年,也许是几个世纪,更大的社会往往会使所有人都过上更富裕的生活。其中既包括战胜者的后代,又包括战败者的子孙。这一长期趋势同样是显而易见的。战争创造出更大的社会、更强有力的政府和更安全的环境,从而让世界变得更富庶。

如果我们把我的这三个观点整合在一起,就只会得出一个结论:战争创造出更大的社会,这一社会由更强有力的政府统治,而这样的政府用强制力确保了和平,并为繁荣奠定了基础。一万年前,地球上仅有约 600 万人口。平均而言,他们只能活到大约 30 岁,每天用以维持生存的物质的价值,折算成今天的美元,仅不到 2 美元。而今天，地球上的人口是那时的 1 000 多倍（实际上有 80 亿），寿命比那时的人长一倍还要多（全球平均寿命超过 70 岁），每天赚的钱是那时的 12 倍多（全球平均水平为每天 25 美元）。

因此，战争是有其好处的。实际上，我的第四个观点是，战争正在自我终结。千载以来，战争（在长期内）缔造出了和平，破坏创造了财富。但在我们的时代，人们过于擅长战争——我们的武器变得如此具有破坏力，我们的组织机构变得如此高效。正因如此，战争正使自身在未来越来越不可能发生。在 1983 年的那个夜晚，如果事情的发展走上了另一条轨道——如果彼得罗夫发慌了，如果总书记按下那个按钮，如果 10 亿人在接下来的几个星期内丧命，那么 20 世纪的暴力死亡率会迅速飙升到石器时代的水平。如果那些核弹头的长期危害真的像一些科学家所担心的那样可怕，或许今天地球上已经没有人类存在了。

好消息是，这一切并没有发生，而且几乎永远不太可能发生了。我将在第六章具体解释这一点。基本的一点是，人类已证明，自己十分善于适应不断变化的环境。在历史上，我们打了难以计数的战争，因为战争会带来好处。可是到了 20 世纪，随着暴力带来的收益减少，我们学会了在避免末日决战的情况下解决问题的方法。当然，没人能保证末日决战一定不会发生，但就像我将在本书最后一章中阐明的那样，我们仍然有避免其发生的希望。21 世纪将产生非常多的剧变，其中就包括暴力的角色转换。长久以来的消灭战争的梦想或许终将实现，尽管那时的世界究竟是什么样子的将是另外一个问题。

我这么直白地提出这些观点，或许已经引起了各种各样的疑问。你也许会奇怪，我说的"战争"到底指的是什么？我又怎么知道究竟有多少人死于战争？我到底把什么样的东西视为"社会"，我又怎么知道一个社会何时开始变得更庞大？还有，究竟是什么造就了"政府"，我们又怎样衡量一个政府究竟有多么强大？这些都是很好的问题，我也将在本书中努力回答这些疑问。

不过，我的核心观点，即"战争让这个世界变得更安全"，大概会引发最多的质疑。本书（英文版）出版于2014年，恰好是一战爆发（1914年）100周年，也是二战爆发（1939年）75周年。这两次世界大战共导致约一亿人死亡。在这样的时机抛出一本书，告诉人们战争让世界变得更安全，看起来像是一个病态的玩笑。但同时，2014年也是冷战结束（1989年）25周年①，冷战的结束让世界不再需要面对彼得罗夫式的梦魇。在本书中，我将讲述最后一个冰期结束至今一万年来的战争史，并最终推导出这样的结论，即在这个世界变得前所未有的安全而富庶的过程之中，战争起到了至关重要的作用。

如果这一观点听起来像是一个悖论，那是因为战争中的一切其实都是反常的。战略家爱德华·勒特韦克曾绝妙地总结了这一点。他说，在日常生活中，"无矛盾的线性逻辑会发生作用，其本质仅是常识。但在战略的领域……发挥效果的是另一种截然不同的逻辑，这种逻辑经常性地违反常规的线性逻辑"[6]；战争"通常会青睐那些充满矛盾的行径，而挫败那些符合逻辑的行为，从而导致充满讽刺意味的结果"。

矛盾贯穿战争始终。20世纪坦克战术的奠基人之一巴兹尔·利德尔·哈特曾说，根本的一点是"战争一直是这样的一桩事情：做下坏事，并寄希望会收获好的结果"[7]。从战争中收获和平，在损失中得到收获。战争引领我们透过一个窥镜看去，看到一个是非颠倒、似是而非的世界。本书提出的是一个"两害相权取其轻"的观点，而这就是一种经典的矛盾形式。要列出战争的坏处是很简单的，首先就是杀戮。但战争仍然是"次要的恶"，因为历史表明，战争之外的那种选择更加糟糕，即持续不断的、石器时代式的、充斥在每天生活之中的暴力，这样的暴力不仅会夺去生命，而且让我们陷入穷困。

对"次要的恶"的思想最显而易见的反驳是，这一思想无疑有着

---

① 原文如此，与冷战实际开始和结束时间（1947—1991年）不符，疑为各国核定标准不同。——编者注

良莠不齐的记录。狂热的理论家喜欢"次要的恶"的思想：一个又一个极端主义者向他们的追随者保证，只要他们烧死那些女巫、毒死那些犹太人或是肢解那些图西人（1994年卢旺达种族大屠杀），就可以把这个世界变得纯净而完美。这些邪恶的说法貌似有道理。如果你能够回到过去，把阿道夫·希特勒扼杀在摇篮中，你会这样做吗？如果你选择了"次要的恶"，那么你犯下的微不足道的杀人罪行或许可以阻止未来大规模的杀戮。"次要的恶"的思想可以让人们更容易地做出艰难的抉择。

伦理学家对"次要的恶"观点的复杂性格外感兴趣。我所在大学的一位哲学系同事曾问他一整间教室的听众这样一个问题。[8]如果你抓住了一个恐怖分子，他在某处安放了炸弹，且不肯说出究竟放在了哪儿。如果你折磨他，他或许会说出来，因而拯救许多人的生命，那么你会不会拔掉他的手指甲呢？如果学生们面露踟蹰之色，这位哲学家就会提高筹码。他说，你们的家人也在可能遇害者之列。现在你会不会拿起钳子？如果他仍然不肯开口，你会不会去折磨他的家人？

这些令人不适的问题指出了非常重要的一点。在现实世界，我们无时无刻不在做出"两害相权取其轻"的抉择。做这样的选择必然是痛苦的。就在最近几年，心理学家已经开始研究进退两难的局面会对人类造成怎样的影响。如果一个实验者把你绑起来，放进一台磁共振成像仪中，再问你一些在道德上让人感到纠结的问题，你的大脑将表现出惊人的反应：当你想象自己在折磨一个恐怖分子时，仪器上你的眼窝皮质部分会亮起来，因为血液正流向大脑中掌管不愉快想法的部分；而当你计算你能拯救多少人的生命时，你的背外侧皮质部分则会亮起来，因为大脑中另外一部分被激活了。这些充满矛盾的情感和智力刺激会表现为激烈的内心挣扎，此时你的前扣带回皮质也会亮起来。

由于"次要的恶"这一观点会让我们感到非常不舒服，所以这本书读起来可能会让人困扰。不管怎么说，战争都是大规模屠杀。什么样的人才会说这样的事情会有好处？我现在要说，作为说出这句话的人，我对我自己的这一研究发现也感到震惊。倘若有人在十年前告诉我，有朝一日我会写出这样一本书，我是无论如何也不会相信他（或她）的。但我懂得，历史的证据（以及考古学和人类学的证据）是确实的。虽然这种说法让人感到不舒服，但从长期着眼，战争确实使这个世界更安全、更富庶。

我并非第一个意识到这一点的人。大约 85 年前，德国社会学家诺贝特·埃利亚斯写就了两卷高度理论化的专著《文明的进程》。他在书中指出，从他所生活的时代回溯历史，在过去的五个世纪中，欧洲已经变得更加和平。他认为，从中世纪开始，欧洲的上层社会（曾经是野蛮暴力的主要来源）逐渐放弃了使用武力，而欧洲整体的暴力程度也降低了。

埃利亚斯所指出的事实，其实早就应当是有目共睹的。像很多人一样，我在中学时代最先体会到了这一点。那还是在 1974 年，中学时代的英语课要求我研读莎士比亚的某一部戏剧。吸引我注意力的并非这位诗人美妙绝伦的词句，而是他笔下人物极易动怒的性格。他们动辄就陷入暴怒，然后互相捅刀子。在 20 世纪 70 年代的英国，自然也有这样的人，不过他们很可能会锒铛入狱，并且/或是接受治疗。而莎士比亚笔下的那些暴徒则不会受到谴责，他们往往还会因"先打再谈"的勇气而受到赞扬。

不过，埃利亚斯认为我们生活的时代比以往更安全，这一结论真的是正确的吗？用莎士比亚的话说，这也是一个问题。埃利亚斯的回答是，在莎士比亚写作《罗密欧与朱丽叶》的 16 世纪 90 年代，他笔下那些嗜杀成性的蒙太古家族和凯普莱特家族的人早已成了不合时宜的存在。

这样的理论本应成为大新闻，可就像出版商经常告诉作者的那样，合适的时机是最重要的。埃利亚斯的时机简直是一出悲剧。《文明的进程》于 1939 年问世，就在同一年，欧洲人开始了一场持续了

6年的惨烈战争，导致5 000多万欧洲人丧生（其中还包括埃利亚斯的母亲，她死在奥斯威辛集中营）。到了1945年，已经没有人有心情听什么"欧洲人在变得更文明、更和平"的鬼话了。

一直到20世纪80年代，早已经退休的埃利亚斯才得到了为自己辩驳的机会。社会历史学家在经过几十年辛勤的工作，翻遍了琐碎的法庭记录之后，开始承认埃利亚斯的观点原来一直是正确的。他们发现，在1250年前后，每100个西欧人中就会有1个死于他人之手。到了莎士比亚的时代，这一比值下降到了1/300。而到了1950年，这一比值则是1/3 000。而且，就像埃利亚斯坚持的那样，上层社会在引领这一潮流。★

到了20世纪90年代，事情变得更复杂了。人类学家劳伦斯·基利出版了一本与埃利亚斯的《文明的进程》同样引人注目的书：《前文明战争》。在书中，基利用数据告诉我们，那些存在于20世纪的石器时代社会有着令人惊讶的暴力程度。通常每10个人中有1人会死于仇杀和劫掠，有时甚至是每5个人中有1人。如果基利是正确的，那么这将意味着石器时代的社会比纷乱的中世纪欧洲还要暴力10~20倍，比20世纪中叶的欧洲则要暴力300~600倍。

要测算史前的石器时代社会中的暴力死亡率显然更加困难。但基利找到了在遥远的过去发生的凶杀、屠杀和大骚乱的证据，足以证明欧洲人的祖先就像人类学家研究过的其他同时代人群一样嗜杀。我们看到了沉默的证词：肋骨间的石箭头、被钝器击碎的颅骨、堆放在坟墓中的武器。这些都告诉我们，通向文明的进程要比埃利亚斯想象的更漫长、更缓慢、更波折。

基利意识到，即便是世界大战也没有让现代社会变得像石器时代

★ 犯罪学家常用的表述暴力死亡率的方式是"每年每10万人死亡数"。我个人认为，用这样的方式表述不太直观。因此，我通常用死于暴力的人口百分比的方式表述[用死亡率乘以30（一代人的时间），再除以1 000，以获得一个百分比]，或是表述为一个人有多大的概率死于暴力事件。

社会那样危险。另外,又有第三种学术力量支持了他的观点。这一流派于 1960 年发轫。那一年,一本引人注目(但也有些枯燥乏味)的书出版了。这本书就是《致命争吵的统计数字》,其作者是离经叛道的数学家、和平主义者以及气象学家(后来他意识到气象学对空军帮助极大,于是他放弃了这方面的研究)刘易斯·弗里·理查森。

在他生命的最后二十多年里,理查森一直试图寻找杀戮那混乱表象背后的统计学模型。例如,在 1820—1949 年,发生了大约 300 次伤亡惨重的战事,其中包括美国南北战争、欧洲人的殖民征服,以及两次世界大战。理查森惊讶地发现:"在这一时期,从谋杀到世界大战,不同规模的致命冲突造成的死亡人数,占总死亡人数的约 1.6%。"[9] 也就是说,如果我们把战争造成的死亡人数和在凶杀之中丧生的人数相加,会发现,在 1820—1949 年,大约每 62.5 个人中会有 1 个人死于暴力,这一比例仅是依靠采集和狩猎生存的石器时代的人类暴力死亡率的 1/10。

还不止如此。理查森发现,"在 1820—1949 年,战争造成的死亡人数并没有随着人口总数的增长而出现相同比例的增长,这说明战争的频繁程度下降了"。这就意味着,"从 19 世纪 20 年代开始,人类变得不那么好战了"。

在理查森的著作出版 50 年之后,为死亡人数建立数据库已经成了一个小的学术分支。新的数据库要比理查森的数据库更精细,胃口也更大,其时间范围已经上溯到 1 500 年之前,下行到 2 000 年之后了。像所有的学术领域一样,这一领域也充满了争议。即便在有史以来记录最为完整的战争,也就是从 2001 年开始的、由美国主导的阿富汗战争中,对于死亡人数的统计也有多种方法。不过,即便如此,理查森的核心发现仍然成立:被杀死的人类总数并没有跟上全世界总人口的增长步伐。其结果是,我们当中的任意一员死于暴力的概率已经呈数量级降低了。

这一学术领域在 2006 年达到了顶峰。那一年,军事学者阿扎·加特出版了他里程碑式的著作《文明世界的战争》。这本书令人惊讶地横跨多个学术领域（这应当与加特本人在以色列国防军担任少校军官的经历也有关系），把新的观点整合成了一个扣人心弦的故事：人类何以在几千年的时间里驯服了自身的暴力。加特的思想已经成了当今思考战争问题时不能绕开的一部分。如果你曾读过他的书，就会发现我的这本书也深受其影响。

人们对战争的思考经历过巨大的转变。就在一代人的时间之前，"人类的暴力水平在下降"这一假说，还仅仅是一个上了年纪的社会学家的狂想，甚至不值得对那些苦读莎士比亚的学生一提。不过，今天仍然有不同的声音存在。例如，在2010年，美国作家克里斯托弗·瑞安和卡西尔达·伊塔出版了《人类性的起源》，这本畅销书极力否认早期人类社会充满暴力；2012年，科学作家约翰·霍根整理了其几年内在《科学美国人》杂志上发表的文章，出版了《战争的终结》；2013年，人类学家道格拉斯·弗里将31名学者的论文结集成册，出版了《战争、和平和人类本性》，对暴力死亡率在长期内的下降提出了质疑。上面提到的这些书都很有趣，信息量丰富，也很值得一读。但在我看来（在本书中我也将详细阐释），这些书都有选择地搜集了证据，并且被那些支持埃利亚斯、基利、理查森和加特的研究所压倒。就在我写这一前言的第一稿时，在一个月内就有两篇阐释暴力水平下降的著作问世：政治学家乔舒亚·戈尔茨坦的《用战争赢得战争》和心理学家斯蒂芬·平克的《人性中的善良天使》。一年之后，普利策奖得主、地理学家贾雷德·戴蒙德在其著作《昨日之前的世界》中，用最长的一章表达了相同观点。不断有新的观点涌现出来，但在基本的那一点，即暴力死亡率确实下降了这一方面，正在汇聚越来越多的共识。

不过，如果我们提问，为什么暴力水平下降了，恐怕就没有那么多共识了。

战争缔造国家，国家实现和平

在这一问题上，人们有着深层分歧，争论激烈，且由来已久。实际上，这一分歧可以追溯到17世纪40年代。那时，几乎没有什么人意识到暴力水平在下降。在那十年之中，欧洲和亚洲都充斥着血雨腥风。也正因如此，哲学家托马斯·霍布斯才把这一关键问题提了出来。当霍布斯发现自己的祖国英格兰正在陷入内战时，就逃离了那里，来到巴黎。几十万英国人在内战中丧生，这一事实让霍布斯相信，如果任由人们肆意妄为，那么他们会为了自己的目的不择手段，包括使用暴力。

当霍布斯看到，英格兰中央政府的崩溃导致了如此多人的死亡时，不禁自问，在人们尚未创建政府的史前时代，情况会有多糟糕呢？他在其政治哲学著作《利维坦》一书中回答了这个问题。

霍布斯解释说，在政府出现之前，必然是人人相互为敌。"在这种状况下，"他做出了著名的推断，"没有工业发展的空间；因为不能确定收成归属，也没有对土地的培植；没有航海，也无法享用通过海上运输进口的商品；没有宽敞的房屋；没有搬运物体的工具，导致移动物体需要花费巨大体力；没有地理知识；没有历史记载；没有艺术；没有文字；没有社会。而最糟糕的是，人们一直处于暴力致死的恐惧和危险之中，因此陷入孤独、穷困、污秽、野蛮愚昧和短命。"[10]

在霍布斯看来，如果没有强有力的政府，人类社会将充斥着凶杀、贫困和无知。他认为，政府应当像利维坦一样令人敬畏。利维坦是《圣经》里记载的如同哥斯拉一般的怪物，它曾经使约伯感到惶恐不安。（"在地上没有像它造的那样，无所畏惧。"约伯说，"凡高大的，它无不藐视；它在骄傲的水族上作王。"[11]）组成这样的政府的，可以是一个独自统治的国王，也可以是一个决策者的集合体。但无论采用哪种方式，利维坦都必须彻底威服它的子民，使他们甘愿臣服于它的律法,而不敢相互杀戮、劫掠。

但不守规矩的人类如何建立起一个利维坦式的政府,从而摆脱暴力的无政府状态呢?在17世纪40年代,几乎没有什么人类学,更遑论考古学知识可以用来解释这一问题,但这并没有阻碍霍布斯抛出强有力的观点。霍布斯宣称,"美洲许多地方的野蛮人"为他的观点提供了例证。不过,比起寻找证据,霍布斯总是更热衷于抽象的推断。"取得这种主权的方式有两种,"他解释说,"一种方式是通过自然之力获得的,例如一个人使其子孙服从统治就是这样,子孙要是拒绝的话,他就可以予以处死;这一方式下还有一种情形是通过战争使敌人服从他的意志,并以此为条件赦免敌人的死罪。另一种方式则是人们相互达成协议,自愿地服从一个人或一个集体。"[12]用暴力建成的利维坦,被霍布斯称作"以力取得的主权";而用和平手段建成的利维坦,被霍布斯称为"按约建立的主权"。不过,霍布斯总结说,无论是采取哪种方式达到这一目的,都是政府让我们获得安全和富足。

这下可谓是一石激起千层浪。曾经庇护霍布斯的巴黎人十分厌恶《利维坦》一书,这使得霍布斯不得不逃回英国。可他刚到英国,又要面对暴风骤雨般的批判。到了17世纪60年代,如果有什么思想被称作"霍布斯式的",那么一个体面的人就应当敬而远之。1666年,要不是刚刚复辟的查理二世出面干预,霍布斯险些被当作异端接受审判。

巴黎人并不满足于赶走霍布斯,那里的知识分子很快开始着手反驳他那令人沮丧的观点。从17世纪90年代开始,一个接一个的法国思想家宣称,这个英国佬把事情完完全全地本末倒置了。在霍布斯去世75年之后,瑞士裔法国哲学家让-雅克·卢梭整合了这些批评意见。卢梭总结道,政府并非问题的答案,因为在自然的状态下,人"对战争和任何社会联系都没有认知,他对于同类既无所需求,也无加害意图"[13]。利维坦并没有驯服我们好战的一面,相反,它腐蚀了我们的质朴。

但事实证明,卢梭比霍布斯还不受欢迎。他不得不逃离瑞士的法语区，躲到了德语区。他刚到德语区，又遭到一群暴徒朝他的住所扔石头。紧接着，他逃到了英国，发现自己不喜欢那儿，于是又不顾已经被法国正式驱逐的事实，溜回了巴黎。尽管如此，卢梭仍然是霍布斯强有力的对手。在18世纪晚期，卢梭对人类内在善良的乐观信念征服了诸多读者，他们都认为霍布斯的思想是反动的。到了19世纪晚期，霍布斯又卷土重来，因为在达尔文进化论思想的映衬下，霍布斯所描绘的互相残杀的世界看起来更符合自然本质。可到了20世纪，霍布斯又输了一仗。出于某些原因（我将在本书第一章中探讨这个问题），埃德温·斯塔尔的歌曲《战争》所展现出的理想主义大获全胜。到了20世纪80年代，霍布斯那"强有力的政府是积极的力量"的思想全线溃败。

批评霍布斯的人遍及各个意识形态领域。罗纳德·里根在他的第一次总统就职演说中对美国人说："政府不是我们问题的解决之道，政府本身就是问题。"[14] 但里根最大的担忧，即关于"膨胀的政府会剥夺个人的自由"这一点让我们看到，我们当代关于大政府和小政府的辩论，已经从霍布斯所担心的那种恐惧中走出去了多远。对于我们以前任何一个时代的人来说，我们今天的争论都毫无意义。对他们来说，要么只有一个极小的政府，要么干脆就没有政府。极小的政府意味着会至少有一些法律和秩序，而没有政府则意味着没有这些东西。

里根曾经开玩笑说："英语里最可怕的10个词是，'Hi, I'm from the government, and I'm here to help'（嗨，我是政府派来帮忙的）。"[15] 但实际上，最可怕的10个词应该是："There is no government, and I'm here to kill you（没有政府，我是来杀你的）。"我猜想里根可能会同意这一点。还有一次，里根说："有一个立法者指责说，我对法律和秩序的观念停留在19世纪。这根本就是荒谬的指控。我的观念停留在18世纪……我们的开国之父说得很清楚，保障守法公民的安全应当是政府的首要任务之一。"[16]

1975年，就在里根发表第一次总统就职演说前几年，美国社会学家查尔斯·蒂利曾说，如果抛开欧洲历史中那些乱七八糟的日期和细节，我们可以提炼出一个核心，即"战争缔造国家，国家招致战争"。[17]他注意到，战争催生了强有力的政府，而政府则利用自己的力量打更多的仗。我非常喜欢蒂利的作品，但是在这一点上，我认为他遗漏了真正的主题。事实就像霍布斯所理解的那样，在过去的一万年中，战争缔造了国家，而国家实现了和平。

在里根发表演说三十多年之后，学术观点又回到了霍布斯一边。在某种意义上，我们超越了里根，拥抱了17世纪的法律和秩序观念。大部分最近出版的、认为暴力水平在下降的书籍都用赞成的态度引用了霍布斯的话。加特在《文明世界的战争》中写道："比起卢梭式的伊甸园，霍布斯距离真相更近。"[18]

不过，霍布斯的新拥趸们似乎无法完全接受其"政府的力量使我们获得安全和繁荣"的直白观点。人类学家基利显然更喜欢霍布斯，而不是卢梭，但他认为，"如果说卢梭那原始的黄金时代是想象出来的，那么霍布斯的永恒混战则是不可能发生的"[19]。基利总结道，石器时代的人们并不会真的展开一场所有人对抗所有人的战争，而政府的崛起不仅带来了和平，也带来了痛苦。

德国社会学家埃利亚斯选择了另外一个方向。他在《文明的进程》一书中并未真的提到霍布斯，尽管他在书中分享了霍布斯的观点：政府在抑制暴力的过程中起到至关重要的作用。不过，与霍布斯那把吓倒所有子民的利维坦当作主动的因素不同，埃利亚斯把主动权交给了被统治者，认为他们之所以对暴力失去了兴趣，是因为他们为了更好地融入华贵的皇家殿堂，而接受了更文明的方式。霍布斯猜测，普遍的和解发生在遥远的古代，而埃利亚斯认为这一切从16世纪起才开始发生。

心理学家平克在他2002年出版的《白板》一书中说得很直白："霍布斯是对的，卢梭是错的。"[20]但在他的著作《人性中的善良天使》中，平克稍微后退了一点，削弱了利维坦的主题。他认为，暴力的衰减并非由于利维坦,而是"包含6种趋势、5个心魔和5种历史的力量"[21]。平克说,要想好好地理解这一过程,我们需要将其分解为几个阶段:文明的进程、人道主义革命、长期和平及新的和平。我们还要认识到,每个不同阶段都有其使命,有的已经持续了千年,有的则从1945年(甚至1989年)才开始。

政治学家戈尔茨坦走得更远。他认为,重大的变化都发生在战争结束之后(二战后),而要想理解这些,我们必须比霍布斯更"霍布斯"。戈尔茨坦认为,对暴力最猛烈的一击并非像霍布斯说的那样来自政府的崛起,而是来自超政府的崛起,即联合国这样的形式。

很显然,在这个世界变得更安全、更富庶的过程中,战争和政府究竟发挥了怎样的作用,在这一点上专家们存在很大的分歧。根据我的经验,这样的分歧通常意味着我们看待这一问题的方式有误,因此只能找到部分的、有争议的答案。我们需要一个不同的视角。

战争猪

从某种意义上讲,我是最不可能提出这样一个视角的。除了我跟彼得罗夫的那点儿"小摩擦",我从未参加过战争,甚至都没见过大屠杀的场景。我距离战争最近的一次是在2001年的特拉维夫,当时一个自杀式爆炸者引爆了距离我几百米的一家迪斯科舞厅,炸死了21名青少年。我觉得自己听到了爆炸声,但不太确定。我当时正坐在酒店的吧台旁,那里正在举行一场中学毕业派对,挤满了一些运气更好的学生,他们玩得正开心。不过,所有人都听到了救护车的声音。

我也并非出身于显赫的军人家庭。我的双亲均于1929年在英格兰出生。二战的时候,他们的年纪还太小。朝鲜战争爆发时,我父亲在矿井里工作,因此没有参战。我的祖父在二战爆发前死在了煤矿井里,而我的外祖父是炼钢工人,因此也没有被征召入伍。(而且,他还是一名共产主义者,不过这点在1941年德国进攻苏联之后就没那么重要了。)我母亲的叔叔弗雷德倒是曾经去过北非,在蒙哥马利手下为国效命。但他没开过一枪,甚至连一个德国人都没见过。据他讲,战争对他而言就是跳上卡车在沙漠里追击看不见的敌人,再跳上另一辆卡车被赶回出发地。他经常说,自己距离危险最近的一回,是在一场沙尘暴中丢掉了假牙。

我也没有为国服役,而是在摇滚乐团里虚度了青春。20世纪70年代,我或许不像我的同龄人那样追寻"和平与爱",但是在内心深处,拙于表达的我大概也是赞同《战争》那首歌的。实际上,我学会的第一段吉他乐曲,就是黑色安息日乐队的经典歌曲《战争猪》中的那段非凡的吉他连复段,及其不朽而压抑的开场唱词:

> 将军们召集了他们的部众
> 如同安魂弥撒上的女巫。[22]

我在乐团度过了快乐但谈不上收入丰厚的几年,鼓捣出一些听起来特别像《战争猪》的歌曲。我最终意识到,比起做一个重金属吉他手,还是做一名历史学家和考古学家更加适合我。

历史写作的鼻祖们,如古希腊的希罗多德、修昔底德以及中国的司马迁,都把战争当作他们的写作主题。如果只看历史频道上播放的纪录片,或是机场书店所销售的书籍,你很可能认为后世的历史学家一直在追随这些先行者的足迹。但实际上,在过去的50年中,专业历史学家和考古学家都基本上忽视了战争(我会在第一章里讲述具体原因)。

在入行的前20年里(我在1986年拿到了博士学位),我也基本上遵循了前辈的做法。我直到写作《西方将主宰多久》时,才终于意识到战争也是有好处的。我的妻子平时更爱看当代小说,而不是历史书,不过在我写作那本书时,她逐章进行了阅读。但当我把特别长的一段文字递给她看时,她终于承认:"好吧……我挺喜欢你写的东西的……但是讲了太多的战争。"[23]

直到那一刻，我才意识到那本书里写了很多有关战争的内容。要说起来，我一直以为自己是把战争故事当作了书中的背景。但当凯西指出这一点时，我意识到她是对的。我确实写了很多战争。

我为此感到苦恼。我是否应该删掉这些战争？我是否应该做出一个详细的解释，说明一下为什么写了这么多的战争？或者是，我根本就写错了方向？直到这时，我才意识到，那本书中必然会出现这么多的战争，因为战争确实就是历史的中心。在完成那本书的写作后，我又意识到，战争不仅是曾经的中心，还将是未来的中心。我非但没有写得过多，反而是写得太少。

就在此时，我明白我的下一本书必将是与战争有关的。

但我马上就感到害怕了。当莎士比亚要写到战争时，他这么祈祷道："啊！光芒万丈的缪斯女神啊。"[24] 我很快就明白他的用意了。就连他在写这样一个伟大的题材时都感到绝望，我又有什么希望呢？

部分原因是，已经有太多关于战争的思考和著作了。尽管专业历史学家对这一话题敬而远之，但是依然有数以百万计的书籍、论文、诗歌、戏剧、歌曲是关于战争的。据基利说，截至20世纪90年代中期，就已经有超过五万种关于美国南北战争的书了。没人能读完这么多。

不过，在我看来，这些海量的著作其实可以归纳为四种思考战争的方式。第一种，也是近年来最为普遍的，我称之为个人经历。它讲述战争中的个人经历——在战场上的感受，强暴或者被强暴，折磨或被折磨，为死者而悲伤，与伤者一同生活，或者是忍受火线后方的贫苦生活。不论采取何种体裁，是新闻、诗歌、歌曲也好，是日记、小说、电影也罢，或者只是喝上一杯酒时讲的故事，这种题材的优点在于发自内心，而且很直接。它经常能同时让人感到震惊、兴奋、伤心或是受到启迪。

个人经历试图告诉我们个体在战争中的感受。就像我在前文已经说过的那样，在那些真正经历过暴力的人面前，我没有什么好补充的。但个人层面的故事并没有告诉我们关于战争需要知道的所有东西,最终只能对"战争有什么好处"这个问题做出部分回答。除了战争中的感受,战争还有其他内涵。而我总结的第二种思考角度,我姑且称之为军事历史,可以弥补这一缺陷。

个人经历和军事历史之间的界限有时未必那么分明。至少,从约翰·基根于1976年出版具有开创性的《战斗的面目》一书之后,士兵们在以往战争中的个人经历就成了军事历史中令人饶有兴味的一部分。但军事历史学家也会讲述更宏大的战争场景,描绘整场战斗、战役甚至整个纷争。战争的迷雾总是浓厚的,没有哪个人能看到事情的全貌,或理解事件的全部意义。为了解决这个问题,历史学家在战士和平民的个人经历之外,还会使用官方数据、军官的战地报告、对战场的实地考察以及难以计数的其他资料来源,以求能触及凌驾于任何个人之上的战争全貌。

军事历史的角度经常会渗入第三种视角,我们或许可以称之为技术性研究。几千年来,职业军人、外交官、战略家们经常会基于自身的经验和对历史的了解,从实践中抽象出战争的原则,并试图解释何时应当采用武力解决争端,以及怎样运用武力最为有效。技术性研究几乎可以说是站在了个人经历的对立面:个人经历自下而上地看到暴力,通常看不出它有什么好处;而技术性研究自上而下地看待暴力,经常能看出它有很多作用。

然而,第四种视角会把我们更远地带离个人视角,它把战争视作更广阔的演化图景中的一部分。生物学家早已认识到,暴力是生物争夺资源和繁殖机会的一种有效工具。诸多考古学家、人类学家、历史学家和政治学家总结,我们只有当认识到人类暴力的进化功能时,才能解释人类暴力行为。通过对比人类行为和其他动物行为的特点,他们希望可以找到战争背后的逻辑。

从未有人能全部掌握这四种思考战争的方式,或许以后也不会有人能做到这一点。在长年的阅读和与专业人士的交流之后,我痛苦地意识到自身背景的欠缺。尽管如此,我仍然认为,凭着我在落满尘土的图书馆里的多年苦读,以及我在尘土弥漫的考古学发掘现场的工作经历,我应当可以尝试把这四种思考战争的方式融为一体,解释战争有什么好处。至于我的结论是否正确,需要你自己来判断。但是在我看来,我们应当先从全球的、长期的角度看待战争,再聚焦某些关键点以仔细观察细节,如此才能更好地理解战争。对我而言,看待战争就像看待其他庞大的事物一样:你如果站得太近,就只能看到树木,而看不到树林;但如果站得太远,又看不清楚树木。我认为,大多数个人经历和许多从军事历史角度的观察,都站得太近而看不到全盘的图景;而大部分演化论视角和许多技术性研究的作品,都站得太远而错过了暴力的细节。

如此往复可以让我们看到,长期的后果与那些导致它们发生的短期行动之间可能有多大的不同。经济学家约翰·梅纳德·凯恩斯曾经说过一句名言:"从长期来看,我们都死了。"[25] 而在短期,也就是我们真实生活的时期,战争只能加速我们的死亡。但在过去的一万年中,战争的累积效果却让人们活得更长久。就像我在前文提到的,矛盾贯穿战争始终。

凯恩斯的大部分生涯都在用经济手段帮助英国参加世界大战,而他仍然在1917年写道:"我为我唾弃的一个政府工作,为了一个在我看来是犯罪的目标。"[26] 他或许比大多数人都更明白,很多政府都是在犯罪。但矛盾在这里仍然生效:一万年来的这些利维坦带来的累积效果创造了更和平、更繁荣的社会。我们可以将其称为"希特勒(或是伊迪·阿明……随你挑)反例"问题。纳粹政权是一个怪物,既热衷于保护它的子民,又热衷于屠戮它的子民。看到这样的例子,你怎么能说政府的总体作用是让我们的生活更安全、更富裕?你可能会很高兴地总结说,希特勒的例子驳倒了霍布斯。

但这个"希特勒反例"本身也有问题。希特勒的例子不仅可以驳倒霍布斯,就像我在前文提到的,曾经在几十年的时间里,希特勒的例子似乎也驳倒了埃利亚斯,但后来我们也可以看得很清楚,事实并非如此。1933—1945年，纳粹利维坦吞噬了其治下的年轻人，并把暴力死亡率推高到令人惊骇的程度。但如果我们把观察的眼光稍微放长远一些就会发现，在1945年夏，这头怪兽就被其他利维坦打败了，暴力死亡率也因此恢复了其下行趋势。

我会在第五章里更详细地讨论"希特勒反例"。而现在，我要说的是，挑出一个暴政或是德政的极端例子，既无法证明，又无法反驳"战争有什么好处"这样更加宏大的理论。因此，希特勒的例子并没有驳倒霍布斯。事实是，没有哪两个政府是完全相同的（实际上，考虑到那些不体面的在政治上180度大转弯的历史，同一个政府甚至都无法在很长的时间内保持原样），因此，我们只有从尽可能长期的角度观察政府和战争，才能真正得出有关利维坦的作用的结论。

表a.1是由历史学家尼尔·弗格森设计的，可以很好地帮助我们思考这一问题。弗格森解释说："你应该把它看作一个菜单，而不是一个网格。"[27]每个社会都从一列中选择了一个或多个选项，然后拼凑在一起。这里有超过一万种可能的组合。比如说，希特勒的德国实际上采用了独裁制。它的目标包括安全、原材料、财富以及最重要的土地（即臭名昭著的"生存空间"①）；它提供的公共福利不是那么明显，但是应当包括健康；它的统治主要通过军事手段实现；经济上采取计划经济（尽管计划得很糟糕），主要的受益者是统治层精英；至于社会特征，则无疑是种族灭绝。

表a.1 多种多样的方式：历史学家尼尔·弗格森设计的政府形式"菜单"

宗主体系	目标	公共福利	统治手段	经济制度	谁受益	社会特征
君主独裁	安全	和平	军事	种植园经济	统治层精英	种族灭绝

---

① 生存空间，德国法西斯为对外侵略和扩张而创建的术语，认为一个国家为了发展，可以不断扩大自己的领土和殖民地，这也是希特勒挑起二战的借口。——编者注

（续表）

宗主体系	目标	公共福利	统治手段	经济制度	谁受益	社会特征
贵族政治	交流	贸易	官僚体系	封建领地经济	宗主国人民	等级制度
寡头政治	土地	投资	社区	重商主义经济	殖民者	转化
民主制	原材料 财富 人力 租金 税收	法律 治理 教育 兑换 健康	NGO（非政府组织）公司 当地精英代表	市场经济 混合经济 计划经济	地方精英 全体居民	同化

资料来源：From Colossus: *The Price of America's Empire* by Niall Ferguson, copyright © 2004 by Niall Ferguson. Used by permission of The Penguin Press, a division of Penguin Group [USA] LLC

没有哪两个社会会做出完全相同的选择。在希特勒之前的 2 000 年里，罗马共和国是贵族政治统治形式，而他们最感兴趣的是攫取可以用于军事的人力。罗马共和国主要的公共福利是贸易和法律，大体上通过当地精英的代表机构来统治，造福其大部分居民，其社会特征在漫长的岁月里由等级制度演变为同化。

对于历史爱好者来说，从弗格森的"菜单"里随机抽出不同类型的社会是件很有趣的事，但我们还能从这个表格中得出更重要的东西。在有文字记载的 5 000 年历史中，有些政府的作为更接近霍布斯的利维坦，有些则更像希特勒的第三帝国，但我在这本书里要说的是，其总体趋势是向霍布斯的方向前行的，这也是为什么暴力死亡率下降了这么多。

唯一能看到这一趋势的方法，也是我将在本书中追求的方法，就是从细节上后退一步，从长期角度看究竟发生了什么，而不是听那些理论家或是自封的伟人告诉你发生了什么（或是应该发生什么）。总体来看，政府会追求那些其认为最符合自身利益的东西（具体原因我将在第六章讲述），而不是遵循哲学家为其准备的蓝图。希特勒向欧洲开战，并且清除他所谓的"亚人类"，并不是因为有伪科学家建议他这么做。事实上,他是先决定要开战,再去找伪科学家为他的行为提供佐证的。当希特勒与斯大林在1939年签署了协议,法西斯主义和共产主义结成了"友谊"时,欧洲一片哗然。"所有的主义都过时了。"[28]英国外交部的一些有识之士讥讽道。但他们不应该感到震惊。事情的真相是,主义一直都是过时的。充满矛盾的战略逻辑一直胜过其他东西。

因此,我在这本书中用了大量的篇幅讲述普通人的故事——工人、士兵、经理,而讲述思想家或意识形态理论家的篇幅则要少得多。我们将看到,那些让男人、女人为之付出生命或是为之屠杀无辜者的伟大理念,都像是波涛表面的泡沫,由更深层的力量驱使着。我们只有明白了这一点,才能看到战争究竟有什么好处,以及它将如何发生改变。

进攻计划

本书的前五章将讲述战争的故事,从史前以狩猎和采集为生的人群所处的充满暴力和贫困的世界,写到彼得罗夫的时代。这个故事千头万绪,因为当我们埋首于细节中时,会发现历史就是这个样子的。但这个故事展示出一种强大的趋势。在某种情况下,就像我在第一章和第二章中表述的那样,战争可以是一种建设性的力量。它创造出利维坦,而利维坦让人们更安全、更富有。在其他情况下,就像我在第三章中提到的,战争可以走向建设性的反面,让更大、更富有、更安全的社会倒退回更小、更穷困、更暴力的社会。但在其他情况下,就像我在第四章和第五章中提到的那样,战争可以变得比以往更具建设性,它不仅创造出利维坦,还打造出"世界警察"。"世界警察"像巨人一样称雄世界,用一种在过去会被视为魔法的方式改变人们的生活;它们也握有极具毁灭性的武器,可能会把所有的生命全部消灭。

在第六章,我将从故事中跳出来,将其置于更宏大的进化论环境之中，以让它变得更具意义。随后，在第七章中，这个故事将告诉我们，这个世界在 21 世纪将走向何方。我认为，这个问题的答案既让人警惕，又让人感到轻松。说它让人警惕，是因为接下来的 40 年将是历史上最危险的时期；说它让人感到轻松，是因为我们有理由相信，我们不仅有可能在这一时期内幸存，还可能在这一时期内取得辉煌的成就。关于战争的漫长故事正接近其非同寻常的终点。但要想弄清楚这一点，必须深入观察我们充满暴力的过去。我们现在就开始。

第一章
不毛之地？古罗马的战争与和平

世界边缘的战斗

在人们的记忆中，各个部落间首次实现了和平——瓦科马吉人（Vacomagi）和泰扎里人（Taexali）、德坎泰人（Decantae）和卢基人（Lugi）、凯雷尼人（Caereni）和卡诺纳凯人（Carnonacae）。所有能拿起武器的男人都赶往格劳庇乌山①。酋帅们认为，那将是罗马人出现的地方。在这里，在这个能俯瞰冰冷的北海的高地（图1.1），喀里多尼亚人将进行一场在歌谣中被永久传唱的战斗。

我们永远无法知道，那些长发飘飘的凯尔特诗人究竟为那天参战的英雄们谱写了怎样的赞美诗篇。他们所有的史诗都早已被遗忘了。关于那天发生的事情的记录，唯一流传到今天的，是由古罗马最伟大的历史学家之一的塔西佗所写。塔西佗并没有跟随军队来到格劳庇乌山，不过他娶了那天参战的将军的女儿。如果将塔西佗对战斗的描述与考古发现、其他罗马人的记录放在一起，我们可以发现两件事：不

---

① 关于此山名称及其对应地点，学界至今仍存在争议。本书采用了较为普遍接受的译名。——编者注

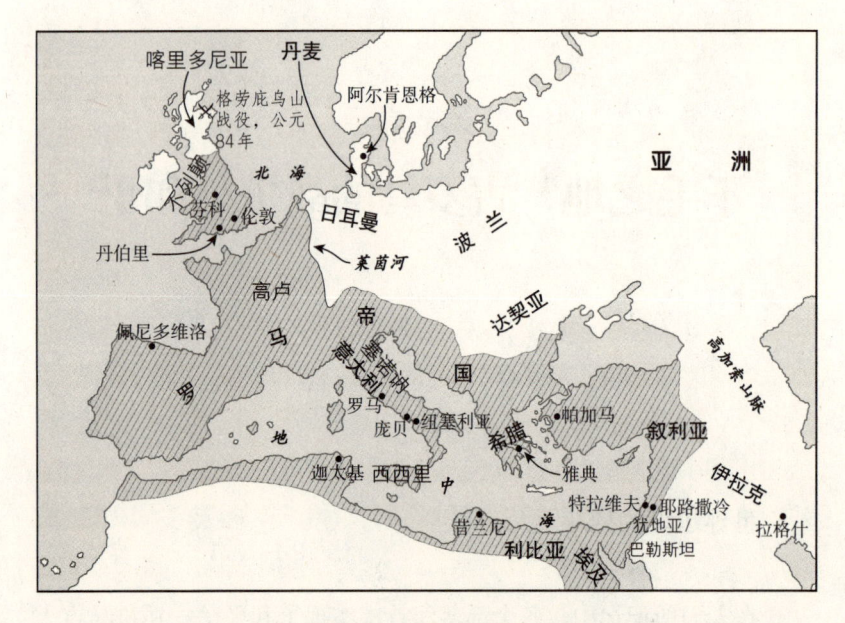

图1.1　不毛之地？格劳庇乌山战役时的罗马帝国（公元84年）

仅可以好好了解一下近2 000年前两军交战时的场景★，还可以发现本书试图要解决的那个问题已赤裸裸地呈现在我们面前。

"北方的子民们！"[1]

卡加库斯用尽全力喊道，试图让自己的声音在一片嘈杂中能被听到：战士们的喊叫、铜质号角的响声以及下面的谷地中双轮马车的响动声。在他的前方，三万人挤挤攮攮，毫无纪律可言，从没有人见过这么多的北方野蛮人聚集在一起。他扬起手臂，希望人们能安静下来，但没有如愿。

"兄弟们，听我说！"有那么一会儿，喧哗声变得更大了，因为人们开始呼喊卡加库斯的名字。接着，喧哗声变得小了些，显示出人们对他的尊敬。卡加库斯是一位伟大的战士，也是喀里多尼亚几十位酋帅中最为勇武的一位。

★ 对历史学家来说，弄懂对古代战斗的描述，是一桩臭名昭著的麻烦事。我在本书末尾的注释和延伸阅读中对这个问题的解释进行了（大量）讨论。

"北方的子民们！这是不列颠的自由之黎明！我们所有人都将并肩作战。这是属于英雄的一天，也是贪生怕死之人的唯一生路！"霎时，苍白的阳光穿透了北国铅灰色的天空，人们的欢呼声再度打断了卡加库斯。他仰起头，高声怒吼。

"听我说！我们生活在天地的尽头，我们是大地上最后的自由人。我们身后再也没有其他部落了，只剩下岩石和波涛；而就算是在岩石之上、波涛之中，也到处是罗马人。没人能躲开罗马人。他们已经劫掠了这个世界。现在，他们已经窃取了陆地上的一切，因此又开始劫掠海洋。如果他们认为你有钱，他们会出于贪念攻击你；如果他们认为你一无所有，他们会暴露出野心。他们已经抢夺了西方和东方的一切，但是仍然不知餍足。在大地之上，只有他们会不分贫富地一概抢夺。他们打着那诓骗成性的政府的旗号，去偷盗、杀戮、掠夺！他们竟把这称作帝国，他们把大地变为不毛之地，然后称之为和平！"

由声嘶力竭的喊叫声、跺脚声、刀剑击打盾牌声共同组成的浪潮淹没了卡加库斯后面的话。不等任何人下达命令，人群就开始向前涌动。有的是上百人跟在一名酋帅的身后前进，其他一些人则自顾自地向前冲锋，兴奋得手舞足蹈。卡加库斯披上了一件锁子甲，跑着追赶他的部下。战斗打响了。

数百米之外，罗马人在等待。他们的将军阿古利可拉已经为这场战斗等待了六年。每个夏天，他都率军向北推进，烧毁不列颠人的房屋和作物，迫使后者迎战。现在，当公元83年的秋天临近时，他终于得偿所愿：一场战斗。尽管他的部队以寡敌众，远离自己的堡垒，补给能力已经接近极限，但这毕竟是一场战斗。这令他很满意。

阿古利可拉命令他的士兵排成两行。尽管地面坑坑洼洼，但是他们的队伍如尺子一般笔直。在阵列的第一行是辅助兵，他们参加战斗是为了得到金钱（这是好东西）和劫掠的机会（这个更好），并且在服役满25年之后，他们可以获得罗马公民权。参加这场战斗的大部分辅助兵是从莱茵河沿岸招募的日耳曼人。他们有些是掩护阵线两翼的骑兵,更多的则是步兵。这些人可不是挥舞着大砍刀的部落勇士,他们几乎肩并肩地站着,手持标枪和锋利的刀剑,装备着约14千克重的铠甲、铁制头盔和盾牌(图1.2)。

阵列的第二行由精锐的军团士兵组成,他们的装备更加精良,成员全都是罗马公民,是世界上最英勇的士兵。掌旗官们站在他们的前

图1.2 为帝国而战:1世纪,一名效忠罗马的日耳曼辅助兵

资料来源:Landesmuseum Mainz, Mainz, Germany

方。阿古利可拉差人把他的坐骑牵走,随后站在掌旗官们中间。

正如阿古利可拉预料的那样,这场战斗并没有持续很久。喀里多尼亚人冲进谷地,尽可能地靠近罗马人,然后投掷他们的长矛,再挤回安全的位置。阿古利可拉的一些士兵倒下了,有的是因没有防护的大腿受伤了,有的则当场送命。但是将军仍然在等待。很快,众多敌人涌进了谷地,这使得敌人们失去了机动的能力。直到这时,将军才命令辅助兵们前进。

有一些喀里多尼亚人转身逃走了,有的则没有逃走,而是试图找到可以双手大弧度挥舞大砍刀的位置,这些大砍刀可以穿透盔甲、皮肉、骨头,把人剁成两半。但披着金属重甲的辅助兵们稳步向前,一排又一排地向前推进,靠近分散的高地人,使得他们无法使用笨重的武器。当靠得足够近时,罗马士兵就用镶着铁边的盾牌击碎了敌人的鼻子和牙齿,用短剑刺穿敌人的肋部和咽喉,再从倒在湿润草丛中的敌人身上践踏而过。喷溅而出的血液在罗马士兵的铠甲和头盔上凝结了厚厚的一层,但他们仍然向前推进,把昏厥和受伤的敌人留给后面的战友解决。

人们常说,没有哪个作战计划是能在遭遇敌人后还有效的。[2]当罗马辅助兵向山上推进时,他们一直以来不可阻挡的整齐阵列开始瓦解。辅助兵们累坏了,身上浸透了汗水和血水。他们先是放慢了速度,接着停了下来。三三两两的喀里多尼亚战士转过身来,在巨石和树丛间站定。在那漫长的几分钟里,他们冲着罗马士兵叫骂,并朝对方投掷石块和剩余的长矛。接着,随着他们的阵线越发坚实,胆子大的人就开始靠近入侵者了。越来越多的人转身跑下山坡,鼓起勇气,开始骚扰罗马士兵的侧翼。辅助兵的进攻停了下来。喀里多尼亚人认为形势已经逆转,他们的骑手骑着满身泥点的小马开始冲击日耳曼人的后方,用长矛刺敌人的腿,严严实实地将敌人包围起来,使敌人无力反击。

在谷地的另一边,阿古利可拉仍然没有动,但是他发出了一个信

033

号,随即军号发出了一个新的命令。他的辅助兵骑手们开始叮当作响地前进了。就像在进行阅兵似的,他们的纵队整齐地展开为一条横线。军号再度吹响,骑手们放低了他们的长矛。军号第三次吹响了,骑手们开始让他们的战马飞奔起来。他们用膝盖紧紧夹着马肚子(五个世纪之后马镫才被发明出来),俯身飞驰,马蹄踏过地上的鲜血,奔驰声如雷霆炸响,骑手们发出了怒吼。

当发觉罗马骑手们出现在身后时,喀里多尼亚人立刻转过身来与他们作战。罗马骑手们冲过阵前,一时间刀光剑影,长矛对刺。有的地方,马匹直接撞在了一起,骑手和马匹都叫喊着摔在了地上,摔断了腿和脊背。但是在更多的地方,北方人开始逃跑,令人丧失理智的恐惧让这些人打消了其他念头,只知道逃跑。仅有的一些坚持战斗的人发现身边的人逐渐消失,他们胸中的怒火也开始消退,最终也丢下武器,开始逃跑。

转瞬间,军队化为乌合之众。剩下的喀里多尼亚人仍然多得足以淹没罗马人,但是一旦丧失了秩序,希望也就化为了泡影。罗马骑兵穿过野花和溪流,纵横在格劳庇乌山的山坡上,他们用长矛刺杀一切在奔跑的东西,用马蹄践踏不再移动的物体。在有树丛遮掩的地方,喀里多尼亚人聚集在树荫下,希望能避其锋芒。但罗马骑兵在一片混乱中依然有条不紊地翻身下马,将敌人驱赶回空地之中,再继续他们的追逐。

罗马人的杀戮一直持续到夜幕降临。他们估计,约有一万名喀里多尼亚人被杀。卡加库斯很有可能也在阵亡者之中,因为我们再也没有从文献资料中看到过他的名字。与之相反,阿古利可拉毫发无损。在罗马方面,只有360名辅助兵丧生,连一个军团士兵都没有损失。

历史学家塔西佗告诉我们,在黑暗中,"不列颠人四散奔逃,男女齐声号哭,扶着伤者,或是呼喊着幸存者。有些人逃离了自己的家园,甚至在慌乱中放火焚毁了自己的家园。其他人则四处躲藏,栖息片刻。他们一会儿聚在一起商议复仇计划,一会儿四散开。有时候,他们看到自己的亲人,不禁悲从中来;更多的时候他们则怒火中烧。我们发现,有些人对自己的妻子和孩子下手了——这在某种意义上算是一种怜悯"[3]。

塔西佗接着写道，当太阳再度升起时，"四处是一片可怕的沉寂。山野之中空无一人，远处的房屋冒着残烟，斥候们没有发现任何人"。卡加库斯是对的：罗马人把大地变为不毛之地，然后称之为和平。

罗马治下的和平

冬季即将来临。阿古利可拉的敌人已经崩溃，而他的士兵们也已经非常疲惫。因此，阿古利可拉率领他的部队返回基地，任由喀里多尼亚人自生自灭。

他们越向南深入罗马已经控制了几十载的领土，所经之处就越不像是不毛之地。这里没有被焚毁的废墟，没有饥肠辘辘的逃难者。相反，罗马人看到的是精心打理的田地或者熙熙攘攘的城镇，以及热情地向他们兜售商品的商人。富裕的农民端着精致的进口杯子喝着意大利葡萄酒，曾经野蛮的不列颠军阀们也不再栖身于山丘堡垒之中，而是住进了奢华的别墅。他们炫耀着身上遮盖了文身的罗马式托加。他们还把儿子送去学拉丁语。

如果卡加库斯能活着看到这一切，他或许会为这种矛盾的现象感到困惑。但对于大多数生活在罗马边境的人民来说，罗马帝国为什么并非不毛之地，其原因再清楚不过了。距此一个半世纪之前，古罗马演说家马库斯·图利乌斯·西塞罗曾经在给弟弟昆图斯的一封信中完美地表述过这一点。当时，昆图斯在希腊人居住的富庶的亚细亚行省（大体上位于今天的土耳其西部）担任总督。这是一个甚为理想的职位，但昆图斯性情暴躁，因此他治下的民众怨声载道。

西塞罗先是给了昆图斯几页大哥式的严肃建议，随后口气一转，表示并非都是昆图斯的错。希腊人需要面对现实。西塞罗指出："让亚细亚好好想想这个问题吧，如果不是在我们政府的统治之下，这个地区难免会遭受内忧外患。只要有政府，就必然要有税收。所以亚细亚应当乐于献上一点物产，换得永久的和平。"[4]

在 2 000 年前，卡加库斯和西塞罗对于战争的产物明确地表现出了两种不同的看法：战争究竟会带来不毛之地，还是人间仙境？这两种对立的观点将贯穿本书始终。

在一个理想化的世界，我们可以用数字说话，解决这场辩论。如果罗马人的征服带来了暴力死亡率下降和繁荣程度上升，我们就可以说西塞罗是正确的，战争确有其好处；如果一切相反，那么显然卡加库斯对当时情况的理解更为准确，战争只会形成不毛之地。而在本书的第二章至第五章，我们也可重复这样的测试，考察后来的历史时期，并最终得出关于战争到底有没有好处，以及有什么好处的总体结论。

但现实世界很少能这样遂人愿。我在前言部分提到，为战争中的死亡人数建立数据库已经成了一个小的学术分支，但是如果时间前移到公元 1500 年，我们基本找不到什么可靠的数据，即便在欧洲也是如此。只有一种证据，有可能覆盖各个时期，并且能一直上溯到人类的起源——那就是人类的遗骸，上面通常会留有暴力致命的痕迹。也许有一天，我们可以从这一源头上获得可靠的统计数字，但是当前的问题是，并没有多少学者对这种情况复杂、在技术层面充满挑战的材料上做过大规模的研究。即便以后会有人完成这样的研究，得出的结论仍然不会太明确。

例如，在对以色列特拉维夫大学搜集的颅骨进行的一项研究（该研究的结果于 2012 年公布）中，人们发现在过去 6 000 年中，暴力的手法并没有发生什么变化。然而，2013 年对来自秘鲁的人体骨骼的分析却表明，当更大型的国家处于形成过程中时（大体上为公元前 400—公元 100 年，以及 1000—1400 年），暴力程度会到达一个高峰，这与本书的观点大体一致。除非我们能发现比现在多得多的证据，否则我们对于公元 1500 年以前的时期（在有些地方，连 21 世纪的数据都很缺乏）的情况，只能在偶尔出现的一些真实数字之外，再混以考古学发现、文学记载和人类学比较研究进行考察。

这本来就是一项繁杂的工作，而罗马辽阔的疆域使其变得更加繁杂。在卡加库斯生活的时代，有6 000万人生活在罗马，其疆域面积相当于今天美国本土的一半。其中，约有4 000万人（希腊人、叙利亚人、犹太人、埃及人）生活在帝国东部复杂的城市社会之中，而剩下的2 000万人（凯尔特人和日耳曼人）生活在西部较简单的乡村和部落社会之中。

关于希腊人生活的亚细亚地区在被罗马征服前的暴力情况，我们已经从西塞罗的观点中得知。而在其他一些作家的笔下，那些西方的蛮族（"barbarian"，罗马人就是这样轻蔑地称呼他们的）★听上去更糟糕。罗马人说，打架、劫掠、战斗是他们的家常便饭，每个村子都建有防御工事。对一个罗马绅士来说，如果没穿托加，他可能会觉得自己穿得太单薄；而对一个日耳曼人来说，如果没带着盾牌和长矛，他就会觉得仿佛赤身裸体。罗马人坚称，那些蛮族崇拜砍下来的人头。他们喜欢把人头挂在正门外，涂上雪松油以防止发臭。他们为他们愤怒的诸神献上活人当祭品，有时甚至把人放到柳条编成的神像里活活烧死。塔西佗说得很直白："日耳曼人对和平不感兴趣。"[5]

因此，难怪西塞罗和他的同侪们会认为，罗马征服其邻邦，其实是在帮这些邻邦一个大忙。我们也无须奇怪一些历史学家会说，当现代古典学术在18世纪形成时，大多数顶尖的智者都认同罗马人的看法。欧洲人也乐意认为，他们征服世界是在帮这个世界一个大忙。因此，罗马人的观点在他们看来就再合理不过了。

但在欧洲帝国于20世纪后期衰退之后，古典主义者们开始质疑罗马人对被征服者的血淋淋的描绘。有的学者认为，也许古代的帝国主义者就像现代的帝国主义者一样，热衷于把他们手下的受害者描绘成未开化而腐朽，需要被征服的样子。西塞罗想要为压榨希腊人找

★ 希腊人声称，其他语言在他们听来就像是在说"bar bar bar"。罗马人从希腊人那里学会了这种傲慢地、不加区分地统称外国人的做法。具有讽刺意味的是，大多数希腊人把罗马人也视为蛮族。

到借口，恺撒要让对高卢（大体上是现代的法国）的进攻看起来有必要，而塔西佗想要赞美他的岳父阿古利可拉。

如果你完全相信恺撒说的"高卢人需要被征服"，那么这可能就像完全相信英国作家拉迪亚德·吉卜林的那句著名的"统治刚被抓到的愠怒的人是白人的负担"（我将在第四章再谈这个问题）一样不明智。不过，幸运的是，我们并非必须相信罗马人的话，因为还有很多其他声音流传到了今天。

在地中海东岸，有文化的上层希腊人写下了他们自己的想法。他们有时会对罗马征服者百般阿谀，有时候则变成激进的反帝国主义者。不过，奇怪的是，他们也会把未被征服的世界描绘成一幅满是失败的国家、邪恶的海盗和土匪、没完没了的战争、充满暴动和叛乱的灰暗图景。

比如，有一段碑文刻在一尊雕像的底座上。这尊竖立于公元前58年的雕像使帕加马的菲利普为世人所知。（帕加马位于亚细亚行省境内，而公元前58年刚好是昆图斯结束其亚细亚行省总督任期后一年，因此，昆图斯和菲利普应该相识。）碑文告诉我们，在菲利普各类善举之中，他曾经写过一部《历史》，试图"讲述最近发生的事件——在我们时代的亚洲、欧洲、利比亚的部落之中和岛民的城市之中发生的苦难和相互屠杀"[6]。显然，菲利普认同西塞罗兄弟关于"没有罗马，亚细亚将变得一团糟"的说法。

在西部，被征服者中能够写字的人不多，也确实没有他们的任何想法流传到今天。不过，考古学发现表明，罗马人并没有乱讲。在被罗马人征服之前，这里的许多人甚至大部分人确实居住在有围墙和壕沟的堡垒中。尽管我们发掘出来的东西无法证明他们习惯性地持有武器，但我们可以知道，人们经常在埋葬他们的父亲、兄弟、丈夫和儿子时把武器一同埋掉（有时候埋盾牌、铠甲甚至整驾马车）。他们希望自己的男性亲属以英勇战士的身份被铭记。

最令人惊讶的是，凯尔特人和日耳曼人的神灵确实喜欢人祭。游览过伦敦大英博物馆的数百万游客都看过那个最著名的例子:一具有着2 000年历史、于1984年从英国柴郡的泥炭沼泽(peat marsh)里捞出来的保存完好的尸体[他很快就被起了"皮特·马什"(Pete Marsh)的绰号]。在3月或4月的一天,大约在罗马人抵达不列颠的10~20年之前,这个不幸的人头上挨了两下,胸部被捅,又被绞喉,最后被沉入沼泽以确保他死掉。人们在他被水浸泡的内脏里发现了槲寄生,由此我们可以得知他大约是在什么月份丧命的(不过年份就比较难确定了)。槲寄生是德鲁伊教的神圣植物。据塔西佗和恺撒说,德鲁伊教崇尚人祭。因此,许多考古学家认为,皮特·马什是某种杀人仪式的牺牲品。

一共有几十具看起来像是祭品的沼泽沉尸被发掘出来,一同被发现的还有人们崇拜颅骨的遗迹。2009年,考古学家有了令人震惊的发现:他们在丹麦阿尔肯恩格的一处沼泽地里发现了200具尸体。很多尸体被砍成数段,他们的骨骸中夹杂着斧头、长矛、刀剑和盾牌。有人认为他们是在战斗中被杀的,也有人认为他们是在战斗结束后被当作祭品杀死的。

当然,或许我们对这些发现的解读也有误。武器与死者同葬和在沼泽中进行人祭并不一定意味着四处战火不断。这些被发掘出的遗骸或许意味着,暴力已经只会出现在仪式当中了。而那些搭建和挖掘出来的围墙和壕沟可能也并非出于防御目的,也许它们只是一种表示地位的方式,就像维多利亚时代的上流人士喜欢在他们的乡间庄园仿制一些可怕的城堡似的。

但这些说法都不十分可信。人们花费几千个小时的时间挖掘壕沟、修筑城墙,显然是因为他们的生存依赖于此。挖掘出来的最完好的堡垒在英格兰南部的丹伯里。那里的木质大门和村庄的一部分被烧毁过两次。在约公元前100年发生了两次大火之后,大约有100具尸体被丢进了坑里,这些尸体都带着金属武器留下的伤痕。

在丹伯里发生的事情并非孤例,可怕的新发现不断出现。2011

年，考古学家在英国德比郡的芬科发现了一处屠杀现场，他们在一小段壕沟里找到了9具尸体（其中还有一具是孕妇）。这些尸体都是在公元前400年前后被同时埋葬的，上面还压着芬科堡倒塌的围墙。发掘者猜测，大概还有几十甚至上百具遇害者的尸体没有被发现。

西塞罗显然是对的，罗马人到来前的世界是可怕的。卡加库斯大概也不会反驳这一点，但他的观点是，被罗马人征服后的世界更糟糕。

没人知道究竟有多少人死于罗马的扩张战争。这场扩张于公元前5—前4世纪从意大利开始，在公元前3世纪扩散至西地中海地区，在公元前2世纪来到东地中海地区，又在公元前1世纪影响了西北欧。罗马人并没有记录这一数字（图1.3），但是死亡总数大概超过500万

图1.3 数人头：2世纪第二个10年，为罗马而战的蛮族辅助兵向皇帝展示在达契亚（位于今罗马尼亚）的一场战斗中斩获的敌人首级

资料来源：Scala/Art Resource, NY

人，更多的人沦为奴隶。因此，我们有必要认真地考虑一下卡加库斯的观点。

由于罗马的内部政治情况和遇到的抵抗的激烈程度不同，暴力的水平也不尽相同。在一些极端的情况中，罗马军队会彻底摧毁敌人的领土，导致其后几十年内都没有人能在该地生存，就像公元前283年在一个叫作塞诺讷的意大利部落发生的那样。希腊历史学家波利比乌斯本人就曾在战败后作为战俘被押往罗马。据他说，当公元前3世纪罗马与迦太基的战争告一段落时，人们对这样的场景已经习以为常："他们会杀掉他们遇到的一切生命，人畜不留……因此，在罗马人攻占一座城市之后，你或许不仅会看到人类的尸体，还会看到被砍成两半的狗，以及其他动物的残肢。"[7]

那些未做太多抵抗就投降的人的待遇会好得多，但罗马人最痛恨投降之后又出尔反尔的人。这种情况经常发生。例如，恺撒在公元前58—前56年，未遇到太多抵抗就征服了高卢的大部分地区，但又不得不再花6年时间镇压他们的叛乱。古代的作家们声称，恺撒最后杀掉了300万高卢青壮男子中的100万，并且将另外100万人贩卖为奴。

在罗马人眼中，最可恶的冒犯者是犹太人。约瑟夫斯曾是一名犹太将军，他在公元66—73年发生的犹太人大起义早期投降了罗马。据他记载，罗马人不仅烧毁了耶路撒冷的神庙，窃取了神圣的宝物，还杀死了100多万犹太人，并奴役了几十万犹太人。而这仅仅是开始。公元132年，当犹太人再度起义时，罗马人就真的变得凶残了。一份犹太人的记载称，罗马人"不停杀人，直到鲜血没过了他们胯下战马的鼻子才住手"[8]。这种说法显然是夸张的，但是确实又有50万人死于非命。犹太行省（犹地亚）被更名为巴勒斯坦，这一名称来自古代居住在这里的腓力斯丁人。幸存的犹太人被驱逐出耶路撒冷，每年仅有一天被允许回去。流亡的犹太人遍布欧洲和中东地区。

西塞罗与卡加库斯观点相左的地方在于征服后发生的事情。作为处于优势地位的罗马统治阶层，西塞罗可以看到，在罗马军团离开、反叛之火被血水浇灭之后,和平降临了,战士的坟墓和嗜血的众神消失了。古代城市那些已经没有存在必要的围墙日渐破败,终于倒塌。新的城市如雨后春笋般出现,防御工事却消失了。

西塞罗可能会接受卡加库斯的这个观点:罗马时常会制造出一些不毛之地。尽管他对罗马的文明化使命十分热衷,但他也像其他人一样明白,无论是对征服者来说,还是对被征服者来说,征服的过程都不美好。战争的胜利者可以进行空前的劫掠。在约公元前80—前30年,罗马的政府机构不断地因为争夺战利品的内战而崩溃。有些时候,头脑正常的商人都不会在没有武装保卫的情况下在意大利的大路上旅行。曾经接连几个月,暴徒们控制了罗马的街头,吓得连人们选举出的执政官都躲在(布置了防御工事的)自家宅邸里瑟瑟发抖,不敢外出。

公元前1世纪的罗马贵族也十分易怒,动辄就想用暴力去报复任何轻慢行为(不过也并非像莎士比亚那些以罗马为背景的戏剧中那样没来由地动粗)。在被一位将军(罗马"后三头同盟"成员安东尼)的手下杀害而英年早逝之前,西塞罗因为指控一群恶棍而声名远播。惨遭杀害之后,西塞罗的头和双手都被砍了下来,钉在集会广场之上,用来警示那些胆敢对实权人物发表反对意见的人。

据说,在那一时期前后,西塞罗众多仇敌之一——马库斯·李锡尼·克拉苏曾说过:"一个人如果养不起自己的军队,他就算不上什么富人。"[9] 在公元前30年前后,一个人出现了,他告诉我们这个逻辑会走向何方。这个人就是恺撒的甥外孙——屋大维。通过战争,屋大维摆脱了那些令人厌烦的贵族,使自己成为罗马帝国的第一位皇帝。他十分明智地坚称自己只是一个普通人,以此消除了人们对他的反对。不过,他也是世界上最富有的普通人,而且还恰好完全掌控着当时全世界最强大的军队。

屋大维接受的唯一荣誉是一个新名字——奥古斯都,意为"最受尊崇的人"。但大多数贵族立刻就意识到发生了什么。塔西佗说:"人们发现,心甘情愿地奴颜婢膝才是升官发财最便捷的道路。他们既然从革命中得到了好处,也就宁愿在当前的新秩序之下苟且偷安,不去留恋那会带来危险的旧制度了。"[10]贵族们不再像克拉苏那样说话。他们意识到,既然现在只有奥古斯都才能使用致命的暴力,他们只得找到更安静的方式解决彼此的矛盾。利维坦拔掉了贵族的尖牙。

如前言所述,埃利亚斯在《文明的进程》中说,欧洲的暴力程度在大约公元1500年之后下降了,因为争吵不休的贵族们逐渐放弃把杀戮作为解决争端的方法。埃利亚斯在他的论述过程中几次提及了罗马,但他似乎并没有意识到罗马人早在1500年前就做到了这一点。在公元后的前两个世纪之中,富有的罗马人为自己重新塑造出和平的形象,并将这一时期称作"罗马治下的和平"。

整个帝国似乎都如释重负般地长舒了一口气。诗人贺拉斯欣喜地写道:"公牛徜徉在平安的田野,刻瑞斯(农业和丰收女神)和繁荣滋养着大地,水手飞驰在平静的海面。"[11]受过良好教育的作家们对这个时代的奇妙罕见地态度一致。曾经是奴隶的斯多葛派哲学家爱比克泰德称赞罗马"为我们带来了伟大的和平,不再有战争、打斗、巨寇或是海盗;从日出到日落,任何时候我们都可以随意出行"[12]。

要堆砌类似这样的文字实在是太容易了。18世纪70年代,当英国历史学家爱德华·吉本开始着手写作后世首部关于罗马帝国的历史书时说道:"如果有人被要求在世界历史中找到一个人类最幸福、最繁荣的时期,他会毫不迟疑地选择从图密善去世到康茂德①继位之间的这段时间(即公元96—180年)。"[13]

吉本虽这样说,但他也知道生活在罗马帝国并不容易。公元头两个世纪是角斗士们的黄金岁月,潮水般的人群聚集起来观看角斗士的互相残杀(单是罗马斗兽场就能容纳五万人)。暴力也并非局限在竞技场里。例如,公元59年,庞贝人举办了一场盛大的角斗士表演,相距不远的纽塞利亚人也来看热闹。"像往常一样,这些粗鲁的乡村小镇人就开始互相辱骂,"温文尔雅的塔西佗写道,"辱骂随后演变成

---

① 图密善和康茂德,二人都是罗马帝国时期的暴君。——译者注

丢掷石块，然后刀剑相向。"[14] 对于野蛮的喀里多尼亚人来说，这或许是再正常不过的事情，但接下来发生的事情会让他们感到惊讶。纽塞利亚人并没有直接进行报复，而是选择向皇帝申诉。委员会召开了会议，并提交了报告。庞贝城的节日主办者被放逐，而该城在10年内不准再举办角斗士表演（事实上，这处罚并不轻，因为在20年之后，庞贝就因维苏威火山爆发而被从地图上抹去了）。事情到此结束。

20世纪90年代，波斯尼亚爆发了种族暴力冲突，而一个克罗地亚人早在南斯拉夫解体前就洞见了这一点："我们生活在和平与和谐之中，因为每隔100米就有一个警察，他的作用是确保我们相亲相爱。"[15] 而在1世纪的庞贝并没有这样的警察力量维持和平，实际上，在英国于1828年建立现代警察制度之前，这世界上就没有这样的事物存在。那么，为什么杀戮就到此为止了呢？

原因或许是，罗马的统治者成功地传递了这样一个信息：只有政府有权力使用暴力。如果在公元59年，庞贝人继续杀害纽塞利亚人的话，皇帝将收到更多报告，而他拥有30个军团，可以用来对付那些未经许可就诉诸暴力、杀害潜在纳税人的惹是生非之徒。但在这里，我们也可看到暴力那充满矛盾的逻辑：由于所有人都知道，皇帝能（而且在被逼无奈时会）出动军团，所以他几乎从未真正有必要这样做。

我在前言提到，霍布斯将国家分成"以力取得的主权"[16]，即用武力迫使人们和平相处的国家，和"按约建立的主权"，即利用信任让人们遵从规矩的国家。不过，在现实中，这两种方式并行不悖。在59年，庞贝人放下了他们的武器，因为几个世纪以来的战争已经塑造出一个强大的利维坦，人们相信这个利维坦可以威服其子民。吉本指出，罗马帝国用法律取代了战争。在公元头两个世纪，用武力解决分歧的方式，就算不是完全无法想象的，至少也是非常不明智的。

当然，政府和法律也有自身的问题。塔西佗笔下的一个人物开玩笑说："以前，我们受犯罪之苦；现在，我们受法律之苦。"[17] 帝国的臣民们意识到，如果一个政府强大到足以消除犯罪，那么其自身也可以犯下更大的罪恶。

一些罗马官员将这点利用到了极致。当然，像罗马历史上常见的那样，最坏的犯罪也发生在公元前1世纪，适逢中央政府最弱小之时。盖乌斯·维尔列斯在公元前73—前71年担任西西里的总督。他曾开玩笑说，自己在这个位置上需要干三年：第一年非法敛财让自己变成富人，第二年非法敛财让自己请得起好的律师，第三年非法敛财让自己能贿赂法官和陪审团。[18] 维尔列斯确实是这样做的，他殴打、监禁那些不愿意给他钱财的人，甚至将他们钉上十字架。

但这一切终归是竹篮打水一场空。西塞罗因对维尔列斯发起指控成名。维尔列斯最终流亡海外，才逃脱了审判。在接下来的两个世纪中，指控腐败官员成了年轻律师迅速出人头地的标准途径。虽然经常有一些关系较硬的恶棍能够逃脱处罚，但新的法律逐渐让暴力敲诈的生存空间越来越小。

罗马以战争创造出来的帝国并非乌托邦，但很多流传至今的书面资料（罗马人和行省人民的记载兼有）确实表明，罗马使臣民过上了更安全的生活。而且很显然，罗马也让他们变得更富裕。随着海盗和土匪纷纷被镇压，贸易蓬勃发展起来。为了能够调动军队和舰队，政府修建了最高水准的道路和港口，而商人也可以利用这些设施。反过来，罗马向这些商人征税，并把征到的大部分钱花在武装力量上。

军队集中布置在边境行省，这些行省大多不足以养活这么多非农业人口（在公元第一个世纪，军人总数大约为35万）。因此，军队在购买粮饷上花费巨大。商人将这些食物从生产能力强大的地中海沿岸行省运送到这些生产能力相对落后的边疆行省。这一运输过程让贸易商赚取了更多利润，政府可以对此征税，从而获得更多金钱充作军费，再由此产生更多商业利润，从而形成了一个良性循环。

税收和贸易的滚动前所未有地将地中海经济捆绑成一个整体。每个地区都可以生产对它来说成本最低、质量最好的产品，再把产品销往卖得上高价的地方。市场和货币遍及帝国的每一个角落和缝隙。

由于有了更大的市场，更大的船只变得有利可图；由于有了更大的船只，运输费用得以下降。因此，越来越多的人可以前往大城市。在那里，政府投入了扣除军费之外的大部分钱财。在公元头两个世纪里，有100万人生活在罗马城，这一数字是前所未有的。而在安条克和亚历山德里亚各生活着50万人。

这些城市是世界的奇迹，城市里热闹非凡，散发着异味，沸反盈天，但也充满了盛大的场面与仪式，以及发光的大理石。所有这一切都需要有更多人，更多食物，更多砖头、铁钉、盆盆罐罐和葡萄酒，而这些就意味着更多税收、更多贸易和更快的经济增长。

一点一点地，热闹的活动使流通中商品的数量得以增长。据估算，在公元头两个世纪中，被并入罗马帝国的地区，其人均消费量通常会增加约50%。这一过程给富人带来的好处更多，使得他们变得更加富有，但考古学家发现的证据，包括房屋的规模、宴会吃剩下的肉骨头、钱币、人类骨架高度证明，数以千万计的普通人也从中得到了好处（图1.4）。

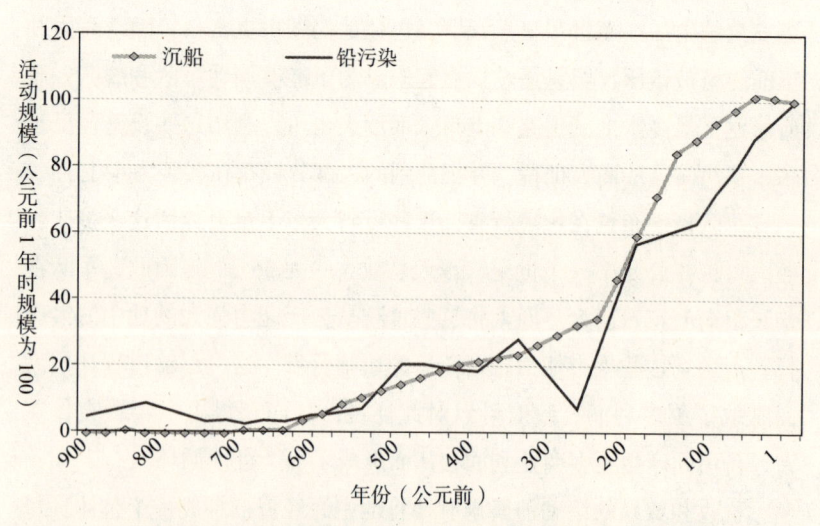

图1.4 富足的时代：印证贸易水平的地中海沉船数量和印证工业活动水平的西班牙佩尼多维洛沼泽的铅污染状况呈现出同步的增长。沉船数量和铅污染情况都经过标准化处理，使其可以呈现在同一纵轴上

古罗马地理学家老普林尼（他最出名的事就是因过近观察维苏威火山爆发而身故）曾在格劳庇乌山之战爆发前 4 年，问了这样一个问题："今天还有谁不知道，托罗马帝国皇帝之福，世界的各个角落才得以彼此沟通？人们的生活水平才得以实现巨大的进步？人们依靠着贸易才普遍享受着和平之福？"[19] 罗马帝国，并非不毛之地。

坐寇

在吉本看来，帝国幸福的原因是很明显的。罗马有幸拥有伟大的统治者，他们认为自己"得到了过多报酬，这里有他们的成就所必然带来的无边赞颂；还有他们为自己的善德真诚地感到的骄傲，以及看到自己给人民带来普遍的幸福生活而感到的由衷喜悦"[20]。

这种"依靠几个好人"的理论自然是有其吸引力的，首要就是它把事情简单化了。如果罗马成功的因素真的就是一系列伟大的领导者，那么我们就不需要得出"在古代，战争是有好处的"这一令人不快的结论了。这种理论似乎是在说，一个组织只要有足够好的领导者，就可以渡过任何难关。如果是这样的话，我们就不能说古代世界是因为战争才变得更安全、更富庶的，而应该说尽管有战争的纷扰，古代世界依然变得更安全、更富庶了。

但吉本的观点也是有漏洞的。首先，古代皇帝的真正影响力是有限的。罗马确实曾经出现过一些精力旺盛的统治者，他们夙夜不懈地工作，答复信件、听取案件情况、做出决策。但如果想把事情做成，他们必须与一层又一层的官僚、律师、学者一同发挥作用，而这些人是各有打算的。即便是精力最为充沛的皇帝，比如像奥古斯都这样的人，也要付出很多努力才能有所作为。

其次，罗马帝国不仅有奥古斯都这样的明君，也有卡里古拉和尼禄这样的暴君。他们取乐的方式与常人不同，前者与自己的妹妹乱伦，还任命马做执政官，后者则居然在罗马城燃起大火时奏乐。据记录这些历史的人（官僚、律师和学者们）说，在 1 世纪，罗马在暴君统治下的时间要比在贤君统治下的时间更长——提比略、卡里古拉、尼禄和图密善都留下了恶名，而他们一共统治了罗马 56 年。但就在这几百年中，人们却看到和平与繁荣事业前所未有地突飞猛进。

总的来说，我们似乎不能把大批普通人的生活变得更安全、更富裕这件事归功于"贤明的牧羊人"。在大多数时候，罗马的统治精英们所追求的无外乎他们自身的利益，只是与此同时，他们也让大多数人的生活变得更好了。

这个世界的奥古斯都们靠打败对手获得统治权，并且凭借手中握有比其他人都重的兵权维持统治。但要获得这样的武力，是要花钱的。统治者可以通过掠夺他的臣民来养活他的军队（不毛之地的模式），但如此一来终将有一天会再无东西可以掠夺。而且，就像罗马最糟糕的统治者经常发现的那样，那些生活悲惨的人会一直反叛下去，直到统治者所拥有的一切被掠夺一空。

从长期来看，只有当统治者懂得在何时停止劫掠，甚至学会有所回馈时，政府才能够维持下去。经济学家曼瑟尔·奥尔森巧妙地将统治者与土匪做了比较。奥尔森说，通常的匪徒都是流寇，他们会闯进一个社区，尽可能地偷盗能拿走的东西，然后再逃走。他们不在乎会造成多大的损失，对他们来说，唯一重要的是要尽可能多地偷盗，然后再去下一个地方。

奥尔森意识到，统治者也从他们的臣民身上偷盗。但利维坦与烧杀掳掠的匪徒有着巨大的区别，那就是统治者们是坐寇。[21] 他们并不会疯狂地偷盗然后逃之夭夭，而是留在一地。对他们来说，他们不仅要避免犯下竭泽而渔的错误，还要尽自己所能让臣民变得更富裕，从而有望在未来获得更大收获。

通常来说，统治者有必要花上一些时间和金钱清除其他流寇，因为流寇的偷盗所得就是统治者的税收损失。如此，在社区内镇压暴力也就变得有意义，因为被杀害的臣民没法在军队中服役或是纳税了，且在村庄冲突中荒废的田地也无法再出产作物。统治者甚至会把皇家或贵族的收入花在道路、港口和其他福利上，只要这些投资能在可以接受的时间内回馈以更高的收益。

利维坦也是一个犯罪集团，但可能是所有犯罪集团里最不坏的那个。统治者使用武力保障和平，再为此向其臣民收取费用。统治者的效率越高，他们能获得的利润就越多。经过一代又一代人，竞争压力推动罗马政府变得越来越高效。包税人横征暴敛，导致那些受害者次年无力再继续纳税，这就损害了罗马的利益，因此罗马把包税制取消了。让有生产潜力的城市居民饿死对罗马更有害，因此罗马建设了港口，甚至免费发放食物。"自私自利"带来了良好的副作用，使得整个帝国的臣民都更安全、更富裕。战争的矛盾性充分发挥了作用。长于暴力的人可以打造出王国，但要经营好这些王国，他们必须变成经理人。

尤利乌斯·恺撒再次成了经典的例子。他曾经写道，"veni, vidi, vici"[22]（我来了，我见了，我征服了）。不过，如果他说的是"veni, vidi, vici, administravi"（我来了，我见了，我征服了，我管理了）就更好了，因为他确实在来了、见了、征服了之后，又进行了出色的管理。他进行了多项改革，其中就包括推行2 000年后仍在使用的儒略历。July（七月）也以恺撒的氏族名（Julius）命名。

古代皇帝并非凯恩斯主义经济学家，不会坐在那里算计着每在维持和平上投入一个塞斯特提乌斯钱币，就能在税收上获得两个塞斯特提乌斯的回报。不过，很多古代帝王都是冷峻而聪明的人，他们不仅掌握了利维坦与其臣民之间的处世原则，还懂得要让所有人看到他们是理解人民的感受的。公元前2360年前后留下的一段文字很好地表现了这一点。这段文字是目前流传下来的最古老的政治性文告之一。拉格什（今伊拉克东南部）的国王乌鲁卡基那（统治时间约为公元前2380—前2360年）在文告中宣称，他已经"将拉格什的居民从高利贷、苛政、饥饿、盗窃、凶杀和掠夺中解救了出来。他实现了自由。孤儿寡妇不再需要强者的垂怜，乌鲁卡基那正是为了他们而与拉格什城的宁吉尔苏女神订立了誓约"[23]。就算是奥古斯都也没法说得更好了。

乌鲁卡基那的形象几乎在时间缥缈的迷雾中消失了,但根据这份文告,我们可以看出他十分清楚投入的价值。政府统治之道非凡的一部分就是信任。人民如果怀疑他们的统治者发了狂、腐败或者是个白痴,就很有可能会违抗统治者的命令;而如果政府的管理看起来技术娴熟、公正,甚至受到众神的青睐,那么人们密谋反对这一统治的可能性就会下降。

不过,根据事物的平均规律,我们知道古代世界一定也有疯狂、腐败或无能的统治者。故事的真正主角,也就是那些让利维坦发挥作用的人,是官僚、律师和他们的随从。那些文官和精于算计的人经常限制奥古斯都,但更重要的是,他们也经常限制卡里古拉。

在流传至今的材料中满是这样的故事:罗马皇帝因那些专门妨碍议案通过的元老和操纵法庭事务的受过良好教育的奴隶生气。大体来看,在这样的事件中,那些臣僚都不会有好结果。但在这些留下鲜明印记的案例背后,还有成千上万的没那么出彩的人。从不列颠到叙利亚,在到处可见的墓碑上,人们骄傲地铭刻着自己的官职,以及他们在委员会供职、征税时,或在底层官场摸爬滚打中所取得的荣誉。"我,就连我这样的人,"一个早年务农的北非人吹嘘道,"也成了城市议员,又被他们推选坐在了厅堂之上……多年以来,我以工作成绩而出人头地,也从未有任何的指控中伤我……因此,当我死去时,我就像活着时一样光明磊落。"[24]

有足够的证据表明,罗马帝国的中层管理者们可以像他们的统治者一样自私自利。他们塞满了自己的腰包,不失时机地提拔自己的亲属。但同样有足够的证据表明,更多的中层管理者充满热忱、刻苦而勤奋。他们确保了引水渠的修建、道路的维护以及信函的送达。他们推动着罗马治下的和平继续前行。

毁灭性的大错也可能发生,罗马也曾度过那些危机接二连三出现的危险阶段。但从长期来看,他们面对的压力是不变的。战士们征服了更小的国家,从而不得不变成管理者。良好的管理可以让国家更高效、更安全、更富有,这样的国家可以让管理者有能力与敌对的国家竞争。而在这样的竞争中,管理者又不得不变回战士,用暴力消灭他们的敌人。

我们能不能都安然相处

1992年4月的一天,在洛杉矶城外的西米谷,一个陪审团做出了一项惊人的决定。他们先是看了一段录像,录像显示,一个叫罗德尼·金的人在因超速驾驶被截停后,遭到了警察的殴打。警察一共用警棍打了他56下,还踢了他6脚。随后,医生告诉陪审团,金的面部和脚踝都受了伤。接着,有护士做证说,当警察把金送到医院时,他们还拿金挨打一事开玩笑。但陪审团最后宣布三名被告无罪,而对第四名被告没能达成判决意见。

当天晚上,洛杉矶就发生了一场暴乱。这场暴乱在随后几天的时间里席卷了整个美国。在暴乱中,共有53人丧生,2 000多人受伤,财产损失达10亿美元。在暴力事件发生的第三天,金出现在电视上,提出了20世纪90年代最著名的问题之一:"大伙儿,我只想说,你们觉得,我们能不能都安然相处?我们能不能安然相处?我们能不能别、别让事情变得这么糟糕?"[25]

这是一个好问题。古时候的人们肯定也问过同样的问题。在通往和平的道路上,他们能否不选择那条充满暴力、化一切为不毛之地的战争之路,而是一起坐下来,协商建立一个更大的组织,制定规则,再自觉地纳税,然后安然相处?

显然不能。温斯顿·丘吉尔曾说道:"吵吵总比打打好。"[26]但在古代历史的记载中,我们很难找到一个令人信服的例证,表明人们自愿组成一个更大的社会,而不是被实际或潜在的暴力迫使就范。

就拿帕加马的菲利普的例子来说吧。我在前文曾提到他关于公元前1世纪希腊世界是如何被战争、海盗和匪徒毁掉的看法。"靠着我勤勉的双手,我将这部历史传递给希腊人,"他解释道,"如此……通过观察他人的痛苦,希腊人或许会选择以正确的方式生活。"[27] 但希腊人不为所动,继续互相杀伐。他们最终停了下来,但不是因为菲利普的"吵吵",而是因为罗马人的"打打"。

公元前67年,罗马元老院派格涅乌斯·庞培(出于某些原因,他被称为"伟大的"庞培)消灭侵扰希腊水域的海盗。像通常一样,他们这么做并非大发善心,而是为了自身的利益。当时的海盗十分猖獗,以致在公元前75年,年轻的尤利乌斯·恺撒都被绑架了。(他当时对绑架者说,等他被赎回去,他会再回来把绑架者全部钉上十字架。当然,他也确实做到了这一点。)在公元前70年之后,一些海盗甚至开始袭击意大利的海港。

希腊人完全无力镇压海盗活动,但庞培带去了罗马式的组织方式和具有令人惊异的现代特征的策略。2006年,深受伊拉克武装袭击之苦的美军采取了一种新策略,他们将其称作"清剿、坚守、建设"[28]。美军不再把歼灭或擒获袭击者作为首要目标,而变为在某一个地区赶走袭击者,固守这个地区,再重建这个地区,随后有条不紊地前进到下一个地区。到2009年,死于暴力袭击的人数下降了超过80%。而在2 000多年前,庞培想出了同样的策略。庞培将地中海划分为13个区域,然后在一个夏天的时间里逐一清理这些区域,同样遵循"清剿、坚守、建设"的策略(图1.5)。在围捕了两万名海盗之后,庞培并没有钉死他们,而是赐予他们和平的生活。在关于庞培的传记中写道:"野兽,通常在臣服于更高贵优雅的存在时,会丧失其凶狠和野蛮。因此,庞培决定把这些海盗从海洋迁移到陆地,让他们习惯在城市里居住,习惯在田间耕作,从而让他们品尝到文明生活的好处。"[29]

在海洋平静之后,庞培的目光转向了陆地。他率领罗马军队,打了五次漂亮的战役,穿过叙利亚的城市、高加索的要塞和埃及的边界,一路上击溃了异邦的国王、反叛的将军和放肆的犹太人。他又一

图1.5 肃清海洋：公元前1世纪，罗马水兵正准备登上敌舰（浮雕作品）
资料来源：Scala /Art Resource, NY

次采取了"清剿、坚守、建设"的策略，制定法律，安置罗马守备队，整顿财政。在清除腐败和敲诈勒索的同时，庞培下调了税率，提高了罗马人的收入。和平降临了。包括雅典在内的几个希腊城市称颂庞培是下凡的神明。

庞培之所以诉诸武力，并不是因为罗马人缺乏"吵吵"的技巧（相反，这个国家里挤满了西塞罗这样的演说家），而是因为他像许多罗马人一样，清楚"吵吵"发挥作用的最好时机是在"打打"之后。比如，塔西佗记载道，阿古利可拉把他在不列颠的第一个夏天（公元77年）花在了恫吓当地原住民上——塔西佗称他们为"孤陋寡闻、无知蒙昧，因此才热衷于打架的人"[30]。随后，阿古利可拉在冬天"为当地人提供生活便利设施，让他们能够适应和平而静谧的生活。不论是私下里还是在公开场合，阿古利可拉都鼓励并支持当地人兴建神庙、广场和设施良好的住房"。

不列颠人很高兴。塔西佗说道："结果，历来不接受拉丁语的居民反而在学习罗马人的语言。并且，他们也喜爱罗马人的服饰，托加之风盛行。"美国国际政治学者约瑟夫·奈把这种方式称作"软实力"，即"利用制度、思想、价值观、文化和政策的合法性等无形的因素"[31]赢得人心，与之相对的是战争和经济等具有强迫性的硬实力。

塔西佗明白软实力的诱惑："人们逐渐倾心于那些消磨意志的诱惑——花厅、洗浴、奢侈的宴会，毫无戒心的不列颠人把这些新奇的事物视作'文明'，但这些正是他们被奴役的一种方式。"不过，他也知道，软实力必须在硬实力发挥作用后才能奏效。19个世纪之后，在越南的美国人则这样形容道："先抓住他们的要害，然后就能赢得他们的心和头脑了。"[32] 罗马人在不列颠的成就要远大于美国人在越南的作为。罗马人赢得了当地人的心和头脑，因为他们已经剥夺了不列颠人反击的自由。当阿古利可拉还要对付卡加库斯这种尚可反击的不列颠人时，还没轮到托加出场呢。

考古学发现大体印证了这点。罗马的产品，特别是葡萄酒（放在与众不同的包装里运来的），即便在罗马边境以外很远的地方都很抢手。有传闻说，高卢人的酋长为了换取一大罐葡萄酒，甘愿把一个人当作奴隶卖掉。而罗马的作家们则异口同声地表示，那些习惯于罗马的生活方式、靠近边境地区的蛮族人，打起仗来都不如那些远离罗马、依旧野蛮的蛮族人凶猛。

最具诱惑力的软实力是知识。在公元后的头几个世纪里，罗马人完善了一系列的思想体系。其中最成功的就是斯多葛主义和基督教。二者在起源时都并非罗马帝国软实力的一部分。实际上这两种信仰的创始人都对世界的现状持批评态度。一个是身无分文的希腊哲学家，一个是犹太人木匠，两个人都依靠真理从社会的边缘和帝国的地理边缘发迹。经过许多代人之后，当时帝国的冷峻而聪明的统治者做了他们这样的人经常会做的事：颠覆了这些反主流文化。他们并没有抗拒这些文化，而是把其中表现得最优秀的、最聪明的年轻人吸收进统治阶层中。他们在这些思想中挑挑拣拣。在曾经的极端分子中，他们奖励那些懂得讨好统治阶层的人,无视那些不谙此道的人。逐渐地,他们把对帝国的批评转变成了对帝国的辩解。耶稣对虔诚的基督徒们说:"恺撒的归恺撒。"[33] 而圣保罗补充道:"因为所有权力都是来自上帝的,掌权者都是上帝所立的。"[34]

斯多葛主义和基督教使帝国的臣民们确信,未经授权的暴力是罪恶的。这对利维坦来说是件好事。于是,帝国开始大力向其邻邦输送这些价值观。不过,尽管这些新的思想十分具有感染力,但它们本身并不能劝诱任何人加入帝国。只有战争或是对战争的恐惧能做到这一点。在那之后,软实力发挥作用的时机来了,它把被征服者融为一体,让帝国实现某种程度的统一。

像很多事情一样,对于战争先行原则来说,那些看上去的例外反而可以证明这一原则。例如,古希腊的小城邦们有很多理由摒弃彼此的分歧,结合成一个更大的社会体。在城邦内部,希腊人大体上可以很好地维持和平:到了公元前500年,人们每天出门就不需要携带武器了;而到了公元前430年,雅典有一位上层人士甚至抱怨说,他再也不能在街上殴打奴隶了(事实上,这已经是违法的行为了)。当城邦之间也处于和平时,希腊的暴力死亡率必然达到了古代世界的最低点。然而,对大多数城邦来说,三年之中往往就有两年是处于战争状态的。据柏拉图说:"大多数人口中说的'和平'只是一种想象,实际上,每个城邦都在与其他所有城邦进行着一场没有宣战的战争。"[35]

随后,并不令人感到惊奇,在公元前477年,几十个吵吵嚷嚷的希腊城邦同意把大部分主权让渡给雅典。他们此举并非出于对和平的热爱或是对雅典的推崇,而完全是因为他们担心如果依然各自为政,就很有可能会被波斯帝国逐一吞并。波斯帝国曾在公元前480年试图征服希腊。到了公元前5世纪40年代前后,在波斯人的威胁衰减之后,有几个城邦不再愿意臣服于雅典,转而决定各行其是,但很快被雅典人用武力制止了。

到了公元前3—前2世纪,新一轮城邦合并潮流席卷了希腊。这一次，城邦们纷纷联合起来，组成了同盟（字面的意思是"社群"，但通常翻译为"同盟"）。这些城邦建立起代表同盟的政府，将安全防御和财政管理统一起来。但其主要动机依然是担心自己无法独立赢得战争——起初是对抗亚历山大大帝那些强大的马其顿继任者，随后是对抗入侵的罗马人。

最特别的故事发生在埃及国王托勒密八世（绰号为"胖家伙"）和帕加马国王阿塔罗斯三世身上。托勒密八世先是在公元前163年被他的兄长（托勒密六世）赶出了埃及。公元前155年，被驱逐的托勒密八世立下遗嘱，一旦他死后无嗣，他的新王国昔兰尼就由罗马人接管。阿塔罗斯三世则更为过分，他在公元前133年死去时无嗣，他的臣民们惊讶地发现，自己也连同王国一起被赠送给了罗马帝国。

我们不知道罗马人对托勒密八世的遗嘱有何看法，因为这位体重超重的君主实际上又活了40年，并且在勾引了自己的继女之后，生下了一大堆继承人。不过，我们知道，对于阿塔罗斯三世的馈赠，罗马人与帕加马人一样感到惊讶。而出于私心，元老院中的各派系就阿塔罗斯三世是否有权馈赠他的王国进行了激烈的辩论。

托勒密八世和阿塔罗斯三世的所作所为，并非出于对罗马的热爱，而是因为比起罗马，他们更害怕战争。*在没有后嗣的情况下，两人都十分惧怕内战的爆发。早在"胖家伙"设立遗嘱之前，托勒密兄弟就曾相残。阿塔罗斯三世的情况更糟糕。一个自称是他同父异母弟弟的人觊觎王位，煽动穷人造反（差点在阿塔罗斯三世死前就酿成内战），而另外四个邻国的国王则企图伺机瓜分帕加马。因此，对于托勒密八世和阿塔罗斯三世来说，把国家和平地移交给罗马就成了一个不错的选择。

---

* 据我们所知，托勒密八世和阿塔罗斯三世最为热爱的是女人。托勒密八世在娶了自己的姐姐（这意味着他的继女同时也是他的外甥女）之后，又勾引了自己的继女。而阿塔罗斯三世与其母亲的关系连世俗的希腊人都感到反常。（阿塔罗斯三世的另一个爱好是养有毒的植物，他在这一方面也确有天赋。）

这就是世界对罗德尼·金的经典回答：不，我们没办法安然相处。唯一能说服人们放弃杀戮和掠夺的力量就是暴力，或者对即将来临的暴力的恐惧。

要想理解这一现象背后的原因，我们必须放眼世界的另一端。

我们就是怪兽

在南太平洋的一座岛屿上，一个名叫西蒙的男孩站在丛林中的一块空地上，他正跟插在棍子上的一颗死猪头争论。

"你可别以为你们能猎杀那头怪兽！"[36] 猪头说。

西蒙没有回答。他口干舌燥，感觉脑袋里一跳一跳的。他的癫痫要发作了。

在海滩上，他的同伴们载歌载舞。当这些男孩刚发觉自己流落到这座岛屿时，感到一切都很有趣，仿佛是游戏一样：他们游泳，吹海螺，在星空下入眠。但不知不觉间，他们和谐的小社会分崩离析了。一个阴影潜藏在他们之间，像一头邪恶的怪兽，让森林变得可怕。

直到今天。一群十几岁的猎人刺中了一头正在哺育幼崽的母猪。男孩们兴奋地大喊大叫，互相涂抹着鲜血，准备享用一顿大餐。但他们的"首领"认为，需要先做一件事：他把那面露微笑的猪头砍了下来，并把它插在那根刺死这头猪的尖木棍上。"这颗猪头是献给怪兽的，"他对着森林喊道，"这是一个礼物。"

随后，男孩们抬着死猪逃到海滩上去。只有西蒙没有去，他一个人蹲在空地那斑斑驳驳、看起来不真实的光影之中。

猪头说："你心中有数，是不是？我就是你的一部分？过来，过来，过来点儿！事情办不成是我的责任吗？为什么事情搞成这副样子呢？"

西蒙知道了。他的身体僵硬地弯了下去。他的癫痫发作了。他向前，向前，朝着那头猪咧开的大嘴倒去。猪的牙齿之间的血液已经发黑了，苍蝇在四周飞舞。猪嘴里面是漆黑的，黑暗还在逐渐扩大。西蒙知道了：怪兽是杀不掉的。我们就是怪兽。

这是英国作家威廉·戈尔丁在他令人难忘的小说《蝇王》中所写的。流落在太平洋上、远离学校和规矩的一群男孩懂得了黑暗的事实：人类杀戮成癖，我们的心灵天生就喜爱暴力。我们就是怪兽，只有一层脆弱的文明加以控制。只要有哪怕一丁点儿机会，怪兽就会逃脱。戈尔丁告诉我们，这就是为什么事情办不成。这就是为什么卡加库斯和阿古利可拉没法商谈，只能开战。

不过，是这样吗？在南太平洋的另一座岛屿，或许就在距离戈尔丁的岛屿不远的地方，似乎讲述了一个不同的故事。就像小说家戈尔丁一样，想要成为人类学家的年轻的玛格丽特·米德也怀疑，在这个暖风吹拂、棕榈叶亲吻着海浪的纯朴环境里，她可能会看到人性这根曲木①被剥去文明的粉饰。但与从来没去过太平洋的戈尔丁（不过在二战结束时，他原本要负责指挥登陆艇参加太平洋战事的）不同，米德在1925年逃离了纽约城，来到了萨摩亚（图1.6）。

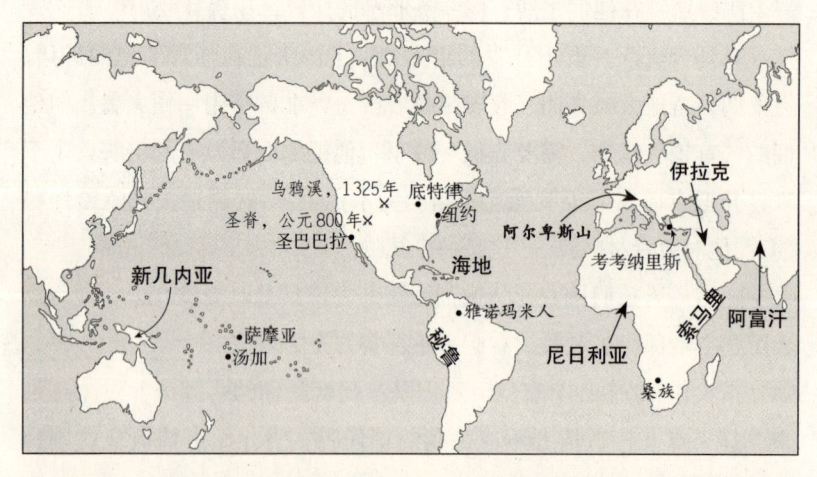

图1.6 怪兽与高贵的野蛮人的土地：本章中涉及的罗马之外的地点

① 人性这根曲木，语出康德，完整的句子是："人性这根曲木，决然造不出任何笔直的东西。"——编者注

"当拂晓来临时，"米德在她的人类学经典《萨摩亚人的成年》中写道，"恋人们就离开幽会地点——棕榈树下或是停放在岸上的独木舟旁——溜回家中。天亮时分，他们都会在自己应当睡着的位置出现。"[37]

猪头在萨摩亚可没什么可怕的。"太阳越升越高，茅草屋顶投下的影子也越来越深……今天要烹饪的家庭都在辛勤劳作；人们从内陆带回来了芋头、番薯和香蕉；孩子们四处跑来跑去，弄来海水，或是弄来树叶喂猪。"晚上，一家人会在平静和满足中分享食物。"有时，直到午夜过后许久人们才会入睡。最后，就只剩下了海浪轻打礁石的柔和声响与恋人们的低语，整个村庄都休息了，直到破晓……"

"萨摩亚，"米德总结道，"在这里，没人会下大的赌注，没人会付出沉重的代价，没人会因为自己的罪行而受苦，也没人为特殊的目的而进行决斗。"[38] 在萨摩亚，怪兽不知所终。

戈尔丁和米德都把暴力视作一种病态，却给出了不同的诊断。在戈尔丁看来，暴力是存在于人的基因之中的，是从我们的祖先那里继承来的。文明是唯一的解药，但即便是文明也只能控制其症状，不能除去病根。米德则得出了相反的结论。在她看来，"南太平洋的例子"证明暴力是传染来的，而文明正是它的源头，而非它的解药。2 000多年前卡加库斯和阿古利可拉相互厮杀，是他们各自所属的好战的文化使然。而在20世纪还在继续厮杀的人们，也是因为好战的文化让他们如此行事。

1940年，当法国在希特勒的铁蹄下沦陷，伦敦被雨点般洒落的炸弹袭击，波兰犹太人的尸体堆满壕沟时，米德发现了一个新的比喻："战争不过是一种发明。"[39] 当然，她承认，战争是"一种大多数人类社会都知晓的发明"，尽管如此，"如果我们为战争似乎是大多数人一种根深蒂固的习惯而感到绝望，我们也应当从中得到些许慰藉：糟糕的发明总会被更好的发明所取代"。

米德并非唯一持这种观点的人，不过她迅速成为其中最具影响力的一个。1969年，当米德从美国自然历史博物馆退休时，她已经成为世界上最著名的社会科学家。令数百万读者感到满意的是,她已经证明了人类的自然状态是和平的。受到舆论的影响,一个又一个人类学家在实地考察之后报告说,他们的人民也是和平的(西方人类学家喜欢把自己考察的人群称为"我的人民")。那是一个属于歌曲《战争》、谈情说爱的集会和宣称要颠覆五角大楼的反战示威的时代。在那样一个时代,我们只可能看到卢梭终于赢得了他与霍布斯持续了几个世纪之久的辩论。

在某种程度上,美国人类学家拿破仑·夏侬就曾是这么想的。1964年,他暂停了在密歇根大学安娜堡分校研究生院的生涯,转而去了巴西和委内瑞拉边境的雨林地区。他打算研究那里的雅诺玛米人★的婚姻状况。他满心期望雅诺玛米人过着一种他称之为"单纯的人类的生活"。他说:"这种生活图景早在我进行实地考察前就浮现在我的脑海中,是一种'卢梭式'的想法。"但对此,雅诺玛米人却持有不同意见。

"当我像鸭子一样蹒跚地走过低矮的通道(边界地带出于防御目的而建造的通道),走进村落中央的空地,第一次见到雅诺玛米人时,我简直兴奋得难以自持。"夏侬浑身是黏糊糊的汗,手上和脸上更是因为虫子叮咬而肿了起来。

> (我)向上看去,结果倒抽了一口气。我看到十几个健壮、赤裸、满身是汗的可怕男子正挽弓搭箭,瞄准我们!……他们的鼻孔滴着暗绿色的黏液,那黏液甚至挂到了他们的胸肌上,或是沿着下巴向下淌。我们抵达村落的时候,正好赶上这些人往

★ 对于术语,人类学家再重视不过了。一项针对夏侬观点的研究认为,"Yanomamö是夏侬对整个族群的称呼,那些将这一族群称为 Yanomamö 的人往往是夏侬观点的支持者。而那些更愿意使用 Yanomami 或 Yanomamo 这些名词的人则通常持中立,或是反对夏侬的观点"。[40] 我一直觉得采取中立的态度比较好,所以在英文版中,我使用了"Yanomami"这一用法。

鼻子里喷一种迷幻药剂……我的下一个发现是,有差不多十几只饥肠辘辘的猛犬包围了我,对着我的腿,把牙咬得咯咯直响,仿佛我将是它们的下一顿大餐。我站在那儿,无助而可悲地拿着我的笔记本。接着,一股腐烂的蔬菜和秽物的臭气袭来,我差点吐了……

在我们到来之前,这里刚刚发生了一场激烈的战斗。前一天,有七个女人被邻近的村落劫走了。就在那天早上,这个村落的男人和他们请来的帮手与劫掠者经历了一场野蛮的棍棒大战,并救回五个被劫的女人……我承认,如果有什么外交渠道能让我逃走的话,我当时就会终止这次实地考察,我对此一点儿也不感到羞愧。[41]

但他留了下来,并且在其后的30年里又来访至少25次。他发现,雅诺玛米人的世界与玛格丽特·米德的萨摩亚并不一样。他观察说:"有很多事件,既体现了个人的恶毒,又展现了集体的好斗……这些事件包括最普通的打老婆、打胸膛、决斗★,以及为了伏击和消灭敌对村庄而展开的突袭(图1.7)。"[42]

凭借几十年来的数据,夏侬发现大约有1/4的雅诺玛米男子会死于暴力,而2/5的男子曾参与至少一次杀人事件。更糟糕的是,他发现使用暴力是有"回报"的。平均而言,杀过人的男子比没杀过人的男子生下的孩子多两倍。怪兽就在奥里诺科河的上游活蹦乱跳。

与霍布斯和卢梭不同,夏侬从来没有被驱逐过(实际上,他大部分时间都在圣巴巴拉教书,对于一个教授来说,那可是最舒服的地方之一),不过,他的学术对头们对他展开了多轮质疑。首先,他们质疑他是如何搜集证据的。这在很大程度上是因为夏侬比大多数人类学

★ 打胸膛的意思是,两个愤怒的人轮番击打对方的左胸,直到有一方难以承受为止;而决斗,则是两个更加愤怒的人用(有时候是削尖了的)木棍击打对方的头部,直到其中一人被击倒。

图1.7 并非高贵的野蛮人：雅诺玛米人为了争夺一个女人而进行的棍棒大战，照片拍摄于20世纪70年代早期。注意图中间偏左位置的男子，他胸部和腹部上的暗色的线，是从他头上流下来的血

资料来源：© Dr. Napoleon A. Chagnon, *Yanomamo*, Harcourt Brace College Publishers, 1997, p. 187

家都更愿意坦承在实地考察中所遭遇的困难。夏侬承认，他一抵达比萨西特里村就遇到了麻烦：他发现，雅诺玛米人认为，大声说出别人的名字是非常无礼的（无礼到可以动粗的程度）。这样一来，他原本计划的族谱研究就变得特别困难。夏侬不屈不挠地继续着他的努力。雅诺玛米人被他的粗鲁冒犯了，于是为了报复，他们就开始编造出一些名字，而且越傻越好。而夏侬这个愚蠢的外乡人居然把这些名字都记录了下来，这让雅诺玛米人感到很有趣。

夏侬直到五个月之后才得知真相。当时，他走访了另一个村落，说出了一个比萨西特里村的人告诉他的名字。"霎时间一片寂静,紧接着整个村落都陷入了一片无法抑制的狂笑声、笑得喘不上气声、抽气声和喊叫声。在他们看来,我认为比萨西特里村的头人名叫'长屌',而他的弟弟名叫'鹰屎',头人的儿子名叫'浑蛋',女儿名叫'放屁'。"[43]

在做实地考察的时候,最好有个后备方案。现在,既然夏侬的计划已经告吹,他就拿出了后备方案。雅诺玛米人或许不愿意说出他们亲属的名字,但是他们很愿意说出他们敌人的亲属的名字。夏侬发现,用一点儿小恩小惠或者小敲诈的手段,总能帮他弄到所需要的信息。

后备方案奏效了。不过,这个方案可不是一个教人与其他文化互动的好例子。实际上,美国人类学学会执行委员会在2002年正式谴责了夏侬的实地考察方法,这在该学会历史上还是第一次。直到2005年,在一次全体投票之后才撤销了这一谴责,而这在该学会历史上也是第一次。人们群情激愤。有些人类学家问道,如果夏侬能如此不诚实地对待"他的人民",那么学者们还能相信他说的话吗?一些曾经在雅诺玛米人居住地工作过的人干脆拒绝相信他,坚称雅诺玛米人一点儿也不热衷于暴力。他们说,夏侬伪造数据,只是为了吸引眼球。

接下来,事情就真的变得很难看了。一些批评人士指责夏侬参与了巴西人的密谋,将雅诺玛米人居住地分割成小块的保留地,使淘金者可以恐吓各个部落,从而更方便地攫取资源。2012年,委内瑞拉活动家指责淘金者杀害了80名雅诺玛米人,但政府派去的调查团并没有发现任何尸体。一名批评人士甚至宣称,夏侬助长了麻疹的传播,导致数百名雅诺玛米人死亡。

这在学术史上算不得光彩。但世界总是平衡的。就在针对夏侬和他的蝇王式研究结论的批评声日渐高涨时,玛格丽特·米德和她的《萨摩亚人的成年》也开始"享受"同样的待遇。1983年,从20世纪40年代起就在萨摩亚工作的新西兰人类学家德雷克·弗里曼出版了一本书，指责米德完全误读了这个地方。

弗里曼从米德未发表的记录中发现，米德远没有像她自己描述的那样"讲着他们的语言，吃着他们的食物，光着脚、盘着腿坐在卵石地上"[44]。实际上，米德对当地人的语言仅仅略知皮毛，她仅在萨摩亚待了几个月，她在身份问题上也没有说实话。她和一名美国药剂师及其家人住在一间小别墅里，还曾经与美国太平洋舰队的司令共进晚餐。弗里曼总结道，由于米德在萨摩亚过着殖民者一般的生活，她没有注意到20世纪20年代萨摩亚警察记录上就清清楚楚记载着的事实：萨摩亚岛上的暴力死亡率要高于美国（在芝加哥黑手党阿尔·卡彭的时代，那可不是个小数字）。

更糟糕的是，在1987年的一次采访中，法阿普阿·法阿木（当时她已是一位曾祖母，但在1926年时，她是米德的一位重要线人）承认，她和她的朋友福福阿都觉得米德十分可笑，就像雅诺玛米人对夏侬的看法一样。不过，其中也有一个重大的区别：米德始终没有意识到当地人在戏弄她。米德对性的问题十分感兴趣，这让法阿木感到十分难堪。法阿木说："我们就撒些小谎来骗她。"[45]《萨摩亚人的成年》一书在很大程度上依仗着那些十几岁的年轻人在性方面的荒诞故事。

到了20世纪90年代，由于人类学家之间的指责、揭短行为愈演愈烈，实在让人有种人类学在霍布斯和卢梭之后就再无进步的感觉。有些人类学家甚至开始庆祝，声称他们所从事的这一领域根本得不出什么结论。新一代的学者声称，实地考察根本就不是一种搜集数据的方法，而更像是一种编故事似的艺术表演。那些寄希望于实地考察能得出什么"事实"的人根本大错特错。

幸运的是，这些说法都是错的。在恶意中伤和口水战的背后，人们往往不会注意到有数百名人类学家在几十年的时间内有条不紊地做着真正的工作。他们慢慢地将小规模社群的暴力情况搜集起来，建立起一个信息量惊人的数据库。从非洲到北极，人们在世界各地耐心进行的研究最终构成了一个关键的发现：小规模社群的暴力死亡率通常高得惊人。

在20世纪，工业化世界发生了两次世界大战和多次种族灭绝事件。自理查森的《致命争吵的统计数字》（我在前言部分中提过）之后，人们整理出丰富的数据库，因此我们可以比较自信地说，在这100年内曾经生活在地球上的大约100亿人中，大约有1亿~2亿人死于战争、世代仇杀和凶杀等暴力事件，这一死亡人数大体是总人口的1%~2%。而在人类学家和考古学家可以进行研究的小规模社群中，平均的暴力死亡率则要达到10%~20%，是前者的10倍。

这并不意味着雅诺玛米人和萨摩亚人像19世纪典型的野蛮人那样整日随意杀人、伤人。人类学家还发现，即便是最凶狠的族群，也懂得通过亲属圈子、交换礼物和聚会等渠道和方式为大部分冲突寻求和平的解决方案。但无法回避的事实是，他们选择用血说话的概率高得惊人。2008年，贾雷德·戴蒙德在新几内亚高原进行实地考察。那个被戴蒙德描述为"欢快、热情、善于交际的"[46]司机在闲谈中对他说，自己曾经参与了一场持续三年之久的仇杀，该仇杀共夺去了30条性命。戴蒙德对此感到十分吃惊。（更让他吃惊的是，由于他在书中讲了这个故事，这名司机起诉了他，索赔1 000万美元。这个案件最终没有被受理。）

人类学家花了很长时间才注意到，"我的人民"的行为方式经常如《蝇王》中的人物一般。他们为什么花了这么久的时间才注意到这一点呢？原因很简单：人类学家用于观察的时间往往不够长。例如，在美国作家伊丽莎白·马歇尔·托马斯十几岁到二十岁的时期，她与她的人类学家双亲一道，在卡拉哈里沙漠与桑族★的狩猎-采集部落生

★ 再一次，术语的使用可能会带来问题。1996年，使用桑族语的人们在一次会议上决定，以后使用"桑族"（San）作为对他们的整体称呼，而不再使用以前的"布须曼人"（Bushmen）这一称呼。但有些人认为"桑"这个称呼带有贬义，因为在纳马语中，"桑"的意思是"外来者"。

活在一起（如今她以其著作《狗的秘密生活》闻名）。她用敏感的笔触描写了那些被她称为"无害的人"的桑族人的生活。然而，在20世纪50年代，桑族人相互残杀的频率甚至高于高纯度可卡因流行高峰期的底特律市中心的凶杀频率。

　　托马斯之所以为她的书取名为"无害的人"，并不是因为她不善于观察，而是因为其中的数据对她不利。如果某一个狩猎-采集部落的暴力死亡率为10%，那么在由大约十几个人组成的小团体中，大约每25年才有一个人被杀害。很少有人类学家会有足够的资金和毅力在某一个地点考察25个月，更不要说25年了。要想知道究竟有多少人将遭遇不幸的劫数，人类学家需要经常回访，并且最好能兼顾多个社群（就像夏侬在雅诺玛米人中间所做的那样）。

　　现在，暴力频繁的证据很确凿了，但想要解读它是件更复杂的事。如果像《萨摩亚人的成年》一书中提出的那样，战争是由文明传染而来的话，那么桑族人频繁的暴力行径就是从西方人那里传染而来的。这一想法给20世纪80年代的经典喜剧《上帝也疯狂》带来了灵感。而一些批评夏侬的人说得更过分，他们指责说，夏侬通过用钢制斧头换取信息的方式把战争的恶习（以及麻疹）传染给了雅诺玛米人。

　　要解决这一问题，最显而易见的方式是回顾历史。那些小规模的社群在接触到更复杂的社会之前是否早已经战争频发（《蝇王》提出的观点）？还是直到接触了更复杂的社会之后，社群中的人们才知道战争为何物（《萨摩亚人的成年》提出的观点）？不过，这样一来，我们就陷入了一个"先有鸡还是先有蛋"式的困境：大多数小规模社群在接触到更复杂的社会之前，完全没有文字记载。

　　玛格丽特·米德的最爱之地——萨摩亚，就是个好例子。关于这个群岛最早的详细记载，来自英国传教士约翰·威廉姆斯。他在1830年抵达此地，首先看到的就是着火的阿纳村。威廉姆斯写道："这是一场灾难性的战争，怒火燃烧了将近九个月。我们中的很多人都成了受害者，每一天都会出现死者和伤者。"[47]这场战争制造了一片不毛之地:"阿纳村的所有区域都没有人居住了。即便沿着美丽的海岸线行驶上 16 千米或 19 千米,你也看不到一个居民。"[48]

就算阿纳村发生的事情不能说服威廉姆斯,无法让他相信萨摩亚人不是好惹的,之后发生的事也能达到这个效果。萨摩亚人的酋长们向他展示了经过防腐处理的人头,这些人头都是他们祖先的战利品。酋长们还给威廉姆斯讲了过去的战争和屠杀故事。有一个村子,每打一次仗就会在一个篮子里放一块石头。威廉姆斯数了数,有 197 块。

但还有一个问题。虽然威廉姆斯是第一个详细记载萨摩亚的欧洲人,但他并非第一个抵达这里的欧洲人。1722 年,荷兰航海家雅可布·罗赫芬就来到了萨摩亚。在随后的 100 年中,又不断有人追随他的足迹而来。我们可以认为,威廉姆斯看到的每一颗人头、石头,听到的每一个故事,都是 1722 年后积累下来的,都是文明传染的产物。

不过,考古学发现提出了另一种观点。在萨摩亚的内陆,满是史前时代留下的山中堡垒。有些是 1722 年之后修建的,但碳-14 定年法显示,其中的一些堡垒有 600~1 000 年的历史。远在欧洲人到来之前,萨摩亚人就开始建筑堡垒,而且很可能是出于战争目的。在萨摩亚的传统文化中有对大约 800 年前对抗汤加入侵者的大战的描述,而这样的故事解释了修建堡垒的缘由。当欧洲人来到萨摩亚时,当地人使用的木质棍棒和作战用的独木舟的样式,正是源自那个时代汤加人所使用的样式。这说明,萨摩亚人一直保留着使用致命武力的传统。

看来,即便在萨摩亚,《萨摩亚人的成年》中的理论也不是很站得住脚。但对于考古学的发现,总是有着多种解读方式。考古学是一个年轻的领域,即便在 20 世纪 50 年代,也还没有太多的考古学项目培训未来的考古学教授们。那些挖掘历史的人,往往是从其他领域转到这个行当来的,其中有很多人曾经是军人。这一点儿也不令人感到奇怪,其中很多人在他们发掘的任何地点都能看到战争和破坏。但到了 20 世纪 60—70 年代,新一代人来到了这个领域,这些在大学的人类学系和考古学系接受教育的男男女女,往往对史前时代抱有同《萨摩亚人的成年》一样的观点。因此，同样一点儿也不让人感到奇怪的是，他们往往在任何地点都看不到战争和破坏的影子。

要让一个中年人回首自己年轻时做下的蠢事，是很痛苦的。作为一个20世纪80年代（差不多是《萨摩亚人的成年》中那种理论的极盛时期）的毕业生，我在考考纳里斯做了几个夏天的挖掘工作。那是一处非凡的希腊史前遗迹，坐落于如童话般美丽的帕罗斯岛。我们第一次到那里去的时候，负责人告诉我们，这个地方约在公元前1125年的一次暴力袭击中被摧毁了：防御工事被铲平，房屋被烧毁，守军在墙上堆了些石弹，人们在卫城的窄巷里还发现了几头驴的骸骨——它们没能逃脱最后的劫难。但我（我必须强调，我的同学们也跟我一样）就是不愿意相信这些东西是战争的证据。一旦我们认定没有战争，那么剩下来的解释方式，不管有多么不现实，都是正确的。

就是这样的思维方式，使得众多的考古学家，即便在面对非常明显的证据时，还要坚持说本章前面提到的那些西欧的前罗马时代的山中堡垒是举行仪式的地方，是一种标识地位的方式或者任何别的东西，唯独不会是军事基地。但就像人类学家一样，在20世纪90年代，考古学家开始意识到，那些证据已没法再被硬塞进《萨摩亚人的成年》所提及的那种理论模式中了。

新的科学方法在这一转变中发挥了作用。1991年，登山者在意大利境内的一段阿尔卑斯山中发现了著名的"冰人"——一具来自公元前3300年的被冰封的尸体。起初，考古学家推断他死于一场暴风雪。2001年，通过扫描发现，他的左侧腋窝处有一枚箭头。但即便如此，一些考古学家仍然猜测这是一种葬礼仪式：人们把他的遗体运到山中安葬。不过，在2008年，新的免疫组织化学法显示，"冰人"至少被袭击了两次：第一次袭击使他的右手重伤；在几天之后的第二次袭击中，他被用钝器击打了后背，又被箭射中，伤及了动脉。2012年，纳米扫描原子力显微镜在尸体中发现了完整的红细胞，这证明，他是在中箭后的几个小时内失血过多身亡的。

如果不是"冰人"保存得这么完好,我们可能永远也不会知道这些。不过,对大量骨骼进行系统性的研究也同样得出骇人听闻的结果。例如,大约在1325年,至少有486人在美国南达科他州的乌鸦溪被杀,并被抛进沟中。超过90%甚至可能是全部的受害者都被剥了头皮,他们的眼睛被挖了出来,舌头被切了下来,牙齿都被打掉了,还被割了喉;有一些人被砍掉了头。对其中的一些人来说,他们已经不是第一次被剥头皮或是被射中了:他们的骨头上留下了部分痊愈的旧伤痕迹。

对乌鸦溪的考古发掘开始于1978年。从那以后,关于美洲原住民遭受大屠杀的证据就层出不穷。最近的一次发现(在我写本书的同一时间)是在科罗拉多州圣脊。大约在公元800年,那儿的一个村庄被烧毁了,至少有35人被虐杀,男人、女人和儿童都有。他们的敌人用钝器(棍棒或者石头)砸烂了他们的脚和脸。凶手剥了每个人的头皮,割掉了他们的耳朵,又把一些尸体剁成了几十块。就如同波利比乌斯笔下1 000年前的罗马人一样,凶手甚至杀掉了村里的狗。

实际上,在乌鸦溪、圣脊或萨摩亚发生的事情,并不会让罗马人感到震惊。西塞罗和塔西佗,就像霍布斯和戈尔丁一样,清楚地知道怪兽很近,很近,很近,而只有利维坦这个更可怕的怪兽才能制服它。

怎样才能成为罗马

美国政治学家弗朗西斯·福山在他的《政治秩序的起源》一书中提出了一个敏锐的问题:什么样的道路才能通往丹麦?

福山提出这样的问题,并不是因为他不知道怎样买一张去丹麦的机票。对于社会科学家来说,丹麦是一个(用福山的话说)"传说中的地方,它拥有良好的政治制度和经济制度:它稳定、民主、和平、繁荣、包容，政治腐败程度极低。每个人都会想，怎样才能把索马里、海地、尼日利亚、伊拉克或者阿富汗变成'丹麦'呢"？[49]

如果2 000年前有政治学家的话，他们可能会问：怎样才能成为罗马？罗马虽不是很民主，但无疑是和平的。按照今天的标准，罗马也很稳定、繁荣和包容（腐败程度比较难以判断）。而与罗马不同的生活，则不仅与今天的索马里、海地、尼日利亚、伊拉克或者阿富汗的生活有很多相似点，而且还要危险得多。

在这一章中，我提出要解释罗马人如何塑造了罗马帝国是一个矛盾的问题：一方面，利维坦镇压了暴力，因此罗马人（今天的丹麦人）压制了暴力；另一方面，暴力又是锻造利维坦的先决条件。总而言之，战争看起来还是有好处的。但并非条条大路都通罗马。在地中海地区，战争被证明是通向和平与繁荣的道路，但是在很多地方情况并非如此。考古学家在波罗的海沿岸、澳大利亚的沙漠中、中非的森林中都曾发现无休止的战争的痕迹，但是这些地区都没有产生属于它们的罗马。

这是为什么呢？为什么怪兽不能在所有地方都变成坐寇？看起来，战争只是在有些时候是有好处的。我们需要知道，导致这些不同的原因是什么。

第二章

将怪兽放入囚笼

建设性战争

并非西方式的战争

"希腊人有句话是这么说的"[1]，人们常这样说道，在希腊人留给我们的词汇中，有一个词是"混沌世界"。在希腊神话当中，混沌世界是在众神创造宇宙之前就存在的无序虚空。而在历史上的希腊战争当中，混沌世界是波斯将军马铎尼斯在公元前479年8月的一个早晨看到的场景。当时，太阳正在普拉提亚城的上空升起。众多全副武装的希腊步兵已经在能够俯瞰马铎尼斯营地的山坡上驻扎了一个星期。就在前一天夜里，希腊人开始撤退，但场面一片混乱。有些人拒绝后撤，坚称撤退是懦夫的行为；有些人听从了命令，但走错了方向；有些人则干脆消失不见了。

这是马铎尼斯的机会。一条险峻的山脊将斯巴达人与其他希腊部队分隔开来。因此，马铎尼斯带领手下最精锐的部队直冲斯巴达人的队伍。很快，其他的波斯部队也打乱队形，向前冲锋，淹没了寡不敌众的斯巴达人。古希腊历史学家希罗多德讲述了接下来发生的事情："波斯人跟希腊人一样勇敢、强壮，但他们没有盔甲，没受过训练，也不像他们的对手那样有作战技巧。他们时而一个接一个，时而十几个人一起冲进斯巴达人的队伍。但不管他们的数量是多是少，这些冲进去的人都被砍倒了。"[2]

"马铎尼斯骑着白色战马,由上千人的精锐部队簇拥着。他出现在哪里,波斯人就会猛烈地进攻哪里。马铎尼斯活着的时候,波斯人奋勇作战,杀死了许多斯巴达人;而在马铎尼斯阵亡,他的护卫亲兵也被消灭之后,剩余的波斯人很快就被击溃了。他们转过身去开始逃命。"希罗多德总结说,残酷的现实就是"波斯人……他们有很多人,但没有多少真正的士兵"[3](图2.1)。

图2.1 真正的士兵:在一个大约制作于公元前470年的雅典红绘花瓶上,一名希腊重装步兵刺穿了一名没有铠甲的波斯士兵

资料来源:Scala /Art Resource, NY

美国军事史专家维克托·戴维斯·汉森认为,这说明作战方式的不同会影响其后历史的走向。他说:"在过去的2 500年里,一直有一种西方式战争方式,这种方式是西方人作战的共同基础,并不断地传承了下去。正是这种作战方式,使得欧洲人成了文明史中最具杀伤力的士兵。"[4]

汉森将这称作西方式战争。他说，这种方式由希腊人发明，他们从约公元前700—前500年开始把穿戴全副铠甲的长矛手方阵间的正面交锋作为解决争端的方式。汉森总结道："正是西方人这种对单一的、步兵间大规模的交锋，以及士兵持利器展开血腥搏杀的渴望，在超过2 500年的时间里让来自非西方世界的对手感到困惑和恐惧。"[5]

已故的约翰·基根是20世纪军事史学泰斗，他深入阐述了这种观点。基根认为，希罗多德的时代以降，就有"一条分界线，将（西方的）作战传统和欧亚草原及近东、中东地区以间接、躲避、僵持为特征的作战方式区分开来，在欧亚草原的东侧和黑海的东南侧，战士们延续了与敌人保持距离的习惯；而在欧亚草原的西侧和黑海的西南侧，战士们不再谨慎从事，而选择近身搏斗"[6]，马铎尼斯来自这条分界线的错误的一边。

在上一章的结尾，我提出了这样一个问题：为什么罗马人缔造了罗马式的国家，而古代的许多其他民族却未能做到这一点。如果汉森和基根的观点是正确的，我们或许可以这样作答：罗马人之所以能缔造罗马式的国家，或许是因为他们从希腊人那里继承了西方式战争，而只有这种直接的、血腥的战斗才能缔造利维坦。我们或许可以得出进一步的结论，即当我说到战争是有好处的时候，我的意思其实是，西方式战争是有好处的。

验证这个观点是否正确的唯一方法就是扩大我们的视野。首先，我们需要知道希腊人在普拉提亚的作战方式是否独一无二；其次，我们需要知道庞大、安全、繁荣的社会，其形式是否也是西方独有的。

在本章里，我将尝试说明两点：首先，上面两个问题的答案都是否定的；其次，这一事实反而让这些问题变得有趣。当我们把视野从地中海沿岸延伸到世界其他地方时，就会发现罗马人能创造出罗马式国家的真正原因，由此，我们也能发现用来解释"战争为什么是有好处的"这一问题的关键线索。

帝国 / 帝制国家的时代

首先,我将回答我的第二个问题:庞大、安全、繁荣的社会,其形式是西方独有的吗?

答案是否定的。一张地图就可以说明这一点(图 2.2)。在普拉提亚之战结束后的 2~3 个世纪里,一些十分相似的帝国 / 帝制国家崛起于亚欧大陆,西起地中海,东抵中国。它们都幅员辽阔、和平、稳定、繁荣。而在大洋彼岸,一些稍小但同样令人敬畏的国家统治着中美洲和安第斯山地区的一部分。

在这些帝国 / 帝制国家的极盛期,它们中的翘楚,西方的罗马帝国、中国的汉朝(公元前 202—公元 220 年)、今天印度和巴基斯坦地区的孔雀王朝各自占据着约 400 万~500 万平方千米的土地,统治着 3 000 万~6 000 万人口,并且将其(大部分)军事力量转化为了生产力量。在每一个帝国 / 帝制国家中,暴力死亡率都迅速下降,人民很好地利用了自身的生产能力,创造了相对和平富足的盛世。

总的来说,我们对汉朝和孔雀王朝的了解要少于罗马,而对美洲大陆国家的了解就更少了。在美洲,考古证据十分匮乏,以至专家们甚至无法在"何地最先出现利维坦"这一问题上达成共识。一些考古学家认为,位于今墨西哥的奥尔梅克文明(约公元前 1200 年)和位于今秘鲁的查文德万塔尔文明(约公元前 1000 年)率先形成了利维坦。不过,主流观点认为,直到 1 000 年之后,当莫切文明出现在今秘鲁、阿尔班山和特奥蒂瓦坎的城邦出现在今墨西哥时,美洲才第一次出现了真正有效的政府。这些政府统治着上千平方千米的土地和上百万的人口,并留下了伟大的遗迹,监管着复杂的贸易网络,主导着生活水平的提高,但仍然没有留下文字。

这对历史学家来说是个坏消息。就算考古学的发现再多,它能告诉我们的关于利维坦的事情也还是有限的。或许,在特奥蒂瓦坎发掘出的人祭遗迹表明,这一文明要比亚欧大陆的古代帝国 / 帝制国家更

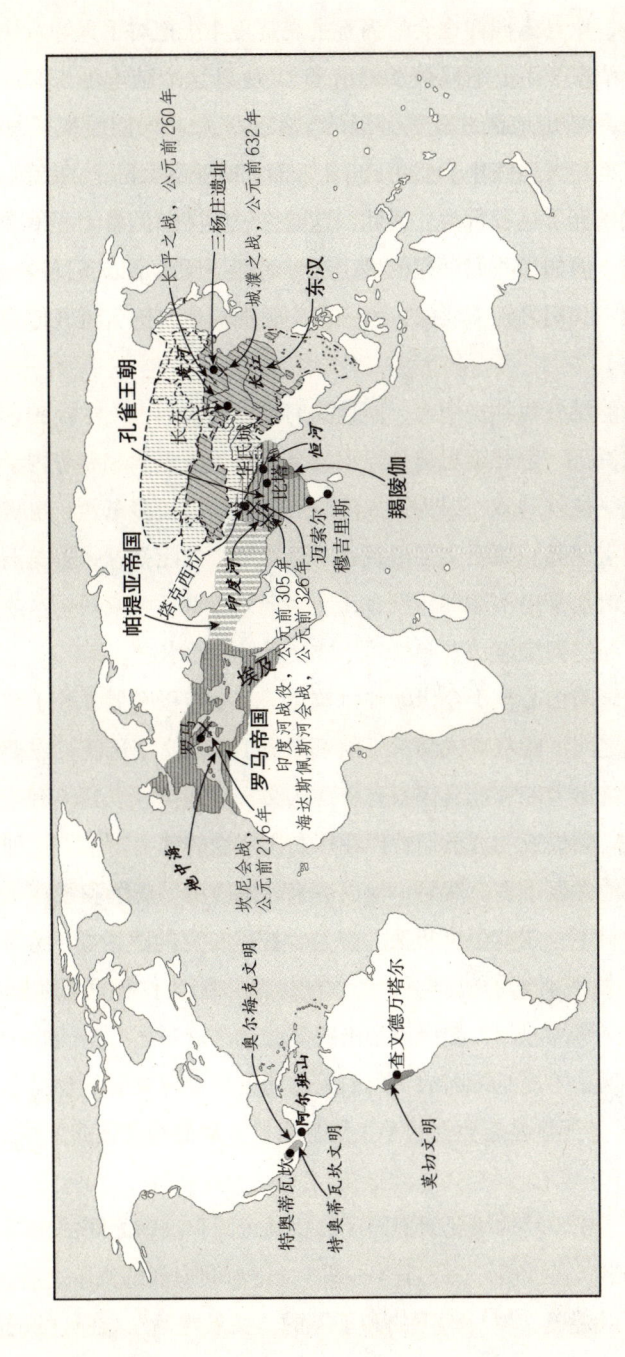

图 2.2 古代帝国/帝制国家：孔雀王朝（约公元前 250 年），罗马帝国、帕提亚帝国和中国古代的东汉（约公元 100 年），莫切文明（约公元 200 年），以及特奥蒂瓦坎文明（约公元 300 年）

加暴力，可是，罗马人同样也会蜂拥着去观赏角斗士把对手大卸八块（有很多被肢解的角斗士遗骸被发掘出来），所以这个结论也未必成立。在位于安第斯山地区的瓦里帝国的皇家墓穴中，人们发现了60具尸体。这一墓穴大约修建于公元800年，而那时亚欧大陆上的帝国/帝制国家早就抛弃了这种行为。因此，这或许说明美洲的暴力程度要高于亚欧大陆。但如果我们深究的话，这样的证据还不足以支持进行系统性的比较。我们真正需要的，是一个中美洲的塔西佗告诉我们到底发生了什么。

但我们目前没有找到这个人，而且我们很可能永远也无法找到这个人。通常来说，一个利维坦越是强大，那么它为历史学家和考古学家留下的证据往往就越多，因为强大的政府需要建设很多东西，也需要进行大量文字记载。缺乏文字记载这一点本身，可能就意味着美洲的利维坦的统治水平还不够高，没有让文字记载变得不可或缺。这或许意味着，美洲的利维坦从未像罗马那样接近丹麦的水准。

帕提亚帝国的中心位于今伊朗和伊拉克，其发展程度似乎处于罗马和美洲国家之间。帕提亚人继承了西亚绵延千年的文字传统，也拥有能读会写的统治者和官僚，但只有少量的文字流传至今。其中有一部分技术因素。帕提亚的官员们曾经在用黏土烧制的碑上写字，这种材质可以永久地保存下去。然而，他们后来开始使用羊皮纸和纸莎草纸，而这些材料不一定能保存很久。并且，在伊拉克的萨达姆·侯赛因和伊朗的宗教领袖们的阻挠下，考古学家的发掘工作被严重延缓了。但这并非全部的原因。帕提亚帝国的政府也比较弱小。罗马的作家们惊讶地发现，帕提亚帝国的贵族们无法无天（埃利亚斯不会同意这一点），有时甚至掌控着独立的小王国的实权。他们经常彼此征伐，无视国王的存在。

不过，中国和印度的情况就不同了。罗马帝国和汉朝之间的相似性令人印象深刻。在经历了公元前4—前3世纪愈演愈烈的战争之后，汉朝创造了可以媲美"罗马治下的和平"的"文景之治"，在辽阔的国土上实现了和平。战士式的墓葬在公元前 3 世纪还很常见，但在公元前 2 世纪就消失了。旅行者们出行时不再携带武器，用土垒成的城墙逐渐荒废。律法取代了战争。

像罗马一样，汉朝政府也会镇压匪徒和海盗，官员的过激行为也会受到惩处。公元前 1 世纪的地方官尹赏就是一个很好的例子，他曾因在都城长安肃清暴力团伙而名声大噪。但是在那之后，他在任江夏（位于今湖北）太守时，因为在保障社会安全时使用了过当的武力而遭撤职（"坐残贼免"）。

就像罗马一样，汉朝也并非天堂。比起今天任何一个局势稳定的现代国家，汉朝的暴力程度都更高。官员们经常抱怨百姓总是恣意妄为，甚至雇凶杀人。那些官员自己也并非无可指摘。在这里，你无权保持沉默：按照官方的指导办法，调查杀人案件需要找到多个证人，并对他们进行反复盘问，还要寻找物证。但在讯狱程序的最后也表示，若反复质问而无结果，可以按律法对犯人实施笞刑。[7]

不过，与更早的时期相比，汉朝无疑在通往丹麦的道路上。在汉朝之前，法律规定可以对使用轻微暴力的人进行割鼻、割耳、剁脚和剁手的刑罚；而对于严重的暴力犯罪，可以实施凿颠（用铁器在头顶钻洞）、抽肋（切除数量不等的肋骨）、枭首、活埋或是腰斩。这些可不仅仅是说来吓唬人的。在墓葬中发现的庭审记录表明，这些刑罚真的会被采用。

埃利亚斯在他的经典著作《文明的进程》一书中曾经说道，和平的关键是让那些富人头脑冷静下来。在这一点上，"文景之治"做得要比"罗马治下的和平"更好。当每个帝国/帝制国家让其内部的地区变得更和平时，就会将部队派往边疆地区。不过，罗马人仍然从帝国的各地招募士兵，诸如地理学家老普林尼和历史学家塔西佗这样的可敬人物也会在律师、作家、指挥官等角色中进行切换。而汉朝则更进一步。汉朝用犯人充军，或是从国家之外招募士兵。如此一来，汉朝的士大夫们就仅仅需要做文职工作。罗马人拥抱了斯多葛主义，这教会他们忍耐自己不喜欢的事物，而不是勃然大怒去杀人；汉朝的精英们则接受了各种形式的儒家学说，文官的地位要高于武将的地位。在汉朝，教育和文化对人生成功的意义甚至要远大于在罗马的。

相似的事情也发生在南亚。但想要摸清印度盛世的轮廓，要比在汉朝和罗马困难一些。人们常说，蹩脚的工匠抱怨他们的工具，而蹩脚的历史学家经常抱怨他们的史料。但事实是，我们对印度孔雀王朝的了解确实要少于对罗马和汉朝的了解。古印度流传至今的文件十分罕见。其中最为重要的是《政事论》，一篇 800 页的关于治国之道的论文★。但这本书消失了多个世纪，直到 1904 年才重新浮出水面。当时，一位地方学者（没有一位官员记下他的名字）把用棕榈叶写成的手抄孤本夹在腋下，走进了位于印度西南部的迈索尔东方图书馆。

《政事论》记载了很多事情，包括怎样建设一座堡垒和国王应当拥有多少名理发师。除此之外，它还记载了复杂的司法体系，其中罗列了地方治安官在调查杀人案和殴打事件时必须遵从的规则；被怀疑因过失致病人死亡的医生必须提交报告；被人看到虐待动物的村里头人也要提交报告。法律为每一种可以想象得到的暴力犯罪设置了处罚方式，并且有着十分细致的区别。比如，在殴打事件中，向对方吐口水和对着对方呕吐的处罚是不同的。不仅如此，根据吐出的液体接触到受害人的位置（腹部以下、腹部以上或是头部）的不同，相应的处罚也是不同的。

无疑，《政事论》让人们感到孔雀王朝对于镇压暴力一事是很认真的。该书的作者考底利耶位高权重。他曾领导最终缔造了孔雀王朝的起义，并且担任孔雀王朝开国之君旃陀罗笈多的宰相。

考底利耶的地位使他十分适合描述孔雀王朝的制度，但这也是问题所在。考底利耶究竟描写的是现实，还是理想中的国王应该做的事，学者们在这一问题上无法达成共识。甚至有人还质疑《政事论》

★ 现在也有一部非常戏剧化的时长 30 个小时的印地语电视剧，有英文字幕（http://intellectualhinduism.blogspot.com/search/label/Chanakya）。

一书究竟是否为考底利耶所写。这本书中提到的一些东西（比如中国的丝绸）显然是在成书多年之后才传到印度，而且通过对该书的用语的研究表明，它可能是在考底利耶死后多年由跨越几个世纪的各种资料堆叠而成的。

还有其他一些证据可以用来与《政事论》做比对，但这些材料也有其自身的问题。希腊使节麦加斯梯尼曾在公元前300年前后抵达孔雀王朝的首都华氏城，并在那里逗留了一段时间（他应该见过考底利耶）。麦加斯梯尼记载说，印度人极为遵守律法，以至旃陀罗笈多的军队作战时，他的士兵不会踩躏乡间，更不会杀戮农民。不过，麦加斯梯尼也曾记载说，印度人的脚前后长反了；还说印度的狗咬人时过于凶狠，眼珠子都会突出来。有鉴于此，对他的记载应当存疑。

除《政事论》之外，最重要的资料是后来的阿育王立下的三十余根石柱上所刻的碑文。这些碑文是他于公元前260年前后征服了羯陵伽之后刻下的。与皇家敕令中常见的歌功颂德截然不同，阿育王宣称"在征服羯陵伽的过程中，受众神爱戴者（指阿育王自己）感到自责，盖因征服之中的杀戮、死亡和人民的流离失所让受众神爱戴者感到极为悲伤"[8]。

阿育王"在长达约2 400千米的边界上赢得了全面胜利"，但之后他宣布将追随佛法。佛法究竟是一个明确的佛教概念，还是阿育王自创的理念，印度学家们在这一问题上尚有争论。但阿育王告诉我们说，佛法"是善行……是顺从……是慷慨……是弃绝杀戮。父亲、儿子、兄弟、主人、朋友、故旧、亲属和邻人都应当说，'这是好的，我们应当这样做'"[9]。

阿育王在城市和乡间设立了"佛法官"[10]，他们负责施行新法。阿育王还派出视察员监督这些佛法官的工作，后来还亲自检查。就像罗马的情形一样，霍布斯所说的"以力取得的主权"和"按约建立的主权"后来显然结合成了一体。阿育王认识到，"立法的效果不如劝谕"[11]。而他总结的最重要的一点是，"自从设立了佛法，人们的恶就减弱了。

在那些受苦的人中,恶消失了,整个世界满是喜悦与平和"[12]。

我们真正需要的,仍然是古印度暴力死亡率的准确数据,以此来与这些史料对比。但仍然没有这样的数据。甚至在对古印度的研究中,考古学的作用都不显著。我们几乎没找到任何类型的墓葬,因此我们也无法得知人们是否还把武器视作男性时尚的正常组成部分。在公元前6世纪,防御工事沿着恒河河谷分布,表明战争变得更加频繁。在罗马帝国境内,随着最初的征服战争的结束,大多数城市的城墙就被废弃了,而印度的城垒在孔雀王朝的整个存续期间都维持在可以正常使用的状态。其原因仍不为人知。或许,孔雀王朝没有罗马帝国稳定;也可能是因为孔雀王朝的寿命太短(于公元前323年建立,在公元前185年的一次政变后覆灭),因而变得无用的城墙还没有来得及彻底被废弃。但在有更多的考古发现之前,我们没法确定。

通过考察考底利耶、麦加斯梯尼和阿育王的记载中相吻合的部分,以及印度和中国在法律方面的相似性,我认为孔雀王朝可能就像汉朝和罗马帝国一样让其子民生活得更加安全了。不过,尽管这个疑问暂时还没有办法得到解答,但是这三个帝国/帝制国家都让其子民过得更富庶,在这一点上没有太多值得辩论的余地。

在中国,文字记录和考古学发现证明,经济活动随着国家规模的扩大而变得更频繁。运河、灌溉渠、水井、肥料和耕牛在田间随处可见。铁制工具的数量在增加。货币从一个城市流通到另一个城市,商人将小麦、水稻和奢侈品运往可以卖上好价钱的地方。政府减少了关税,投资建设道路和港口。从拥有50万人口的都城长安到最简陋的乡村,集市上挤满了富人和穷人,互通有无。儒学家们对商人竟能如此轻而易举地致富感到担忧。

中国的考古学家尚未搜集到足够的数据,因此无法画出类似图1.4这样表现出生活水平提高的图表。不过,从2003年开始,三杨庄遗址的发掘成果提供了仅次于此的证据。

公元11年的一天，黄河决口了。倾盆暴雨下了好几天，从上游也传来了洪水泛滥的消息，但三杨庄的农民仍然在肥沃的土地上耕作着，希望不会发生坏事。在2 000年后的今天，我们很难知晓灾难最初的征兆是什么。或许，农民们看到了堤坝崩溃，听到了洪水奔涌而过时的低沉的怒吼声。不过，更有可能的是，大雨淋在屋瓦上的噪声淹没了这样的声音。我想，只有当泥水开始从屋门下涌入时，他们才意识到，这不仅仅是一场暴风雨。无法想象的事情发生了。农民扔下了一切东西开始逃命。他们的村庄在这里存在了长达1 000年，却在短短几个小时内突然消失了。

考古真是个残忍的行当，它让公元11年发生的灾难变成了一场科学的胜利。这座汉朝村庄完美地保存了下来，甚至被记者称作"中国的庞贝"[13]。发掘者精准地将洪水带来的泥土和村庄本身的泥土分离开来，发现了赤脚的村民和钉着铁马掌的马匹跑过犁好的耕地时留下的印记。

尽管这十分引人注目，但比起这戏剧化的场面，考古学家对农民留下来的平淡无奇的一些东西更感兴趣。这些农民生活在用泥土砖建造的坚固的房子里，这些房屋与向西约6 400千米之外的罗马帝国的房屋惊人地相似。这两个国家的屋瓦十分相似，同时也都拥有数量庞大、种类多样的铁制工具和精致的陶器。

当然也有区别。在三杨庄，考古学家通过细致的挖掘发现了桑叶在泥土中留下的印记，而桑叶是用来喂养蚕的。罗马人一定很想拥有蚕。在公元70年，博学但性情乖戾的罗马地理学家老普林尼抱怨说，罗马的时髦女性们正在挥霍数百万塞斯特提乌斯购买轻薄的中国丝绸，借此在公开场合展示自己的风姿。[14]但总体来看，在三杨庄发现的东西与罗马村庄，甚至庞贝城中的东西十分相似。

有关印度的证据依然不足，但可以显示出相同的特点。像汉朝和罗马帝国一样，孔雀王朝也统一了度量衡，大规模地铸造钱币，制定了商业法律，修建了道路，并且帮助村民开垦新的土地。国家还鼓励创立商业公会，这些公会在商业活动中扮演了重要角色。

在希腊使节麦加斯梯尼的印象中，印度是一个繁荣的地方，考古学家证实了他的这一观点。在这块次大陆上没有发现类似庞贝或三杨庄这样的地方。目前发掘出的保存最完好的孔雀王朝时期的房屋位于塔克西拉和比塔，而这些仍是英属印度时期的成就。在这两个地方的发掘工作很糟糕，即便按照当时的标准来说也是如此，不过仍然提供了足够多的信息，它们表明公元前3世纪的房屋比先前的更大、更舒适，里面的家具也更好。像汉朝和罗马帝国的房屋一样，这里的房屋也有砖墙和瓦顶，几间房屋围成一座院落。多数院落有水井、排水系统、带炉灶的厨房及贮藏室。

对考古学家来说，坏消息是这里没有发生惨剧，因此居民在离开时有足够的时间清空他们的房屋。好消息是，孔雀王朝的臣民是一群邋遢的人。他们留下了大量的陶器碎片、厨房用具、铁制工具，甚至一些珠宝，这足以证明他们的生活比先前的印度人过得更好。

来到印度的希腊人和罗马人发现了很多令人惊异的事物（会说话的鹦鹉！眼镜王蛇！当然，还有大象），但最让他们印象深刻的是公元前200年之后在地中海和南亚次大陆之间蓬勃而起的大规模贸易。老普林尼写道："没有哪一年印度人从我们的帝国攫取的财富会少于5.5亿塞斯特提乌斯（足够养活100万人一年），当印度的货物在罗马出售时，价格是其成本的整整100倍！"[15]

老普林尼的计算肯定是有问题的，因为他的数字意味着几千个商人实现了550亿塞斯特提乌斯的利润，而这一数字是整个罗马帝国年产出的三倍。因此，有很多古典学者怀疑此处抄写有错误，老普林尼最初写的应该是5 000万塞斯特提乌斯，而不是5.5亿。近期的发现表明，尽管5 000万塞斯特提乌斯也会令人瞠目结舌，但它可能是准确的。1980年，奥地利国家图书馆得到了一卷从埃及的罗马人居住点劫掠走的纸莎草纸，其年代大约为公元150年。研究表明，这卷纸莎草纸记载着一艘货船从印度的穆吉里斯（今印度喀拉拉邦的帕特南）驶回埃及时的财务情况。船上运载的象牙、细布和香料价值800万塞斯特提乌斯（按古罗马的市价），这笔钱足以养活15 000人一年。罗马对这些进口货物征收25%的关税。如果来500艘这样的货船，就足以支付整个帝国一年的军费预算。

我们迄今尚未发现在印度这一方的书面记录。不过，考古学家从2007年开始在穆吉里斯进行发掘。在第一年的发掘中所发现的罗马葡萄酒酒器数量超过了考古学家在罗马帝国版图之外任何一个地方发现的数量。显然，印度是一个繁荣的地方。

看起来，在公元前时代的后期，在罗马、汉朝和印度，大帝国/帝制国家让人们的生活更加安全和富裕了；在帕提亚，帝国很大，但是没有那么安全；在中美洲和安第斯山地区，国家更小，或许也更不安全。而在这些国家所在的纬度带（北纬20度~35度的亚欧大陆和南纬15度~北纬20度的美洲大陆）之外，那些小型的社会或许仍然维持着10%~20%的暴力死亡率。

怎么解释这样的现象呢？为什么只有在这些幸运纬度带上的人们开始走上了通往丹麦的道路？为什么其中的一些国家比其他国家前行得更快？

囚笼

另一张地图将帮助我们解答这个新问题。图2.3展示了与图2.2相同的区域，但增添了新的细节。灰色区域是人类农耕起源的心脏地带，大约是在公元前10000—前5000年。农业的开始是人类历史上仅有的两三个真正的转折点之一，我曾在拙作《西方将主宰多久》中详细描述过这一点。现在我又提到这一点，是因为农业开始的地方与几千年后古代帝国/帝制国家兴起的地方是重合的。战争之所以在这些幸运纬度带塑造出了利维坦，而其他地区的人类却仍然生活在贫穷、艰险和野蛮之中，正是因为农业让战争变得富有建设性。

图2.3　农民与战士：幸运纬度带

在波斯人与希腊人在普拉提亚交战前约9 000年，世界结束了上一个冰期*，气候开始变暖。植物和动物（包括人类）都开始疯狂繁殖。在冰期最寒冷的时候（两万年前），地球上只有不到50万人；一万年之后，人口总数达到了1 000万。

然后，就像今天一样，全球变暖开始影响这个星球的每一个角落，不过对部分地方的影响更为强烈。让幸运纬度带变得幸运的是，这些地区的气候和生态环境更适宜那些大籽粒植物和体型大而多肉的哺乳动物的进化。在这些地区狩猎和采集的收获要比地球上的其他地区多得多。公元前8000年，在地球上的1 000万人口中，超过一半人生活在幸运纬度带。

在冰期，人类生活在人数稀少的觅食团体中。但就在冰期尚未彻底结束时，在幸运纬度带的一些地方，觅食收获已经非常可观（尤其是在约旦河谷），那里的人们已经开始永久定居，一年到头都有丰富的食物，这可是一种新现象。与此同时，一件重要的事情发生了。通过栽种作物、培育动物，人类不自觉地制造了一种选择压力，从而改

---

* 从技术角度讲，古生物气象学家将冰期的结束确定在约公元前12700年，不过通常将持续了约1 200年的新仙女木事件（公元前10800—前9600年）作为冰期的最终阶段。

变了这些食物的基因结构。这一过程，也就是驯化★，首先在幸运纬度带发生。因为到此时为止，这些地区中有被驯化潜力的动植物的集中度是最高的。

贾雷德·戴蒙德在《枪炮、病菌与钢铁》一书中很好地阐释了这一点。戴蒙德认为，全世界大约有20万种植物，人类只能吃其中约2 000种，而又只有大约200种有被驯化的潜力。其中56种植物的可食用的种子重量在10毫克以上，它们中有50种是原本生长在幸运纬度带的野生植物，仅有6种生长在其他地区。在人类于20世纪前驯养的14种体重超过45千克的哺乳动物中，有9种源自幸运纬度带。

因此，驯化首先出现在幸运纬度带就没什么好奇怪的了。同样的道理，在幸运纬度带内，驯化首先出现在西南亚，因为那里潜在的可驯化物种的密度最大。驯化的标志是出现大得不自然的种子和动物，考古学家称之为培育的结果。公元前9500—前9000年，这样的迹象最先出现在侧翼丘陵区，彻底被驯化的证据则出现在公元前7500年。

中国也有密集的可供驯化的植物和动物，但其密度仍不及侧翼丘陵区。在黄河流域和长江流域之间，人们自公元前7500年开始种植水稻，并在公元前5500年完成了对水稻的驯化。粟米和猪在下一个千年里被驯化。在巴基斯坦，大麦、小麦的种植，绵羊、山羊的饲养，及其被驯化的时间也大体在这一时间段里。公元前6500年，在墨西哥开始了对笋瓜、花生和大刍草的种植，这些作物在公元前3250年被驯化。在秘鲁，藜麦的种植、美洲驼和羊驼的饲养出现在公元前6500年，对其驯化的完成时间则在公元前2750年（见表2.1）。可驯化物种的密度和驯化开始时间的关联度几乎是完全吻合的。

驯化是一个漫长的过程。每一年，都有更多的野生植物被栽种下去，人们逐渐扩大开垦的土地面积，并在土地上播种、锄草、犁地、

★ 从技术角度讲，"驯化"的意思是对某个物种进行的基因改变，使其只有在另一物种的持续干预下才能生存，例如人类将狼驯化成狗，将野牛驯化成牛，将野生的稻子和麦子驯化成需要人类收获和播种的品种。

表2.1 公元前10000—前1年的囚笼效应与军事演化

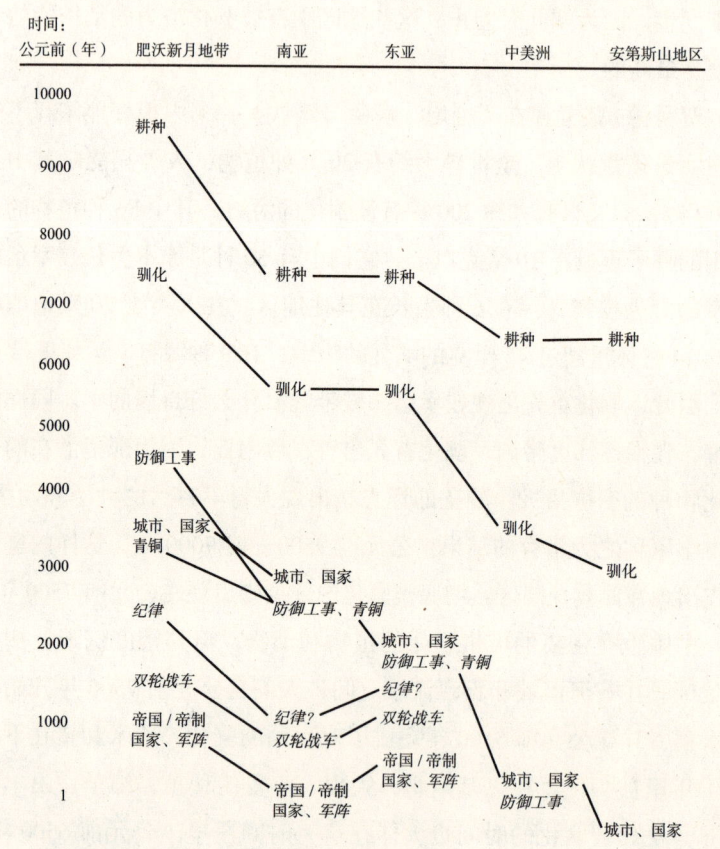

时间:公元前(年)	肥沃新月地带	南亚	东亚	中美洲	安第斯山地区
10000	耕种				
9000					
8000					
7000	驯化	耕种	耕种		
6000				耕种	耕种
5000		驯化	驯化		
4000	防御工事				
3000	城市、国家 青铜	城市、国家		驯化	驯化
2000	*纪律*	防御工事、*青铜*	城市、国家 防御工事、*青铜*		
1000	*双轮战车* 帝国/帝制 国家、军阵	*纪律?* *双轮战车*	*纪律?* *双轮战车* 帝国/帝制 国家、军阵	城市、国家 防御工事	
1		帝国/帝制 国家、军阵			城市、国家

注：军事发展用斜体字表示，社会发展用正常字体表示。连线的存在只为了让各个阶段看起来更清晰，并不代表各个区域之间有某种联系

浇水、施肥。从事农业也是有代价的：通常来说，农夫的工作强度要高于觅食者，食物也更单调，并且不那么健康。但耕种有一种巨大的魅力：在单位面积的土地上可以获取比采集多得多的食物。随着食物供给的增加，生活在幸运纬度带的人类跟其他动物一样，选择把多余的能量转变成更多的人口。如此，幸运纬度带就越发显得独特了。在世界的其他地方，四处游荡的觅食者稀疏地分布在大地之上，每平方英里（约2.59平方千米）的人口密度通常低于一人。然而，到了公

元前第一个千年（公元前 1000—前 1 年，以此类推），在幸运纬度带的部分地方，每平方英里内有数百人。

人口爆炸导致了一连串始料未及的结果。首先是农业的拓展。在最初的农业中心里最好的土地都已经被作物占据了之后，农民开始大胆地探索新的区域，寻找肥沃的土地。在 4 000 年的时间里，史前的拓荒者们从最西边的核心驯化带，也就是侧翼丘陵区，一直拓展到了法国的大西洋沿岸；从最东边的核心驯化带，也就是黄河流域和长江流域，一直拓展到了加里曼丹岛。

另一个不经意间产生的后果是，随着农业发展提升了人口密度，人们找到了更多打仗的理由。不过，并非农业本身直接导致了更多战争。从以争夺"世界上最美丽的女人"海伦为借口的特洛伊战争到詹金斯的耳朵战争★，人类几乎会为想象得到的任何事情相互杀戮，不过最常引发战争的是财产、威望和女人。而把更多的人放在同一块地盘上（就像把更多的实验室小白鼠放进同一个笼子里一样），只会导致人们有更多机会发生纠纷，并将有更多的人被干掉。

考虑到本书想要讨论的话题，在人口过多带来的各种影响中，最为深远的是那些战败的参战农民的命运。经过千年的演变，这一事实逐渐变得清晰：在一个定居的、拥挤的农业世界打一场败仗与在一个流动的、人口相对稀疏的觅食者世界打一场败仗是不可同日而语的。

比如，我们可以看看卡拉哈里沙漠中一位名叫≠高[†]的桑族猎人的故事。大约在 20 世纪二三十年代，≠高与叫作戴贝的猎人因为一些食物而发生了纠纷。鲁莽的≠高用长矛刺死了戴贝。随后，戴贝愤怒的家人袭击了≠高。但是在这场冲突中，≠高用毒箭射中了另一个

★ 在我看来，这场战争的名称堪称历史上最特别的。这场战争爆发的原因是，1731 年，一名西班牙海岸警卫割掉了英国商人罗伯特·詹金斯的左耳。在这件事发生后的八年之内，英国政府都毫无反应，却突然在 1739 决定只有战争这一条路可走。

† 桑族语言中满是英语中没有的声音，例如吸气音、声门塞音等。因此，在人类学家的记载中满是以"≠"、"!"、"/"甚至"//"开头的名字。

人的背部，致其死亡。≠高意识到自己惹了大麻烦，于是"带着他的人离开了这个地区"[16]（据另一个桑族人在20世纪50年代的讲述）。一伙人开始追杀≠高，但在一场导致三人丧生的小规模冲突之后，"≠高和他的人逃走了"。在猎人和觅食者的社会中，总是狭路相逢勇者胜。只要还有允许其逃窜的空间，就没人能让≠高为他的罪行付出代价。（不过，≠高最终也死于非命，他的团伙中的一个年轻人用长矛刺穿了他的心脏。）

而如果农民打了败仗，他们的命运将迥然不同。尤利乌斯·恺撒记载说，在公元前58年，一个叫作赫尔维梯（Helvetii）的农耕部落为了找到更好的土地，抛弃了他们位于今瑞士的家园，迁徙到高卢地区。他们知道，高卢地区住满了人，所有的好田地都早已有人定居了。但赫尔维梯人满不在乎，他们会强抢自己想要的东西。他们的第一个目标就是埃杜维人（Aedui）的土地。

埃杜维人该怎么办呢？他们可以选择坐等"风暴"结束，祈求会有好运，不过看起来他们的运气并不好。恺撒写道，赫尔维梯人一来，"就烧毁了埃杜维人的土地，把他们的孩子掳为奴隶，攻打他们的城镇"[17]。束手就擒的结果就是死亡、毁灭和被奴役。

第二个选项是反击。但（恺撒说）鉴于"赫尔维梯人远比其他高卢人凶猛得多，因为他们时常与日耳曼人争斗"，很多埃杜维人认为反击不会有好结果。埃杜维人认为，他们没有作战所必备的经验和组织，而这些也不会凭空出现。不过，埃杜维人中也有一些人倾向于战斗。有一个名叫杜诺列克斯的人（恺撒评价他"十分鲁莽，极有影响力……有着革命的野心"，听起来就像是高卢人中的≠高）募集了一支私人武装骑兵。他打算利用这次危机的机会，推翻无能的埃杜维贵族，并自封为王，把埃杜维变成一个地方政权。

第三个选项，也是埃杜维人最终选择的道路，是寻求强大的朋友的保护。但做到这点并不简单。对大多数埃杜维人来说，眼前最适合的朋友就是恺撒，因为他刚刚被任命为邻近的罗马行省的总督。但杜诺列克斯另有打算。他的本意并非领导埃杜维人对抗赫尔维梯人，而是希望置埃杜维人于赫尔维梯人的保护伞之下。然后，赫尔维梯人将帮助他成为埃杜维人的国王。随后两个部落将联手统治高卢，把罗马的势力驱逐出去。

不过，卡拉哈里沙漠中的≠高和他的团伙可以逃走，再开始新的生活，埃杜维人却没有类似的选项。≠高和他的团伙在迁徙过程中并不会有太大的损失，但埃杜维人会在这一过程中失去一切：他们将失去农舍、田园和储藏的食物，几代人挖沟、打井、修梯田、清理灌木丛的努力都将付诸东流。而且，即便要走，他们能去哪儿呢？他们的周围都是其他的农耕部落——波伊人（Boii）、阿维尔尼人（Arverni）、阿洛布罗基人（Allobroges）。如果埃杜维人开始迁徙，他们就会变得像赫尔维梯人一样，只能攻击其他部落，去抢夺土地。

在幸运纬度带，农业造就的拥挤是人类历史上最重要的事情之一。它是如此重要，以至有两位雄心勃勃的社会科学家都声称这个想法是他们最先提出的。1970 年，人类学家罗伯特·卡内罗在《科学》杂志上发表了一篇相关论文，将这一现象称作"界限"[18]。而在 1986 年，社会学家迈克尔·曼则将其称为"囚笼"[19]。

卡内罗和曼认为，关于界限或囚笼最重要的一点是，那些被困在其中的人发现自己被迫建立起更大、更有组织的社会，不论他们如何看待这一事实。由于无法逃离敌人，他们要么建立起更有效率的组织，从而能够进行反击；要么被敌人更有效率的组织吸纳进去。

埃杜维人是一个绝好的例子。他们由于无处可藏，在公元前 58 年就只有三种可能的结果：被赫尔维梯人控制；与赫尔维梯人走到一起，组建一个可以控制高卢地区的社群；埃杜维人、赫尔维梯人和高卢地区的所有人都被罗马人控制（这是实际发生的结果）。从埃杜维人的角度来看，这三种结果的吸引力各异；而从一个更广阔的视角看，它们导致的结果大致相同。有人将成为高卢的坐寇，不论是杜诺列克斯、赫尔维梯贵族*，还是恺撒。一个单一的、更大的社会将形成，由一位国王、一群战士或是一位罗马总督掌控一个比以往的部落贵族政体更为强大的政府。最后，利维坦为了能拥有一群和平顺从的征税对象，将清除高卢地区动荡不安的祸根——部落间的仇杀。

我认为，曼用"囚笼"形容这一过程是最好的。自从我们进化为人类，就一直在争斗中相互杀戮。从短期来看，≠高这样的人可能会从打斗中获得可观的收益；而从长期来看，这样的暴力是没有建设性的，只是《蝇王》这类故事的喧闹背景罢了。只有当气候变化造就了农业，并使得幸运纬度带的人们朝着囚笼的方向发展时，战争才开始变得具有建设性，因为胜利者可以把失败者融入更大的社会当中。

本书中的很多措辞可能让人感到不舒服，而把幸运纬度带中的战争称作"建设性战争"，又把其他地区的战争称作"反建设性战争"，可能是其中最极端的例子。这样的标签有悖我们的道德判断。把幸运纬度带中的战争称作"好的战争"，把其他地区的战争称作"坏的战争"，从很多角度看，这都是显而易见的胡话。比如，从战争造成的绝对的死亡人数来看，建设性战争要远远超过反建设性战争。历史上的一些最具建设性的战争（我使用这个说法的时候，意为最能加速利维坦成长的战争），也是历史上最为卑劣的战争。无论我们怎么看待雅诺玛米人，他们至少不像罗马人那样经常把人钉在十字架上。

尽管在道德层面很难接受这样的说法，但是事实似乎就是如此。将我们内在的怪兽装进囚笼中的这一漫长、缓慢、仍在进行中的过程，正是由在幸运纬度带发生的建设性战争促进的。

---

* 当赫尔维梯人刚动了入侵的念头时，他们其中一个名叫奥尔吉托利克斯的人像杜诺列克斯一样动了当国王的念头。就在内战几乎一触即发的时候，奥尔吉托利克斯突然（很可疑地）死掉了。

当利维坦遇到红桃皇后

1991年2月27日,时任美国总统老布什宣布在中东停火。以美国为首的联军仅花了100个小时就消灭了占领科威特的伊拉克军队。80万名联军官兵仅仅牺牲了240人,而伊拉克守军损失了两万人左右。这是现代战争史上最一边倒的胜利之一。

在随后纷至沓来的谈话节目和专栏文章中,政策专家们越来越倾向于将这场胜利归结为一场军事革命。著名分析家安德鲁·克雷佩尼维奇说:"当新的技术广泛地应用于军事系统,并与足以改变战争的特点和行为方式的新型行动理念和组织结构上的相应转变相结合时,就会造就这样的军事革命。"[20]这样的军事革命"包括四个部分:技术上的变革、体系上的发展、行动上的革新以及组织上的改变"。它们会"为战斗潜能和武装部队的效用带来戏剧性的提高——通常是呈数量级的,甚至更加迅速地提高"。

克雷佩尼维奇指出,在过去700年中,西方出现过10次这样的革命。而这还仅仅是冰山一角。"太阳底下没有新鲜事,"《圣经》告诉我们,"岂有一件事能让人指着说这是新的?哪知在我们以前的世代早已有了。"[21]军事革命也是如此。在那一万年中,生活在幸运纬度带中的残暴、贫困的农民逐渐变成了罗马帝国、汉朝和孔雀王朝统治下的和平、繁荣的臣民,这基本就是一系列军事革命的结果。事实上,我们或许可以把各种各样的革命仅仅视作一次长期的军事演进中的迅速变化的一瞬。

在生物学界,持续最久的一场辩论发生在渐进学派及其批评者之间。渐进学派认为,进化是一个稳定的、不间断的过程,其批评者则认为进化包含无事发生的漫长时期和发生较快变化的较短时期。无疑,这场辩论将持续下去,但是在我看来,后一种看法可以很好地描绘冰期结束以来的军事演进。一方面,在这一万年中,微小的变化在逐渐积累;另一方面,一些戏剧性的革命打乱了故事的节奏。不同的考古学家可能会选取不同的细节，但我选择强调防御工事的形成、青铜武器和盔甲的出现、军事纪律的产生、双轮战车的问世和令人震撼的部队（通常持有铁制武器）组成的大型编队。

如同 20 世纪末期发生的军事革命一样，以上这些变革的突然出现也得益于技术、组织和后勤的相互作用。但终极的原因是囚笼。所有这些革命，都是为了适应新近变得拥挤的版图；所有这些革命，在亚欧大陆的幸运纬度带上的大部分地区都以相同的顺序出现（我将在第三章里解释，为什么在美洲发生的情形与此不同）。这就回答了我在本章开头提出的两个问题：希腊人在普拉提亚击败波斯人的方式不是西方特有的，庞大而安全的社会的出现也不是西方特有的，并没有什么"西方式战争"一说。

公元前 9500 年前后，在西亚的侧翼丘陵区种植大麦和小麦的人们显然是技术含量低、无组织的战士。考古学家在他们的坟墓和居所发掘出的东西证明，他们的作战方式就跟人类学家在 20 世纪观察到的最简单的农业社会的作战方式一样。他们手中最致命的武器是有缺口的石刃。他们或战或逃全看心情，并且打不了几天仗就会发现没有食物了。

因此，当人类学家第一次遭遇当代的石器时代社群时，他们通常会得出跟玛格丽特·米德一样的结论：这些人不是战士。人类学家在新几内亚和亚马孙雨林中看到的寥寥数场战斗中，参战者看起来都漫不经心。几十个人会组成散漫的战线，然后站在对方的弓箭射程之外嘲笑对方。时不时地会有一两个人冲上前去，射上一两箭，再跑回来。

这样的战斗可能会持续一整天，然后暂停吃晚饭。或许第二天早上战斗还会再次进行。如果有人受伤，战斗可能会立刻结束。有时，下场大雨就能让双方停战。这一切看起来都像《萨摩亚人的成年》一书中写的那样：所谓的战斗不过是展现男子气概的一些仪式，给那些年轻人机会，让他们看起来很坚强，而（按米德的说法）不需要付出太大的代价。

但由于人类学家通常不会进行太久的实地考察，因此他们很少能看到那些夹在战斗中间的真正的石器时代的厮杀。不管怎么说，战斗都是危险的。不用说那些拿着石制斧头冲向敌人的人，连那些在敌人放箭时站在原地的人都有可能受伤。人类学家发现，20世纪的石器时代战士们喜欢做的事情是躲起来，再趁人不备进行偷袭——这样做要安全得多。一小群勇敢的人会溜进敌人的领地。如果他们碰到落单的一两名敌人，就会杀掉那些人；如果碰到的是女人，就会强奸她们，再把她们拖回家；如果遭遇的是足以反击他们的人群，就躲起来。

比伏击效果更好的是拂晓突袭。这种袭击经常出现在人类学的文章之中，常读这类文章的人对这种袭击带来的恐怖都已经感到麻木了。通常，十几名袭击者在前往敌人村庄的路上都会十分小心谨慎。要完成这样的袭击是非常费神的，大多数时候，袭击者在到达目的地之前就会放弃行动。但如果一切进行得都很顺利，袭击者会趁着夜色接近他们的目标，然后在拂晓时分发动袭击。不过，即便是这样，他们通常也仅能杀死一两名敌人（大多是晨起之后去小便的男人），随后就惊慌地逃走。但有时他们也会走好运，就像霍皮人（Hopi）所记载的一次袭击。1700年，在位于今亚利桑那州的地方，一个名叫阿瓦托维的村庄遭到了袭击。

就在天空现出拂晓时分的黄色时，在密室*屋顶的塔帕罗站起身来，挥舞着他的毯子。于是，袭击者爬上了台地的顶部，开始了袭击……他们点燃了密室屋顶上的木柴垛，再把着火的木柴顺着窗口丢进去。随后，他们开始向下方的男人射箭……只要遇到男人，不论老少，一概杀掉。有时候，他们直接把人抓起来，丢到密室里面去。不管是男人还是男孩，他们一个活口都没留。

成捆的干辣椒挂在墙上……袭击者把这些干辣椒弄碎……再

★ 一种从屋顶上的活板门进出的房屋。

把粉末撒到密室中燃起的火焰上。随后,他们就关上了密室的窗子……辣椒着火了,混在浓烟中。密室里一片哭声、喊声和咳嗽声。过了一会儿,屋顶的梁木也起火了,随后一根接着一根地倒塌了下去。终于,喊叫声消失了,化作一片寂静。最终,屋顶坍塌在死者身上,将他们埋葬,只剩下一片寂静。[22]

这样的突袭很适合石器时代的社会。他们较为平等的生活方式意味着,没人能确保执行严格的纪律,那种让斯巴达人在波斯人朝他们射箭时坚守不动的纪律。而在这样的突袭中,没人需要把自己暴露在那样的危险之中。在行动开始前,一旦被人发现,袭击者随时可以逃走。这样的袭击几乎没有风险。只是,除非袭击者杀掉了所有人,不然被袭击的村庄几乎肯定会用同样的方式进行报复。

以牙还牙的突袭和反突袭是造成现代石器时代社会惊人的暴力死亡率的元凶,而史前社会的考古发现似乎也支持了这一观点。例如,在20世纪雅诺玛米人生活的地区和新几内亚的高原上,突袭最终导致数千米宽的地带变成了危险的缓冲带,没有人会住在那些地方。我们仍然可以说,太阳底下没有新鲜事。恺撒和塔西佗分别记载说,在罗马人统治前的高卢和日耳曼,也曾发生过同样的事情;考古学家也证明,此类事情曾发生在史前的北美洲和欧洲。

缓冲带策略显然是有效的,但是很浪费。很早之前,人们肯定就知道,他们有另外一种选择:与其放弃大好的土地,不如修建一道足够高大的城墙,把袭击者隔绝在村庄之外。但这种选择本身也有问题,因为修建防御工事需要有纪律和后勤保障,而石器时代的社会最缺乏的就是这两样。更糟糕的是,如果村庄A能很好地组织人手修建起城墙,那么此时的村庄B的纪律和后勤保障水平可能就足够发动一次认真的围攻战了。

在刘易斯·卡罗尔的《爱丽丝镜中奇遇记》一书中,有一个深受读者喜爱的场景:红桃皇后和爱丽丝突然开始没缘由地在乡间疯跑。

她们跑啊，跑啊，"快得仿佛在滑翔"，但爱丽丝随后发现，她们仍然在出发时的那棵树下。[23] 爱丽丝不太高兴地对红桃皇后说："在我住的地方，只要快快地跑一会儿，总能跑到另外一个地方。"红桃皇后感到很惊讶，她对爱丽丝解释："你瞧，在我们这儿，得拼命地跑，才能保持在原地。"

生物学家将这种"红桃皇后效应"升华为一种进化论原理。他们发现，如果狐狸进化得可以跑得更快，从而可以捉到更多兔子，那么就只有跑得最快的兔子才有繁育后代的机会，从而使新一代的小兔子跑得更快。同样地，也只有跑得最快的狐狸才能捉到足够多的兔子活下去，并且把自己的基因传递下去。所以，这两个物种都得拼命地奔跑，才能使自己留在原地。

在冷战期间，美国和苏联的科学家制造出了前所未有的可怕的大规模毁灭性武器。那时，"红桃皇后效应"经常被用以描述战争的疯狂。军备竞赛的批评者说道，没有哪一方有什么收获，只是大家都变得更穷了。关于这一点，我将在第五章和第六章详细讲述。现在，我要说的是，在史前时代发现"红桃皇后效应"也是件很有趣的事。

尽管对于防御工事首次出现的时间还有争论，但这一发明就是一个很好的例子。早在公元前9300年，生活在约旦河谷杰里科的人们就曾建起一座令人生畏的塔（图2.4）。但很多考古学家怀疑这座塔不具备军事功能。即便具备军事功能，这座塔看起来也没有什么了不起的，因为在其后的5 000年内都没有什么防御工事被发现，直到考古学家们发现了一道在公元前4300年建立于今土耳其梅尔辛的墙。

在梅尔辛的墙之后，西亚的防御工事就出现得比较频繁了。公元前3100年，苏美尔（今伊拉克南部）的乌鲁克城有了一道约10千米长的城墙。尽管这道墙令人叹为观止，但是修建这道城墙的居民的定居点却被摧毁了。这说明，就在人们拥有了足够的组织能力修建这样的城墙时，人们同时也拥有了足够的组织能力攻克这样的防御工事。或许，我们可以总结说，苏美尔人就像红桃皇后一样，拼命跑，才让

图2.4 中心地带：军事革命最初阶段的地点，约公元前9300—前500年

自己留在了原地。

但这只是故事的一部分。幸运纬度带核心区域的农业社会在拼命跑了很长一段时间后，最终还是跑到了另一个地方。在我们的军事演化史中，产生于公元前第四个千年的防御工事是我们可以看到的第一次革命性飞跃。当时的社群已经有能力建设这样的城墙，并且攻克敌人修建的城墙，这或许意味着战争已经开始变得富有建设性。利维坦开始展现自己的实力，创造出更大的、更有组织的，并且可能更和平的社会（除非我们获得更多的可供研究的骸骨，否则我们无法证明这一点），有能力达成那些以前力有不逮的目标。战争不再是以牙还牙式的突袭。战胜者开始融合战败者，创造出更大的社会。

但这一过程也并不美好。在公元前第三个千年的苏美尔，文字已经发展到可以流传诗歌的程度。其中一首诗可以让我们隐约听到那些在野蛮的压迫下沉寂的成千上万人的声音。"呜呼！"他们悲歌道，"属于我的那一天，我被毁灭的那一天！"

> 敌人的铁蹄踏进我的厅堂!
> 敌人把脏脏的双手向我伸来!
> ……敌人剥去了我的袍子,披在他的妻子身上,
> 敌人夺去我的珠宝,挂在他的孩子身上,
> 我只得徘徊在他居所外的步道上。[24]

但这样的野蛮行径带来的结果,是更少的城市统治着更多的人民。到了公元前 3100 年,就在乌鲁克修建其 10 千米长的城墙时,它似乎也在某种程度上控制着苏美尔的大部分地区。乌鲁克进行征服或殖民的脚步,似乎一直向北延伸到了今叙利亚,涵盖了布拉克丘(公元前 3800 年在那里发生了一场大战)和哈布巴卡比拉。

规模更大的乌鲁克社会发展出了更复杂的内部结构。它拥有真正的城市,城内居民数量达到万人以上;国王宣称自己是神的后裔。最终,坐寇们制定法律,统治做记录、征税的官员。用他们喜欢的话说,他们对待自己的子民,仿佛牧羊人对羊一样。

最初的统治多个社群的利维坦,虽然没有以前的社会平等,但更富有,也很可能更安全。由于缺乏数据支持,所以我们自然只能靠猜测。但在人口高度稠密的尼罗河谷地,这似乎是不容置辩的事实。尼罗河谷地中的农民被沙漠限制在一条狭窄的土地上。在几个世纪的争斗之后,公元前 3300 年,有三个小国家出现在了尼罗河谷地的上游。到了公元前 3100 年,这里就只剩下一个国家了,其国王那尔迈成了第一位统治整个埃及的法老。他和他的继任者们在约 800 千米长的国境上消除了战争,把坐寇统治提升到了一个新的水准。当同属一个千年的国王们还热衷于称自己像神一般时,法老们干脆说自己就是神;当其他国王还在修建神庙时,法老们兴建了金字塔(吉萨的大金字塔重达约 600 万吨)。

在今天看来,神君的说法显得甚是狂妄自大,但是在集权方面有着良好的效果。据我们所知,埃及的贵族们开始全神贯注于赢得皇室

的青睐,因而基本放弃了彼此之间的武力竞争。这样的现象基本就和埃利亚斯所观察到的45个世纪后的欧洲一样。从那个时期流传至今的艺术和文学只能为我们塑造出一个非常笼统的印象,但是其中最为深刻的就是,按照古代的标准,古王国时期的埃及是一个非常和平的地方。利维坦战胜了红桃皇后。

坚守你的立场

在产生利维坦的道路上,西南亚和埃及(考古学家通常将其统称为"肥沃新月地带")领先了。不过,在随后的几个世纪之中,幸运纬度带的其他农业社会也走上了大致相同的道路。就像我们可以设想的那样,农业开始的时间与城市、利维坦、防御工事出现的时间大体吻合。一个地区在冰期末期拥有的可供驯化的动植物密度越大,那里的人们就会越快学会农业,进而使得囚笼效应让那里的战争更早地变得富有建设性。

要想说明这一切,没有比画一张图表再合适不过的了。在我看来,表2.1可以很好地展示在幸运纬度带发生的一切。在耕种出现之后,通常要花上2 000~3 000年才会出现对动植物的驯化。在驯化出现后的3 000~4 000年内,会开始出现修有城墙的城市、被看作神的君主、金字塔形的建筑、书写和官僚政治(巴基斯坦:约公元前2800年,中国:约公元前1900年,秘鲁和墨西哥:约公元前200年)。

从表2.1还能看出,进步通常是一起出现的。在亚欧大陆,青铜武器和盔甲的发明尤其体现了这一特点。这两大发明作为宏大的军事演化史中的第二次革命性飞跃,通常与防御工事、城市和政府在大致相同的时间出现。早在公元前7000年(驯化阶段后的500年),西亚的工匠们就已经开始用铜制作漂亮的装饰品了。但直到公元前3300年前后,他们才学会将铜与锡或砷混合在一起制作青铜,这种金属的强度足以制造武器和盔甲。恰在利维坦于乌鲁克出现时,青铜工艺才在肥沃新月地带腾飞。这两者之间很可能是有关联的：在南亚和东亚，青铜也是与城市和国家一同出现的（不过，美洲的情况大不相同，我将在第三章里讨论这一问题）。

在战场上使用金属武器似乎直接导致了第三场革命，这场革命再一次最先发生在肥沃新月地带。手里拿着青铜尖的长矛是一回事，而要有勇气走到一个人的面前，用长矛刺死他，可就是另外一回事了——特别是，当这个人和他成百上千的战友们也准备用长矛刺死你的时候。要想真正用好金属武器，就必须有军事纪律这种让士兵们坚守阵地、服从命令的艺术。

可以说，这是古代军事革命中最为重要的一次变革。一支有纪律的军队与一群无纪律的乌合之众之间的差距，就像"马尼拉的震颤"*与酒吧里两个醉鬼互殴一样大。那些在接到命令之后，敢于冲上前去杀敌或是冒着滚油、落石、箭矢的危险攻城的士兵，往往会击败那些缺乏纪律的士兵。较为可靠的指挥和控制、能够按照命令进行调整的阵型以及遵守命令的士兵，这些进步将会改变一切。

不幸的是，考古学家没办法发掘出"纪律"来。目前发现的证据，只能证明在几个世纪之后出现了有纪律的部队，但是我们似乎有理由怀疑，军队的纪律几乎是与集权政府同时出现的。也正在此时（公元前3300年的肥沃新月地带、公元前2800年的印度河谷、公元前1900年的中国），两军对垒的场面开始变得和突袭与围攻战一样常见了。说服年轻人在有生命危险的情况下服从命令，是利维坦最初的伟大成就之一。不过，由于缺乏可靠的数据，史前时期的首领们究竟是如何做到这点的，仍然是考古学中最令人费解的问题之一。

最早的有形证据出自艺术。石器时代的洞窟壁画，有的有着上万

---

* 这个比喻，让我又暴露出了自己的年龄。1975年，穆罕默德·阿里与乔·弗雷泽在拳王争霸赛中表现出了最好的纪律性。在一回合接着一回合的激烈较量之后，两个人都已经头昏眼花，却还是坚持在拳台上战斗。阿里把这次经历形容为"濒死的"经历。[25]

年的历史。很多画绘有成群的人相互射箭和投掷长矛的场景（图2.5）。不过，有一块雕刻于公元前2450年的苏美尔浮雕展现了不同的内容。这块被称作"秃鹫石碑"的雕塑（图2.6）描绘了拉格什国王恩纳图姆率领下的部队，这些步兵戴着头盔，手持长矛和大盾，排成密集而有纪律的阵列。拉格什士兵们正迈过死去的敌人。一旁的一块碑文记载说，乌玛占领了拉格什的一些田园，而恩纳图姆在与乌玛人的对阵中取得了胜利。恩纳图姆随后将乌玛和苏美尔余下的大部分地方都并入了他的王国。

显然，苏美尔士兵有着足够的纪律性和团队精神，使他们可以通过决战决定战争的结局。苏美尔士兵抛弃了由来已久的打了就跑的传统，不顾危险地靠近敌人。在公元前2330年前后，阿卡得的萨尔贡大帝甚至夸耀："有5 400人每天在我面前吃饭。"[26] 他显然指的是一支常备军。他的臣民为他的军队提供食物、羊毛制品和武器，因而他的军队可以一直操练。

野蛮的战士正被转化为有纪律的士兵。现代的职业军人除去了平民生活中的自私，将忠诚、荣誉和职责上升为基本美德。虽然萨尔贡大帝的士兵的纪律性或许不会打动恺撒的百夫长，但在公元前第三个千年的苏美尔和阿卡得，人类历史上第一次出现了宁愿战死也不愿有辱其所在部队的士兵。

结果很清楚。阿卡得征服了今伊拉克的大部分地方，击败了拉格什、乌尔和乌玛，推倒了这些地方的城墙。萨尔贡大帝任命了总督，在叙利亚修建了防御工事，一直打到高加索山区和地中海。他的孙子甚至来到了波斯湾对岸。在那里，有一块碑文写道："有32个来自海的那一边的城市加入了这场战斗。但他还是胜利了，征服了这些地方，杀掉了这些地方的王子。"

就像2 000年后的罗马一样，萨尔贡大帝的阿卡得王国接下来在与印度的贸易中变得富有。印度河谷如果在公元前2300年还没有见识过富有纪律性的军队的话，那么现在他们算是见识到了。但要想找

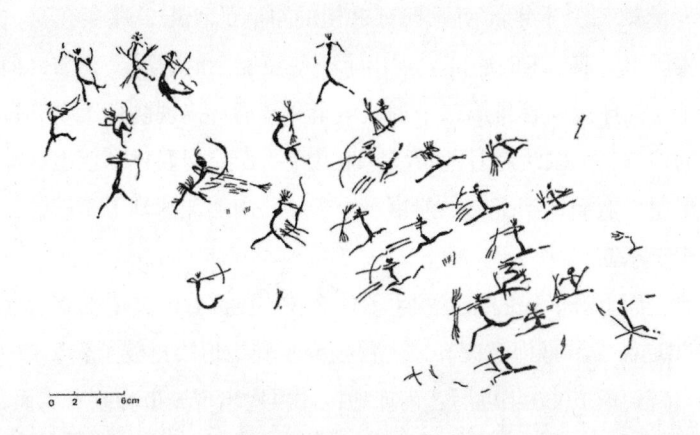

图2.5 屠杀的号令：史前时期的洞窟壁画上描绘的混乱战斗。这幅壁画绘于公元前10000—前5000年的西班牙

资料来源：Jean Guilane and Jean Zammit, *The Origins of War: Violence in Prehistory*, Oxford: Blackwell, 2001, p. 105

图2.6 纪律的诞生：这幅浮雕被称作"秃鹫石碑"，创作于公元前2450年的拉格什，是已知的最早的描绘士兵组成阵列的作品

资料来源：Gianni Dagli Orti / The Art Archive at Art Resource, NY

到公元前第三个千年的南亚拥有这样的军队的证据，那实在是太难了。实际上，表 2.1 的底部表现出了一些更复杂的情况。在公元前第三个千年，印度河谷是第二个形成城市和政府、出现防御工事和青铜武器的地方，比肥沃新月地带要晚上几个世纪，但要比东亚地区早上几个世纪。然而，到了公元前第一个千年，南亚却掉到了第三位，远远落后于东亚。

从表面上看，我们知道发生了什么：印度河谷的文明约在公元前 1900 年崩溃了。城市被废弃，人民抛弃了利维坦，打破了表 2.1 中的进程。直到近 1 000 年以后，南亚地区才再次出现城市和政府。而且，那时的城市和政府没有出现在印度河平原，而是出现在恒河平原。而与此同时，未经历类似崩溃的中国早已走在了前面。

我们不知道的是，印度河文明为什么会崩溃。我们仍无法解读目前发现的少量文献。鉴于在巴基斯坦的挖掘工作依旧面临很多挑战，我们拥有的证据仍然很少。在 20 世纪 40 年代末，当有从军经历的人占据着考古学界的主流时，人们通常认为是后来印度史诗中描绘的雅利安人摧毁了印度河沿岸的城市。而到了 20 世纪 80 年代，当《萨摩亚人的成年》中的思潮处于高峰期时，人们又认为情况并非如此，元凶另有其因——气候变化、内部叛乱和经济崩溃。而到了 21 世纪第二个 10 年，我们只能承认我们不知道原因为何。

在本书中，我还会讲述更多关于利维坦缘何崩塌的事情，不过关于约 4 000 年前印度河文明缘何崩溃这一问题，我还想再做一些思考。假如我不是在 2013 年的美国加利福尼亚写作这本书，而是在公元前 1500 年前后的南亚的话，我可能会总结说，战争毫无益处。在我周围，我所能看到的是印度河文明衰落的城市化作了泥土堆，里面只有鬼魂和牧羊人。我可能会说，或许战争可以让我们暂时变得更安全、更富有，但它随后就起不到这样的作用了。

不过，我如果在公元前 500 年前后的南亚写这本书，并且我也了解失落的印度河文明，可能会得出一个截然不同的结论。在公元前

500年，崛起于恒河河谷的国家就像1 500年前印度河流域的城市一样引人注目，也别具特色。而这样的现象可能说明，建设性战争是真实存在的，但是周期性的。利维坦在混乱中带来秩序，但它带来的反作用会让这个世界归于无政府的混乱状态，而这样的情形会再次产生利维坦。就这样循环往复，在秩序和混乱之间不停地摆动。

但如果我在公元前250年前后，也就是阿育王的鼎盛时期写这本书，而且我依然熟知以往的历史的话，会得出一个更深刻的结论。是的，我会承认250年前的我所说的话，即建设性战争是周期性的。但我会认为，建设性战争是波浪式的，每一个浪头都比前一个浪头要高一些。我也会承认，印度河谷的文明是非凡的，而其在公元前1900年之后覆灭是糟糕的。但孔雀王朝比那时的文明还要非凡，这是建设性战争的成果。

有了这样的认识，如果我在250年之后重生的话，就不会感到绝望。此时，孔雀王朝已经覆亡，就像印度河文明一样，而它广阔的疆土现在属于一群争斗不休的王子。但我仍然会对未来有信心。利维坦退后了一步。但就像孔雀王朝追随失落的印度河文明时的脚步一样，利维坦还会很快再向前迈出两步。

从这场思想的实验中，我们能得到什么？一个吸引人的解读方式是，所有的事情都是相对的。建设性战争究竟是否存在，它究竟是不是周期性的，或者究竟是否在持续向前，这都取决于我们观察它的角度。但我认为，这个结论言之过早。南亚地区在公元前最初几个千年里的历史告诉我们的是，建设性战争的魔力让人类社会更安全、更富裕，但这种魔力只能在非常长的时期内才能体现出来。将在时间上跨千年之久的战争上升到理论上加以肯定，这种做法看起来对那些在古代南亚的战争中杀人或被杀的人而言十分残酷。在长期的战争历史中，这种道德层面的解读总会让人感到困扰。但证据一直在指向同一个充满矛盾的假设：战争让人类社会更安全、更富裕。

烈火战车

文明的崩溃中止了建设性战争，这样的情况不仅发生在南亚。实际上，早在公元前 3100 年，类似的事情可能就发生在了苏美尔。我们没有明确的证据，但是乌鲁克建立起来的控制权此时崩溃了，乌鲁克被焚毁。在随后的几个世纪里，西南亚被分割为征战不休的若干个城邦国家。约在公元前 2200 年，一场规模更大的剧变发生了，它摧毁了萨尔贡大帝的阿卡得王国和埃及的古王国，甚至把灾难扩散到地中海的另一边。与此同时，在中国可能发生了相似（但是规模较小）的崩塌。人们对这些崩溃的真正原因争论不休。但在公元前 2000 年之后，事情逐渐变得清晰了。从这时开始，我们可以看到军事革命本身就可以是巨大的不稳定性的根源。

第四次重大的军事革命没有发生在辉煌灿烂的肥沃新月地带或印度河谷地城市，而是发生在今乌克兰的荒芜草原。这里的猎人约在公元前 4000 年前后驯服了野马。就像幸运纬度带上驯化牛、羊和猪的那些人一样，这里的牧民最初也只是想获得更多的肉类供给。不过在公元前 3300 年前后，他们有了一个绝妙的主意。在草原上，能否迅速地从一个水源地移动到下一个水源地，经常关乎生死。牧民给他们的小马套上车，这极大地增强了他们的移动能力和生存能力。

改进在一点点地积累。到了公元前 2100 年，在今哈萨克斯坦的牧民培育出了体型更大、腿更长的马匹，并且训练它们拉更轻便的马车。这些马要比大多数现代马种体型小得多，但是它们拉的轻马车（双轮战车）是一件了不起的东西。商人和移民［很可能是一个鲜为人知的族群：胡里安人（Hurrians）］把这些战车带过了高加索山脉，在公元前 1900 年前后将其带到了肥沃新月地带。一开始，这些战车用作运输。但在一两个世纪之后，它们被改造成了军事用具，并立刻给建设性战争带来了革命性的改变。

双轮战车使用起来并不像古装战争影视剧里经常描述的那样，仿佛坦克一般冲进敌人的战阵。双轮战车很难操纵，也十分脆弱（在公元前14世纪，双轮战车的重量可能还不到45千克）。如果要冲击坚守阵地的有纪律的步兵，战马也会惊慌。双轮战车的优势不在于重量，而在于速度（图2.7）。轻型的双轮战车上可以搭载两三个身披铠甲的士兵，通常有一名驭手、一名弓箭手，有时还会有一名盾牌手。这样的双轮战车可以把移动缓慢的步兵变成箭靶子。在古印度史诗《摩诃婆罗多》中有这样的描述，从双轮战车上射出来的箭雨如此密集，"以至遮蔽了太阳"[27]。

在南非洞穴中发现的斑驳的石制箭头表明，人们使用弓的历史至少有六万年。不过，据我们所知，直到接近公元前2000年，人们才开始使用现代专家所说的单弓，这种弓是用单条窄木制成的，用动物

图2.7　速度之王：埃及法老拉美西斯二世在史上规模最大的双轮战车大战——卡迭石战役（公元前1274年）中追击敌人

资料来源：Gianni Dagli Orti / The Art Archive at Art Resource, NY

的肠做弓弦。由于很少有木质的弓保留并被发掘出来，因此对这种弓的细节我们不是很清楚。不过，后来的弓手们开始把两种或更多种不同的木材拼合在一起以增强武器的威力，这一潮流可能是从中亚的草原上开始的。新的发明出现得越来越快。到公元前1600年前后，肥沃新月地带上的人们开始使用一种新型的弓——复合弓。工匠们不再使用单条窄木，而是让弓梢向前弯曲，使其射出的箭更有威力。大多数单弓的有效射程不到100米，而复合弓的射程是单弓的4倍，其射出的箭可以穿透除金属铠甲之外的任何东西。

复合弓可能也是在大草原上被发明出来的，甚至可能是与双轮战车一起被引入幸运纬度带的。但不论其中细节如何，双轮战车和复合弓的组合改变了战场上的情势。起初，双轮战车的作用可能是次要的，战车手要做的事情是向敌军步兵射箭，以打乱他们的阵型，便于长矛手发动进攻。后来，统治者们发现双轮战车效果奇佳，于是逐渐不再部署大量步兵。从此，战争的胜负几乎完全取决于"那些围着彼此绕圈、如降雨一般迅捷放箭的战车手"（仍然引自《摩诃婆罗多》）。

在公元前17世纪之前，战场就已经是一个很可怕的地方了。成千上万的步兵推推搡搡，手持青铜长矛，从敌人盾牌的上方刺向他们的头部和咽喉，或是从盾牌的下方刺向他们的胯部和大腿。大战之后，战场上往往会留下几百具尸体，以及更多躺在地上慢慢死去的伤者，就像莎士比亚后来描写的战场一样："有的在咒天骂地，有的在喊叫军医，有的在哭他抛下了苦命的妻，有的高嚷他欠了人家的债还没还，也有的一声声叫他甩手不管的孩子——我只怕死在战场上的人很少有死得像个样儿的！"[28] 而到了公元前1600年，战场上的恐怖程度又提高了一分。通常来说，马是比人大的目标，而且不会披铠甲。因此阻止双轮战车最快的方法，就是朝拉车的战马放箭，或是让勇敢的人坚守战阵，待战车从他们身边掠过时砍断马的腿部肌腱或是让它开膛破肚（站在战阵外的散兵会手持可怕的镰刀状的刀，专为此用）。在接下来的3 500年里，一直到20世纪，亚欧大陆的战场上都不仅满是惨叫着流血的人类，还到处都是静悄悄地流着血的马匹★。

几个世纪之后，双轮战车从哈萨克草原传播到了更多的地方：它于公元前1200年传播到了中国，又在公元前600年传到了尚在印度河文明崩溃后的恢复期中的印度。从地中海沿岸到中国的海滨，双轮战车的设计在实质上是相同的，这说明它们来自相同的源头。正是来自中亚的移民和商人将双轮战车带到了肥沃新月地带和亚欧大陆幸运纬度带上的其他地方。在每一个地方，双轮战车都满足了人们相同的对机动性和火力的需求，也带来了相似的混乱后果。

如果某一个组织有着自己擅长的行事方式，那么它就不太情愿去接受一种新的方式，这或许是人类本性的一部分。类似的事情在双轮战车的身上也发生了。在肥沃新月地带上，最先开始使用双轮战车的不是埃及或巴比伦这样的大国，而是一些更小的、更边缘化的群体，诸如加喜特人（Kassites）、赫梯人（Hittites）和喜克索人（Hyksos）。从大约公元前1700年起，这些群体开始击败、劫掠，有时候甚至推翻更富裕的国家的统治者。与之相似的是，公元前1046年，更乐于接受双轮战车的周部落推翻了商朝。但只有当那些最大、最富有的国家最终接受了双轮战车时（肥沃新月地带在公元前1600年，中国在公元前1000年，印度在公元前400年），双轮战车才真正进入了黄金时代，因为只有富有的国家才有足够的实力恰当地应用双轮战车。

双轮战车很是昂贵。据《圣经》记载，以色列的所罗门王要为每辆双轮战车支付600个谢克尔银币，还要为每匹马额外付出150个谢克尔。要知道，那时一个奴隶才值30个谢克尔。公元前14世纪赫梯帝国的一份文字资料显示了双轮战车为什么这么昂贵。这份资料逐日记载了双轮战车、战马长达7个月的训练项目。

双轮战车进行集群作战的效果最好。数百辆战车一起涌向敌人不受保护的侧翼，然后射出遮天蔽日的箭矢。一方拥有的双轮战车越

★ 2004年，在屠杀战马38个世纪之后，在伦敦的公园径揭幕了一块纪念碑，纪念所有在战争中被杀死的动物。上面的碑文很简单："它们无从选择。"

多,就意味着另一方也需要更多双轮战车。这样一来,双轮战车的数量就呈现出爆炸式的增长。在公元前1625年前后,赫梯人进攻阿勒颇时只动用了100辆双轮战车;而在公元前1274年的卡迭石战役中,赫梯人投入的双轮战车有3 500辆之多,并伴随10倍于此的步兵。而他们的埃及对手也派出了数量相近的军队。

要建立、训练、供养这样庞大的一支军队,就要求官僚机构和军需部门在规模和能力方面都实现巨大飞跃。而在人山人海、尘土飞扬的战场上控制这么多的战车,则需要更多的军官。在公元前第三个千年的肥沃新月地带,如何让步兵有足够的纪律性面对面地与敌人厮杀,是一个重大的军事挑战;而到了下一个千年,这个挑战就变成了如何让双轮战车在恰当的时间出现在恰当的位置。答案是:更森严的等级制度、更多的军官、更大的开销。

双轮战车时代的坐寇们狠下心来,向他们的臣民征收更沉重的赋税,建立起更强大的军队,只为与其邻国相匹敌。做不到这点的话,他们就只能看着自己的双轮战车在战场上被击垮,自己的步兵被追上、杀掉,并且寄希望于他们的城墙足够坚固。因此,城墙和塔楼的规模和复杂程度也实现了飞跃,而这促使敌人建造更好的攻城槌,或是把地道挖掘得更深。我们又看到了"红桃皇后效应"(荷马的《伊利亚特》完成于公元前750年的希腊,其中或许保留了一些关于公元前1200年前后的特洛伊十年围攻战的片段,尽管可能略失真)。

在双轮战车的时代,利维坦必须变得更大、更可怕,管理更严格,军队和内政服务更专业。结果,又会出现你现在已经很熟悉的那个矛盾——暴力减少了。每当一个国家吞并了另一个国家,相互之间能够开战的国家数量就减少了。而一旦再有战争爆发,也很少会出现大规模的战斗。至少在我们看来,公元前13世纪肥沃新月地带上的国王的想法会与18世纪的欧洲统治者的想法大致相同:既然这些骄傲的职业军人花费甚巨,而在战争中他们的损耗速度又那么快,所以除非被逼无奈,否则思维正常的统治者都不会把他们派去与敌人正面交锋。我们目前所知的最大规模的双轮战车战役——发生在公元前1482年的美吉多战役和发生在公元前1274年的卡迭石战役,战争中的一方甚至双方都遭遇了意料之外的袭击。

我们仍然没有关于暴力死亡率的官方数据。但旁证表明,在幸运纬度带上的双轮战车的黄金时代(肥沃新月地带:公元前1600—前1200年,中国:公元前1000—前600年,印度:公元前400—前100年)中,暴力死亡的总体风险在下降。在这么广大的地域范围内,这一趋势自然是不甚平衡的。但战士式的墓葬变得不那么常见了,精英艺术更热衷于突出和平的艺术;而在军事前沿之外的地方,防御工事也变得罕见了。

贸易始终在发展,财富增加了。这一趋势也是不平衡的,但那些在商业方面最活跃的地区(例如叙利亚沿岸的乌加里特或克里特岛上属于米诺斯文明的城市)满是宽敞舒适的房屋,表明繁荣的中产阶层的存在。从地中海沉船中,我们可以一瞥金属、葡萄酒和其他奢侈品的贸易已经遍及多么广阔的地域。而根据皇室和贸易官员的文件记载,我们可以看到木材、食物和纺织品曾在大国内部和大国之间往来。战争比以往更具建设性了。

但情况突然就变了。双轮战车的时代从边缘地区的变革开始,也以相同的方式结束。这一次,相对边缘的地区换到了欧洲,而不是中亚。在公元前4500年前后,农耕从肥沃新月地带发展到了欧洲大部分地区。在接下来的3 000年中,欧洲的人口开始增长,稳步接近触发囚笼效应的水平。然而在这3 000年里,欧洲人还在使用弓和匕首进行那种打完就跑的战斗。但大约在公元前1450年,在今意大利北部和奥地利一带,锻工们为当地的战士提供了新的选择。在那之前1 000年,当肥沃新月地带的战士们开始将战斗的方式从突袭转变为军队对垒时,青铜合金的技术还很粗糙。当时的工匠所能制造出的最好的武器也就是沉重的、用来刺杀的长矛。这种较软的青铜可以用来制作匕首和奇怪的镰刀形短剑(只能用来砍)。但还没有任何锻工能制造出性能可靠、够长、够坚硬、可以用来砍和刺的真正的剑★。

然而,到了公元前 1450 年,工匠们铸造出了硬度更强的青铜,用它可以打造长而直的剑。剑刃和剑柄均用同一块青铜制成,无论使用者多么用力地砍在敌人的铠甲上,剑柄也不会脱落,这种剑还可以用来刺。大多数剑的剑刃上都有两道浅槽,考古学家们称之为血槽。这是多么可怕的名字,但很准确。

在两个世纪之内,这种新式剑就传遍了北欧和西欧。考古学家经常在密窖和墓穴中发现这样的剑,一同埋藏着的还有成捆的小矛头(其中有些是标枪上用的,用来投掷而非刺击),有时还有胸甲和盾牌。如果只是进行拂晓突袭、杀戮熟睡的村民,是不需要这样的装备的。无疑,这意味着两军对垒的战斗。一小群身披铠甲的人会从 50 步开外甚至更近的距离投掷标枪,以杀伤敌人或是破坏敌人的盾牌;随后,他们冲到敌人的身前,用闪着寒光的青铜剑进行屠戮。

欧洲的战士们有了致命的新武器,而肥沃新月地带那些老练的士兵似乎并不急于向未开化的北方人学习。他们肯定会问,既然我们有成千上万的战车手可以射出遮天蔽日的箭雨,为什么还需要拿着标枪和剑涌上前去呢?

大约公元前 1200 年,他们得到了答案。从那时开始,剑士们开始前往地中海东部。一些是独来独往的亡命之徒,一些是小型的匪徒团伙,还有一些人在法老的军队里充当雇佣兵,有些人则随着整个部落乘船或马车迁徙。其中可能有气候变化的因素,因为巴尔干半岛、意大利和利比亚的气候变得更加干燥,生活变得更加艰难。不管其中的原因究竟是什么,其带来的后果是很显著的。

起初,职业军队一定很难认真对待这些乌合之众,而直到此时,这些自负的战车兵都是对的。公元前 1208 年,埃及法老麦伦普塔拦

★ 从技术角度讲,刃部短于 35 厘米的被称作匕首,长度在 35~50 厘米的称作短刀,长度在 50~70 厘米的称作短剑。真正的剑的长度要超过 70 厘米。(著名的罗马短剑的剑刃长度通常为 61~68 厘米。)

截了来自利比亚沙漠的一支军队，将他们全部消灭，杀掉了9 274名战士（计数的方法是清点从尸体上割下来的阳具）。埃及人缴获了9 111支剑，但只缴获了12辆双轮战车。这说明，入侵者很可能在采用新的战术。为了安全起见，埃及随后也增加了部队中剑士的数量（有可能是从入侵者中招募的），并且在公元前1176年取得了一次更富有戏剧性的胜利。因此，有什么好担心的呢？

因为事实证明，入侵者们学会了不按规则出牌。据我们所知，他们避免进行直接对垒，在几十年的时间里进行着非对称战争。无形的威胁无处不在，突然出现又突然消失。前一天，战马精疲力竭地拖着双轮战车去参战；第二天，士兵们就会发现自己突然被包围了，廉价的标枪刺倒了昂贵的马匹，接着蛮族的剑士冲过来大开杀戒。

一个错误就足以招致灾难。当乌加里特的军队远在异地帮助赫梯帝国对付一群劫掠者时，另一群劫掠者就烧毁了这座贸易城市。在公元前1220—前1180年，迁徙者们从希腊开始，一直打到以色列。面对一个接一个的国王，迁徙者拖垮了他们的军队，洗劫了他们的宫殿。埃及人在战场上的胜利使他们避免了这样的命运，但无法阻止迁徙者更缓慢地渗透。到公元前1100年，迁徙者实际控制了尼罗河三角洲。

在整个肥沃新月地带，官僚机构土崩瓦解，文明程度降低了。没人再缴税，断了财源的政府也就没钱供养军队，劫掠行径肆无忌惮。贫穷开始蔓延，灾难一个接着一个，人口锐减。一个新的黑暗时代来临了。

到长安（和华氏城）看看

接着，情况变得更糟糕了。没有了利维坦的庇护，长途贸易终止了；没有了贸易，锻工们找不到制造青铜所需的锡。本来利维坦能招募到的人就已经不多了，现在又无法武装他们，利维坦的灾难更加深重了。中央政府进一步崩解。

但到了公元前1050年，塞浦路斯的天才金属工匠们已经找到了一种解决青铜短缺的办法。不过，这件事最初起到的效果是给利维坦带来了更多的麻烦。铁，这种缺乏吸引力，但是数量很充足的矿物，塞浦路斯的工匠们早在几个世纪之前就知道怎样冶炼它了。只不过，他们一直不愿意去冶炼铁，因为青铜在几乎所有方面都胜过这种丑陋脆弱的金属。只有在商路断绝、无法获得锡的情况下，工匠们才不得已又把目光投向了铁，并且学会在其中加入碳。很快，他们就成功冶炼出可以使用的武器和工具。这些器具虽然不如青铜的那么好，但成本要低廉得多。铁制品的造价十分低廉，几乎任何人都能负担得起。铁剑就好像是古代的AK-47自动步枪，使得每个愤怒的年轻人都能像法律与秩序的代言人一样拥有杀戮的能力。

无政府状态在公元前1050—前1000年愈演愈烈，在肥沃新月地带上几乎看不到新的纪念物或是文字记载。但随后情况开始好转。由于已经没有什么富裕的王国可供劫掠，也就不再有足够的吸引力吸引那些劫掠者穿过沙漠、跨过海洋发动进攻。随着安全环境逐渐稳定，首领们开始重建破碎的国家。到公元前950年，所罗门在以色列建立了一个新的王国。这个王国在约公元前930年一分为二，但同时亚述在今伊拉克北部又建立起一个帝国。公元前918年，将近三个世纪中第一次有埃及法老率领大军在其国境外作战，一直把战火烧到了接近黎巴嫩的地方。再一次，双轮战车的车轮把尘土卷到了叙利亚平原战场的上空。

但公元前第一个千年的开端并非第二个千年中叶的重演。双轮战车再也没能夺回其在战场上的支配地位。其中有两个原因。首先，草原上的养马人并没有坐以待毙。1 000年来，大草原上的牧民赶着成群结队的马匹，拉着沉重的马车从一个水源地走到另一个水源地。就像我在前文提到的，移动性对于那些分散居住在草原上的人来说至关重要，能够迅速地在时荣时枯的草场间移动是事关生死的大事。因此，人们总是需要高大强壮的马匹。大约在公元前900年前后，在大草原最西端（今乌克兰）的养马人培育出了可供人们整日骑乘的高头大马。随后，骑手们发明出缰绳和嚼子，以便更好地控制马匹。马镫此时还远未出现，但骑手们可以用膝盖夹紧坐骑，并且坐在精心制作的有角的木质马鞍上。他们学会了骑在全速奔跑的马匹上放箭，甚至骑在马上用长矛猛刺。

一次新的军事革命开始了。待到这次革命真正深远的影响波及那些农业帝国/帝制国家时，时间已经又过去了1 000年——我将在第三章中介绍这部分内容。而在大草原上，这次革命的重要性是立竿见影的。可以骑乘的马匹使得人们在繁盛的草场之间的迁徙时间从几个星期缩短到几天。只要一个社群里的每一个男人、女人、孩童都学会骑马、射箭，就再也没有什么能阻止他们在平原上疾驰，并在必要时战斗了。古希腊的故事中，曾描述过来自中亚的亚马逊女战士，或许其原型就是这些在长途跋涉过程中作战的女性。考古学家发现，在某些时期的草原墓穴中，足有1/5的有武器陪葬的墓穴里埋葬的是女性。

西南亚地区新的利维坦的统治者很快发现，骑兵要比双轮战车更便宜、更快捷、更可靠。到公元前850年，亚述人开始招募游牧民族为他们作战，并购进可以骑乘的马匹。公元前400年，在中国，那些扩张中的诸侯国也开始做差不多相同的事情。到了公元前100年，就连与大草原远隔喜马拉雅山脉和兴都库什山脉的印度国王也开始做同样的事情了。

双轮战车在公元前第一个千年里基本消失的另一个原因，也更重要的原因是：铁制武器的真正优势开始显现出来。铁制的矛头、剑和铠甲造价低廉，可以大量购置。骑兵的成本比双轮战车低，而步兵用铁制武装的费用要比用青铜器武装低得多。据皇家记载，公元前870年，亚述率先招募了5万名步兵，而后又在公元前845年拥有了超过10万名步兵。在公元前第一个千年中，亚述国王投入战场的骑兵数量通常会高于之前一个千年里法老投入战场的双轮战车数量。而亚述国王拥有的步兵数量之多，使得此时的骑兵无法像以往的双轮战车那样在战场上取得支配地位。唯一能阻挡这些步兵的密集阵列的，就是与之同样密集的步兵阵列。

公元前744年，提格拉-帕拉萨三世推翻了之前的国王，成为亚述国王。他真正洞察了此次军备竞赛的奥秘。在强敌环伺的情况下，他只能另辟蹊径。很快，他发现，建立起比他的前任更强大的中央政府是他继续维持统治的关键。以前的国王由于无力构建起有效的官僚机构、征税并且降伏那些不听话的贵族，只能同好战的贵族讨价还价，达成妥协。如果地方领主可以在自己的领地里征募军队，那么最常见的情况是，国王将他们的军队召集到一起参加战争，并且在战胜后将战利品的很大一部分分给他们。要想征召大量部队，这是一种廉价的做法。但提格拉-帕拉萨三世并不确定这些亚述领主会支持他。不过，他还有另一种办法：绕开那些贵族，直接与农民达成协议。由于流传下来的资料很匮乏，所以我们无法知道他具体是怎样做的。但提格拉-帕拉萨三世确实设法让农民成了自己所耕种的土地的所有者，而不再是大领主的佃农。作为回报，农民要向国王纳税，并且在他的军队中服役。有了源源不断的税收收入之后，提格拉-帕拉萨三世就可以雇用官僚进行管理，并为他的臣僚支付俸禄。这样一来，他不仅可以让人们遵守更严格的纪律，还可以独自占有战利品，而不需要与那些过于强大的领主分享。

这样的做法为利维坦带来了奇迹。在公元前8—前7世纪，很多人在战争中被钉在木桩上（亚述人的一种习俗）。但与这种暴行同样有名的，是那些蓬勃发展中的城市里的花园和图书馆。正是这些城市支撑着开销巨大的亚述政府。亚述社会中的精英，就像此前埃及的贵族和此后文艺复兴时期的廷臣，发现取悦国王比在都城尼尼微的街头决斗更有利可图。

作为古代历史的一部分，这一时期仍然没有留下关于杀人率或是精英们相互仇杀的数据，但旁证仍然强大。提格拉-帕拉萨三世找到了一种驯服贵族的新方式。就像埃利亚斯在他的《文明的进程》一书中写的,这条道路正是2 000多年之后早期现代欧洲获得和平的道路。同时,提格拉-帕拉萨三世和他的继任者们也在扩张亚述的领土,他们吞并小国,从而防止了小国之间的战争。亚述帝国急剧扩张,迫使邻国要么降服,要么采取类似的集权政策。

这一过程一旦启动,就再无回头路可走。由于亚述的崛起,其周边的民众必须组织起政府来征税,训练军队,进行反抗,从而使得亚述的周边兴起了数十个新国家。公元前612年,亚述人的统治被这些敌人所组成的联盟推翻。随后,在亚述帝国的残骸上,他们的争斗持续了60年,一直持续到波斯帝国阿契美尼德王朝的崛起。这个新的帝国是世界上前所未有的大帝国(不过,据说阿契美尼德王朝的大部分领土都几乎无人居住,其人口总数还不到后世的罗马帝国或汉朝的一半)。

随着波斯的壮大,在其周围,又有一些国家开始形成。约在公元前330年前后,波斯帝国遭遇了与亚述相同的命运。来自波斯西北方向的一个落后王国的统治者——亚历山大大帝,仅用了四年时间就推翻了这个大帝国。但即便在那时,新兴的国家仍然在涌现。到公元前3世纪,罗马和迦太基进行了古代历史上规模最大、最为激烈的战争。到迦太基于公元前202年投降时,罗马已经拥有了世界上最强大的战争机器,并在接下来的一个世纪里吞并了整个地中海沿岸。在随后的1 000年中,肥沃新月地带和地中海地区一直处在几个少数大帝国/帝制国家的统治下,这些大帝国/帝制国家支配着数千万人口的生活,并在其中推行和平(图2.8)。

汉森和基根认为,这就是西方式战争诞生的时代。但如果放眼公元前第一个千年中亚欧大陆上幸运纬度带的其他地区,我们会看到十分相似的情形。冰期结束后,在中国和印度,农业与囚笼效应都比地中海地区来得晚,因此这两地的发展进程也要比地中海地区晚上几个世纪。但中国和印度都独立地发现了亚述、希腊和罗马成功的奥秘,

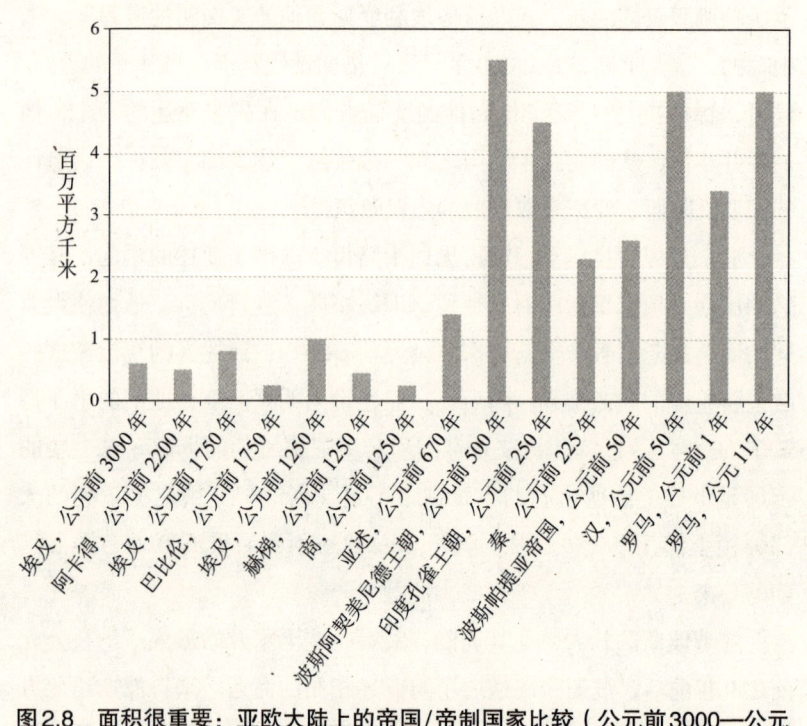

图2.8　面积很重要：亚欧大陆上的帝国/帝制国家比较（公元前3000—公元117年）

它们组建了强大的政府，征募规模庞大的军队，并采用令人惊异的战术在正面冲突的大战中取得胜利。每个地区都有自己的特色，但从大西洋到太平洋，这些地方发生的事情大体上是相同的。

这一点在中国表现得最为明显。中国在肥沃新月地带之后采用了双轮战车，双轮战车随即成了战场上的主宰，一直到公元前6世纪（公元前632年，发生了中国历史上最大规模的双轮战车大战——城濮之战）。到了公元前500年，中国的诸侯们也想到了提格拉-帕拉萨三世采用的那种战略：他们不再让贵族参与战争，而是直接把土地授予农民，再向农民征税、征兵役。

公元前400年，来自大草原的高头大马到达了中国。此时，中国战场上的主角是装备了铁剑、铁矛和弩（古代中国对军事技术的一项重大贡献）的大量步兵。相比于复合弓，为弩装填箭矢更花时间，其射程也更短。但弩使用起来更简单，射出的铁箭能够穿透更厚的铠甲。这样的特点使得其非常适合大军在近距离作战时使用。

冶铁技术在公元前800年传到中国。到公元前5世纪，中国的工匠们可以锻造出钢，这比肥沃新月地带上制造出的任何金属都更坚硬。铁制武器传播得很缓慢，直到公元前250年后才彻底取代了青铜武器。但此时，在亚欧大陆的两端，人们作战的方式已十分相似。

像在肥沃新月地带和地中海地区一样，利维坦摆脱了"红桃皇后效应"。互相攻伐的小国家被并入更大的、更和平的国家之中。根据中国的文献记载，在公元前771年时，黄河流域一共有148个诸侯国。这些国家彼此征战不休，到公元前450年时就只剩下了14个，其中只有4个是真正的大国。而就在其相互争斗之时，新的国家在南面和西面崛起。到公元前221年，来自西面的秦吞并了其他所有国家。

在亚欧大陆的西侧，暴力的高峰始于罗马与迦太基开战的公元前260年前后。而在亚欧大陆的东侧，时间点也大致相同。发生于公元前260年的长平之战可能是古代最大的一场战役，交战的秦赵两国共计投入了50万人以上。白天，军队会在敌人的营垒下挖掘地道；夜晚，他们会发动突袭，攻击战略要地。

最终，秦国宰相范雎让赵王相信，廉颇不仅年迈，而且过于谨慎，不适合指挥作战。形势因此急转直下。赵国派了更年轻、更狂热的赵括取代廉颇指挥战斗。据历史学家司马迁记载，赵括的父亲曾表示："使赵不将括即已，若必将之，破赵军者必括也。"当时赵括的母亲甚至向赵王谏阻"括不可使将"。而就像秦国期望的那样，赵括迅速发动了正面进攻。三万名秦国骑兵设下圈套，从两翼将赵军合围。有的考古学家把三杨庄称作"中国的庞贝"，而有的军事史学家经常把长平之战称作"中国的坎尼会战"。在那场发生在公元前216年的战役中，汉尼拔也同样充满戏剧性地包围了罗马军队。被切断后路的赵军在小山上扎下营寨，等待援军，但援军迟迟不到。46天之后，在年轻鲁莽的赵括被射杀、军队缺食少水的情况下,赵军投降了。但这又是一个不明智之举:秦军将投降的赵军全部坑杀,仅留下年纪尚轻的240名士兵,让他们把这灾难性的消息带回国去。

秦国发明了以杀死敌人人数记功的方法。秦国不靠技巧,不靠谋略,相信只要杀掉够多的人,敌人就无法再进行抵抗,从而也就可以赢得战争。我们永远无法知道到底有多少人被斩首、肢解或是活活烧死,但是其总数应有数百万之多。在接下来的40年里,秦国让其敌国都流尽了鲜血。

公元前221年,秦王嬴政接受了他最后一个敌人的投降,把自己的称呼改为"始皇帝"。如今,这位始皇帝因为他陪葬的约8 000个兵马俑而举世闻名,他的所作所为似乎就是要证明卡加库斯的不毛之地理论是正确的。他没有解散他的军队,让他的臣民享受和平的果实,反而迫使他们投入大型的建设工程之中。在修建道路、运河和长城的过程中,数十万人死于辛苦的劳作。秦像罗马一样,用律法取代了战争。但与罗马不同的是,秦制定出来的律法比战争还要可怕。据司马迁记载,秦统一中国十年后,"皆遵度轨,和安敦勉,莫不顺令。黔首脩絜、人乐同则,嘉保太平"[29]。但实际上,其背后的代价是巨大的。在秦始皇于公元前210年驾崩之后,他的儿子秦二世的统治在三年之内就被推翻了。在一场短暂而血腥的内战之后,汉朝建立,并且吸取了秦朝滥用暴力的教训。在一个世纪之内,定都于熙熙攘攘的长安的汉朝就迎来了盛世,这在本章前面已提到。

尽管印度的资料依然很混乱,但是我们也能看到类似的线索。在公元前5世纪,铁制兵器大体上取代了青铜兵器,骑兵则在公元前4世纪出现(不过,双轮战车又继续存在了300年)。从公元前3世纪开始,印度国王们的军队人数开始以十万计。不过,也有些不同的情况。《政事论》中的一段文字曾把披铠甲的步兵视为战争中最好的兵种。然而,大部分的印度步兵都是不穿铠甲的弓箭手,而不像亚述、希腊、罗马和中国的步兵那样使用沉重的长矛和剑。印度最好的步兵是世袭的常备军,他们训练有素,其纪律性和战斗决心可以与任何军队媲美。但大兵们处于印度军队四个级别中的最下层。这可能是因为,印度军队中最高级别的部队比任何形式的步兵都更巨大,也可能更有战斗力:它们就是大象。★

《政事论》中很直白地写道:"国王要取得胜利,取决于大象。"[30] 不过,这本书并没有告诉我们,大象有时候非常不可靠。即便在经受了多年的训练之后,大象仍然很容易受惊,从而在战场上四处践踏。如果一头大象冲向了错误的方向,要想避免它踩踏友方部队的话,就只能依靠驾驭者用木棒猛敲它的颅底。结果,即便是战胜的那一方,往往也要损失掉大部分昂贵的、受过训练的大象。尽管如此,一旦大象冲向了正确的方向,就没有人能坚守阵地。《政事论》很平静地解释道,"大象应当这样使用:消灭敌人的各个兵种,不论是聚合在一起的,还是分散开来的;践踏敌人的中军、侧翼和两翼"。

在古代战争中,大象冲锋可能是最可怕的事情了。每一头大象都有3~5吨重,很多大象还披有至少1吨重的铠甲。成百上千头大象会冲过平原,其声响简直震耳欲聋。防守的一方会试图割断它们的腿部肌腱,用长矛刺它们的睾丸或是用弓箭射瞎它们。攻击者会投掷标枪和长矛,驾驭着坐骑把敌人踩在脚下,踩碎他们的骨头和脏器。战马,这种理智的动物,不会愿意靠近大象。

就连亚历山大大帝也不得不承认,身披铠甲的大象是令人敬畏的。在仅用了八年时间就推翻了波斯帝国之后,亚历山大大帝在公元前326年来到了今巴基斯坦的海达斯佩斯河。在那里,国王波鲁斯拦住了他的去路。波鲁斯的几百辆双轮战车在马其顿方阵面前毫无用处,但是操作大象就另当别论了。为了对付大象,亚历山大大帝展现了他一生中最卓越的指挥才能。但亚历山大大帝后来发现波鲁斯只是个二流国王,而统治着恒河流域的难陀王朝(孔雀王朝的前身)有着

★ 第二级别和第三级别分别是双轮战车和骑兵。

多得多的大象。亚历山大大帝至此只好决定班师回朝。

亚历山大大帝死后，曾效命于他手下的将军塞琉古于公元前305年重返印度河，在印度河河畔与孔雀王朝的创始者旃陀罗笈多（希腊文中将他称作"Sandrakottos"）拉开了阵势。这一次，马其顿人没能取胜。塞琉古比亚历山大大帝更惊讶于大象的威力，同意用今天属于巴基斯坦和伊朗东部的富裕省份与旃陀罗笈多交换500头大象。这笔交易看起来很不划算，但塞琉古的判断是正确的。四年后，塞琉古的手下将这些皮糙肉厚的动物带到了4 000千米之外的地中海沿岸。正是这些动物打破了伊普苏斯战役中的平衡，保住了塞琉古在西南亚的王国。这些"新型武器"震撼了公元前3世纪地中海沿岸的君主们，他们每个人都想拥有自己的大象，别管是买来的、乞求来的还是借来的。在公元前218年，迦太基将军汉尼拔甚至还带着几十头大象翻过了阿尔卑斯山。

那些在南亚进行的战争就像在东亚和亚欧大陆西部的战争一样具有建设性。在公元前6世纪，几十个小国家出现在恒河平原，彼此征战不休。到了公元前500年，摩揭陀、憍萨罗、迦尸和弗栗恃这四个大国吞并了其他国家。印度伟大的史诗《摩诃婆罗多》将这一过程称作"鱼的法则"[31]。诗人说，在干旱的季节，大鱼就会吃掉小鱼。

在恒河流域的国家扩张的同时，新兴的小国还出现在其周围的印度河流域和德干高原。不过，到了公元前450年，恒河流域就只剩下了一条大鱼——摩揭陀。在其首都华氏城的高墙之内，连续三个王朝不断地扩大它们在印度的势力范围，直到孔雀王朝超越了它们。摩揭陀拥有由数百头大象、数千名骑兵、上万名步兵组成的部队，能够开展精心计划过的大型战斗，并可实施复杂的攻城战。

在公元前260年前后，阿育王在战争中打败了羯陵伽，孔雀王朝达到了军事上的顶峰，这与罗马和秦国的时间大体一致。阿育王记述道："15万人被驱逐了，10万人被杀，还有更多的人丢掉了性命。"[32]在胜利者的悔恨中，尊崇佛法的统治开始了。

放眼公元前第一个千年的世界，我们很难找到独特的西方式战争的痕迹，即所谓欧洲人喜欢近身肉搏，而亚洲人喜欢与敌人保持距离这样的区别。在公元前的第一个千年，从中国到地中海，都有比以往更大的利维坦在崛起，更直接地控制着更多的人口，并对他们征税。这些利维坦的统治者为了保证自己的统治，可以做任何事情，包括杀戮。他们征募了成千上万人加入军队，用严酷的纪律约束他们，派军取得决定性的胜利；而这样的胜利是通过面对面的血腥战斗取得的。在亚述、希腊、罗马和中国，决定性的攻击通常是由重步兵完成的；在波斯和马其顿，骑兵则扮演了更重要的角色；在印度，则换成了大象。但在公元前第一个千年的幸运纬度带上，发生的事情在本质上是相同的。

在西方，罗马人拥有了罗马；在东方，中国人拥有了长安，印度人拥有了华氏城。这些地方各具特色，但其实都是相似的：并不十分民主，但是和平、稳定、繁荣。缔造这一切的推动力量是囚笼效应，而不是某种文化；创造出建设性战争的也不是什么西方式战争，而是囚笼效应。

扩张，再扩张[①]

罗马、长安和华氏城要想达到丹麦的水平，还有漫长的路要走。罗马人会把犯人钉上十字架，还会让角斗士相互杀戮，以此取乐；中国人和印度人在公开场合对犯人用刑，甚至砍头。在各个地方，都有合法的折磨行为，奴隶也四处可见。这些地方都充满了暴力。

尽管如此，我们在前两章中看到的证据表明，古代帝国／帝制国家已经比萨摩亚进步多了。人类学和考古学数据表明，在石器时代的社会中，有10%~20%的人会死于暴力；而历史学和统计学数据表明，在20世纪，只有1%~2%的人口会死于暴力。在孔雀王朝、汉朝和罗

[①] 此为英国爱国歌曲《希望与光荣的土地》中一句著名的歌词。这首歌曲的词于1902年完成，表现了当时英国人继续开拓大英帝国疆土的梦想。——译者注

马帝国，暴力死亡率可能介于现代的 1%~2% 和史前的 10%~20% 之间。据我猜测（由于几乎没有任何可以量化的信息，我们只能猜测），这一数字可能更接近这一范围的下限而不是上限。

我在《西方将主宰多久》《文明的度量》中曾经做过一些数字模型。在这些模型中，我粗略计算出了一个社会发展指数，用来衡量社会的组织能力和达成目标的能力。社会发展指数并不能精确地反映利维坦的实力，但可以得出比较接近的结果。

这一指数的数据表明，在发生格劳庇乌山之战的公元 83 年，罗马的社会发展水平大体相当于西欧在 18 世纪早期的水平；汉朝的发展水平略低一些，大约相当于西欧在 16 世纪晚期、莎士比亚开始出名时的水平；孔雀王朝的发展水平要更低一些，大约相当于欧洲 15 世纪的水平。

这意味着，尽管这些古代帝国/帝制国家没有达到丹麦的水平，但是达到了 1450—1750 年西欧的发展水平。我的假设如果是对的，那么罗马帝国、汉朝和孔雀王朝时的暴力死亡率可能相当于 15—18 世纪西欧的暴力死亡率，即 2%~5%（图 2.9）。

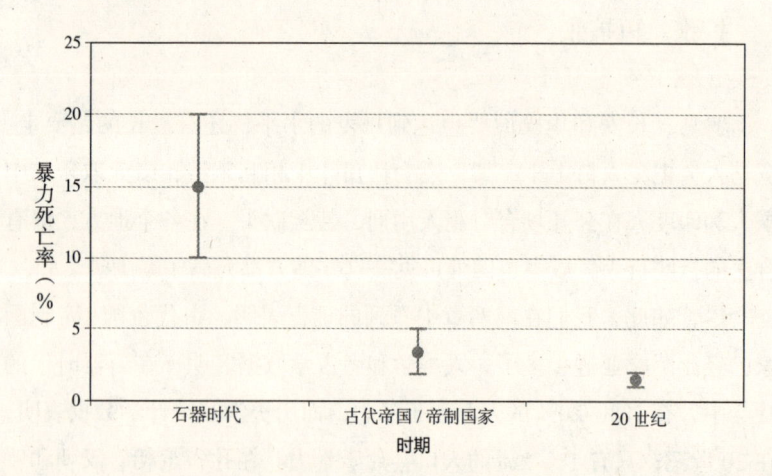

图 2.9 距离丹麦有多远？我对暴力死亡率的估算：各个时期暴力死亡率的区间（石器时代社会：10%~20%，古代帝国/帝制国家：2%~5%，20 世纪的世界：1%~2%）及其中点

当然，这是一个非常粗略的估计，真实情况要复杂得多。至少，不论是在一个帝国/帝制国家内部，还是在国与国之间，数值都会有巨大的差别。当罗马在公元前3世纪与迦太基大战的时候，暴力死亡率有可能更接近5%这一端；而到了纷乱的公元前1世纪，罗马的暴力死亡率可能会再次逼近5%；而在被吉本视为罗马的黄金时代的2世纪，暴力死亡率更可能会接近2%~5%这一区间的底部。

汉朝和孔雀王朝的暴力死亡率可能都不曾这么低过，而相对缺乏资料记载的帕提亚帝国的暴力死亡率可能一直在5%以上。但从总体来看，在公元前第一个千年的末叶，所有的古代帝国/帝制国家都走在通往丹麦的道路上。自从囚笼效应出现在幸运纬度带，其暴力死亡率可能较之前下降了75%。

无疑，这一下降十分显著，但这个过程花费了近一万年。或许这本身就能解释为什么西塞罗和卡加库斯在罗马战争的后果上分歧如此之大。作为一个尚未出现文字的社会中的战士，卡加库斯只能看到最近发生的历史，因此他只会看到死亡、毁灭和不毛之地。而作为一个有着悠久历史的伟大帝国中的知识分子，西塞罗可以看到过去七个世纪的扩张历史，并且意识到这些扩张造就了建设性战争，让征服者和被征服者，都生活得更安全、更富足。

公元83年底，当阿古利可拉率军返回营地时，他确信自己在进行一场建设性战争。当格劳庇乌山之战结束之时，他或许留下了一片不毛之地。但他还会回来，带着农民、建设者和商人回来。他们会开垦土地，铺设道路，从意大利进口葡萄酒，帝国的疆域会越来越广阔，和平与繁荣会被播撒得越来越远。

至少，计划是这样的。

第三章

蛮族的反击

反建设性战争（1—1415 年）

帝国 / 帝制国家的极限

这个计划没能成功。阿古利可拉再也没有回到喀里多尼亚，而是在意大利的阳光下度过了他的退休生活。他的部队中最精锐的部分被派遣到巴尔干地区，其余的退回到英格兰北部一连串的堡垒中。他们的征服结束了。

从 1973 年起，考古学家们开始在罗马人留下的堡垒之———文德兰达的有毒的垃圾填埋场里进行艰苦的挖掘工作。在一个浸满了排泄物，连氧气都无法渗入的坑中，他们发现了几百封士兵的信件。这些信用墨水写在木板上。最早的一封写于公元 90 年，也就是阿古利可拉的战役结束后不久。其中一些信的内容很有趣，包括一个生日派对的邀请函，但大多数都很无聊。1 世纪，在不列颠服役的罗马士兵脑子里想的事情跟 21 世纪在阿富汗服役的美国大兵差不多：家里的情况、糟糕的天气，以及对啤酒、暖和的袜子、美味食物的无尽渴望。守备军的生活在过去的 2 000 年中没发生什么太大的变化。

阿古利可拉的余部在这些堡垒里继续留守了近 40 年。他们给家里写信，冒死与喀里多尼亚人进行小规模战斗（另一封来自文德兰达的被尿液浸过的记录中写道："他们有好多骑兵。"[1]），最重要的一件事是，他们在等待。他们一直等到2世纪20年代才离开这里。不过，他们并不是去取得新的胜利，而是被皇帝哈德良派去修建那座以他的名字命名的、横断不列颠的长城。罗马放弃了征服北方的计划（图3.1）。

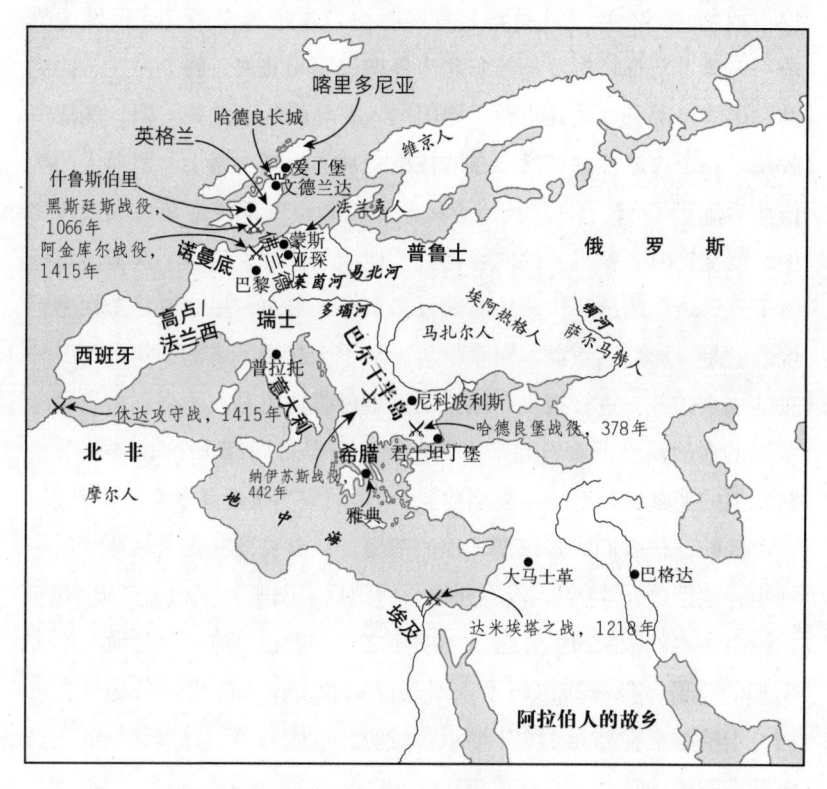

图3.1 西方帝国的极限：本章中提到的位于亚欧大陆西侧的地名

在塔西佗看来，发生这一切的原因是当时的皇帝图密善嫉妒阿古利可拉的战功。也许他是对的。但是对统治者来说，他应当以大局为重，而在公元80年，局势突然变得不妙了。甚至在格劳庇乌山战役之前，图密善就已经开始从阿古利可拉的军团中抽调部队，返回欧洲大陆加强莱茵河防线。公元85年，皇帝又把最精锐的部队撤出不列颠，为的是重固摇摇欲坠的多瑙河前线。这一战略重心的转变奏效了，罗马守住了多瑙河边境。但图密善从中得出了一个极端的结论：

125

罗马已经不能再从建设性战争中得到多少好处了。

在接近一个世纪的时间里,罗马正逐渐滑向这种观点。在公元前11—公元9年,奥古斯都有条不紊地推进一场战争。如果他能够取得成功,那么这场战争将是罗马有史以来进行得最具建设性的战争——奥古斯都将把罗马的东北边界推进到易北河,将今荷兰、捷克共和国的一部分以及几乎整个德国纳入罗马的版图之中。但这场战争收获了一个灾难性的结局。在通往黑森林的蜿蜒小路上,罗马人的队伍前后绵延了16千米之长,士兵的弓弦和铠甲都浸泡在瓢泼大雨之中。就在这时,罗马人的向导背叛了他们。罗马人遭遇了伏击。在持续了三天之久的战斗中,约有两万名罗马人被杀;更让罗马士兵感到惶恐的是,居然有三面军团旗帜落入敌手。在接下来的十年内,罗马军队烧杀劫掠,进行报复。但这场灾难最终让罗马人不得不重新思考帝国的大战略。征服看起来得不偿失。当奥古斯都于公元14年驾崩时,他的遗嘱中只有一条战略建议:"帝国应当维持其现有的疆界。"[2]

他的继任者们大多遵循了他的遗愿。只有克劳狄乌斯破坏了这一规矩,他于公元43年入侵不列颠;而随后,图密善就在1世纪80年代结束了不列颠战役。在公元101年之后,图拉真进一步违背了奥古斯都的遗愿:他发兵占领了今罗马尼亚和伊拉克的大部分地区。然而,当哈德良在公元117年继承帝位时,所做的第一件事就是放弃很多新占领的地盘。

罗马的皇帝们逐渐达成了一种战略共识,这一共识在17个世纪后被最伟大的军事思想家之一卡尔·冯·克劳塞维茨视为战争的基本准则之一:"胜利也有其顶点。"[3] "超过这一顶点,就会发生剧变,遭到反击,这种反击的力量通常比进攻者的进攻力量要大得多。"[4] 克劳塞维茨的这一认识可能来自他的亲身观察(他目睹了拿破仑在1812年超过顶点后的灾难性经历。当时,克劳塞维茨在为俄国效力,因为他的祖国普鲁士已经退出了战争),也可能来自他对罗马的战争的深入研究。无独有偶,现代战略家爱德华·勒特韦克也对顶点那充满矛盾的本性有着深刻的研究,并且写出了迄今为止关于罗马大战略的最好的一本书。"在战略的领域中,"勒特韦克写道,"一个行动不可能永久地进行下去,它很可能会变成自身的反面。"[5]

几个世纪以来,征服战争在长期来看都是具有建设性的,它创造出使人们生活得更安全、更富足、更大的帝国/帝制国家。但当古代的帝国/帝制国家接近其顶点时,充满矛盾的战争逻辑就把所有事情都转向了反面。战争非但不再具有建设性,反而变得具有反建设性。战争开始让大的社会崩解,让人们变得贫穷,也让他们的生活变得更危险。

征服带来的回报开始减少,这是古代帝国/帝制国家接近其顶点的第一个征兆。只要罗马人还留在地中海附近,国土面积的扩张就不是一个大问题,因为水运相对便宜,也更快捷。然而,在这个军队的行军速度跟牛车相近的世界里,把疆域扩张到德国、罗马尼亚和伊拉克这样的内陆地区就会导致成本上升。通过陆运将 1 吨谷物运送 16 千米所产生的成本,与通过水运将 1 吨谷物从埃及运送到意大利的成本相当。即便罗马拥有举世闻名的道路网,但是到了 1 世纪,无论是以金钱还是以荣誉衡量,罗马从战争中得到的利益几乎远不及损失。

在亚欧大陆的另一端,古代中国的统治者们也面临着同样的问题(图 3.2)。在公元前 130—前 100 年,西汉的军队狂飙猛进,把今甘肃、福建、浙江、云南、广东,以及中亚的一大片土地,朝鲜半岛的大部分和越南的一部分都纳入了国家的版图(更不要说深入蒙古的惩罚性打击了)。但在公元前 100 年之后,朝廷开始觉得,在战争中投入那么多人力、财力实在是得不偿失。军队离黄河和长江越远,其耗费就会越高,而带来的利益反而越少。在公元前 1 世纪七八十年代,西汉军队再度向中亚和缅甸推进,随后又进入了一个间歇期。在公元23—25 年的绿林赤眉起义之后,汉朝的扩张基本上停止了。

在 1 世纪,罗马帝国和汉朝已经征服了面积相近的领土(分别约 500 万平方千米),统治着数量相近的人口(分别为 5 000 万~6 000 万)。其皇帝面临的问题是相似的,也几乎得出了同样的结论。他们

127

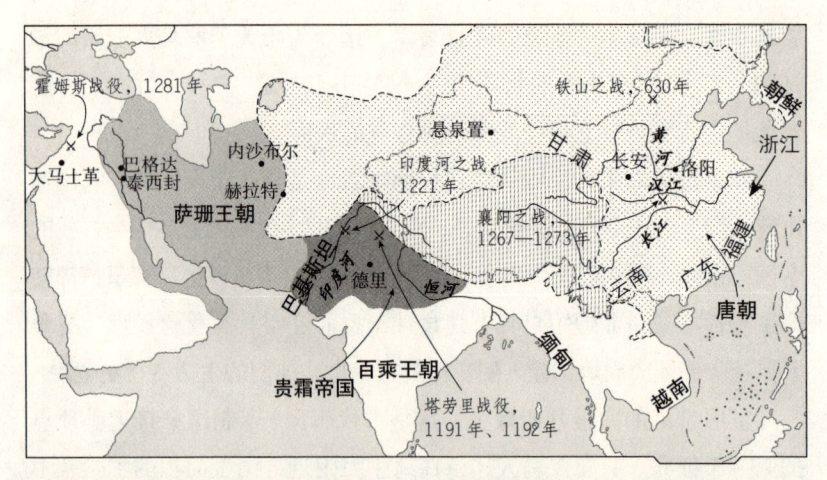

图 3.2 亚洲帝国/帝制国家的极限：本章中提到的地名，以及萨珊王朝（约公元 550 年）、贵霜帝国（约公元 150 年）和中国唐朝（公元 699 年）

召回了雄心勃勃的将领们，在越来越固定的边界上修建城墙，并且把成千上万的士兵安置在类似文德兰达这样的要塞中。事实上，在中国荒芜的西北边疆中发现的一些遗迹甚至超过了文德兰达的水平。从20 世纪 90 年代开始，在悬泉置这个汉代的军事驿站中，发掘者们发现了 2.3 万封没有寄出的信件。这些写在竹简上的信大约写于公元前111—公元 107 年（其中很多信都在抱怨驿站太不靠谱）。

1 世纪的皇帝们可以清晰地看到，战争不再像以往那样有收获了，但他们看不到的是，正是建设性战争的巨大成功改变了整个大环境。公允地说，人们总是很难看清楚应当在何时收手。克劳塞维茨曾说："如果我们能意识到究竟有多少因素在影响力量的平衡，就会理解，在有些情况下，要判断哪一方正占据着上风是件多么困难的事情。"[6] 但在接下来的几个世纪中，谁占据上风就变成一件再清楚不过的事情了。

跨上战马

古代帝国/帝制国家达到并超过了它们的顶点，因为到 1 世纪，建设性战争使它们与欧亚草原的骑兵纠缠不休。这是一个十分漫长的过程,使得皇帝们更难看清楚究竟在发生什么。在第二章中,我们可以看到,帝国/帝制国家与骑兵的纠缠最早开始于公元前850年,当时亚述帝国开始购买草原上的牧民成功培育出的高头大马,这些马匹强壮到可以供人骑乘。在接下来的几个世纪中,帝国/帝制国家持续扩张。国家的农民开垦草原边缘的土地,用来种植粮食;帝国/帝制国家的商人进一步深入中亚,购买牲畜。与此同时,生活在荒芜的草原和经过开垦的农业区之间的过渡地带的游牧民族发现,他们有了新的选择。他们通常会意识到,与其奔波在绿洲之间,为了一口水不惜与其他骑兵开战,还不如把马匹卖给帝国/帝制国家的中间商。更妙的是,他们还发现,如果该国无力应付他们的要价,他们还可以直入该国,凭武力从那些手无寸铁的农民手中夺取他们想要的一切。

最早有关草原游牧民族侵扰帝国/帝制国家的资料,来自公元前700年之前的亚述帝国。亚述人一直扩张到了高加索山脉,那里是大草原的边缘(图3.3)。当斯基泰(Scythians)劫掠者开始给边境地区带来恐慌时,亚述的国王们选择雇用其他斯基泰游牧民来对付他们。但国王们很快发现,斯基泰人的机动性和凶猛的秉性不仅使他们成为合适的雇佣兵,也让他们变得难以驾驭。灾祸的种子就此种下。

在公元前7世纪,成群的斯基泰人开始自行其是,抢劫他们遇到的任何人,实际控制了今伊拉克北部、叙利亚和土耳其东部的大部分地区。"他们的野心和暴力把一切都化作混乱,"古希腊历史学家希罗多德这样写道,"因为他们四处奔突,抢走了所有的东西。"[7] 在公元前7世纪第二个10年,反对亚述的叛军也雇用了斯基泰人,而在这个十年结束之前,整个帝国就化为了废墟。这样一来,如何对付斯基泰人就成了那些获胜的叛军的问题。在公元前6世纪90年代,他们最终解决了这个麻烦(据希罗多德记载,他们设宴灌醉斯基泰人的首领,然后杀掉了他们)。

亚欧大陆上的帝国/帝制国家成长得越大,就越要面对一个特别

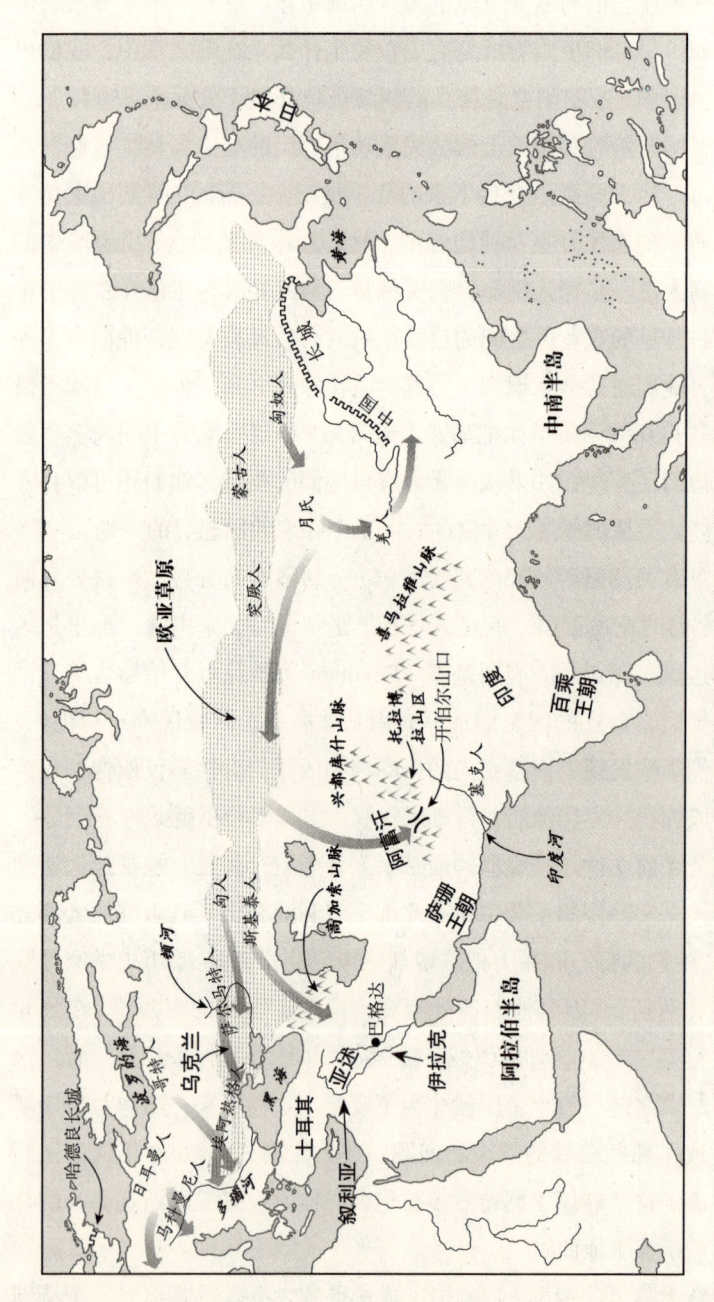

图3.3 草原风暴：1 000年的非对称战争，约公元前700—公元300年

具有现代性的问题：如何在中亚的边缘地带进行非对称战争。在 20 世纪 90 年代末，当奥萨马·本·拉登正在进行他最早的一系列恐怖活动时，美国人发现，如果想要把拉登"消灭"[8]在他阿富汗的老巢里，他们就不得不把价值上百万美元的巡航导弹用在打击恐怖分子价值 10 美元的帐篷上。古代帝国/帝制国家的步兵部队庞大而笨重，要想在荒野中追击那些骑手，其难度一样很大。

这并非西方式战争对抗非西方式战争，而是农业文明对抗游牧文明。从欧洲到中国，富裕的帝国/帝制国家的统治者们差不多面对着相同的挑战，即对付来自草原的骑手。到了阿古利可拉的时代，他们已经尝试了各种方法，进行非对称战争。就像今天一样，最显而易见的方法是先发制人。波斯国王们曾派遣一系列部队进入草原，想要消灭斯基泰人。但波斯人发现，进入游牧民族的藏身之所并追击他们，往往是徒劳无功的，因为只要游牧民族的骑兵不想交战，步兵就没法迫使他们交战。有的时候，先发制人的战争能迅速取得战果，就像波斯人在公元前 519 年击败了他们所称的"戴尖帽的"斯基泰人的联盟。但通常这种战争没有什么好结果。公元前 529 年，游牧民族杀死了波斯帝国的创始人——居鲁士二世，并且歼灭了他的军队。公元前 514 年，波斯帝国君主大流士一世绕着草原追击了斯基泰人几个月，不但未能得手，还险些遭遇了与居鲁士二世相同的命运，仅仅因为趁着夜色渡过了多瑙河才得以幸免。

亚述和波斯是各个帝国/帝制国家之中最先与大草原产生联系的，而中国在公元前 3 世纪也走上了相同的道路。公元前 215 年，秦始皇发动了一次先发制人的战争（秦攻匈奴之战）。为了将游牧的匈奴赶出国境，他还吞并了一大片草原。但这没能为中原王朝带来太多好处。公元前 200 年，汉高祖刘邦被匈奴围困于平城东南的白登山，险些殒命。

从公元前 133 年开始，汉武帝再次发动先发制人的战争，并且在 15 年中发兵 6 次，派遣了数十万大军进入草原。他的军队损失惨重，军费开支将前几代皇帝积攒的财富消耗殆尽，西汉债台高筑。尽管耗资巨大，汉武帝却像大流士一世一样，并没有赢得对匈奴的完全胜利。

从雅典到长安，知识阶层都认为先发制人的战争是灾难性的。但根据今天的经验，从长期来看，很难说清楚究竟谁赢得了先发制人的战争，甚至难以确定这些战事究竟在何时结束。在波斯、汉朝付出了巨大的人员损失和物资损失后，斯基泰人在公元前513年之后就再未威胁过波斯，匈奴的侵扰从公元前100年之后也急剧减少了。

皇帝们最终得出的结论是，要想更好地发挥耗资巨大的草原远征的效果，应该在同时配合以更柔性，但同样花费不菲的措施。最流行的方式就是将游牧民族隔绝开来，这通常意味着修建城墙，把他们拦在外面。其中最著名的就是中国的长城，其历史可以追溯到公元前210年前后。本章前面提及过的哈德良长城修建于2世纪20年代，算是长城的远亲。城墙并不能完全隔绝游牧民族，但是至少可以限制骑手们往来的路径。

最成功（也可能是最不成功）的策略就是贿赂。游牧民族的劫掠会造成大量死亡，这意味着帝国/帝制国家税收减少。那么，为什么不花点儿钱让游牧民族不再来侵扰呢？只要贿赂的成本低于发动先发制人的战争，那么这种交保护费的方式就能带来多方共赢的结果：皇帝省下了一些钱，边境地区的农民可以保住性命，游牧民族免去了很多麻烦。2 000年之后，贿赂仍然在非对称战争中存在：2001年，美国中央情报局给了阿富汗的军阀们7 000万美元现金，此举也节约了不少金钱，挽救了不少性命，省去了不少麻烦。

在芝加哥有这么一种说法：诚实的政客就是，你在他身上花钱，他就给你办事。但在非对称战争中，你的期望值要更低一些。阿富汗的指挥官在2001年12月收了一万美元，负责守卫托拉博拉山区的退路。结果，当"基地"组织的人给他更多的钱时，他就放那些人过去了。像他这样的人，也适合生活在古代的草原地带。斯基泰人和匈奴都经常收受帝国/帝制国家的贿赂，但还是会回来继续劫掠。事实证明，贿赂是对付游牧民族最糟糕的方式，但其他方式还要更糟糕。波斯和汉朝的战略家们发现，当贿赂作为"胡萝卜加大棒"战略的一部分时，是最有效的。不停地给一些好处，再偶尔发动大规模的、十分暴力的、先发制人的战争，这样的组合可以或多或少地维持和平。

靠着这一系列技巧，公元前最初几个世纪的统治者们设法保住了他们的疆土。他们把帝国/帝制国家与草原游牧民族的关系变得像糟糕的婚姻关系一样：双方有没有对方都能活下去。当帝国/帝制国家强盛时，就会在草原的部分地区设置定居点，把暴力限制在可以忍受的限度之内；当其衰弱时，就不得不花更多的钱，受更多的苦。

在公元前500—公元500年这1 000年之中，各大帝国/帝制国家逐渐意识到，要想保持主动，就要在游牧民族擅长的游戏中击败他们。这就意味着，皇帝们要在他们庞大的步兵之中加入更多骑兵。那些认为存在一种植根于希腊文化的西方式战争的历史学家通常认为，在马背上作战是一种典型的东方人躲避肉搏的方式，而步兵作战是西方价值的标志。但实际上，在公元前500—公元500年，真正促成向骑兵作战的重大转型的并不是文化因素，而是地理因素。那些与草原接壤的帝国/帝制国家在公元前500年之后较早地过渡到了骑兵，而那些有着山丘、森林作为屏障的帝国/帝制国家则过渡得较晚，其兵种转型也更不彻底。但无论情愿与否，亚欧大陆幸运纬度带上的这些国家都朝着同一个方向前进了。

很自然地，这一转型最先在饱受游牧民族侵扰之苦的波斯开始了。当大流士一世在公元前514年于今乌克兰一带追逐斯基泰人时，他的部众几乎都是步兵。而到了公元前479年，当波斯人与希腊人在普拉提亚交锋时，双方对骑兵的倚重程度几乎与对步兵一样。在公元前334年，当亚历山大大帝入侵波斯时，波斯帝国几乎完全仰仗骑兵了。汉朝仅次于波斯，也是第二个开始向骑兵转型的国家。汉武帝在发动先发制人的战争之前，征募了大量的骑兵部队。公元前110年，汉武帝拥有18万名骑兵，占其军队总数的1/3，而骑兵每年消耗的财物是帝国/帝制国家每年税收的两倍。印度躲在喜马拉雅山脉和兴都库什山脉的背后,在公元前5—前2世纪,印度的国王们都仍在因循旧制。印度人依然可以依靠身披铠甲的大象的冲锋赢得战斗的胜利,骑兵的作用仅限于掩护大象的侧翼。这种情况一直持续到另一种现代化的发展改变了一切为止。

1954年,时任美国总统德怀特·艾森豪威尔面对大量要求美国干预东南亚共产主义传播的呼吁请求时,警告美国人要当心"多米诺骨牌效应"。他解释道:"(假如)你立起来一列多米诺骨牌,当推倒第一块骨牌的时候,你就知道最后一块骨牌也会很快倒掉。因此,最初的一点儿崩溃也可以导致最显著的影响。"[9]

艾森豪威尔对20世纪50年代中南半岛地区形势的这通分析,有其优缺点,但用它来形容公元前1世纪的草原再合适不过了。随着汉朝强大的骑兵部队胜过了匈奴的骑兵,很多游牧民族就开始向西迁移到月氏人一直以来放牧的地方。惊慌失措的月氏人也向西方迁徙,进入了斯基泰人的地盘。随着下一块骨牌的倒下,斯基泰人(在印度被称作"塞克人")向南经过今阿富汗,越过开伯尔山口,进入印度河流域。到公元前50年,塞克人已经占据了印度西北方的大部分地区。

一个世纪之后,在经历了草原上更多次几乎被人们遗忘的骑兵大战之后,月氏人跟在塞克人的后面翻越了兴都库什山脉。月氏人迫使塞克人进一步深入印度腹地,而他们自己则征服了从今土库曼斯坦到恒河中部的广阔地域,建成了历史学家们所说的贵霜帝国。贵霜帝国繁荣强盛,拥有当时世界上最强大的骑兵军队之一。到2世纪,贵霜帝国恐怖的骑射手们控制了连接罗马和中国的丝绸之路。关于他们的雕塑可以在今阿富汗、巴基斯坦和印度北部找到。贵霜帝国也发动了先发制人的战争,甚至还与远征到今阿富汗地区的汉朝军队打了一仗。

印度的经历表明了一个严肃的事实:军事革命是不可阻挡的。当多米诺骨牌倒下,农业帝国/帝制国家面临着巨大压力时,这些国家要么像波斯和汉朝一样让自己拥有强大的骑兵力量,要么就像印度一样被拥有强大骑兵的游牧民族打垮。而在后一种情况下，入侵者也会让被征服的地区最终拥有骑兵。统治者所做的决定可能会加速或者延缓这一进程，但是战争那充满矛盾的逻辑总会取胜。

与此同时，汉朝（正是汉朝在草原的另一侧推倒了多米诺骨牌，改变了印度的命运）发现了一个更严酷的事实：各个帝国/帝制国家与草原的联系此时也达到了其顶点。从公元前200年开始，汉朝就一直在北部边境抗击匈奴部落的侵袭，而其西面的边境，由于受到足有160千米宽的山地和森林的保护，一直很安静。但当匈奴开始在公元前50年前后进行迁徙时，情况发生了变化。匈奴的其中一部向西迁移，导致月氏人和塞克人涌入印度；而匈奴的另一部则向南迁徙，劫掠汉朝西部边疆的羌人农夫。

几十年来，羌人一直是汉朝的屏障，使汉朝免于与打了就跑的游牧民族进行艰苦的边界战争。然而，在1世纪，被囚笼效应困在游牧民族和汉朝之间的羌人开始组建他们自己的政权。规模更大、组织更良好的羌人为了躲避匈奴的奴役，进入了汉朝的疆土。在不得已时，他们也会与汉朝的军队作战。羌人的角色从屏障变成了利剑，刺向了汉朝的要害。

汉朝边境的官员们看清了事情的走向。有人在公元前33年写道："近西羌保塞，与汉人交通。"[10] 但他接着写道，随着越来越多的羌人进入汉朝的疆界，"吏民贪利，侵盗其畜产、妻子，以此怨恨，起而背畔，世世不绝"。

在1世纪，汉朝对其西部边境的控制受到了挑战。在公元94年、108年和110年[①]，发生了三次大规模的羌人起义，边疆地区陷于战乱。据《后汉书·郑太传》记载："……妇女犹戴戟操矛，挟弓负矢……"[11]

在亚欧大陆遥远的西端，类似的情形即将终结阿古利可拉的建设性战争，将罗马也带到相同的顶点。长久以来，在罗马帝国与大草原

[①] 原文时间如此，但据我国民族史研究，一般认为三次大规模羌人起义的时间分别为公元107年、139年和159年。——编者注

之间，一直隔着日耳曼农牧民居住的区域，这一区域比汉朝西部边疆羌人居住的区域还要广阔。但在这里，草原移民同样把帝国的屏障变成了插入其心脏的利剑。

迁徙的驱动者可能是沿着顿河居住的游牧民族——萨尔马特人（Sarmatians）。他们于1世纪开始向西迁移。萨尔马特人是非常凶猛的：据希罗多德记载，萨尔马特人是亚马逊人的后裔，他们中的女性必须在战场上杀过一个男人，才能结婚。在萨尔马特人的部队中，轻重骑兵相结合。战斗时，先用骑射手扰乱敌人的阵线，再派持有长矛、披着铠甲的骑兵冲击敌军。这样的战斗方式极具毁灭性。1世纪80年代早期，萨尔马特的支族埃阿热格人（Iazyges）出现在多瑙河北岸，正是他们的出现促使图密善把阿古利可拉的部队从不列颠召回。而出现在东欧各地的其他部落则给他们所到之处都带来了混乱。

在1—2世纪，温暖的气候导致了欧洲人口增长，加剧了日耳曼农民之间的囚笼效应。结果，那些试图躲避萨尔马特人的部落立刻就与决心保卫自己领地的邻居们大打出手。那些最靠近大草原的日耳曼人从给他们带来灾祸的人身上学会了骑马作战，而就连那些住得离大草原最远的日耳曼人也采用了更好的武器和战术。在战争的压力下，首领摇身一变成为集权的国王，他们开始征税，并且组建真正的军队。

大约在公元150年，一支被称为哥特人（Goths）的日耳曼人离开了他们靠近波罗的海的田园，一路向南朝黑海而去。其间，他们一路驱赶着沿路的其他部落。到了2世纪60年代，一个被罗马人称作马科曼尼人（Marcomanni的字面意思是"边界上的人"）的强大部落联盟开始渡过多瑙河。日耳曼人已经在罗马的边境上来来回回达几个世纪之久。情况通常都是一小群年轻人跑来找些事情做，或是想偷盗点儿什么东西，然后再跑回家乡去。但这次不同。这一次，他们是几千户人一起出动，而且打算在这里长期待下去。

面对他们的，是马可·奥勒留（图3.4）。他是公元161—180年在位的罗马皇帝。在吉本将2世纪称作人类历史上最幸福的时代的时候,他的脑海中浮现出来的很可能就是这位博学、有文化素养又仁爱的奥勒留——他可能是终极的坐窟。如果可以有其他选择的话,奥勒留可能更愿意与留着胡子的希腊教授们探讨斯多葛主义哲学问题。但草原上的风暴迫使他一路征伐到多瑙河另一边的森林之中。即便如此,在战争的间隙,他还是废寝忘食地写作了斯多葛主义思想的经典著作《沉思录》(如果有哪位古代帝王可以称得上是"伟人",那么非奥勒留莫属)。

图 3.4 工作日战士:罗马皇帝马可·奥勒留的骑马雕像

资料来源:Getty Images

就像艾森豪威尔在 20 世纪 60 年代的继任者们一样,为了不让多米诺骨牌继续倒下,奥勒留被拖入了一场他并不想打的战争,并且用一种他始料未及的方式打了这场战争。美国陆军上校哈里·萨默斯在 1975 年作为代表团的一员被派到了河内。当时,就像艾森豪威尔预言的一样,由美国扶植的南越政权这块多米诺骨牌刚刚倒下。一名会讲英语的越南民主共和国上校在机场迎接萨默斯。他们的话题很自然地转向了两国之间刚刚发生的不快。

"你看,"萨默斯告诉越南民主共和国军官,"你们从未在战场上击败过我们。"[12]

越南民主共和国军官想了想。"可能是这样吧,"他最后说道,"但那又有什么关系呢?"

就像美国人在越南的情况一样,2世纪60年代的罗马军队也总能在战斗中直截了当地击败他们的敌人。★而就像越南民主共和国人一样,日耳曼人因此尽量避免这样的战斗。结果,骄傲的罗马军团不得不采取那些在越南再熟悉不过的战术。在马可·奥勒留去世后,用来装饰他坟墓的柱子十分忠实地呈现了这些场面:罗马人烧毁村庄、盗取牲畜、屠杀俘虏(图3.5)。

图3.5 为了拯救村庄而毁灭它①:在2世纪80年代纪念马可·奥勒留的雕塑上,刻画了罗马士兵烧毁茅屋,拖走妇孺的画面

资料来源:Alinari Archives–Anderson Archive, Florence

★ 在2000年公映的影片《角斗士》中,开篇场景重现了发生在公元180年的马科曼尼人战争中最后一次大战的激烈场面。
① 这是越南战争时期美国媒体报道中的一句名言。——译者注

更糟糕的是，当罗马人真的遇到两军对垒的战斗时，战斗进行的方式也往往出乎他们的意料。比如，当罗马军队第一次遭遇埃阿热格骑兵时，他们就吃了一惊。埃阿热格人采用了游牧民族常用的策略：先是假装逃跑，把一个罗马军团吸引出来，一直到冰冻的多瑙河上；当罗马人在冰面上站不住脚之时，游牧民族的骑兵们又返身回来，包围了罗马人，意欲将他们歼灭。但罗马人的纪律性拯救了他们。"罗马人冷静依旧。"历史学家卡西乌斯·狄奥写道：

> 他们组成了一个方阵，面对着进攻者。大多数人把盾牌放在冰面上，一只脚踩在盾牌上，使自己不至于滑倒。当敌人进攻时，他们会抓住骑兵的缰绳、盾牌或是长矛，再猛地向后一拉，把敌人连人带马都拽倒。如果罗马士兵向后跌倒，他就会把敌人拉到自己身上来，再像摔跤手一样用腿夹住对方，翻滚一下，使自己转而压在敌人身上。如果罗马士兵向前摔倒，他就会去咬萨尔马特人……这些穿着轻铠甲的蛮族没领教过这样的作战方式，丧失了斗志，只有很少一部分人逃脱了。[13]

罗马步兵在那一天击败了骑兵。但在接下来的100年中，越来越多的日耳曼人跨上了马背，越来越多的萨尔马特人（以及其他游牧民族）开始侵扰边境。更糟糕的是，在224年，夺取了波斯政权的萨珊王朝开始把成千上万的铁甲骑兵投入战场。这些重装骑兵连人带马都由铠甲和钢板包裹起来。4世纪的一个亲眼见过铁甲骑兵的罗马人写道："他们全身都被金属覆盖起来，铁甲非常合身，其关节与骑手的关节完全匹配。面罩也精巧地嵌在头盔中，使得整个人完全覆盖在铠甲之下。仅有的可能被箭矢射穿的位置是留给眼睛和鼻孔的小洞，只有通过这些小洞，骑手们才能得到一点儿光线和空气。"[14]

对于罗马人究竟在什么时候才意识到自己也需要更多的骑兵这个问题，历史学家尚有争议。不过，在公元200—400年，罗马走上了与波斯、汉朝和印度相同的道路。罗马军队中骑兵的比例从 1/10 上升到 1/3 甚至 1/2。到了公元 500 年,这次军事变革彻底完成了。从地中海到黄海,战马在战场上表现出绝对优势。

不过,每个帝国/帝制国家运用骑兵的方式因地理条件的不同而各异:汉朝和贵霜帝国仰仗轻骑兵,这使得他们可以在开阔的草原上快速进击;波斯的萨珊王朝依靠配备长矛铠甲的骑士进行正面攻击;罗马人则采用多兵种联合作战的战术,深入蛮族藏身的森林,焚毁村庄,伏击敌人。虽然各有不同,但每个帝国/帝制国家采用的方式都能很好地对付他们当下的敌人。因此,在公元最初几个世纪,罕有明显迹象表明,古代帝国/帝制国家已经越过建设性战争的顶点。

揭露这一事实的,是一个完全出乎所有人意料的敌人。

坟墓

古代帝国/帝制国家的贵族们十分厌恶游牧民族。在希罗多德看来,斯基泰人的剥皮习俗就很能说明问题:"在一个斯基泰人第一次杀人之后,他会喝掉死者的一些血,再把人头带回去给国王看,然后,他会绕着人头的两耳割一圈,再捏住割出来的口子,把皮甩松。之后,他会用牛的肋骨把皮剥下来,再用手把皮弄柔软,最后把人皮当作餐巾使用。"[15] 1 000 年之后,罗马作家阿米阿努斯·马尔切利努斯对匈人(古代游牧民族中最可怕的一支)的描写更直白。"他们身材矮胖,四肢强壮,脖子很粗,"他坚称道,"并且相貌丑陋畸形,简直就是两条腿的野兽。"[16] 但是,这些绅士真正应当感到惊恐的,并非这些骑马而来的肮脏的游牧民族,而是那些"骑在"游牧民族身上而来的更加肮脏的微生物。

直到 20 世纪,战争中造成最多死亡的一直都是疾病。军队需要召集成千上万的人,让他们挤在相对狭小的空间内,给他们吃品质低劣的食物,任由他们待在自己的排泄物附近。如此一来,军队有如微生物培养皿,使得微生物疯狂滋生。在拥挤而不卫生的军营里,外来的病毒即便在杀死它们的人类宿主之后仍然可以存活,因为总会有其他宿主可供它迁移。痢疾、腹泻、伤寒和肺结核,这些都是军营中常见的疾病。

但就在161年,也就是马可·奥勒留在罗马登基为皇帝的那一年,更可怕的东西开始酝酿。我们第一次听说这种东西,是在中国的西北部边疆。在那里,一支大军正一如既往地与来自草原的游牧民族作战。人们在报告中描述了一种奇怪的新疾病,这种病在几个星期之内就夺去了军营里1/3的人的性命。四年后,同样可怕的传染病于罗马在叙利亚的各个军营内肆虐。这种疾病在公元165年传到了罗马城,导致众多罗马人丧生,以至奥勒留推迟了前往多瑙河的行程,留下来举行保护这座城市的仪式。当他的军队终于开拔时,他们也把这种疾病一同带去了前线。

按照目击者的说法,这场瘟疫听起来像是天花。遗传学者迄今还未能从古代遗留下来的DNA(脱氧核糖核酸)上证实这一点,但我们几乎可以确定,导致在亚欧大陆的两端同时暴发疫病的源头也是来自草原的多米诺骨牌。几千年来,亚欧大陆上每一个伟大的文明都演化出了其特有的疾病库。致命的病原体和起保护作用的抗体也表现出了"红桃皇后效应",它们你追我赶,越跑越快,但仍然维持着一种不健康的均势。有1/4~1/3的婴儿在出生后一年内会死掉,能活过50岁的成年人也不多,即便是那些被误认为处于最佳健康状态的人,他们的身上也滋生着病菌。

距离曾经将这些疾病彼此隔绝,但建设性战争的成功改变了这一切。随着帝国/帝制国家的日益壮大,人们开始在帝国/帝制国家之间迁徙,并且经常会经过草原。伴随着这样的交流,原本相互隔绝开的疾病之间产生了联系,酝酿出一种可怕的流行病混合体,这样的疾病对任何人来说都是新的。只有很少的幸运儿天生具有抗体。在这些幸存者的抗体基因遍布人类社会之前(这一过程可能长达几个世纪），瘟疫会经常发生。

埃及的数据最为完整。在公元165—200年，埃及的人口减少了1/4。而其他地方的情况，我们就只能根据考古学的发现进行猜测了。我们大致可以判断，埃及的情况并非特例。由于人口减少，帝国/帝制国家募集士兵、征收赋税的难度就更大了。这使得其要想在草原边缘阻止多米诺骨牌倒下的计划变得越发艰难。罗马帝国和汉朝的统治者们惊恐地看到，他们的疆界土崩瓦解①，而大量的移民导致疾病传播得更加迅速。雪上加霜的是，在这些年中，气候变化速度加快。从南极洲的冰芯到波兰的泥炭沼泽，气候学家们发现了世界正在变得更寒冷、更干燥的证据。全球变冷导致农作物的生长时间变短，进而引起粮食减产，并在整个亚欧大陆造就了更多的气候移民。

在游牧民族迁徙、疾病和粮食减产的连续打击下，通过几个世纪的建设性战争建立起来的复杂的税收和贸易体系开始瓦解。在汉朝，鉴于税收的减少和边防开支的增长，一些官员建议道，最明智的方案就是停止发放军饷。他们认为，既然西部边疆已经在羌人叛乱和入侵之下被破坏得千疮百孔，那么再让军队在那里自筹粮饷又能让情况坏到哪里去呢？反正那些地方距离都城洛阳还远得很。

答案是：情况确实变得很糟糕。士兵们摇身一变成为匪徒，开始抢劫那些他们本应该保护的农民；将领们变成了军阀，只接受合乎他们心意的命令。据《后汉书·郑太传》记载："且天下强勇，百姓所畏者。"[17]168年，瘟疫横行，军队四分五裂，宦官们发动了一场政变，反对年仅11岁的汉灵帝继位以及掌管朝政的外戚。这场政变酿成了一场灾难。数千位官员在相互倾轧和清洗中被杀，政权崩溃。法律和秩序也开始瓦解，在2世纪70—80年代的起义造成了无数人丧生。189年，西部边境地区军阀中最令人恐惧的董卓挥师进入洛阳，烧毁

---

① 实际上，游牧民族逐渐不受控制地涌入中原发生在东汉刚刚灭亡后的魏晋时期，特别是在公元311年，匈奴攻灭了汉之后的统一政权西晋，此时距离东汉灭亡已有91年。——译者注

了这座城市，劫持年仅 8 岁的陈留王刘协，并让其登基为帝。

在接下来的 30 年中，一个接一个强人横行无忌，宣称要让天下重归一统，一直到 220 年，汉朝灭亡，中国进入了三国时期。边界消融了，成千上万的羌人和来自中亚的游牧民族迁徙到了中国北方，数百万北方人民则从北方逃到了南方。官员们甚至不再尝试去统计死亡人数。

罗马的情况同样糟糕。人口、农业和贸易都像自由落体一样下降，手头拮据的皇帝们只得克扣军饷，或是降低铸币含银量，以使有限的白银储量能撑得更久一点儿。可以预料到的结果自然是不值钱的货币引发了恶性通货膨胀，并进一步抑制了经济的发展。

愤怒的士兵决定自己解决问题。罗马禁卫军先后于 193 年和 218 年把皇帝宝座卖给了出价最高的人。而在 218—222 年，"疯狂的少年"埃拉伽巴路斯统治着（如果那也能算是统治的话）罗马帝国。即便在众多罗马皇帝之中，埃拉伽巴路斯的腐朽、残暴和无能也是登峰造极的。在 235—284 年，根据判断标准不同，我们可以认为罗马有过最多 43 位皇帝。这些皇帝大多数是军人出身，而除了一人死于瘟疫，其他人全部死于非命。在被杀掉的 42 位皇帝中，其中一人被哥特人侵者在战场上杀掉；萨珊王朝的波斯人抓住了一个，并且把他丢进一个笼子里，嘲笑他，折磨他，直到玩够了才把他杀掉；其余的 40 位皇帝都是被他们的罗马同胞杀死的。

被迫面对多重军事威胁的罗马皇帝不得不把大军交给他手下的将军们，尽管这些将军经常用政变报答统治者的信任（经此登基成为皇帝的人往往活不过几个月，但他们还是乐此不疲）。每当有将军反叛，他麾下的部队通常就会抛弃他们在前线的驻防地，赶回去参加内战，放任帝国的边界门户大开。

哥特人建造了船只，驶过黑海，劫掠了希腊。法兰克人（他们当时的根据地在今德国）在高卢横行，并且杀进了西班牙。其他日耳曼人袭击了意大利，摩尔人占领了北非，萨珊王朝的波斯人则焚毁了叙利亚的繁华城市。东西方的各个行省意识到中央政府没有能力或是没有意愿保护它们，只得自行成立政府。在3世纪60年代，罗马帝国分裂成了三个小国家。

血腥的分裂变成了一种普遍现象。印度的贵霜帝国被波斯的萨珊王朝大军和斯基泰劫掠者击败，在3世纪30年代一分为二。248年，在最后一次战败后，西部的那个王国被波斯吞并；而在3世纪70年代，东部的那个王国失去了对恒河流域城市的控制，只能苟延残喘。再往南，2世纪时强盛的贸易王国百乘王朝也不堪斯基泰人的袭扰，最终于230年前后土崩瓦解。

我曾在本书第一章中引用过经济学家曼瑟尔·奥尔森所发明的"坐寇"一词。他将那些相对良性的盗贼与彻头彻尾恶性的流寇明确区分开来。坐寇们会说"我来了，我见了，我征服了，我管理了"，而流寇们则只会说"我来了，我见了，我偷了，我又走了"。公元前第一个千年中的帝国/帝制国家之所以能够繁荣昌盛，是因为那里的坐寇通常有足够的实力拒流寇于国门之外。可是，这种情形在3世纪发生了变化。在亚欧大陆的几乎每个地方，战争开始变得具有反建设性，把巨大的、和平的、繁荣的古代帝国/帝制国家撕成碎片。

这发生在几乎每个地方，但并非每个地方。在3世纪，崩溃潮流中的一个重要例外是波斯。波斯新兴的萨珊王朝在224年推翻了帕提亚帝国，随后变得越来越强盛。萨珊王朝击败了贵霜帝国和罗马帝国的军队，赶走了来自草原的游牧民族，并且加强了中央集权。到伟大的征服者沙普尔一世于270年驾崩之时，萨珊王朝的首都泰西封已经跻身全世界最大的城市之列。

但如果我们仔细观察，就会发现萨珊王朝根本就不是一个例外，因为这一时代的主题并非仅仅是帝国/帝制国家的崩溃。实际上，在大约公元200—1400年的这1 200年间，建设性战争和反建设性战争循环交替。如我们在第一章和第二章中看到的那样，公元200年之前的1 000年是利维坦扩张、繁荣程度提高、暴力死亡率下降的时代；

而我们即将在第四章至第七章看到,从 1400 年开始,这样的趋势就更加明显。但在这两个时期之间漫长的中古时代里,却满是复杂、混乱、暴力的插曲。

这是一个曲折混乱的时代。在 3 世纪晚期,萨珊王朝的复兴看起来似乎要引领一个帝国/帝制国家复苏的新时代。在半个世纪的无秩序之后,罗马在 274 年再度控制了整个地中海沿岸;280 年,西晋再度统一中国。4 世纪 20 年代,印度的笈多王朝也开始完成相同的功业。但与此同时,在亚欧大陆的其他地区,复苏已经开始进入尾声。匈奴焚毁了中国古城洛阳,杀死了西晋晋怀帝、晋愍帝,屠杀了数百万难民。随后是 60 年的战乱。到 383 年,似乎即将有一个新的王朝(前秦)再度统一中国。然而,前秦军队却莫名其妙地输了淝水之战。新一轮的战乱又席卷了东亚。

罗马也在 4 世纪晚期重新陷入混乱。哥特人在 378 年的哈德良堡战役中摧毁了罗马帝国的野战部队,帝国的疆界开始崩解。匈人向西迁徙,推倒了更多的多米诺骨牌。在 406 年的新年前夜,数千日耳曼人如潮水般涌过了结冰的莱茵河。西欧陷入了暴力和混乱之中。476 年,也就是莱茵河边界被突破 70 年之后,罗马日耳曼雇佣军首领奥多亚塞宣布了西罗马帝国的覆灭。

484 年,另一支匈人军队消灭了萨珊王朝的军队,杀死了国王。看上去,萨珊王朝即将重蹈西罗马帝国的覆辙。但萨珊王朝坚持住了。与此同时,中国也在重归一统。5 世纪,隋朝再度统一了黄河流域;589 年,隋朝终于统一了中国。

在经历了令人目眩的一段时间的混战之后,地中海地区看起来也要重归一统。6 世纪 20 年代,拜占庭帝国(古罗马帝国残存的东半部)皇帝查士丁尼夺回了意大利以及西班牙和北非的部分地区。但在 550 年,扩张停止了。在 6 世纪后期,新兴的入侵者让拜占庭帝国再度衰落。印度也经历了艰难的过程:公元 467 年之后,笈多王朝开始在另外一支匈人军队的打击下面临崩溃。尽管这个帝国在 528 年曾经大败游牧民族，但是到550年，这个帝国就已经彻底成为历史。在亚欧大陆的幸运纬度带上，一个世纪接着一个世纪的混乱，周而复始。

我知道，以上的叙述看起来很混乱，我想图3.6可以很好地将这片混乱总结出来。这张图将幸运纬度带分为4个区域（欧洲、中东、中国和印度），并且描绘出公元最初的14个世纪里每个区域中最大的帝国/帝制国家的疆域面积。我承认，用面积来表现利维坦集权政府的实力并不严谨。其中最突出的例子就是，在650—850年，代表中东的曲线出现了飙升，那是因为阿拉伯人建立了倭马亚王朝和阿拔斯王朝。理论上讲，在大马士革和巴格达进行统治的哈里发控制着约1 100万平方千米的土地，使得这一帝国成为史上面积最大的帝国之一。但实际上，哈里发的势力仅仅局限于叙利亚和伊拉克。贵霜帝国使得代表印度的曲线在公元150年前后出现了一个高峰，但这也带来了一个问题：贵霜帝国当时统治着约600万平方千米的土地，但大部分地区都渺无人烟。

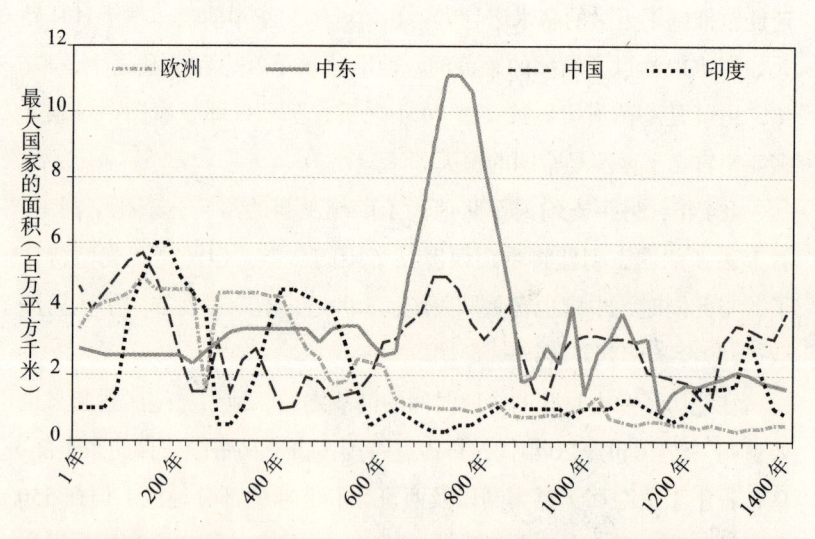

图3.6 事情一个接着一个？ 1—1400年，亚欧大陆幸运纬度带上利维坦的兴与衰（再兴、再衰），用每个地区最大国家的面积作为衡量标准

尽管有上述这些问题，这张杂乱的图还是表现出了一个要点。在2—14世纪，幸运纬度带上的所有区域很少有展现出相同趋势的时候。每当有一个帝国/帝制国家崛起时，就有另一个在衰落。一个社会的黄金时代就是另一个社会的黑暗时代。

这意味着什么？博学的英国历史学家阿诺德·约瑟夫·汤因比在20世纪50年代做出的解读最清晰，也最受其他历史学家的欢迎。他认为，过去发生的事情就是"无法用（科学）规律解释的一片混乱，事情一件接着一件地毫无意义地发生着。这种情形，用一位20世纪的小说家和诗人的话说，就是"Odtaa"，即'破事一件接着一件'（one damned thing after another）"[18]。从表面上看，图3.6简直就是典型的"Odtaa现象"。帝国/帝制国家时兴时衰，战争或胜或败，但这一切都没带来太多变化。这些事情之间没有什么共同点。

但汤因比提出"Odtaa现象"，只是为了驳倒它。在对世界历史进行了几十载的研究之后，汤因比很清楚，在"Odtaa现象"的表象之下，还有更大的图景。我想，他会从这张图中看出来好几个图景。首先，就像我在图3.7中画出来的那样，我们可以看到一个明显的趋势：在这14个世纪的喧嚣之下，帝国/帝制国家所统治的面积在稳步下降，幸运纬度带成了帝国/帝制国家的坟墓。

其次，汤因比肯定能看出来，国家面积的剧烈变化绝不仅是"Odtaa现象"，而是形成了一种膨胀—破裂的循环。反建设性战争导致帝国/帝制国家面积减少，之后会发生建设性战争，令其面积重新增加，随后反建设性战争又瓦解利维坦，周而复始。与其说这是"Odtaa现象"，不如说幸运纬度带更像是陷入了一个糟糕的循环。

要解释这一现象并不难。由于建设性战争已经越过其顶点，草原和农业帝国/帝制国家被联结在了一起。从此之后，每一个活动都会带来力度相同、方向相反的反作用。某个时候，瘟疫、叛乱、外敌入侵会导致帝国/帝制国家在反建设性战争中瓦解，数百万人会在这一

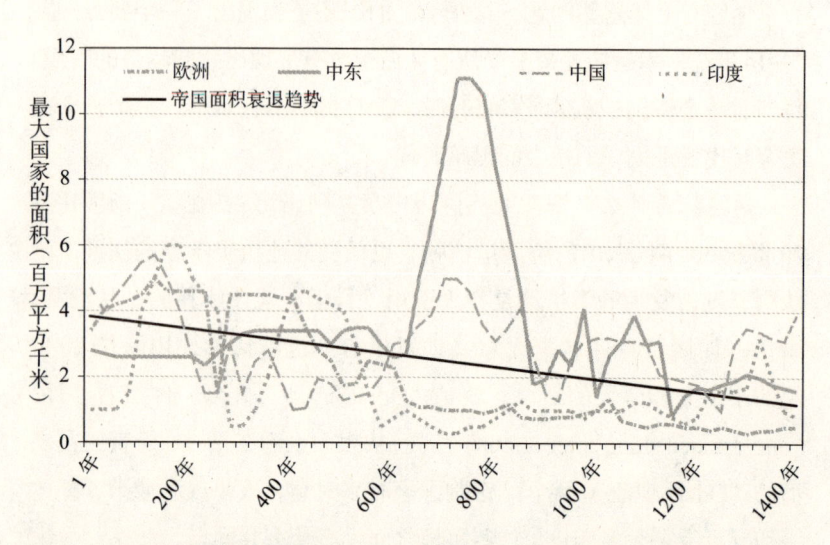

图 3.7 混乱中的秩序：黑线表示 1—1400 年，亚欧大陆幸运纬度带上帝国/帝制国家平均面积的衰退趋势（使用图凯检验法；$\hat{y} = 3.83-0.047x$）

过程中丧生；而接下来，当地的军阀或是外来的入侵者会发动新的建设性战争，利用此前产生的真空缔造又一个利维坦。隆重登场的新国王会竭力恢复法制，从臣民身上榨取税收。而这个新国家的财富又会吸引更多的掠夺者，带来更多叛乱，从而引发新一轮反建设性战争。如是反复。

幸运纬度带上的每个地区都在建设性战争和反建设性战争之间反复，但时间点不尽相同。这主要是因为，当一个王国成功地赶走了劫掠者时，往往就使其邻国所面对的压力变得更大。有些来自草原的部族太过强大，看起来似乎同时在四处出击。例如，在 5 世纪，从印度到意大利，都能见到匈人劫掠的身影；而到了 13 世纪，蒙古人在从日本到德国这条路线的各地发动进攻。即便如此，战场上意外的胜负让事情的结果不尽相同，造成了我们在图 3.6 中看到的那种混乱。在此之前，也曾有过反建设性战争，但即便是最糟糕的反建设性战争，也只是建设性战争大潮中的插曲而已。有时候，这样的崩溃会持续几个世纪之久。但尽管阿卡得帝国和埃及的古王国在约公元前2200年覆灭，印度河流域的城市在约公元前1900年衰败，东地中海的王国在约公元前1200年崩溃，亚欧大陆的幸运纬度带一直在朝着罗马、长安和华氏城的方向前进。他们每后退一步，总会又前进两三步。

可是，在200—1400年，情况变了。来自草原的骑手们太过强大。偶尔有一两个国王能反击这股混乱的力量，但没有人能永久地阻挡草原迁徙的步伐。或迟或早，流寇们总会再次回来。在有人能够阻止草原游牧民族之前，亚欧大陆的幸运纬度带都无法打破建设性战争与反建设性战争的血腥循环。

军事上的反革命

反建设性战争使得我在第一章和第二章中提到的发展进程发生倒退。陷入重围之中的政府已经无法履行其安全保障的基本职责。商人们只得躲在家里，这给要征税的国王和要购物的民众带来了灾难性的后果。统治者无力支付军饷，军队就抢劫农民弥补亏空，农民则只好向大地主们寻求保护。越来越多的农民开始对大地主卑躬屈膝，地主也将他们组织起来，靠这些农民武装赶走入侵者和征税官。地主们普遍认为，他们没有理由再为遥远的君主支付任何东西了。

在公元前最初的5 000年中，建设性战争造就了军事领域的一系列革命，将一盘散沙的乌合之众打造成了富有纪律、装备精良的军团。然而，随后的反建设性战争则引发了军事领域的反革命。已经发明出来的东西毕竟不能被简单地遗忘，国王、将领和士兵们也没有遗忘大集群作战、纪律性和良好补给的优点。但当亚欧大陆的这些利维坦失去了自己的牙齿时，政府就无力提供这些东西了。

陆军萎缩，海军朽烂，补给线崩溃，军队的指挥能力和控制能力都瓦解了。早在公元前8世纪，亚述的提格拉-帕拉萨三世就把贵族排除在了战争之外，招募、供养只效忠他一个人的军队。1 000年之后，国王们开始做截然相反的事情：由于没法从肆意妄为的贵族身上榨取供养军队的钱财，他们只好向贵族妥协。

以前，国王和地主都要从农民微薄的收入中分一杯羹，国王把他们的那杯羹称作赋税，地主把他们的那杯羹叫作地租。现在，国王们发现自己已经无力征税，只好放弃税收，而把好听的头衔和特权交给那些拥有私人武装力量的家伙，任由贵族们像经营小王国一样经营自己的产业。作为回报，国王们从这些侯爵、伯爵、男爵那里得到承诺：当国王需要进行战争时，这些贵族会从他们的封地上招募一支军队参加战争。

贵族们要想招募军队，最简单的方法就是仿效国王的做法，把自己的部分土地和人民分给更低级的骑士。作为回报，这些骑士也将招之能来，来之能战。而这些骑士也把自己的土地和人民分给更低等级的人。如是多次，就形成了一张权利与义务的大网，将上至高坐城堡之内的国王，下至实际付出辛劳的贫农在内的所有人联结在一起。

对那些滑入了反建设性战争的国王来说，这样的安排有一种显而易见的好处：他们不再需要供养作战的士兵或是征税的官吏。然而，以这种方式组织、管理军队也有缺点。首先，国王对其追随者几乎没有什么影响力，这些人通常更在意他们自己的声望和荣誉，而不是什么大局，他们经常会一时兴起杀入战场，也可能会因一时胆怯而逃之夭夭。在中世纪最出名的一场战役——1066年的黑斯廷斯战役中，就发生了这种情况。正在攻击哈罗德二世的盎格鲁-撒克逊军右翼的诺曼人突然掉头就逃，哈罗德的弟弟利奥弗温和吉尔斯此时忘记了秩序、原则和常识，追着敌人冲下了山坡，他们的部下也呐喊着紧随其后。而就在山坡底部，诺曼人集合起来，转过身砍倒了追击者。盎格鲁-撒克逊人的阵线被打开一个缺口，随即全线崩溃，最终丢掉了他们的王国。

据传说，哈罗德二世被诺曼人的箭射穿了一只眼睛。但即便哈罗德二世幸免于难,他也将面临这个时代的战争的第二个大问题:不能在战争中取胜的国王,也就没办法去劫掠敌人。不论有多少誓言和关于职责的说教,如果一个国王没有什么战利品可以分配给属下,那么他也就很难得到属下的忠诚。

而在另一边,诺曼人的领袖"征服者"威廉则用英格兰广阔的土地打赏他的追随者们。但他和他的继承者们很快也陷入了困境,因为新的安排造成了第三个问题。经过一代代人的传递,这张联结了国王和骑士的职责和义务的大网变得越来越混乱。聪明或是幸运的领主们通过继承、联姻、购买等手段扩张了他们的领地,而每块新的领地都带来了新的义务。很快,就有人发现自己要效忠于不止一个主人。

佛兰德伯爵罗伯特二世就遇到了这样的问题。1101年,罗伯特伯爵向英格兰国王亨利一世宣誓效忠。按照惯例,他发誓说将帮助主人"对抗任何敌人,不论他们是生是死"[19]。但罗伯特还补充道,其中不包括亨利一世真正的心腹之患——法兰西国王腓力一世,因为他此时已经是腓力一世的封臣。罗伯特向亨利一世保证说,如果腓力一世决定进攻英格兰,他本人(罗伯特)将努力劝说腓力一世放弃这个计划。但如果会谈失败,腓力一世仍然决定发动入侵的话,罗伯特承认他将站在法国一边。不过他也坚称,他只会派出一部分军队,只要不让腓力一世怀疑他不忠心就可以了。

如果英格兰国王亨利一世要求罗伯特参加一场并非对抗法国的战争,罗伯特将愿意提供援助,除非(1)罗伯特身体抱恙,(2)腓力一世要求罗伯特参加另外一场战争,或是(3)德意志国王(他是罗伯特的另外一个主人)也征召了罗伯特。好像是觉得这还不够麻烦似的,罗伯特还许诺说,如果法国入侵诺曼底(这几乎必然会导致法国和英格兰开战),他只会派出20名骑士为法国作战,而会派出另外980名骑士为英格兰而战。

长达几个世纪的衰退造成了如此混乱的效忠关系。我在前文提到,在6世纪,拜占庭帝国皇帝查士丁尼曾试图重新统一地中海沿岸。在他失败之后,利维坦开始真正瓦解。从7世纪30年代开始,带着一种来自沙漠的新信仰(伊斯兰教)的阿拉伯人击败了拜占庭帝国竭尽全力供养的孱弱的军队。7世纪50年代,阿拉伯人推翻了波斯的萨珊王朝。而在接下来的半个世纪里,拜占庭帝国看上去也似乎随时要步萨珊王朝的后尘。

到750年,从摩洛哥到巴基斯坦,伊斯兰军队四处告捷。他们深入法国,围攻君士坦丁堡,但哈里发们的利维坦却从未有过坚实的基础。从伊斯兰教发迹之初,哈里发就一直处于一个模棱两可的位置,介于穆罕默德的神权继承者和普通国王之间。哈里发们仅仅能在其庞大帝国中的一小块区域里将自己的神权成功转化为世俗权力。到9世纪,很多地方上的苏丹实际上成了独立的统治者,他们相互征伐,甚至进攻哈里发,以及任何敢于挡路的敌人。

在遥远的西北方,消灭了西罗马帝国的日耳曼人建成了一些新的王国。当这些王国拥有强势的国王时,就会进行建设性战争;而当它们没有这样的君主时,就进行反建设性战争。其中,最具建设性的统治者是法兰克国王查理曼,他在771—814年征服了西欧和中欧的大部分地区。在首都亚琛,查理曼手下的官僚在木制的厅堂里威吓地方领主,从他们身上征税,倡导教人识字,并不顾一切地让国王的臣民遵守命令。800年,彻底威服于他的教皇甚至把皇冠戴到了查理曼的头上,宣布他为神圣罗马帝国的皇帝。然而,复兴罗马帝国的梦想很快破灭了。其直接原因是查理曼的儿孙正忙于互相攻伐,没空去理睬那些不听话的贵族。"这导致了大战,"当时一位编年史家悲叹道,"并非由于法兰克人缺乏足够高贵、强壮、聪明可以统治王国的王子,而是因为他们同样慷慨、有尊严、有权势,因此他们越来越不和。没有哪个人能远远胜过其他人,令其他人向他臣服。"[20]

在查理曼去世之前,新的劫掠者已经开始掠夺查理曼因建设性战争造就的财富。维京人乘着他们的长船从北方而来,马扎尔人则坐在马背上从东方赶来。亚琛距离边境太远，没办法对这种打了就跑的攻击做出反应。于是，当地的领主们就站出来填补了安全问题上的空白，这个故事我们现在听来就很熟悉了。即便是查理曼这样的人物也无法阻止反建设性战争的力量。到 885 年，当厄德伯爵在巴黎对抗维京人的围攻时，远比查理曼差劲得多的法兰克皇帝"胖子"查理却未能出现在巴黎。这标志着帝国已经形同虚设。

在这个混乱的新世界中，人们都要为自己的利益考虑。在我们现有的资料中，第一个效忠多个主人的人出现在厄德保卫巴黎的战斗仅仅 10 年后。在接下来的几个世纪里，这种现象变得越来越常见。到 14 世纪 80 年代，也就是厄德逝世约 500 年后，这个问题已经变得非常严重，以至有一位法国的神职人员提出了一个一刀切的解决方案：他建议，那些效忠于多个主人的战士，应当为他最先效忠的那位领主而战，再通过雇人代替自己作战的方式来履行其对第二个（以及第三个、第四个等）领主的义务。

这一方案从来没有流行过，可能是因为雇人替自己作战是要花钱的。更常见的是库西勋爵昂盖朗做出的那种选择。1369 年，库西勋爵昂盖朗的主人（英格兰国王）召他去参加对抗其另一个主人（法兰西国王）的战争。库西勋爵并没有在两位国王中做出选择，而是与两位国王都达成了和约。随后，他为自己找到了第三个主人，加入教皇的军队去意大利作战。在教皇的战事于 1374 年告吹之后，库西勋爵又带了一万人私自在瑞士开战。

18 世纪 70 年代，亚当·斯密正在安全而开化的爱丁堡写作《国富论》，他把自己身处的富有秩序的世界与库西勋爵、罗伯特伯爵、亨利国王和腓力国王所生活的纷乱时代进行了对比。亚当·斯密遗憾地总结说，那就是一个"封建的无政府"[21]的时代，"大领主们根据自己的意愿，几乎永不停歇地相互征伐，甚至经常对国王开战，原野上仍然上演着暴力、劫掠和动乱"[22]（图 3.8）。

图 3.8 封建的无政府时代：1218 年，在埃及的达米埃塔，基督徒和穆斯林最精锐的骑兵相互砍杀（出自一本约成于 1255 年的书籍）

资料来源：© Corpus Christi College, Cambridge

从亚当·斯密的时代开始，学者们就一直难以找出封建的无政府时代究竟有什么意义。20 世纪 30 年代，埃利亚斯正是在读到了中世纪的混乱之后才确信，欧洲一定随后经历了一个文明的进程，才降低了暴力死亡率。但这个结论只能说对了一半。由于埃利亚斯并没有从一个长期的视角审视这个问题，因此他认为封建的无政府状态仅仅是人类的自然状态。他没有意识到，这是古代帝国/帝制国家崩溃后长达 1 000 年的反建设性战争导致的结果。

不过，到了 20 世纪 60 年代，当《萨摩亚人的成年》中的观点说服了越来越多学者，使他们相信人类的本性是和平的时候，很多历史学家开始怀疑是否应当用"封建的无政府时代"描述库西勋爵的世界。毕竟，每出现一个砍人脑袋的"征服者"威廉，也会相应地出现一个帮助他人的阿西西的方济各，而且大多数时候欧洲人都不使用武力解决争端。但 20 世纪的雅诺玛米人大多数也是这样的，不过他们当中仍有大约 1/4 的人会死于暴力。"封建的无政府时代"这一说法之所以适合14世纪的欧洲，是因为那时的很多人（就像雅诺玛米人一样）会十分随意地选择使用暴力解决问题，其随意程度让人震惊。

在流传至今的成千上万个故事中，我最喜欢的是下面这个。

> 一位骑士造访一位邻居的城堡，跟他一起用晚餐。
> "大人，"他闲聊道，"这上好的葡萄酒，花了您多少钱？"
> "啊，"那位和蔼的主人回答说，"没有哪个活人为这酒要过一分钱。"[23]

在我看来，实际上，"封建的无政府时代"这一说法不仅可以很好地形容公元900—1400年的西欧，而且适用于同时期亚欧大陆幸运纬度带上的大部分地区。从英格兰到日本，随着利维坦的自我解体，社会都蹒跚走向了封建的无政府状态。在3—4世纪的中国北方，资料上记载了"部曲"的崛起。所谓"部曲"，就是追随地主投入战斗的佃客所组成的军队。作为回报，他们可以获得一部分战利品。在6世纪的印度，衰落中的笈多王朝的统治者开始意识到，那些在官僚体系崩溃后为国家派遣士兵的地方领主，实际上已经获得了独立。在9世纪的中东，哈里发把土地封给地方上的苏丹，苏丹则会（也可能不会）应召出兵作为回报。哈里发分配的这些土地，已经成了唯一联结着阿拉伯世界的东西。到了1000年，拜占庭帝国也朝着同样的方向发展，皇帝们也把土地分封出去，换取军事支持。在世界各地，古代帝国/帝制国家都走进了它们的坟墓。

死而复生

但各帝国/帝制国家并没有待在坟墓里。就像好莱坞大片中的僵尸一样，它们一次次地死而复生。

就拿中国来说吧。547年，居士杨衒之来到了故都洛阳，那里的残破景象令他感到震惊。他写道:"城郭崩毁,宫室倾覆。"就在13年之前,一场战乱席卷了这座城市,导致大量人口死亡,并将曾短暂统一中国北方的北魏政权分裂为相互征伐的东魏、西魏。他随后又写道:"野兽穴于荒阶,山鸟巢于庭树。游儿牧竖,踯躅于九逵;农夫耕老,艺黍于双阙。"[24]

但就在杨衒之造访洛阳30年之后,中国北方重归一统;又过了12年,中国的大部分地区就都在隋朝的统治之下了。我们可以在图3.6中看到,代表中国王朝的曲线在这个时间段再次向上攀升。

就像建设性战争一样,反建设性战争也有其顶点,一旦超过了顶点,那些暴力卓群的人(就像古时候一样)会开始减少杀戮的时间,增加治理国家的时间。一位波斯亲王在1080年前后告诉他的儿子:"你要了解这一真理,军队保护国家,金钱供养军队。农业的发展可以带来金钱,而公正与公平带来农业的发展。因此,你要既公正又公平。"[25]

拒绝接受这一真理的征服者难以持久。隋朝在589年统一了中国之后,开始征召越来越多的军队,然后把它们投入征伐高句丽的灾难性的战争中。7世纪第二个10年,隋朝的臣民感到忍无可忍,中国一度似乎又要滑向封建的无政府状态的深渊。盗贼四起,纳税的户口减少了75%,各大门阀控制了国家的大部分地区(其中还包括数千好斗的和尚,他们显然没有听从佛教反对暴力的教导)。但内战的赢家建立了唐朝,他们很懂得建设性战争的真谛。唐太宗曾说道:"为君之道,必须先存百姓。若损百姓以奉其身,犹割股以啖腹,腹饱而身毙。"[26]

唐朝皇帝不仅说得好,他们也确实做到了大赦天下,不计前嫌地提拔有才能的官员,重建起内政体系。唐太宗以身作则,命人把奏章挂在寝宫墙上,这样晚上打个小盹,醒来就可以批阅这些奏章。他甚至还请来曾经反叛的佛教徒,在大战的废墟上修建新的寺庙,让那些投降的僧人为内战双方的战死者祈福。

唐朝皇帝做的还不仅这些。作为外来的游牧民族的后裔,他们了解草原政治,知道怎样利用那些长城外面的突厥部落之间的关系。630

年,在铁山之战中,唐朝的一万名骑兵趁着浓厚的晨雾出击,荡平了东突厥人的营地,使得中国边境在接下来的半个世纪中维持安宁。

不过,真正让唐朝超越了封建王朝成就的,是重新建立了文官对军队的控制。唐朝皇帝十分务实,在迫不得已的时候也会向强大的世家妥协,但他们拒绝用土地换取武装。所有军队都隶属唐朝政府,唐太宗甚至废除了前朝的土地分封制。唐朝让将领们在全国范围内轮调,避免他们形成过强的地方势力。官员如果擅自调动10名士兵可能要坐一年的大牢,如果擅自调动一支军队则可能会被绞死。

唐朝几乎做了所有正确的事情,因此7世纪成了中国的黄金时代。和平再度降临,经济蓬勃发展,中国的诗歌创作在这个时代达到了完美的顶峰。唐朝的军队征服了朝鲜半岛和中亚的绿洲,中国的文化永久地影响了日本和东南亚。唐朝虽然有这些成就,但也无法打破建设性战争与反建设性战争的循环。

8世纪中叶,富庶的唐朝吸引了草原上突厥游牧民的注意,他们再度联合起来企图劫掠唐朝。为了自卫,唐朝只好在边境布置了前所未有的大军。755年,唐朝的将领安禄山(他是突厥人,之前加入了唐朝一方)起兵造反。唐朝平定了这次叛乱。但为此,唐朝赋予了其他将领巨大的权力,并请更多的突厥部落进入国家的领土,帮助唐朝对付那些入侵的突厥人。这样的做法导致了更可怕的灾难。曾经有短暂的中兴时期,这个国家似乎重新有了希望,但总体上,唐朝在接下来的150年中一路衰落。治安完全崩溃,叛军强大到可以在正面冲突中击败唐朝军队。约881年,起义军领袖黄巢(号称"冲天大将军",《旧唐书》将他称为"贼巢")甚至攻陷了长安。在"贼巢"出现之前,长安是世界上最大的城市,居住着100多万人口。而在他来过之后,当时在那里的诗人韦庄写道:

> 长安寂寂今何有,
> 废市荒街麦苗秀。

......

含元殿上狐兔行,

......

天街踏尽公卿骨。[27]

有的故事记载说,在 883 年,因为人们太过饥饿,每天都有 1 000 名农民被吃掉。"贼巢"的手下会把人的尸体腌渍起来,留到以后食用。907 年,唐朝的最后一个皇帝唐哀帝被废黜,中国进入五代十国时期。此时,看起来确实永远不会有人能打破建设性战争和反建设性战争的循环了。

没有出路

在公元前 500—公元 500 年为幸运纬度带带去骑兵式作战的这次军事革命与以往的大多数军事革命都不同。以往的历次军事革命,从公元前 4300 年出现防御工事和围城战,到公元前 3300 年之后出现青铜武器和铠甲,从公元前 2450 年之前出现的军事纪律,再到大约公元前 900 年出现的铁兵器和步兵,大体上都在增强幸运纬度带上文明的实力,使得利维坦可以镇压内部的纷争与叛乱,并且征服外部的邻国,创造出更大的社会。即便是在公元前 2000 年前后发明于草原的双轮战车,最终也在帝国/帝制国家军队的手中发挥出了更大的威力,因为只有帝国/帝制国家有足够的人力、财力建造那么多车辆,并为此训练数以千计的马匹。

但随着骑兵的出现,幸运纬度带上的帝国/帝制国家无法再把自己在财富、组织性和数量上的优势转化为对游牧民族的胜利。一个无法逾越的障碍是,游牧民族占据的土地最适合养马。大多数部落蓄养的马匹比他们的人口还要多,而且游牧民终日在马背上生活。即便是最富有、最有智慧的农业帝国/帝制国家(其中的顶峰是唐朝),也仅仅能获得暂时的优势，而这样的优势最终会因为一点儿不走运的、错误的判断或是特别强大的游牧部落联盟的崛起而消失。幸运纬度带需要的是另一场可以让天平重新倾向帝国/帝制国家一侧的军事革命，但并没有发生这样的革命。每当有一些技术改进方法增强了幸运纬度带的优势（比如更好的船只、城堡和基础设施），总会有一些其他技术改进方法让游牧民族变得更加强大（比如马镫和更强壮的马种）。

最终打破了这一等式的是火药。但在公元 1400 年之前，除非有非常灵验的水晶球，不然你是预见不到这一点的。关于火药最早的记载出现在 9 世纪，当时中国寻求长生不老药的道士点燃了硫黄和硝石的混合物，结果发现这种混合物会以一种特别有趣的方式燃烧，发出嘶嘶的声响。他们很快发现了这种粉末的两种用途：第一种是用来做烟火，这种用法显然没法帮人延年益寿；第二种是做成火药武器，也只能让人活得更短。

流传至今的最古老的火药配方出现于 1044 年。这一配方中硝石的含量不高，所以这种火药不会爆炸。在火枪中，火药会从一根管子里把弹珠或是子弹喷射出来。不过，中国的工匠设计出了不同的武器。这些武器或是从竹管中喷射燃烧的火药，或是用抛射装置发射装满火药的纸袋子。总体来看，此时火药对敌人的威胁可能还不大，对火药的使用者的危险似乎更大。

一直到 14 世纪，军事的天平似乎还倾向于蛮族一方，因为蛮族非常善于向他们的对手学习。378 年，当哥特人如洪水般涌入罗马帝国时，他们发现，自己虽然可以打赢野战，却无法攻克城市。他们的首领指导说："离那些城墙远点儿。"[28] 但仅仅在过了两代人的时间之后，当匈人领袖阿提拉率领匈人入侵同一片区域时，我们看到了非常不同的场景。443 年，阿提拉发现纳伊苏斯（今塞尔维亚的尼什）的堡垒挡住了他的去路，于是命令匈人砍倒大树，建造了几十个攻城槌。"守军从城墙上丢下马车大小的巨石，"罗马外交官普利斯库斯记载说，"有些攻城槌被摧毁了，操作它们的人也被砸死了，但它们的数量太多了，罗

159

马人没法全部摧毁它们。随后,敌人拿来了云梯……城市被攻陷了。"[29]

阿提拉用战利品雇用罗马最好的工程师,作为回报,这些工程师帮助匈人利用那些防御设施的弱点,而那些防御设施有的就是这些工程师自己建造的。结果,按照5世纪一位作家的说法,匈人"占据了100多座城市,甚至几乎置君士坦丁堡于险境,以致大多数人都逃离了这座都市。连神职人员都从耶路撒冷逃走了"[30]。考古学家发掘了一座被攻陷的城市(位于今保加利亚的尼科波利斯)。匈人将这座城市摧毁殆尽,这座城市的建筑再也没被成功修复过。

几个世纪以来,游牧民族变得越来越善于对付幸运纬度带的国家。1219年,成吉思汗入侵了位于今伊朗东部的花剌子模帝国。这个国家曾经非常强大,但今天已经几乎被人遗忘。成吉思汗的蒙古军队中有一支由中国工匠组成的部队。这支部队指挥战俘挖掘沟渠,引来河水,建造投石车、攻城槌和塔楼,并且将点燃的火药如雨一般向守城者投射。据第一个生活在蒙古大汗帐下的欧洲人若望·柏郎嘉宾记载,工匠们会经常改进他们的手段。"他们甚至会使用死人体脂,"柏郎嘉宾声称,"他们把人的脂肪熔化掉,再投掷到房屋上面。一旦这些脂肪燃烧起来,基本上没有办法将火扑灭。"[31]

1258年,在蒙古人的投石机集中轰击一座塔楼,并在三天内使其坍塌之后,伊斯兰世界最富庶的城市巴格达投降了。蒙古人先是嘲弄巴格达的统治者,因为他宁愿囤积财富也不愿意把钱财花在防御上。随后,蒙古人用毛毯把他卷起来,让马把他踩踏死,正式终结了哈里发的统治。

1267年,蒙古人又发动了对襄阳的围攻。襄阳可能是当时世界上最大的堡垒,也是战略要地。宋朝人在襄阳抵抗了六年。攻城槌、火药武器、云梯,这些东西都没能奏效。但一向善于学习的游牧民族又学习了更多的东西——弃马乘舟。蒙古人在汉水之上消灭了宋朝舰队,随后使用新型的投石车攻击与襄阳隔汉水相望、守卫江岸的樊城,在其城墙上砸出大洞。樊城陷落后,襄阳陷入了绝境;而襄阳陷落后,宋朝也陷入了绝境。1279年,宋朝最后一个皇帝赵昺在元军的追击下跳海,忽必烈则成了一统天下的天子。

游牧民族的军队在野战方面同样善于学习。例如,1191年,来自草原的古尔王朝骑兵在第一次遭遇印度战象时落荒而逃,他们的指挥官幸免于难。但当他们在第二年卷土重来时,相同的指挥官在塔劳里这同一个战场上面对着相同的对手——恒河流域的王国联盟。但前者采取了不同的战术。四支人数均在一万以上的骑射手队伍轮番骚扰印度军队而避免与可怕的战象直接对抗。随后,当夜幕降临之时,古尔王朝的1.2万名身披铠甲、手持长枪的预备队发动了总攻,将士气低落的印度军队击溃。

在古尔王朝这支拥有超过5万名骑兵的大军身上,我们可以看到游牧民族力量增长的最后且最重要的一个原因:游牧民族不仅学会了怎样对付城墙、船只和大象,还学会了安排后勤。到13世纪,游牧民族经常会征召并供给与古尔王朝的军队同等规模的大军,每名骑手通常会带着三四匹备用的马。当来自草原的军队相互杀伐以争夺幸运纬度带的土地时(就像1221年成吉思汗在印度河河畔消灭花剌子模以及60年后突厥人的马穆鲁克骑兵在霍姆斯打退了蒙古人对叙利亚的入侵时),在尘土飞扬、箭矢乱飞的狭小空间里,可能有50万匹战马纵横驰骋,而它们可能消耗了周围几百平方千米内的草料。所有这一切都要求有组织保障,为此,伟大的游牧民族征服者们召集了大量的参谋人员(通常是在被攻克的城市中抓到的人)来完成这些任务。

大战中,士兵和动物的死亡数量之大是令人震惊的,但相比于随后对平民的屠杀,这个数量不值一提了。但有些幸存者的记载肯定不是真的,比如一位波斯历史学家说,蒙古人在内沙布尔屠杀了174.7万人,外加当地所有的狗和猫;另一位历史学家则说,在赫拉特,有240万人被杀。最重要的原因是这些死亡数字已经远远超过了那些城市的总人口数量。不过,即便我们减去那些夸张的说法,每次草原上的骑手涌入幸运纬度带时,总会造成几十万甚至上百万人的死亡。成吉思汗造成的死亡人数很可能已经达到了千万的级别；而当帖木儿在1400年前后发动第二波蒙古征伐，攻破德里、大马士革和几十座其他城市时，他刀下的人命可能也接近这一数字了。若不是他于1405年在进军的路上疑似死于热病，他所夺去的性命或许还能超过这个数字。

这些大屠杀让人触目惊心，但别忘了，军队带给亚欧大陆的强奸、劫掠、杀戮和饥荒还仅仅是那个时代暴力的一部分。与此同时，偶发的小规模杀戮——凶杀、仇杀、私斗、家庭纠纷，仍在继续。当王国崩塌为封建的无政府状态时，这些偶发的小规模杀戮就会增多；而当建设性战争暂时发挥作用时，它们就会减少。

有史以来第一次，我们手头有了关于一种流血事件的让人半信半疑的数据，这就是西欧的凶杀案件记录。最早的记录可以追溯到13世纪。尽管这些记录难以解读，充满缺漏，而且由于事关重大，所以充满了扭曲事实的谎言，但是它们几乎就像成吉思汗的故事一样耸人听闻。从英格兰到低地国家、德国乃至意大利，在1200—1400年，差不多每100个人里就有1个死于谋杀。英格兰是最安全的，那里每140个人里会有1个人死于谋杀；意大利则是最危险的，差不多每60个人里就有1个人会被人谋杀（相比之下，20世纪西欧的数据是每2 388人里有1人死于谋杀）。

西欧只是亚欧大陆幸运纬度带上的一小部分，凶杀只是致命暴力的一种形式，13世纪和14世纪也只是我们要审视的漫长时期中的一部分。这些意味着，要想得出一个公元200—1400年亚欧大陆幸运纬度带暴力死亡率的数字，可能得全凭运气。我们没有办法得出凶杀、仇杀、私斗、家庭纠纷以及国家间战争造成的死亡人数的相对比例。但如果我们假设这五种形式造成的死亡人数比例相同，那么西欧的总体暴力死亡率大概是5%（英格兰3.5%，意大利8.5%）。

这个数字可能接近真实情况，也可能根本不靠谱（我个人认为它可能偏低）。而且，西欧的情况也未必适用于亚欧大陆的其他地区。不过，这个数字毕竟能让我们体会一下暴力死亡率大概在什么数量级上。这一数字也与定性的证据所指出的方向一致，即在公元200—1400年建设性战争与反建设性战争交替循环的1 200年中，古罗马帝国、孔雀王朝和汉朝曾经取得过的许多成就都开了倒车。

从公元200—1400年最成功的一些帝国/帝制国家（比如唐朝）流传至今的一些资料中可以看出，当时的暴力死亡率有可能被重新降低到2%~5%，即我在第二章中指出的古代帝国/帝制国家曾达到的水平。而游牧民族的入侵和封建的无政府状态又会明显使这个数字升高。但除非那些关于游牧民族大屠杀的最极端的数字是真实的，否则当时的暴力死亡率不可能重新回到人类学家在石器时代社会中观察到的10%~20%的水平。如果这一推理是正确的，那么在公元200—1400年亚欧大陆幸运纬度带上的暴力死亡率就高于古代帝国/帝制国家，但低于石器时代社会，为5%~10%。

我们很难从中世纪的手稿中看出这一数字对于当时的人们来说究竟意味着什么。我必须承认，我对这一数字的感受，大体上来自一种截然不同的文学体裁——侦探故事。英国小说家伊迪丝·帕吉特用"埃利斯·彼得斯"这一笔名创作了由20本小说和1本短篇故事集构成的系列历史悬疑故事，讲述一位名叫卡德法尔的修士变成了一个侦探（在英国电视剧中由德里克·雅各比扮演）的故事。卡德法尔修士过着平静的生活，平日里在英格兰市镇施鲁斯伯里郊外的本笃会修道院里打理草药园。但在小说故事覆盖的10年中（1135—1145年），据我的计算，卡德法尔修士一共经手了33件凶杀案，有94个人在对施鲁斯伯里的围攻战后被绞死，而另外一场围攻战和两场战斗也造成了不明人数的死亡（更不要提一次意外溺水和各种各样的袭击、鞭打和强奸未遂事件了）。

帕吉特笔下的人物很是谨慎小心。他们清楚，犯错误很容易导致丧命：跟身份更高的人顶嘴会挨打，独自在树林中行走可能被抢劫和杀害，老朋友可能会突然摇身一变成为杀手。不过，尽管暴力死亡率肯定至少达到了5%，帕吉特笔下的人物也并未一直生活在恐惧之中，在致命的威胁下瑟瑟发抖。毕竟，对每个人来说，被杀死的概率只有

1/20。更重要的是,暴力不过是这个野蛮的世界不可或缺的一部分,就连他们的娱乐活动都很恶毒。一位编年史作者曾记录了他在意大利北部的小城普拉托的一些同伴们的故事。他们会把一只活猫钉在柱子上,再把自己的头顶剃干净,把双手绑在背后,然后比赛谁能用头把猫撞死,"就为了听到别人的吹捧"[32]。当比利时的蒙斯人没什么事情可做时,如果他们自己的城镇里没有罪犯,就会从邻近的镇子里买来一个抢劫犯,把他的两个手腕和两个脚踝各绑在一匹马上,让马把他撕裂。据记载,"人们欢呼雀跃,就好像从死人身体里又长出来一个新的神圣的躯体一样"[33]。记述者说,唯一让人感到沮丧的事情是,蒙斯人为了买这个罪犯花了太多钱。

在一个这样的世界里,就连卡德法尔修士这样的人也没法把怪兽关到笼子里。

把世界装入"囚笼"

尽管12世纪的西欧充满了危险,也要比这个星球上的大多数地方都更安全。但情况正在开始发生变化。因为就在草原民族和亚欧大陆上的帝国/帝制国家陷于血腥的循环之中时,囚笼效应开始影响地球上的其他地区,并在那里降低暴力死亡率。

在这个星球上,有很多地方的气候和土壤都适合发展农业。但由于可供驯化的野生动植物的分布太不均衡,只有幸运纬度带在冰期结束后的5 000年内出现了农业。不过,到了卡德法尔修士的时代,有三种力量开始发挥作用,把农业的范围远远扩大到最初的幸运纬度带之外;而紧随其后的,是囚笼效应和建设性战争将利维坦带到了几乎每一片大陆上。

第一种力量是迁徙。农业导致人口增长。随着农业的发展,人们就相应地开始向外迁徙,寻求更多土地。只要还有未被占据的疆域存在,早期的农民就可以基本避开囚笼效应。但一旦最好的土地被分割殆尽，囚笼效应就开始让人们走上了通往建设性战争的道路。

广阔的太平洋可以很好地展现这一点（图3.9）。石器时代的农民从现在的中国出发，到公元前1500年就已经迁徙到了菲律宾。在接下来的2 000年里，他们的后人进行了史诗般的独木舟远航。他们驶向海天之间，发现了数百个土地肥沃却无人居住的岛屿，并在那里定居。这些岛屿共同组成了密克罗尼西亚。他们种植芋头（这种富含纤维的根茎最早出现在东南亚），养育大家庭，进行战斗。当他们的岛屿新家也住满了人的时候，他们就会再乘坐独木舟出海。

图3.9 中世纪的太平洋沿岸：本章中提到的东亚和大洋洲地名

在公元的第一个千年，这些太平洋上的冒险家远航，到达波利尼西亚，并在1200年到达遥远的新西兰。一些英雄一路划桨到了今美国的西海岸，又折返回来（尽管没有直接证据可以证明这点，但是不然我们没法解释为什么美洲的甘薯会在那个时候传播到波利尼西亚）。不过，从夏威夷到加利福尼亚有约 3 800 千米之遥，对于迁徙而言实在太过遥远。这就意味着，到 1200 年，太平洋地区即将出现囚笼效应。

我们对夏威夷的故事了解最多（我怀疑很可能是因为人类学家都很喜欢在那里工作）。人类在公元 800—1000 年来到夏威夷，在 1200—1400 年出现了人口剧增。根据 19 世纪记载的口述故事和后来的考古发现，我们知道从那时起人们之间的战斗就开始增多。到 15 世纪，强大的战士们将各个岛屿合并为王国。

第一个完成这一壮举的是麦里库卡西，他杀掉了瓦胡岛上所有的对手（大约在 15 世纪 70 年代），成为一个坐寇。他兴建了灌溉渠和神庙，将权力集中在自己的手里。据民间传说，他的族群繁荣壮大。在不到一个世纪的时间里，夏威夷群岛的其他岛屿开始要求拥有更强大的国王。据传说，毛伊岛的统治者基哈皮拉尼（大约统治于 1590 年前后）不仅是一位伟大的统治者、勇猛的战士、技艺高超的冲浪者，还长得特别英俊；他还是一位农业改革家——他清理了森林，大量种植甘薯，而且还能公正地为人民主持公道，化解矛盾。

但就像在亚欧大陆一样，夏威夷的建设性战争也并不平静。英俊的基哈王之所以能成为统治者，是因为他与自己的兄长反目（据传说，这位兄长把一整碗鱼和章鱼丢在了基哈的脸上），在内战中使国家分裂。不过，国家在衰落之后，实现了进一步成长。基哈之所以能赢得战争，是因为"夏威夷大岛的国王乌米（他也以种植甘薯闻名）想把他的势力拓展到毛伊岛，因此乐于出兵援助这位篡位者"。

从很多角度来看，夏威夷的统一战争都与亚欧大陆在公元 200 年之前的 1 000 年中进行的战争惊人地相似，而又与亚欧大陆在公元 200—1400 年的建设性战争与反建设性战争的循环往复极为不同。很明显的一个原因是，在夏威夷没有大草原，也没有马匹。因此，每当有毛伊岛内战这样的退步时，夏威夷的建设性战争总又会前进两步。

到了17世纪第二个10年，统治者们经常试图控制多个岛屿。威基基海滩是入侵瓦胡岛的首选登陆点。在游客们开始舒服地躺在这块完美的沙滩上的几个世纪之前，有很多人在这里流血而亡，其中包括毛伊岛的一位国王、瓦胡岛的一位高级祭司以及几千名士兵。

18世纪，战争将八个岛屿合并成了三个王国。这些王国可以征召超过1.5万人的军队，甚至有一次召集了拥有1 200只独木舟的舰队。帕特里克·基尔希是研究夏威夷的人类学家中的翘楚，他认为，"如果夏威夷再晚一个世纪接触到西方世界，这些王国中的一个将胜出，并且占领整个群岛"[34]。他提到的显然是建设性战争。

不过，大部分离开幸运纬度带寻找新土地的农民，并没能来到太平洋这样拥有多处肥沃土地却无人居住的地方。更常见的情况是，移民到达的地方已经有人居住了。有时候，当地的觅食者会在农民到来后躲到其他地方去。但他们只会发现有越来越多的农民来到这个地方，砍伐森林，辟为田地，最终使得原住民无处可去。一旦囚笼的大门关闭，这些以采集渔猎为生的人就要面临艰难的选择了。

其中一个选项是战斗，通过残酷的、绵延几代人的游击战争焚毁那些边远地区的农庄。在美国的西南部，纳瓦霍人就时有时无地进行着这样的战争。他们先是从1595年开始对抗西班牙人；接着对抗墨西哥政府；最后在1864年，美国派出了强大的武装力量，蹂躏了纳瓦霍人的土地，并且将幸存者驱逐出去。纳瓦霍人的抗争只是数千次抗争中的一个。大多数抗争已经被人遗忘，但所有抗争的结果都是相同的。坚持斗争的觅食者部落最终都被消灭了，被奴役了，或是被驱赶到了保留地里。除了被毁灭，唯一的出路就是被同化。觅食者部落开始学习那些后来者，然后也变成了农民。同化成为第二种将农业、囚笼效应、建设性战争和利维坦传播到整个星球的强大力量。

关于同化，最有趣的例子可能就是日本。起初，迁徙的作用更为突出。大约在公元前2500年，朝鲜人把大米和粟米带到了日本最南方的岛屿——九州岛。九州岛是一个采集渔猎的天堂，那里的野生动植物足以养活成千上万的人口。也许正是因为如此，那里的农业在近2 000年的时间里都没有什么太大发展。一直到了公元前600年前后，当来自朝鲜半岛的新移民带来了金属武器时，农耕的界线才一直拓展到日本最大的岛——本州岛。

日本列岛比夏威夷群岛大得多，因此囚笼效应也历经了更长的时间才发挥作用。不过，公元400—600年的三拨朝鲜移民起到了推波助澜的作用。这些新移民以带来了文字和佛教而闻名，但其实更重要的是他们带来了弩、骑手和铁剑。日本农业文明的界线向北涵盖了本州岛，但与此同时，同化作用将移民的界线又推了回去。日本的首领们把握住了由朝鲜移民带来的现成的军事革命成果，建立起本土的利维坦——大和国家。到公元800年，大和征服了本州岛和九州岛的大部分地区。

在接下来的八个世纪里，建设性战争统一了整个日本列岛。就像夏威夷的情况一样，这个过程也并非一帆风顺，但在每次利维坦崩解之后，它总会以更大、更强的姿态再度出现。大和在9世纪和10世纪陷入分裂。到了1100年，整个国家到处都是由被称作武士的雇佣兵群体组成的私人军队。一直到12世纪80年代，日本的战争才再次变为建设性战争。当时，武将源赖朝击败了其他势力，完全控制了武士集团，受封"征夷大将军"。

理论上讲，国家的统治者是可以把先祖追溯到神的天皇，但真正掌权的其实是幕府将军，这些强硬的人通常崛起于行伍，白手起家。这个体系看上去很混乱，但效果很好。在征服了今日本的几乎全部地区之后，幕府将军们开始重视农业。生产力和人口都迅速增长。在1274年和1281年，日本甚至击退了蒙古人的东征。

随后，就像幸运纬度带上许多统治者一样，幕府将军们发现，一旦遭遇游牧民族，建设性战争就会很容易变成反建设性战争。为了动员足够的资源抵挡蒙古人，幕府将军们不得不对武士和大名做出很多让步，这导致这些过于强大的臣僚不再惧怕利维坦。在接下来的300

年中，日本也陷入了封建的无政府状态之中。到 16 世纪（由黑泽明执导的著名电影《七武士》就是以这个时代为背景），村庄、城市社区，乃至佛寺都开始雇用自己的武士。军阀们到处兴建城堡，暴力水平上升到连卡德法尔修士都从未见过的程度。

一直到 16 世纪 80 年代，钟摆才终于向回移动。就在基哈征服毛伊岛、乌米打算统一夏威夷的时代，织田信长攻克了敌人的城堡，废除了室町幕府。他的继承人丰臣秀吉甚至进行了历史上最有趣的一次解除武装行动。丰臣秀吉宣称，他希望"不仅造福人民于今生，还要造福人民于来世"[35]。他迫使臣民交出武器，以便将这些武器都融化，重新打造成铁钉和螺钉，用来建造一座比自由女神像还高的大佛殿。政府军四处收缴武器，确保每个人都能享受丰臣秀吉带来的福祉。

不过，丰臣秀吉也不是那么诚实。在收缴了臣民的武器之后，他发动了一次入侵朝鲜的建设性战争，意欲一举吞并朝鲜和中国，组建一个大东亚帝国。这场战争造成了大量死伤。当丰臣秀吉于 1598 年去世时，他的计划宣告破产，他手下的将领们开始陷入内战。即便如此，他在本土推行的和平政策持续了下去。政府甚至拆毁了日本大部分的城堡：在备前国这个地方，在 1500 年有 200 座城堡，而到了 1615 年，就只剩下了 1 座。在接下来的 250 年中，日本是暴力水平最低的国家之一，就连描述武器的书籍都被禁止了。

到 1500 年，迁徙和同化将农业、囚笼效应、建设性战争和利维坦从它们发源的幸运纬度带远播到其他地方。但在有些地方，出现了第三种力量：独立的演化。在幸运纬度带之外的部分地方，有着一些可供驯化的动植物，于是那里的觅食者部落最终也实现了他们自己的农业革命和军事革命。尽管滞后了几千年之久，但他们也开始走上幸运纬度带上的人们走过的道路。

非洲是个很好的例子。在把农业带到这个大陆的过程中，迁徙和同化无疑起到了重要作用。非洲最初的农民是从侧翼丘陵区迁徙来的定居者，他们约在公元前 5500 年将小麦、大麦和山羊带到了尼罗河流域（图3.10）。当埃及农民开始进入今苏丹地区时，努比亚的觅食者部落开始模仿他们，自行转向了农业生产。最终，当埃及军队在公元前2000年之后向南推进时，努比亚人已经通过建设性战争形成了他们自己的王国。到了公元前7世纪，一位努比亚国王，纳帕塔的塔哈尔卡，甚至征服了埃及。

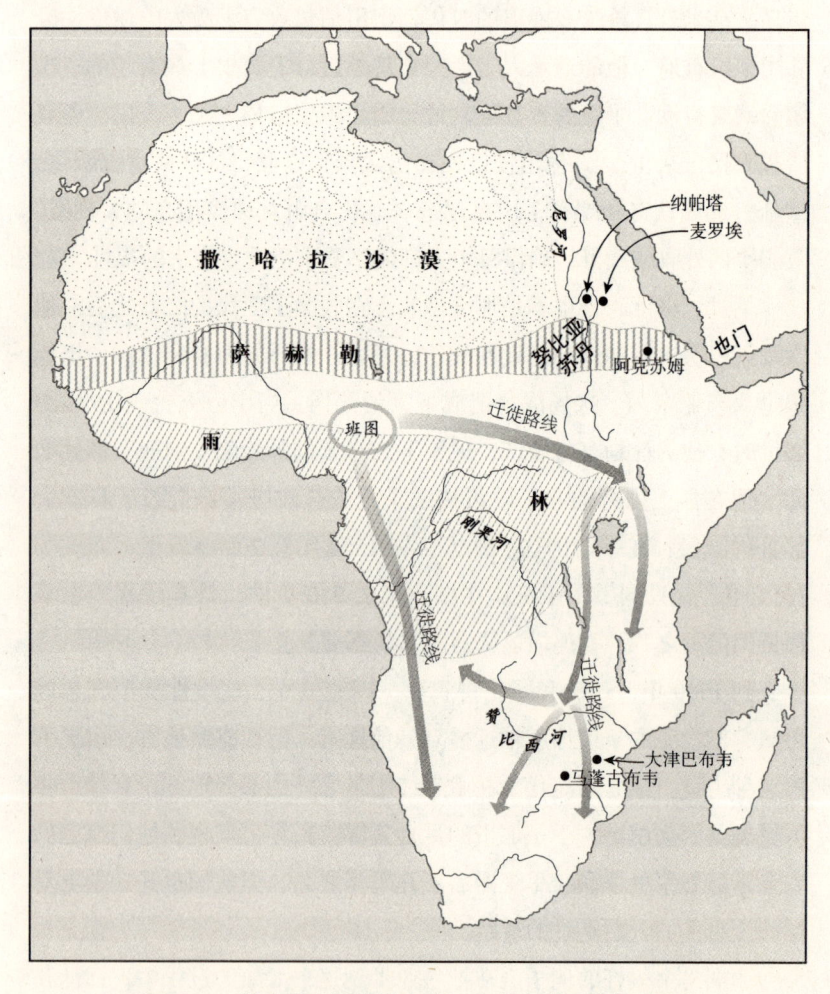

图3.10 并非那么黑暗的大陆：本章中提及的非洲地名

在这里，建设性战争像其他地方的一样充满了混乱，甚至经常变成反建设性战争，并且带来国家的崩溃，随后又反过来创造出更加强大的利维坦。公元前300年，纳帕塔处于衰落之中，一个新的伟大城市开始在麦罗埃崛起。到公元50年，麦罗埃的光辉岁月也宣告结束，一座更伟大的城市阿克苏姆崛起了。其统治者建立起30多米高的石柱，并派遣军队渡过红海，抵达了今也门。

假以时日，迁徙和同化作用可能会把囚笼效应和建设性战争一直传播到非洲的东海岸，但土生土长的囚笼效应胜过了它们。到公元前3000年，生活在萨赫勒（北至撒哈拉沙漠、南至雨林地区的横贯非洲的草原带）的人们驯化了高粱、山药和油棕榈。接下来发生了什么尚有争议：一些考古学家认为，东部和南部的非洲人也独立发明了农业；而大多数考古学家认为，在公元前1000年之后，说班图语、使用铁制武器的农民从非洲西部和中部迁徙到了东部和南部，把放牧、农业和囚笼效应传播到了那些地方（不过，班图人究竟是从地中海世界学会了制造铁器，还是独立发明了这项技术，仍有争议）。

但不论细节如何，到了卡德法尔修士的时代，建设性战争已经让利维坦从刚果河河口一直蔓延到赞比西河畔，并且引发了当地的军事革命。例如，考古学家发现，在13世纪，新的作战方式出现在了刚果盆地，包括更大规模的军队、更有力的指挥和控制、更大的战斗用独木舟以及适用于正面肉搏的新的铁制长矛。

通往更大、更安全的社会的路径总是不平坦而充满血腥味。在非洲东南部，随着人口的激增，一个名叫马蓬古布韦的王国在11世纪出现。但到1220年，马蓬古布韦王国倾覆了，取而代之的是新兴城市大津巴布韦。到1400年，大津巴布韦降伏了周围讲绍纳语的部落，城市人口增加到1.5万人，拥有强大的城墙和塔楼。当第一批欧洲人看到这些城墙和塔楼的遗迹时，他们甚至不相信是非洲人建造的。

15世纪的夏威夷、日本和非洲（以及它们之间的其他地方）当然是各不相同的,且各自受到了迁徙、同化和独立演化的不同程度的影响。但如果我们远离细节,观察更大的图景,就会发现各地的情况大致相同。利维坦正在占领这个星球。但凡我们可以找到证据的地方,都会发现战争在制造更大的政府,而这些政府可压低暴力死亡率和提升繁荣程度。世界上的其他地方相比于幸运纬度带,晚了几千年才踏上通往囚笼效应和建设性战争的道路,并且在1400年时仍然落后于亚欧大陆的这些核心地区。但由于从公元200年开始,从草原的边缘产生了建设性战争与反建设性战争的循环,地域之间的差距在缩小。

自然实验

我把最有趣的例子留到了最后,那就是美洲(图3.11)。与受到亚欧大陆幸运纬度带强烈影响的日本、太平洋岛屿和非洲不同,美洲在1.5万年前接受了来自西伯利亚的最初移民之后,就基本上与亚欧大陆失去了联系。有些冒失鬼倒是曾经突破过边界,比如曾在约1000年定居于文兰的维京人,以及在其后不久抵达美洲西海岸的波利尼西亚人。但除了一个例外(我随后会回来讲述这个例外),这些冒失鬼都没能造成太大的影响。因此,我们可以把美洲大陆和亚欧大陆的演进过程视为两个独立的自然实验。对比这两块大陆的历史,可以真正地验证一下我们的理论,即建设性战争和利维坦的出现是人类对囚笼效应的普遍反应,而并非某种独特的西方式(或者亚欧大陆式)战争的产物。

当西班牙征服者埃尔南·科尔特斯于1519年出现在墨西哥时,中美洲已有6 000年的农耕文明历史了。如果从亚欧大陆的侧翼丘陵区上产生农业的公元前7500年算起,6 000年之后就是公元前1500年。那个时候,埃及的法老们已经拥有数千辆双轮马车了,上面还乘着身穿青铜铠甲、手持复合弓的弓箭手。可是,那些对抗科尔特斯、保卫特诺奇蒂特兰的阿兹特克人却既没有双轮战车,又没有青铜制

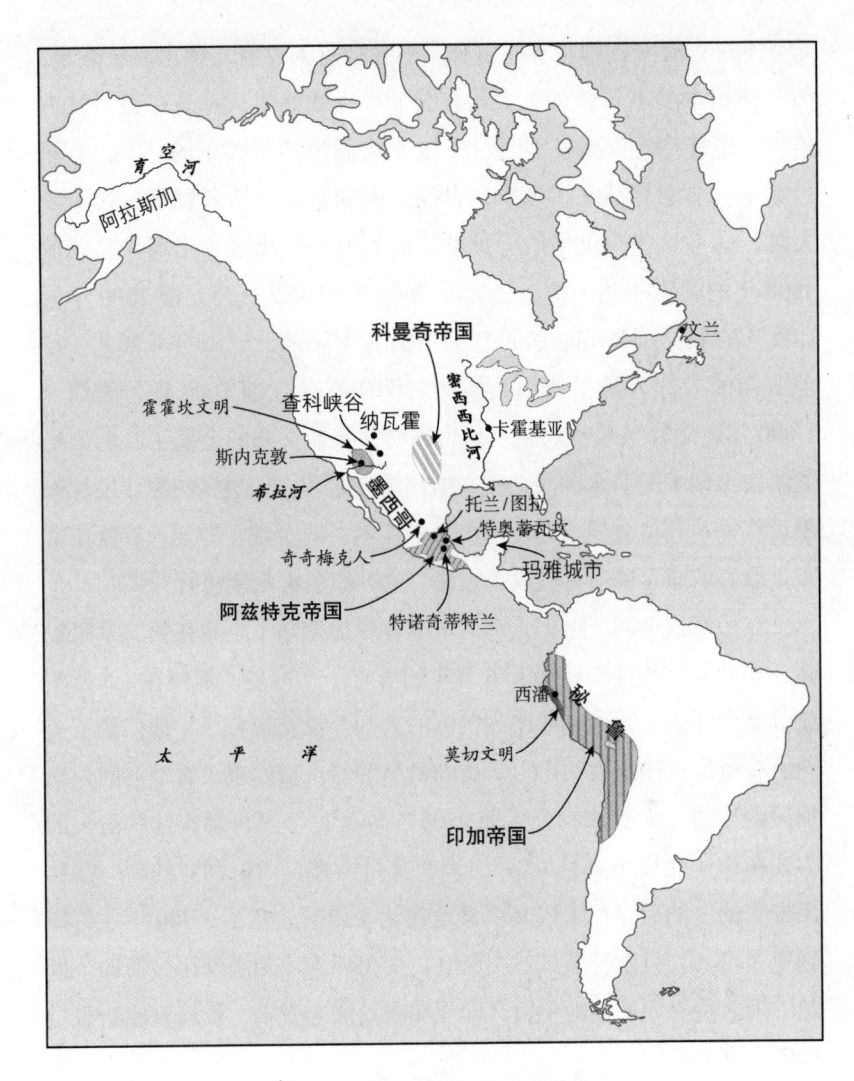

图3.11 本章中提及的美洲地名

品。他们全靠步战,穿着有衬里的棉质衣服,戴着木质头盔。他们的弓制作得很粗糙,手里最可怕的武器是镶嵌了尖锐的黑曜石(一种由火山熔岩形成的天然玻璃)碎片的橡木棍。很显然,在美洲大陆和亚欧大陆,军事的发展水平是截然不同的。这似乎不利于本书所表达的观点,即"建设性战争是人类面对囚笼效应的普遍选择。"

173

不过，有些区别很容易解释。阿兹特克人没有发明出双轮战车，因为那根本是不可能的：大约在公元前 12000 年，野马在美洲就灭绝了（刚好在人类到来之后不久），既然没有可以拉车的马匹，自然也就不会有双轮战车。那么，青铜矛头和铠甲怎样解释呢？在亚欧大陆，这些事物与最早的一批城市和政府一同出现（出现在公元前 3500 年的美索不达米亚、公元前 3000 年的埃及、公元前 2500 年的印度河流域以及公元前 1900 年的中国），而在美洲，却并非如此。目前所知的美洲人最早使用金属的时间约在公元前 1000 年。而到了 1 000 年之后，当最早的利维坦出现时，莫切文明的金属工匠们已经能制作出精美的黄金饰品，用来给西潘王陪葬。但美洲的原住民从未想过将铜与其他金属一起制造出青铜武器。或者说，即便曾有哪位富于进取心的匠人确实有过这个想法，这种做法也没能流行开来。

在弓箭这个问题上，美洲的情况就更加奇怪了。我在第二章里提到，非洲人使用箭头已经有 6 万年的历史了。可是，那些在 1.5 万年前借助大陆桥从西伯利亚来到美洲的人却并没有带着弓，他们到了美洲之后也没有能再发明出弓。美洲最早的箭头被发现于育空河阿拉斯加段的岸边，大约来自公元前 2300 年。考古学家将制作这些箭头的方式称作"北极小工具风格"，表明其是由来自西伯利亚的新一拨移民带来的。随后，弓箭极其缓慢地在北美传播，花了 3 500 年才传播到墨西哥。当科尔特斯抵达美洲时，中美洲人才刚刚使用弓箭四个世纪。阿兹特克人使用的单弓，即便在埃及法老看来，都简直原始得足以令人发笑。

由此来看，这似乎指向了一个一目了然的事实：文化差异决定了一切。这证明，要么是亚欧大陆上的人们比美洲原住民更有理性（因此，或许更优秀），要么是亚欧大陆上的人更热衷于暴力（因此，或许更糟糕）。至于持哪种观点，完全看你自己的政治倾向。但这些观点本身也有问题。中美洲人拥有高超的技巧，可以创造出惊人的历法、浮田和灌溉法。把这样的人称作不理性的人，或者说他们的理性水平不如欧洲人,并不太令人信服。

关于美洲原住民的暴力程度低于欧洲人的说法也不靠谱。很多年以来,考古学家都把古代玛雅人当作热爱和平的典范,认为既然我们没有在他们的城市周围找到太多的防御工事,因此他们一定是通过非暴力的方式解决争端的。但玛雅人的文献甫一被成功解读,这种理论就崩塌了。在玛雅人的文献中,其主题就是战争。玛雅人的国王就像欧洲的国王一样经常打仗。

有些历史学家则举了鲜花战争①的例子,这些战争的方式可以最大限度地减少双方的伤亡人数。他们认为,这表明美洲原住民将战斗视作某种表演,而不是像欧洲人那样注重进行决战。但这也是一种误读:与其说鲜花战争是一种仪式性的战争,不如说是一种有限的战争。鲜花战争以一种代价比较小的方式让敌人明白,抵抗是徒劳的。"如果没能达到这一目的,"研究阿兹特克战争的顶级专家罗斯·哈西克说,"鲜花战争就会升级……从一种英勇的展示变成消耗战。"[36]就像欧洲人一样,阿兹特克人也试图以低廉的代价赢得战争;而一旦未能如愿,他们也会不择手段。

那么,为什么美洲大陆和亚欧大陆在军事方式走上了截然不同的道路呢?实话说,我们并不知道,因为历史学家们在这样宏大的比较课题上只花费了很少的时间。就现阶段的成果来说,最令人瞩目的解释是由生物学家转行为地理学家的贾雷德·戴蒙德在他的《枪炮、病菌与钢铁》一书中提出的看似简单的观点。

戴蒙德指出,美洲大陆大体上是南北走向的,而亚欧大陆是东西走向的(图3.12)。在亚欧大陆,人们可以沿着幸运纬度带来回移动,相互交流思想和制度,而不需要离开这片大体上条件相近的生态带(地理学家称之为"生物群区")。与此相反,在美洲的大部分地区,

---

① 鲜花战争,指阿兹特克与敌对国家在15世纪50年代至1519年西班牙人入侵前这段时间里进行的间歇性仪式战争,其本质是因作物歉收和严重干旱而举行的人祭仪式。——编者注

人们沿东西向移动不了多远,无法保持待在同样的生物群区。沿着美洲大陆的长轴,人们只能沿南北向移动,穿越令人望而却步的沙漠和茂密的丛林。

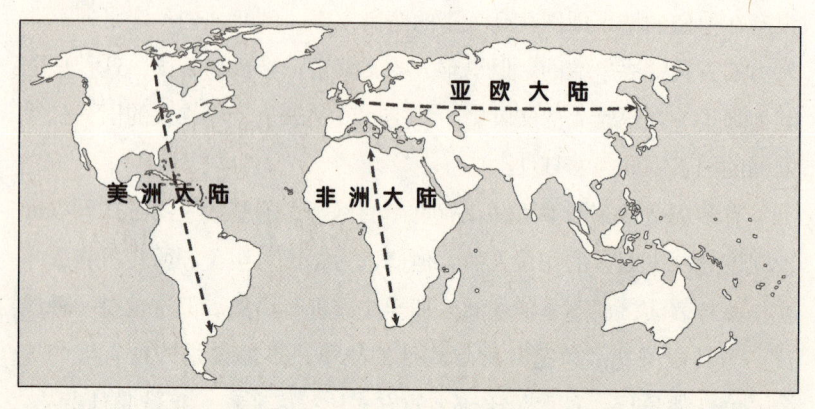

图3.12 地理决定命运:南北走向的美洲大陆和东西走向的亚欧大陆

戴蒙德认为,这造成了两种结果。首先,由于沿南北方向跨越不同的生物群区移动要比沿东西方向在同一个生物群区中移动困难得多,所以在美洲大陆,能够彼此交换思想和制度的人类族群要比亚欧大陆的小。如果亚欧大陆的金属匠人群体比美洲更大,他们拥有的市场也更大,那么亚欧大陆的人比美洲人更早地想出青铜制造等有用的想法,也就没有什么值得惊讶的了。其次,戴蒙德认为,当产生了这些有用的想法后,人们相较于需要跨越不同群区的美洲,这些想法在亚欧大陆会传播得更远,速度也更快。

这个观点看起来与事实很相符。当美索不达米亚人在公元前4000年发明了青铜武器时,他们与外界的联系已经远播到印度和地中海沿岸,这一交通网络所能连接的人数比印加帝国诞生(15世纪)前的美洲的任何交通网络都更多。一旦美索不达米亚人发明了青铜武器,这项技术就可以沿着幸运纬度带迅速传播。在不到1 500年的时间里,在今中国和英国的人们就都拥有了青铜武器。

至于为什么美洲原住民没有发明出青铜武器,还没有形成定论。

但戴蒙德的理论看起来是最有力的观点，而且可以更好地解释美洲奇怪的弓箭使用情况。出于某些未知的原因，史前的猎人们在向北穿越非洲和西伯利亚之间的各个生物群区，再向南穿越美洲时，抛弃了他们的弓。一直过了上万年的时间，弓箭才传播到西伯利亚的东端。大约在公元前2300年，弓箭跨越白令海峡进入阿拉斯加，终于来到了美洲。随后，又过了一段漫长的时间，弓箭才穿越了阿拉斯加和墨西哥之间的各个生物群区。这段时间十分漫长，相比之下，亚欧大陆的青铜武器从美索不达米亚传播到英格兰（差不多相同的距离）只用了一半的时间（因为并不需要跨越太多的生物群区）。

如果戴蒙德的观点是对的，即地理因素比文化因素更显著地造成了这些差异，那么我们可以发现另外一个特点。我们会看到，尽管美洲发生变革的步伐要比亚欧大陆小，但其变革的大体方向，也即从农业到出现囚笼效应，再到进行建设性战争，再到利维坦诞生，是相同的。

大体来说，这就是我们的发现。在我们今天称为墨西哥和秘鲁的地方，人们约在公元前4500年驯化了动植物。起初，变化发生得就像在亚欧大陆一样快。在中东，从农民的出现到第一个利维坦（约公元前3500年的乌鲁克和苏萨）诞生花费了大约4 000年的时间；而在美洲大陆，特奥蒂瓦坎文明和莫切文明的产生花费了大约4 500年（出现于约公元前100年）。

东西半球都经历了相似的前进两步、退后一步的曲折过程，在军事上出现了一系列的革命。在中美洲，特奥蒂瓦坎文明创造出了最早的整齐而有纪律的阵型，其军队数量也在迅速增加。到公元150年，没有头盔、盾牌和铠甲的小型作战群体被万人规模的大型军队代替了。至少，有些人开始戴上棉质的头盔，尽管听起来不是很安全，但这种头盔可以有效抵御石斧的打击。

到公元450年，军队的人数又增加了一倍，精锐部队在戴上头盔的同时，还穿上了棉质的铠甲。比起公元前第一个千年里的亚欧大陆，美洲的军事革命显得小巫见大巫了。不过，特奥蒂瓦坎也在沿着与亚欧大陆利维坦相同的道路前进着。而且，就像亚欧大陆的帝国/帝制国家一样，特奥蒂瓦坎最终也衰落了，其城市中心在公元650年前后被可能来自墨西哥西部的入侵者劫掠并焚毁。与东半球的情况相似，中美洲的军事组织随后也崩溃了。特奥蒂瓦坎覆没后的壁画上再也没出现过铠甲；山顶堡垒的大量出现可能意味着，法律和秩序已经瓦解。

到了10世纪，中美洲的战争再度变得具有建设性。托尔特克人以托兰城为中心，统治着一个庞大的王国。托尔特克战士比特奥蒂瓦坎的战士穿着更厚实的棉质铠甲，并且发明了一种被考古学家称作曲棒的武器（镶嵌了尖锐的黑曜石碎片的橡木棍）。托尔特克帝国大概从未达到过特奥蒂瓦坎的规模，并且也没有存在很长时间。在12世纪，来自更遥远的北方的移民征服了托尔特克，约在1179年焚毁了托兰（入侵者中的一支——奇奇梅克人，可能在这一时期将弓箭带到了墨西哥）。中美洲再次陷入小城邦频繁混战的状态，这种情形一直持续到15世纪。当时，又一群北方来客展开了建设性战争，他们就是阿兹特克人。

我们对阿兹特克人的了解要胜过对其之前的美洲社会的了解。除战争之外，他们的成功也仰仗外交和明智的联姻。不过，阿兹特克人的战斗表现确实也比特奥蒂瓦坎人和托尔特克人更出色。阿兹特克军队由数个师组成，每个师超过8 000人。他们就像拿破仑的军团一样，既可以分散作战，又可以迅速集结。后勤方面的进步更加明显，因为他们可以要求被击败的敌人提供给养。职业军官群体逐渐成形，而就连普通的士兵也会接受基本的训练。

当战斗开始时，他们先从侧翼用弹弓和弓箭进行射击，随后再派突击队正面接近，与敌人进行面对面的搏斗。他们的士兵穿着厚重的棉质铠甲，手持大盾牌，头戴覆盖有羽毛的木质头盔。突击队在进攻时采用松散的队形，以方便他们挥舞宽剑，那是根一米多长的橡木棍，上面镶嵌有成排的黑曜石齿。他们排成两行推进，第一行是精英的贵族战士，第二行则是平民老兵。指挥官会让这两排部队轮番上阵，一来可以避免部队过于疲劳，二来可以保留一支强大的预备队，以便在决定性的时刻对敌人进行侧翼包抄。

阿兹特克军队铸就了中美洲历史上最大的帝国，其人口迅速膨胀，或许曾达到400万之众，其中20万人居住在首都特诺奇蒂特兰。农业发展达到了新的高度，贸易网络延伸到了前所未见的领域，人们的生活变得富足。我们无法知道阿兹特克的安全状况究竟如何，但流传至今的一些诗歌片段表明，阿兹特克人感到自己很安全。一首诗歌写道："墨西哥-特诺奇蒂特兰为自己而骄傲，在这里没人会担心死于战火。这是我们的荣耀！"[37]

在亚欧大陆，迁徙、同化和独立的演化进程将农耕文明和囚笼效应从其位于幸运纬度带的源头传播开来。如果戴蒙德的理论是对的，那么同样的事情也应当发生在美洲大陆，只不过会因为要跨越多个生物群区而在进程上迟缓一些。证据也确实印证了这一点。在公元500年之前，玉米、笋瓜和豆类就从墨西哥向北传播到了河谷地区，那里的河流穿越了今美国西南部炽热的沙漠。当时，这一地区更加湿润，但是降雨量仍然很不稳定。因此，唯一能使农业在这个炎热的地区变为可能的做法就是挖掘灌溉渠。没有什么比水资源的匮乏更能激发囚笼效应了。到公元700年，有数百人聚集在水资源最丰富的区域，并且随着人口的增长发生激烈的战斗。在8世纪和9世纪的一些遗址中，考古学家发现到处都是被石斧击碎的颅骨、插着箭头的肋骨和被彻底焚毁的村庄。

不过，在公元900年之后，战斗似乎停止了，考古学家经常称之为"查科现象"，因为在美国新墨西哥州的查科峡谷有着惊人的考古发现。不过，也许称之为"查科治下的和平"更加合适。人们开始生活在更大的群落（在查科峡谷中可能有一万人）中，建造拥有更多储藏室的更大的房屋，并且到更远的地方去开展贸易。

查科治下的和平一直持续到大约1150年，然后也宣告结束了。可能由于气候恶化，人们离开了查科峡谷和位于亚利桑那州希拉河畔的斯内克敦这样的大社群。人们之间发生打斗的频率增加了，也不再能维护灌溉渠，并且放弃了长途商旅。这个进程持续了下去。在13世纪的希拉河畔，更多更大的城镇兴起了。这些城镇通常建有用于仪式的庭院，其造型与中美洲的那些庭院惊人地相似。然而，霍霍卡姆文化（即对这些遗址的称呼）也在约1450年衰败了。

我们还可以罗列更多的例子，比如美洲原住民在密西西比河畔建立起来的了不起的城市卡霍基亚。不过，我相信我举的这些例子已经足以表达我的观点。地理上的差异可以塑造某一个特定地区的独特情况，但是在这个世界上，只要是农业能够立足的地方，囚笼效应都在公元200—1400年发挥了效果，创造出建设性战争。

唯一重大的例外，就是我们之前看到过的亚欧大陆的幸运纬度带。在这里，地理因素使得各农业帝国/帝制国家在公元的第一个千年里与草原上的游牧民族发生了纠葛，结果使得这一地带陷入了建设性战争和反建设性战争的循环。以此看来，幸运纬度带此时倒是变成了不幸的纬度带。

在公元200—1400年，亚欧大陆上的"马+草原+农业帝国/帝制国家"的组合是独一无二的。假以时日，这一组合及其灾难性循环可能也会在世界上其他地方被复制出来。18世纪，在欧洲的马匹传播到了类似欧亚草原的北美大平原之后，科曼奇印第安部落创造出了一个游牧民族帝国。尽管美洲原住民在文化上与蒙古人有诸多差异，但很多历史学家仍把科曼奇所建立的帝国比作微缩版的成吉思汗帝国。或许，在阿根廷和南非的草原上也会最终崛起类似的游牧民族帝国。

但事实是，在公元200—1400年，亚欧大陆陷入了循环之中，并为此付出了巨大的代价；而与此同时，世界上的其他很多地方则在进行建设性战争。亚欧大陆上的人们在此前一万年里创造出的巨大的发展优势正在逐渐消减。比如说，在15世纪，明朝和印加帝国之间的差距仍然十分显著,但如果公元 200—1400 年的这种趋势继续下去的话,迟早有一天它们之间的差距会越来越小。假设其他情况都没有发生变化,那么在 21 世纪的世界,我们就有可能会看到大津巴布韦的继承人统一了撒哈拉以南非洲的大部分地区,并且在向地中海地区扩张的过程中,在尼罗河流域进行激烈的骑兵大战。或者,装备了铁制兵器的墨西哥军队将征服北美地区所有的农夫,并且打造舰队以对抗波利尼西亚帝国驰名寰宇的水兵们。而且,在这个世界,亚欧大陆幸运纬度带上的各帝国/帝制国家会时兴时衰,但始终无法在与草原游牧民族的对抗中占据上风。

如果再给五六个世纪的时间,世界上的其他地区可能就会追赶上亚欧大陆,但亚欧大陆并没有给它们这么多时间。

幸运的少数人

1415 年,一小群欧洲人告诉世界,时间快到了。

那年 10 月,一支被寒冷折磨得苦不堪言的英国军队挤在法国北部阿金库尔附近两片潮湿的森林之间。他们已经在泥地里拖着他们的马车跋涉了两个星期,试图躲避一支人数是自己四倍的法国大军。但现在英国人陷入了包围圈。

按照惯例,英国国王会在大战前鼓舞士气。"今天是克里斯宾节。"莎士比亚笔下的英王说道。在这一天,亨利五世说,他们将赢得历史上最伟大的胜利之一。这一场胜利将是如此之伟大:

> 谁只要度过今天这一天,将来到了老年,
> 每年过克里斯宾节的前夜,将会摆酒请他的乡邻,
> 说是:"明天是圣克里斯宾节啦!"
> 然后,他就翻卷起衣袖,露出伤疤给人看,
> 说:"这些伤疤,都是在克里斯宾节得来的。"

> ……
> 那个故事，那位好老人家会细细讲给他儿子听；
> 而克里斯宾节，从今天直到世界末日，
> 永远不会随便过去，
> 而战斗在这个节日里的我们也永不会被人们忘记。
> 我们，是少数几个人，幸运的少数人。我们，是一支兄弟的队伍。[38]

事实也确实如此。到了午饭时间，英国人已经杀死了一万名法国人，而自己仅损失了29个人。编年史作者记载说，法国人的尸体堆积如山，人们甚至没法从上面爬过去；许多那天早晨才刚刚获封的骑士就在堆积的死人下面，被流出的鲜血溺死。

作为一个在英格兰长大的人，我很不情愿地承认，如果有人应该给他的儿子讲述1415年的事情的话，那么他们应当属于另外一支兄弟的队伍；他们作战的场合也并非下着蒙蒙细雨的法国，而是烈日当空的地中海沿岸。在那个夏天，一支小舰队离开了里斯本，穿越摩洛哥狭窄的水域，袭击了休达城。这场战斗比阿金库尔之战还要更一边倒，非洲人阵亡数千，而葡萄牙人只死了八个。但让这场战斗不同寻常的并非这点。休达之战的重要性直到很长时间之后才被人们意识到——这是自罗马帝国之后，欧洲人的建设性战争第一次波及其他大陆。

在此之前，欧洲军队也曾跨越过海洋：维京人去过美洲，十字军去过耶路撒冷。但他们出征的目的不过是远离他们的主人，创造属于自己的、独立于更大的利维坦之外的小王国。与此相反，在休达，葡萄牙的若奥一世则把非洲也置于葡萄牙的统治之下。这是个微不足道的开始。但在接下来的500年里，欧洲人打破了建设性战争与反建设性战争的循环，将整个地球的3/4置于自己的控制之下。欧洲人即将成为那幸运的少数人。

第四章

500 年战争

欧洲（几乎）征服世界（1415—1914 年）

将成为国王的人

19 世纪 80 年代的一个星期六的晚上——"那是一个漆黑的夜晚，有着六月夜晚常有的沉闷，"讲故事的人写道——两个英国人，丹尼尔·德拉沃特和皮奇·卡纳汉阔步走进印度北部一家报社的办公室。"关于我们的身份，说得越少越好。"他们提醒道。他们今晚唯一在乎的事情是怎样到卡菲里斯坦去（图 4.1）。[1]

"据我估算，"德拉沃特说，"那个地方就在阿富汗的东北角，距离白沙瓦不超过 500 千米。在那儿有 32 个异教偶像，而我们两个将成为第 33 个和第 34 个……我们就知道这些。另外，还没有人去过那里。他们一直在打仗，而在他们打仗的地方，谁懂得怎样训练人们作战，谁就能当上国王。"

德拉沃特和卡纳汉伪装成疯狂的伊斯兰教教职人员及其仆人，在两头骆驼的背上藏了 20 杆马蒂尼-亨利步枪，一路走过沙暴和暴风雪，最终来到一个广阔而平坦的积雪山谷。在那里，他们看到两伙人在用弓箭相互射击。"'咱们的生意就从这儿开始啦。'德拉沃特一边说着，一边用两支步枪朝那 20 个人射击。其中一个人离德拉沃特有约 180 米之远，却被一枪放倒。其他人开始四散逃跑，但德拉沃特和

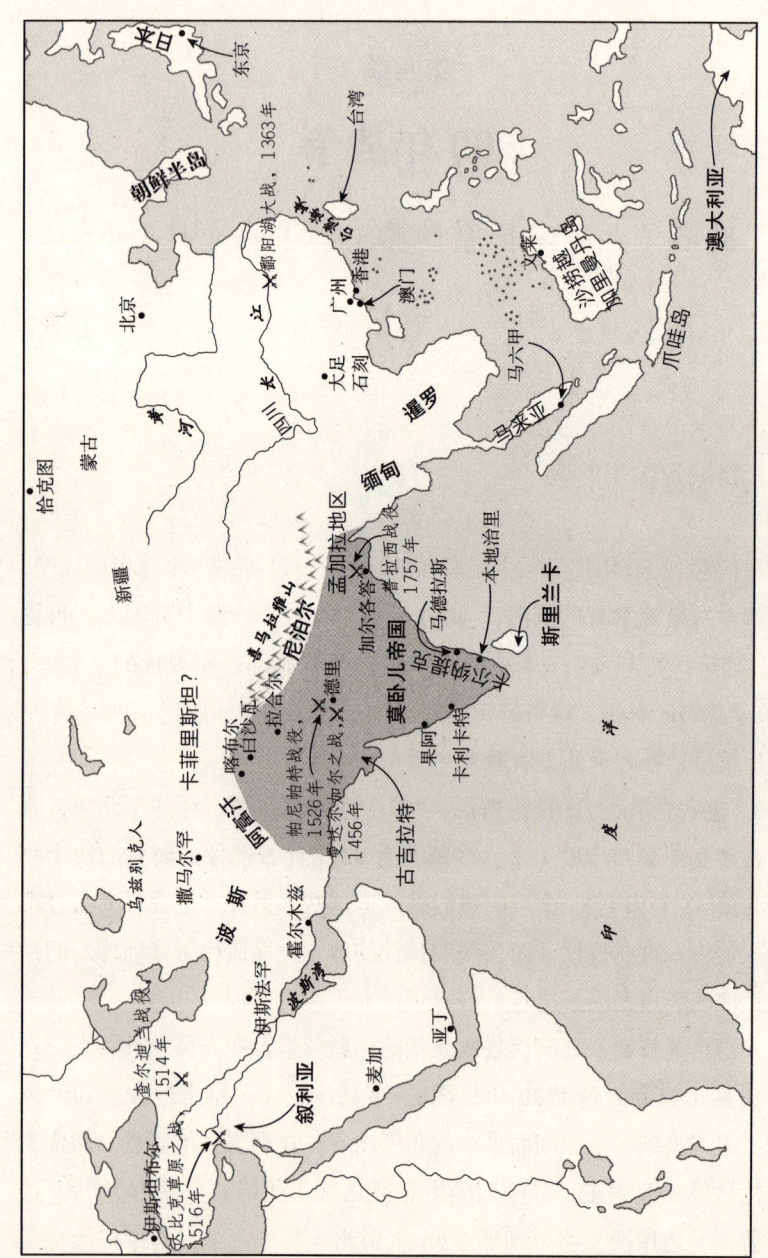

图 4.1 本章中提到的亚洲地名

卡纳汉就坐在弹药箱上,把山谷上上下下的人都给干掉了。"

幸存者躲在他们能找到的掩体后面瑟瑟发抖,而德拉沃特"走过去踢他们,然后把他们拉起来,再跟他们握手,表现得友善。他把他们召集起来,让他们去搬运箱子,随后开始对所有人挥手,仿佛他已经是一位国王了"。

德拉沃特现在开始着手做一名坐寇。首先,"他和卡纳汉拉着各个村子头人的胳膊,把他们带到山谷中,教给他们怎样用长矛在山谷底部划出一条线,再从那条线的两侧各取了一点土分给他们"。其次,他们召集了村民,"德拉沃特说:'去地里面挖吧,我希望你们能取得丰厚的收获。'他们也确实做到了这一点"。再次,"德拉沃特把各个村子的祭司带到他们的神像面前,告诉他们要坐在这里为人们主持公道,如果做得不好就会被射杀"。最后,"他和卡纳汉挑选了二十个好汉,教他们怎样使用步枪,怎样组成四人一排的队伍,怎样齐步前进。这些人很乐于做这些事情"。德拉沃特和卡纳汉每到一个村子,"他们的军队就会告诉当地人,如果不想丧命,就不要再使用之前的小破火绳枪"。很快,他们给卡菲里斯坦带来了和平,德拉沃特还准备把这块土地献给维多利亚女王。

鲁德亚德·吉卜林在他1888年出版的短篇故事《将成为国王的人》中编造出了德拉沃特、卡纳汉这样的人物和卡菲里斯坦这样一个地方,以及当地的32个异教偶像,以此满足读者对彰显帝国勇气的奇闻逸事的好奇心。不过,这个故事之所以受到追捧,甚至直到今天还值得一读,是因为19世纪的现实情况与吉卜林的小说相去不远。

例如,有一个狂野的年轻人名叫詹姆斯·布鲁克,16岁就加入了英国东印度公司的部队。他曾经在缅甸受重伤。后来,他买了一艘船,在上面装上火炮,并在1838年驾船来到了加里曼丹岛。刚一到那儿,他就帮助文莱苏丹镇压了一场叛乱。文莱苏丹满怀感激,任命布鲁克为沙捞越(今马来西亚砂拉越州)总督。1841年,布鲁克把沙捞越变成了属于他的王国。他的后代被人们称作白人拉者①，在这里统治了三代，最后在1946年将沙捞越交给了英国政府，并且换取了（非常）丰厚的补偿金。直到今天，沙捞越最有名的酒店还是以布鲁克的舰船名"皇家"号命名的。

吉卜林笔下的人物说，他们之所以来到卡菲里斯坦，就是为了效法布鲁克的功业。"现在，这是世界上最后一个靠两个强壮的男人就能'捞一把'的地方了。"不过，他们并非第一批试图在中亚"捞一把"的人。1838年，也就是布鲁克抵达文莱的那一年，一个名叫乔赛亚·哈伦的美国探险家就已经尝试了一次。失恋的哈伦加入了英国东印度公司，并且作为一位外科医生与布鲁克参加了同一场英缅战争。战争结束后，他在印度四处漂泊，最后说服了拉合尔的王公，将两个邦给他治理。从那里，哈伦带着自己的军队去了阿富汗，废黜了以奴隶贸易闻名的古尔亲王。被哈伦军纪严明的军队推翻的古尔亲王与哈伦谈了一个条件：只要哈伦允许他做大臣，他就可以把宝座让给哈伦。

哈伦抓住了这个机会，在中亚的山岭中升起了美国的星条旗。不过，他做君主的日子就像卡菲里斯坦的德拉沃特一样短暂。在他荣登王位的几个星期之后，英国就占领了阿富汗，废黜了这位新晋亲王。回到美国之后，哈伦试图说服当时的美国战争部长杰弗逊·戴维斯把他送回阿富汗，并为他的军队购买骆驼。哈伦寄希望于回到阿富汗后可以接着做他的古尔亲王，差点就成功了。计划失败后，他先是试图从阿富汗进口葡萄到美国，后来又在美国南北战争中为北军组建了一个团，但一场难堪的军事法庭审判让他的这个职务也没能干太久。1871年，哈伦在旧金山去世。

在19世纪之前，布鲁克、哈伦、德拉沃特和卡纳汉这样的人物是超乎人们想象的，但到了19世纪，世界发生了天翻地覆的变化。从葡萄牙人占领休达的1415年，到这个属于"将成为国王的人"的

---

① 拉者，南亚、东南亚、印度等地对国王、土邦君主或酋长的称呼。——编者注

时代，欧洲人在世界其他地方展开了一场历时 500 年的战争。

这场 500 年的战争与其他战争一样丑陋，满是泪痕和疮痍。在世界上的每一片大陆上，都有当代的卡加库斯们在谴责这场战争，但同样也有西塞罗们赞美它：它是世界历史上最具建设性的战争。到 1914 年，欧洲人和他们的殖民地居民控制了 84% 的陆地和 100% 的海洋。在环绕北大西洋沿岸的帝国中心地带，暴力死亡率降至前所未有的低点，生活水平则达到了有史以来的最高峰。当然，一如既往地，被征服者的日子往往过得没有征服者那么好，而且在很多地方，殖民征服都带来了毁灭性的后果。但当我们再一次远离细节去观察更大的图景时，就会看到一个突出特点：在整体上，征服者们压制了局部战争、匪徒劫掠以及私人对致命武力的使用，并且开始让其臣民过上更安全、更富裕的生活。建设性战争继续发挥着其有悖常理的魔力，只不过这一次是在全球范围内。

顶级的火器

将欧洲人从占领休达的时代带到占领卡菲里斯坦的，是一项由两个伟大的发明推动的崭新的军事革命。不过，这两项发明都并非产生于欧洲。

第一项发明是火器。在上一章中，我曾提到，中国的化学家们从 9 世纪起就一直在试验一些杀伤力小的火药，主要用来制作烟火以及燃烧物。在 12 世纪或 13 世纪，几位姓名已经佚失的工匠发现了添加硝石制造真正火药的方法。真正的火药在被点燃时不仅会燃烧，还会发生爆炸。如果把这样的火药放进足够结实的弹膛里，它的爆炸力就可以把弹珠或是箭矢以足以致命的速度发射出来。

我们目前能看到的最早的火器形象，出现在一个难以置信的地方：一处佛教圣地。这一佛教圣地位于中国发展最快的城市之一重庆附近。大约在 1150 年，佛教徒为了装饰这一圣地，决定在岩壁上进行雕刻。雕刻的内容很符合常规，几只恶鬼站在云端，手拿兵器：一只恶鬼使用弓，另一只拿着斧头，还有一只手持长戟，另外还有四只拿着剑。不过，还有一只恶鬼拿着的武器看起来像是一种粗糙的火枪，它在爆炸产生的硝烟和火焰中射出了一颗小弹丸。

这一雕刻充满争议：一些历史学家认为，这一雕刻证明，中国军队在12世纪就已经开始使用火器了；另一些历史学家则认为，这一雕刻证明火器虽然存在，但很罕见，至少那位雕刻师就从未真正见过火器（他们指出，如果你像那只恶鬼一样手持金属制成的火器，就会把手上的皮烫掉）；还有一些历史学家认为，那只恶鬼拿着的实际上是一件乐器，而当时的人们尚未发明火器。但不管我们如何解读这一雕刻，有一个事实不容置辩：在那之后大约一个世纪或者更长的时间，人们就已经在使用火器了，因为考古学家在中国东北地区的一处古战场附近发掘出一件铜火铳——一件约0.3米长的造型简单的青铜管，其使用时间应该不晚于1288年（图4.2）。

图4.2　一件伟大事物的发端：目前发现的最古老的火器，它于1288年被遗弃在中国东北地区的战场上

资料来源：© Yannick Trottier

这件火器的使用效果可能难以预料，它不仅装填弹药极其耗时，而且射击精度也很差。但更大、更好的火器很快就投入使用了。这些火器在中国南方非常流行。在14世纪30年代，长江流域的大部分地区都在公然对抗元朝统治者。因而，这一时期人们对火器的革新十分迅速。在大约一二十年的时间里，起义军就能将火器效果发挥到最大了。第一个要点是，这些火器要大规模使用（到14世纪60年代，起义军建立的吴政权就已经拥有数百门铸铁火炮，其中有几十门留存至今）；第二个要点是，要采取多兵种协同作战的战术。1363年，起义军领袖朱元璋与另一支起义军政权领袖陈友谅在鄱阳湖上进行了决战。在战斗前夜，朱元璋将正确的战术传达给了他的部将们。朱元璋"戒诸将近寇舟先发火器，次弓弩，及其舟则短兵击之"[2]。部将们依计行事。五年后，朱元璋成为明朝的开国皇帝。

被攻击的一方通常会很快地学习并制造对方使用的那些新型武器，这一规律在火器方面也同样适用。到1356年，高丽人于"反元中兴"时期，已经开始在防御工事中配备火器；又过了一个世纪，火器翻越了喜马拉雅山，传到了印度，并且在1456年曼达尔加尔围攻战中投入使用；到约1500年，缅甸和暹罗开始制造青铜火炮；在稍晚的1542年（或许是由于朝鲜政府的阻挠才导致了这一延迟），葡萄牙商船将火器传到了日本。

最令人惊奇的是，火器在遥远的欧洲取得了迅速的成功。在1326年，也就是距离我们发现最早的中国火器仅仅不到40年（而且早于高丽人拥有火器30年），在中国以西约8 000千米的佛罗伦萨，就已经有两名官员受命购买火器和弹药（图4.3）。第二年，牛津的一位插图画家就在一幅手稿中描绘了小型火炮。在古代，从没有哪种发明的传播速度能如此之快。

在这一迅速传播的过程中，供给一方发挥了至关重要的作用。在13世纪进行野蛮的征服之后，蒙古大汗们在草原上确立了某种意义上的"蒙古治下的和平"。在这个环境里，商人们可以将货物从亚欧

图4.3 本章中提到的欧洲地名（奥斯曼帝国的疆域为其1500年时的范围）

大陆的一端运送到另一端，马可·波罗不过是这些商人中最出名的罢了。商人们运输货物（最主要的货物是丝绸），传播思想（特别是基督教信仰），将东西方联结在一起。同时，他们也在传播着微生物病菌（比如黑死病），把灾难带给所有人。但不论他们传播的是好东西还是坏东西，都没有一样东西像火器那么重要。

与此同时，需求方也是很重要的因素。对于火器，欧洲人比这个世界上任何地方的人都更有热情，他们很快发现了火器的使用方法，并投身对火器的改进工作。1331年，也就是佛罗伦萨人第一次提到火器的短短5年之后，另外一些意大利人就在围城战中使用火炮了。到了1372年（"百年战争"期间），正是火器轰倒了法兰西各地的城墙。

重要的事情正在发生。大约在公元 1350 年之后，东亚地区对火器的改进进程就放缓了，而在欧洲，对火器的改进正在加速进行。随着需求的增长，欧洲人发明了开采硝石的各种新方法。到了 15 世纪的第二个 10 年，硝石的生产成本已经下降了一半。与之相呼应的是，冶炼工开始制造规模更大、造价更低廉的熟铁火器，这些火器可以装填更多的火药，发射更重的炮弹。就在阿金库尔战役发生的 7 年之后，英国的炮手们就展示了重炮的价值——他们把诺曼底的石头城堡炸成了碎块。

不过，英国人的经历也展现了大型火器的弱点。大型火器过于沉重，移动不便，而且发射速度太慢。虽然这些缺点在攻城战中无关紧要，但是在野战的战场上，大型火器就变得基本无用武之地了。就算一支军队能把火炮拖到合适的位置，再开上一炮，在他们完成装填之前，敌人的骑兵早就冲上来了。因此，虽然英格兰国王亨利五世本人就曾在 1415 年利用大型火器迫使法国阿夫勒尔的敌人投降，但他在阿金库尔战役中却没有携带任何火器。

在不到 20 年的时间里，不懈思索的炮手们就找到了一个解决问题的简单方法。捷克宗教改革家扬·胡斯[①]的追随者们制造了几十门小火炮，并把它们绑在马车上。随后，他们驾着马车开赴战场，再把这些马车连在一起，组成一个小型的可以移动的堡垒（人们通常用荷兰语单词 laager 来形容它，即"马车堡"）。火器的发射速度一如既往地缓慢，但藏在马车阵后方、手持长矛或剑的士兵可以抵挡冲锋的骑兵，为火器赢得再次发射的时间。

在 1444 年的瓦尔纳战役中，马车堡战术差点重挫敌人。在众多于中世纪从草原迁徙到幸运纬度带的突厥人中，有一支被称作奥斯曼土耳其人的突厥人从他们位于安纳托利亚的大本营出发，开始了长达一个半世纪的扩张。在征服了巴尔干半岛的大部分地区之后，奥斯曼

---

① 胡斯因投身宗教改革事业和捷克民族主义而遭罗马天主教会处以火刑，他的死引发了地方贵族和胡斯信众的反叛，即"胡斯战争"。——译者注

土耳其骑射手们开始威胁匈牙利。教皇召集了一次十字军东征，随后便有一支基督教联军（其中包括一支特兰西瓦尼亚军队，由"穿刺公"弗拉德三世·采佩什的兄弟率领）在位于今保加利亚的瓦尔纳地区挡住了奥斯曼土耳其人的去路。

在当时的欧洲，奥斯曼土耳其人是最好的战士，而且此次他们参战人数要比对手多出一倍。因此，奥斯曼土耳其人本可以轻松赢得这场战斗，但随着一拨又一拨的奥斯曼土耳其骑兵在冲击基督教联军的马车堡时被射倒，奥斯曼土耳其人的士气开始涣散。有一段时间，战事进入了相持阶段。奥斯曼土耳其人的进攻本可以就此被挡住，但是年轻的波兰和匈牙利国王瓦迪斯瓦夫三世决定直击奥斯曼土耳其人阵线的腹地，结果导致他本人和500名骑士阵亡，最终使得基督教联军输掉了战斗。

奥斯曼土耳其人不仅就此吞并了匈牙利，还从这次难分高下的战斗中吸取了教训。他们开始雇佣基督教徒作为炮手；在1448年的科索沃战役中，他们就已经开始用马车堡战术反过来对付匈牙利人了。又过了5年，在奥斯曼土耳其人手下服务的一名匈牙利炮术专家布置了几十门中型火炮，这些火炮在君士坦丁堡的城墙上炸出大洞，终结了拜占庭帝国的统治。

改进仍然在继续。欧洲人学会了先将火药弄潮，再让它自然干燥成小颗粒（俗称"麦粒火药"），这种小颗粒火药的爆炸威力更大。起初，没有哪种火炮结实到足以承受小颗粒火药的爆炸强度，但到了15世纪70年代，在法兰西和勃艮第的军备竞赛中产生了一种体形更短、炮管更厚的火炮。这种火炮可以装配小颗粒火药，发射的炮弹也不再是石头弹丸，而是铸铁弹丸。匈牙利人则为这种更强大的火药找到了另外一种用法：他们把少量的火药填入一种手持的枪中，这种枪被称为"火绳钩枪"，因为其上有用来减少后坐力的钩子。

1494年，这种新武器进行了令人瞩目的试演。当时的法兰西国王查理八世一心想要发动十字军东征夺回圣地，并且认为入侵意大利是理所应当的第一步。从大多数角度来看,他发动的战争都是一场灾难,但是至少证明了这种新的火炮给战争带来了革命性的改变。凭借几十门新式的、重量较轻的火炮,查理八世轰平了一切阻碍。多少个世纪以来,战场上的失败者总是可以选择躲进城堡之中,祈求能坚持到围城战结束。但意大利人此时意识到(就像经历了这场战争的马基雅维利所说的那样),"现存的城墙无论有多厚,都可以在几天内被火炮摧毁"。[3]

这种武器造成的第一个影响是战役数量的激增。因为任何在野战中失败而退回防御工事内部的军队,现在注定要遭遇失败。在1495—1525年,西欧人一共打了十几场大决战,这样的高频率是前无古人的。但在接下来的几十年中,这种趋势又发生了变化,因为进攻方的进步也引发了防御方的进步。现在,欧洲人放弃了史前时代在约旦河谷杰里科就开始采用的修筑高耸的石墙阻拦敌人的方式,他们将低矮的、倾斜的土堤抬高形成土墙,用来使炮弹发生偏转,或是吸收炮弹的力量。步兵可以更轻易地爬过这种新墙,但是对此也有解决方案。"第一项工程,"马基雅维利约在1520年写道,"是要让我们的城墙呈弯曲状……这样一来,敌人如果试图靠近,那么他们在侧面和正面就都会受到袭击。"[4]

在接下来的一个世纪里,欧洲开始到处出现造价不菲的新型城墙。这些城墙形似海星,四周满是向外探出的半月堡、棱堡和角堡。这样一来,战败的军队又可以退回坚不可摧的堡垒里了,这导致交战对双方突然失去了吸引力。在1534—1631年,西欧人几乎总是避免进行正面冲突;即便发生正面冲突,也通常是因为其中一方试图解除围城状态。"我们打起仗来更像狐狸,而不像狮子,"一位英国士兵说,"每打一次直接交战的战斗,你总要相应地打上20次围城战。"[5]

这听上去像是又一个红桃皇后的故事,欧洲人看起来越跑越快,却依然停留在原地,在越来越可怕却毫无意义的战争中挥洒鲜血和金钱。但就像我们在第二章中看到的关于防御工事、金属武器和铠甲以及所有的古代军事革命里发生的情况一样,这并不是事实。西欧人确实没有办法超过彼此,但是他们超过了这个星球上其他所有地方的人。

几个世纪以来,欧洲人一直处于防御姿态,他们应对着蒙古人、奥斯曼土耳其人和其他入侵者。1453年,君士坦丁堡的陷落给欧洲大陆带来了巨大的震动;1529年,奥斯曼土耳其军队甚至打到了维也纳城下。经过一代人的时间,欧洲的前景看上去更暗淡了。"我们难道能奢望结果会有什么不同吗?"[6] 在伊斯坦布尔领衔谈判的欧洲代表,同时也是哈布斯堡王朝驻奥斯曼帝国的大使比斯贝克忧郁地自问。一边是基督教国家"空荡荡的国库、挥金如土的习惯、耗竭的资源和涣散的士气",另一边是奥斯曼土耳其人"未受削弱的资源、使用武器的丰富经验、身经百战的老兵以及连续不断的胜利"。

而令大多数人感到惊讶的是,这个问题的答案竟然是肯定的。就在这位大使写下这段话的时候,军事力量的天平正在倒向欧洲的一侧。1600年,在匈牙利的奥斯曼土耳其指挥官忧郁地报告说:"那些被诅咒的人(基督徒),大部分都是步兵,手持火绳钩枪。而大部分的伊斯兰部队都是骑兵,不仅只有很少的步兵,也缺乏善于使用火绳钩枪的专家。因此,我们在战斗和围城战的过程中遇到了很大的麻烦。"[7]

在一个世纪当中,欧洲人一直在稳步增加军队中使用火器的士兵的数量。这一趋势在16世纪50年代之后提速。当时,西班牙人发明了一种新的手持火器——穆什克特枪。这种火枪可以发射约50克重的铅弹,其威力足以穿透100步之外的板甲。在16世纪20年代,持有开刃兵器(长矛、剑、戟)的步兵数量通常是持火绳钩枪的士兵数量的三倍。但一个世纪之后,这一比例就发生了逆转。骑兵失去了其在中世纪的统治地位,转而承担侦察、参与前哨战和保卫侧翼的任务。在17世纪的军队中,骑兵的比例很少超过1/10。

于是,我们在这里又遇到了一个矛盾。大约在1415年,蒙古人和明朝拥有世界上最强大的军队,而亨利五世和其他欧洲君主则落在后面。到了1615年，甚至早在1515年，这一趋势就发生了逆转，这个世界上已经少有什么军队能够抵挡欧洲人的火力了。欧洲人拥有了最优良的火器，而发明了火器的亚洲人则没有。

为什么中国没有能够保持住其在火器上的早期优势，进而对这个世界展开500年的战争呢？这或许是整个军事史上最为重要的问题，但人们对于这一问题的答案却难以达成共识。

其中最流行的一个理论，也就是我在前面的章节中谈过的理论是，欧洲人受益于独特的西方式战争。他们自古希腊人那里继承了这种战争方式，而这种战争方式也造就了他们的火药革命。"火器和爆炸物的真正关键点，并非它们突然赋予了西方军队绝对的霸权，"军事史学家维克托·戴维斯·汉森认为，"而是因为只有西方国家能大规模生产质量过硬的火器。之所以会产生这样的结果，是因为长期以来，西方文化始终崇尚理性主义、自由探究和对知识的传播，而这些都植根于古典时代的传统。"[8] 他总结说，"鉴于欧洲文明起源于古希腊"，欧洲的腾飞是"合乎逻辑的"。

这样的观点不能令我信服。我相信读到这里的你不会惊讶于我的态度。在第二章中，我试图证明并没有所谓古代的西方式战争这种东西，因为希腊人和罗马人的作战方式并非西方独有。他们的作战方式，仅仅是遍及亚欧大陆幸运纬度带上的一种大的趋势中的地方（地中海地区）版本罢了，而我将这个大的趋势称作建设性战争。接着，在第三章中，我指出在公元第一个千年里，面对着骑兵的崛起，从中国到地中海的这种古代建设性战争开始瓦解。我的这些观点如果是正确的，那么汉森这种继续用所谓西方式战争解释欧洲的火药进步的方式就必然是错误的。我们如果仔细观察16世纪欧洲的现实，就会发现有太多的东西没法用西方式战争理论解释。

其他一些历史学家已经深入探讨过这些细节，所以我在这里只想集中说明两个问题。如果真如汉森所说，"正是西方人这种对单一的步兵大规模交锋、士兵持利器展开血腥搏杀的渴望，在超过2 500年的时间里让来自非西方世界的对手感到困惑和恐惧"[9],那么为什么欧洲人新的作战方式却是站在远处开火,而非近身使用开刃武器?如果西方式战争总是关注"在战场上将敌人的力量彻底摧毁","发动致命的打击,然后绝不后退地坚持下去",那么为什么欧洲人在1534—1631年的这将近一个世纪的时间里只打了那么少的战役?如果"在过去的2 500年里,一直有一种西方式作战方式,这种方式是西方人作战的共同基础,并不断地传承了下去。正是这种作战方式,使得欧洲人成了文明史中最具杀伤力的士兵"[10],那么为什么欧洲在整整一个千年的时间里(大约公元500—1500年),一直在来自亚洲和北非的劫掠者和入侵者面前退却?

一些历史学家对所有这些问题给出了一个十分务实的答案。他们认为,欧洲的火器革命与文化传统无关,欧洲人火器用得好,只是因为他们仗打得多。这是由于欧洲分裂成了众多的小国家,彼此争斗不休。而与之相反,中国在1368—1911年的绝大部分时间里都是一个统一的帝制国家。因此,中国人很少打仗,也没有理由在改进火器方面太下功夫。而对征战不休的欧洲人来说,改进火器的效果却事关生死。因此,欧洲人使得火器趋于完美,而中国人没能做到这一点。

但这种说法回避了关键的问题。尽管中国在1368—1911年的大部分时间是统一的,但是也经历了很多战争,而且其战争规模往往会让欧洲人之间的小打小闹相形见绌。在1410年和1449年,明朝两代皇帝朱棣和朱祁镇分别亲率五十万大军对抗蒙古人;16世纪,明朝一直在抗击盘踞东南沿海的倭寇;16世纪90年代,明朝与日本在朝鲜半岛发生了惨烈的大战;1600年,中央政府又征调二十余万大军平叛(播州之役)。那么,为什么这些战争都没能引发欧洲式的对火器的改进呢?

由历史学家转行做了律师的肯尼思·切斯在他杰出的著作《火器:1700年前的全球历史》中说,问题的关键并不在于欧洲人和亚洲人打了多少次仗,而在于他们进行的战争的类型。最初的火器笨重、缓慢，射速不能以一分钟几发计算，而要以几分钟一发计算。它们只适用于打击同样笨重、缓慢的目标，比如城墙。这也是为什么最初对火器的重要改进体现在攻城火炮上。

火器最早的革新温床在中国南方。因为在14世纪中叶长江流域各路起义中，取得胜利的方式通常是攻克城池，以及在行动受限的河段上击沉对方的大船。早期的火器可以很好地完成这两项任务。但在长江流域的战争于1368年结束后，主要的战场就转到了中国北方的草原。在这里，没有什么可供轰击的城池，而射速缓慢的火器在移动迅速的骑兵面前毫无用处。中国的将领们头脑清醒，他们因此把更多的资金投入增加骑兵的数量和兴建长城上，而不是进一步改进火器。

而欧洲，至少其在刚接触到火器时，与中国南方的情况有更多的相似点。欧洲到处都是堡垒，有着大量的地形阻隔可以限制军队的行动。而且，由于欧洲远离草原（这导致骑兵变得十分昂贵），军队中总是包括大量的移动缓慢的步兵。在这样的环境下，对火器加以微小的改进就可以取得显著的功效。到了1600年，长久以来日积月累的改进，使得欧洲军队成了世界上最好的军队。

如果明朝皇帝有一颗水晶球，能预见到在17世纪火器可以有效对抗游牧民族骑兵的话，他们肯定也会从长期着眼，对火器的改进进行投资，最终研制出小颗粒火药、火枪和铸铁火炮。但在现实世界，没人能预见未来（尽管有些人很努力地想做到这一点），我们能做的只是对当下面临的挑战做出反应。欧洲人潜心于火器的改进，是因为这在当时是有意义的；中国人没有潜心于火器的改进，是因为这在当时是没有意义的。而这一切所带来的后果，就是欧洲人（几乎）征服了世界。

回报

14世纪，由于旅行者、商人和军队将火器沿亚欧大陆向西传播，欧洲人学会了使用火器。到了 16 世纪，由于旅行者、商人和军队将火器沿亚欧大陆向东传播，亚洲人也学会了使用欧洲人改良过的火器。在某种意义上，这算是一种回报。

横跨欧亚两洲的奥斯曼土耳其人率先了解了欧洲的火器。奥斯曼土耳其人的火器水平通常落后于欧洲人，但仍比其东方和南方的国家领先几十年。在 1514 年的查尔迪兰战役和其后两年的达比克草原战役中，正是置于马车上的火炮屠杀了波斯和埃及最优秀的骑兵，使奥斯曼帝国统治了中东。

一代人之后，另一个横跨欧亚两洲的国家——莫斯科大公国，同样学会了使用西方的火器。从 13 世纪开始，俄国人就一直靠着每年向蒙古人进贡苟且偷生。但到了 16 世纪，沙皇伊凡雷帝对他们进行了报复。在与瑞典和波兰的血腥战争中，俄国人学到了使用火器的基本方法。伊凡扫荡了伏尔加河，用火炮摧毁了挡在路上的蒙古人的防御工事。到他于 1584 年去世时，以莫斯科为中心的帝国疆域已经扩大了一倍，而这才仅仅是个开始。1598 年，装备着新型火枪的俄国毛皮猎人翻越了乌拉尔山脉；到 1639 年，他们已经出现在了太平洋之滨。

如果这一切继续下去，商队一定会一路沿着丝绸之路向东前进，把先进的欧洲火器带到中国去。但商队的步伐却被这个时代另外一项伟大的发明超越了，那就是可以进行远洋航行的船舶。

就像火器一样，远洋船只的基本技术也首先出现于亚洲，但在欧洲臻于完美。比如，在 1119 年，只有中国的船长在使用磁罗盘。这项技术随后传到了印度洋上的阿拉伯商人手中，继而在 1180 年前后传播到了地中海海域的意大利人那里。在接下来的三个世纪中，东亚地区的造船工人在索具、船舵和船体制造方面取得了进一步的突破。到 1403 年，在中国出现了世界上最早的干船坞，可以容下有史以来最大的船只。[①] 这些船只拥有大量的水密舱，用防水涂料密封，还配

---

① 据沈括《梦溪笔谈》记载，最早的干船坞应建于北宋熙宁年间（1068—1077 年），位于开封金明池北。——编者注

备有淡水舱辅助航行。因此,中国的水手们可以驾驶这些船只前往他们想去的任何地方。在1405—1433年,著名航海家郑和率领着上万名水手,乘坐着上百艘船只,抵达了爪哇、东非和麦加。

与之相比,西方的船只就显得很简陋了。但就像火器一样,欧洲人可以把亚洲人的灵感用在迥异的方向。这一次的驱动因素仍然来自一个基本点:欧洲的地理环境决定了欧洲人面临着与亚洲人不同的挑战,而欧洲人为了应对这些挑战所付出的努力,最终使得相对劣势的环境反而变成了他们的优势。

在15世纪亚欧大陆的幸运纬度带上,西欧的位置看起来再糟糕不过了。一位经济学家曾把西欧称作"一个遥远而边缘的半岛"[11],因为其远离位于南亚和东亚的中心区域。欧洲商人深知中国和印度的富庶,几个世纪以来一直试图找到通往东方繁荣市场的快捷途径。但情况在公元1400年之后开始变得糟糕了。蒙古人建立的各个汗国开始分崩离析,这导致穿越草原的丝绸之路变得更加危险;与此同时,奥斯曼土耳其人在另一条路线(经由叙利亚抵达波斯湾)上征收关税,使得这条道路的通行成本更加高昂。此时,最佳的方案似乎就是通过海路,绕过非洲的南端抵达亚洲,从而可以避开那些插手陆路的国家。但是没人知道这条道路是否真的可行。

在想要一探究竟的欧洲人当中,葡萄牙人所处的位置是最有利的。在占领休达多年之后,葡萄牙船只逐渐向南探索着非洲的西海岸。在地中海地区,占统治地位的船只是以桨为主要动力的船只,但这样的船只并不适应大西洋的长途航行以及那里的风浪。解决这一问题迫在眉睫,因此葡萄牙的亨利王子(休达的征服者之一,葡萄牙王位的第三顺位继承人)决定亲自推动建造更好的船只。

他的努力很快获得了成效,葡萄牙人建造了卡拉维尔帆船。这些小船通常只有约15~30米长,排水量几乎不到50吨,如果郑和看到这些船,一定会觉得很可笑,但它们足以完成使命。它们的浅底可以通过充满淤泥的非洲河口水域,方形的横帆可以让它们行驶得更快,而大三角帆则让它们更灵活。1419年,葡萄牙人的船队发现了马德拉;1427年发现了亚速尔群岛,几年的工夫,这些岛屿上就已经遍布欣欣向荣的种植园;1444年,水手们抵达了塞内加尔河,借由塞内加尔河,他们可以把非洲金矿中的黄金运送出来。1473年,葡萄牙人穿越了赤道;1482年,他们驶抵了波澜壮阔的刚果河河口(图4.4)。

一切都很顺利。但一过刚果,卡拉维尔帆船(以及后来更新型的

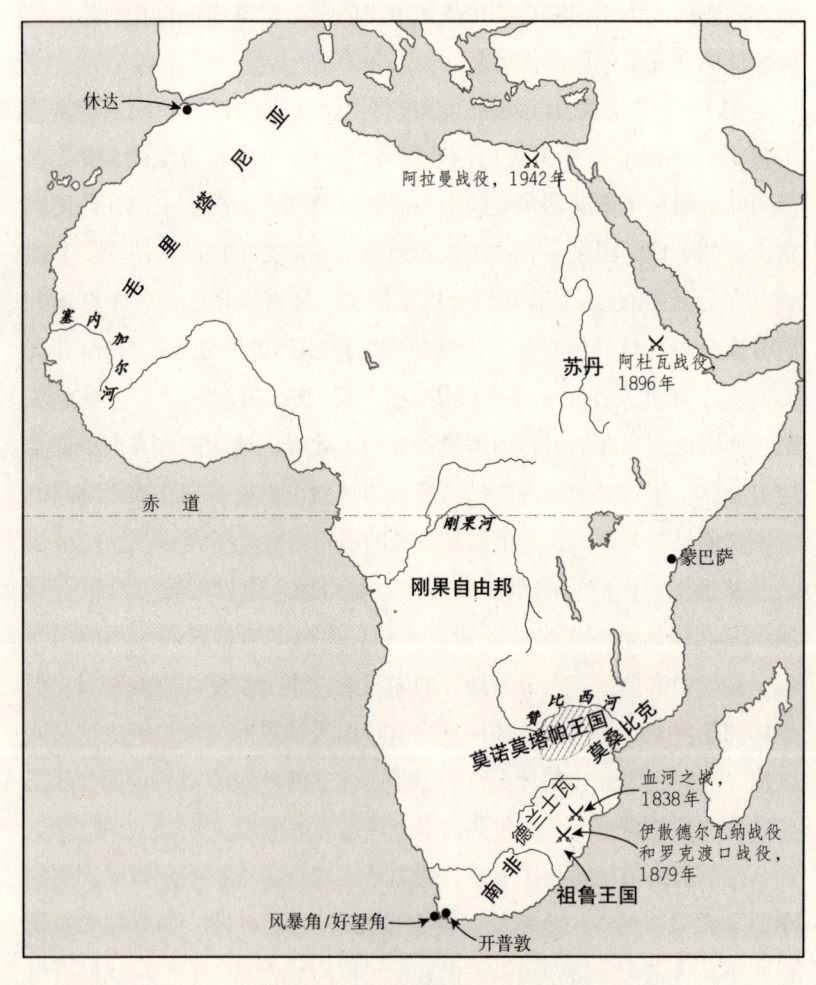

图4.4 本章中提及的非洲地名

卡瑞克帆船）就遇到了强烈的逆风。航行就此止步，直到无所畏惧的欧洲水手们找到了两个解决方案。第一个方案，是航海家巴尔托洛梅乌·迪亚士在1487年的奇思妙想，即"从海上回来"。这个方案的意思是，驾船驶向未知的大西洋远处，寄希望于遇到可以将帆船带到非洲南端的风。迪亚士成功地绕过了好望角。不过，他当时把这个地方称作"风暴角"（我曾经有一次坐船经过此处，狂风巨浪使我难以入睡，这一经历让我觉得迪亚士取的名字是正确的）。不论怎么称呼这个地方，当时的葡萄牙水手发动了哗变，拒绝在如此糟糕的条件下继续航行。继续前进的任务留给了瓦斯科·达·伽马。1498年，他绕过非洲的南端，驶入了印度洋。

第二个方案是克里斯托弗·哥伦布的方案，它显得更加不可思议。像所有受过教育的欧洲人一样，哥伦布知道地球是圆的。那么，从理论上说，如果从葡萄牙向西一直航行，最终总会到达东方。但大多数受过教育的欧洲人也知道，绕世界一周大约要3.9万千米。因此，通过这条路径前往印度群岛实在太过遥远，无利可图。但哥伦布不相信这一点，坚持认为只需要航行约4 800千米就能达到日本。1492年，他终于获得了足够的资金去验证自己的观点。

一直到他去世，哥伦布都相信他到达的地方是亚洲。但人们渐渐意识到，他在无意中发现了一个新世界，而这一成就更令人兴奋。一些欧洲人发了大财：他们先是把美洲的财富（黄金、白银、烟草，甚至还有巧克力）运回欧洲，再把非洲人运到美洲去生产这些东西。欧洲水手们把大西洋从一个天然屏障变成了一条高速公路。

不过，这是一条危险的高速公路。就像被罗马人征服前的地中海地区和被蒙古人统治前的草原一样，大西洋也基本不受利维坦的法律约束。一旦船只驶离加的斯或里斯本，一切约束就不复存在了。任何有一艘小船、两门火炮的无所顾忌的人都可以让他自己（偶尔是她自己）享用美洲大陆的财富。海盗的黄金时代开始了。

16世纪，从加勒比海到台湾海峡，全世界都在进行着对抗海盗的战争。这又是一场非对称战争。如果利维坦想赢，总是可以赢的，但伟大的庞培曾经在公元前 1 世纪采用过的那套"清剿、坚守、建设"的策略是需要花钱的。政府经过计算，发现放任海盗造成的损失要小于对海盗开战的成本，那么还何必对付这些海盗呢？聪明的官员甚至把海盗变为己用，收取贿赂后就放任他们恣意妄为，或是干脆承认这些亡命之徒的"私掠船"的合法地位，使其可以合法抢劫其他国家的船只。一些粗心的航海者可能会倒霉，但这似乎只是很微小的代价。

不过，对于航海者而言，这个代价却是高昂的。因此，他们做出了一个很自然的选择：武装起来。卡拉维尔帆船和卡瑞克帆船都能搭载一些火炮。到了 1530 年，葡萄牙的造船工人们开始制作一种新的船只——加利恩帆船，这种船基本上就是一艘漂在海上的火力平台（图 4.5）。加利恩帆船的船身更长、更窄，其上拥有四根桅杆，船首

图 4.5　漂浮着的火力平台：大约在 1562 年，法国和葡萄牙的加利恩帆船在巴西海岸交火

资料来源：Gianni Dagli Orti / The Art Archive at Art Resource, NY

楼和船尾楼都较小，因此可以航行得更快。不过，这种船最大的特点是船侧布满了火炮。在刚刚超过水线的地方留出了炮门，火炮可以在这里发射3.6千克重的铁质炮弹，射程可达457米。

2 000年以来，海战的方式一直是靠近敌舰、冲撞敌舰，再接舷登舰作战。但现在，船长们学会了用船侧面对敌舰，再在刺鼻的硝烟中向敌人倾泻炮弹的做法。弯刀和匕首依然派得上用场，不过如今最容易造成人员伤亡的，是炮弹击穿船体时朝四面八方迸溅而出的木头碎片。这些碎片参差不齐，有的长度在0.3米以上，可以把人的头和四肢削掉。一位目击者称，甲板"被鲜血染红，桅杆和索具上沾满了脑浆、头发和颅骨的碎片"[12]。

火炮不仅可以用来抵挡海盗，也可以作为商品换取利润，因为亚洲人愿意为这些可怕的武器支付大价钱。达·伽马的一些手下离开了他的船队，转而成为卡利卡特苏丹的火炮制造商，一年之内卖给他400门火炮。1521年，第一批抵达中国的葡萄牙人也开始铸造火炮供应当地市场。到了1524年，明朝的工匠已经开始自己铸造火炮，并且制作小颗粒火药了。

日本是一个极端的例子。1542年，一场风暴把三名葡萄牙人送上了日本海岸，他们随即将最先进的火枪出售给了当地领主，并且教会领主手下的工匠制作更多火枪。到了16世纪60年代，日本的火枪已经和欧洲的一样精良，并且颠覆了当时日本的传统防御工事。不过，与欧洲不同，日本在防御方面的进步远远落后于其进攻能力，这或许是因为先进的火枪出现得太突然了，而不像欧洲那样经历了至少两个世纪的演进。不过，不管究竟是何原因，就像我们在第三章中看到的那样，统一的政府在16世纪80年代控制了整个日本列岛。

欧式火器大受欢迎，亚洲的军人们很快开始把所有的现代火器都统称为"法兰克的"（在波斯被称作"farangi"，在印度被称作"firingi"，在中国则被称作"佛郎机"）。他们也采用了欧洲的战术，懂得装备了现代火枪和火炮的马车可以有效抵御草原骑兵的进攻。

扎希尔丁·穆罕默德·巴布尔的经历是很典型的。在1501—1511年,他手下那些装备着弓和长矛的阿富汗人没能抵挡住乌兹别克骑兵对撒马尔罕和喀布尔的进攻,他不得不逃到了印度。巴布尔一到达印度,就雇用了奥斯曼顾问,这些顾问催促他购买火器和马车。1526年,他在帕尼帕特大破敌军,夺回了他失去的一切。他创立的莫卧儿帝国后来成了印度历史上最大的帝国。

中国的士兵们则似乎独立发明了马车火炮战术。16世纪70年代,指挥北京防务的戚继光指出:"用之环卫军马,一则可以束部伍,一则可以为营壁。一则可以代甲胄,敌马拥众而来,无计可逼,诚为有足之城,不秣之马也。但所恃全在火器,火器若废,车何能御?"[13](用马车火炮护卫军队,可以约束部队,可以作为野外护墙使用,也可以替代铠甲。就算敌人的骑兵涌上前来,他们也无法突破马车。这些马车就像是有脚的城墙,或是不用吃草料的战马。不过,这一切还要依靠火器。如果火器部队失败了,这些马车又怎能独自坚守呢?)

有的时候,火器部队确实也会战败,马车也因而无法坚守。即便到了1739年,波斯骑兵还曾经击败了莫卧儿帝国的火枪手,洗劫了德里,并且掳走了莫卧儿帝国镶嵌着蓝宝石的孔雀宝座。不过,总的来看,大约在1550—1750年,一件令人惊奇的事情发生了:拥有了新型火器的幸运纬度带上的各帝国/帝制国家终于控制了草原,打破了建设性战争和反建设性战争的循环。

皇帝们之所以能做到这一点,靠的不是派步兵深入不毛之地追击骑兵(这种做法的成本依旧高昂),而是靠农民一点一点地蚕食草原的边缘地区。农民们挖掘壕沟,修建栅栏,甚至用开枪,逐渐限制了游牧民族的行动路线,把骑手挡在了外面。最终,游牧民族再也无处可藏。直到这时,皇帝们才亮出他们的新型火炮,这些火炮的重量已经轻到可以被运往遥远的草原了。

他们的右边是火炮,

他们的左边是火炮，

他们的前面是火炮，

万炮齐鸣，响彻云霄。[14]

英国诗人丁尼生这样描绘巴拉克拉瓦战役——发生在骑兵和火炮之间的最著名的战役。不过，巴拉克拉瓦战役中轻骑兵所遭遇的灾难在17、18世纪的草原上上演了无数次。游牧民族就这样冲向了敌人的枪口和防御工事，也就冲进了地狱的大门，罕有人幸存。

在1500—1650年，俄国人和奥斯曼土耳其人挤占了草原的西端；在中亚地区，莫卧儿帝国和波斯人于1600—1700年击退了乌兹别克人和阿富汗人；而在东方，清朝在1650—1750年收复了新疆。1727年，俄国和清朝的官员在布尔河畔会面，签署《布连斯奇条约》，确定了两国在蒙古北部地区的边界。至此，使用火药的帝国/帝制国家实际上封锁了草原这条高速公路。

没有了游牧民族的制衡，建设性战争很快就恢复了。从奥斯曼帝国到中国，随着草原被封锁，安全的环境孕育出非凡的大帝国/帝制国家。在确保了中亚一线的安全之后，奥斯曼帝国征服了北非，并且推进到多瑙河；俄国吞并了西伯利亚；萨非王朝则建立起波斯过去1 000年来最强大的帝国；莫卧儿帝国几乎占领了整个印度；清朝的疆域甚至超过了今天的中华人民共和国。

各地的情况各异，尽管有太多君主沉湎于酒精和毒品，生活十分堕落，但他们仍然像古时候一样变成了坐寇。他们聘任官员，为军队支付薪饷而非放纵其劫掠。而且，鉴于置办攻守武器都要花钱（更不用提后宫和鸦片的开销），皇帝们必须想方设法促进农业和商业的发展，因为这两者是税收的主要源泉。"善待商人吧，"典型的奥斯曼帝国官员锡南帕夏对他的苏丹说，"关心他们，不要让任何人骚扰他们，因为正是通过他们的贸易，这块土地才变得繁荣。"[15]

大多数官员继续收受贿赂，欺压穷人，但也有一些开始试图厘清产权，设置合理的税率，鼓励投资。他们鼓励种植一些来自美洲的了不起的新作物：土豆、甘薯、花生、笋瓜和玉米，这些作物产量极高。政府修桥筑路、抓捕强盗、颁布有利于商业发展的法律，让农民可以放心地种植诸如棉花、咖啡这样的经济作物，并且去纺丝。到1600年，长江三角洲地区的农民可能是世界上最具生产力的农民，而印度南部和孟加拉地区的农民可能也不会逊色太多。

苏丹和波斯国王很喜欢新的统治方式，因为他们现在有足够的财力兴建泰姬陵和清真寺了。不过，这样的统治究竟在多大程度上改善了普通亚洲人的生活，我们还不清楚。有迹象表明，当利维坦扩张时，人们的收入水平会提高；而当政府崩溃时，人们的收入会减少。不过，要想完全确认这一趋势，我们还需要对那些分散在晦涩难懂的史料中的信息做更多的研究。

我们可以更加确定的一点是，政府能够减少暴力的发生。在情况最为糟糕的波斯，16世纪前，部落间的争斗已经使这个国家陷入瘫痪。"多年以来，"波斯国王塔赫马斯普一世在1524年悲叹道，"我一直不得不眼睁睁地看着部落间的流血冲突，我也试图从中发现真主的旨意究竟为何。"[16]而在70年之后，阿拔斯大帝则采取了更强硬的态度。"他刚一登上王位，"他的传记中写道，"就要求各个省份找出主要的劫匪，他决心要消灭这些人。"[17]阿拔斯对安全问题的躬亲努力（1593年，他本人亲自斩首了一名罪犯）收到了成效。在17世纪70年代，一位法国旅行者曾惊奇地写道："亚洲都很安全，尤其是在波斯。"[18]

事实上，在中国，我们有一些数据作为依据。在1368—1506年，处于统治前半段的明朝建立起了一个利维坦。在这段时间中，仅仅记载了108起罪行和叛乱事件。然而，到了1507—1644年，明朝的官员逐渐失去了对国家的控制，各种事件的总数也上升到了522起。在1506年之前，匪徒们通常做的事情是抢劫、强奸、杀人，然后在政府出面前逃之夭夭；而到了1506年之后，匪徒们经常对抗明朝军队，而且还屡屡取胜。

终于，到了 1644 年，明朝的统治崩溃了。尽管在接下来的明清之际的大灾难中有数百万甚至上千万人死于非命，此时的情况也与以往的王朝崩溃时的情况不尽相同了。这一次，王朝的崩溃并没有引来一拨又一拨趁火打劫的草原骑兵，中国没有再次陷入血腥的危机之中。新兴的清朝巩固了边境，镇压了叛乱，建成了一个更加强大的利维坦。

对任何生活在 1650 年甚至 1700 年的人来说，似乎很容易认为亚洲是火器发明后最大的受益者。亚洲人把火器和远洋船舶带给了欧洲人，欧洲人则连本带利地用经过改进的船只把同样经过改良的火器又带给了亚洲人。使用欧式火器的亚洲人重新开始进行建设性战争，封锁了草原，建立起前所未有的更大、更安全、更富有的国家。而在欧洲，即便是奥斯曼帝国也没办法在愈演愈烈的军备竞赛中领先其他对手太多，因此这片大陆仍然是分裂的，国王、王子、沙皇，再加上一些共和国彼此争斗不休。不少欧洲人充满敬畏地看着光辉灿烂的东方，认为欧洲人正越来越落后。

练啊，宝贝儿，练

他们错了。欧洲人非但没有落后，反而越来越领先。因为他们知道怎样待在自己应该待的位置上。

我说这句话的意思是，欧洲人学会了让士兵和水手排列成阵，并且坚守自己的位置，从而可以最大限度地发挥他们的火力。到 1650 年，欧洲人已经发现了前机械化时代热兵器作战的基本原则，并且在接下来的 150 年中将这些原则不断优化。亚洲帝国/帝制国家重新开始进行建设性战争，而欧洲人则在重新发明建设性战争，彻彻底底地重新发明它。

一直到 1590 年，欧洲军队和舰队最大的弱点仍然是他们使用的火枪和火炮射速太慢、精度太低。因此，如果能找到合适的时机，再加上几分运气，骑兵或海盗的突然袭击可能会在他们完成重新装填火器前就将其消灭。据传说，拿骚伯爵威廉·路易在1594年想到了解决这一问题的方法。当时，荷兰正在与西班牙进行"八十年战争"，以争取国家的独立，而威廉·路易是荷兰军队的联合指挥官。

威廉·路易在阅读古罗马人一份记述如何更好地使用标枪的文件时受到了启发。他赶忙给他的堂弟毛里茨写了一封信（图4.6）。威廉·路易在信中说，合格的火枪手可以在大约30秒的时间里完成一次齐射。但如果他们不一齐进行射击，而是像罗马的标枪手一样排成六排，每一排一齐射击，效果是不是会有不同呢？第一排先开火，然后向后转，穿过其他几排人走到队伍后面去；就在他们向后走的时候，第二排可以开火；而在第二排向后走时，第三排再开火；依此类推，等到第六排也完成了开火并向后走时，第一排就已经准备好再次开火了。因此，火枪手们不再是每30秒进行一次大齐射，而是每隔5秒钟进行一次小型的齐射。如此一来，他们就可以近乎不停地发射

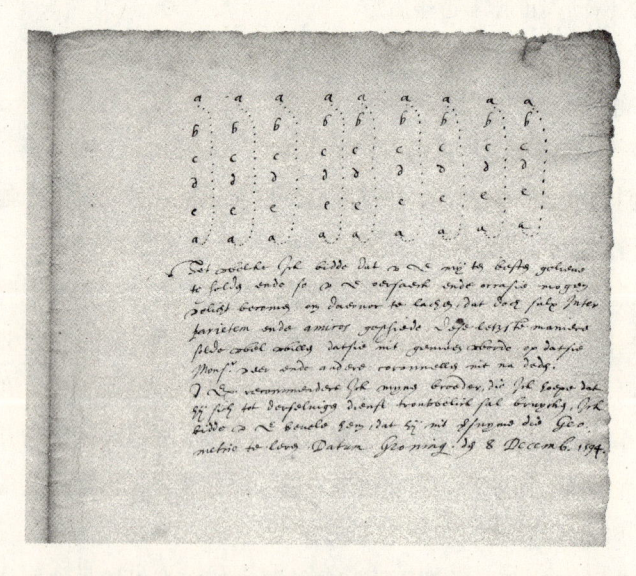

图4.6 欧洲成功的秘诀：拿骚伯爵威廉·路易于1594年12月写给堂弟毛里茨的那封著名的信，其中解释了齐射的原则

资料来源：Koninklijke Huisarchief, The Hague, Netherlands

弹丸，阻挡住那些冲上来的骑兵或是海盗了。

不过，事实证明，在现实中实践这一做法，尤其是对垒那些会用火枪还击的敌人，要比理论上听起来困难得多。但到了17世纪20年代，瑞典军队把威廉·路易的理论变成了现实。瑞典国王古斯塔夫二世·阿道夫改变了"射击-后退"的做法，而是让士兵前进10步射击，随后停留在原地装填弹药。用古斯塔夫军中的一位苏格兰军官的话说，其他"几排人向前超过第一排，随后用同样的方式进行射击，直到所有人都开过一轮火，再继续循环……士兵们只向前进，绝不后退，要么战死，要么战胜"[19]。

同时，古斯塔夫二世发现，要想让步兵齐射的效果发挥到极致，其他兵种也需要重新部署。野战火炮需要集中部署，从而可以用这些可移动的炮位加强步兵的火力，而骑兵则要放弃使用火器。在16世纪，骑兵通常双手各持一把手枪，冲向敌人的步兵，并在近距离开火，随后逃开。但这样的作战方式在连排发射的火枪面前等于自杀。古斯塔夫二世让骑兵们回到了冷兵器时代。他通常让骑兵远离敌军步兵，直到敌人不小心暴露出自己的侧翼，或是敌人的步兵团士气溃散，开始逃跑时，他才会派遣骑兵手持马刀发动冲锋。

古斯塔夫二世意识到，要顺利地达成这些目标，军队的规模也要更大。在1415年的阿金库尔战役中，法军可能投入了大约3万人；而当古斯塔夫的军事改革席卷全欧洲时，军队人数激增。在17世纪40年代，大国一般都拥有15万人的军队（这大约相当于阿古利可拉时代罗马军队总数的一半）。法国军队的数量在17世纪70年代达到了20万人，到1691年和1696年则分别达到27.3万人和39.5万人。在1701—1713年，又有65万法国人参军入伍，最终使得法国的军人数量超过了神职人员的数量。

就在欧洲的陆军将军们想方设法最大化陆上火力的同时，欧洲的海军将领们也攻克了海上同样的课题。在海上，目标是怎样最大限度地发挥船舷一侧的火力。在16世纪，舰队通常会直接驶向敌舰。但由于加利恩帆船上的火炮几乎都位于船侧,因此直到双方非常接近之前,都没有什么机会向对方开火。双方舰只贴近之后,战斗就变成了一场混乱的厮杀。在弥漫的硝烟当中,火炮很容易击中己方的船只。

在17世纪30—50年代,荷兰的海军将领们创造出了纵队阵形,这是一种在海上进行齐射的方式。舰队不再直接冲向敌人,而是组成首尾相接的队形,与敌舰平行行驶,从而可以充分发挥舷炮的威力。很自然地,英国人、法国人和西班牙人很快都学会了这种战术。两支舰队可能会平行行驶几个小时之久,相互开火,直到夜幕降临或是一方的指挥官决定脱离战斗。一旦在敌军的队列中打出一个缺口,舰队就会穿越这个缺口,从而可以用自己的舷炮肆意攻击敌舰脆弱的船头和船尾。

围绕着这一原理,海军将领们重新设计了他们的舰队。风帆战列舰(可以用来组成纵队的强大军舰)成为海军的主力,一些较小的舰只则用来保护纵队、进行侦察,或是(至少在公元1700年以前)被用作"火船",即故意将这些船只点燃,再冲进敌阵制造混乱。

无论在陆地还是在海上,线性战术的关键都是标准化。早在1599年,荷兰的军需官们就开始给士兵配备同样的火枪,这样一来他们装填弹药的时间就可以是相同的。古斯塔夫二世将16世纪五花八门的火炮种类削减到了三种,分别使用约1千克、5千克和11千克的炮弹。法国人则发明了一种排列军队火炮的方法,即在两层或三层甲板上一共布置74门火炮。如此,当风向突然发生变化时,纵队里的军舰会保持同样的运动轨迹,从而维持纵队的完整。

可想而知,在战争这部机器中,最难标准化的部分就是人。按照1607年荷兰的士兵手册规定,齐射一共包括43个步骤,每一个火枪手都必须牢记这些步骤,并且在战火中严格执行。火炮有自己复杂的使用流程,而要让军舰保持在纵队之中则是最难的一个任务。几千名训练有素的水手必须爬上索具,在同一时间里完成收帆、卷帆、变换航向、转舵等动作,而且这些动作都是在硝烟弥漫、弹片四溅的环境中完成的。人们必须被改造成可以互换的零件。

在这场军事革命发生的四个世纪后，参加2008年美国共和党全国代表大会的代表们想出了一句很易上口的口号，用来总结他们对汽油价格陡增的应对策略。"钻啊，宝贝儿，钻。"[20] 他们呼吁美国在本土开采更多的石油。古斯塔夫二世·阿道夫和他同时代的人获得标准化的军人的方法，也可以用这句话来形容。① 训练可以让人变成"可互换零件"式的军人。毫不留情的严苛教官们〔英文为 relentless martinets，源自法国一位以严苛著称的军官的名字：让·马蒂内（Jean Martinet）〕训练士兵研磨火药，填塞火药，再把弹丸装进前膛枪中。他们不停地训练，直到士兵们可以闭着眼睛完成这些动作；水手们则不停练习打结，一直练到手指都红肿了。人类还从未被彻底改造成机器上的零件过，但17世纪的教官们做得已经很接近这一目标了。

最难以标准化的人是军官。新的军事体系需要很多军官（在16世纪90年代，荷兰军队一个连的组成人员从250名士兵和11名军官变成了120名士兵和12名军官，而且这种10∶1的比例一直延续到了今天），但是那些显而易见可以做军官的人（上流阶层）首先把自己视为贵族，其次（其实是非常次要的位置）才把自己视作机器上的零件。一位法国军官写道："我们的生命和财产属于国王，我们的灵魂属于上帝，我们的荣誉属于我们自己。"[21] 下级军官在对上司表达不同意见时，经常逾越礼节中难以把握的界限；而对大多数贵族来说，穿上制服，把自己的个性埋没于标准化的等级之中，是一种巨大的侮辱。

到了18世纪，军官们在战场上的衣着就如同他们在参加舞会时的一样。他们戴着涂了粉的假发，穿着绸缎裤子和扣紧了搭扣的鞋子，所到之处都会留下一阵香味。"哦，天哪，"18世纪一出喜剧里的主人公说道，"想想看吧，这些香喷喷的伙计怎么睡在地上，他们还要穿着丝质长袜和蕾丝褶边厮杀。"[22]（在1745年的丰特努瓦战役

---

① 原文中使用的 drill 一词在英文中既有钻的意思，又有训练的意思。——译者注

中，一位法国军官带了七双备用的丝质长袜——以防万一嘛。）到了1747年，才有一群在咖啡馆里秘密聚会的年轻英国海军军官提出："对于现役军官来说，统一的制服是有用的，也是必需的。"[23]

抛开穿着上的散漫不说，新创建的军官学校开始在公元1600年以后塑造出一个职业军官阶层。塞缪尔·佩皮斯是一位日记作家、花花公子，同时也是一位管理天才。1677年，在负责整顿英格兰*海军的训练期间，他提出了清晰的训练目标：培养出"头脑清醒、做事勤勉、服从命令、热衷于航海术理论与实践"[24]的军官。除了有时候不太清醒，塞缪尔·佩皮斯完美地做到了其他各项，他还要求每一位军官（不论与其私交有多么好）都要通过天文、炮术、航海和信号等科目的考试。

到1700年，欧洲人在陆上和海上阵列的火力之强都毫无疑问是世界上前所未有的。佩皮斯认为，他们的一项弱点是，"由于缺乏资金，所有事情，尤其是海军，都乱了套"[25]。在士兵和火炮全都标准化的时代，进行军备竞赛的代价高昂得令人瞠目，即便是最富裕的国家也无力应付全部开支。在财政上取得收支平衡很快成了各国政府面对的最大挑战。

最粗陋的解决方案就是做假账。政府满不在乎地让债务违约，放任通货膨胀；而在其他手段都行不通时，干脆停发薪饷。但这种做法的结果通常都很糟糕。得不到薪水的英格兰水手发明了"罢工"这个概念，他们把船帆扯下来，使得舰队无法航行，直到政府付钱才罢手。1667年，英格兰的舰队正在罢工之中，佩皮斯也无法履职，因为"贫困的水手因为没钱而躺在大街上挨饿，发出阵阵呻吟"[26]。利用这一时机，一支荷兰舰队沿着泰晤士河上溯，将英格兰最好的船只要么焚毁，要么拖走。水手的妻子在伦敦街头揪住议员尖叫道："这就是不给我丈夫付薪水的后果！"[27]

---

* 在习惯上，历史学家将1707年《联合法案》生效前的英格兰和苏格兰视为独立的国家，在这一时点之后则视为英国的一部分（爱尔兰于1801年加入）。

除了降低战争成本，另一种办法就是增加收入。政府在这一方面也确实做了更多的努力。其中一种手段叫专制主义，即把贵族、城镇、神职人员在过去 1 000 年中积累下来的各种权利全部取消，使得君主可以对其统治下的任何事物征税。自然地，这种手段对国王们颇具吸引力，但那些被剥夺了权利的阶层就会感到不满意。此举经常导致的结果就是内战。

当事情的进展不大顺利时，国王最终可能丢掉自己的脑袋，就像 1649 年的英格兰和 1793 年的法国那样。但即便一切顺利，国王仍然无法弄到足够的钱。即便是最伟大的专制主义者——法国国王路易十四（他的名言是"朕即国家"[28]），也没法获得足够的资金打败那些联合起来反对他的王国。当他于 1715 年驾崩时，法国已经到了破产的边缘。

第三种选择，是更高效地调动资金。在这方面，荷兰人走在了前头。荷兰人创造了政府债券的二级市场，使得资本家可以购买一部分国债，再连本带息卖给其他投资者，就像今天的银行销售按揭贷款一样。荷兰政府还出台了法律，降低投资者对主权债务违约的担忧。如此，荷兰政府就有能力动用更多的资金，其调集资金的速度要快于对手，且成本也更低。在 17 世纪，荷兰人经常处于战争状态之中，其债务也由 1632 年的 5 000 万荷兰盾增长到 1752 年的 2.5 亿荷兰盾。不过，由于投资者对荷兰国债有信心，荷兰政府所需要支付的利率在稳步下降，到 1747 年已经降到了 2.5% 以下。

1694 年，英格兰更进一步，开办了国家银行，用以管理公共债务，并分配特定税款用来偿付债券利息。强有力的财政措施带来了巨额财富。对于那些信用较差的国家来说，一场大败仗可能就会迫使其屈服，而荷兰和英格兰的政府看上去几乎可以随意地组建、训练、派遣新的舰队和陆军。用英国小说家丹尼尔·笛福的话说，"有了信贷，我们似乎可以不发薪饷、不准备补给就让士兵和军队去打仗"[29]。

对政府来说，有了这样的方法，简直可以说是别无他求了。但大部分人对这些新的体系持有矛盾的情感。就像今天一样，那些在银行家们看来美妙绝伦的金融工具，在其他人眼中可能就很值得警惕；就像今天一样，几乎没有什么人（就连银行家自己也算在内）真正理解这些新的工具究竟是怎样运行的。1720年，在英国发生的南海泡沫事件和1719年在法国发生的密西西比泡沫事件导致银行倒闭、投资者破产。这导致了一场"茶党"式的反击。虽然在18世纪并没有出现类似"华尔街对商业街"这样的情形，但出现了"针线街（英格兰银行所在地）对庄园"的情况。世代垄断政坛的贵族们怀疑（且有充足的理由），支持商业的政府可能会让贵族们的生活越过越差；国王们也发现，要想放弃以往用惯了的搜刮式的政策也很困难。

要解决战争中的资金问题，最具建设性的方案既不是通过做假账，又不是通过增加收入，更不是通过提高资金流动的效率。真正做到这一点的，是利用战争的矛盾性。国王们开始削减他们越来越具破坏力的武装力量，转而寻求组建联盟体系，从而可以分担战争的成本。这样一来，就形成了一种力量的制衡。这使得过于激进的代价变得更高（如果一国政府打破了平衡，其他国家就会联合起来恢复这种平衡），也使得国家生存的代价降低（如果一个国家面临毁灭的威胁，其他国家可能会为了维持平衡而援助它）。

充满讽刺意味的是，正因为军队的杀伤力变得如此之强，他们实际上造成的死亡人数反而减少了。为了避免引发各国群起反对自己，统治者们对战争的规模开始加以限制，只制定有限的目标，并且谨慎地使用武力。战场上的残酷程度不减当年（在1665年的洛斯托夫特海战中，英格兰的约克公爵曾被伯林顿伯爵次子的人头绊了一个跟头），但是战争正变得越来越有秩序。欧洲的作家们已经开始将战争称作"内阁的战争"。"战争再也不是国家之间的全面厮杀了，"一位法国政治家在18世纪80年代写道，"而仅仅是军队和职业军人之间的战争。战争就像是要靠运气取胜的游戏，谁都不会把全部身家都押在上面。以前的那种疯狂大战，在今天看来完全是愚蠢的行径。"[30]

一个经典的例子发生在1701年。当时，七个欧洲国家组成了一个同盟，力图阻止法国和西班牙的王冠落在同一个人的头上，从而防止这两国联合在一起制造出一个打破平衡的超级强国。因此，在接下来的十年当中，从布伦海姆到巴巴多斯，该同盟在陆地和海洋都发起了战争，以阻止这成为现实。到1710年，同盟一方已经占据了明显的上风。但就在此时，同盟内部的一些成员开始担心，一旦击溃了法国和西班牙，那么实力的天平就将倒向英国一边。因此，这些国家转换了阵营以恢复平衡。战争最终在1713—1714年慢慢结束。

如果只是观察发生在西欧的事情，那么火器的出现和草原的被封锁并没有带来什么太具建设性的结果。虽然欧洲人获得了可以打败草原骑兵的武器，从而使欧洲也摆脱了建设性战争与反建设性战争的漫长循环，但是欧洲没有能够像亚洲那样重新回到建设性战争之中。在亚洲，从1500年开始又出现了新的雄踞大陆的大帝国/帝制国家。而西欧人则似乎陷入了一种反建设性战争之中。在这种战争中，国王和他们的内阁不停地争夺着堡垒和边境省份，但他们既无法建设性地组成一个更大的社会，又无法反建设性地将更大的社会打碎成小的社会。

对世界开战

1415—1715年这300年的战争，并没有能给西欧的版图带来太多变化，但给世界上的其他地方带来了天翻地覆的变化。欧洲的冲突波及各个大洋，而欧洲人也逐渐开始对整个世界开战。从葡萄牙到荷兰，欧洲大西洋沿岸国家的统治者们都对海外活动十分热衷，因为这些活动可以为他们带来税收，用来支持在本土的战争。欧洲的军事革命主要靠来自海外的金钱支撑，而军事革命反过来也给了欧洲人先进的武器，使得海外扩张变为可能。

由于有了火炮，15世纪的水手们在他们所到之处都拥有海面上的优势。此外，火炮还能帮助他们神奇地说服那些不太情愿进行贸易的贸易伙伴。1498年，达·伽马先是试图说服莫桑比克和蒙巴萨的商人卖给他补给品。口舌失败之后，他发现开火能完成这一任务。两年后，另一位葡萄牙航海家佩德罗·阿尔瓦雷斯·卡布拉尔到达了印度（他在试图绕过非洲时航行得过远，结果发现了巴西）。他向卡利卡特开炮，造成了500人死亡，结果使得卡利卡特迅速开放了市场。

到1506年，葡萄牙人制订了一项惊人的极具野心的计划，把海盗行径上升成了一种伟大的战略。由于每艘运送香料的船只都必须要使用几处重要的港口，因此，葡萄牙水手认为，如果他们可以占领霍尔木兹、亚丁、果阿和马六甲，就能把印度洋变成葡萄牙的内湖，并且对印度洋上的所有船只征税。这样一来，葡萄牙就将富有到连最贪得无厌的人都想象不到的程度。

这一计划最终未能完全实现。部分原因是军事方面的，由于葡萄牙人一直未能占领亚丁，因此阿拉伯商人依旧可以我行我素地驶入印度洋之中。更重要的原因是，只靠打仗是实现不了海外扩张的目标的。除了极具毁灭性的火力，海外扩张还要考虑另外四个因素：距离、疾病、人口和外交。这些因素的共同作用决定了欧洲人在世界其他地方扩张的效果。

在美洲，这些因素的共同作用结果十分有利于欧洲人，因此也就出现了最为极端的结果。距离和人口这两项因素对欧洲入侵者是不利的。距离限制了能够抵达新世界的欧洲人的数量，而这一数量与美洲原住民庞大的数量是无法比拟的。但欧洲人一到达美洲，原住民就发现自己的石剑、棍棒和棉质铠甲完全不是欧洲人的铁剑、战马和枪炮的对手。在哥伦布抵达美洲的40年之后，区区168名西班牙人就打垮了数以万计的印加人，并且在卡哈马卡擒获了印加帝国国王阿塔瓦尔帕（图4.7）。在16世纪的墓葬之中，我们可以发现被子弹击穿的人类颅骨。这生动地说明，欧洲人在火力上的优势克服了距离和人口方面的不利因素。

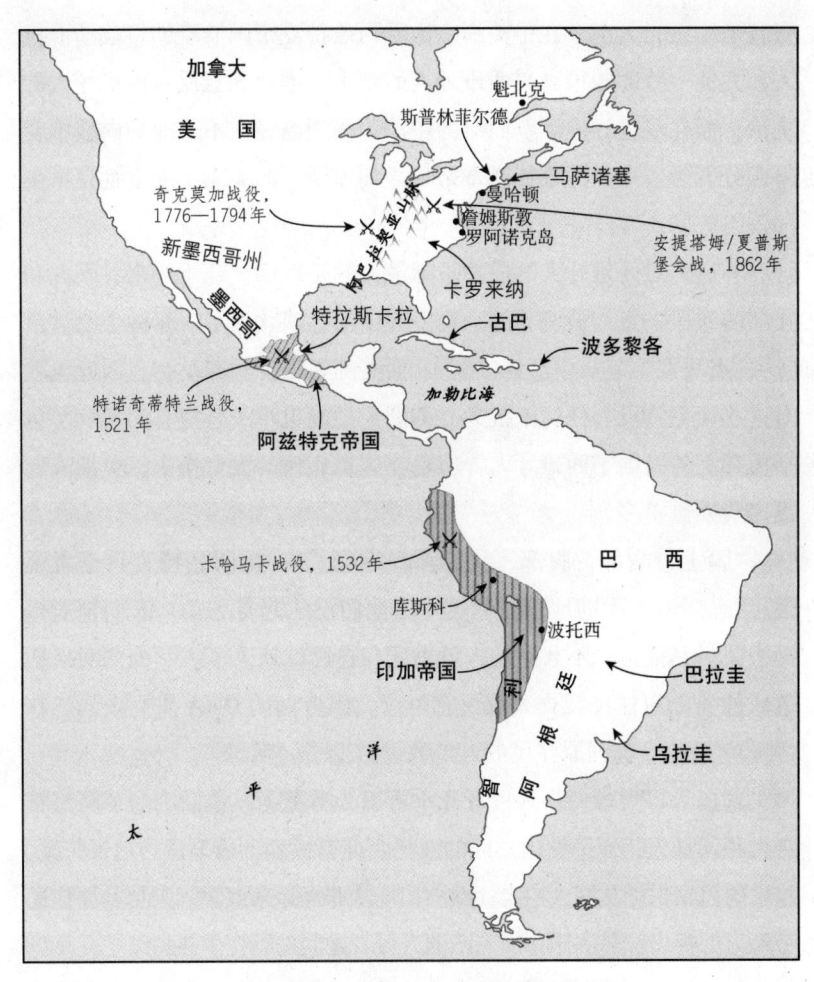

图4.7 本章中提及的美洲地名

但就像印度洋上的葡萄牙人一样，抵达美洲的西班牙人也发现，只有武力是远远不够的。1520年，埃尔南·科尔特斯手下的西班牙征服者们差点就无法从阿兹特克人的一次起义中脱身；第二年，他们攻陷了特诺奇蒂特兰，而在这一行动中，外交活动的重要性与武力同样重要。科尔特斯在外交方面是有问题的，以至还曾经与另一位西班牙征服者内斗，但他们之间的内斗比起美洲原住民之间的巨大分歧，简直就是小巫见大巫。在中美洲，饱受阿兹特克帝国欺凌的特拉斯卡拉人和其他一些部族很高兴西班牙人的到来，因此无意反对西班牙人的统治；而在秘鲁，皮萨罗面对的印加帝国则已经在不久前的内战中变得四分五裂。那些围攻特诺奇蒂特兰和库斯科的大军实际上都是由美洲人组成的。

不过，对西班牙人的成功贡献最大的是疾病。几千年来，欧洲和亚洲的农民一直与被驯养的动物一起生活，演化出了一套微生物谱系（这一点我在第三章中已经提到）。而美洲人很少驯养动物，因此也就对这些微生物没有任何抵抗力。美洲人的确也将一些特有的疾病（包括梅毒）传染给了西班牙人，但是在这场疾病的大交换中，美洲人的损失要惨重得多。

"脸上、胸部、腹部，我们浑身疼痛。"一位阿兹特克目击者说道，"患病的人无助地躺在床上……他们没法起身觅食，人们都病得无力照料其他人。不久，病人就饿死在自己的床上了。"[31] 人们对疾病造成的美洲原住民死亡人数仍有争议，但近期的 DNA 研究表明，在 16—17 世纪，美洲原住民的人口数量减少了一半。

这场人口灾难使得入侵者几乎可以为所欲为：他们洗劫了阿兹特克人和印加人；安第斯山地区的波托西拥有世界上最丰富的白银矿藏，这里的白银也被欧洲人挖走；欧洲人还从非洲运来奴隶，来填补原住民劳动力的损失。美洲原住民与欧洲入侵者之间的野蛮争斗持续了几个世纪之久。但西班牙人面对的最大威胁并非美洲本土的抵抗，而是来自其他欧洲人。1600 年，欧洲其他地方的人开始试图挤进西班牙人的生意。

对这些后来者（主要是英格兰人、荷兰人和法国人）来说，他们面对的困难更多。一些乐观主义者认为，在美洲还有更多的类似阿兹特克和印加帝国这样的国家可以洗劫，结果在寻求黄金国的征途上丢掉了性命。大多数人则认为，西班牙人已经窃取了一切值得窃取的财富。（一份报告总结说，新墨西哥一无所有，除了"不穿衣服的人、假的珊瑚和四块鹅卵石"[32]。）因此，如果他们也想发财，就只有两种选择：要么尝试发现新的贵金属矿脉（用亚当·斯密的话说，这是"世界上中奖率最低的彩票"[33]），要么抢劫那些把白银运回西班牙的船只。

英格兰人显然就是这么想的。1585 年，英国政客沃尔特·雷利在罗阿诺克岛上设了一个海盗老巢，但是那里的殖民者凭空消失了。在 1607 年建设了詹姆斯敦的绅士们寄希望于找到黄金和宝石，但很快他们就大失所望，并且开始饿肚子了。后来，人们在一处垃圾站的遗迹中发掘出一具 14 岁女孩的骸骨，上面的痕迹表明，在 1609—1610 年的那个冬天，殖民者们已经不得不开始吃尸体了。但到了 1612 年，憔悴的幸存者们却有了一项重大发现：在他们沼泽密布、疟疾盛行的新家园里，烟草茂盛地生长着。这里的烟草虽然不像西班牙人在古巴种植的那么好，但是价格低廉，英格兰人也很愿意购买这种烟草。

与此同时，魁北克的法国殖民者和曼哈顿的荷兰殖民者发现，欧洲人十分乐于购买美洲的毛皮。于 17 世纪 20 年代从英格兰逃到马萨诸塞的一群虔诚的清教避难者此时则欣然地向那些曾经追捕他们的人出售用于制作船只桅杆的木材。到了 17 世纪 50 年代，清教徒开始向加勒比地区出口食物，因为加勒比一带的种植园庄园主已经把那里的每寸土地都用来种植糖料作物了——这种神奇的东西卖得比烟草还要好。货物从大西洋的西岸被运送到东岸，而人口（英国历史学家尼尔·弗格森称之为"白色瘟疫"[34]）则沿着相反的方向流动。

不过，在美洲以外的地方，欧洲对全世界的战争起初就没有那么顺利了，因为距离、疾病、人口、外交和武力这几项因素共同作用的结果对欧洲人不那么有利。非洲西部是美洲矿场和种植园中奴隶的主要来源，欧洲人在那里也获得了压倒性的军事优势，但欧洲人经常在微生物领域的战争中吃败仗——这主要归咎于黄热病和疟疾。只有在类似开普敦附近不那么适合疾病流行的地方，欧洲人才能真正掌控一切。荷兰殖民者于 1652 年在开普敦一带登陆，随后将当地的科伊科伊农民向内陆驱赶了 80 千米；1713 年，一场天花大暴发彻底终结了当地人的抵抗。

不过，这只是个例外。通常来说，除非能幸运地取得外交方面的突破，否则欧洲人很难取得什么进展。例如，在非洲西南，葡萄牙商人从1531年就开始沿赞比西河向上游发展，但坐落于此附近的莫诺莫塔帕王国（15世纪40年代大津巴布韦衰落后，继承其部分领土的一个国家）却一直与他们保持着距离。直到1600年前后，穆塔帕的国王加齐·鲁塞雷被一场叛乱弄得身心俱疲，才对葡萄牙人的态度有所改变。为了保住自己的宝座，国王邀请葡萄牙士兵和传教士进入王国内部。到这位国王于1623年驾崩之时，他请来的这些"顾问"已经拥有了指定其继任者的权势。

1700年之前，欧洲人只要能在海岸上取得一小块立足之地，就足以让他们感到满意了。在这些地方，商人们建造起城堡，并且与当地人谈定一些生意。"你们有三样我们需要的东西，"一位非洲酋长告诉一位欧洲商人，"火药、火枪和枪手。而我们有三样你们想要的东西：男人、女人和小孩。"[35] 因此，在1500—1800年，欧洲人从相互交战的非洲酋长手中买到了大约1 200万人，并把他们用船运到了大西洋彼岸。

欧洲人在亚洲最初的地位，要更加岌岌可危。疾病这一因素并没有给欧洲人带来任何优势，因为从14世纪黑死病暴发开始，亚欧大陆上的各种疾病已经基本在整块大陆上发生过了。因此，在疾病因素上就形成了一种平衡，欧洲人甚至还处于略微不利的境地，因为他们仍然无法抵御热带地区的疟疾。

另一个难以逾越的因素是欧洲和亚洲之间的遥远距离：从里斯本到卡利卡特要航行约1.3万千米，到马六甲还要再航行3 200千米，接着要再航行3 200千米才能到达广州。荷兰探险家亨德里克·布鲁韦在1611年找到了一条近路（在好望角附近乘着西风行驶到接近澳大利亚的位置，接着再向北抵达东南亚，这一航线比葡萄牙人沿着海岸行驶的航线要短3 200千米），但即便到了1620年，在亚洲的欧洲人仍然只有两万人左右，而他们面对的印度洋沿岸的亚洲人就有两亿之多，更不要提在中国还有约一亿人。

亚洲人无法阻止欧洲船只的到来，但实际上，在 17 世纪之前，他们也并非真的想阻止欧洲人到来。古吉拉特的苏丹认为："海上的战争是商人的事情，无关国王的威严。"[36] 他说的并不算太错。驾驶卡瑞克帆船的葡萄牙人或许会对马六甲这样的小城邦形成实际威胁，但是对土耳其、波斯、印度、中国和日本来说，他们顶多算得上恼人，而谈不上威胁。在他们看来，欧洲人与海盗是一类人，他们都会杀死沿岸城镇的居民，从而导致帝国/帝制国家税收减少，但是只要对他们的活动加以限制，放任他们所产生的成本要比征伐他们低得多。甚至，与欧洲人保持良好关系还能带来好处，特别是当皇帝想要购买枪炮的时候。

在印度洋沿岸，一种双速经济开始形成。大帝国继续支配着其庞大的内部市场，但欧洲人开始插足边缘地带。只要帝国还懒得理睬他们，欧洲人就可以继续相互争斗，抢夺国际贸易这块肥肉。

在欧洲人之间的争斗中，葡萄牙人处于不利的位置。从达·伽马的时代开始，葡萄牙王室就一直严密控制着商人，在葡萄牙也并未出现东印度公司这样的商业垄断联盟，而英国、荷兰和法国却分别于 1600 年、1602 年和 1664 年设立了自己的东印度公司。在理论上（实际上通常也是如此），这些私人性质的东印度公司要自己负担在印度洋经营的全部成本。荷兰东印度公司总督曾在 1614 年给董事会的信中写道："亚洲贸易的开展和持续，仰仗着你们自己武力的保护和支持；而要支撑这些武力，也必须要靠贸易中获得的利润。因此，没有战争，我们无法维持贸易；没有贸易，我们也无法支撑战争。"[37]

负担过重的葡萄牙政府无力与这样的商业模式竞争。到 17 世纪 50 年代，荷兰人就将葡萄牙人从其位于马六甲和斯里兰卡附近的根据地里赶了出去。在驱赶了葡萄牙人之后，荷兰人又把目标对准了英格兰人。"世界上的贸易不够我们两国分享，"一位英格兰商人解释说，"因此，两国之中必有一个被赶出局。"[38] 在 1652—1674 年，荷兰和英格兰进行了一系列无休止的战争，两国的舰队将新兴的纵队战术发挥到了极致。得益于佩皮斯在海军部的努力工作，英格兰最终在战争中取胜。但随即又有一个新的对手——法国，出现了。

对于欧洲人之间的激战，奥斯曼帝国、萨非王朝、莫卧儿王朝和中国的统治者们不以为意。一群欧洲人或许会取代另一群欧洲人，但是更大层面上的力量平衡却没有发生改变。一直到1690年，如果莫卧儿帝国觉得这些外来者在孟加拉一带要求的太多，尚可毫不费力地教训英属东印度公司。那一年，入侵的英军有一半死于疾病，东印度公司也只好接受充满"耻辱"的和平。

这个教训看起来很明显：欧洲人在战场上拥有优势，但疾病让这一优势收效甚微。距离、疾病和人口都让亚洲的帝国/帝制国家变得不可战胜。欧洲人最多只能寄希望于争夺亚洲人的残羹冷炙。

但很快，一切都变了。每一个国家，早晚都会遭遇坏运气、大洪水或是错误的决策。1707年，厄运找上了莫卧儿帝国。伟大的君主奥朗则布在统治帝国近半个世纪之后撒手尘寰。这位坐在孔雀宝座上的君主在执政末期与国内各色人等交恶：先是与他的亲生儿子，然后是与做实际工作、帮助他统治国家的拉者、纳瓦卜[①]和苏丹。在奥朗则布驾崩后，他以前的部下们抓住时机摆脱了莫卧儿帝国的统治。法律和秩序崩溃了，人们开始大肆使用暴力，整个国家开始变得四分五裂。

到1720年，地方上的王公们开始互相算计，彼此征伐，既把矛头向上对准他们远在德里的名义上的君主，也把矛头向下指向那些自己不满意的臣僚下属。在这场权力的游戏中，参加角逐的各方为了支持自己的行动，不惜债台高筑。有人在18世纪30年代抱怨说："我拜倒在（债主）脚下，把额头都磕破了。"[39] 毫无疑问，各国的东印度公司都非常乐于利用这一外交机遇，借钱给那些可能成为纳瓦卜的

---

① 纳瓦卜，对印度土邦穆斯林首领的称呼。——译者注

人——尤其是当他们为了雇佣欧洲军队,直接再把借来的钱交回到公司手上时。

但对于这些公司来说,这段时间也是令人焦躁不安的。积极的方面是,如果公司支持的人最终取胜,那么公司就会有拥戴之功,或许还能因此赢得在他们的海岸据点附近进行管理和征税的权力;而从消极方面看,战争会中断公司赖以为生的贸易,从而导致公司破产。在这个充满密谋、不停变换的政治世界中,头戴三角帽、沉默寡言的人们来往于欧洲人的城堡与拉者的宫殿之间,时而背叛别人,时而被别人背叛。

"王公们获得了独立,"英国政治家、哲学家埃德蒙·伯克说道,"而独立导致了他们的毁灭。"[40] 在东印度公司里,并没有多少人想毁掉这些王公,但是这样的事情恰恰就在印度南部的卡尔纳提克地区发生了。这一地区的情况比其他地方更加混乱,因为心怀鬼胎的纳瓦卜和苏丹们不但可以与英国人(他们的大本营在马德拉斯)打交道,也可以选择去与法国人(他们的大本营在本地治里)合作,甚至可以挑拨英国和法国的东印度公司,使其互相发生冲突。1744年,这两家东印度公司在听说英国和法国又一次在欧洲开战后,不约而同地决定派兵介入卡尔纳提克地区的事务,这很快引发了一场多方参与的冲突。

英法之间的冲突使得欧洲正在进行中的军事革命在莫卧儿帝国的崩溃过程中有了用武之地。如果说印度在17世纪40年代四分五裂时,欧洲人还没有足够的实力利用这一机会,但到了18世纪40年代,欧洲人的职业军队已经不可阻挡。欧洲军队的人数很少,通常不会超过3 000人,而且大部分军人并非欧洲人,而是从本地招募的新兵。但一旦开启战端,隶属于各国东印度公司的这些装备精良、训练有素、极富纪律性的士兵经常能够击溃人数十倍于己的当地军队(即便印度人派出战象,也依然如此)。用一场战役中的幸存者的话说,欧洲军队就像"一堵喷火的墙"[41]。

卡尔纳提克战争提高了两家东印度公司的赌注。在这场英法之间的战争中,获胜的一方不仅可以控制沿海一带的贸易,还可以占有整个卡尔纳提克地区。不过,随着战争持续进行,两家公司面对的战争成本也十分惊人。两家公司来到印度的目的都是赚钱,因此其商业逻辑要求双方用和谈的方式结束战争。1754 年,法属东印度公司开始寻求退出战争的策略,但英国人没有这么做。

在过去的 150 年中,欧洲大国一直在争夺贸易和殖民地,以获得足够的资金支持他们在本土的战争。在这方面,英国人做得最好。用一位作家在 1718 年的话说,英国已经成为"世界上最应当受到重视的国家,因为我们的贸易开展得如此广泛"[42]。不过,一些英国人开始发问:如果这种说法是正确的,那么是不是意味着传统的观念是错误的?英国在印度的贸易不应该是赢得欧洲战争的手段,而是恰恰相反,或许欧洲的战争才应当是手段,而在印度获得更多贸易权利才是目的?

通常,重大的战略层面的转变要花费一到两个世纪才能够完成,但这一战略转变正在英国进行。经过激烈的辩论,由贸易利益集团组成的松散联盟开始逐渐将英国引向一个新的商业模式:欧洲战争的目的仅仅是分散法国的精力,从而使英国可以在不受干扰的情况下夺取法国的殖民地和贸易权利。

英国政府开始向法国在欧洲的其他敌人提供财力和人力支持。与此同时,英属东印度公司在卡尔纳提克依然延续过去的做法,把自己选中的纳瓦卜扶上宝座。随后,公司就开始大肆勒索他,从他的手中夺走税收,并利用自己的代理人左右经济的运行,从而为公司攫取巨额利润。1756 年,在印度最富庶的孟加拉地区,一位新立的、亲法的纳瓦卜开始制造事端。英属东印度公司立刻抓住这个机会,重复其在卡尔纳提克的策略。

但这个纳瓦卜却先发制人,突袭了英属东印度公司在加尔各答的总部,并且在 6 月 20—21 日的那个漆黑而令人窒息的夜里,将超过 100 名俘虏塞进了只能容纳 8 个人的监牢。到了清晨,其中半数人已经死于窒息或中暑。这一事件被称作"加尔各答黑洞"。为了报仇，英属东印度公司派出了殖民军官罗伯特·克莱武——他不讨人喜欢，但是卡尔纳提克战争中无可争议的"英雄"。

克莱武并没有选择直接把这位纳瓦卜赶出加尔各答，而是率领英属东印度公司的部队，加入了孟加拉一支反对这位纳瓦卜的叛军。就这样，他控制的军队人数达到了他原本手下人数的20倍。随后发生的普拉西战役，其过程甚至有些可笑。纳瓦卜的炮手们无意中炸坏了己方的大炮，惊吓了拖炮的大象。接着，纳瓦卜的主要盟友，同时也是英国人属意的下一任纳瓦卜人选率众临阵倒戈，纳瓦卜的其余部队随即土崩瓦解。英属东印度公司因而又取得了孟加拉的征税权，而克莱武本人则从纳瓦卜的国库里分到了16万英镑的红利（大约相当于今天的4亿美元[43]）。

孟加拉只是一个开始。在英法七年战争结束后的两年中，英国和其盟友一起设法让法国的精力耗费在德国身上，而英国自己则夺取了地理位置重要的加勒比岛屿和整个加拿大。一支英国军队在印度再次击败了法国人，而英国皇家海军则两次击溃了法国舰队。从没有什么战略能如此成功。1783年，伯克曾经对英国下议院的议长说："在我出生的时候（1729年），或是你出生的时候（1735年），如果有人说，今天我们会在下议院里，讨论那些将莫卧儿帝国皇帝的权力乃至其本人都玩弄于股掌之中的英国子民，恐怕都是令人难以置信的吧。"[44]

"看不见的拳"

从葡萄牙人占领休达到1783年伯克发表演讲之间的这段时间，西欧人占领了数百万平方千米的土地，征服了数千万人口。他们不仅再一次开始了建设性战争，而且为之赋予了新的意义：他们把建设性战争的规模扩大到了全球，创造出拥有前所未有的大规模的社会。当他们越过大洋,在美洲、亚洲和非洲开展战争之时,西欧本土的暴力死亡率却在以空前的速度下降到了从未有过的低点。

自从罗马帝国在1 000年前覆灭以来,15世纪或许是欧洲最为血腥的一个世纪。在15世纪,没有雇主的雇佣兵们在法国和意大利肆虐,英格兰则因为内战而分崩离析。"啊!这凄惨的景象!啊!这血腥的时代!"[45]莎士比亚笔下的"疯子国王"亨利六世在1461年呼喊道。其时,五万人正在暴风雪中相互厮杀,以决定英格兰王位的归属。从考古学家在陶顿战役遗址的发现来看,他也许真的如此呼喊过。从一名士兵(现在他被称为陶顿25号)的头骨可以看出他死前被人连砸了八次:前五次击中了面部,但无一致命,紧接着的一下重击击碎了他的后脑勺,碎裂的骨头穿过了他的脑子。他朝前倒下,但接下来的一击把他打得仰面朝上,最后一剑把他的脸切成了两半——剑穿过了他的一个眼窝,然后一直切到他的咽喉(图4.8)。

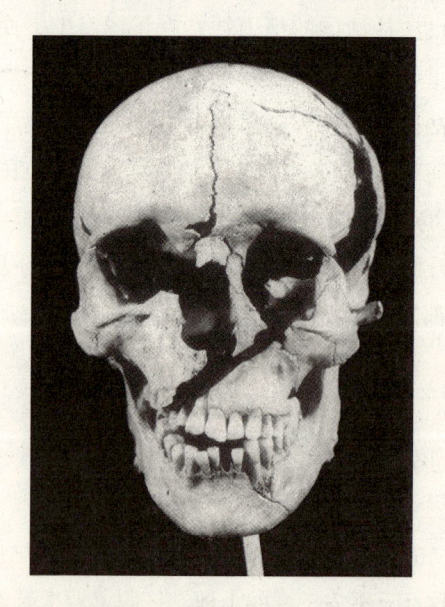

图4.8 血腥的时代:陶顿25号碎裂的颅骨,于1461年被敌人连击八次

资料来源:*Biological Anthropology*, University of Bradford Biological Anthropology Research Centre, Towton Mass Grave Project

但这还不是最糟的。他的战友陶顿32号的头上受了13处创伤，其中一处有意割掉了他的一只耳朵。即使是王位争夺者本人也不能从如此血腥的战争中幸免。1485年，在内战的最后一战中，理查三世（由于有DNA佐证和脊柱侧弯的特征，他的遗骨在2013年被辨识出来）被绑了起来，有人用剑刺入了他的头部，然后又用戟劈砍。在他死去之后，遗体又被从臀部刺穿，最后丢到了一个坑里。

在伯克于1783年发表演讲的时候，没人想到这样的暴力行径会再度发生在西欧。在此前的三个世纪中，强大的政府又回来了。它们竭力想要弄到金钱以供养庞大的陆海军，打造威力巨大的新式船舰火炮，培养职业军官和士兵。这就是埃利亚斯所说的"文明的进程"，一个充满理性、秩序和繁荣的时代到来了，这个时代会让亨利们和理查们瞠目结舌。

但这一过程也并非举世皆然。在17世纪，同样有一批国家倾覆了，因此刺激霍布斯写作了《利维坦》。但到了1783年，海盗和拦路抢劫的强盗逐渐成为历史（1718年，大海盗"黑胡子"身中五枪毙命；1739年，大盗迪克·特平被绞死），凶杀率在下降。在15世纪80年代，差不多每100个西欧人里就有一个会被杀；而到了18世纪80年代，这一概率下降到了1‰。伯克所在的英格兰可能是有史以来世界上最安全的地方。

在某种意义上，西欧在重演古代历史。就像罗马人、孔雀王朝和汉朝一样，西欧人也在创造更大的利维坦。就像古时候一样，这一过程也充满了暴行和剥削，但从长期看，它将带来暴力死亡率的降低和繁荣。知识分子清楚地看到了这一点。他们写了大量雄辩的文章和充满学识的论著探讨"古代和现代的战争"，辩论现代的战争是否或何时超过了古代的成就（不管怎么说，我在之前写作的《西方将主宰多久》《文明的度量》这两本书中描述的社会发展指数或许可以帮助他们解答这个问题：答案是肯定的，时间在1720年前后）。不过，从另外一种意义上说，就像欧洲人对建设性战争所做的那样，与其说他们在复活利维坦,不如说是在改造利维坦,为之赋予新的意义。

西欧人的帝国并非像传统的大陆帝国那样建立在自己所在的大陆,而是跨越了海洋,由此创造出了一种全新的经济模式,并且创造出规模空前的财富。单单是英国的出口额就从1700年的200万英镑急剧增长到那个世纪末的4 000万英镑。

正是大西洋让这一种新经济模式不同以往的任何模式。在欧洲人征服美洲之后,北大西洋被认为是一片大小适中的海域:它既足够大,其沿岸可以容纳各色各样的生态圈和社会;它又足够小,可以允许船只在其中穿梭航行,在各个地点开展贸易,并且取得稳定的利润(图4.9)。

历史学家通常将这种贸易称为"三角贸易"。商人可以从利物浦出发,满载着纺织品或火器驶往塞内加尔,赚取一笔利润,并且换得

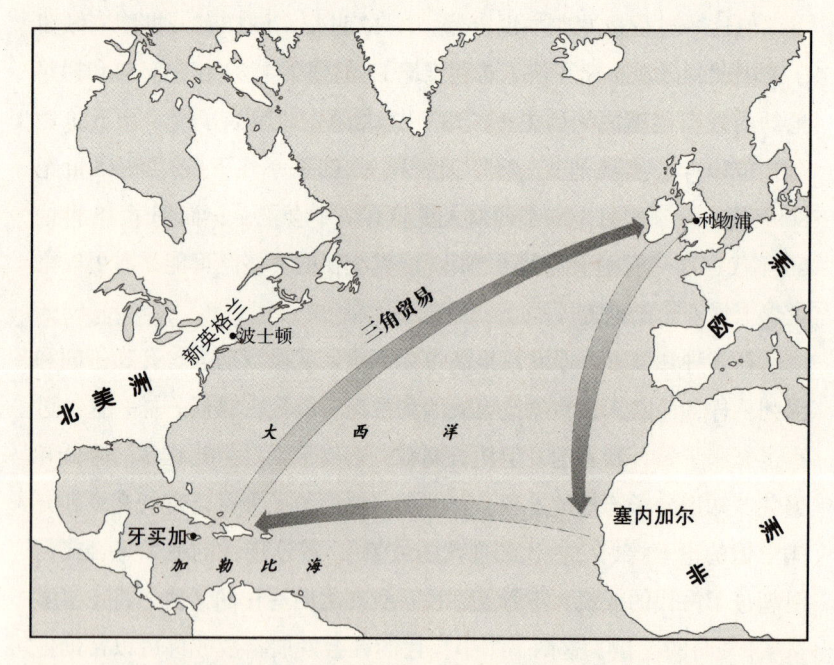

图4.9 大小适中的海洋:三角贸易带来了前所未有的巨额财富,开启了欧洲的市场革命,并且将1 200万非洲人作为奴隶送到了美洲

奴隶。随后，商人可以将奴隶运到牙买加，再赚取一笔利润，并换得糖。之后，他可以将糖运回英格兰，再大赚上一笔。随后，他再次装载一批制成品，出发前往非洲。另一种三角贸易的路线则是，波士顿人将朗姆酒带到非洲去，换得奴隶，再把奴隶运到加勒比地区，换取糖浆，再把糖浆运回新英格兰，制成更多的朗姆酒。

欧洲人对美洲的征服创造出了让人完全始料未及的产物———体化的跨大陆市场，由此生成了一个基于劳动力分工的地理区分，并且让每一处海岸都得以致富。它让毗邻北大西洋的每一块陆地都获得了经济上的比较优势，并且鼓励企业家们在某一领域有所专长：不管是在非洲抓捕奴隶、在加勒比地区和北美南部开辟种植园，还是在欧洲和北美北部从事制造业。

要想让这种新的经济模式顺利运行，就需要能够推动专业化发展的新型政府。因此，在非洲西部出现了强势的国王；在加勒比地区和北美南部出现了种植园寡头；在西北欧和北美东北部，商业精英们开始挑战集权君主。每一次政府变革都会产生冲突。非洲人为了抓住奴隶，就去袭击他们的邻居；美洲的移民者夺去了原住民的土地；欧洲人则为了争夺商路攻击其他船队。

凡是被这种新的大西洋经济影响的地方，所有固定关系都发生了变化。在西欧，廉价的航运使得普通人也能接触到一些小奢侈品。在18世纪，对一个兜里稍微有点儿钱的男子来说，可供选择的商品远不只是更多的面包，他还可以买到那些来自遥远大陆的神奇东西——茶、咖啡、烟草和糖，或是本国出产的烟斗、雨伞和报纸。与此同时，大西洋经济还造就了让人们获得所需金钱的机会。贸易商们愿意购买所有他们可以运到非洲或美洲的东西，不管是帽子、火枪还是毯子，所以生产商们也就愿意花钱雇人生产更多的产品。

人们一旦进入城镇就可以获得更高的收入，因此不再自觉跟着父辈务农了。有些家庭全员上阵通过纺纱织布赚钱；有些人则离开了农田，进入了车间。虽然各地的情况各有不同，但是在17—18世纪，越来越多的欧洲人开始向自己的雇主出卖劳动力,而且工作的时间也越来越长。他们工作的时间越长,就可以购买越多的糖、茶和报纸。这也意味着更多奴隶会被运到大西洋彼岸,更多土地会被开辟为种植园,更多工厂和商店会投入运营。产品的销售额提高,规模经济得以实现,价格随之下降,这个商品世界也由此能够向更多的西欧人开放。

1776 年,哲学家亚当·斯密在他的《国富论》一书中总结说,财富的真正源泉既非掠夺,亦非征服,更非垄断,财富的真正源泉是劳动分工。他在书中说,劳动分工是"人性中某种倾向的必然结果……这种倾向就是去互通有无、物物交换、互相交易"[46]。为了追求利润,人们开始专注于那些他们擅长的或是可以低成本从事的领域,随后用他们的劳动成果换取其他人擅长或是可以低成本生产、提供的产品或服务。在这些产品和服务获得了市场之后,其成本就会降低,质量就会提高,从而提升每个人的生活水平。"我们获得每天所需的食物和饮料,并非依靠屠户、酿酒师和面包师的恩惠,"亚当·斯密写道,"而是出于他们自利的打算。"

"他指引这种劳动产品使其具有最大价值也不过是为了自己的利益,"亚当·斯密解释说,"(但是)在这种场合,像在其他许多场合一样,他被一只'看不见的手'指导,尽力达到一个他无意识追求的目的……他追求自己的利益,往往使他能比在真正出于本意的情况下更有效地促进社会的利益。"[47]因此,显而易见的是,政府对人们的干预越少、越让他们可以自由地进行交易,这只"看不见的手"就可以越好地发挥效果,人们也就可以过上更好的生活。

但政府会愿意这样做吗?在过去的 5 000 年里,统治者最重要的特权之一就是可以掠夺富有的子民,即便是最为勤勉的坐寇有时候也禁不住这种诱惑。而亚当·斯密设想中的世界则要求统治者赌上一把。他告诉统治者,掠夺你的子民确实会让你所占有的国家财富的比例更大,而如果统治者愿意少占有一些利益,从长期来看会获得更大好处,因为国家财富这一整块蛋糕会变得越来越大。在国王独享大权的部分西欧国家（尤其是西班牙），这种说法似乎没什么吸引力。但在英格兰这样的君主权力较弱的国家，或是荷兰这样干脆没有国王的国家，政府更愿意给予新富的商人们更多自由，以开拓新兴的大西洋经济。（而最先产生新兴暴发户的法国，则介于这两种国家之间。）

让那些情感脆弱的贵族稍感安慰的是，这些在贸易中发财的新贵也会经常买下乡间的田庄，并且一有机会就迫不及待地戴上抹了粉的假发。不过，大西洋经济带来的资本化进程并不仅仅意味着与这些出身寒微的人做一些交换，还意味着要邀请他们进入权力核心。经济自由不可避免地会导致人们对政治自由的要求。那些试图抗拒这一潮流的国王可能会丢掉他们的宝座（例如1688年的英格兰国王詹姆士二世），甚至丢掉他们的脑袋（例如1649年的英格兰国王查理一世和1793年的法国国王路易十六）。

但对于富有的商人们来说，生活中也并非只有美酒和玫瑰。按照传统的统治方式，国王会把征税、解决纠纷和管理市场垄断行为等职权下放给地方名流。这些人通常会中饱私囊，但同时也降低了政府的开销。允许人们进行自由贸易意味着会打破这种过时的运行机制，把控制权递到"看不见的手"上。但与此同时，也必须有新的机制去确保法律的执行和秩序的维系。唯一可以做到这点的就是中央政府。让市场运转良好知易行难。要做到这一点，单纯让政府远离市场是不够的，甚至政府还需要介入市场，创造出一整套由更公正的官员、法官和公务员组成的新体系。非此，"开放准入秩序"[48]（著名社会科学家道格拉斯·诺思、约翰·沃利斯和巴里·温格斯特在他们的合著《暴力与社会秩序》一书中如此称呼这种新的体系）就无法发挥作用。

我们不能夸大变革的规模和速度。按21世纪的标准来看，18世纪的政府仍然很小。贵族们依然期待获得他人的尊敬，大多数时候也确实能够如愿；几乎在世界上的每个角落，"民主"都还是一个惹人生厌的词。但不管怎样，统治者开始更加在意普通人的利益。而要获得代表权，其代价就是向政府纳税；有了更多的钱，政府也就需要更多的管理人员。这些管理人员逐渐将利维坦的触角深入民权社会之中。在率先走向开放的英格兰，政府办公人员的数量在1690—1782年增加了两倍，税收则增长了六倍。"看看我们桌上的法令汇编吧，"1743年，巴斯伯爵不屑地说，"简直可怕。单是看看索引就让人感到恐怖，连着好几列，你都看不到别的东西，只有税、税、税。"[49]

尽管有这样的抱怨，但在亚当·斯密的时代，那些选择了开放政策的政府的表现显然要比其他政府更好。从西班牙到奥斯曼帝国，许多统治者仍然捍卫着皇室、贵族和教权在商人面前的特权。他们限制贸易准入，制造垄断，继续掠夺臣民的财物。结果，由于经济增长的速度低于人口增加的速度，这些国家开始面临饥饿、困苦和贫穷。与此相反，在欧洲的西北部，统治者更愿意尝试新的方式。他们强忍着与商人们达成协议，结果就是经济增长得比人口增加得更快（图4.10）。

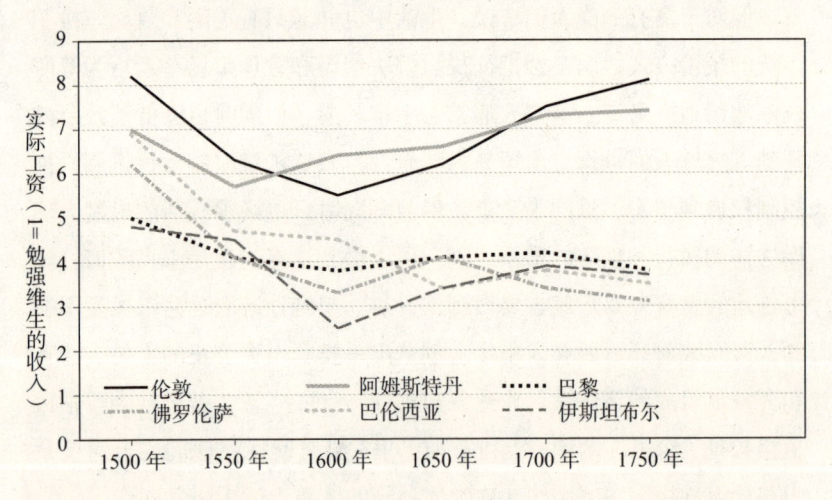

图4.10 为工资而劳动的人取得的工资：1500—1750年，在欧洲西北部和南部，非熟练工人的平均收入差异

亚当·斯密认识到，在国家内部的关系调整只是一个开始，统治者还需要重新调整国家间的关系。亚当·斯密认为，在迫使亚洲、非洲和美洲进入一个急剧扩大了的市场之后，欧洲各国极大地增加了世

界上的财富。但他指出,由于市场已经变得如此之大,欧洲"应当主动放弃其在殖民地的管辖权,让殖民地选举自己的管理者,制定自己的法律,并且凭借自己的意愿选择战争或和平"[50]。如果亚述人、罗马人或其他古代帝国想要放弃其行省、依靠贸易致富的话,那么他们一定是疯了。但亚当·斯密认为,现在如果允许殖民地各行其是地进行贸易,会给统治者带来净收益。

"这种做法,"亚当·斯密也承认,"以前没有哪个国家这样做过,将来也不会有。"[51] 但在1776年,也就是《国富论》出版的那一年,英国在北美的殖民者们让他们的宗主国无须再考虑是否要听从亚当·斯密的建议——他们反叛了英国。思想陈旧的政治家们认为,失去北美殖民地将毁掉英国的大西洋贸易,但事实很快证明他们是错的,而亚当·斯密是对的。到了1789年,英美之间的贸易就恢复到了美国独立战争之前的水平,并且持续增长。

在18世纪晚期,解释这一现象成了一个在很多领域都十分重要的问题。直到今天,这个问题实际上依然存在。从某种意义上说,这个问题也是我要在本书中回答的那个问题。我一直在说,在农业出现后的一万年里,建设性战争创造出利维坦,利维坦则创造出更大的社会,并维持其内部的和平,从而使经济得以增长。因此,建设性战争推动着这个世界变得更安全、更富庶。然而,美国独立战争似乎指向了相反的方向。由于美国独立战争将大英帝国的一大块领土分裂了出去,因此它显然应当是一次反建设性战争(按照我此前使用的定义)。但美国独立战争并没有导致我们在第三章中看到过的种种灾难,而是英国和新生的美国都比以往更加富裕了。或许,美国独立战争告诉我们,本书的核心论点根本就是错的。或许,让世界变得更安全、更富庶的真正秘诀就是让每个人都获得追寻个人利益的自由,而根本不需要政府出面来制定规则,并用暴力确保规则的实施。

在18世纪晚期,许多学者确实得出了这样的结论。那恰是卢梭挑战霍布斯的时代。卢梭指出,在产生政府之前,人们生活在和平而快乐的自然状态之中。那也是属于托马斯·潘恩的时代。托马斯·潘恩在他畅销的小册子《常识》中告诉美国人："在最好的情况下，政府也最多不过是一种必要的恶。"[52] 美国的一些革命家，尤其是以托马斯·杰斐逊为首的民主共和党（今美国民主党前身）人试图将这种新的理论付诸实践。另一些人则是以亚历山大·汉密尔顿为首的联邦党人，他们反对"政府将变得无用，摆脱了政府束缚的社会也能存续，并且将蓬勃发展"[53] 的观点。联邦党人约翰·亚当斯对杰斐逊说，事实是，人是其自身暴力冲动的奴隶，"只有武力、权力和力量能够制约之"[54]。

亚当·斯密则站在两条道路之间。他说，就看看英格兰在1651年通过的《航海条例》吧。这一法案的主要设立动机是在英格兰殖民地的贸易中排除荷兰人的竞争，但从纯粹的经济角度来看，这个法案是灾难性的。将荷兰人排除在外，会导致英格兰的市场变得更小，也让所有人都变得更穷。但从战略角度看，这一法案却是至关重要的，因为崛起中的荷兰已经威胁了英格兰的生存。亚当·斯密指出："安全要比繁荣重要得多。因此，《航海条例》或许是英格兰所有的商业法规中最为明智的一个。"[55]

《航海条例》解释了大西洋经济的那个基本问题，也是开放秩序中的每一个组成部分要共同面对的问题。政府如果不离开市场，那么市场就无法良好地发挥作用；而政府如果不参与市场，市场则根本不能运转，因为市场需要政府出面赶走暴力这头"怪兽"，确保世界的和平。暴力和商业只是一枚硬币的两面，因为"看不见的手"需要"看不见的拳"为其铺平道路。

美国独立战争后的半个世纪逐渐告诉人们要怎样解决这个谜题——解决方案并不是消除利维坦，而是要建立一个跨越整个世界的利维坦。这个利维坦将是一种全新的坐寇，它高高在上，不偏不倚地维护国际的开放秩序，并且阻止那些更小的利维坦干预"看不见的手"的运行。欧洲西北部那些新兴的、对商业表现出友好态度的政府在本国内做到的事情,也是这一新兴的、对商业表现出友好态度的利维坦要在各国之间做到的事情。利维坦将扮演公正的"世界警察"的角色,为所有人提供安全保障,从而让人们在经济上的自利因素的驱动下加入这个越来越庞大的市场。放弃了掠夺和垄断权的"世界警察"将是这个巨大的市场中享有最多特权的参与者,如果一切顺利,这个"世界警察"的富裕程度将是此前的那些利维坦闻所未闻的。

战争再一次接近了它的顶点。自从在15世纪重新发明了建设性战争之后,欧洲人已经对这个星球进行了前所未有的征服,创造出了空前规模的市场,但是那些曾经带领他们走向成功的策略如今却在引领他们走向灾难。为了在这个由建设性战争创造出了全球贸易的崭新世界中生存,各国必须接受开放的秩序。就像亚当·斯密所预料的那样,这个世界上并没有哪个国家准备好去全心全意地采取这样的措施。即便是在北美遭遇了失败之后,英国仍然积极地加强其对印度的控制。不过,英国政府也开始意识到,他们要想获取更大的社会带来的好处,并不一定非要控制北美,而只要控制海洋就可以了(因此,《统治吧,不列颠尼亚!》[56]这首歌在1740年问世也就没什么可奇怪的了)。英国正一点点地接近成为"世界警察",用它那"看不见的拳"管理海路,为市场这只"看不见的手"的运行铺平道路。

建设性战争和利维坦并没有过时,它们反而演进出了更新、更具威力的形式。但不幸的是,这个世界要再经过一代人的杀戮才能意识到这一点。

战争与永久的和平

"1793年,一个新的力量出现,打破了所有的幻想。突然之间,战争变成了人民参与的事业。"[57]

在亲历了这一切的克劳塞维茨看来,这才是18世纪末的真正遗产。1787年,美国的开国之父们以"我们美利坚合众国的人民"[58]作为其宪法草案的开篇词,并不是随意为之的:正是武装了的人民,而非拿薪饷的职业军人或是雇佣兵在独立战争中站出来反对英国人。美国的革命者们缺少资金和组织,无力为军队支付薪饷,只能靠激发人们的爱国热情征召军队,并且率领他们围着死板而缓慢的职业军队绕圈子。在开放的市场和政治之外,开放的秩序现在又带来了有人民的力量参与其中的开放的战争。一场新的军事革命开始了。

起初,人们并没有充分意识到这一点,尽管他们本应想到。许多欧洲观察家坚持认为,美国独立战争并没有什么特殊之处。他们认为,战争中的美国人根本不是一股团结一致的力量,而仅仅是一盘散沙,如果不是法国和西班牙的舰队以及冯·施托伊本(一位来自德意志的军官,他将大陆军训练得更接近于职业军队)参与进来,美国人很可能会输掉这场战争。

即便在欧洲人意识到美国人进行了一场新颖的人民战争之后,他们也不以为意。他们认为,独立战争后的美国军队简直不值一提。一直到1791年,以寡敌众的迈阿密印第安人还在沃巴什河上游附近歼灭了一支美国军队。印第安人杀死了600名白人士兵,并且把土塞进他们的嘴里,意为满足他们对土地的贪婪。很多欧洲人认为,如果这就是人民战争的结果,那么不要也罢。

美国独立战争真正给欧洲人留下印象的,并非他们进行战争的方式,而是这个新兴的共和国发布的关于超越战争的声明。就连比大多数美国人都更称得上知兵的乔治·华盛顿也对法国记者说"现在是让骑士精神和疯狂的英雄主义精神终结的时代了",因为"商业为人们带来的好处将取代战争和征服……就像《圣经》中所说,'列国再也不学习战事'"[59]。

在18世纪90年代中期,欧洲的文学沙龙中最热门的话题之一就是有关世界和平的提议,其中很多都受到了美国人的启迪。不过,最具影响力的还要属伊曼努尔·康德的小册子《永久和平论》。康德或许是欧洲最为著名的哲学家,他既以其出色而广受争论的专著而闻名（就连同为哲学家的学者起初也觉得他长达 800 页的《纯粹理性批判》晦涩难懂），又以其严谨的生活方式而著称（他餐后都会大笑：并非因为他喜欢笑，而是这样有助于消化）。不过，《永久和平论》既不庞杂，又不严厉，康德甚至在开篇还开了个小玩笑：他说，这篇文章的题目取自"荷兰一家旅店标识上的讽刺文字，那标识上画了一处公墓"[60]。

除了黑色幽默，康德指出永久的和平在当前就有实现的可能。他认为，原因在于开放的共和国比封闭的君主国更善于经营商业。"如果进行战争需要得到公民的同意"，就像在共和国里那样，那么"公民们很可能会对进行这样不高明的赌博持谨慎态度"。而一旦共和国弃绝了战争，那么每个国家"都可能，也应当为其自身的安全考虑而要求其他国家一起加入一个类似于公民组织的组织之中，因为在这样的组织中，每一个国家的安全都可以得到保证。如此就形成了国家联盟"。这样一来，就再也不会有战争了。

直至今日，《永久和平论》仍然颇具影响力，经常在大学的课堂上被要求阅读（有时候同《萨摩亚人的成年》一道）。但就在它问世的 1795 年，其中的一些观点就已经被发现存在明显错误。共和主义非但没有带来永久的和平，反而把欧洲推入了战争之中。

事情的诱因是法国国王路易十六为了削弱英国，而给予美国革命者异常慷慨的军事援助，这简直是整个 18 世纪最具讽刺性的事件之一。路易十六为此大量举债，到了 1789 年，他已经无法支付借款产生的利息了。他试图增税，结果引发了纳税人的反感，这种反感很快演变成了暴力行为。革命者逮捕了国王和王后玛丽·安托瓦内特，并在不久后将他们送上了断头台。除了他们二人，前前后后在断头台上送命的法国人还有 16 592 人。

惶恐的欧洲大国组成了一个强大的同盟，以图恢复局势。1793 年，法国革命者们突然感到恐惧，于是发动了一场威力超乎克劳塞维茨想象的人民战争。"整个国家都投入其中，"克劳塞维茨说道，"只要是有用的资源,都被投入战争之中,再也没有什么东西能阻止战争的发生。"[61] 100万法国人就此加入了战争。

康德认为,共和国的公民们对进行战争这种不高明的赌博会持谨慎态度。在这点上他可能没错,但一旦公民们决定发动战争,他们就会带着一种在职业军人身上鲜见的对暴力的狂热。在美国独立战争之中,除了在南北卡罗来纳两州进行的大战,罕有什么激烈的大战。而在法国革命战争中,人们却带着一种狂热的正义感投入其中,并把矛头直指战争中的敌人。一位法国军官在1794年写给他姐妹的信中写道:"我们带去了火焰和死亡,一名志愿兵亲手杀死了三名妇女。这无疑是暴行,但为了共和国的安全我们不得不这样做。"[62]

在那一年,革命军把25万乡下人当作反革命分子杀掉了。他们嫌枪决和断头台处决的效率太低,干脆把平民绑在一起丢进河里。"卢瓦尔河变成了一条革命的河流,"指挥官揶揄道,"本着人道主义的原则,我将这些恶魔从自由的土地上清除了出去。"[63]

不过,当革命者面对训练有素的普鲁士、奥地利和俄国军队时,他们遇到了麻烦;在美国革命者最初面对英军和效忠英国的黑森佣兵的时候,他们也曾遭遇同样的窘境。法国的人民军队人数众多,纪律涣散,指挥乏力,特别是在他们将那些反动军官都斩首或驱逐出境之后。拯救法军的是出色的炮兵部队,因为炮兵部队保留了那些非贵族出身、在革命爆发前就在军中服役的军官。1796年,这些炮兵军官中的一个——个头矮小、喜欢争吵、来自外省的拿破仑·波拿巴,找到了将人民军队变为胜利之师的方法。

革命者们声称:"我们不需要策略,不需要战术,只需要火、铁和爱国精神。"[64] 而拿破仑的天才之处在于他将口号变成了现实。拿破仑的部队抛弃了经常拖职业军队后腿的补给线,转而在所经之处购买或是抢夺他们所需的资源。这样的行为自17世纪以来本已绝迹,因为军队的规模已经太大,无法在行军沿途经过的农场中弄到足够的物资。但拿破仑将自己的部队分解成兵团和建制更小的师,让他们分别沿各自路线独自行军。在迫不得已的情况下，每一个兵团或师都可以独自作战，但拿破仑的胜利秘诀是，各支部队要迅速聚集到遭遇敌人的地点，从而可以集中兵力作战。

在战场上，拿破仑采取了相同的策略。他的士兵无法像传统的职业军人那样完美地运用复杂的线性战术，因此他也不要求他们做到这点。相反，成群的散兵会狙击敌人整齐的队列，而大群的法国步兵则在密集枪炮的掩护下排着参差的队列前进。一旦接近敌军，法军阵列就会分散为混乱的战线，对敌军进行齐射，用人数的优势弥补准确度的不足；法军也可能会继续前进，举着固定好的刺刀冲入敌阵。即使是敌人的职业军队，也经常会在法军的冲锋下丢下火枪逃走。

就在康德写作《永久和平论》的时期，法国人的人民战争的目标正在不经意地由保卫革命果实演变成了扩大革命成果。1796年，拿破仑席卷了意大利北部；1798年，他入侵了埃及；1800年12月，法军打到了距离维也纳不到80千米的地方；1807年，也就是康德去世三年后，拿破仑占领了康德的家乡柯尼斯堡。

欧洲的人民战争的方式与美国的截然不同。在英国人于1781年于约克镇投降后，美国人便铸剑为犁。将军们都回到了自家的农场，而杰斐逊和他的同道中人则顽固地抗拒着中央集权、税收、国债、常备军以及利维坦常用的其他工具。

对一些美国人来说，这意味着他们与那些腐朽的欧洲人截然不同。而实际上，美国在遇到危险时（比如在18世纪末，当美国人担心法国人可能入侵时）也回到了利维坦的道路上。因此，美国与欧洲的真正区别可能只是政治地理上的区别。在公元1781年之后，几乎没有任何力量可以威胁美国的存在。因此，美国人可以只维持很弱小的军事力量，甚至开始讨论他们究竟是否需要一个利维坦。与此相反，欧洲国家的周遭都是虎视眈眈的邻国。一点点的劣势可能就会导致致命的后果，为了生存，共和国也必须像君主国一样拼命战斗。

在美洲和欧洲，爱国热忱的勃发都是开放秩序兴起的一部分。不过，拿破仑发现，人民战争并非必须伴随着共和制度，从而使欧洲的人民战争与美国的人民战争进一步分道扬镳。1799年，一场静悄悄的政变让拿破仑成了法国实际上的君主。1804年，拿破仑公开加冕称帝。自此，法国大军的战争目标就变成了旧式的帝国扩张。乔治·华盛顿相信，商业让战争变得不再必要，而拿破仑却不这么认为。事实上，从1806年开始，拿破仑开始试图做一件截然相反的事情，即利用战争控制商业。他要求被打败的敌人加入大陆封锁，即对英国展开贸易禁运，将其逐出欧洲市场，从而让英国破产。

经过了将近十年的战争（其中包括欧洲历史上一些规模最大的战役，例如1813年有60万人参战的莱比锡战役），事实证明拿破仑是错的。如果要想靠战争制约商业，唯一可行的方法是用法国的舰队取得制海权，从而终结英国的贸易。但由于贸易的利润十分可观，比起法国人，英国总是能造出更多更好的船只，训练出更多更好的水手。拿破仑在海上的努力徒劳无功。由于英国的全球贸易依然可以进行，欧洲人很快发现，他们对英国贸易的依赖程度要高于英国对他们的依赖程度。一个又一个的国家开始想方设法绕开大陆封锁，继续在英格兰的市场中进行贸易。

拿破仑为了推行大陆封锁而进行的战争很快超越了人民战争的顶点。从1799年开始，他证明了他可以利用人民战争将自己送上皇帝的宝座，但是现在，欧洲那些立国更久的君主学会了用同样的方式将他赶下皇位。1808年，拿破仑占领了西班牙，以使西班牙留在大陆封锁之中。随后，他就陷入了全民起义的泥潭中（图4.11）。英国正规军支援西班牙起义军，在接下来的六年中拖住了数十万法军。

拿破仑的厄运还没有结束。为了继续维护大陆封锁，他又入侵了俄国（我在第三章中提到过，正是这一事件让克劳塞维茨提出了顶点理论。在他的祖国普鲁士向法国屈服之后，克劳塞维茨于1812年作为志愿者加入俄军。他意识到，自己的这种反法情绪以及其他更激烈的反应，正是拿破仑一手制造出来的：拿破仑走得太远了）。形势很

图4.11 人民战争：1808年5月2日，西班牙起义者在马德里对法军展开了游击战

资料来源：PhotoAISA, Barcelona

快发生了逆转。在拿破仑占领莫斯科的短短两年之后，俄国人就进入了巴黎，放逐了拿破仑。但随后，形势再次发生了逆转。1815年，在戏剧性的100天之内，拿破仑先是突然回到法国，再次召集起一支军队，随后险些在滑铁卢击败英国人。再次失败之后，拿破仑被放逐到了更加遥远的地方。

面对拿破仑那旧式的军国主义和时髦的人民战争的结合体的挑战，英国这个新式的、开放的贸易帝国取得了胜利。到拿破仑于1821年去世时（有人说英国人下毒加速了他的死亡），英国已经如同一个巨人俯瞰着这个世界的大部分地区。"世界警察"的身份开始给英国带来好处：用英国战舰监管航道确实要产生成本，但这笔钱花得值，因为1781—1821年，英国的出口额增加了两倍，英国的工人也成了这个星球上产出最高的工人。

英国正在变成一个前所未见的国度，同时也解决了一个前所未见的问题。

日不落

亚当·斯密认为,更大的市场会带来更精细的劳动分工,从而逐次提高生产率、利润和工资,形成良性循环。但一旦劳动分工的细分程度达到了极致、劳动效率已无法继续提高,会发生什么情况呢?

亚当·斯密没有杞人忧天地担心这一问题,因为这个问题还从未出现过。但到拿破仑去世的时候,亚当·斯密的后辈们却非常忧心这一问题。此时,英国工人的工资已经太高,导致一些英国商品在欧洲市场的价格过于昂贵。英国公司要想维持经营,唯一的办法似乎就是降低工人工资。在19世纪初,伦敦人的平均工资比他们的祖辈低了15%。在战争中取胜的英国人似乎要在和平时期落败了。

托马斯·马尔萨斯、大卫·李嘉图和其他一些政治经济学家猜测存在一条工资的铁律。劳动分工、帝国扩张和英国成为"世界警察"这样的事件都会暂时提升工资水平,但最终工资总会下降到让人挨饿的边缘。有些人预测,19世纪将是一个悲惨的时代。但这并没有成为现实,因为一系列因素的共同作用使得"看不见的手"和"看不见的拳"用新的方式一同发挥了功效。

故事得从衣服开始。由于每个人都需要衣服,因此纺织品是近代经济的一个重要部门。因为潮湿多草的国家适合绵羊的生长,所以不列颠人有着许多个世纪穿羊毛服装的历史。不过,随着东印度公司深入亚洲,它开始从亚洲把成卷的色彩艳丽、价格低廉的棉布运回本土。这些棉布大受欢迎。

羊毛商人对棉布带来的竞争深感不满,于是采取了亚当·斯密最为反感的一种方式进行反击:他们游说议会,要求禁止进口印度的棉花,以此干预市场。由于棉花无法在英国生产,因此布商们只好从加勒比地区的英属殖民地进口棉花(这是合法的),并且在英国本土纺纱织布。但英国工人纺纱织布的成本更高,做得也没有印度工人好。到18世纪60年代,每销售30件羊毛服装,才能销售出1件棉布服装。

棉布生产的瓶颈是纺纱。这一环节耗费大量劳力，要求工人反复将棉花纤维纺在一起，使其变得更紧实。据传，在1764年，这个瓶颈被打破了。当时，一个名叫詹姆斯·哈格里夫斯的工人看到他的一台手纺车在翻倒后仍然继续转了几秒钟。哈格里夫斯说，他突然意识到，他可以制造出一种纺车，让纱锭不停地从垂直变成水平，再从水平变成垂直，就可代替人的手指将纤维纺在一起。实际上，他制造出来的机器可以装备几十个纱锭，工作效率远远高于人工。

哈格里夫斯找到了一种遏制高工资下降趋势的方法。他用机器的力量提高了人力劳动的效率，从而提高了生产率。哈格里夫斯的珍妮纺纱机大受欢迎（或许太受欢迎了，他甚至没办法保证他的专利权）。1779年，一种更先进的设备进入了市场，这就是克郎普顿发明的"骡机"，它纺出来的棉布不仅比印度的产品更便宜，也更精细。

这些看上去与战争史的关系不大。要想清晰地看到两者之间的联系，我们还需要先讨论一个偏离战争主题更远的领域——深入地底的矿脉。在18世纪，煤矿主们面临着矿工高工资（按照当时的标准）的问题。整体工资水平的提高导致英国人开始生更多孩子，而人口的增多使得人们开始砍伐森林，开辟出更多农田。随着树木的减少，煤开始取代木柴成为取暖和烹饪的燃料。这对矿工来说是好消息，他们为了开采出更多的煤而在矿井里越挖越深。但到了1700年，煤矿透水事故接连发生。为了能够继续开采煤矿，煤矿主只能花大价钱请人排水；而为了喂养拉斗链的马匹，他们也只好在昂贵的土地上种植燕麦。这些都带来了毁灭性的成本压力。使矿主摆脱这一困境的，是最早于1712年应用于煤矿的一项工程奇迹。这种机器用廉价的煤代替了昂贵的人力。它通过燃煤产生水蒸气推动活塞，从而将水抽出矿井；将水抽出之后，人们又可以从矿井中开采出更多可供使用的煤了。

1785年，一位棉纺厂厂主将他的"骡机"、珍妮纺织机、画眉鸟纺织机与蒸汽机联结成一个整体，从而使得煤与服装这两个产业发生了联系。生产效率实现了爆炸式的提高。棉纱的价格从1786年的每磅（约等于450克）38先令下降到了1807年的每磅不到7先令。销售量增长得更快。1760年，英国进口了113万千克原棉；到1787年，进口量增长到了1 000万千克；到1837年，这一数字则达到了1.66亿千克。工程师们开始为蒸汽找到各种新用途，于是蒸汽动力也就进入了一个又一个行业。从18世纪40年代开始就一直下滑的英国工资水平逐渐止跌，并且在1830年之后开始上升。工业革命来临了。

蒸汽动力摧毁了欧洲商业最后的壁垒。几个世纪以来，欧洲与东亚的遥远距离使得西方的贸易规模一直很小，商人根本无法触及非洲和亚洲腹地的市场。蒸汽改变了这一切。工程师们很快发现，蒸汽机可以被装载在轮子上，它们既可以推动在海洋中行驶的轮船，又可以推动在铁轨上奔驰的火车。蒸汽不仅可以替代生产过程中的人力，也可以取代运输过程中的风力和洋流。蒸汽缩小了空间。

英国人走在了前面。"这个世界是为了董贝父子经商才出现的，"查尔斯·狄更斯在他那本关于傲慢、偏见和全球贸易的小说《董贝父子》中如是说，"太阳和月亮是为了给他们照明而创造的；河流与海洋是为了供他们航行而形成的；彩虹向他们预示良好的天气；刮风对他们的企业有利或不利；星星和行星沿着轨道运行，是为了确保一个以他们为中心的神圣不可侵犯的体系……A.D.与Anno Domini（公元）无关，而只是代表Anno Dombei–and Son（董贝父子纪元）。"[65]

狄更斯于1846年（是公元，不是董贝父子纪元）写下了这段话。1838年，一艘英国蒸汽船不顾逆风或是不利的洋流，以闻所未闻的平均时速16千米航行了15天，横跨了大西洋。1840年，一艘更了不起的船——装备有火炮和火箭弹的全铁壳蒸汽船"复仇女神"号，从英格兰驶往中国。它从外表看上去是如此奇怪，连其舰长都承认："木头是可以漂浮在水上的，所以我们认为用木材来造船再自然不过了；而铁是会沉入水中的，因此用铁来造船，乍一看上去实在太不合适了。"[66]

"复仇女神"号此次前往东亚，是为了一个令人尴尬的争端。清政府对西方商人十分不信任，因此多年以来只许他们在狭小的澳门和广州活动，并且对他们买卖的物品种类加以限制。但商人们发现，不论清政府的态度如何，清朝的消费者却很愿意购买西方的商品，特别是鸦片。世界上最好的鸦片产自英国控制下的印度，因此鸦片生意十分兴隆。1839年，清朝派钦差大臣林则徐赴广东禁烟。

清朝官员从英国鸦片商人手中查抄了价值不菲的鸦片。鸦片商人们进行了一番倾向性鲜明的游说工作，最终说服英国政府向清朝索要赔偿，并且要求在香港得到一块落脚点，还要求商人们（包括鸦片商人）获得进入其他港口的权利。很自然，清朝拒绝了英国人的要求，他们相信遥远的距离能够保护他们。但"复仇女神"号和一支小型英国舰队很快证明这种假设是不成立的。

鸦片战争的交战双方存在着惊人的技术差距。一名英国军官记载道，清朝的平底帆船看起来"就好像那些老照片里的物件复活了，有了实体和颜色一样。它在我面前游弋，完全不知道几个世纪以来世界的进步，也全然不知现代的发明和改进"[67]。入侵者的火炮摧毁了要塞。1842年，清政府被迫接受了英国人的要求。

蒸汽船开始将西方货物堆满中国的沿海城市。1853年，美国的一支小舰队为了寻找装煤站，公然驶入了东京湾。未待美国人放上一枪一炮，日本政府就屈服了。美国总统无视舰队司令关于吞并台湾的建议，但形势已经很清楚：任何一个有海岸线的地方都不再能免于西方人的侵袭。

甚至，没有海岸线的国家也是如此。蒸汽船可以在海上航行，或是溯流而上；铁路则可以让西方人深入内陆。不过，在对内陆地区的征服方面，急先锋并不是欧洲人，而是他们在海外的殖民者。欧洲政府此前就发现，那些与宗主国远隔数千米的殖民地居民认为自己无须听从宗主国的命令。从16世纪开始，葡萄牙、西班牙、英国和法国都曾经颁布过大量的有关贸易、茶叶、奴隶和印花税的规定，但巴西、墨西哥、马萨诸塞和魁北克的居民无视这些规定。即便对于那些比较合理的命令（比如殖民地应当自行负担防务费用），殖民者们也经常拒绝执行,并且对强制推行这些命令的举动进行反抗。在失去了美国之后,为了将加拿大、南非、澳大利亚和新西兰留在版图之内,英国只好赋予它们美国曾要求过的大部分权利。1803年,法国卖掉了它在北美洲最后一块领地;1825年,西班牙在美洲的领地只剩下了古巴和波多黎各;葡萄牙则已失去了其全部美洲领地。

出于对征服成本,甚至有时是对当地居民权利的考虑,欧洲政府在深入内陆方面犹豫不决。而白人殖民者们则没那么多顾虑。《独立宣言》的墨迹未干,美国人就翻越了阿巴拉契亚山脉;奇克莫加战争(1776—1794年)则拉开了长达一个世纪的对美洲原住民的进攻序幕。19世纪20年代,澳大利亚人也如法炮制,征服了塔斯马尼亚,并且深入大洋洲大陆的内陆地区。19世纪30年代,南非的布尔人摆脱了英国人的统治,并且在血河战役中以3人受伤的代价射杀了3 000名祖鲁人。到19世纪40年代,新西兰人对毛利人开战,美国的疆土则终于推进到了太平洋之滨,从一个海洋扩展到了另一个光辉之海。

原住民的领地开始缩小,而铁路加速了这一进程。在19世纪30年代,美国人铺设的铁路是欧洲人所铺设的铁路的两倍;到了19世纪40年代和50年代,美国人铺设的铁路长度又分别增加了一倍和两倍。火车这匹"铁马"向西输送了数百万移民,并且在美国军队将美洲原住民赶往遥远的保留地时为军队提供了所需的给养。到了19世纪80年代,铁路也开始把开普敦的矿工运送到德兰士瓦开采黄金和钻石,或是把俄国殖民者和军人运送到撒马尔罕。1896年,当一支英国军队进入苏丹镇压一次伊斯兰起义时,他们甚至一边行军,一边修筑铁路。

阻挡西方扩张的最后一道屏障——疾病,在1880—1920年轰然倒塌。在仅一代人的时间里,医生们就隔绝并征服了霍乱、伤寒、疟疾、昏睡病和黑死病。只有黄热病坚持到了20世纪30年代(在1898年的美西战争中,每14个死亡士兵就有13个死于这种疾病)。

这一成就带来的后果影响了整个热带地区,但是对非洲的影响最为显著。一直到1870年，还没有多少欧洲人能深入离海岸一两天步行距离的非洲内陆。但到了1890年，蒸汽船和铁路却将数千欧洲人运入非洲内陆，药品则保障了这些人的生存。几个世纪以来，欧洲人要想获得象牙、黄金、奴隶和其他想要的东西，只能与一群非洲酋长讨价还价，每个酋长都会在利润中分一杯羹。而如今，欧洲人完全可以靠自己。

像往常一样，一个问题的解决往往会导致另一个问题的出现。不论是在英国人和美国人身上，还是在法国人和比利时人身上，奎宁和疫苗都同样有效。因此，那些勇闯沙漠、丛林和充满敌意的原住民等道道难关的商人们经常会发现，已经有其他欧洲人捷足先登了。就像几个世纪前在美洲和印度发生的情形一样，这些人总想说服他们的政府在非洲谋求更大的利益，并且把其他西方人赶出去。

吞并一块领土通常只需要几百名西方士兵。从18世纪50年代开始，非洲人和亚洲人就一直在努力学习欧洲的火器技术（特别是在1803年印度发生的一次艰苦的战斗之后，当时的英国指挥官承认，"我这一生中都没遇到过这样的情况，上帝保佑，可别让我再碰到这样的情况了"[68]），但是西方的火器一直在进步。到了19世纪50年代，来复枪（这种枪的枪管内有膛线，可以让子弹旋转起来，从而增强其射程和精度）的大规模采用，造成了可怕的后果。

采用了蒸汽动力的工厂制造出数万把来复枪，每一支枪的做工都很完美，失灵的可能性比前工业化时期使用的火枪低得多。美国人尤其善于大规模生产。1854年，在马萨诸塞州斯普林菲尔德兵工厂，一名工人随机挑选了该厂在此前10年内生产的10支火枪，将它们拆散，再把零件都扔进一个箱子里，再组装出10支功能完好的枪支。在场的英国人看了大为吃惊，他们立刻购买了美国人的机器设备，创办了恩菲尔德兵工厂。"没有什么东西是机器造不出来的。"[69]左轮手枪发明者塞缪尔·柯尔特告诉他们。

一旦像美国内战那样，战争双方都拥有来复枪，而且都知道怎样使用来复枪，数千士兵就可能会在几分钟之内被击倒。1862年9月17日，至今仍然是美军历史上最血腥的一天。在那一天进行的安提塔姆战役（美国南方军队习惯称之为夏普斯堡战役）中，伤亡总数将近2.3万人。不过，欧洲人在非洲和亚洲很少遇到来自来复枪的反击。1857年，亨利·哈弗洛克将军率领的一小支英军遭到印度大军伏击，结果印度军队反而被消灭。事后，亨利·哈弗洛克将军评说道："十分钟之内，胜负已决。"[70] 他的这句评语可以用来评述19世纪中叶从塞内加尔到暹罗发生的许多场屠杀。加特林机枪（1861年取得专利）、卡纳汉和德拉沃特最青睐的马蒂尼-亨利步枪（1871年问世）和全自动的马克沁机枪（1884年取得专利）使得西方和世界其他地方的火力差距（图4.12）拉得更大，只有最无能的欧洲军队才会帮敌人缩小这种差距（就像1879年在伊散德尔瓦纳战役中对阵祖鲁人的英国军队和1896年在阿杜瓦对阵埃塞俄比亚人的意大利军队）。

图4.12　小心差距：这张照片拍摄于1879年。此时，西方和非西方军队的火力差距巨大。祖鲁王子达布拉曼齐·卡潘德（中立者）和他的手下展现着他们手中式样杂乱的鸟枪、猎枪和过时的火枪。达布拉曼齐在罗克渡口战役中被击败，尽管他的部队数量是防守方的十倍。只有当西方军队的指挥官极端无能时，非西方的军队才可能取胜

资料来源：South Wales Borderers' Regimental Museum, Brecon, United Kingdom

到19世纪末,西方陆军几乎可以去他们想去的任何地方,而他们的海军则拥有更多的自由。从17世纪开始,欧洲的舰队就没有什么真正的对手了;而到了19世纪,随着铁甲蒸汽船和爆破弹的出现,对手的抵抗就更徒劳无功了。在美国内战中,"莫尼特"号和"莫瑞麦克"号★之间的近距离炮战是历史上首次发生在铁甲舰之间的海战;到了19世纪90年代,战列舰的排水量已经达到1.5万~1.7万吨,航行时速达到约30千米,舰上加载4门约30厘米口径舰炮,并且可以在相隔8千米的距离上进行炮战。欧洲国家在这些战舰上花费甚巨。结果,到了1905年,英国建造出了"无畏"号战舰,使得此前建造的战舰立刻就都过时了。"无畏"舰装备有涡轮发动机、约28厘米厚的装甲以及10门约30厘米口径舰炮。5年后,英国的战列舰使用的燃料由煤变为油。此时,西方和世界其他地方的海军差距已经变得不可逾越——其中只有一个例外,我将在第五章中再探讨这个问题。

当我还是个小男孩的时候,我的祖母有一台破旧的地球仪,就是在这一时期制作的。它的纸质表面已经起泡、剥落了,但是仍然让我着迷。在20世纪60年代,英国的报纸上满是关于国耻和帝国的萎缩的文章,但是在这台小小的时间胶囊上,一切都是不同的。地球上2/5的陆地都涂上了代表大英帝国的粉色。"在大英帝国的领地上,太阳永不落下,"早在1821年,苏格兰最早的报纸就曾如此庆贺道,"当太阳西沉于苏必利尔湖的湖面时,它又在恒河的河口升起。"[71]

欧洲人和他们的殖民者共计统治着这个世界5/6的地区。不过,就连我祖母的地球仪也无法完整地展现欧洲在这场500年的战争中的胜利程度。由于欧洲人占领了如此辽阔的土地,历史学家们经常会觉得"帝国"这个词语并不够精确。他们认为,我们应当将19世纪的世界看作一个"世界体系"[72],它是一个将整个地球联系在一起的巨大网络,而欧洲人统治的帝国只是这个网络的一部分,而且未必就是

★ "莫尼特"号和"莫瑞麦克"号最初都是北方军队的军舰;后来,"莫瑞麦克"号沉没,南方军队将其残骸打捞起来,并改造为铁甲舰,更名为"弗吉尼亚"号。

最重要的那一部分。

这个世界并非完全像亚当·斯密设想的那样靠着人们的自利联结在一起，但是这个世界比古时候的那些帝国/帝制国家都更接近亚当·斯密的想法。到 1850 年，"看不见的手"和"看不见的拳"已经在用全新的方式进行合作了。英国皇家海军保持着海路的自由，同时教训那些触犯开放秩序的人（在 1807—1860 年这段时间，英国皇家海军有效阻断了大西洋上的奴隶贸易，共计抓获了 1 600 艘贩奴船，并将船上的 15 万名奴隶送回了非洲西部）。不过，由于这个体系过于庞大，英国根本不可能直接统治整个体系。英伦诸岛无疑是整个体系的中心，但英国究竟能在多大程度上取得其他人的协作，还取决于其能给予那些正式独立的地区多少激励，以使它们能按有助于保持系统的整体运作的方式行事。

英国试图推动这个世界体系达到一个简单的目标。"政府在世界各地最重要的目标，"英国首相在 1839 年对英国议会表示，"就是拓展本国的商业。"[73] 但要做到这点却并不容易。英国的领导者们必须将四种截然不同的工具结合起来，才能达到这一目标。第一种工具就是联合王国本身。它是地球上最大的工业经济体的母国，它将迅速增长的人口转化为更多的移民，送到其他国家去。英国皇家海军雄踞海上，比世界上第二强、第三强（有时甚至包括第四强）的海军加在一起还要强大，从而可以保障开放的海路，以供移民、进口和出口使用——而英国不仅仅出口棉布、钢铁和机器，也出口诱人的软实力：职业装、三明治、足球、狄更斯、达尔文和吉卜林。

第二种工具在世界的另一端，那就是印度。印度对英国保持着巨额的贸易赤字，且从 19 世纪 20 年代开始就供养着一支超过 20 万人的军队。这支军队实际上就是英国的战略预备队。当英国人在 1799 年需要将拿破仑赶出埃及、在 1839 年需要强行打开中国市场的大门，在 1856 年需要威吓波斯国王，或是在 1879 年需要将俄国人逐出阿富汗（甚至还包括在 1942 年的阿拉曼拦住隆美尔前进的脚步）时，完成这些任务的主力军就是印度人。

总数达到2 000万的英国移民创造了第三种工具——位于其他大陆的、资源丰富的、由白人殖民的殖民地。在19世纪，这些殖民地爆炸式的经济增长变得越来越重要；而到了20世纪，殖民地里的年轻人则与印度人一样是保卫这一世界体系的重要力量。

最后，还有第四种工具：不断蔓延的由资本、专家、航运、电报、金融服务和投资组成的网络。这个巨大的无形帝国的版图远远超出了地球仪上那些粉色的区域。一些国家，如阿根廷、智利、波斯，高度依赖英国的市场和资金，以至有的历史学家经常称它们为大英帝国的非正式成员。这些国家不会接受英国政客的直接命令，但很少敢违背英国金融家的意愿。到19世纪90年代，航运和服务业为英国带来的收入相当于商品出口收入的3/4。

要让这个复杂的世界体系维持运转是一件困难的事情，需要不断平衡。这个体系需要亚洲帝国/帝制国家保持弱势，欧洲保持和平（至少不能再面对一个拿破仑式的发动人民战争的敌对帝国），美国保持强大但又乐于合作。由于英国几乎不能强迫各国扮演它们的角色，所以这一切都要一系列因素——炮舰外交、市场压力和利益驱使的巧妙的共同作用实现。

这个体系经常会遭遇危机。最严重的危机发生在印度，1857年的那场大起义如果能得到更好的指挥，或许就真的会把英国人彻底赶出印度。在欧洲，英国于1853—1856年与俄国在克里米亚打了一场丑陋的战争，以阻止俄国人打破势力平衡。而在美洲，战争威胁也经常出现。1844年，美加边界争端升温，"要么（国境线划到北纬）54度40分，要么开战"[74]甚至成了美国总统竞选的口号。1859年，就因为一头属于英国的猪闯进了美国人的土豆地，军队和炮舰都开到了美国的边境。到了1861年，美国南北战争期间，由于北军的水手登上了一艘英国船只，英美战争的阴影再度浮现。

但战争始终没有爆发。1858年，英国的水手曾经登上了美国的船只。当时的美国总统詹姆斯·布坎南为了平息这次危机,提醒国会:"地球上没有哪两个国家曾经如此互惠互利,或是曾经如此相互伤害。"[75] 美国国会同意了他的看法。大多数亚洲和欧洲的政府在根据当地情况给予合理的补偿之后,也通常会选择这样的做法。对几乎所有人来说,他们从英国的体系中进行贸易得到的好处,都会大于试图破坏这一体系所能带来的收获。

不列颠治下的和平

"我想,在大英帝国的所作所为中,有许多值得我们骄傲。"时任英国首相戴维·卡梅伦在 2013 年说道。"当然,"他补充道,"有好事,也有坏事。"[76]

他发表讲话的地点是阿姆利则。在不到一个世纪之前,英国军队在这里朝数千名手无寸铁的印度示威者开枪,造成了 379 人死亡。很快,卡梅伦的讲话遭到了各方面的抨击。有些人认为,卡梅伦的话里流露出自由主义者的自我谴责的态度;另一些人则认为,卡梅伦的话表明他的麻木不仁,而且对帝国主义还有留恋。当然,无论首相说什么,都会被人们批判。不过,如果一个人要对欧洲这 500 年战争的遗产做出评价,几乎一定会被指责有某种政治倾向。因此,我做好了被抨击的准备,而且不妨就开门见山地说出我的观点:这 500 年的战争是历史上具有空前建设性的战争(这个词的含义仍然是我在本书中一直使用的那个含义),它创造了史无前例的庞大的、安全的、繁荣的社会(或者说世界体系)。在 1415 年,世界还是支离破碎的,每块大陆都由一些地区强国控制着。而到了 1914 年,这种古代的马赛克格局不见了,世界转为由四个势力遍及全球的强国主宰(法国、德国、美国,当然还有英国),而这些国家则在一个由英国掌控的体系中被紧密联系起来。欧洲人(几乎)征服了整个世界。

"看不见的手"和"看不见的拳"的结合使得现代世界体系与此

前的任何帝国/帝制国家都大为不同。但创造出现代世界体系的500年战争却与以往的战争大致相似。首先是征服阶段，在这一阶段暴力死亡率会升高；其次，在很多地方，会进入一个反叛的时期，流血事件会进一步增加；最后，会进入一个和平与繁荣的时期，此时暴力水平开始下降，经济则在更大的规模上实现重建。

每一个阶段的发生时间因地区而异。在南美洲和中美洲，征服阶段发生于16世纪。随后，发生在17—19世纪的北美洲、18—19世纪的印度、19世纪中叶的中国和19世纪晚期的非洲。主要的反抗活动则通常在征服阶段结束后爆发。

征服的结果也各不相同。在美洲，入侵者给原住民带来了无可名状的恐怖（原住民也在可能的时候回馈给入侵者以同样的恐怖）。不过，就像在前文中提到的那样，在美洲杀人最多的是疾病。如果我们计算一下战争期间死亡人数中死于瘟疫和饥荒的人数，这个数字会很惊人。在1500—1650年，新世界的原住民人口减少了一半。那些把征服美洲的过程称作"美洲大屠杀"[77]的历史学家绝非信口雌黄。

在南亚，东印度公司从18世纪40年代开始的征服活动肯定也造成了几十万原住民的死亡，而欧洲人通常只遭受了很轻微的损失。在这一时期开始的时候，南亚地区的人口约有1.75亿，并且在稳定增长。而欧洲人的杀戮只把死亡率提高了一个百分点。有一位历史学家声称，在1857年的大起义发生后，英国人屠杀了大约1 000万人，即印度人口的1/25。尽管这次叛乱的暴烈程度让许多英国人感到震惊，但是几乎所有专家都认为，真实的死亡人数应当比这一数字低一个数量级。诚然，几十万的死亡人数也令人惊诧，而在最坏的假设之下，被英国人杀死的印度人比例应该也在1/250以下。

与美洲的情况类似，造成最多印度人死亡的原因也不是欧洲人的直接暴力，而是欧洲人入侵的间接影响——在印度，这个杀手更多的时候是饥荒。在1769—1770年发生的孟加拉大饥荒和1899—1900年发生的全印度大饥荒中，饿死的印度人总数达到了令人毛骨悚然的 3 000 万~5 000 万。在这 130 年里，大约有 10 亿人曾在印度生活过，这就意味着大约有 1/30~1/20 的印度人死于由战争引起的饥荒。如果是这样的话，那么英国人应当为此负责。大多数时候，造成这些灾难的直接原因是糟糕的天气，尤其是厄尔尼诺现象。但有些历史学家认为，是征服战争所带来的破坏、征服者的麻木不仁和（或）愚蠢将不可避免的天灾转变成了本可以避免的人祸。关于罪责的丑陋争吵从 19 世纪 50 年代就开始了，不过，就连最反欧洲的批评家们也会承认，对印度的征服过程之致命程度要远低于对美洲的征服。

在中国，情况又有不同。（主要是欧洲人，也有日本人）在 19 世纪 40 年代和 90 年代之间的入侵造成了几十万人的死亡。在这半个世纪中，大约有 7.5 亿人曾生活在中国，这就意味着战争直接造成的死亡人数大约为这个数字的 1‰。不过，在中国，死亡人数的高峰发生在清朝统治摇摇欲坠、叛乱四起的时期，这些内战导致了上千万人的死亡。在 1840—1870 年，中国的人口减少了 10%，主要是由于暴力及其导致的饥荒和疾病。

最后，我们还要注意到非洲不同地区所遇到的截然不同的情况。在有的地方，欧洲人几乎没有遇到任何抵抗，因此对他们统治下的人民造成的影响也很小。例如，法国在非洲西部占领的大片土地在某种意义上就是一个虚拟的帝国。在撒哈拉沙漠的空旷荒野上，既没有居民，又没有官员。但其他地方的情况就比较可怕了。最极端的例子是于 1884 年被比利时占领的刚果盆地。在这里，殖民者对无法上交足够橡胶的原住民采取了严酷的惩罚措施，导致这里的原住民人口到 1908 年就减少了一半，其中大部分死于饥饿和疾病。

不可否认的是，对于被征服的人们而言，这 500 年的战争使得世界变得更加凶险了。就像古罗马人一样，欧洲人也经常制造出一些不毛之地。但同样如同古罗马人一样，战争带来的结果就是和平。在大多数情况下，一旦硝烟散尽，且被打破的体系得以重建、新的抗体也演化出来，被征服者就会发现，现在统治他们的是力量更强大的新利维坦，它们会积极地镇压暴力——就像德拉沃特和卡纳汉在卡菲里斯坦所做的那样。

对很多西方人来说，这种文明化的使命使帝国主义有了一份道德色彩。"挑起白人的负担。"吉卜林在1899年号召美国人说，

> 把你们培育的最好的东西送出去
> 把你们的孩子捆起来放逐出去
> 去替你们的奴隶服务
> ……
> 挑起白人的负担，
> 保持着耐心，
> 掩饰起恐惧，
> 隐藏起骄傲，
> 用公开而简易的语言，
> 不厌其烦地去说清楚。
> 去替别人谋福利，
> 去为他人争利益。[78]

这首诗发表后几天，就引发了一系列的模仿（"堆起棕色人种的负担"，有一首诗这样模仿道，"满足你的贪欲；去吧，清除掉那些'黑鬼'，那些阻碍进步的渣滓"[79]）。今天，你很难光明正大地去朗读吉卜林写下的这些词句。但他远非唯一一个如此看待这个世界的人。从毛里塔尼亚到马来亚，在积满尘土或是潮湿不堪的办公室里，堆积着数以千计的官员备忘录，从中我们可以看出各级官员投身于这需要掩饰恐惧、隐藏骄傲的事业时的那份热情。"这些不足挂齿的小邦充分享受着英国的保护和平静的生活，"1824年，穆雷中尉在一份报告中这样回顾着尼泊尔在过去十年中的平静，"凶杀案十分罕

见，抢劫更是闻所未闻。那几位拉者感到十分满意，他们的子民则享受着温和而令人愉快的统治。耕种的作物增加了四倍，整座山都是翠绿的。"[80]

可是，穆雷和吉卜林真的知道自己在说些什么吗？还是他们都在说谎，试图以此掩盖帝国在榨取臣民血汗的事实？这个问题很难回答。其中一个原因是，在19世纪的世界体系里，各地情况太不相同了。在欧洲人几乎消灭了原住民的澳大利亚，或是在英国人到来之前都没有脊椎动物生存的阿森松岛，维持和平这项任务的意义与几千名法国人面对着3 000万原住民的中南半岛截然不同。

即便在一个地区的内部，也很难说清楚究竟在发生什么。像许多事情一样，印度在这一方面是最知名且最具争议的例子。在这里，致力于获取利润最大化的东印度公司投身于维持和平的事业。莫卧儿帝国在18世纪40年代的崩溃给了东印度公司可乘之机，但也使得这块次大陆上遍布着彼此攻伐的王公。虽然我们仍然没有可靠的数据，但是所有证据都表明，随着法律和秩序的瓦解，暴力死亡率出现了增长。争斗不休的纳瓦卜和苏丹征募了数以千计的非正规军的骑兵，相互杀伐，而众多失去雇主的军队则会变成匪徒，威胁着农民的安全。在18世纪的印度，道路上到处都是劫匪（也有些自称是奉迦梨女神之名勒死旅行者的邪教暴徒），乡村里则枪支泛滥。

作为称职的坐寇，东印度公司镇压了这些流寇。但像其他坐寇一样，东印度公司的行动过于暴力（而且从中有利可图），以至旁观者经常会想，这剂"解药"是不是比"疾病"本身还要坏？"印度人受尽折磨，不得不交出所有的财富：成堆的卢比、成袋的钻石，"英国的一位评论家悲叹道，"城镇和村庄都遭到了洗劫和毁灭，地方的长官被革职杀掉。信仰什么都不如信仰东印度公司的董事和他们的仆人。"[81]

到了1773年，英国政府才开始试图约束东印度公司，以使其变成一个更好的坐寇。议会规定，东印度公司的官员"不得收受或直接索取……印度王公、地方势力、大臣或代理人（以及任何亚洲当地人）的任何礼物、馈赠、捐献、提供的机会或奖励"[82]。但远在印度的人们并没有把这规定当回事。一直到1786年，议会决定亲自镇压这些行为。议会指控东印度公司的首脑沃伦·黑斯廷斯犯有重罪和种种不法行为，主要是针对他把印度变成了一片不毛之地。

埃德蒙·伯克领衔进行这次检控，就仿佛西塞罗检控现代版的贪腐的罗马总督维尔列斯一样。"我以英国的名义指控他，"他怒喝道，"因为这个人，玷污了英国自古以来的名誉；我以印度人民的名义指控他，因为这个人践踏了他们的权利，并把他们的国土变成了一片荒漠；最后，我要以人性之名，代表所有男女老幼、所有阶层的人，指控这个全民公敌。"[83]

这还仅仅是伯克的开场白。审判持续了可耻的七年，在这七年中，可怕的罪行一项一项地被揭发出来。然而，到最后，上议院却不顾堆积如山的证据，宣布黑斯廷斯无罪。但这并不是东印度公司的胜利。英国已经受够了这样的和平。议会又通过了一项关于印度的法案，收回了东印度公司指派总督的权力，为以清廉而闻名的英属印度文官制度的确立铺平了道路。

像各个时代的利维坦一样，英国的议会对降低管理成本更感兴趣，而非为其子民创造开放的秩序。在开始于1808年的一个著名案例中，一位格外邪恶的英国殖民者殴打一名印度仆人，并蓄意饿死他。法官指控被告人的行径"妨害了……当地臣民的和平和幸福"[84]，但他更在意的是这位被告人"冒犯了我的权威，并对法庭极为无礼"[85]。

不过，不论动机如何，从英国派来的法官逐渐停止了东印度公司采用的那套粗暴的军事管理办法，降低了印度人生活中的暴力程度。最显而易见的成果是他们彻底禁止了印度教的殉夫仪式（将寡妇投进亡夫的火葬堆里烧死）。曾有过几位莫卧儿帝国的皇帝立法禁止殉夫（奥朗则布曾在1663年规定："在莫卧儿帝国的版图之内，官员不得允许妇女被烧死。"[86]），取得了一些成效，但这种做法一直到1829年随着英国人的禁令才算基本上被废除。

在18—19世纪的有文化的印度人笔下,很难找到有关暴力死亡率的记载。但其中很多人似乎认为大英帝国的统治从总体来看不是一件坏事。例如,加尔各答的非凡学者拉姆莫汉·罗伊就十分推崇英国的自由主义、教育和法律,并且赞同英国人对殉夫的禁令。但罗伊并不吝于批评欧洲人。1823年,罗伊抨击英国人,因为他们在教授孟加拉人"有用的科学"[87]方面行动太过迟缓。他还曾经巧妙地反驳了一位误以为他从印度教转而皈依了基督教的加尔各答主教("我的主啊,"罗伊说道,"我放弃了一种迷信,可不是为了接纳另一种迷信。"[88])。即便如此,罗伊仍然认为印度的理想出路就是留在大英帝国之内,并且取得类似于加拿大的地位。"如果印度能够取得加拿大的地位,"他在1832年写道,"就不会有断绝与英格兰之间的联系的想法了,两者的关系可能会保持在一个互惠互利的程度。"[89]

其他一些印度人更进一步,他们推崇一切来自盎格鲁-撒克逊的东西。例如,"青年孟加拉运动"的成员,就曾在19世纪30年代将托马斯·潘恩置于比印度教经典更崇高的地位,让他们的前辈大惊失色。不过,他们的观点就像罗伊和穆雷中尉的观点一样,都只是观点而已。除非社会历史学家能做一些令人痛苦的档案工作(就像支撑埃利亚斯关于欧洲人变得越来越不暴力观点的那些资料一样),或是人类学家能找出更多的颅骨并统计这些人生前是否经历过暴力创伤,不然的话我们依然只能依靠一些定性的证据,就像我们在研究古代历史时做的那样。即便如此,这些文献的体量也实在太大了。尽管吉卜林和穆雷的话语里颇有些洋洋自得,但他们确实也说明了一些事情:一旦征服过程结束、反抗者也被镇压下去,欧洲帝国就能在大体上压低暴力死亡率了。

不过,殖民地和边境的情况总是比欧洲帝国腹地的情况更严峻一些。到1900年,每1 600个西欧人中只有1个人会被杀害,而同期每200个美洲人中就会有1个死于暴力。即便在白人移民殖民地内,核心城区和乡村地区中间也有着明显的差异：在美国新英格兰地区的凶杀像英格兰本土一样少见，但是美国的西部和南部地区的危险程度就要高九倍。（有一个故事是，一个北方人问一个南方人这是怎么回事，"南方人说，他觉得南方就是有更多的人需要杀个人"[90]。）

死于战争的可能性也以几乎同样的速度下降。把死于各种战事中的人数加在一起，在1415年前后，大约每20个西欧人中就有1个死于暴力。而到了1815—1914年，情况就大不相同了。在这段时间内，欧洲人之间很少进行大战。1853—1856年在泥泞的战场上进行的血腥的克里米亚战争导致30万人死亡，1870—1871年的普法战争造成至少40万人死亡，1877—1878年的俄土战争则造成了50万人丧生。但即便我们把每一场战争的死亡人数都加在一起，在这一时期，欧洲人死于战争的概率也低于1/50（而且很可能更接近1/100）。

白人移民殖民地内部或之间的战争（相对于白人对非白人的战争来说）也很少见。在美洲，1864—1870年发生的可怕的三国同盟战争（阿根廷、巴西和乌拉圭联手阻止了巴拉圭的扩张）造成大约50万人死亡，而美国南北战争（1861—1865年）则导致了近75万人丧生。在非洲，第二次布尔战争（1899—1902年）至少造成6万人死亡。总体来看，殖民海外的欧洲人死于暴力的可能性比留在欧洲的人更高，但是也不会高出太多。

这500年战争的规模要远大于造就了古代帝国/帝制国家的那些战争。凭借装备了铁制武器的大军，罗马帝国、汉朝、帕提亚帝国和孔雀王朝可以支配次大陆级别的土地；而远洋船只、火器和蒸汽动力则使欧洲人的势力范围遍及全球。古代战争造就了总人口达到千万级别的国家，其内部的暴力死亡率（据我估算）大约在2%~5%；500年战争则造就了总人口上亿级别的国家，而欧洲核心区域的暴力死亡率则在1%~3%。这一概率在美洲和大洋洲的白人移民殖民地中要稍微高一点，而在被直接统治的殖民地里会更高一些。

数据杂乱无章、缺乏学术研究以及各地区间的巨大差异（从刚果这样的人间地狱，到玛格丽特·米德的萨摩亚，再到尼泊尔沉睡中的遥远村庄），使我们几乎不可能准确估算出19世纪帝国/帝制国家的暴力死亡率。这意味着，在图4.13中我给出的数字（2.5%~7.5%）可能是本书中最缺乏根据的数据。我想说明的只是，在19世纪那些非洲、亚洲、大洋洲直接被统治的殖民地的平均暴力水平要高于古代帝国/帝制国家的水平，但又要低于大迁徙时代的亚欧大陆的暴力水平。或许有一天，对文献和人类遗骸的研究可以让我们做出更精确的估算，但显然不是今天。

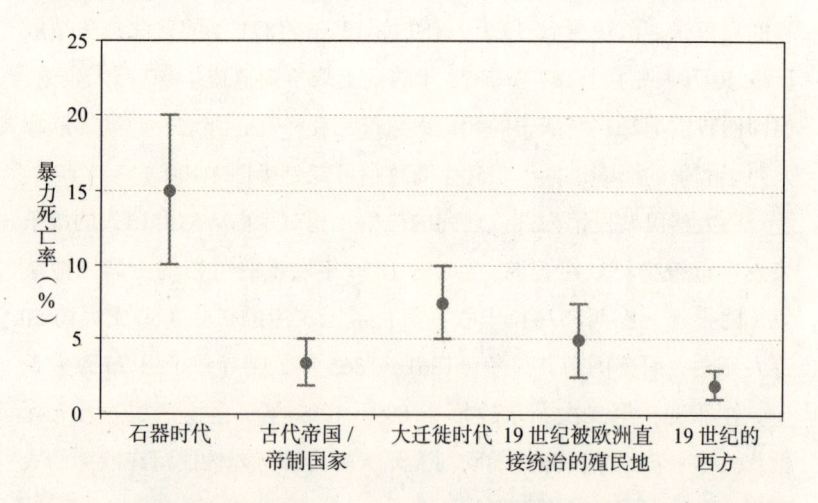

图4.13 多数时间在向好（之一）：暴力死亡率的估算，每个时代暴力死亡率的区间（石器时代社会：10%~20%，古代帝国/帝制国家：2%~5%，大迁徙时代的亚欧大陆：5%~10%，19世纪被欧洲直接统治的殖民地：2.5%~7.5%，19世纪的西方：1%~3%及中点）

卡加库斯对罗马的征服战争的看法也同样适用于欧洲的征服战争：二者都会造成不毛之地。但西塞罗对罗马的征服战争的看法也同样适用于欧洲的征服战争：二者最终都会将其治下的人民置于一个更大的经济体系里，而这一体系在大多数情况下都会让这些人的生活变得更好。经济学家达龙·阿西莫格鲁和政治科学家詹姆斯·罗宾逊在他们极具影响力的书籍《国家为什么会失败》中说道："欧洲殖民帝国的利益往往建立于独立的国家和本土经济的毁灭之上。"[91] 对于这一说法，几乎无可辩驳。但就像图 4.14 中所显示的那样，这就是经济学家们所说的创造性毁灭。随着新的经济体系在 1870 年之后于全球范围内取代了旧的经济体系，全球的收入和生产力水平也上升了。当然，其中也会有例外（我的脑海中又跳出了刚果这个名字），而且大部分收益也的确落入了这个新世界体系的统治者手中。但随着 19 世纪步入尾声，500 年战争的大潮使得全世界的经济水涨船高，也使得这个世界变得空前富庶和安全。

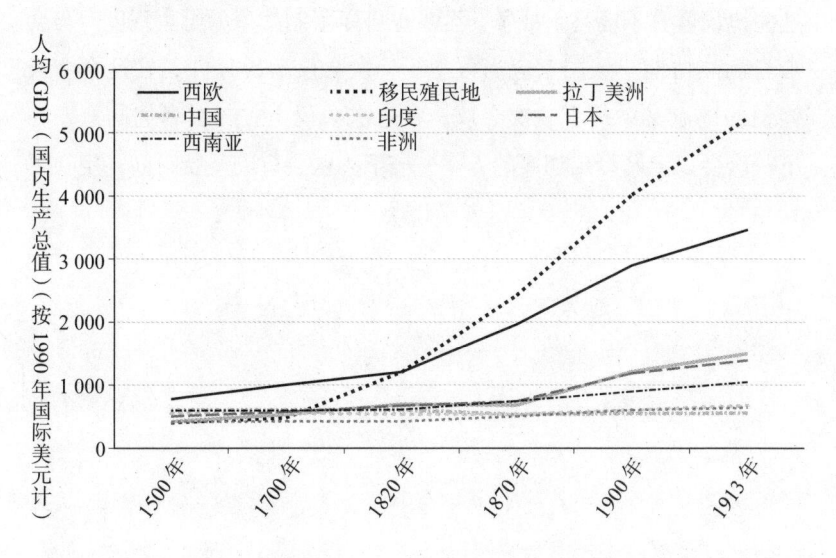

图4.14 多数时间在向好（之二）：由经济学家安格斯·麦迪森计算的 1500—1913 年的年人均生产力，以 1990 年国际美元的购买力计价（这种人造的单位通常用来解决无法计算的漫长时期内货币转换率的问题）

因此，在 1898 年 8 月，俄国沙皇尼古拉二世得出了一个很显而易见的结论，并且命令他的外交大臣对那些向他大献殷勤的达官贵人发表了一次前所未有的声明。"维护世界的基本和平与尽可能减少过剩的军备已经成了每个国家的责任，"声明中说，"也是每一个政府都应当努力追求的理想。"[92] 因此，尼古拉二世提出举行一次国际会议——"为即将到来的新世纪开一个好头",探讨如何终止战争,并进行大规模裁军。

举世欢欣。著名的《放下武器》一书(托尔斯泰最喜欢的书之一)的作者、历史上首位女性诺贝尔和平奖得主贝尔塔·冯·苏特纳男爵夫人称赞尼古拉二世是"文明世界的一颗新星"[93]。1899年,在沙皇本人的生日当天,130位外交官齐聚海牙(恪守中立的荷兰的一座城市)附近的一座乡间城堡,试图促成人类的和平。

在两个月的饮宴、舞会和命令往来之后,他们达成了一些协议。这些协议就算不能终结战争,至少也可以限制战争的野蛮程度。与会者充满热情地一致同意应当再举行一次会议。1907年,在这个令人愉悦的地点又举行了一次会议。在这次会议上,与会者们同意要在下一次会议上制订出切实的方案——下一次会议的举行时间,定在了1914年。

第五章

钢铁风暴

争夺欧洲的战争（1914年至20世纪80年代）

有序世界重归混沌

在英国热衷于评论时事的知识阶层看来，《每日邮报》从来都不是他们的代言人（大约在1900年，一位英国首相曾讥讽这份报纸是"勤杂工写给勤杂工看的"[1]）。不过，在100年前，《每日邮报》还是英国最畅销的大报，该报在巴黎的编辑诺曼·安吉尔也拥有大量的读者。而就连他自己也没有想到，他在1910年出版的《大幻想》一书会那么受欢迎。

安吉尔可是个不一般的人物。在17岁那年，他从费用昂贵的瑞士寄宿学校辍学，逃到了加利福尼亚。尝试过养猪、挖沟、放牛、送信后，他又回到了欧洲。那时的他已经年近中年，变得比康德本人还要康德。他结合20世纪的现实发展了《永久和平论》中的思想，提出了"怎样才能真的保证一个国家会对另一个国家做出良好的举动"[2]这一问题。他自己的答案是："只有当国家之间建立起复杂的、相互依存的关系（不是仅仅在经济层面上，而是在各个层面上）时，一个国家对另一个国家的非法侵犯才会损害其自身的利益。"他总结道，战争就会自我终结。"靠武力去取得进步的时代已经结束了"，他宣称，从今以后，"将是靠思想进步，否则毫无进步的时代"。

安吉尔也成了为数众多的背时的预言家中的一员。1914年，那些赞扬过他的著作、参加过海牙和平会议的政治家引发了一战。在接下来的四年中，他们造成了1 500万人的死亡。在其后四年，各地进行的内战又导致2 000万人丧生。1939—1945年发生的人类历史上规模最大的大战则杀死了大约5 000万~1亿人。安吉尔或许是有史以来最差劲的预言家。

不过……如果安吉尔能来到100年后的世界，他可能就会被认为是有史以来最出色的预言家。在2010年，这个星球比以往任何时候都更和平、更繁荣，因暴力而死亡的风险已经下降到了1%以下（在西欧则低于1/3 000）。人们的寿命增加了一倍，饮食水平提高，使得人们的平均身高增长了10厘米；他们的收入也是1910年他们曾祖辈收入的4倍。

20世纪是最好的时代，但同时也是最坏的时代。伟大的历史学家艾瑞克·霍布斯鲍姆称之为"极端的年代"，因为在这一时期发生了历史上最血腥的战争，也出现了史上最伟大的和平。在出版了《大幻想》之后，安吉尔又写作了40年，但是一直未能解释这种矛盾的现象。

摆脱这一难题的最简单的方法（安吉尔本人有时候也确实会使用这种方法）就是坚持世界在大趋势上是按照安吉尔（和康德）所说的方向发展的，只不过这一趋势有时会被坏运气干扰。看看一战爆发的方式，这种说法会显得特别站得住脚。一战的爆发就纯粹是一次坏运气的大雪崩。如果奥地利的弗朗茨·斐迪南大公没有选择在1914年6月28日前往萨拉热窝（图5.1），他就不会被刺杀，奥地利就不会对塞尔维亚宣战，俄国、德国、法国和英国也就不会对彼此开战；或者，如果奥地利安保人员的首领没有在那天把大公在萨拉热窝的行动路线公布出去，或是没有让大公坐在时速16千米的敞篷车里，或是没有仅仅因为担心奥匈帝国军人的制服不干净就不允许在附近演习的七万军人参加安保，恐怖分子的阴谋肯定就不会得逞；如果安保负责

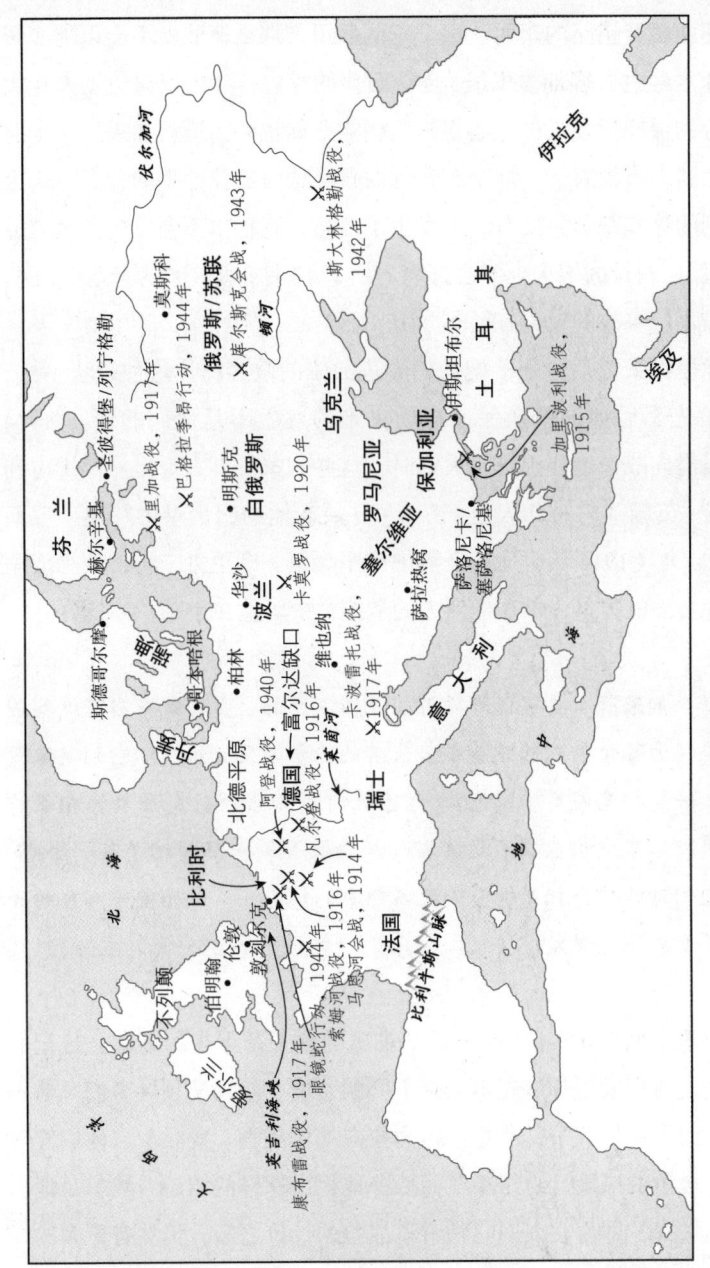

图 5.1 大战：争夺欧洲的战争，20世纪第二个10年至80年代

人没有忘了告诉车队前两辆车的司机路线已经发生了变更，或是没有叫停那两辆开错路的车而让整个车队后退，那么车队就不会以那么缓慢的速度经过刺客加夫里洛·普林西普的身边；如果安保负责人让大公车旁的保安面朝人群，而不是面朝空空如也的街道；如果另一个塞尔维亚袭击者没有袭击那个在普林西普拔枪时抓住他手的警察……上面说到的这些细节只要有一个发生了变化，就根本不会发生什么"七月危机"，八月的炮火也不会打响。到了12月，那100万年轻人还会活在世上。事故的发生有很多原因。

战争结束之后，那些把人们卷进战争的政客抓住这种说法不放，他们争先恐后地向民众保证这场灾难的发生不是他们的错。"1914年，当滑向战争这口沸腾的大锅时，这些国家没有表现出一丝忧虑和沮丧。"[3] 英国战时首相大卫·劳合·乔治在他的回忆录中写道。温斯顿·丘吉尔（1914年时他担任英国海军大臣）则更进一步，认为战争是一种自然的力量，不在任何人的掌控之中。他在1922年写道：

> 如果有人要审视那段时间里国家间的交往，就应当将这些国家视为蕴含着或活跃着或蛰伏着的力量的巨大组织。它们就像星体一样，当它们在太空靠近彼此时，必然会引发强烈的相互作用。如果它们靠得太近，就会擦出火花；一旦超过了某一个点，它们可能就会相互吸引着脱离原本的轨道……从而使得有序的世界变成一片混沌。[4]

但政客们在1914年那个在劫难逃的夏天留下来的书信、日记和内阁会议备忘录中却展现出完全不同的态度。欧洲的领导者们并非不小心滑向了那场战争，或是被引力拉向那场战争。实际上，他们充分计算过战争的风险，纷纷冷酷而冷静地得出这样的结论：战争是他们的最佳选择。即便在人们已经看清战争的代价之后，仍然有更多的国家加入其中——奥斯曼帝国在1914年晚些时候参战，意大利和保加利亚在 1915 年，罗马尼亚在 1916 年，美国在 1917 年。而到了早已不存在任何幻想的 1939 年，政客们仍然把数千万人送上了不归之路。

那么，我们是不是应该就此认为，所有这些政客在接受了那么多年的教育，积累了那么多年的经验之后，仍然只是被非理性的恐惧和憎恨支配的傻瓜，完全看不到人民根本利益的所在呢？很多历史学家或许会给出肯定的答案，不信就看看有多少本书起了类似《愚蠢进行曲》[5]这样的名字吧。但这种看法很浅薄，因为 20 世纪的领导者既不比其他时代的领袖更聪明，也不比他们更愚笨，不比我们在第一至第四章中看到的那些人更倾向于使用武力解决问题。20 世纪之所以那样夹杂着暴力、和平与繁荣，是因为此前 500 年的战争留给我们的遗产，要远比安吉尔和他以后的很多人所意识到的更复杂。

未知的未知

"警区里派来任务啦，"由威廉·S.吉尔伯特担任编剧、亚瑟·沙利文作曲的滑稽音乐剧《潘赞斯的海盗》中的合唱部分有这么一句，"警察的活儿可不轻松呐。"[6] 当这部音乐剧于 1879 年第一次登台时，观众发出阵阵哄笑，但世界体系的主宰者们或许就没那么开心了。

在过去两代人的时间里，英国人（通常）乐于且有能力充当"世界警察"。因为直到 1860 年，英国都是世界上唯一的工业化经济体。英国工厂生产出来的商品比其他任何地方的更好、更便宜。只要自由贸易的海路还畅通，英国商品就总能够找到买主。随后，英国人可以用利润购买最好、最便宜的食物，而出售这些东西的农民又可以用赚到的钱购买更多的英国商品，使得英国人又能购买更多的食物……如是往复。英国人有足够的财力充当"世界警察"；而要继续赚钱，他们也需要继续充当"世界警察"。

所有参与其中的人都获利了，而英国人获利最多。英国的 GDP 在 1820—1870 年几乎增加了两倍，占全世界 GDP 的比重也从 5% 上升到了9%（2014年时约3%）。用来维护海路通畅的船只和基地确实要耗费成本，但英国经济的增长速度很快，因此这种成本并不算高——英国每创造出1英镑的财富，只需要花费6便士（100便士=1英镑）的成本，也就是不到GDP的3%。

不过，到了19世纪70年代，英国发现"警察"的工作不那么好干了。并不是因为英国人干得不好，而是因为英国人干得太好了。随着英国的利润积累，让英国变得繁荣的自由贸易也使得英国的资本家们可以将自己的富余财富投资到能带来最高回报的地方，而这通常意味着投资其他国家的工业革命。在1870年之后，一连串的国家都实现了工业化。它们都高度依赖英国的贷款，通常用英国的钱购买英国的机器，再生产出商品与英国的出口商品竞争。意料之中的是，英国的老对手法国就走上了这条道路。不过，美国（1861—1865年）和日本（1864—1868年）通过内战，德国通过统一战争（1864—1871年），也都形成了积极追求工业化的中央集权政府（图5.2）。1880年，英国还贡献了占全世界23%的制造和贸易，而到1913年，这一比例下降到了14%。

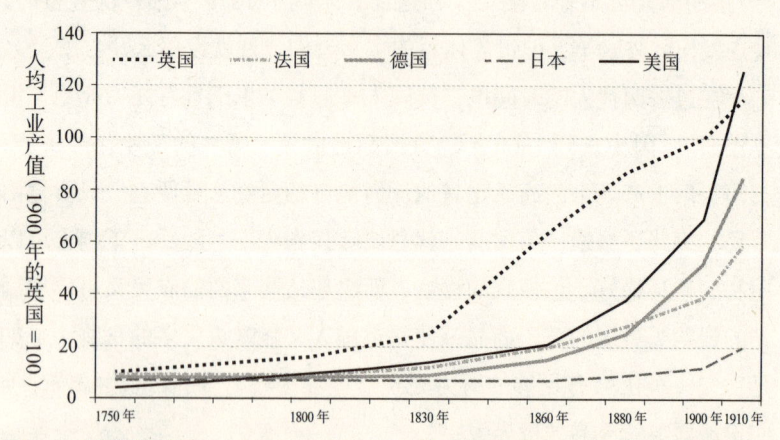

图5.2 撒旦的磨坊：1750—1913年，五大主要经济体的人均工业产值（假定1900年英国的产值为100）

单纯从经济角度来看，这其实是有利于英国的，因为伴随着全世界的工业化进程，整个蛋糕都被做大了。1913年全球制造业和贸易总值的14%要远大于1870年的23%。不仅如此，英国在产业链中的地位也提高了。自18世纪80年代开始，英国从农业经济转型成为利润更丰厚的工业经济；而到了19世纪70年代，英国又一次进行了转型：从投资工业转为投资回报更丰厚的服务业（尤其是银行业、航运业、保险业和对外贷款）。1870—1913年，英国GDP的增长幅度超过了一倍。有了更多的财富，英国（以及其他的工业化国家）就可以更加积极地进行发展。德国率先在19世纪80年代创立了工人的医疗保险和养老金制度；到了1913年，大部分工业化国家已经学习了德国的做法。免费的小学教育、男性普选权以及女性最终争取到的选举权都成了工业化国家中常见的事物。

但对英国来说，经济上的胜利在战略上却是灾难性的。这是因为，英国的战略，就像17个世纪之前那些古代帝国／帝制国家的战略一样，越过了它的顶点。1872年，美国的GDP超过了英国；1901年，德国也超越了英国（图5.3）。每一个富强起来的国家都开始打造一支彰显自身实力和威望的现代化舰队。1880—1914年，尽管英

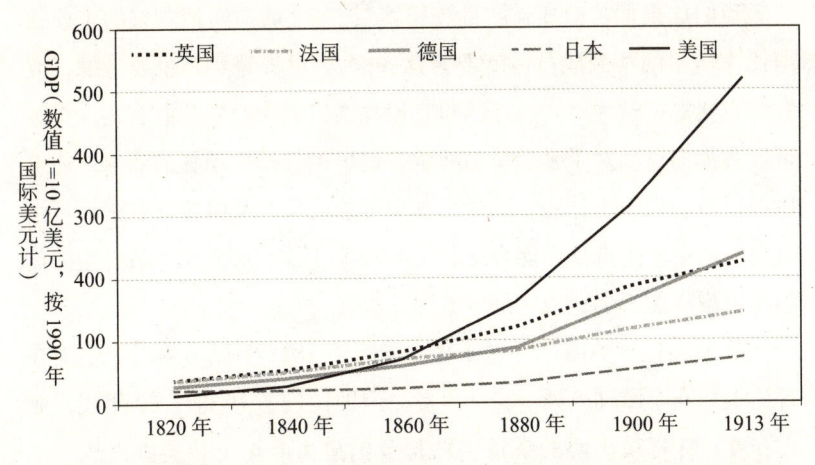

图5.3 其他国家的崛起：1820—1913年，五大主要工业经济体的规模

国的海军实力依然领先，其舰队规模和火力增加了三倍还多，但英国海军的火力占全球海军的比重却下降了（图5.4）。英国这位"世界警察"仍然可以对付任意一种敌对的联盟，但是它已经不再具备同时对抗所有国家的实力。

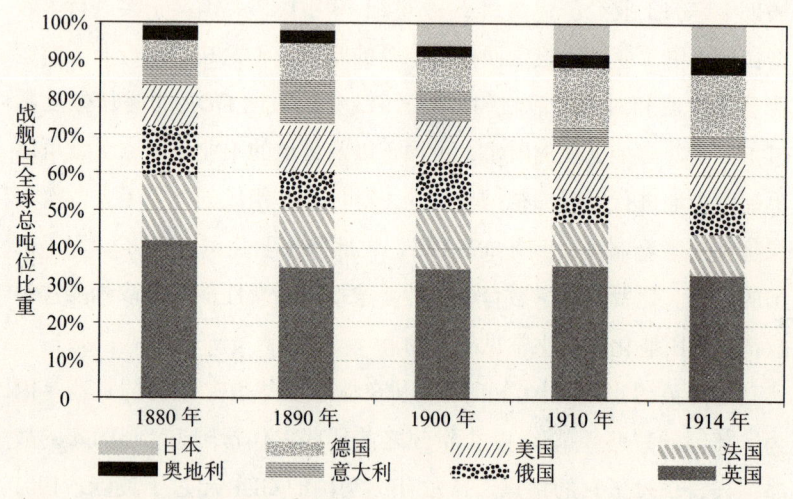

图5.4 不开心的家伙们：1880—1914年，"世界警察"英国的海军实力相对德国、日本和美国下降了

我们如果把英国比作"世界警察"，那么就不妨把新兴的工业强国比作城里的帮派成员。就像警察一样，"世界警察"也要考虑，究竟是直接对抗这些对手，还是与它们和谈，或者两者兼而有之。英国可以选择向这些对手发动贸易战争，也可以选择发动真的战争，还可以选择对它们做出让步。前两个选项可能会危及英国赖以致富的自由贸易，而第三个选项可能会让英国的对手变得更加强大，最终使得英国再也没有能力去充当"世界警察"。

英国先是与美国产生了矛盾。美国于1823年提出的门罗主义在理论上禁止了欧洲人插手美洲事务。但即便到了19世纪60年代，亚伯拉罕·林肯最担心的事情仍然是英国皇家海军干涉美国内战。不过，到了19世纪90年代，有一个事实已经十分清楚：英国已经不再有能力在保证履行其他义务的同时再去插手大西洋事务了。面对现实的英国人与美国达成了"大和解"。这相当于英国这位"世界警察"给自己找了一个副手,并且划出属于这位副手的势力范围。

在东方,英国收缩得更加厉害。在非西方的世界,日本是唯一通过实现自身的工业化成功应对欧洲人进犯的国家。到了19世纪90年代,日本无疑已是东北亚地区最强的国家。然而,当时日本的舰队还排不进全世界海军排行榜的前六名;而在1902年,考虑到英国与西太平洋地区的遥远距离,英国政府认为能让自己在这个遥远的地区保持一定影响力的唯一方法就是与日本达成正式的海军协议。这是英国历史上第一次签订此类协议。

整整100年之后,时任美国国防部长唐纳德·拉姆斯菲尔德对记者说道:"有一种东西,叫作已知的未知,就是说,我们知道有一些事情是我们不知道的。同时,还有一种东西叫作未知的未知,也就是说,我们并不知道我们不知道。"[7]在19世纪,只要世界上有这么一个地位稳固的"世界警察",那么世界各国在战略上通常就会面对一个已知的未知。当俄国人于1853年威胁伊斯坦布尔时,或是印度人于1857年发动起义时,或是南方联盟军在1861年朝萨姆特堡开火挑起美国南北战争时,它们都不知道英国这位致力于保护世界体系的"世界警察"会做何反应,但它们知道英国一定会做出某种反应。但到了19世纪70年代,未知的未知就越来越多了。人们越来越难以预知英国这位"世界警察"是否会就某件事做出任何反应。不确定性增加了,各个国家无法预知其自身行动可能导致的后果。英国的战略家们清楚这一点,但由于英国没有更好的选择,因此只能让更多国家获得"世界警察"的身份。1904年,英国人又达成了一个和约:他们与法国人签订了协约,将地中海事务交由法国人管理,从而使得英国人可以专心应对未知的未知中最具不确定性的德国。

使德国成为最难预知的国家的因素,是它的地理位置。就在英法签署协约的同一年,地理学家、探险家和伦敦政治经济学院院长哈尔福德·麦金德发表了一次非凡的公开演讲。他宣称，20世纪历史的决定性因素将是三块大区域之间的力量平衡。其中，最重要的区域被他称为"心脏地带"——"世界政治的核心区域，就是亚欧大陆上不通水路，但是在古代任由骑马的游牧民族驰骋的地带"[8]（图5.5）。

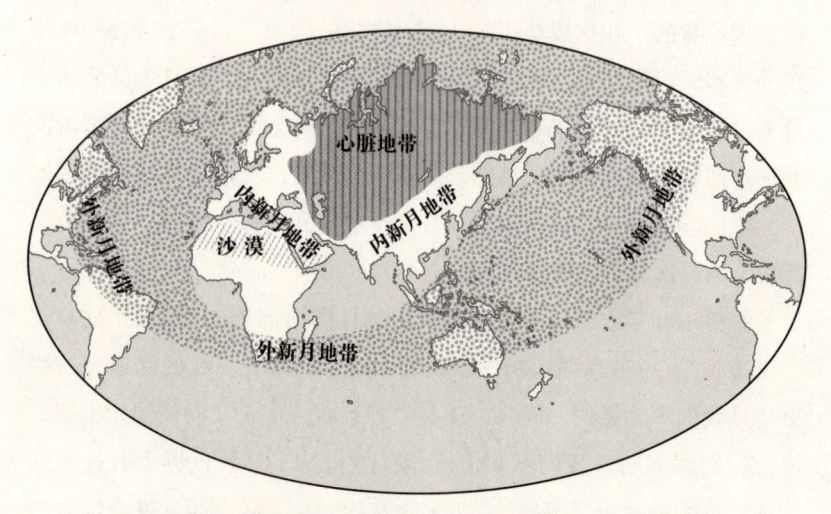

图5.5 麦金德地图：心脏地带、内新月地带、外新月地带

麦金德解释说，在15世纪前，来自草原心脏地带的袭击者们曾经控制了内新月地带富庶的文明——中国、印度、中东和欧洲。在内新月地带之外，还有外新月地带，这一区域曾经无关紧要，直到公元1500年之后欧洲的船只将这个广阔的区域连接在一起为止。到18世纪，外新月地带的强国开始进入内新月地带，与心脏地带争夺这一地区的控制权。到19世纪，外新月地带的力量更加强大，最终渗入了心脏地带本身（就在麦金德发表这一演讲的同时，英国军队正在向中国西藏进军）。一旦控制了外新月地带的海洋，就意味着可以控制内新月地带和心脏地带，从而也就控制了整个世界。

英国的政治家们并不情愿与美国、日本和法国分享外新月地带，但他们只能去赌一把，寄希望于这些与英国一样同属外新月地带的国家有着与自己相似的思维方式。至于德国，则是另外一回事。德国属于内新月地带,这就使得德国可以直接进入心脏地带。在英国人看来,一个强大的、统一的、工业化的德国,有可能会把心脏地带的资源用来对抗外新月地带。"如果德国与俄国结盟,"麦金德十分担忧,"它们就可以利用广袤大陆上的资源建造舰队,那样一来,帝国征服世界的前景就在眼前。"[9]

但在圣彼得堡看来,同一枚硬币的另一面是个更紧迫的麻烦:如果德国在与英法的对抗中占了上风,就可以动用外新月地带的资源来对付心脏地带。真正的危险并不是德国与俄国结盟,而是德国征服俄国。拿破仑曾经试图征服俄国,但是从外新月地带一直打到莫斯科实在是项太过艰巨的任务了。然而,从内新月地带出征的德国可能会更有把握。

柏林的政治家们则看到了第三个维度。在他们看来,最大的危险并非德国征服外新月地带或心脏地带,而是外新月地带和心脏地带联合起来夹击德国——这种情形自18世纪以来已经发生过数次。德国的领导者们认为,必须不计一切代价避免这种情况的发生。正是这个很简单的战略态势造成了德国在20世纪的悲惨历史。

这三种关于德国的不同前景将引发欧洲政治格局截然不同的走向。不过,最初,德国人控制着事态发展。这很大程度上要归功于奥托·冯·俾斯麦,他或许是19世纪最不严谨,但最有远见的外交家。俾斯麦认识到,德国人必须在19世纪60年代诉诸武力。经过与丹麦、奥地利和法国的三场短促而激烈的战争,杂乱而脆弱的德意志邦国组成了内新月地带最强大的民族国家。然而,在赢得了这些战争之后,俾斯麦又意识到德国人必须在19世纪70年代放弃武力。要避免被心脏地带和外新月地带双面夹击的厄运,最好的办法就是让其他国家都处于两面摇摆的状态,即在东欧和中欧不断组建或打破联盟,安抚英国,孤立法国。

一直到19世纪80年代,俾斯麦还能把这种杂耍式的外交玩得很好。但随着英国地位下降,未知的未知变得越来越多,因而杂耍的难度也越来越大。1890 年，年轻的德国新君威廉二世抛弃了这位年迈的帝国宰相，并且像世界各国的首脑一样开始思考，在这个充满不确定性的世界中，对于自己的国家所面临的种种问题，武力到底是不是最佳解决方案。以防万一，他命令他的将军们制订先发制人的战争方案，而德国的政治家们则用战争的风险来分散选民的注意力，让他们不至于太过关注快速工业化所导致的国内阶层矛盾。老板和雇员或许会相互憎恨，但只要他们都更憎恨外国人，一切就都还好。

德国的领导者们开始做一些在俾斯麦时代会被视为疯狂的举动，因为他们没有更好的选择。对非洲殖民地的争夺和打造战列舰的行为必然会激怒英国，但如果不这么做，德国似乎注定会被敌人孤立。在最好的情况下，德国的敌人可能会将德国隔绝于海外市场之外；在最坏的情况下，德国可能会面临两线作战。德国必须不择手段地打破这个包围，但德国做的每一件事似乎又都让它的敌人们彼此走得更近了。未知的未知迅速增加，人们开始普遍担心战争爆发，欧洲大陆上的强国开始购置更多的武器，征召更多的年轻人入伍，并且延长军人的服役时间，而这一切又让人们对战争的担心更可能变成事实。

到 1912 年，德国皇帝和他的顾问们认为，极端手段已经是唯一的选项了。有时候，他们会探讨组建一个欧洲合众国，这个国家的领导者自然是德国；另外一些时候，就像 1913 年圣诞节那天维也纳的一家报纸上说的那样，他们设想建立"一个欧洲中央关税同盟，不管西方国家喜欢与否，最终都会参与其中。这样一来，欧洲就将形成一个可以比肩美国，甚至超过美国的经济同盟"[10]。在英国和美国看来，这听起来就像是宣战声明。

这些都没有让 1914 年的战争变得不可避免。弗朗茨·斐迪南本可以躲过 6 月 28 日的厄运，在那之后的几周里，冷静的头脑本也可以占据上风。实际上，大部分人认为，冷静的头脑已经占据了上风：一直到 7 月底之前，债券市场中的投资者都没表现出什么紧张情绪，政治家和将军们也都去度暑假了。如果运气稍微再好一点儿，人们对

1914年的记忆可能就会停留在那年美妙的天气,而不是残酷的沙场。

但在那之后又会发生什么呢?即便在1914年避免了战争,英国"世界警察"的地位也无法恢复。英国的成功使得工业革命继续向全世界蔓延,而这反过来让英国的地位变得越来越不稳固。未知的未知会进一步增多。在1914年危机之后,新的危机还会接踵而至。在1914年巴尔干危机之前,还曾经发生过1905年和1911年的摩洛哥危机以及1912—1913年的两场巴尔干战争。如果20世纪的每一位欧洲外交家都是重生的俾斯麦,那么他们或许能够不停地化解紧急状况。但这不是现实,这一时期的欧洲外交家的平均水平不比以前的外交家更优秀,但也不比他们更差。每发生一次危机都好像扔一次骰子,早晚有一天(如果不发生在20世纪第二个10年,也肯定会发生在20世纪20年代),会有某一位国王或首相认定战争是解决问题的最不坏的解决方案。

因此,在普林西普刺杀弗朗茨·斐迪南一个月之后,奥匈帝国向塞尔维亚宣战。在此之前,德国皇帝向奥匈帝国许诺,德国已经"考虑过俄国干涉的问题,并且已准备好进行一场全面战争"[11]。不管怎么说,德国宰相曾开玩笑说,其他的选项"形同自宫"[12]。一个星期之后,大部分欧洲国家都进入了战争状态。它们并非不经意地滑向了战争的边缘,也并非仿佛脱离轨道的行星,它们只是生存于一个"世界警察"失去了对世界的掌控的世界之中。

风暴来临

"战争的总体目标,"在战争爆发一个月之后,德国宰相起草的一份文件中写道,"是在西线和东线永久保证德意志帝国的安全。"[13]为了达到这一目标,"必须削弱法国,使其永远不可能再恢复为一个强国;与此同时,要将俄国尽可能远地推离德国的东部边境,并且解除俄国对非俄罗斯民族的奴役"。德国随后要吞并比利时和法国,并且将俄国的地盘变为德国的卫星国。英国的商品将被法国市场拒绝。德国的目标是进行一次反建设性战争，将环绕德国的巨大联盟拆散，并且给予"世界警察"猛烈甚至是致命的一击。

我们并不知道，德国究竟是在战前就已经有了这样的想法，还是在经历了战争最初几周惨重的伤亡之后才产生了这样的想法。但无论如何，德国人都冒了巨大的风险。俾斯麦所设想的最坏的情境在1914年变成了现实，德国不得不面对来自心脏地带和外新月地带的全力夹击。德国总参谋部认为，德国唯一的希望是利用其位于两敌之间的位置和强大的工业化组织能力，在俄国完成动员之前就击败法国。

德国的官员们完成了一次管理层面的壮举，他们征用了8 000辆火车，将160万人和50万匹马运送到了西线。德国人在西线吞没了中立的比利时，并且不停歇地行军作战。到1914年9月7日，德军的前锋已经跨越了马恩河，距离巴黎仅有三十多千米。从地图上看，法军已经被包围，并被阻隔在其首都之外，德国似乎即将赢得战争。然而，德军总参谋长赫尔穆特·冯·毛奇很快就会发现现代战争究竟是如何运作的。他的祖国，这个20世纪的利维坦纠集了一支数百万人的军队，分布在160多千米的战线上，但毛奇只能用19世纪的通信手段联系他的军队。无线电的配备很少，而且很不可靠，电话更糟，且完全没有侦察飞机可用。

1914年9月，毛奇并不知道到底在发生什么，报告要花上几天时间才能送到他的手上。一份报告可能会告诉他，法国人正在崩溃；而下一份报告可能又会告诉他，法国人正在进行反击。别无他法的毛奇派了一位参谋乘车前往前线。一位德国军官后来悲叹道："如果这位悲观的亨奇中校在他9月8日的旅途中撞了树，或是被掉队的法国士兵干掉，我们可能在两个星期之后就能停火讲和，并且可以随意地开出任何条件。"[14]然而，亨奇最终抵达了前线，他被前线部队面临的风险吓坏了，并且说服部队开始撤退。

即便在一个世纪之后，今天的我们也不比1914年的毛奇更清楚亨奇究竟是把一场即将到手的胜利变成了失败，还是将德国人从灾难中挽救了出来。但对那些认为胜利唾手可得的人来说，撤退的命令让人感到非常沮丧。这个命令"就像是晴天霹雳"[15]，133预备役步兵团的指挥官说道："我看到很多人在哭泣，泪水从他们的脸颊上滚落。其他人则感到很惊讶。"毛奇精神崩溃了。

德国的豪赌失败了，而且它也没有准备后备方案。不过，德国的对手也好不到哪儿去。协约国的第一方案就像德国人预计的那样，是法国和俄国从两边同时进攻德国，将其击溃。然而，到1914年10月，俄国人已经遭遇了一连串的失败，法国人则全凭运气才没有彻底战败。英、法、俄三个协约国倒是有一个后备方案，即用英国强大的舰队将德国的战列舰封锁在港口之中，对德国形成海上封锁，然后吞并德国的海外殖民地。除了东非（在那儿，有一位出色的德国上校将游击战争坚持到了欧洲战事结束），这个计划进行得很顺利。但很不幸，这个后备方案只能一点点儿地让德国人和德国工业"饿死"，因此要取得最终胜利会耗时很久。

负责海军的丘吉尔力主将海上优势更好地发挥出来。海军将领们拒绝了风险过大的入侵德国北部的计划，但丘吉尔坚持认为两栖作战可以在同盟国的腹部撕开一个口子。英国人无视希腊的中立地位，在萨洛尼卡登陆，但其行动一无所获；在伊拉克登陆的部队最终充满耻辱地举手投降了；而在加利波利的第三次登陆更是一次灾难，丘吉尔的职业生涯险些就此终结。到1915年，就连最奉行海军至上主义的人也认识到，战争的胜败将取决于陆战。

但要如何赢得陆战呢？有一种说法是，将军们总是会重演上一次战争。但在战争初期，欧洲的军人们要更落后于时代。布尔战争和日俄战争已证明，军队无法在开阔地上承受现代火力的打击；而早在19世纪60年代，美国南北战争末期的战事就已经表明，挖掘堑壕的部队几乎是不可撼动的。但到了1914年，军队开始像拿破仑时期那样挥舞着旗帜，一拥而上地进行冲锋。他们的格言是"全力进攻"。

战争刚刚开始三个星期,比利时前线就有一位名叫夏尔·戴高乐的法军中尉在率领一次冲锋时被击中。"敌人的火力精准而集中,"他后来写道,"子弹越来越密,炮声越来越响。还活着的人趴在地上,周遭都是哀嚎着的伤员和尸体。故作镇静的军官们站直了身子,结果是自寻死路……而这一切都毫无意义。只需要一瞬间就能看清楚这个事实:全世界的勇气加在一块儿也无法抵住这样的炮火。"[16] 在德军中服役的作家、思想家恩斯特·荣格展现了与戴高乐一样奋不顾身的勇气。他后来把戴高乐经历过的这场炮火攻势完美地形容为"钢铁风暴",并以此作为他的战争回忆录的标题(在我看来,这是迄今为止最好的战争回忆录)。

战争结束后,人们经常形容戴高乐和荣格这样的人是"被笨驴指挥的雄狮"——那些狂喝香槟酒、对前线的恐怖既不了解又不关心的蠢货却派英雄们步入坟冢。但实际上,领导者们像历代的领导者一样迅速地发觉了自己的错误,并且马上进行调整。在法国,到1914年10月,已经有上百万人挤在近500千米长的前线上,因此修筑从瑞士延伸到北海的堑壕就成了很自然的事情。当战争双方都完成了堑壕的修筑时,最重要的问题就变成了怎样突破这些堑壕。

最初,这个问题的答案似乎很明显。"要突破敌人的防线,主要依靠高爆弹药,"1915年1月,一名英军指挥官总结道,"只要使用了足够的弹药,就能在敌人的防线上炸出一道口子。如果没能成功……那么我们就需要更多的火炮,或者提高每门火炮所配备的弹药数量。"[17]

这样一来,战争的关键点就在大后方了。哪一方能够更有效地将自身的经济实力转化为更多的枪炮弹药,似乎哪一方就能赢得战争。政府开始接管一切,不管是军备、交通,还是食物和工资。每个国家的生产量都在迅速增长。男人被征召入伍,政府只好劝女人走出家门,到农田和工厂中接替男人;政府对食物采取了配给制度;生产也被调整,以保障军需。要做到这一切,就需要更多的官员、更多的税收和更多的规定。利维坦迅速膨胀。

但在做了所有这些努力之后,仍然没有哪一方能够取得决定性的突破。"红桃皇后效应"似乎又一次发挥了作用。军队的进攻能力迅速增强。各国生产出数以百万计的炮弹;为了把这些炮弹运送到前线,各国又征调了上千万匹马(单是德国就在一战期间损失了100万匹马,其中死于劳累过度和饥饿的马匹远多于死于炮火的马匹);炮兵们的技巧越来越娴熟,他们交替着进行短暂而猛烈的炮击和旷日持久的长时间炮击,还会使用徐进弹幕射击,即让炮火一直覆盖在己方向前推进的步兵前方不远处。然而,攻击方每做出一点儿改进,防御方总能找到相应对策。他们挖掘出纵深达6~8千米的多道堑壕,在前沿阵地只部署少量的部队,并且不断地让部队在前线轮换以保持战斗力。大部分部队躲在敌军的炮火射程之外,坐等敌人占领前沿阵地,然后在敌人超出了自身火力掩护射程之外后再发动反击。

1915年,就有些将军意识到,真正的问题是毛奇曾经遇到的那种困难。一旦战斗打响,指挥官们就失去了对手下军队的控制。当己方的部队突破了敌方部队的防守时,总部可能要在几个小时之后才能得知这一消息,结果错过了派遣增援和利用这一突破口的时机。"将军们就仿佛既没有眼睛和耳朵,又说不出话。"[18] 历史学家约翰·基根说道。

在这个科学至上的时代,双方都试图寻找新的技术击败红桃皇后。德国人在这一方面走在前列。1915年1月,德国人在波兰使用了催泪瓦斯。不过,那次行动并不成功:由于天气太冷,气体凝结了。然而,他们于三个月后在西线使用了氯气,取得了惊人的效果。一阵轻风将有毒的绿色云雾吹向了敌人的阵地,那里挤满了毫无防备的法国士兵和非洲士兵。氯气杀人的方式十分可怕:它会灼伤人的肺部,刺激肺部产生过多的液体,最终让中毒的人窒息而死。这种气体仅仅杀死了大约200人(按照一战的血腥标准,这实在是微不足道),但正如一位德军军官看到的那样,它让数以千计的敌人"像一群羊一样逃走了"[19]。这场溃败留下了一个宽度近8千米的缺口。但不幸的是，德国人也没有预料到这种气体会如此有效，因此错失了突破这一缺口的机会。到了第二天，这种武器就失去了出其不意的效果。由于氯气是可溶于水的，填补了这段缺口的加拿大士兵只需要在脸上围一条湿布就能化解氯气的危害。

毒气成了人们对一战记忆的一部分。英国反战诗人威尔弗雷德·欧文曾描述道："听啊，随着每一次颤抖，鲜血／从满是泡沫的肺中涌出／像癌症一样可憎，像呕吐一样痛苦／在舌头上留下无法消弭的痛楚。"[20] 但对于有所准备的军队来说，毒气只能算是一种困扰，却远远不能改变战局。死于毒气的人数还不到战争中死亡总人数的1/80，每100个领取战争津贴的人里才有1个受了毒气的伤害。

英国尝试了另外一种技术改进：坦克。早在1903年，英国小说家、新闻记者赫伯特·乔治·威尔斯就写过一篇名为《陆战铁甲》的短篇故事。到了1914年12月，工程师们就已经在探讨制造装甲履带式车辆了。当时，内燃机还在起步阶段，要让几吨重的钢铁翻越堑壕和弹坑还是艰巨的技术挑战。不过，到了1916年9月，已经有将近50辆坦克可以投入实战了。在战斗打响前，就有13辆坦克坏掉了，但德国人一看到那些尚能使用的坦克，就立刻逃走了，虽然这些坦克也只坚持了三千米。到了1917年末，英军在法国城镇康布雷八千米的前线上部署了324辆坦克，它们在向前推进了六千多米（按照一战的标准，这已经算是壮举）之后才出故障。英国的教堂钟声为了庆贺这一胜利而敲响，但德国人的战线仍然没有被突破。

其他一些进步更不起眼，但或许更加重要。在战争开始时，炮兵们对那些试图引入太多科学元素的技术人员非常缺乏耐心。"小子，这是打仗，是动真格的！"一位中尉曾经被人这么告诫，"忘了你在别处学到的那些废话吧！天气冷的时候，把炮管升高一点！"[21] 不过，到了1917年，射击控制得到了巨大的改进，这主要得感谢另一项伟大的技术进步——航空。直到1903年，飞机才被发明出来；到1911

年,才有飞机被应用于军事;到了1918年,已经有2 000架飞机出现在西线的上空。它们既校正炮火,又向敌人的步兵开火,甚至开始相互射击。

不过,在战场上仍然没有出现重大的突破。1916年,绝望的将军们开始把杀人本身当成战争的目标。当德国人在2月发动对凡尔登的进攻时,他们的目标不再是突破敌人的防线,而是让法国人在这里把血流尽。在接下来的9个月中,有70万人死在了这片不过几平方千米的泥泞中。同年7月,当英国人在索姆河发动进攻时,也没有指望能够真的突破敌军防线,他们的目标仅仅是把德国人从凡尔登引开。在发动进攻的第一个上午,就有2万名英国士兵丧生;在随后的4个月中,又有30万英国人阵亡。

德国人在这场消耗战中的表现更好。比起己方伤亡,他们杀死的敌人更多,而且他们作战的性价比也更高。英国、法国、俄国和(后来参战的)美国每花费36 485.48美元才能杀死一名敌军士兵,而德国及其盟友只需要花费11 344.77美元。然而,德国人在战略方面却没有什么效率可言。在战争爆发的时候,德国人没有准备好后备方案,但很快就有了太多的后备方案。一些将军认为,德国应当集中力量,先击败俄国。他们指出,东线的问题不是如何取得突破,因为那里有足够大的回旋余地,因此突破防线是常事,东线的关键在于如何在缺少铁路和公路的情况下保持攻势。他们认为,解决这个问题要比在法国的堑壕中杀出一条血路容易得多。然而,另外一些将领则认为,俄国前线是次要的,要赢得战争就必须打败英国人和法国人,到时候俄国也会跟着屈服。

这两种观点各自占了一段时间的上风,结果分散了德国的精力。更糟的是,另有一些颇具影响力的人物主张在欧洲之外的地方赢得战争。"我国在奥斯曼帝国和印度的公使,"德国皇帝在1914年写道,"必须让整个伊斯兰世界都起来反抗英国这个可憎的、满口谎言的、毫无原则的,由小店主组成的国家。"[22]这场战争并没能实现。不过,在

1915年，德国海军又开始推行另一项全球战略。德国的海军将领们认为，既然英国比德国更依赖进口，那么为什么不使用潜艇封锁英国的贸易路线呢？

在策略几经摇摆之后，1917年2月，德国人决定击沉出现在他们视野中的任何商船，不管这些商船挂的是哪个国家的旗帜。德国的领导者们知道，这很可能让美国加入战争。但是在他们看来，美国实际上已经参战了。在一战爆发前，英国依靠资本输出和工业制品输出控制着整个世界体系，而现在，英国每个月要从美国进口价值2.5亿美元的战争物资。更糟糕的是，其中很大一部分的资金是英国从纽约市场上借来的。根据德国经济学家的计算，如果德国能切断这条大西洋生命线，那么英国只能再坚持战斗七八个月。他们指出，虽然激怒美国可能会导致德国输掉战争，但如果什么都不做，那就等同于坐以待毙。不过，为了对冲风险，德国人想出了一个糟糕透顶的主意：资助墨西哥进攻美国。这成了最后一根稻草。1917年4月，美国向德国宣战。

这是一个决定性的时刻。就在消耗战和对东线的侧重开始让天平向德国人倾斜时，美国人站在了英国和法国一边。到1917年初，已经有300万俄国人在战争中丧生（其中1/3是平民），俄国军队也正在土崩瓦解。3月，一场革命推翻了沙皇（由于事发于俄历二月，因此被称为"二月革命"），而在其后发生的"十月革命"中，布尔什维克夺取了政权。俄罗斯人随即投身于内战，而德国则迫使新生的苏俄放弃了非俄罗斯人居住的领土。

此时的苏俄边界与1991年苏联解体时的俄罗斯边界十分相像。只不过，在1918年，独立了的波兰、乌克兰、白俄罗斯和波罗的海三国接纳了各色各样的德国贵族为统治者。德军军需总监、当时实际的独裁者埃里希·冯·鲁登道夫说道："德国的尊严要求德国不仅要用强有力的手保护德国公民，而且要保护所有的德意志人。"[23]他所说的德意志人，也包括奥匈帝国中的德意志人，而此时的奥匈帝国在某种程度上已经是德国的卫星国。如果鲁登道夫赢得战争，就可能会建立起一个疆域从英吉利海峡延伸到顿河盆地的大德意志国家，而这肯定会终结英国"世界警察"的身份。

俄国的灭亡使得德国可以抽出50万人赶在美军抵达前投身西线战场。更重要的是，在俄国的战斗让他们看到了怎样解决那个最根本的问题——指挥和控制。

我已经几次提及军事历史学家维克托·戴维斯·汉森关于西方式战争的理论。他认为这种战争方式从古希腊一直绵延到现代的欧洲和美国，通过"单一的步兵大规模交锋"[24]赢得战争。不过，在1917年，德国人发明了一种被战略家史蒂芬·比德尔称作"现代战争体系"[25]的作战方式。在这种作战方式中，士兵们做出的选择与所谓西方式战争正好相反，他们不会大规模地交锋，而是"减少暴露在敌方火力下的机会"；他们不追求部队的集中行动和惊吓敌人，而是追求"掩护、隐蔽和分散"。

这种现代战争方式再一次使军事出现了革命性的发展。现在，士官和普通士兵（德国人称之为"暴风突击队"）都获得了战争的主动性，从而调动起人民战争的能量。经过适当的训练，士官和士兵们都可以发挥自己的主动性，而不需要军官跟在身边驱使他们向前。战斗小组可以偷偷穿越无人带，然后利用弹坑、树桩和一切尚存的掩护物冲过火线（图5.6）。

暴风突击队可以携带轻便而威力巨大的武器——最早期型号的冲锋枪和火焰喷射器。不过，现代的战争方式的关键并不在于技术，而在于出其不意。进攻方不再使用猛烈的炮击暴露自己的进攻意图，转而在进攻开始时先短暂释放足以制造混乱、让守军忙于佩戴防毒面具的毒气（"毒气！毒气！快，小伙子们！一阵手忙脚乱/总算及时理顺了笨重的头盔"[26]），而这点时间却不足以让守军准备好防御。暴风突击队接着会潜入堑壕，穿过那些组织得井井有条的守军，直击指挥部和炮兵所在地。这样一来，守军就变得群龙无首，陷入混乱。大多

图5.6　冲向前方的绿野：1918年5月27日，德军暴风突击队渗透进被破坏的法国蓬塔尔西村

资料来源：© Imperial War Museums [Q 55010]

数守军，直到子弹从自己身后射来，他们才意识到大难临头。

到这时，第二拨德军已经开始攻击那些被第一拨德军留在身后的据点。不过，如果一切顺利，连这样的攻击都是不必要的。在被包围之后，得不到命令、不知道主要战斗究竟在哪儿打响的军队通常会逃跑或投降。一位曾经领教过德国人新战术的英国军官称之为"战略瘫痪"[27]："摧毁一支军队的神经，并由此摧毁其指挥官的意志，比把他们的肉体炸成碎片更有成效。"[28]

1917年9月，德国人在里加第一次尝试了暴风突击队战术，导致俄军阵线完全崩溃。6个星期之后，在意大利的卡波雷托，意大利人经历了更大的恐慌（被海明威的小说《永别了，武器》永远记录了下来）。德军中尉埃尔温·隆美尔只带了5个人就抓获了1 500名意大利战俘。最终，一共有25万意大利人投降，德国人和奥地利人则向前推进了近100千米。

但这些还只能算是演练。到1917年底，唯一重要的事情就是在大规模美国军人抵达前突破西线。鲁登道夫别无选择，只能孤注一掷地试图突破英军的防线，从而使"世界警察"的部队退回英吉利海峡的港口，进而迫使法国人走向谈判桌。1918年3月，鲁登道夫最后赌了一次。

进攻刚刚开始了两天，英国第五军就被击败了。上千人丢盔弃甲，落荒而逃。在他们的身后，上千具尸体永远地留在了那里（图5.7）。为了庆贺这一胜利，德国皇帝给德国的学生放了假。但与里加和卡波雷托的情形不同，防守方的指挥部仍在，并且把预备队迅速投进缺口。在德军的突进被遏止了之后，鲁登道夫又挑了一段防线展开进攻。到1918年5月初，英国人的形势再度岌岌可危。"我们陷入了绝境，"英军的军令如是道，"但我们相信我们的事业是正义的，每个人都要奋战到最后一刻……绝无退路可言。"[29]

图5.7 那异域的一个角落，永远属于英格兰：1918年3月，在隆格瓦勒阵亡的英国人

资料来源：© Imperial War Museums [Q 42245]

实际上，英国人还是又撤退了，但拖住了德军的攻势。鲁登道夫再一次发动了进攻，法国人面临巨大的压力，不得不让刚刚漂洋过海而来的美国人投入战斗。撤退的法军建议美国海军陆战队跟他们一起

后撤,结果得到了那句著名的回答:"撤退?去你的吧,我们才刚到这儿。"[30] 美国人守住了阵地。鲁登道夫失败了。

现在,轮到德国人承受消耗战的压力了。在1918年春,战争双方都损失了约50万人,而一种可怕的新敌人——西班牙流感——则在双方军中肆虐(这种H1N1病毒可能在1917—1918年的军营中发生了演化,最终在1919年底之前夺取了5 000万~1亿人的生命)。但已经有70万美国人抵达了法国,还有两倍于此的美国人在,因此协约国一方可以补充他们的兵员,德国则做不到这点。英、法、美联军计划在1919年发动宏大攻势,包括动用伞兵空投到德军战线的大后方,并且使用上千辆坦克进行突破(对1919年的飞机和坦克究竟能否承担此重任,还要画上一个问号)。不过,协约国最终选择了英国人的老后备方案——让敌人因饥饿而屈服,而不是这些浮夸的计划。1918年秋,德国发生了饥荒。士兵和水兵们哗变了。布尔什维克占领了城市。内战开始了。

在前线,德军士兵们开始大批大批地投降。美军曾在一天里接纳了13 251名战俘。1918年4—10月,德军人数减少了100万。10月底,鲁登道夫垮台了。在被德国皇帝撤职之后,鲁登道夫流亡国外。最终,在11月11日,西线停火。"在今天上午11时,"英国首相大卫·劳合·乔治对议会说,"人类历史上最残酷、最可怕的战争结束了。我希望我们可以说,在这个上午,所有的战争都就此告终。"[31]

没有胜利者的和平

为什么劳合·乔治错得这么离谱?有人责怪说,是《凡尔赛和约》太过严苛,使得德国人寻求复仇。也有人认为,《凡尔赛和约》太过仁慈,让德国可以保持完整,而没有让它倒退回1871年统一之前的状态。也有人责怪美国国会没有批准签署和约,或是责备英法图谋利用和约。但事实比这些都要简单得多。真正的和平需要一个强有力的"世界警察"。

德国没有能完成它想要的那种反建设性战争——打破欧洲反德联盟,并且废除英国作为"世界警察"的地位;而英国也没能完成它想要的建设性战争,因此未能重塑它在1870年以前的突出地位。英国本土在战争中确实没中一枪、一弹、一炮,在经济实力上仅次于美国,仍然保有全世界最大的舰队,而且在夺取了德国形形色色的殖民地之后,统治了整个地球的约1/4。但胜利的代价是毁灭性的。虽然佩皮斯说出"由于缺乏资金,所有事情,尤其是海军,都乱了套"[32]这样的话,是至少三百多年之前的事情了,但是这句话在1919年仍然是真理,甚至比1661年的时候还贴近现实。英国的债务已经是其国民生产总值的两倍。这一债务水平确实比拿破仑战争时的水平低,但是1815年的英国是世界上唯一的工业化经济体,而1919年的英国不是。19世纪,英国的GDP在迅速增长,因此它可以稳步地还清债务;而到了20世纪,再想要依靠减少开支、增加税收的方法做到这一点,只会导致经济衰退。

到1921年,英国的失业率超过了11%,通货膨胀率则突破了21%,罢工导致英国损失了8 600万个工作日,经济体量则自战争结束以来萎缩了近1/4(图5.8),已经低于1906年的水平。开支的大幅度削减让帝国总参谋长绝望地说,"我们在所有的地区都兵力不足——不论是爱尔兰、英格兰、莱茵地区、伊斯坦布尔、巴统、埃及、巴勒斯坦、美索不达米亚、波斯,还是印度"[33]。由于无力供养舰队,英国在1922年接受了美国提出的《美、英、法、意、日五国关于限制海军军备条约》,与美国保持同等的海军实力。这就意味着,英国要主动报废一批军舰,而其主动报废的军舰数量超过了英国皇家海军在任何一场战斗中损失掉的军舰数量。保守党领袖承认道:"我们无法再独自担任'世界警察'。"[34]

而美国在国防开支上只投入了其GDP的1%,就足以供养庞大的舰队。这是因为,在20世纪20年代,当其他经济体都挣扎在繁荣与

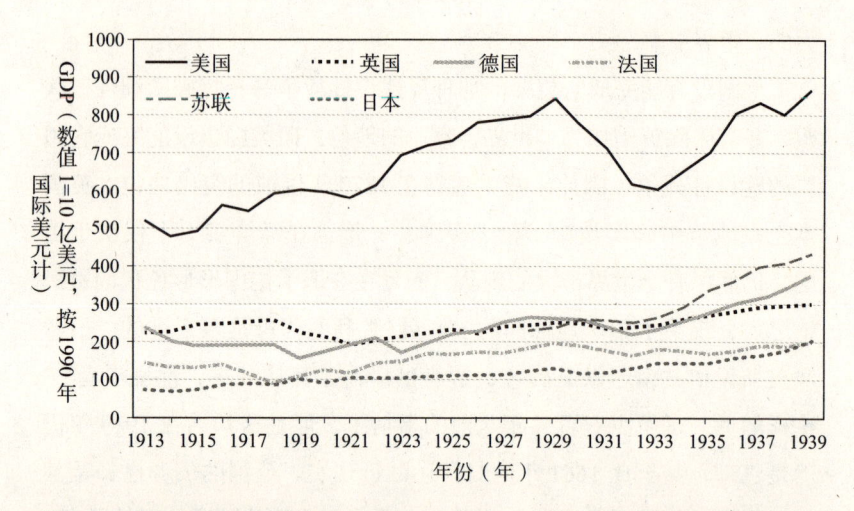

图5.8 未知的未知之形状：1913—1939年，世界主要经济体的疯狂之旅（1928年以前的苏联数据不大可靠）

萧条的循环之中时，美国的产值却一直在稳步增长。到1929年，美国的对外投资已经几乎可以与英国在1913年时的峰值媲美，而美国的全球贸易额则比英国的峰值还高出至少50%。1926年，《纽约时报》的金融编辑曾写道："自1914年以来美国国际地位的改变，或许是经济史上最为剧烈的一次变革。"[35]

美国似乎已经准备好取代英国"世界警察"的地位，但大多数美国人对此并不关心。有些美国人坚持托马斯·杰斐逊的观点，即"与各国均保持和平、发展贸易和诚挚的友谊，但不与任何国家结盟"[36]；有些美国人则担心这样的地位会导致更大的开销；还有包括伍德罗·威尔逊总统在内的一些人怀有截然不同的梦想。

1917年1月，威尔逊对参议院表示，战争的目标必须是"没有胜利者的和平"[37]，因为"有人取胜，就意味着失败者将被迫接受和平，而胜利者就可以把自己的要求强加给战败者"。在威尔逊看来，"只有势均力敌的双方之间的和平可以持久"，这就意味着"各国不能在条约中规定或暗示哪些是大国、哪些是小国，哪些是强国、哪些是弱国"。与一个由单一强国充当"世界警察"的世界相反,威尔逊提议建立一个国家联盟,"由各国组成的单一而强大的集体,只有它才能保证世界的和平"[38]。

从表面上看,这没有什么新鲜的。康德就曾提过与之相类似的事物。而在威尔逊发表这一通讲话的前几年,前总统西奥多·罗斯福也曾建议用某种群体式的"世界警察"来取代旧式的"世界警察"。他认为,"那些在战争和和平时期都很高效的文明国家应当加入一个世界联盟以保障正义的和平……将它们的军事力量联合起来,共同对付那些冥顽不化的国家"[39]。甚至有人曾设想,应当组建一支国际空军,把那些侵略者轰炸到谈判桌旁。

然而,当国际联盟在1920年成立时,它却并非如之前的设想一般。国际联盟没有强制力。国际联盟可以安排难民返回家园,稳定货币,搜集数据,但没有能力弥补英国留下的"世界警察"的真空。很多批评家怀疑,国际联盟真正的核心内容就是不要与英国竞争。他们指出,劳合·乔治曾经说过,"我赞同成立国际联盟"[40],他接着补充道,"实际上……大英帝国就是一个国际联盟"。国际联盟的章程基本按照英国的意思起草,而这个机构成立之初的动作之一就是授权英国和法国"管理"伊斯兰世界的大部分,实际上就是将其变成殖民地。

美国国会认为国际联盟不过是又一个纠缠不清的盟约,因此拒绝加入其中。贾瓦哈拉尔·尼赫鲁任印度开国总理之前,曾在英国人的监狱中写道:"国际联盟……不过是想让那些大国永远地控制超出它们帝国疆域的世界"[41];列宁则斥责国际联盟为"一具发臭的尸体"[42]和"全世界匪帮的联盟"。苏联人在1919年宣称,唯一能够真正取代"世界警察"的就是共产主义,因为共产主义将"摧毁资本的统治,终结战争,废除国界,(并)将整个世界变成一个协作的整体"[43]。

在1919年3月,也就是列宁将国际联盟称作"发臭的尸体"的时候,在新生的苏俄,超过500万人正在进行着一场异常恐怖的内战。在这场内战中死亡的苏俄人的数量超过了被德国人杀死的数量

（如果算上因饥荒和疾病而死的人数，大约有800万苏俄人丧生）。早在1918年5月，英国和法国就认定它们需要对此进行干涉，并且在11月11日正式投入战斗——而这也恰恰是西线停战的那天。在1919年，一共有25万外国军队踏上了苏俄的土地，其中大部分是英国人、捷克人、日本人、法国人和美国人，也有波兰人、印度人、澳大利亚人、加拿大人、爱沙尼亚人、罗马尼亚人、塞尔维亚人、意大利人、希腊人。

事实上，由于缺乏一个"世界警察"来统领行动，对苏俄国内战争的干涉行动在混乱中失败了。到1920年中，除日军之外的外国军队都已经撤退，而苏军正在迫近华沙。苏俄计划在吞并波兰之后，再到刚刚镇压了本国布尔什维克革命的德国去。在1920年夏的几个星期里，列宁用红旗抹去国界的设想似乎就要成为现实。但红军随后耗尽了补给，波兰人借此机会发动反击，将红军赶了回去。到8月底，波兰骑兵甚至在卡莫罗赢得了欧洲历史上最后一次骑兵大战。2.5万名骑兵挥舞着战刀争相冲锋，就像此前2 000年的骑手们做的一样。只不过，这一次他们的周围是横飞的机枪子弹和飞溅的炮弹弹片。

在随后的几年里，苏俄逐渐不再提起他们的世界革命了。虽然为了争夺一战中覆亡的帝国的领土，不时还会有一些战争发生，但是有那么一小段时间，这个没有"世界警察"的世界似乎也能良好地运转。国际贸易复苏了。到1924年，大部分国家的收入水平都恢复到了其1914年的水平。世界终于开始遗忘战争的恐怖。1921—1927年，美国股市道琼斯指数上涨了三倍；1927—1929年，该指数几乎又上涨了一倍，在1929年9月3日达到了381.17点的高点。

而就在整整十年之后，英国和法国再一次对德国宣战。

"世界警察"之死

在1929年10月的最后一个周末，19世纪的世界体系终于瓦解了。

在经过85年的争论之后,我们仍然不知道这一切到底是怎么开始的。"1929年的危机真的非常让人好奇,"金融史学家哈罗德·詹姆斯说道,"因为它,一个非常重要的事件,引发了世界范围内的历史性的后果(大萧条,甚至二战),但是我们找不到其发生的明确原因。"[44] 不管是出于什么原因,在10月23日星期三,华尔街的交易员们都慌了神。价值40亿美元(相当于今天的530亿美元)的财富蒸发了。到了星期四中午,又有90亿美元消失了。接着,银行家们联合起来,开始购买那些没人要的股票,这让市场出现了反弹。可是到了下个星期一,又是一泻千里。到星期二的下午,道琼斯指数已经下跌了1/4。如果你在1929年9月3日的高点买了1美元的股票,那么到1932年夏,它只值11美分了。

1929年9月3日至1939年9月3日的这10年,全球金融崩溃,而这彻底扫光了那些让19世纪的世界体系继续发挥作用的东西。从19世纪70年代开始,英国经常扮演最终贷款人的角色,相当于它认同"世界警察"的一部分职责就是维护世界信贷联盟。但是现在,再也没有"世界警察"了,每一个政府都各自为政。各国政府一个接着一个地开始保护自己的经济,筑起壁垒防范外来竞争和金融传染。单是美国就新设了2.1万项关税排斥进口。到了1932年底,国际贸易水平萎缩到了1929年水平的1/3。

英国也不再扮演自负的"世界警察"了。像其他国家一样,英国也躲在关税的高墙之内,国防开支下降得更加厉害。到1932年,参谋部认为,英国海军已经不再有能力保卫大英帝国苏伊士以东的殖民地了。他们承认,战争"将在不可估量的时期内让英国的领地和属地(包括印度、澳大利亚和新西兰)置于被毁灭的危险之中"[45]。很自然地,这些暴露在危险之中的领地和属地对此的反应不会好。那些由白人定居的领地清楚地告诉英国,如果再有战争爆发,英国政府不应当理所当然地认为这些领地会支援英国。而长期作为英国世界体系支柱的印度,也开始自行其是。1930年,英国开始与甘地的非暴力不合作运动展开谈判；1935年，英国向印度的政党做出了巨大让步。

20世纪30年代的衰败从根本上动摇了英国的统治阶层。1913年，剑桥大学的一位导师曾经写道："英国人从不怀疑，这是英国人的美德。"[46] 可是，在接下来的20年中，这种美德迅速地消失了。即便在英国的统治者看来，"世界警察"的地位似乎也开始变得没有意义。最雄辩的质疑者无疑是乔治·奥威尔。毕业于伊顿公学的奥威尔在缅甸当了五年的皇家警察，而正是这段经历让他成了对英国最激烈的批评者。但他可不是一个人。"在印度各地，"他写道，"都有英国人私下里对这个体系感到厌恶，尽管他们自己就是这个体系的一部分。"[47] 有一次坐晚上的火车，他与一位在印度教育部门工作的英国人在一个隔间里。

> 天气太热了，根本睡不着，于是我们就聊了一晚上。经过半个小时的谨慎打探，我们才确信对方是"安全"的。在接下来的几个小时里，列车穿行于漆黑的夜色中，我们则手握着啤酒，坐在自己的铺位上，一同咒骂大英帝国——我们都是大英帝国内部的人，既有学识，又对大英帝国非常熟悉，大英帝国待我们都不薄。但是……当火车缓缓驶入曼德勒之时，我们就像两个偷情的人一样满怀羞愧地告别了。

当然，大英帝国也仍然有其热情拥趸。"有些英国人，因为英国没有治理好印度而感到自责。"一位大英帝国的支持者写道，"为什么？因为印度人没有表现出对英国统治的热情爱戴。要我说，英国人在印度治理得不错，英国人的问题是不应该指望那些被统治者能表现出什么热情爱戴。"[48]

大英帝国的这位拥趸就是阿道夫·希特勒。他认为，要消除这个世界的不确定性，靠的不是自我怀疑，而是武力。20世纪30年代的民主政府在经济增长迟缓、党派斗争、高失业率和社会动乱的泥潭中举步维艰,这使得希特勒的观点看上去不错。在欧洲、东亚和拉丁美洲,热衷于暴力的强人(有些是左派,但更多是右派)掌握了国家权力。他们有着一个共同的信念:在这个没有"世界警察"的世界,武力是解决问题的唯一手段。

在很多方面,苏联都是这些强权国家的典范。苏联的领导人好像发现了在这个充满不确定性的战后世界的成功之道:越暴力越好。斯大林枪毙了成千上万的人,把100万人关进了古拉格劳改营,强迫数百万人进行迁徙,并且强征了大量的粮食,导致上千万人饿死。与此同时,封闭、内向、中央统一计划的苏联经济却在1929—1939年增长了80%。这一成绩远远超过了开放、全球化的资本主义经济。在这10年中,英国经济实现了20%的可观增长,而法国和美国的经济增长水平仅为3%和2%。

斯大林对国内统治的成功感到欢欣鼓舞。1939年,他不顾自己已经将红军中最优秀的军官全部处死的事实,转而将暴力的矛头对准了国外。他派兵进入芬兰、波罗的海国家、波兰和中国东北。在中国东北,苏军击败了同样处心积虑的日本。日本从19世纪70年代开始崛起,但是依赖于对外贸易的日本在20世纪30年代遭遇了各国贸易壁垒的严重打击。"我们的国家陷入了绝路,"石原莞尔中佐("九一八事变"罪魁祸首之一)认识到,"似乎没有办法解决人口和食物的问题。"[49] 石原莞尔提出的解决方案最终被日本采纳了:"开发中国东北地区和蒙古,那里的自然资源将拯救日本摆脱危机。"(图5.9)

石原莞尔和一群年轻军官一意孤行,在没有得到上级命令的情况下就在1931年入侵了中国东北地区。石原莞尔已经做好了上军事法庭的准备。然而,东京那些在未知的未知中挣扎的政客发现,入侵行动十分顺利,而且也没有任何"看不见的拳"要为此惩罚日本。因此,他们也就此选择了武力。国际联盟要求日本从中国东北地区撤军,日本则干脆退出了国际联盟。

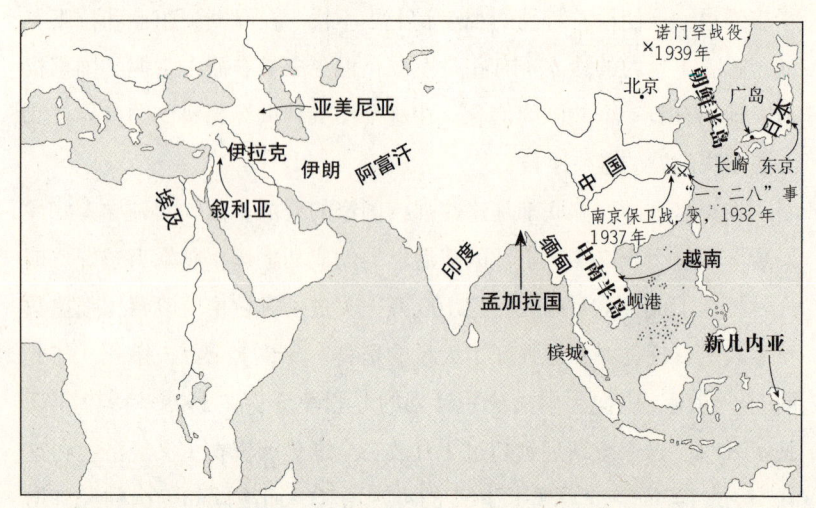

图5.9 帝国的末日：亚洲的部分战争（1931—1983年）

英国和美国的政治家们对日本提出了强烈谴责，但并没有做出任何实质行动。1932年，日本发动了对上海的袭击，这使得英国放弃了其自1919年以来制定预算时的一个假设：在未来十年中不会发生大的战争。但英国人在是否重新增强军备方面犹豫不决，因为他们害怕引发剧烈的通货膨胀。

5年之后，日本制造了"七七事变"。暴力再一次换来了收获。新入侵的地方为日本提供了更大的市场，为军队提供补给的源泉。在20世纪30年代，日本的GDP增幅超过了70%。"我们变得特别忙碌，"一名军火工人回忆道，"到1937年底，这个国家里的每一个人都在劳动。我能有钱养活我父亲了，这可是前所未有的事情。我那个时候想，打仗倒也不是什么坏事。"[50]（图5.10）

日本在对外使用武力方面超过了苏联。1937年12月，在攻下了南京之后，日本军人烧杀抢掠，造成的死亡人数达30多万。"我们轮番强奸她们，"一名士兵坦白道，"如果只是强奸她们的话可能也没什么。我不应该说没什么。只是，我们总会在事后用刺刀捅死她们。"[51]一位来自东京的记者看到一些中国人舌头上穿着钩子被吊在那

图5.10　1937年，被炸毁的上海火车站中被烧伤的孩子

资料来源：Copyright © Corbis

里，吓得哆嗦了一下。一位军官告诉他："你和我对中国人的看法截然不同。你可能把他们视作人，但我把他们看成猪。对猪，我们做什么都行。"[52]

早在1904年，当哈尔福德·麦金德预计内新月地带、外新月地带和心脏地带的冲突将成为20世纪的主旋律时，他就已经担心日本可能会走上石原莞尔设想的那条道路。"如果日本人意欲组织起中国人推翻俄国的统治，征服其领土，那么他们可能就会构成一场'黄祸'，威胁这个世界的自由。因为他们将可以把海洋资源和大陆资源结合到一起，而这种优势将使他们可以将俄国人从这个重要的地区赶出去。"[53]

就在麦金德于1904年发表这一著名演讲时，日本正在从外新月地带推进，为了取得进入中国东北的权利而与俄国作战。而28年之后，中国东北地区已经完全被日本人侵占。不过，日本并不会立刻威胁心脏地带，而且在 1939 年夏发生在诺门罕的那场未经宣战的战斗中，苏军的坦克给予了日军重创。但此时的日本已经在侵略中国的沿海地区了。在麦金德看来，这就是企图征服心脏地带的前奏。日本似乎是在按照麦金德的设想行动：石原莞尔宣称，在征服中国之后，"日本人就将成为亚洲的统治者，并可以向各个白人种族发动最终的决定性战争"[54]

这的确让人警觉——非常让人警觉，但对于那些力图维护世界现状的人来说，最大的威胁仍然是德国。凡尔赛体系在东欧设置了一系列新国家充当缓冲带。不过，德国的战略难题（也是战略机遇）并没有变化。德国仍然夹在地处心脏地带的苏联人和位于外新月地带的英国人与法国人之间。而在 20 世纪 30 年代，其使用武力似乎就像在 20 世纪第二个 10 年时一样有效。

在 1917 年，德国皇帝曾经将当时的欧洲与古代的地中海地区做比较。他注意到，在公元前 264—前 241 年的第一次布匿战争中，罗马虽然胜利了，但并没有能真正解决自身和迦太基之间的矛盾，因此才会在 23 年之后又爆发了更残酷但也更具决定性意义的第二次布匿战争。[55] 他预计，德国也将要打它的第二次布匿战争。德国需要的，只是它的汉尼拔。1933 年，德国得到了它的汉尼拔。

暴风骤雨

"德国的问题，"希特勒在 1937 年对他的顾问们说，"只能通过使用武力来解决。"[56] 早在 1925 年，他就在《我的奋斗》一书中表达过这样的观点。这就意味着，德国必须重新打一次一战，并且打赢它。

希特勒认为，德国在 1914 年的战略大体上是正确的。在即将到来的战争中，德军仍然应当在稳住东线的同时在西线出击。在击败了外新月地带的法国和英国之后，德国再回过头对付苏联。但希特勒的思路突破了20世纪第二个10年的水平。1917年，鲁登道夫坚持认为，从莱茵河到伏尔加河，凡是有日耳曼人居住的地方，就应当属于"大德意志"。而在希特勒的脑海中是一个被历史学家尼尔·弗格森称作"可能的最伟大的德国"[57]的构想，即让那些地方只有日耳曼人居住。这样就能为日耳曼民族赢得所谓的生存空间，强壮的条顿农民就可以在不受劣等民族干扰的情况下在这些地方繁衍生息。

希特勒认为，胜利的关键是要从一战中借鉴两个重要的经验。第一个想法源自英国军官。在1918年，英国人意识到，如果将德国人的突击战术和英国人的大规模坦克进攻战术相结合（在当前的技术水平允许的情况下），再配合以空中支援，就能让堑壕战术失效。这个想法由特立独行的军事理论家巴塞尔·李德·哈特上尉提出。他解释说，这种战术的思路旨在让战斗变得更加灵活，成功的关键在于"先取得突破……再利用深入的战略突进形成突破口；让装甲部队充当主力部队的先锋，并且独立行动"[58]。

由于缺乏资金，再加上一些思想保守者的阻挠，在两次世界大战之间，英国、法国和美国军队都未能大力发展这一大胆的设想。但苏联的将军们注意到了这个想法。苏军将坦克编入庞大的装甲军中，装甲军可以独立行动，从而可以进行"纵深作战"[59]，即按照李德·哈特所说的方式深入敌后。但在1937年，斯大林将这些军官中的大多数人都枪决了，而他们的继任者自然选择避开这些极端的想法，以免引起斯大林的注意。

只有在德国，这种设想才真正成为现实。碍于《凡尔赛和约》的严格限制，军人只有不断改进自身。这种多兵种配合的突破战术后来被记者们称作"闪电战"。到20世纪30年代中期，希特勒开始大幅增加军费，军队的领袖们拥抱了闪电战战术，德国的工程师们也开始建造能够适应运动战要求的坦克、飞机和无线电（而1918年的武器装备就做不到这点）。由于暂时只有德国采用了新的战术，因此希特勒就获得了出其不意夺取胜利的机会。

闪电战意味着要接受风险和混乱,将钢铁风暴变成一场真正的暴风骤雨。轰炸机和伞兵可以在敌人的后方制造混乱,不仅袭击军人,而且袭击平民,堵塞道路。在前线,一个个步兵班在密集的炮火和呼啸而过的俯冲轰炸机的掩护下在敌人的防线上寻找缺口,试探战略要点和没有保护的侧翼。坦克和卡车随后就会从这些缺口突进,从而打响真正的战斗。装甲部队会突击进入敌军防线之后,在敌军的预备队得以集中、截断、消灭渗透部队之前,就迅速消灭掉其指挥中枢。突破后的部队最终会耗尽补给,但到那时,早已有第二梯队的装甲部队发动突击了。如果需要的话,还会有第三梯队,总之要让防守方手足无措,直到混乱和迷惑摧垮敌人的战斗意志。

闪电战的实战效果就像设想的一样好。在英国和法国开始进行动员之前,波兰军队就土崩瓦解了。随后,1 000辆德国坦克突破了法军松懈的防线。曾经在一战中坚持苦战的法国,在1940年5月就完败了。三个星期之后,温斯顿·丘吉尔发表了他一生中最重要的讲话,他坚称,"我们将坚持到最后"[60]。但当丘吉尔的陆军大臣在一间宾馆客房里秘密召集高级军官,询问他们英军"能否在任何情况下都坚持作战"时,答案令他震惊。"没人能说得准。"[61] 一位军官回忆。

当然,英国确实坚持了下去。但在12个月之后,德国似乎快要赢得战争的胜利了。超过4 000辆德军坦克东进,苏军像法军一样迅速崩溃了。"苏联人在战争开始的前八天就输掉了战争。"[62] 德军参谋长宣称。斯大林有点儿被击垮了,躲到了他在乡间的别墅。战争爆发后的第八天,其他政治局委员来找他了。"我们看到他坐在一间小餐厅的扶手椅里,"其中一个人写道,"他抬起头来说,'你们来这儿干什么?'他脸上的神情特别奇怪,这个问题本身也非常奇怪。"[63] 他的手下们意识到,斯大林以为他们是来处死他,然后向德国人投降的。

不过,苏联人也坚持了下去,因为决定战争胜负的场所并非只有战场——这也是希特勒从一战中学到的第二点。尽管(或者说因为)希特勒曾经于1918年在堑壕中服役,看到了军队的崩溃,他也像很多人一样认为，德国并未在战场上失败。他相信，德国之所以战败，是因为有叛徒在德国的背后刺了一刀。因此，他认为，德国必须在战争爆发前就消灭掉那些潜在的叛徒。他首先拿共产主义者开刀，在1933年抓捕了成千上万人。接下来要对付那些极右翼的对头，他在1934年将他们全部杀掉。随后，矛头又对准了那些不配做德国人的群体。

"主要的一点，"1938年，希特勒曾在私下里说，"就是必须将犹太人赶出去。"[64] 2 000年前，罗马帝国将犹太人从他们自己的家园赶了出去。从那以后，欧洲人就时不时地迫害犹太人。但像他们做很多事情的方式一样，纳粹更进了一步。希特勒认为，由于犹太人自己无家可归，因此他们完全站在德国人的对立面，因为德国人与德国的土地有着神圣的联系。犹太人没有归属感，又十分贪婪，因此他们会腐蚀千秋万代的德意志帝国，他们必须被彻底根除。1939年，德国刚一开始入侵波兰，德军就开始枪毙犹太人。他们后来发现这种方法既慢又贵。于是，他们把卡车改造成移动的毒气室。大概在1941年7月，也就是德国入侵苏联后不久，希特勒决定将欧洲所有的犹太人都抓起来杀掉。希特勒的亲信们也认同他们领袖的看法，认为欧洲的其他次等人类也必须被消灭掉。他们提出要切断苏联城市的食品供应，在即将到来的冬天里将数以千万计的人饿死。

人民战争的力量走到了极端，这也正是二战的与众不同之处。在一战之中，在亚美尼亚、塞尔维亚、比利时和非洲都曾经发生过有计划的大屠杀。但希特勒所采取的如此大规模的有计划的暴行，用丘吉尔的话说，是"黑暗而可悲的人类罪行史上无可逾越的丑陋暴政"[65]。希特勒的种族灭绝计划并没有能够完全实现，但纳粹还是杀害了至少2 000万平民。

这也是为什么我在本书的前言部分中提出了那个"希特勒反例"。我一直宣称，战争是具有建设性的，可以创造出更大的社会，而这样的社会可以维护其内部的和平，促进经济的增长。如果真的是这样的话，那么怎么解释希特勒和他的所作所为呢？如果希特勒能够建成他设想中的"可能的最伟大的德国"，那么这个国家将是自罗马帝国之后亚欧大陆上最庞大的国家。然而，这个国家只会让其大部分子民生活在贫困和危机四伏的环境之中——这与建设性战争的效果是截然相反的。

在前言部分中，我提出应对"希特勒反例"的方法就是从长期角度审视历史。自囚笼效应从一万年前出现以来，征服者总是会制造出一些不毛之地，但他们或他们的继承者随后就将面临一个困难的选择：要么变成坐寇，要么被新的征服者取代，而新的征服者也将面临同样的选择。丘吉尔认为，如果希特勒击败了英国，"包括美国在内，包括我们所熟知和热爱的一切的整个世界，都将坠入新的黑暗时代的深渊。伴随着对科学技术的滥用，这个新的黑暗时代将更加危险，更加漫长"[66]。不过，所有证据都表明，希特勒的政权也将面临同样的选择：要么变成坐寇，要么像历史上的所有政权一样灭亡。

希特勒一直清楚地知道，赢得欧洲的战争并不意味着他的奋斗的结束。"在可以预见的未来，大约是一代人到三代人的时间"[67]，他预测说，东欧将能够为日耳曼民族提供足够的发展空间。但在这段时间之后，德国人就需要再次扩张，很有可能是要漂洋过海。到那时（从大约20世纪70年代到21世纪30年代），希特勒的继承者们将要发动第三次世界大战。在这次大战中，德国将摧毁大英帝国的残余部分，统治全球。

绝大多数纳粹领袖们都深信，导致德国在1918年战败的原因是叛徒的背后一刀，而非美国的参战。因此，他们中少有人能意识到，对他们的长期计划构成最大威胁的并不是英国，而是美国。不然的话，我们没有办法解释为什么在日本偷袭珍珠港几天后，希特勒就向美国人宣战了，而没有选择让太平洋战事分散美国在欧洲的注意力。"美国人又能如何呢？"[68]纳粹德国空军统帅赫尔曼·戈林如是说。丘吉尔却看到了美国人能带来怎样的影响。"现在，我们知道，美国已经参战,完全投入其中,并且将奋战到底,"他谈到自己听闻珍珠港事件之后的反应,"终于,我们赢了!"[69]

从1938年开始,希特勒就在制订进攻美国的粗略方案,并且时不时地命令德国的工厂开始建造可以袭击纽约的远程轰炸机,以及能在大西洋一决雌雄的水面舰队。但随着更要紧的问题不断出现,希特勒只好放弃了这些计划。如果希特勒在1940—1941年击败了英国和苏联的话,他会不会更认真地考虑进攻美国的计划呢?对此我们只能猜测,不过这一猜测不无意义。因为,当我们发出这样的疑问时,就能看到为什么纳粹德国像建设性战争产生以来的所有统治者一样,必须迅速做出那个抉择:是变成坐寇,还是被击败。

如果希特勒认真生产轰炸机、建造舰队,并且试图进行一次横跨大西洋的战争的话,他就会很快陷入日本人在太平洋战场遇到的困境。一旦美国明白了要怎样抵御闪电战,战争就会变成漫长的后勤能力比拼。即便希特勒能从被奴役的欧洲调集所有资源,他也打不赢这样的战争。

在某些意义上,希特勒的处境更像135年前的拿破仑。拿破仑和希特勒都试图用现代的人民战争的力量去实现旧的帝国式的理念,用武力统一内新月地带的欧洲,再使之隔绝于依赖商业的开放的外新月地带。如同我在第四章中提到的那样,当拿破仑在1805年使用这一策略时,就已经证明这一策略注定会失败。这是因为,大西洋经济圈产生的巨额财富已经证明,真正的实力来自"看不见的手"和"看不见的拳"的协作。由于英国能实现这种协作,而拿破仑不能,因此法国皇帝并没有击败这个由小店主组成的国家的太大可能。到了1940年前后,希特勒用更加极端、血腥的方法实践了同样的策略,而他得逞的概率就更低了。希特勒和拿破仑一样,在英吉利海峡、大雪纷飞的俄国和埃及的沙漠中遭遇了失败,这或许并非巧合。他们遭遇了同样的厄运,是因为他们试图做同样的事情。

就算希特勒击败了英国,他也只会发现自己需要面对一个更加强大、更具活力的开放的美国。19世纪和20世纪的独裁者是被历史抛弃的一群人,就好像那些在史前时期对抗农耕民族的狩猎-采集部落,或是试图抗拒古代帝国/帝制国家的部落族群一样。

如果纳粹德国在欧洲取胜,它也不会成为希特勒一直谈论的千年帝国,世界的局势反而会更像是1945年冷战格局形成后的样子。一边是极权主义的欧洲帝国,一边是开放的美国,双方躲在核导弹的屏障后怒目,并且试图在拉丁美洲以及英国和法国曾经的版图上施加影响。它们会支持政变,发动代理人战争①,并且拉拢对方的盟友(那样的话,1972年,尼克松可能就不会飞到北京去拉拢中国反对苏联,而是飞到东京去拉拢日本反对德国)。他们甚至还会经历自己的"彼得罗夫时刻"。

当然,也会有区别。如果希特勒赢了,那么欧洲帝国的统治中心就不会是苏联,而是德国;其帝国的版图也不会止步于"铁幕",而是会一直延伸到大西洋。希特勒和他的继任者们或许会比斯大林和他的继任者更有胆量冒险发动核战争。而失去了西欧的美国也将更难以取胜。但到最后,纳粹德国也会遇到那个核心问题:怎样与富有活力的、开放的外新月地带竞争?

关于冷战的话题,我还有很多可以说的,但是我先就此打住,因为至此已经足以证明"希特勒反例"其实并非一个真正的问题(这是对我在本书中所要阐述的理论而言的,对于那些生活在他的恐怖统治之中的人来说,他绝对是一个大问题)。希特勒的政权是人类暴行史上一个极端的例子。如果纳粹德国取得胜利,那将是一场灾难,欧洲人将在数十载中生活在盖世太保和死亡集中营的阴影之下,暴力死亡率可能会攀升到多少个世纪以来都不曾达到过的高度。但即便如此,纳粹德国也必然要像历史上的其他政府一样遵从铁的规律。随着时间的推移(从几十年的跨度增加到几代人的跨度),由于需要与奉行开

---

① 代理人战争,指两个敌对或冲突的国家不直接对抗,而是通过外部冲突以某种方式打击另一方的利益或领地。——编者注

放秩序的国家进行商业和军事上的比拼,希特勒的继承者们必须做出抉择:要么被打败,要么转变为坐寇。在这个假设的情景之中,或许到了21世纪第二个10年,欧洲仍然是一个黑暗的大陆,秘密警察们还会在午夜时分时不时地破门而入。但此时的暴力死亡率一定又开始下滑了。希特勒可能会延缓文明的进程,但他不可能终结它。

当然,事实是希特勒输了。如果他在1942年斯大林格勒(今伏尔加格勒)战役中的表现能更好一些,本来是可以取胜的。即便到了1943年夏,当他在库尔斯克发动史上最大的坦克会战时,他也还有机会。不过,在那个时候,他的对手不仅学会了怎样抵御闪电战,还学会了怎样使用闪电战。同盟国将强大的经济实力投入全面战争之中,最终击败了德国和日本(图5.11)。上千架轰炸机不分昼夜地空袭轴心国的本土,使其经济瘫痪,还造成了大约100万平民的死亡(东京曾经在一个晚上就有10万人丧生)。当德国人在1941年入侵苏联时,德军需要动用60万匹马运输火炮和补给,极大地延缓了进军

图5.11 被击败:绝望的德国炮兵。1943年7月,在库尔斯克爆发的史上最大规模的坦克会战,彻底打破了希特勒击败苏联的希望

资料来源:Getty Images

的速度。而到了 1944 年,盟军已经完全机动化了。在诺曼底登陆后实施的"眼镜蛇行动"中,突破一方变成了美国坦克,苏联装甲部队在东线一路杀入德国境内,在"巴格拉季昂行动"中消灭了希特勒的中央集团军群,瓦解了久经沙场的德国军队。当本国的城市陷入一片火海之时,希特勒开枪自杀了,而日本天皇则对他的臣民发表了有史以来第一次广播讲话。"战局并未好转,"天皇承认道,"世界大势亦不利于我。"[70] 随着这次讲话,暴风骤雨总算停息了。

学会爱上原子弹[①]

二战是有史以来最具破坏性的战争。如果我们算上那些死于饥饿和疾病的人,再加上在德国人、苏联人和日本人的集中营和战俘营中被杀害的人们,二战造成的死亡人数可能在 5 000 万~1 亿,而一战和其后接踵而至的各种内战造成的死亡人数仅为 1 500 万和 2 000 万。二战将欧洲和东亚的大片地区都化为废墟,造成的经济损失可能高达 1 万亿美元(大概相当于 2013 年的 15 万亿美元,即美国或欧盟一年的全部产值)。但充满矛盾的一点是,二战同时也是最具建设性的战争之一。

这是因为,二战开启了一个进程:清理英国这个"世界警察"下台后留下的混乱。无须赘言,这样的结果显然不是丘吉尔要求英国人民贡献出自己的"热血、辛劳、眼泪和汗水"时所设想的结果。早在美国尚未参战的 1941 年 8 月,丘吉尔在与美国总统罗斯福进行了一次秘密会谈后对内阁说,他有一种"清晰而大胆的预感,在战争结束后,美国会同英国一同治理这个世界,直到建立起更好的秩序"[71]。但这并没有成为现实。在二战期间,曾有一种流行的说法:要打败希

[①] 学着爱上原子弹,取自美国导演斯坦利·库布里克于 20 世纪 60 年代执导的一部讽刺冷战局势的黑色幽默电影:《奇爱博士:我如何学会停止恐惧并爱上炸弹》。——译者注

特勒，英国负责拖时间，苏联负责出人，美国负责出钱。到了1943年11月，当丘吉尔、斯大林和罗斯福举行第一次会晤时，时间已经变得有利于同盟国一方了。此时，只有出人、出钱更重要。因此，丘吉尔发现自己只能靠边站了。

当英国人从战胜德国和日本的狂喜中清醒过来时，他们发现自己非但没能与美国一道分享世界，反而陷入了有史以来最严重的经济后遗症之中。英国的债务情况比1918年时严重得多，其经济被战时生产彻底扭曲了，本土的食品供给都要依赖于美国贷款。"这太不真实了，简直荒谬绝伦，可怜透顶。"[72]1945年12月，一位左翼记者在日记中写道。他刚刚看了两天的议会辩论，讨论的内容是美国对英国紧急援助的条款。"议长接受了他们的条款。但事实是，他们都有着一种不敢说出来的恐惧——他们害怕，如果再也不能从美国得到香烟、电影和火腿，会导致怎样的后果。"

这一切或许荒谬绝伦，可怜透顶，但并非不真实。英国已经在抗击德国人的过程中破产了。要偿还债务，英国必须把出口放在优先于消费的位置上，而食品定量配给甚至在1945年之后变得更加严格了。1950年，当人们可以自由购买鸡蛋之时，英国人甚至感到十分欢欣。"此事对我们的意义，只有英国的家庭主妇们才懂，"一篇日记里写道，"我们终于可以打两个鸡蛋放进蛋糕里了……这是十年来头一遭。"[73]

英国一面面临着债务违约风险，一面又面临转变成高福利国家的要求。很快，英国发现维持原有的帝国疆域实在是难以承受的奢侈要求了。早在1916年，一名指挥奥斯曼帝国军队保卫伊拉克的德国将军（他的对手是主要由印度人组成的英军）在家信中写道："20世纪最鲜明的印记，必将是有色种族对抗欧洲殖民帝国主义的革命。"[74]不过，在经历了另外一场世界大战之后，他的预言才成真。

在与日本对抗中失利之后，英国就再也没有真正恢复过统治。1941年12月发生在马来西亚槟城的一幕就非常典型：当日军先头部队穿过英军的防御工事时，英国守军未发一弹就逃走了，抛下了当地盟友，任凭入侵者宰割。在几十名为英国政府服务的亚洲公务员中，只有一个人得到了撤离的消息，而为了给英军指挥官的轿车腾出空间，他又被赶下船来。一名亲历了这一切的英国年轻女性说道："我敢肯定，这种所作所为永远不会被遗忘，也永远不会被原谅。"[75]

在二战中，有250万印度人志愿加入英军，而只有几千人加入了日军（他们这样做通常只是为了离开战俘营）。但在战争结束后，英国政府不敢幻想还能继续保持对南亚次大陆的控制。1947年，英国人非常不体面地匆忙撤出了印度；到1971年，英国人在苏伊士以东（或者可以说在多佛以东）已经没有什么控制权了。

"大不列颠丢掉了一个帝国，却没有找到新的角色。"[76] 1962年，美国前国务卿迪安·艾奇逊评论道。但这不完全对。作为曾经的"世界警察"，英国实际上已经顺利地转变成了取代其地位的新强权的主要支持者。这大概是因为英国并没有什么选择余地。希特勒自杀后不到一年，丘吉尔就已经看到"铁幕在欧洲大陆降下"[77]。二战的建设性还不足以缔造一个新的"世界警察"，但创造出了两个"半球警察"。

在500年战争之中，欧洲几乎征服了世界。而现在，苏联和美国征服了欧洲，它们把欧洲从中间分开。夹在外新月地带和心脏地带之间的强大的德国一直担心会被两面夹击，因而曾经引发重大的战略问题。现在，这一问题也被解决了，因为德国被分成了两个国家。单独来看，一战大体上是一次反建设性战争，因为它动摇了英国"世界警察"的地位。但从1945年的角度看过去，一战似乎又更像是一次更长期的建设性战争的开端，而这次建设性战争将用一个更加强大的20世纪的"世界警察"取代19世纪的"世界警察"。很多颇有见地的观察家认为，未来还会发生一次重大的建设性战争——两个分别统治半个地球的"警察"将一决雌雄，最终只留下一个"世界警察"。

但有一样东西阻止了这种情况的发生：原子弹。

原子裂变改变了一切。在世界战争史上，最猛烈的一次炮击持续了数天，在敌军的阵地上倾泻了 1.5 万~2 万吨爆炸物。然而，在广岛和长崎使用的原子弹只用了一次爆炸就释放出这样的威力，而且还会用致命的中子和伽马射线杀伤爆炸幸存者。美国用这两枚原子弹就杀死了至少 15 万人。如果两个均具有庞大的核武库的国家发生战争（在最高峰的 1986 年，美国和苏联共拥有 7 万枚核弹头），后果将不可想象。这样的战争将完全是反建设性的，被这样的战争破坏的土地，将在未来上千年中都始终是不毛之地。任谁都觉得这样的事情难以接受。

那么，接下来的问题是要怎么办。一种可能是，这个世界会被吓住。在意识到可怕的前景之后，人们可能会终于实现铸剑为犁的梦想。在广岛和长崎的核爆发生后不到一个月的时间里，爱因斯坦就为《纽约时报》撰文称，这是唯一的选择。芝加哥大学一个热心的委员会发表了一份组建一个世界政府的大纲。人们甚至希望国际联盟的继承者——联合国，能够让战争变得不再必要。

但所有这些答案又都提出了一个相同的问题：如果核大国之间发生冲突，该怎么办？有人认为，应该由联合国原子能委员会管理所有的核武器，但是美国和苏联都拒绝了相关的调查协议。到了 1947 年，人们也不再相信沟通的作用。苏联人认为，联合国"与其说是一个世界组织，还不如说是一个美国人的组织"；而美国官员在看到一些代表的可笑举动之后，干脆把联合国称作"猴舍"[78]。

另一种可能性是，这个世界将因为恐惧而滥用暴力。一些美国人将"次要的恶"的逻辑发挥到了恐怖的极致。他们认为，既然美国拥有原子弹和能把原子弹运送到敌方城市的轰炸机，而苏联人没有这两样东西，那么美国就应该选择在现在发动一场一边倒的核战争，而不是等到以后去进行更加可怕的、双方互相袭击的核战争。丘吉尔甚至也想出了一个计划（非常恰当地将其命名为"不可思议行动"[79]），要在发动核打击之后动用不久前投降的德军再次入侵苏联。

这种方案的问题在于：虽然在四年的时间里，美国是世界上唯一拥有原子弹的国家,但仍不足以击败苏联。根据参谋长联席会议在1948年的计算,如果美国把其拥有的全部133枚原子弹都投到苏联的城市,那么大约将有300万人丧生——这个数字很可怕,但是并不足以动摇苏联这个在二战中死亡2 500万人的国家。美国并没有能力杀死上千万苏联人,直到他们的物理学家在1952年引爆了爆炸力相当于广岛原子弹700倍的氢弹。然而,到了这个时候,由于苏联间谍和苏联科学家的共同努力,苏联也拥有了原子弹(图5.12)。

图5.12 打破平衡:1949年8月29日,苏联的第一次原子弹试验

资料来源:Private collection of David Holloway

美国新当选的总统德怀特·艾森豪威尔从来不是一个轻言放弃的人。1953年,艾森豪威尔告诉国家安全委员会,"因为敌人有了原子弹就瑟瑟发抖是毫无意义的"[80]。他认为,"我们现在要正视的问题是,我们是否要一次性地把所有原子弹都投入对敌打击之中"。他委托开展的一次研究认为,"苏联在两个小时之内就能化为一片冒着滚滚浓烟、充满辐射的废墟"[81]。而另一项研究却指出,如果苏联轰炸机进行自杀式的单程袭击(如果机组成员的家园已经成了充满辐射的废墟,他们这么做也很合理),他们将能够在美国城市中投掷100枚原子弹，造成大约1 100万人死亡。

在北极上空将会发生激烈的空战，很多甚至大部分苏联轰炸机都会被击落。但即便如此，对艾森豪威尔来说，风险还是太大了。随着苏联人在1953年宣布拥有氢弹，又在1954年拥有了真正的远程轰炸机，美国人面对的形势就更坏了。一枚标准水平的氢弹有着相当于100万吨TNT（三硝基甲苯）炸药的爆炸力，足以在5千米的范围内杀死所有人，夷平所有建筑物；在10千米的范围内，衣物都将化为火焰，人们则会以足以致命的速度被抛到空中；在约18千米之外，任何身处开阔空间的人都会遭受二级烧伤和辐射伤害。到20世纪50年代末，像这样的核弹，苏联拥有数百枚，而美国拥有上千枚。

美国人既没有被吓住，又没有因为恐惧而滥用武力，他们在1947年选择了一条中间路线，即所谓的遏制政策。在美国人看来，美国是一个外新月地带的强国。它比19世纪的英国更深入地采纳了开放秩序，放弃了直接统治（除了它在北美征服的近980万平方千米土地上的统治）。实际上，大部分美国人认为他们的国家是一个以自由之名义反对帝国主义的国家。尽管如此，如同历史学家尼尔·弗格森在其著作《巨人》[82]与《帝国》中指出的那样，美国在1945年之后的战略处境与一个世纪前的英国惊人地相似。

像英国一样，美国统治了海洋（现在还要加上天空），在全世界都拥有军事基地，并且有着极其强大的经济力量。美国并没有控制众多的行省或是附属国，而是一群盟国的首领。因此，美国更多地要依赖政变和与当地武装力量的合作，确保它的追随者们与它协同一致，而非直接派出炮舰。不过，这就意味着美国的追随者们通常会有一定的自由采取美国不喜欢的政策。但在重大事务上反对美国的代价之高（就像英国和法国于1956年在未经允许的情况下擅自入侵埃及之后所发生的那样），使得美国的盟友通常不会冒这个险。凡事都可以讨论，但总体看，美国的盟国通常都会按照美国的意思做。这就是为什么，不论是美国的友邦还是美国的敌人，都将二战后的世界称作

"美利坚帝国"。

有了这样的盟友,美国就能很快地实现和平。其部分原因在于,美国很少允许其盟友相互开战(由于世界上大部分民主国家都在美利坚帝国的阵营中,因此这在很大程度上可以解释"民主和平论")。与此同时,在各国内部也实现了和平。二战使得人们普遍尊重政府,反感政治暴力活动。二战后的几十年是法律和秩序的黄金时代: 1950—1974年,斯堪的纳维亚国家和英国的暴力死亡率仅为 1/5 000 和 1/4 000。美国的比例(1/700)仍然高于欧洲,但已经比其 20 世纪 30 年代的水平下降了 50%。20 世纪 50 年代或许是乏味的时期,但绝对是非常安全的时期。

这同时也是非常繁荣的时期。1944 年 7 月,在美国新罕布什尔州布雷顿森林中的一次会议上,美国人奠定了新的国际经济秩序的基础,以取代在 1929 年 9 月 3 日至 1939 年 9 月 3 日崩溃的旧秩序。美国也开始把大量的资金注入满目疮痍的欧洲经济。大部分资金都流向了战时的盟国,但由于美国采取了前所未有的自由贸易原则,也有大量资金流入了联邦德国、日本和意大利。到 1951 年,美国已经对外投放了 260 亿美元的资金,大致相当于其当年 GDP 的 10%。

战略家罗伯特·卡根认为:"这是资本主义对一个既是战略层面的问题又是经济问题的完美解决方案。"[83] 就像亚当·斯密笔下的屠户、酿酒师和面包师一样,美利坚帝国做这些事并非出于善心,而是出于其自身的利益。随着大量资本涌入欧洲,反过来也刺激了对美国食物和商品的需求。美国经济在从战时经济转型为和平时期经济的过程中,经历了短暂而剧烈的下滑,但随后就实现了历史上规模最大、受益者最多的经济增长(图 5.13)。在英国,1950 年的人们还会为可以自由购买鸡蛋而欢呼雀跃,而到了 1960 年,已经有超过 1/4 的家庭拥有一辆汽车;到 1965 年,这一比例则超过了 1/3。美国的家庭汽车拥有量一直是欧洲的两倍,但并没有欧洲人抱怨这一点。

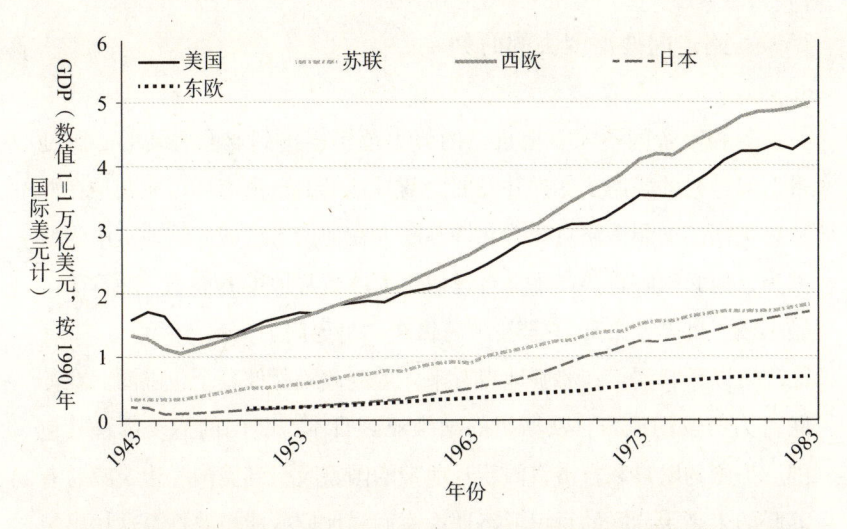

图5.13 让好时光来吧：1943—1983年，史上最繁荣的经济增长开始了（1950年前的东欧数据不大可靠）

在两次世界大战中，利维坦都将自己的触角深入公民社会之中，以获得赢得战争所必需的资源，并负责管理从军火生产到医疗事业再到抚育子女的所有事情。在1918年之后，大部分选民都将此看作对自由的侵犯，因此他们选举出来的政府都忙不迭地抛弃了高税率和管理公民生活这样的负担。然而，到了1945年，许多欧洲人（也有一些美国人，不过不像欧洲人那么多）开始用不同的眼光审视大政府。他们不再将大政府视作一种压迫，而视作一种自由的工具。大政府曾为他们赢得了对抗希特勒的战争，那么，现在或许大政府可以帮助他们赢得对抗贫穷和不公的战争。让诸多保守主义者感到恐惧的是，选民们开始把票投给许诺建立国家医疗保险、社会保障、国家资助大学教育、国有工业、陡峭的累进税制，以及立法保护边缘人群的政府。

随着帝国的发展，美利坚帝国麾下的大部分成员都觉得，一切都还不算坏。

一路走向彼得罗夫的时刻

美利坚帝国不需要把自己的势力范围推进到亚欧大陆的心脏地带，但是它的确需要保护并发展内新月地带的自由市场，尤其是在西欧。美国的遏制策略意味着允许苏联人在他们自己的心脏地带中为所欲为，但必须阻止共产主义者任何进入内新月地带的举动。就算美国做不成"世界警察"，它至少要一做个"世界门卫"。

可以预料到，在心脏地带看来，遏制政策就像是个包围圈。在苏联目力所及的地方，从斯堪的纳维亚到日本，美国的盟友都将其包围。美国的财富和自由将内新月地带的国家吸引到美国一边，威胁着苏联的未来。苏联的意识形态理论家们尽他们所能想要打赢这场思想之战，而各种各样的五年计划也带来了放在以前会让人刮目相看的经济增长。但从苏联人征服东欧开始，他们只能更多地依赖武力，就像以前的沙皇曾经做的那样。

这种遏制也在威胁心脏地带。苏联人远离了海洋贸易的大潮，也无法像外新月地带的国家那样创造巨大的繁荣，比起美国和英国，苏联更难靠更高的生活质量赢得本国人民的忠诚。

苏联的各类统计数据算不上可靠，但其似乎确实把暴力犯罪率降到了极低的程度。然而，它也同时让其人民生活在悲惨的境地之中。维持庞大的镇压机器意味着巨额开支，而这也扭曲了经济的运行。在1946—1960年，苏联人的生活水平大约提高了一倍，但在同一时期，美国人的收入水平增加了两倍。

除此之外，苏联人为了统治东欧，必须维持上百万的大军规模，并在其上投入大量资源。而在"铁幕"另一侧的美国人看来，这是一种巨大的威胁。由于两个超级大国都怀疑对方的意图（通常都有充足的理由这样做），那么就不可避免地经常会在内新月地带发生利益冲突。在因此产生的美苏争斗之中，间谍、警察、叛乱者和军队都会卷入其中。美国和苏联都发现，尽管它们制定了自己的战略，但是通常无法按自己的想法行事。两个超级大国都必须与盟友紧密协作,但局势却似乎经常被这些盟友们所左右,不是"狗摇尾巴",而是"尾巴摇狗"。苏联人曾经抱怨说,他们的民主德国代理人就曾经把他们拖进了一场他们不想要的危机之中;而北约(于1949年成立)的首任秘书长则开玩笑说,这个组织根本就是西欧的一个阴谋,其目的是"把苏联人赶出去,把美国人弄进来,把德国人压下去"。[84]

在亚欧大陆的另一端,盟友关系更是错综复杂。1950年,朝鲜战争爆发。这场战争历时三年才宣告结束,造成了300万人丧生,美国甚至还曾威胁对中国使用原子弹。美国在内新月地带保持了自己的存在,但付出了巨大的代价。1953年,艾森豪威尔出台了一个全新的"零容忍"的遏制政策——"新风貌"(这个名字十分奇怪,取自克里斯汀·迪奥1947年的时装系列)。官方的解释故意弄得很模糊,不过似乎这个政策将用核打击报复在任何地点发生的任何攻击。地面部队的数量将缩减到最小,其功能将仅限于作为被攻击的对象,从而触发美国的核打击。北约在欧洲的指挥官说得很直接。"我们所有防御计划的基本点都是使用原子弹和热核武器。"他写道,"在我们的计划中,核武器不再是'可能使用'。我们说得很明确:'核武器将被使用。'"[85]

只要让苏联人认识到,战争对苏联人来说将是自杀性的,而对美国来说只是近乎自杀性的,那么"新风貌"就或多或少地让美国重新掌握了主动权,至少在面对苏联和中国(中国在1964年也拥有了核武器)的时候掌握主动权。但在核僵持的局势下,反而会出现奇怪的"尾巴摇狗"现象,更弱小的一些国家发现自己反而可以冒更多的险,因为它们知道,美国宁愿在它们身上违背一些既定原则,也不愿意被视为对"小鱼"都要使用核威胁的邪恶霸权。在1954年,艾森豪威尔不得不承认,他不会在中南半岛对胡志明使用核武器。

军事上核革命的迅速发展使得各国几乎不可能维持稳定的战略。1945年,美国和苏联都尽可能地招揽希特勒的火箭科学家,让他们设计洲际弹道导弹。1957年,苏联人在这场竞争中险胜(在电影《太空先锋》中,赫鲁晓夫吹嘘道:"我们的德国人比他们的德国人更棒。"[86])。苏联人将他们第一批火箭中的一枚重达 83 千克的钢球"史泼尼克"发射进了轨道。在"史泼尼克"内部是一架无线电发射机,除了发出哔哔声别无其他功能。但这已经足以让美国人陷入绝望。"听啊,"美国全国广播公司警告说,"这声音就是旧时代与新时代的分割线。"[87]

但就像这个崭新世界里的几乎所有事物一样,苏联的优势也很短命。两年之后,美国人也拥有了可投入实战的洲际弹道导弹。到 1960 年,美苏双方都掌握了从潜艇上发射洲际弹道导弹的技术。这样一来,先发制人摧毁对方的导弹、使敌人无力还击的可能性就不复存在了。

在 20 世纪 60 年代早期,美国仍然对苏联保持着 9∶1 的核优势(图 5.14)。美国国防部预计,如果美国发动先发制人的打击,那么将能够杀死 1 亿人,基本上可摧垮苏联。然而,这篇报告接着说道,苏联人针对美国及其盟国的大城市发动的反击将杀死 7 500 万美国人和 1.15 亿欧洲人,从而摧毁北半球的大部分地区。

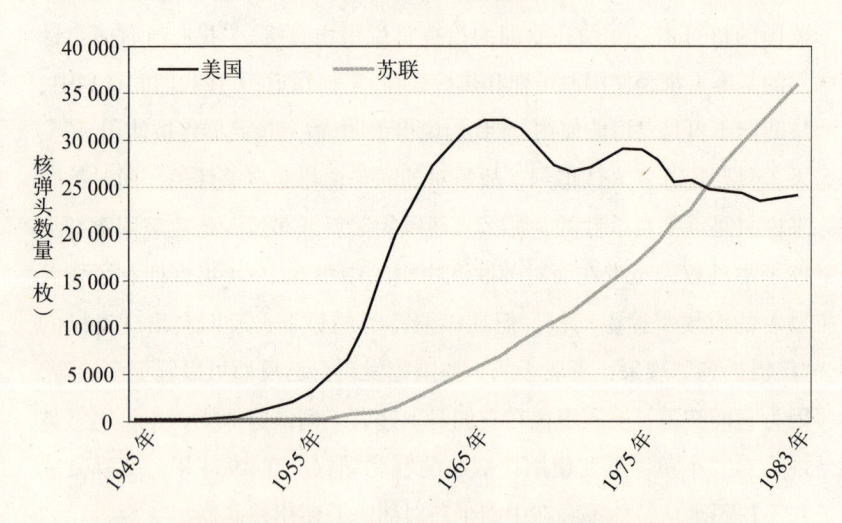

图 5.14 过度的杀伤力:1945—1983 年,苏联和美国的核武库

"相互保证毁灭"(mutual assured destruction)的时代到来了。这个时代,正如它的缩写"MAD"(意即"疯狂")一样,是疯狂的。

大规模的核报复意味着，美国和苏联向对方发动袭击无异于自杀。这样一来，"新风貌"就没什么吸引力了。未知的未知又回到了这个世界。1961年，苏联人不知道美国新上任的总统肯尼迪是否会冒着失去纽约的风险以保住美国在柏林的利益。因此，在对柏林这座分裂的城市的争夺中，苏联人比往常更强硬。政治家们摆开架势，相互威胁，恐惧笼罩着整个世界。最终，苏联退缩了，在柏林的中央修建起了一道墙。到了第二年，形势却更糟了。"为什么不往美国人的裤子里放上一只刺猬？"[88]赫鲁晓夫问道。于是，他把苏联的导弹运送到了古巴。在令人心搏骤停的13天里，最坏的情况似乎就要发生了。世界仿佛再一次回到了20世纪第二个10年，而且这一次人们有了足以毁灭世界的武器。

整个世界都惊醒了。在美国一方的自由民主国家里，上百万的人走上街头，要求销毁核武器，唱着抗议的歌谣，并且排队观看《奇爱博士》。《萨摩亚人的成年》中的观点——战争在任何情况下都毫无益处，占据了绝对上风。

但这些都解决不了这个星球所面临的问题。就像以前的时代一样，只要有人相信武力是解决问题的最不坏的选择（或是只要有人相信其他人是这样想的），就没有人敢放弃武器。而就像自第一把石斧被发明以来产生的所有邪恶的武器一样，原子弹一经发明，也就没有办法再被"反发明"[89]（艾森豪威尔使用的词）。即便世界上所有的核弹头都被销毁了，它们也能在几个月内被再次生产出来。这就意味着，禁绝核弹可能是人们可以想象得到的最危险的举动，因为背信弃义的敌人可能会偷偷地重建核武库，并且在遵守条约的一方重新生产出足够多的核武器之前就先发制人地发动毁灭性的打击。

在20世纪60年代末，埃德温·斯塔尔的经典歌曲《战争》和几十首略逊一筹的抗议歌曲取得了巨大的成功，但大部分人显然赞同我在上文中表达的这种逻辑。在拥有核武器的国家里，从来都不会有宣传核裁军的党派赢得选举。英国的工党曾经许诺将禁止核武器，结果该党遭遇了历史性的惨败（该党的一位议员将该宣言称作"史上最长的绝命书"[90]）。

那些真正操控核战争的冷静的人在寻找更切实际的解决方案。有的方案很简单，比如在华盛顿和莫斯科之间设置一个直线电话（经过伦敦、哥本哈根、斯德哥尔摩和赫尔辛基的中继）。还有一些方案则没那么容易，比如削减已然十分庞大的核弹头数量。1966年，美国停止了对其核武库的扩充，但苏联人又继续扩充了20年。（美国的一位国防部长说道："我们造的时候，他们也造；我们不造了，他们还造。"[91]）

最为困难的一步，是怎样在不招致世界末日的前提下争夺内新月地带。美国的方法是采取灵活应对的新政策。美国不再动辄威胁要杀掉上亿人，而是根据威胁的严重程度做出适当的反应。但美国要怎样确定何种反应是适当的呢？在欧洲帝国从东南亚撤退之后，这个问题很快就浮出了水面。美国人认为，如果只是为了在世界遥远的角落保住一小块内新月地带的落脚点，不足以让美国投入一场核战争。但足以让美国士兵白白送命吗？肯尼迪曾经在他总统任期的第一年（1961年）里抱怨："军队会开进去，人们会为此欢呼雀跃……然后，就会有人告诉我们，必须派进去更多的部队。就像喝酒一样，一杯接一杯。"[92]尽管如此，他还是派了8 000名"顾问"去了越南。两年后，这个数字翻了一番。1965年，美国海军陆战队登陆岘港。到了1968年，已经有50万美国人在越南作战（图5.15）。

派遣地面部队之后，就会有更多的抉择接踵而至。拘押平民被证明是切断叛军支援的有效方法，那么采取这样的行动合适吗？白宫认为，合适。那么，轰炸越南民主共和国呢？白宫认为，有时候是可以的。那么，入侵越南民主共和国呢？白宫认为，不行，因为此举可能会引发苏联的进一步介入。在尼克松总统看来，对柬埔寨中部的疑似共产党据点进行轰炸和袭击是合适的，但是很多美国人持不同观点。这引发了骚乱，结果国民警卫队在俄亥俄州开枪打死了四个人。后来，又有人提出要在老挝建设一条封锁线，以截断越共的补给。这在

图5.15 搜索与歼灭：美国第一陆军师在越南南部平定省的沿岸低地四处搜索着起义军（1968年1月或2月）

资料来源：Hulton Archive / Getty Images

军事上是很自然的选择，由美国扶植的南越政权的将军们认为此举将"从后方截断越南民主共和国的军队"[93]。可到了此时，没有哪个总统会同意这种更大胆的方案。

战争继续了下去，最终导致了至少300万人丧生。尽管这一开端令人不甚满意，但北约在欧洲延续了灵活应对的政策。如果在欧洲爆发战争，那么这里就将见证最大规模的闪电战。在有史以来最强大的空袭和炮火的掩护之下，可能会有7 000辆苏联坦克冲破联邦德国边境单薄的防线，随后训练有素的部队将通过空降或乘坐直升机的方式在后方约160千米的纵深里引发混乱。随着战斗正式打响，在最初的空袭中幸存的北约战机将袭击最远可至波兰的地区，将苏联装甲部队的第二、第三和第四梯队在抵达战场前消灭掉，而步兵则会固守，试图在第一梯队的苏联坦克冲破富尔达缺口或北德平原之前使其攻势迟滞下来。

北约的将军们寄希望于借鉴1973年埃及和叙利亚攻击以色列军队的经验。当时，指挥和训练水平都很差的埃叙联军步兵凭借着有

317

线制导反坦克导弹将指挥得当、训练有素的以色列坦克部队阻拦了数日。以色列人用了不到两个星期的时间就适应了对方的战术,并且发动反击消灭了埃叙联军。但北约只能赌它们的部队可以坚持更长时间,长到可以让美军渡过大西洋,操起预先安置好的重型装备,再把苏联人赶回去。

在英国驻联邦德国前指挥官约翰·哈克特将军于1978年出版的畅销小说《第三次世界大战》中,战争大体上就会这样进行。在他的笔下,灵活应对策略的效果很完美。在17天的常规战后,苏军的攻势将被阻滞,而美军的到来将增强西方的防御力量,甚至还实现了反攻。此时,苏联将战争升级了。它发射了一枚携带有核弹头的SS-17导弹,摧毁了英格兰的伯明翰,造成30万人死亡。北约做出相应反应,对明斯克发动了核打击。此时,并不稳固的苏联政权垮台了。

1978年时,我刚好就住在伯明翰(距离哈克特设想的着弹点温森格林大约三千米),因此我可不太喜欢他的预言。但这位将军清楚得很,现实情况会比小说中糟糕得多。北约可能会率先使用核武器,动用"战术"核武器(通常相当于广岛原子弹当量的一半)阻止敌人的突破,并且向敌方示意攻击必须停止。如果苏联拒不理睬,那么北约就会使用威力更强的核武器(通常相当于广岛原子弹当量的六倍)。如果此时已经深入联邦德国境内约100千米的苏军坦克仍没有做出任何反应,那么北约将全面出击。

不幸的是,苏联人似乎并没有把核弹视作什么重要的讯号。苏联的计划要求坦克部队在两个星期内抵达莱茵河,并在随后的四个星期内抵达英吉利海峡和比利牛斯山。为了实现这一目标,苏联将在第一波攻势中动用28~75枚核武器在北约的防线上撕开口子,接着在第二波攻势中再使用34~100枚核武器,配合装甲部队的突进。苏联人想到了北约将进行报复,因此苏军将配备可以在充满化学武器攻击和辐射的环境下作战的装备。这样,苏军将可以在遭遇核打击之后很快集中精力发动攻击,并将敌人击溃。联邦德国将遭遇几百次广岛惨剧,那里的居民大部分都会死去。此时，洲际弹道导弹也将呼啸着掠过北极。在苏联看来，持续多天的全面战争将摧毁双方的家园，但是一旦核武器用尽，常规战争还将持续下去，直到一方屈服。

苏联官方对于赢得战争持乐观态度（考虑到苏联糟透了的基础设施水准和组织水平，他们或许过于乐观了），但没有人会真的向往这样的战争。因此，尽管灵活反应战略不足以威慑对方，但两个超级大国在经过激烈的辩论后达成了共识（说得好听点，叫"关系缓和"），使双方可以勉强应付危机。1969年，双方开始了限制核武器的会谈。到20世纪70年代，苏联人也开始在人权问题上做出让步。美国人开始向苏联人出售粮食，借给他们美元，以帮助苏联应对集体农庄和计划经济的失败带来的损失。美苏双方的宇航员开始在太空中携手并肩。

这些看起来都不错，但并不能改变现实。这两个有能力毁灭人类文明的分别统治半个地球的国家仍然在争夺内新月地带。而美苏双方那些不稳定、不可靠的代理人仍在按照自己的意愿统治着内新月地带。美苏双方都输不起。

这场战略层面的拔河有来有往。1972年，曾经支持苏联的中国领导人认为，他们对美国人的憎恨并不比对苏联人的憎恨更多。理查德·尼克松总统因此取得了巨大的成功，苏联的周边局势变得更紧张了。但仅仅一年之后，阿拉伯人和以色列的又一次战争让美国损失惨重。阿拉伯的石油出口国将油价提高了三倍，让美国的盟国陷入经济危机的同时，又让出口石油的苏联大赚了一笔。经济增长放缓。随着苏联在核实力上与美国持平，人们开始担心如何处理这一局势。美苏两国在越南战争的问题上也争吵不休。这一切加在一起，打碎了25年以来美国人对遏制政策的战略共识。保守派人士开始主张，只有靠削减福利支出和相应的管理机构才能重振经济，而重振经济又是实现遏制政策的必要条件。"水门事件"的爆发又让许多自由派人士相信，比起苏联，他们更厌恶尼克松。政治上的僵局使美国的国防政策也陷入了瘫痪，最终令美国从越南撤军。

到 20 世纪 70 年代末，美国全面收缩战略。共产主义者在非洲和拉丁美洲赢得内战（甚至还赢得了一场大选），以及欧洲的人心。1976 年的圣诞节，我的一位叔叔，一个失业的钢铁工人，竟然给了我一本毛泽东的"红宝书"。1979 年，伊朗的非共产主义极端分子也进来搅局，在内新月地带推翻了巴列维王朝。到了那年年底，出现了压死骆驼的最后一根稻草——苏联入侵阿富汗。像一个世纪前俄国人和英国人为之展开争夺时一样，阿富汗仍然是在南亚连接心脏地带和内新月地带的战略桥梁。

缓和局势结束了。美国开始急剧扩充军备，在欧洲部署了可怕的新型巡航导弹，并且开始探讨开发可以如砍瓜切菜般瓦解苏军防线的新科技。1982 年，以色列人用美国制造的计算机控制的武器系统摧毁了叙利亚 19 座苏制地对空导弹发射台中的 17 座，并且在仅损失 3 架飞机（叙利亚人说是 6 架）情况下击落了 92 架苏制战机。原本疑神疑鬼的苏联人现在陷入了恐慌。尽管任何有理智的科学家都会告诉苏联人，要实现所谓的"星球大战"计划（美国人提出的用激光击落洲际弹道导弹）或"突击破坏者"方案（使用远程火箭发射大量计算机制导的小炸弹，用以在装甲师尚未抵达前线时就将其摧毁）至少还要再过几十年，但是在 20 世纪 80 年代初的苏联，人们总是习惯于假设最坏的事情将要发生。

在斯坦尼斯拉夫·彼得罗夫做出是否相信其计算机运算结果的抉择仅仅六个星期之后的 1983 年 11 月，事情到了紧要关头。神经焦虑、罹患糖尿病，并且由于肾衰竭而不得不卧病在床的苏联总书记尤里·安德罗波夫相信北约正在准备发动先发制人的打击，于是要求克格勃证实这一消息。一向尽职尽责的情报员们汇报说，很多美国和英国的公务人员似乎都在办公室里加班。只有一种可能：美国一定在谋划用即将在西欧举行的一次军事演习掩护这次攻击。在民主德国的苏军战机装备了可用于实战的核武器。假期都被取消了。就连军事天气预报都取消了，以免他们走漏什么消息。

幸运的是，在冷战之中，有一件事情是肯定的：谁也保守不住什么秘密。一位克格勃官员后来对采访者回忆道："当我告诉英国人这个情况时，他们简直无法相信苏联的领导人居然会这么蠢，这么偏执，竟然会相信这种不可能发生的事情。"[94] 安德罗波夫到底蠢不蠢、偏执不偏执，各有各的说法，但美国人十分害怕苏联人恐慌后的结果，因此里根认为有必要派后来的美国国家安全顾问布伦特·斯考克罗夫特将军前往苏联，说服安德罗波夫不要走向危险的边缘。

再一次，上百万人走上街头要求禁止核武器。布鲁斯·斯普林斯汀发布了他翻唱的《战争》。任何对世界末日感到担忧的人都关注着形势的发展。

现在40年已经过去了，我们的生活之安全和富裕，超出了以往任何时候。尽管我们得以幸存的机会并不可观，而且也不符合过去一万年来的趋势，但是结束战争和人类文明自身的战争并没有发生。与1983年彼得罗夫抓起电话的那一刻相比，威胁人类生存的核弹头数量已经减少到了1/20（截至2013年年中）。在未来几年中爆发可能造成10亿人丧生的大战的可能性似乎接近于零。

我们是怎么挺过那些危险的日子的？我们的运气还会撑多久？在我看来，这是人类能问出的最重要的问题之一。但这些问题的答案，却在一个我们很少留意到的地方。

第六章

赤牙血爪

贡贝黑猩猩为何走向战争

杀手人猿与嬉皮黑猩猩

1974年1月7日。

刚过午后,贡贝黑猩猩卡萨凯拉社群的几个好斗分子就悄悄地越过了边界,进入了卡哈马社群的领地。这八个袭击者静悄悄地行动,打定主意来杀戮。当卡哈马社群中一只名为戈迪的黑猩猩看到它们时,一切都太晚了。

戈迪从它采食果子的树上跳开,打算逃走,却被袭击者们逮住了。一个袭击者把它脸朝下按在泥地里,其他袭击者则一边发出狂怒的尖叫,一边殴打它,并且用尖牙撕咬它。暴行持续了整整十分钟。最后,袭击者们用石块砸向它,然后就走进了林子深处。

戈迪并没有死,但是它的脸上、胸口、胳膊和腿上散布着几十处伤口,并且伤口一直在流血。它躺在地上,痛苦地低声呻吟。过了几分钟,它起身躲进了树林。再也没有人看到过它。

这是科学家们第一次观察到,一个社群的黑猩猩会故意寻找并攻击其他社群的黑猩猩,任由它被留在那里等死。1960年,英国古生物学家珍妮·古道尔在坦桑尼亚的贡贝开始了世界上最早的在野外研究黑猩猩的项目(图6.1)。在十年中,《国家地理》的读者和电视观

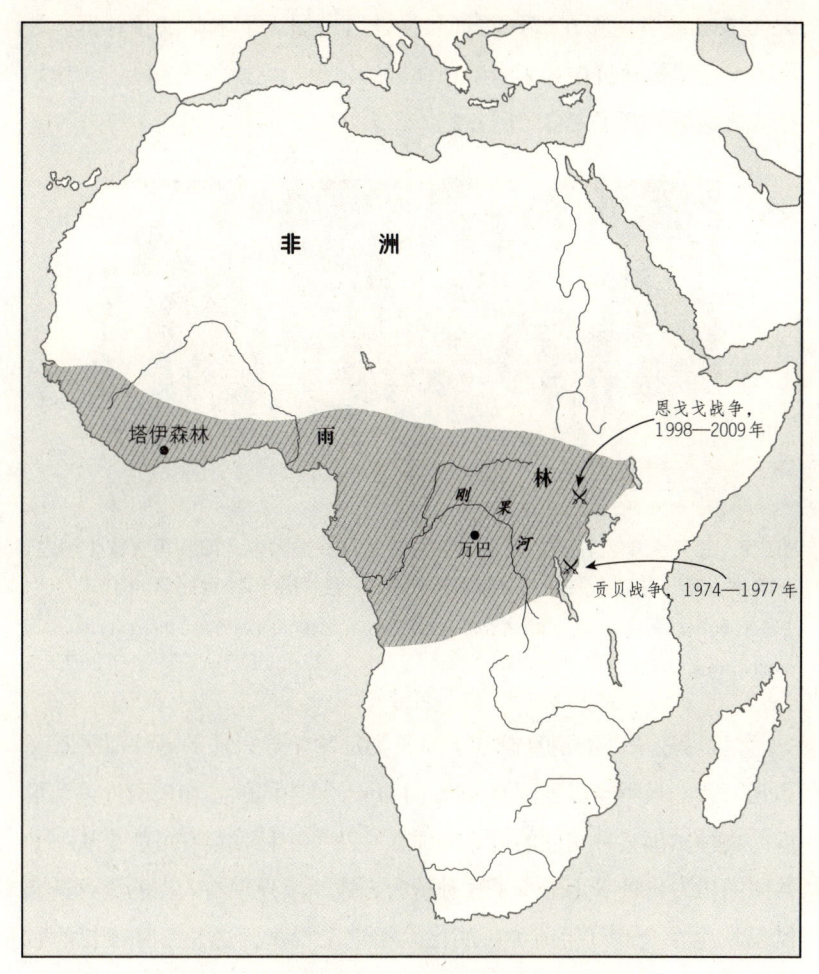

图6.1 战争的摇篮：本章中提及的非洲地名

众一直对她和"灰胡子"戴维、狡猾的菲洛、淘气的麦克以及其他黑猩猩伙伴的故事津津乐道。可是，现在人们却发现，黑猩猩也会痛下杀手。

更糟的还在后面。就在接下来的三年里，卡萨凯拉社群的黑猩猩打死了卡哈马社群中全部的六只雄性黑猩猩以及一只雌性黑猩猩；另外还有两只雌性卡哈马黑猩猩失踪了，很有可能也已经死亡；有三只雌性卡哈马黑猩猩在遭到殴打和强奸后，加入了卡萨凯拉社群。最终，卡萨凯拉社群占领了卡哈马社群的领地。戈迪的死实际上为这场社群灭绝战拉开了序幕（图6.2）。

图6.2 杀手人猿？在荷兰阿纳姆动物园的灵长类园中，四头黑猩猩（图左）在欺凌、威胁并攻击另一头黑猩猩（图右）。照片摄于20世纪70年代末

资料来源：© Frans de Waal. From *Chimpanzee Politics*. Baltimore: The Johns Hopkins University Press, 1982

"贡贝战争"的消息震动了灵长类动物学界。这一事件似乎意义非凡。我们人类与黑猩猩有98%的DNA是相同的。如果两种关系很近的物种做出某种相同的行为，那么这两个物种就很有可能是从一个共同的祖先物种身上继承了这种行为方式。黑猩猩与人类的分道扬镳仅仅发生在750万年前（在演化生物学家看来，这并不算很长的时间）。因此，我们很容易得出这样的结论：人类天生就爱使用暴力。

20世纪70年代，那还是《萨摩亚人的成年》中的理论大行其道的时代。因此，这一发现当然并不受人欢迎。有些学者把责任推在"带来坏消息的人"身上。他们坚称，是古道尔导致了这场战争。为了让黑猩猩乐于接近人类，古道尔曾经喂它们吃香蕉。批评者们指出，黑猩猩正是为了争夺这丰美的食物，才使它们原本和平的社会环境遭到腐蚀，使其变得充满暴力。

批评很快就变得非常尖锐，就如同拿破仑·夏侬在好斗的雅诺

玛米人事件中所面临的抨击一样（我在第一章中描述过此事）。不过，古道尔不需要像夏侬那样等待那么久才得以为自己洗刷清白。在20世纪70—80年代，几十位科学家投身非洲雨林之中，与猩猩生活在一起（本章中的许多内容，包括贡贝战争的内容，都来自《雄性暴力》这本书，作者是这些科学家中的两人、曾在古道尔手下攻读研究生的理查德·兰厄姆及戴尔·彼得森）。这些科学家采用了更复杂、更少介入黑猩猩生活的观察方式。他们很快发现，不论人类喂食与否，黑猩猩都会进行战争。

就在你阅读这段文字的时候，从科特迪瓦到乌干达，成队的雄性黑猩猩正在它们的领地边境上巡逻着，系统地搜寻并袭击外来的黑猩猩。它们安静而有目的性地行进着，甚至没时间进食。在乌干达进行的最近的一次研究中，科学家们使用 GPS（全球定位系统）装置追踪黑猩猩。他们发现，在1998—2008年，一个叫作恩戈戈的黑猩猩社群一共发动了几十次突袭，杀死了21只其他社群的黑猩猩，最终吞并了邻近的地盘（图6.3）。

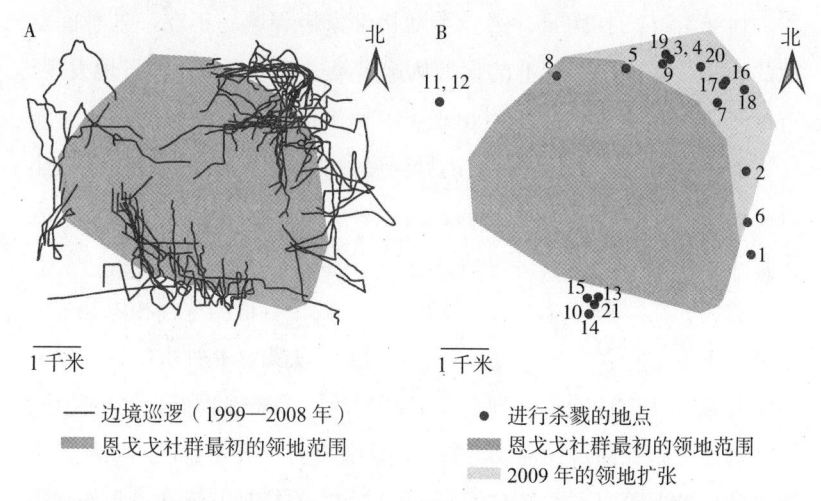

图6.3 恩戈戈战争，1998—2009年。恩戈戈黑猩猩对邻近的地盘发动了数十次突袭（左图中的黑线），杀死了21只黑猩猩，最终将战事最频繁的地区据为己有（右图中阴影部分）

325

黑猩猩的武器只有拳头和牙齿，偶尔也会使用石头和树枝。不过，即便是一头上了年纪的黑猩猩，其击打的力量也会超过一个重量级拳手；而它们剃刀型的犬齿可达 10 厘米之长。黑猩猩遭遇敌人时，会设法置对方于死地。它们会咬对方的手指和脚趾，打断对方的骨头，撕扯对方的面孔。灵长类动物学家曾经观察到一次非常恐怖的场景：一群袭击者撕开了一个受害者的喉咙，把它的气管扯了出来。

　　似乎《蝇王》一书中的观点是正确的：怪兽就是我们的一部分。但就像在新的科学领域经常发生的那样，人们很快发现情况要更加复杂。在第一章里，我提到《蝇王》的故事之后，马上就把叙事的地点从南海转移到了另一个岛屿——萨摩亚，从截然不同的角度叙事。在萨摩亚岛，玛格丽特·米德发现的证据使她相信自己来到了太平洋的天堂，因为这里鲜见可鄙的暴力。在本章中，我同样也要把视角从贡贝拉开，沿着磅礴的刚果河行进约 970 千米，来到非洲雨林带的另一个地区：万巴。在这里，我们仿佛跟随爱丽丝穿过了镜子，来到了仙境。

　　1986 年 12 月 21 日，灵长类动物学家伊谷原一正在一处林间空地的边缘，等待一个社群的猩猩从这里经过。然而，他惊讶地发现，有两个不同社群的猩猩同时出现了。如果伊谷原一观察的地点是贡贝，那么他可能会在几分钟之内见到可怕的场景：双方可能会先发出威胁的叫声，然后开始挥舞树枝，佯装冲锋；稍有不慎，就可能会发生打斗和死亡。

　　然而，在万巴，这一切都没有发生。两个社群的猩猩相隔几米的距离，坐下来盯着对方。过了半个小时，一头来自 P 社群的雌性猩猩站了起来，从容地通过空地，朝 E 社群的一头雌性猩猩走去。很快，两头雌性猩猩就面对面地躺下来。两头猩猩都分开了自己的双腿，把自己的生殖器跟对方的贴在了一起。它们左右摆动着臀部，动作越来越快，一边摩擦着阴蒂，一边发出哼哼声。不出几分钟，两头猩猩就都开始喘息、尖叫，紧紧地抱住对方，随后陷入痉挛。有那么一个瞬间，两头猩猩都寂静无声，盯着对方的眼睛，随后便精疲力竭地瘫倒在地上。

到了这个时候，两个社群之间的距离消融了。几乎所有猩猩都参与进来，分享食物，为彼此做清洁，或是发生性行为——雄性与雌性、雌性与雌性、雄性与雄性、年轻的与年老的，全都肆意地用手、嘴和生殖器摩擦着对方。它们确实做到了要做爱，不要作战 [1]（图 6.4）。

图6.4 嬉皮黑猩猩：刚果盆地，两只雌性倭黑猩猩在进行被科学家称之为生殖器摩擦的行为

资料来源：Getty Images

在接下来的两个月中，伊谷原一和他的同事们观察到，P 社群和 E 社群的猩猩重复这种行为达三十多次。他们从未在这里看到过贡贝黑猩猩之间的那种暴力行为。不过，这是因为万巴的猩猩并不是黑猩猩，至少不是同一种黑猩猩。具体来说，万巴的猩猩是倭黑猩猩，而贡贝的猩猩则是普通的黑猩猩。

在非专业人士看来，这两个物种几乎没有什么差别。倭黑猩猩的体型要稍微小一些，胳膊和腿略长而细，嘴巴和牙齿略小，面孔略

---

[1] 此处借用越南战争时期的著名反战口号。——译者注

黑，毛发在中间分开（直到1928年，灵长类动物学家才把倭黑猩猩视为一个单独的物种）。不过，这两个物种间的差别可以帮助我们回答最关键的问题：战争究竟有什么好处，以及人类在21世纪的命运究竟将如何。

倭黑猩猩（为了避免混淆，科学家们通常称它们为"bonobo"，记者们则经常叫他们"嬉皮黑猩猩"）和普通黑猩猩（通常就称作黑猩猩，不加任何限定性形容词）的DNA基本相同，仅仅在130万年前才分成两个不同的物种（图6.5）。更令人惊讶的是，这两个物种的基因与人类基因的差别是相同的。如果黑猩猩之间的战争暗示人类或许是天生的杀手，那么倭黑猩猩的狂欢活动则暗示人类是天生的情种。照这么说来，阿古利可拉和卡加库斯就不应该在格劳庇乌山大动干戈，而是应该扯掉自己的托加长袍，抱在一起大秀恩爱。

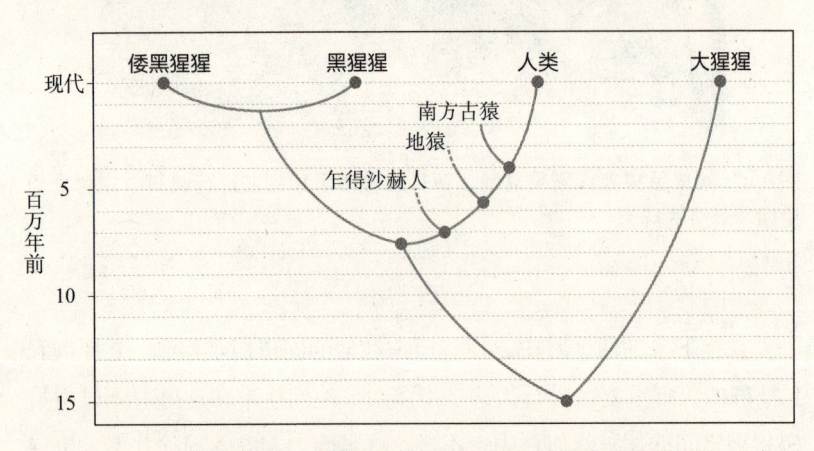

图6.5 家族谱系：人科动物自1 500万年前至今的演化进程

如果我们能解释清楚为什么阿古利可拉和卡加库斯在公元83年选择兵戎相见而不是友好相见，也就能弄清楚为什么我们在历经了一万年"宁愿动手，不愿动口"的暴力史之后，人类却没有更进一步在20世纪后期把地球炸成碎片。我们还将能看到，或许我们可以在21世纪延续这一记录。不过，这个事情说来话长——长达38亿年。

死亡博弈

起初,世间都是"小滴"(blob)。

至少,生物学家经常这样称呼它们:由粗膜联结的碳基分子短链。通过蛋白质和核酸之间的简单反应,这些"小滴"大约在38亿年前开始形成。它们吸收化学物质,越长越大,直到体积超过了膜所能容纳的范围,它们就会分裂成多个"小滴"。当"小滴"分裂的时候,组成"小滴"的化学成分会按照 RNA(核糖核酸)中编码的方式来组合成新的滴状体,RNA 负责指导蛋白质的工作。听起来很枯燥,但这就是生命的开始。

达尔文将生物演化定义为"兼变传衍"[1](经过改变的传承)。RNA(在人类这样的复杂生命体中扮演这一角色的则是 DNA)将基因编码近乎圆满而又并非完美地复制下来,随机地引发一些基因突变。多数的突变并不会对"小滴"产生什么明显的影响;有一些突变则是灾难性的,会导致"小滴"解体(或者可以说,杀死了它们);另一些突变则使得"小滴"可以更好地进行复制。经过漫长的岁月,复制效率更高的"小滴"就在数量上压倒了复制效率较低的"小滴"。

生物演化或许是世界上唯一比战争还要充满矛盾的事物。自然选择是一场竞赛,但合作是赢得这场竞赛的最大秘诀。如果我们把这场持续了38亿年的竞赛简短地归纳起来,那么它就是越来越复杂的碳基生命体以各种非凡的方式进行合作和竞争的演化史。

经过三亿年的随机基因突变,产生了能够相互巧妙合作、从而组成细胞(围绕着 DNA 聚集的更加复杂的碳基分子簇)的"小滴"。由于可以从地球的原始海洋中汲取能量,细胞在竞争中胜过了"小滴"。到距今15亿年前,细胞变得更加复杂了。在之前的20亿年之中,所有的生命体都是依靠复制进行繁殖的,而基因复制中的错误则是发生改变的唯一机会。而新的细胞可以通过有性繁殖进行合作,分享自身 DNA 中所携带的信息。有性繁殖极大地丰富了基因池中的种类,从而把演化推上了快车道。距今 6 亿年前，一些细胞已经可以十分彻底地分享自身的基因信息，这些细胞以至少百万级的数量共同组成了多细胞有机体（我们每个人的身体包含大约 1 000 亿个细胞）。

动物体中的细胞通过发挥不同的功能实现合作。一些变成了鳃和胃，使得机体可以用新的方式处理能量；一些变成了血液，从而可以在机体内运送能量；另外一些则变成了甲壳、软骨和骨头。到了距今四亿年的时候，一些鱼类的鳃部变成了肺，它们的鳍则变成了脚，从而使它们登上了陆地。

生成鱼鳍或脚的细胞并不与生成胃或骨头的细胞竞争，而是与它们合作，共同组成一个生物体，从而可以更好地与其他细胞群进行竞争，获取动物体所需的能量。结果就是带来了一场演化军备竞赛。这场竞赛耗时数亿年之久，一些细胞进行分化，对光线、声音、触觉、味道、气味变得格外敏感，从而形成了眼睛、耳朵、皮肤、舌头和鼻子，使得动物体可以获得信息以决定要去哪儿和要做些什么。神经将这些信息送往一个点，这个点通常位于动物体的前端。在这里，神经聚集起来，组成了小小的脑。

那些能够感知到自身，即知道自己的皮肤在哪儿、它们自己与世界的边界在什么地方的动物通常会比其他动物更容易赢得竞争，而那些对自身感知得更好的动物则更具竞争优势。脑开始将它所栖身的动物体视作一个个体，它开始产生希望、恐惧和梦想。动物体变成了自我，从而产生了意识。

这一盲目而无方向的经过改变的传承持续了 30 亿年，让"碳小滴"（carbon blobs）演变出诗人、政治家和斯坦尼斯拉夫·彼得罗夫。这看起来确实像是某种奇迹。因此，在达尔文的时代之前，几乎每一个在地球上生存过的人类都把生命的奇迹归功于上帝（或众神）之手，我们对此也无须感到讶异。然而，这个令人惊叹的故事也有其黑暗的一面。

大约在四亿年前，某种鱼的嘴部长出了软骨质的牙齿。这些牙齿长在足够结实的颌部,也足够锋利,因此可以咬下其他动物身上的肉。这些早期的鲨鱼在争夺能量的竞争中找到了一条捷径——它们可以通过吃掉其他动物取得后者身体中储存的能量。如果这些早期的鲨鱼遭遇了与自己争夺食物或是配偶的同类,它们也可以与对方进行搏斗。牙齿将竞争推向了一个新的高度。作为回应,其他动物要么长得大到足以自卫,要么变得快到可以逃脱,要么自己也长出牙来(或是刺、毒液囊,陆地上的动物则长出爪子和獠牙)进行反击。暴力出现了。

世界并没有因此变成一个各种动物随意相互搏杀的地方。当一个动物遭遇了另一个有能力反击的动物时,它在发起攻击之前就会思量再三。长了爪牙的动物会咆哮,露出牙齿,竖起羽毛或毛发威吓对方,而非直接相互攻击。如果恫吓没能起作用,对方没有退缩、逃跑、游走或是飞走,那么双方就会开始角力或是顶头,直到一方意识到自己即将落败从而求饶。但这样的打斗是有风险的,经常会造成严重的伤害。因此,每个物种都演化出了表示屈服的复杂信号,从而避免打斗真的发生。这些信号包括匍匐在地、露出肚皮或是臀部,甚至吓尿。

如果我们能解释这种行为,就能解释在本书的前五章中看到的大部分人类行为。不过,要解释这种行为,我们就要从生物学领域转移到数学领域。数学家会告诉我们,设想一下,如果两只动物同时遇到一块美味的食物,或是一名合适的异性,那么它们是否会为此而展开搏斗呢?在做出这个决定的过程中,各种各样的因素可能会发挥作用,因此没有哪两只动物会做出完全相同的选择。就拿我养的两条狗来说吧。毛毛认为每条狗都是它的朋友,所以它遇到任何一只狗都会疯狂地摇尾巴,东闻闻西嗅嗅,还会去舔对方。而另外一条狗米洛,则认为其他的狗(除了毛毛)都充满敌意。因此,它会冲其他狗狂吠,甚至扑上去,把拴它的绳子拉得紧绷绷的。如果有机会,它会先去咬对方,再考虑要不要嗅一嗅。

不过，数学家们发现，在近乎无穷种个性和相遇情形的背后，暗藏规律。搏斗会带来一定的后果，对参与者的基因能否延续下去产生影响。有时候，这种影响是直接的。例如，胜利者可能会获得生育的权利，从而将自己的基因传递下去；而失败者可能会在搏斗中受伤、死亡，从而无法延续其基因。不过，更多的时候，这种影响是间接的。胜利者可能会得到食物，从而为以后的生育储存更多的能量；它也可能会赢得威望，使其在异性看来更具吸引力，而在对手看来更令人生畏。失败者则可能要忍饥挨饿，或是颜面扫地。

动物（包括人类）很少能在面临挑战的时候如此冷静地计算。我们的行为通常受到激素的驱使，而这些激素正是演化出来让我们做出迅速决断的。化学物质充斥着我们的大脑。我们可能会惊慌失措、落荒而逃，也可能会摇着尾巴、寻求协商的办法，或是"脾气暴躁起来"[2]，如莎士比亚所说，狂怒着冲上前去。每个动物做出的选择都会影响它将基因传递到下一代的概率。而伴随着不懈的自然选择，那些有利于基因传递的行为会逐渐取代那些不利于基因传递的行为。

数学家会告诉我们，不妨把这些冲突都视作游戏。我们为某个动物可能采取的各种行为打分，记在分数表上。博弈论（科学家就是这样称呼这种方式的）极大地简化了现实，但也可以帮助我们了解包括人类自身在内的每一个物种，究竟是怎样在战斗、惊吓和逃跑之间取得平衡的。

在这里，我要借用演化生物学家理查德·道金斯在其畅销书《自私的基因》中所举的一个例子。假设一只动物赢得了一场冲突，那么它就可以得到 50 分；而输家只得到 0 分；在冲突中受伤的动物扣 100 分；参与旷日持久的长时间冲突（这些时间本可以用来做些更有意义的事情，比如在其他地方寻找食物或配偶）扣 10 分。

如果遭遇双方是鸽派（不是鸽子，而是代表那些永远不会选择战斗的动物个体），那么它们就不会打起来。双方都想要配偶、食物和地位，于是就出现了僵局。双方只会瞪着眼睛，试图威吓对方，直到一方失去了耐心而离开。此时，胜利者可以获得50分，但是因为浪费了很多时间，所以还要再扣掉10分，因此其净得分是40分。而退缩的一方则只得到-10分（因输掉这场对峙获得0分，因浪费时间扣10分）。在成千上万年中发生了千百万次这样的冲突之后，每方的平均得分是15分（胜者的40分加上败者的-10分，再除以2）。

但其中的一个如果不是鸽派，而是鹰派（当然，也不是真的鹰，而是用来指代那些总是选择战斗的动物）呢？鹰派既不会选择虚张声势，又不会选择干瞪眼，而是会发动攻击。于是鸽派就逃走了。如果鹰派在每一次的冲突中遭遇的都是鸽派，那么鹰派动物就总是能赢得50分（因为它没有浪费时间，所以不会扣分）。这一得分可比鸽派策略的平均得分（15分）高多了。结果就是：鹰派的基因会传播得更广。

然而，演化的矛盾性此时就会出现。随着鹰派动物的增加，鹰派动物遭遇另一只鹰派动物的概率也会增加，于是双方就都会发动攻击。其中一只鹰派动物会获胜（得50分。为了简化运算，我们假设它没有受伤），而另外一只鹰派动物会负伤，从而失去100分。因此，双方的平均得分就是-25分（50-100，再除以2）。

在这种情况下，此时剩下来的鸽派动物就占据优势了。因为鸽派动物永远都选择逃走，所以它们的分数永远都是0分，这个分数要比鹰派动物的-25好得多。鸽派基因开始传播开来。根据道金斯设置的评分体系，基因库最终会趋向一个最佳平衡位置——每12只动物中，会有5只鸽派、7只鹰派，这被生物学家称作"进化稳定策略"。

由于存在随机的突变、运气因素和各种各样的其他因素，真实的数字经常会偏离这个平衡点，但随后这场死亡博弈又会把数字拉回来。在每一个物种群体中，包括我们人类自身，都会有一些极端者，就像毛毛和米洛一样，但是大部分成员都会处于两端之间的某处，再被这场死亡博弈用其特有的手段——暴力，推向进化稳定策略。

这场抽象的死亡游戏揭示了每种动物使用暴力行为背后的原则。

这意味着，人类自身的暴力，就像其他物种一样，一定是在演化过程中进行适应调整的结果，是我们千百万年前的祖先的习惯性行为经历了各种变化传承下来的。不过，与此同时，博弈理论也揭示了人类暴力的独特性。我们通常不仅仅会赶跑对手，而且还要杀掉对手。一定要置对方于死地的胜利者往往比那些接受对手降服的胜利者面临更大的风险，因此嗜杀者在死亡博弈中得到的平均分数理应低于其他人。那些在战斗中逃走的人可以活到第二天，可以再次参与战斗；而那些在看到对手屈服的信号之后就任由失败者逃走的胜利者也是如此。

因此，我们就必须要问，为什么当戈迪在1974年的贡贝从树上跳下来想要逃命时，卡萨凯拉社群的黑猩猩们却要追上它，按倒它，把它往死里打呢？为什么它们要继续杀死卡哈马社群中其余的雄性成员呢？为什么在黑猩猩的进化稳定策略中，它们一定要向对手使用致命的暴力呢？为什么人类也要这样做呢？

我的朋友们帮了一点儿忙 [①]

部分原因显而易见。对戈迪的袭击与博弈理论的抽象实验有一点重要的区别：它们是八个对一个。来自卡哈马社群的黑猩猩并没有取胜的机会，而袭击者走开时身上顶多会有一两处抓伤而已。在卡萨凯拉社群中，有一只黑猩猩老得连牙齿都快磨光了，但在这样的情形下就连它也愿意加入这场屠杀。

八个对一个的袭击是一种特殊种类的暴力，只有能够相互协作、组成团体的动物才能做到这一点。实现这样的合作与竞争的混合关系，需要进行长时间的演化。35亿年前，一些"小滴"很好地进行了合作，从而形成了细胞，因此它们可以比原始的"小滴"更好地取得能量。大约15亿年前，一些细胞很好地进行了合作，从而可

[①] 我的朋友们帮了一点儿忙，取自披头士乐队的一首歌名。——译者注

以进行有性繁殖，比无性的细胞产生了更多的变异和后代。6亿年前，一些复合的细胞很好地进行了合作，组成了多细胞的动物，从而在延续基因的竞争中取得了更大的优势。但直到1亿年前，这些动物中的一部分才把合作上升到了新的高度，组成了由多个动物构成的社会。

生物学家把它们称为社会动物。所有的鸟类和哺乳类动物都多多少少有一些社会化的习性，母亲和幼崽可以形成有力的联系。不过，只有几十个物种的社会化习性能超越这一水平。它们组成永久性的社群，社群成员的数量少至几十个，多到数十亿，其中的每个成员都在劳动大分工中发挥着自己的功能。只有社会动物才能组成团体，共同从事同一项活动，比如杀死戈迪。

人类，作为地球上最聪明的动物，是高度社会化的。与人类相似的还有海豚、虎鲸和人类以外的猿类。这些物种在智力方面也很突出。不过，在我们得出智力决定社会化习性的结论之前，应该记住，蚂蚁既是最为社会化的动物之一，又是最愚蠢的动物之一。蚂蚁之间的协作达到了很高的程度，生物学家甚至将蚁群称作"超个体"。在这些超个体中，上百万只昆虫协作起来，仿佛它们共同组成了一只巨大的动物。不过，研究蚂蚁的专家将这些超个体称作"本能的文明"[3]，因为蚂蚁个体在智力层面十分低下，蚂蚁头部的神经节甚至算不上是脑。

目前，已知的蚂蚁种类大约有一万多种，而且还有更多的种类有待归类。有些种类的蚂蚁十分和平，有些则经常进行打斗。在动物的身体里，有的细胞会变成血液，有的细胞会演化成牙齿。与之相类似地，每个蚁群中都会有一些雌蚁变成可以繁殖后代的蚁后，其他的雌蚁则变成没有生育能力的工蚁。而在好战蚂蚁的蚁群中，还会有一些蚂蚁成长为兵蚁。它们不会真的思考自己在做些什么，仅仅靠着气味的驱使就会进行野蛮的战争。

蚂蚁的种类如此繁多，它们的行为方式也各有不同。不过，最为常见的一种行为方式是，兵蚁会用它们的触角（其功能类似于我们的鼻子）去触碰蚁群中的工蚁。如果有些从事采集工作的工蚁在上午出去后就再也没有回来，兵蚁就会察觉没了这些工蚁的气味。作为反应，兵蚁会离开蚁穴，去对付耽误工蚁返回的任何事物。如果已经有大约1/5的兵蚁出动，空气中的化学物质就会达到一种新的平衡点。此时，剩下的4/5的兵蚁就会作为预备队留在蚁穴中，以防其他的蚁群察觉到这个蚁穴防御松懈，进而乘虚而入。

如果远征军发现敌对的蚂蚁正在屠杀走失的工蚁，它们也不会立刻对敌人发动攻击。兵蚁们会先继续进行触碰和嗅气味。如果发现己方的数量多于对手，它们就会发动攻击，用自己的颚部夹住敌人的腹部，将其咬成两半（图6.6）；如果势均力敌，它们会与敌人对峙，并舞动它们的触须；如果发现己方寡不敌众，它们就会逃回蚁穴；如果数量对比非常悬殊，那么实力强大的一方可能会攻击弱小一方的巢穴，屠杀它们的蚁后和兵蚁，再把卵劫走，作为奴隶养大。

图6.6　六腿战士：坦桑尼亚，两只蚂蚁在进行死斗

资料来源：© Muhammad Mahdi Karim

生物学家从中得出了三个结论。第一，不论是低智力的蚂蚁，还是高智力的猿类，其中的一些种类都会进行致命的群体作战，而另外一些种类则不会。这就说明，聪明的大脑既不是一个物种进行此类行为的必要条件，又不是其充分条件。第二，我们可以认为，社会性是进行致命的群体作战的必要条件，因为只有具有社会性的动物才能组成群体进行合作，以悬殊的比例以众暴寡，如此一来，它们可以安全地进行死斗。第三，社会性并非致命暴力的充分条件，因为有些具有社会性的猿类和蚂蚁并不会组成凶杀团伙。

在动物将杀戮作为其进化稳定策略中的一部分的过程中，一定有别的因素提高了进行致命暴力行为的回报。从蚂蚁和猿类的自然历史中，或许我们可以看出，这个因素就是领地。如果动物们需要争夺珍贵的领地，那么杀死敌人带来的回报就会增加。在贡贝战争中，卡萨凯拉社群的黑猩猩进入卡哈马社群的领地并进行袭击后，卡哈马社群的黑猩猩都会进行报复，进入卡萨凯拉社群的领地发动袭击。如果在1974年1月7日，卡萨凯拉社群的黑猩猩未能杀死戈迪的话，那么戈迪肯定会加入下一次的反击。但如果它们杀死了戈迪，就可以确保它没有机会这样做了。如果它们能够杀掉卡哈马社群所有的雄性，就可以夺取卡哈马社群的领地和残存的雌性黑猩猩。

在这里，我们遇到了战争最大的矛盾性之一。对那些社会化程度高到可以安全地进行杀戮的蚂蚁和猿类来说，领地观念增加了杀戮带来的回报。然而，到了冰期末期，人口增长和农业发展使得幸运纬度带上的人类社会遭遇了囚笼效应——领地观念的极端形态。囚笼效应使我们的祖先开始进行建设性战争。而在建设性战争中，选择不杀掉被击败的敌人所带来的回报却增加了。那些懂得接受敌人的臣服，并将败者吸纳进自身之中的社会开始变得更安全、更富庶，并且可以在竞争中胜过其对手。最终，这些社会中的某一个会变成"世界警察"。

在本章的末尾，我会再来论述这个吊诡的结果。现在，我要把重点放在这样一个事实上：黑猩猩、倭黑猩猩和人类尽管有区别，但都是社会化的动物，都有领地观念，而且都是从同一个祖先演变而来的（这个共同的祖先通常被称作"祖猿"）。很显然，这个先祖物种可以演化出截然不同的进化稳定策略。在距今 800 万~700 万年前，出于某种原因，黑猩猩和人类走上了通往暴力的道路。随后，大约在距今 130 万年前，出于某种原因，倭黑猩猩不再对同类使用暴力（不过，它们仍然会为了肉食而捕猎猴子。此外，在一个让人颇为不安的例子中，几头成年的倭黑猩猩分食了一只死去的倭黑猩猩幼崽，而幼崽的母亲更是一马当先）。最后，在过去的一万年中，人类又出于某种原因，选择减少暴力的使用，以应对因笼效应。但究竟是什么原因呢？

人猿星球

首先，我想看一看黑猩猩和倭黑猩猩是如何分道扬镳的。根据对这两种猩猩的 DNA 研究，这一过程大约开始于 130 万年前，这比人类和祖猿分手的时间（750 万年前）要近得多。然而，不幸的是，我们对黑猩猩和倭黑猩猩的分道扬镳知之甚少，因为在这一过程的发生地——热带雨林之中，化石很难保存下来。这样一来，我们就不得不寻找间接的证据。

DNA 分析表明，仅仅（就生物演化层面而言）在 200 万年之前，今天已经灭绝了的祖猿还在非洲中部的雨林中活动，这个雨林带的面积相当于美国的本土面积。但好景不长，在接下来的 50 万年中，随着气候几度变迁，东非一个巨大的内陆湖决堤了。湖水朝着西方和北方奔向大西洋，于是就成了今天雄伟磅礴、河面宽度超过 1.6 千米的刚果河（图 6.7）。对于猿类来说，这条大河是无法逾越的。因此，河流就把祖猿的王国一分为二了。到了距今 130 万年前，刚果河北岸的猿类就演化成了黑猩猩，而南岸的则演化成了倭黑猩猩。

河两岸的森林大体相同，两边的猩猩都主要靠吃水果、种子和猴子（如果抓得到的话）为生。不过，在刚果河以南，最终演化成了倭

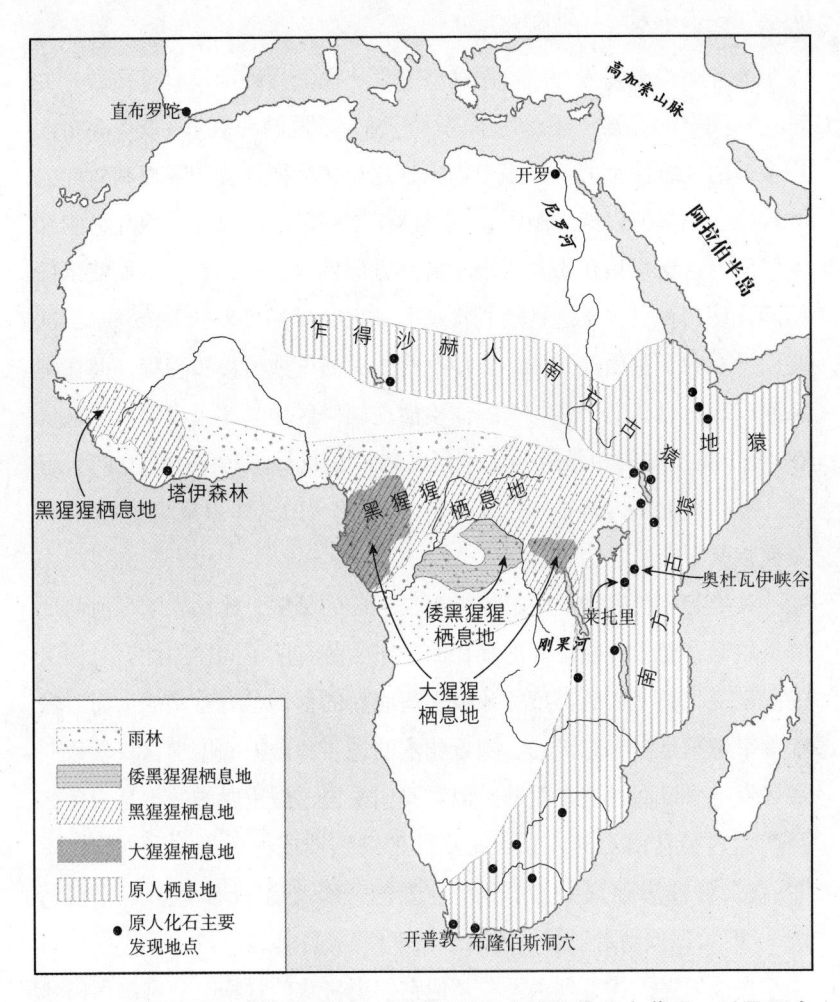

图6.7 人猿星球：现代黑猩猩、倭黑猩猩和大猩猩的分布范围，以及距今600万~100万年前原人化石的主要发现点

黑猩猩的猿类丰富了它们的食谱，开始食用嫩叶和树根。为了适应这样的食物，它们的身体发生了变化，长出了用来咬碎叶子的带有长刃口的牙齿。叶子和树根没有水果、种子和猴子肉好吃，但是数量更充足。因此，在饕餮大餐之间，树叶和树根可以让倭黑猩猩们免于挨饿。用生物人类学家理查德·兰厄姆的话说，树叶和树根是倭黑猩

339

猩的"零食"[4]。

为什么倭黑猩猩开始食用这些零食,而黑猩猩则没有这样做?关于这一问题的答案,还存在争议。不过,兰厄姆和戴尔·彼得森在他们合著的《雄性暴力》一书中提出,这是因为同样食用树根和树叶的大猩猩在刚果河以南灭绝了,但仍然生活在刚果河以北。因此,刚果河以南的这支祖猿在采食树根和树叶方面就没有竞争者,从而使得任何能让该物种更善于进食这些食物的基因变异都更容易流传开来。这些变异充满了基因池,最终使得这些祖猿演变成了倭黑猩猩。而在刚果河以北,祖猿们仍然与大猩猩生活在同一区域。如果有哪只体重仅在45千克左右的祖猿敢为了一点儿树叶去挑战重达181千克的大猩猩,那么它的基因就很难延续下来。因此,(由这些祖猿演变而来的)黑猩猩就不会去吃这些食物。

其他的灵长类动物学家也提出了不同的见解。比如,刚果河两岸的气候略有差异,或是好的食物的分布密度有所不同。因此,对倭黑猩猩来说,长出新的类型的牙齿来适应新的食物是有意义的,而对黑猩猩来说则是没有意义的。随着技术的进步和数据的增加,科学家们最终肯定可以回答这个问题。但对我们来说,最重要的并不是为什么会产生这种食谱上的差别,而是这种差别造成的后果。因为,食用"零食"让倭黑猩猩走上了和平与爱的"阳关道"(虽然听起来很荒唐),而黑猩猩则走上了暴力的"独木桥"。

当倭黑猩猩找不到水果和其他它们更喜欢的食物时,可以靠树叶和树根填饱肚子。因此,倭黑猩猩通常在一个庞大而稳定的群体中生活(通常包括16只倭黑猩猩)。而黑猩猩则通常在小群体里生活,一般只有2~8只黑猩猩一起生活,因为它们没法找到足够的食物供养更庞大的群体。在1974年,戈迪独自行动招致了杀身之祸,但这种独自行动的行为对黑猩猩来说是很常见的。而在倭黑猩猩看来,这样的行为是很反常的。因此,倭黑猩猩几乎永远不会处于以一敌八的窘境之中。

但这还不是问题的全部。黑猩猩团体在采集食物时会以十分特殊的方式分散开。雄性的行动速度比雌性快（尤其是当雌性怀孕的时候），因此雄性通常组成单一性别的团队出行。而雌性则经常单独采集食物，因为它们的移动速度太慢，没办法在一天之内采集到足够供养更多黑猩猩的食物。这种情形与有着吃不完的"零食"的倭黑猩猩形成了鲜明对比。倭黑猩猩的团队不仅庞大而稳定，而且通常由同等数量的雄性和雌性组成。

这样一来，由于缺乏零食，黑猩猩的土地上就会上演丑陋的一幕。由6只雄性黑猩猩组成的团队经常会遇到单独行动的雌性黑猩猩。雄性并不一定总会强奸雌性，但这种事情发生的频率还是很高的。在这种情况下，雌性无力抵抗。打斗往往发生在那些雄性之间，它们会为谁能占有雌性黑猩猩发生争执。

在过去的100多万年里，由于黑猩猩无法靠零食存活下去，雄性黑猩猩演化出了两种十分特别的特性：十分好斗和巨大的睾丸。由于经常会发生强奸，所以好斗的雄性更有可能传播其基因；由于雌性黑猩猩经常要在一天之内与多名雄性黑猩猩发生性关系，所以拥有大睾丸的雄性黑猩猩就会具有生殖优势（因为它们可以排出更多的精子，增加其精子使卵子受精的概率）。

在猿类进化过程中，这种现象的出现是如此重要，以至生物学家甚至为其创造了一个全新的学术分类，叫作"精子竞争理论"。平均而言，黑猩猩的睾丸，重达约113克；而体型是黑猩猩4倍的大猩猩，其睾丸重量仅为约28克。这是因为，最有权势的雄性大猩猩可以独自享有多个雌性，因此几乎不会面对来自其他大猩猩精子的竞争。

由于雌性倭黑猩猩也会有多个性伴侣，雄性倭黑猩猩像雄性的黑猩猩一样，在让雌性受孕方面要面临竞争。因此，倭黑猩猩也拥有巨大的睾丸。然而，与黑猩猩不同，倭黑猩猩的精子竞争几乎完全不存在暴力因素。雄性倭黑猩猩的数量很少会超过雌性的数量。如果一只雄性倭黑猩猩的求偶行为过激，那么其他的雌性倭黑猩猩就会联合起来把它赶跑。（雌性黑猩猩有时候也会联合起来对抗强奸者，但是远没有倭黑猩猩有效。)

雄性倭黑猩猩并不依靠相互之间的角逐赢得精子竞争，而是通过让雌性喜欢自己的方式达到这一目的。最好的方法之一，是当一个好儿子。倭黑猩猩母亲会在雌性倭黑猩猩之中大打友谊牌，以确保它们的儿子能找到女朋友。在倭黑猩猩的国度里，"妈妈的乖儿子"总是最先大功告成。

经过100万年左右的时间，作为鸽派的收益在倭黑猩猩之中迅速增加。性格温和的倭黑猩猩继承了这片雨林。不论是雄性还是雌性，倭黑猩猩都演化得更小、更纤弱，也比黑猩猩更友善。"以我的经验来看，"灵长类动物学先驱罗伯特·耶基斯曾这样谈及第一只被抓到的倭黑猩猩——猩王子，"我从未遇到过哪个动物能在身体的完美性、机敏性、适应性和温和的性情方面与猩王子媲美。"[5] 至于猩王子是不是也这样看待耶基斯——这个把它锁在马萨诸塞州剑桥市，并且训练它坐在一张小桌旁用叉子进食的人，我们永远不得而知。

裸猿

大约750万年前，猩王子和耶基斯的祖先在进化之路上分道扬镳。大约在那个时候，生活在非洲中部大雨林地带边缘的猿类开始演化得越来越不像祖猿，而越来越接近于我们人类——唯一有能力控制体内怪兽的动物。

又一次，食物似乎成了事情的中心要素。在雨林的边缘地带，气候比较干燥，雨林先是过渡为草木丛生的地带，接着又变成了开阔的稀树草原，果树逐渐稀疏。因此，如果猿类要在这里生存，就必须找到新的食物。逆境是进化之母，随着猿类需要适应新的环境，各种各样的基因突变涌现了出来。人类学家们给这些生物绝妙的、充满异域风情的名称：生活在雨林以北的是乍得沙赫人，雨林以东的叫地猿，在雨林其他边缘地带的是南方古猿。不过，在这里，我将把它们统称为原人。

在非专业人士看来,原人的骨骼看起来很像其他猿类的骨骼,但重大的变化已经开始发生了。在几百万年之中,它们的臼齿变得更大、更平,并且包裹上了厚厚的釉质。如此,它们的臼齿就非常适合咀嚼又硬又干的食物。化学分析显示,这些食物包括植物的块茎和草根,它们都是碳水化合物的良好来源,而且即便在旱季也能采集到,即使此时植物在地表上的部分都已经枯萎了,也可以食用。猿类所需要做的,只是把它们从土里挖出来,再进行咀嚼。这样一来,如果某种突变能让原人的手更加灵活,那么也就意味着原人将变得更胖、更强壮,而且很可能更加擅长战斗,也就更有可能将自己的基因传递下去。

对踝关节的解剖学研究和原人的足印研究(它们走过柔软的灰泥时会留下足印,然后硬化成石)表明,这一转变早在400万年前就已经开始了。原人开始用它们的后腿走路,解放出来的前肢最终演化成了胳膊。不过,这些动物与人类之间的差异依然很大。它们只有约1.2米高,很可能浑身都是毛,而且很多时候在树上生活;它们极少制造石制工具,即使有能力做到;它们肯定不会说话;雄性原人的睾丸大小很可能还跟黑猩猩或倭黑猩猩的一样大。

不过,不论原人有多么像猿类,它们演化出了越来越大的脑,而这弥补了它们诸多接近于猿类的特性。距今400万年前,南方古猿的脑灰质部分约为360立方厘米(少于现代的黑猩猩,现代黑猩猩的灰质通常约为410立方厘米);距今300万年前,南方古猿的脑灰质部分增加到了约460立方厘米;又过了100万年,这一数字达到了约620立方厘米。(今天,我们人类的平均脑灰质体积约为1 410立方厘米。)

大的脑比小的脑更好,这似乎是无须多言的。不过,演化的逻辑要比这复杂得多。脑是个颇为耗费能量的器官。通常来说,我们的脑只占身体总重量的2%,但是其消耗的能量比例达到了20%。只有当增加的脑组织能够为生物带来其所需的更多食物时,这种变异才可能传播下去。这在雨林的中心几乎从来不会发生,因为那里的猿类不需要像爱因斯坦那么聪明就能找到树叶和果子。然而，在干燥的林地和稀树草原，脑力和食物获取量一同增长，形成了良性循环。聪明的林地猿类懂得如何挖出树根和块茎，而这些食物提供的能量可以供养更大的脑；因此而变得更加聪明的猿类找到了更好的捕猎方式，而捕猎获得的肉类又可以为高耗能的灰质细胞提供能量。

凭借着更强的脑力，原人们开始发明武器。现代的黑猩猩和倭黑猩猩懂得用木棍和石头捕猎或互相殴打，但是在 240 万年前，原人们就已经意识到，它们可以通过卵石的相互击打做出锋利的刃。一些痕迹表明，原人们使用这些石斧把动物的肉从骨头上剥离下来，不过，我们迄今还没有发现它们使用这种武器相互砍杀的证据。

通常来说，生物学家将超过 620 立方厘米的脑容量和制造工具的能力作为一个分水岭，达到这两项指标的猿类就会被视为"人属"（Homo，在拉丁文中意为"人"）。我们人类（Homo sapiens，即"智人"，在拉丁文中意为"聪明的人"）就属于这一属。在接下来的 50 万年中，早期智人的外观和行为变得越来越接近现代人类。大约在距今 180 万年前，在 1 000 多代"人"的一段岁月中（从演化的角度来看只是一眨眼的工夫），早期智人的成年个体平均身高突破了约 1.5 米。它们的骨头变得更轻，下巴向内收缩，鼻子则更加突出。两性差异，即雄性和雌性的体型差距减小到了今天人类的水平。原人从树上下来，完全在地上生活了。

生物学家们将这些新的动物称作"匠人"（Homo ergaster，在拉丁文中意为"工作的人"），以此体现它们制造工具和武器的技能。有些工具和武器十分精美，是用精挑细选的石头经过木质和骨质"锤子"精细加工后制成的。这样的劳动需要制作者拥有良好的协调能力和计划能力，自然，也就需要更大的脑（距今 170 万年前，它们的脑容量已经达到了约 870 立方厘米）。

匠人的头变得更大，却因此付出了一项特别的代价：它们的肠子变得更小了。早期的原人，其胸腔会在下端向外展开，就像今天的猿类一样，如此才能容纳体积巨大的肠子。而匠人的肋骨则更接近于今天人类的肋骨（图6.8）。这样一来，留给肠子的空间就变少了。这可给人类学家出了一个难题。猿类拥有体积巨大的肠子，因此它们可以消化赖以为生的多纤维植物。而更小的肠子意味着，匠人从这些食物中所能获取的能量会减少，而匠人更大的大脑却需要更多的能量。那么，这究竟是怎么回事呢？

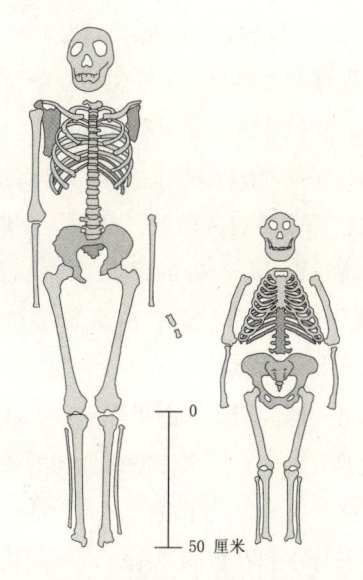

图6.8　美丽身段：图左是迄今发现的保存最完好的匠人骨骼（它被称作图尔卡纳男孩），属于一名死于150万年前的、大约10岁的男孩；图右是著名的露西，它是生活在320万年前的成年雌性阿法南方古猿

我们可以很确定地说，这个问题的答案是，匠人是最早可以随意生火的原人，并且懂得利用这项技能烹饪食物。经过烹饪的食物更容易消化，因此它们就不需要体积巨大的肠子、又大又平的牙齿和强有力的下颌。而这些都是之前的原人所必需的，否则它们无法咀嚼生的块茎、根和草。这些特征现在都消失了。

理查德·兰厄姆在他非凡的著作《生火》一书中指出，这可以算作人类暴力演化史中的转折点，就好比零食对于倭黑猩猩的意义。经过多年在雨林的观察，兰厄姆发现，每当一头黑猩猩抓到一只猴子，或是找到了特别好吃的面包果时，雄性黑猩猩就会从周围突然出现，并经常招致打斗。即便是性格温和的倭黑猩猩，在享用猴脑的时候也经常会被推推搡搡的乞食者打搅。兰厄姆认为，很难想象这两种动物要怎样才能烹饪，因为在这一过程中，食物早就被偷光了。这样一来，烹饪技能对这两个物种来说就得不偿失，因此也不会传播开来。兰厄姆指出，这说明，烹饪行为的流行必然伴随着另一项重大的变化：原人不再像黑猩猩和倭黑猩猩那样生活在一个个体数量众多、性关系混乱的群体中，而是开始一雌一雄成对生活。

当黑猩猩和倭黑猩猩外出觅食时，雌性和雄性都兼任着猎手和采集者的职务，因此它们是各自为政的。然而，在现代人类的狩猎-采集社会中，男性通常负责几乎全部的狩猎工作，而女性则负责几乎全部的采集工作，随后再把他们的各自所得拿出来，供彼此和子女分享。世界各地的人们行为方式略有差异，但几乎在每一个狩猎-采集社会之中，烹饪都是女性的职责，而男性则负责威胁乃至攻击胆敢窃取这对夫妇的食物的人。这样一来，偷窃食物的代价就提高了，从而改变了进化稳定策略。家庭取代了群落，成为社会的基础。人们演化出了复杂的有关资源分享和礼数的规则，以照顾长者、孤儿和其他失去了家庭照顾的人。

这些变化也给原人的性行为带来了革命性的改变。我们的祖先不再像猿类一样过着混乱的性生活，而改为成对生活。因此，男性传递基因的策略也发生了转变。他们不再争先恐后地拼命把自己的精子尽可能多地注入女性体内，而是开始学着去献殷勤和给予。对于匠人来说，重达113克的睾丸就像体积巨大的肠子一样成了昂贵的奢侈品。对于雄性匠人来说，它们仍然面临着来自勾引女性者和强奸者的精子竞争，因此它们的性腺不能像独享权势的雄性大猩猩那么小。不过，到了现代，人类的睾丸还是缩小到了只有约43克重。

除了失去了巨大的阴囊，雄性原人还失去了倭黑猩猩和黑猩猩阴茎上一个令人厌恶的特征：侧面的一个小刺。这个小刺用来把以往的精液残留从雌性的阴道内刮出去。鉴于倭黑猩猩和黑猩猩都长有这种刺，那么我们共同的祖先可能也有这种刺。原人不再生有这种刺，因为它们不再需要它。不过，原人长了体积巨大的阴茎。人类勃起后的阴茎平均长度约为 15 厘米，而黑猩猩和倭黑猩猩的只有 7 厘米多，大猩猩甚至只有 3 厘米。雌性原人则长出了巨大的乳房。比起其他猿类胸前的"小土丘"，雌性原人的乳房简直就是山峰。

鉴于这些解剖学上的特征，曾经在伦敦动物园担任过灵长类动物馆管理员的德斯蒙德·莫里斯在其名作《裸猿》一书中总结道，人类是"现存最性感的灵长类动物"[6]（这是五十多年前的论断，当时灵长类动物学家们尚未发现倭黑猩猩的狂野行为）。不过，动物学家却无法就为什么人类的乳房和阴茎长得如此之大达成共识。（贾雷德·戴蒙德曾说："20 世纪的科学竟然无法得出一个拿得出手的'阴茎长度理论'，真是令人发指的败笔。"[7]）不过，比较浅显的一种猜想是，既然人类不再通过搏斗获取配偶，而改用向异性献殷勤来赢得配偶，那么展示自己在性方面的健康程度就变得非常重要了——不论这种信号是传递给异性看的，还是传递给同性的竞争对手看的。那么，要达到这样的目的，还有什么比炫耀硕大无朋的生殖器官更好呢？

距今 130 万年前，也就是倭黑猩猩和黑猩猩开始分道扬镳的时期，原人已经演化得与其他猿类有了巨大的差异。不过，此时原人的暴力程度究竟如何，仍然存在争议，因为我们迄今所发现的化石骨骸远不能告诉我们到底有多少原人死于同类之手。目前，只有一具拥有 100 万年以上历史的遗骸上留有致命创伤的痕迹，而就连这个案例，我们也不能肯定地说死者一定死于蓄意的杀害。我们同时发现了比较多的距今 50 万年以内的骸骨，在这些骸骨上我们才发现了确切无疑的致命伤的痕迹。

不过，鉴于黑猩猩和现代人类搏斗方式的相似性，我们可以做一些比较合理的推断。在这两个物种之中，使用暴力的通常都是年轻的雄性，因为它们通常比雌性或年老的雄性更高大、更强健也更易怒。有句西方谚语说，如果你手里有个锤子，那么什么问题在你看来就都像是钉子。对于满身肌肉、睾酮水平很高的年轻的雄性黑猩猩和人类看来，很多问题看起来都可以靠武力解决。灵长类动物学家告诉我们，在黑猩猩的袭击活动中，有超过90%的袭击行为是由雄性完成的；警察则告诉我们，人类的统计数据与黑猩猩的非常相似。年轻的雄性（不论是人类还是黑猩猩）可以为任何事情打起来。排在前两名的理由是性和声誉，物质财富则落在第三位。如果这些年轻雄性成群行动，而且处于以众暴寡的态势，那么就很容易发生命案。

人类和黑猩猩是从祖猿身上继承的雄性团伙致命暴力行为吗？进化论者无法证明这一点，但这确实是最简单的一种结论。如果这种结论成立，我们也就可以总结说，大约从180万年前开始，匠人一雌一雄的固定配偶关系使得献殷勤取代战斗成了更好的求偶策略。但打斗在对付敌对的原人社群时，仍然保留了其价值。与之相反，倭黑猩猩从130万年前开始沿着截然不同的方向进行演化。这是因为，雌性的团结协作降低了雄性暴力的回报率。（一雌一雄的固定配偶关系或许是雌性原人间形成的倭黑猩猩式的团结协作规模变小的原因。）

随着考古学家发掘出更多的骨骼，细节会变得更清晰。不过，有一件事我们已经可以确定，那就是原人的新的进化稳定策略是非常成功的。人属动物一路前行、繁衍，做到了猿类从未做过的事情。在1 000个世纪之中，我们的祖先得以遍布非洲的大部分地区；又过了1 000个世纪，它们逐渐扩展自己的活动范围，最远已经达到了今英格兰和印度尼西亚（实际上，最早的带有暴力痕迹的骨骼来自爪哇）。它们来到了与东非稀树草原环境截然不同的区域，并且十分自然地产生了新的变异。现在，几乎每一年，都会有考古学家或是遗传学家宣布在亚洲或欧洲发现了又一种新的原人种类。

到了50万年前，这些原人中的一种（由于最早发现于德国海德堡，因此被命名为"海德堡人"）已经演化出了几乎与我们现代人同样大小的脑。在接下来的几十万年中，尼安德特人（同样以其位于德国的发现地命名）的脑体积已经超过现代人的，只不过更平滑，因此有些区域的开发程度不够。这两种原人或许已经能够通过语言进行交流，而且它们肯定已经找到了新的杀戮方式：它们使用树脂和从其他动物身上取下的肌腱把石制的矛头装在了木柄上。

考古学家发现了足够多的尼安德特人的骨骼，可以确信它们非常非常暴力。至少在两个头骨上发现了非致命伤痊愈后的痕迹。在尼安德特人遗迹的发掘现场，石制的矛头十分常见，头部和颈部的伤痕则更加常见。与尼安德特人的骨骼损伤情况最接近的是现代的牛仔竞技骑手。在十万年前尼安德特人的时代，可没有什么烈马需要它们驯服，因此，它们很可能是在打斗中受的伤。尼安德特人可能只会与猎物进行搏斗，但是尼安德特人的猎物有时也包括其他尼安德特人（很多证据表明，它们偶尔也吃同类）。因此，我们很难不去怀疑，这些脑体积很大的尼安德特人可能是所有大猿①中最为暴力的。它们聪明、拥有武器，而且异常强壮（两位著名的考古学家描述尼安德特人说，"它们结合了摔跤手的体型和马拉松选手的耐力"[8]）。到公元前100000年，尼安德特人的分布范围已经扩展到了从中亚到大西洋沿岸的广袤地区。

但接着就有了我们。

1.2 千克的魔法

在你脑袋里的，是一小块魔法。在自然界，没有什么能与这 1.2 千克在你的颅骨内跳动的水、脂肪、血液和蛋白质相比。它们吞噬着能量，产生电流。经过了四亿年的演化，这样的脑使我们区别于地球上的所有其他动物，并且彻底改变了武力在我们生活中的地位。

---

① 大猿，人科动物，包括猩猩属、黑猩猩属、大猩猩属和人属动物。——译者注

考古学家和遗传学家认为，这一自然的奇迹大约在距今 50 万~20 万年前的非洲某处完全达到了现代的水平。在这一时刻，在众生之树的原人枝干上长出了充满特殊活力的新的枝条。而发生这一切的原因或许是极端不稳定的气候不断地改变着生死博弈中的回报率。

这是一段疯狂的历程。20 万年前的气温要比今天冷得多（或许平均要低约 1.7 摄氏度），随后，在几经起伏之后，地球又进入了真正的冰期。距今 15 万年前，气温比今天要低约 8 摄氏度。厚度超过两千米的冰川遍布亚洲北部、欧洲和美洲，冻结了大量的水分，以至海平面比今天要低约 90 米。没人能生活在冰川之上，而在冰川边缘的广袤荒原上，寒风呼啸，沙暴肆虐，情况也好不到哪儿去。即便在靠近赤道的位置，夏天也十分短暂，水源也很缺乏，大气中较低的二氧化碳含量抑制了植物的生长。

就在那一时期，长得很像我们的人类出现在了地球上，他们有着长长的、半球形的头颅，扁平的面孔和小小的牙齿。发掘出的遗骸和 DNA 研究都证实了这一点。这意味着，现代人类约在距今 20 万~15 万年前的东非演化了出来。不过，这些发现中有一个奇怪的现象：尽管这些大猿开始削制石头工具、打猎、采集、战斗、繁衍，但是我们在它们的生活地点并没有发现与尼安德特人或是其他原人有显著区别的东西。这一点的原因还在激烈争论之中。不过，一直到世界变暖了几千年，随即又进入另一个冰期之后，这些长相类似我们的人类的行为方式才开始变得像我们。

大约在距今 10 万~7 万年前的考古现场，人们开始发现奇怪的东西了。这些人类开始装扮自己，这可是此前的原人们不会做的事情。他们收集蛋壳，花上许多个小时的时间把它们打磨成圆形，再使用尖尖的骨头在每个圆形蛋壳的中心钻孔，再把几百个这样的蛋壳串起来，做成项链。他们相互交换这些装饰物，有时被交换的装饰物会流传到几百千米之外的地方去。

原人们的行为方式越来越接近人类。他们会收集赭石（铁矿石的一种），用它们在洞穴的墙壁上画上粗犷的红色线条，很可能还会画在彼此的身上。在南非的布隆伯斯洞穴，有人甚至在7.5万年前在赭石上画下了简单的几何图形。这不仅是已知最早的艺术作品，而且是用来创作其他艺术作品的艺术作品。

人们灵活地使用他们的手指，开始制造小工具，比以往的工具都更轻便、更精巧。接着，他们开始把一些工具当作武器使用。目前已知的最古老的用骨头雕成的工具包括鱼钩；最早的石叶工具（考古学家这样称呼那些小工具）则包括箭头和标枪头。在非洲南部海岸洞穴中发现的鸟骨和鱼骨表明，人们可以用这些工具捕杀那些他们曾经鞭长莫及的猎物（尼安德特人的肩部和肘部关节的遗骸证明，尽管他们十分凶猛，但是他们投掷的能力并不强，更不要说射箭了）。

像尼安德特人一样，早期的智人偶尔也会吃掉同类。他们用石刃把肉从长骨上剥下来，再用石锤砸碎骨头，取食骨髓，而最美味的当数神奇的人脑。考古学家时不时发现的被砸碎的颅骨表明，人类很可能在自相残杀。但我们只有在距今三万年前的遗迹中才能找到决定性的证据。这次我们发现的并不是损坏的颅骨，而是智人在西班牙北部和法国南部的洞穴墙壁上留下的著名绘画。这些画都有着一种细腻的美感。"我们中没有人能够那样作画，"据说毕加索第一次看到这些画时曾这样说道，"阿尔塔米拉之后，一切尽颓。"[9] 不过，有些画则展示了阴暗的一面——它们毫无疑问地展示了人类用弓箭相互射击的场景。

考古学家在发掘距今10万~5万年前的遗址时，偶尔会发现看上去有着与众不同的现代气息的事物，比如珠宝或艺术品；而在历史短于五万年的遗址中，他们几乎每次都会发现这样的手工艺品。那时的人们在做一些以前从未做过的事情，并且找到了新的方式去做以前做过的事情，甚至为做每一件事情都发明了多种手段。从开普敦到开罗，历史久于五万年的遗址看起来都很相似，从中发现的东西基本相同，这些东西的用途也基本相同。而在历史短于五万年的遗址中发现的东西则大相径庭。到了公元前30000年，仅在尼罗河流域就发现了六种截然不同的石器制造的地方风格。

人类发明了文化。凭借巨大而敏捷的脑,人类不仅可以编织出用来交流复杂思维的符号网络(尼安德特人,甚至匠人也可以做到这点),并且还能将这些复杂思维保存下来。与地球上的其他动物不同,现代人类可以改变他们思考的方式,并且不断地积累他们的想法,由一个想法进而产生另一个想法,并跨越许多代人,将其传递下去。

我们脑的生物进化造就了文化,而文化本身也在进化之中。生物进化由基因突变推动,在几千年乃至几百万年的跨度中,效果最佳的突变会取代其他突变。而文化的进化速度要快得多。这是因为,与生物进化不同,文化进化是有方向性的。当人们面对问题时,他们脑中的灰质细胞就开始发挥作用,产生各种各样的想法。就像基因突变一样,大部分想法不会对这个世界造成什么改变,有些想法甚至有害。但旷日经年,最有效的想法还是会从其他想法之中脱颖而出。

比如,设想你是生活在三万年前尼罗河流域的一名年轻猎手。在前文中的死亡博弈里,我用鸽子代表那些永远不会进行战斗的动物,而用鹰代表那些总是进行战斗的动物。那么在这里,我将用绵羊代表那些随大流的人,而用山羊代表那些特立独行的人。我们的年轻猎手就是一名山羊,他确信自己懂的最多,并且想出了一种新的箭头设计。假设这种新的箭头有着更长的翼,因此可以比以往的箭头更好地扎在被射中的羚羊身上。但让这位年轻猎手感到惊讶的是,他的那些绵羊性格的伙伴不赞同他的想法,并且告诉他,既然他们的祖先不需要长翼的箭头,他们也不需要。

就像鸽派与鹰派游戏中选择战斗还是逃走一样,革新和保守的选择也都既有代价,又有好处。革新者需要付出代价:要学会制作新的箭头和有效地使用这种箭头需要花费时间(假设要减10分),而且,一个或许更严重的后果是,反对传统可能会导致他们在人群中的威望下降(减20分)。其他人也许不愿意与这么古怪的人合作狩猎。这样一来,尽管山羊发明家拥有更好的技术,但可能只能获得更少的肉食

（再减 10 分）。最后，他可能不得不放弃。

除非，他的所得能大于他的损失。如果他的箭头确实有助于捕获更多猎物，那么他就不仅可以因为获得了更多食物而增加自己的体重（假设加 20 分），还可以通过慷慨分享羚羊肉提高自己的威望（加 25 分）。这样的成功人士可能还会获得更多求偶的机会（再加 10 分）。如此一来，他最终获得了大量的盈利（最终分数为 15 分）。或许，他可以将他天才的山羊派的基因在这个小小的狩猎-采集群落中传播几代人。但文化变革的速度会远远快过这样的生物学变革，因为狩猎小组里的其他人只需要仿制他的箭头就可以了。此时，新箭头发明者的分数和受女性欢迎程度都会下降，但他获得的盈利或许不会很快下降回零点。因为随着每个人获得的食物都变得更多、更好（除非这项新技术太过有效，导致所有羚羊都被杀光了），新一轮连锁反应会就此开始……

就像鸽派与鹰派的游戏一样，这个游戏也很有趣。我们可以让事情朝各种方向发展，因为回报中的一点儿变化就可能对结果产生重大的改变。但就像之前的那个游戏一样，关键点在于，现实生活中的绵羊与山羊游戏也会不断地进行，每次都会产生不同的结果。如果发明家对抗传统的代价过大，那么这种新的箭头就不会流传下来。但如果这种新的箭头确实性能更加优秀，那么其他群落中的人们也会想出这种设计，并且很快在其他地方传播开来。此时，山羊派的群落可能就会在狩猎活动中胜过绵羊派的群落，迫使后者要么最终接受这种新箭头，要么改变自己的饮食习惯，要么与革新者作战——或者，在尚未发生囚笼效应的地方，他们可以搬到其他地方去。

这样的文化战争是人类独有的。尽管其他一些动物也能算是有文化（尤其是黑猩猩，每个黑猩猩社群做事的方式都与其邻居略有不同），但是它们的文化变革似乎都无法积累下去。文化给进化过程带来的变化很像 15 亿年前有性繁殖的崛起所带来的变化：有性繁殖加速了基因突变，文化则加速了革新。两种机制都极大增加了结果的多样性，使得细胞和人类可以进行更大规模的合作与竞争。

凭借足以进行文化进化的聪明大脑，现代人类征服了世界。仅仅在十万年前，一些智人走出了非洲。当时，文化还只是一朵脆弱的花。或许正是因为如此，这些早期移民最远也只到达了今以色列和阿拉伯。在那里，他们与尼安德特人生活在同一片土地上，不过这种邻居关系却未必友好：目前已知的最古老的矛刺造成的死亡事件（大约在十万年前），就发生在这些移民先驱身上。不过，在七万年前离开非洲的第二拨移民则已经有了完全的现代人类的行为方式，他们在这个星球上扩散的速度，是160万年前离开非洲的原人的50倍。

　　文化让这些新移民较之原人有了巨大的优势。例如，距今三万年前，现代人类来到了西伯利亚。那时的西伯利亚比今天更寒冷，但人类不需要像其他动物那样花上千年的时间演化出更多的毛发取暖。人类发明了骨针，并用肠子做线，缝制出合身的衣服。也许有些保守人士更青睐传统的、不怎么合身的兽皮，但经过了一个冬天之后，这些保守人士要么改了主意，要么已被冻死了。

　　这一过程不仅解释了为什么世界上的文化如此多样（地方环境的微小区别和随机产生的足够好的主意创造出了数不清的不同的进化稳定策略），也解释了为什么各种文化之间有那么多相似性（相互竞争的文化往往汇集到几个胜出的策略上）。文化不仅是人类适应新环境的最佳工具，同时也是改造环境的最有力的力量。文化如此彻底地改变了环境，以至世界上所有原人都灭绝了。

　　这一过程的细节让人不安。一方面，我们并没有确凿的证据能够证明我们的祖先主动消灭了原人，DNA分析还暗示两个种族之间或许曾经有过合作。在2010年完成排序的尼安德特人基因组显示，智人和尼安德特人经常进行交配，今天每一个亚洲人或欧洲人的后裔身上都有1%~4%的DNA来自尼安德特人祖先，而每个澳大利亚原住民和新几内亚人身上都有6%的基因来自丹尼索瓦人（一种于2010年3月才被发现的原人）。另一方面，我们无法知道这些混血有多少是由强奸造成的；或者说，当我们发现被击碎的尼安德特人颅骨时，我们也无法知道那只挥舞凶器的手究竟属于另一个尼安德特人，还是属于一个智人。不过，不论现代人类是否亲自消灭了这些竞争对手，我们很容易想象得到，我们的发明能力最终使得这些与我们食谱相同但智力较低的亲戚无法存活下去。

无论因果链条究竟是怎样构成的，至少这种让人沮丧的巧合是成立的：在现代人类四处扩散的同时，其他种类的人类就都逃走了。到2.5万年前，尼安德特人退到了直布罗陀和高加索山脉一些难以抵达的洞穴中，到2万年前，所有尼安德特人就都消失了。其他种类的原人在孤立的岛屿上存在到了公元前18000年。尽管今天的人们还声称看见过雪人，但所有可靠的证据都表明，从200个世纪前的上一个冰期最冷的时代开始，世界上的人类只剩下了我们这一种。

这还只是文化改变这个星球的第一步。在第二章中，我曾经探讨过在上一个冰期于约公元前9600年结束时，植物和动物（包括人类）是怎样疯狂繁衍的。对除人类之外的动物而言，这段好时光只持续了几代的时间，很快它们的数量就超过了食物总量能够供养的限度，饥饿因而再次降临。而在幸运纬度带的人类则得益于文化上的进化，他们开始驯化植物和动物以增加食物供给。

当我在第二章中探讨农业的肇始时，我将之称作人类历史的两三个伟大的转折点之一。其部分原因在于，新出现的密集的农业文明使得死亡博弈中的失败者更难逃走。这样一来，领地观念就变成了囚笼效应。不过，领地观念给了蚂蚁和猿类进行死斗的理由，而囚笼效应带给我们的影响要复杂得多。实际上，领地观念创造了一种新的进化稳定策略，也就是被我称为建设性战争的东西。囚笼效应使得那些一直进行杀戮直到其敌手失去了抵抗意志的人享有好处，但更大的好处则属于那些接受手下败将臣服而非将他们屠戮殆尽的人。文化进化让杀手变成了征服者，统治更大、更安全、更富裕社会。

黑猩猩有时候也会将被击败的敌人纳入它们自身的社群之中，就像1977年贡贝战争结束时，卡萨凯拉社群黑猩猩接纳了卡哈马社群

355

残存的雌性黑猩猩那样。但黑猩猩没有足够的脑力积累文化进化。猿猴从来不会建立起城市，蚂蚁也从来不会建立起帝国，因为增长得过大的种群总是会分崩离析，就仿佛地球早期海洋中的"碳小滴"一样。实际上，这也是卡萨凯拉社群黑猩猩和卡哈马社群黑猩猩最初出现的原因。1960年，当珍妮·古道尔在贡贝建立起她的研究站时，黑猩猩只有一个社群。但到了20世纪70年代初，这个社群逐渐壮大，随后就分裂成了两个社群。

与之相对比，人类无须进化成另外一种动物，也能让自己适应更大、更复杂的社群生活。在后冰期的幸运纬度带上，随着这个陷入囚笼效应的世界中的竞争越来越激烈，更大的社群通常能够胜过那些小的社群。但要想维系大的社群，领导者们必须建立起内部合作关系，使得整个社群能够更好地与外来者竞争。

由此，利维坦成了人类进化稳定策略的一部分。又一次，我们能从黑猩猩身上看到人类行为的影子。当黑猩猩生活在雄性头领地位稳固的社群中时，它们发生打斗的次数要比它们生活在秩序未定的社群中时更少。人类的领导者会为了自身的利益变成坐寇，而地位稳固的黑猩猩雄性头领有时会惊人地公正，甚至对弱者展示出无私的精神。最极端的例子可能就是弗雷迪。弗雷迪生活在西非塔伊森林之中，是地位非常稳固的雄性黑猩猩头领。在大受欢迎的迪士尼自然纪录片《黑猩猩》中，弗雷迪哺育、照料了名叫奥斯卡的黑猩猩孤儿。弗雷迪花在奥斯卡身上的时间，本可以用来与其他成年雄性一起巡逻边境。不过，影片结尾是皆大欢喜的，弗雷迪的社群抵挡住了邻近的一个社群的进攻。而那个社群的头领（邪恶的"刀疤"）则无力弥合它和它的手下之间愈发明显的裂痕★。

★ 我之所以说这是影片结尾，是因为理查德·兰厄姆告诉我说，尽管弗雷迪、"刀疤"和它们迥异的行为方式都是真实的，这两头黑猩猩实际上生活在非洲的两端——弗雷迪生活在科特迪瓦，而"刀疤"生活在乌干达。影片的制作者做了一些艺术加工，把这两个独立的故事拼接到了一起。不过，这种对真实事件的改编并没有影响这个故事所要传达的寓意。

像很多伟大的领导者一样（或许最著名的要数亚伯拉罕·林肯），弗雷迪示范了合作的意义，而合作或许能有助于团队内部的团结协作。不过，弗雷迪不可能开创一个可以稳步降低塔伊森林致命暴力发生率的王朝。要想做到这一点，弗雷迪和它的社群必须在生物角度上演化成另外一种动物，这种动物要能够像人类一样实现文化上的进化。雄性黑猩猩首领无法在其前任们的基础上重组社群，它们也无法推动军事上的革命。这些事情只有我们人类能做到。

如我们在本书第一章至第五章中看到的那样，这些事情就是我们人类在过去一万年中所做的事情。我们创造出了更大的社会，这样的社会可以持续地完成军事革命。防御工事、金属武器和铠甲、军事纪律、双轮战车、大规模的装甲步兵、骑兵、火器、战舰、坦克、飞机、核武器，这个名单永无止境，每一次进步都让我们可以发动更加激烈的战争。而为了在这样的冲突中取胜，更大的社会也找到了让其成员能够更好地进行协作的方式，从而将统治者变成坐寇，并最终实现内部的和平与繁荣。靠着这种独特而充满矛盾性的方式，战争让这个世界变得更加安全、更加富足。

和平主义者困境

《人性中的善良天使》一书可能是继埃利亚斯的《文明的进程》之后关于人类暴力在现代下降趋势的最好的一本书。在这本书中，斯蒂芬·平克用一个被他称作"和平主义者困境"[10]的博弈游戏说明他的观点：欧洲和北美从 1500 年开始变得愈发和平。这个游戏的基本模式与本章叙述过的"鹰派和鸽派"与"山羊和绵羊"的模式很相像。平克假设，每当有某种争端需要解决时，选择合作的各方都能获得 5 分，攻击毫无戒心的对手从而达到自己的目的可以得到 10 分，而遭遇这样的攻击将被扣除不成比例的 100 分（如果你曾经被抢劫过的话，就会知道这样的设计是合理的）。我们可以预见，由于担心损失 100 分，每个人都会变得好战，尽管在这个规则中，双方都发动攻击的结果是各损失 50 分（双方都遭受损失，但都不能达到自己的目的）。每个人都愿意通过合作得到 5 分，但为了避免因遭遇突袭而损失 100 分，他们只好退而求其次，冒着失去 50 分的风险发动袭击。

然而，在过去的几个世纪中，战争的发生频率在下降，通过合作得到 5 分正逐渐成为这个世界的主流。平克指出，死亡博弈的逻辑意味着，对这种现象唯一可能的解释是各种行为的回报率随着时间的推移而发生了变化。在和平带来的回报和战争造成的损失这两者之中，至少有一个（或是两者）提高了，从而令使用暴力得到良好回报的情形减少。作为应对，我们开始逐渐减少暴力的使用。

对于今天的中年人来说，我们曾经亲历的变化就非常明显。几年之前，我曾在西西里指导一次考古发掘。在一次晚餐中，我们聊起了打斗的话题。参与发掘的其中一个学生是个高大魁梧的 20 岁出头的小伙子。他说，他无法想象打别人是种什么感觉。我开始以为他是在开玩笑。但随后我发现，在座的人中几乎没有哪个曾经在盛怒之下动过别人一个指头。有那么一会儿，我感觉自己仿佛走进了惊悚悬疑电视剧《阴阳魔界》的剧情中。我从来都不是一个狂野的孩子，但在 20 世纪 70 年代的高中，你总要偶尔打上一架的。诚然，这些来自斯坦福大学的学生可能在暴力的光谱中接近"非暴力"的那一极［心理学家把这样的人称作"怪人"（WEIRD），即西方人（Western）、受过教育的（Educated）、工业化的（Industrialized）、富有的（Rich）和民主的（Democratic）[11]］。但他们同样体现出了一种更广泛的趋势：我们生活在一个更友善、更温文尔雅的时代。

平克认为，有五个因素改变了暴力的回报，从而使得暴力的吸引力下降。首先，是我们的老朋友——利维坦。政府转变成了坐寇，会惩罚那些喜欢使用暴力的人。在平克的"和平主义者困境"的游戏中，即便加上小小 15 分的暴力惩罚，在一场搏斗中获胜所能取得的分数也会从 10 分变成 –5 分，从而使之低于和平带来的平均分（5 分）。

很快，这就会使得利维坦的子民们化干戈为玉帛。

不过，平克认为，政府仅仅是第一步。商业也让和平的回报提高了。平克发现，如果规定贸易可以将两个选择合作而非打斗的玩家的收益提高 100 分★，那么他们得到的总分将达到 105 分，而这一分数远远高于赢得战争能取得的 10 分（而且如果打输了，则要损失 50 分）。

平克认为，接下来的一个因素是女性化。在每一个有文字记载的人类社会中，男性几乎完成了所有的暴力犯罪和战争行为。在历史上，男性和男性的价值观一直居于统治地位。然而，在近几个世纪中，女性开始获得越来越多的权利，这一趋势从欧洲和北美开始，并且向世界各地传播。人类还没有像倭黑猩猩那样，女性可以完全制约好斗的男性。但在平克看来，女权主义减少了暴力所能带来的收益，因为大男子主义越来越不像是一件光彩的事情，而是看起来很荒谬。平克推测，成功的暴力行为的 80% 的收益都是心理上的。因此，随着女性主义价值观重要性的上升，暴力胜利带来的收益就会从 10 分减少到 2 分。这样的得分就比双方均保持和平所能得到的 5 分低了很多，从而很快让和平主义变成一种新的进化稳定策略。

这还不算完。平克接着写道，从 18 世纪的启蒙运动开始，同理心开始变得越发重要。"我能感受到你的痛苦"，这样的感受不再是一种新时代的空话。将其他人类成员视为同胞，这一观念不仅可以提高帮助别人带来的心理收获，也会增加伤害他人带来的心理负担。如果和平合作能给双方各带来 5 分的愉悦，那么和平合作给每一方带来的收益就将增加到 10 分；与此相反，给其他人带来痛苦之后，人们产生的内疚心理也会减少使用暴力的收益，使其减少到 10 分以下。因此，和平、爱与理解将获得胜利。

最后，平克认为，科学和理性也会改变收益。自从 17 世纪的科

★ 考虑到大部分历史时期的贸易规模，100 分可能有些过于乐观了。不过，鉴于这个游戏中的数字都是编造出来的，对此争论不休似乎也没有意义。

学革命以来，我们学会了客观地看待这个世界。我们知道了宇宙是怎样起源的，地球围绕太阳转动，以及生命是如何进化的。我们发现了希格斯玻色子，甚至发明了博弈论。在我们明白合作比使用暴力更理智之后，合作所带来的心理上的收益就会提高，而使用暴力所带来的心理收益则会降低。

平克的观点很难反驳，但我想我们还可以更进一步。在本书的前言部分，我曾说长期的全球历史是我们理解这个世界最有力的工具之一。现在，我要说，由于平克的关注点局限在了近500年的西欧和北美洲，因此他实际上只看到了整个图景的一部分。如果我们能观察过去十万年中的整个地球，就会发现情况既比平克认为的更复杂，同时又更简单。

让情况变得更复杂的是，在过去的500年中，欧美的暴力水平时有起伏。在本书的第一章和第二章中，我们看到暴力死亡率在古代帝国/帝制国家的时代也曾经下降过。在公元前第一个千年的末尾，暴力死亡率下降到了距那时一万年前水平的1/4。公元200—1400年，在人口聚居的亚欧大陆幸运纬度带，暴力死亡率再次攀升（见第三章），随之而来的是第二次大和平化时期——也就是平克所关注的这次（第四章和第五章）。早在公元1900年之前很久，暴力死亡的风险就已经下降到了比古代帝国/帝制国家时期更低的水平，并且一直持续下降（图6.9）。

而让情况变得更简单的是，如果我们对比古代和现代两个暴力水平下降的时期，并拿它们与其间暴力水平上升的时期相比较，就可以发现，我们并不需要五个因素解释为什么暴力水平会下降。我们只需要一个因素。这本书读到这里，我相信你已经不会对我的答案感到惊讶：这个答案就是建设性战争。

平克认识到："一个垄断了暴力使用权，并以此来防止其子民相互危害的国家，或许是减少暴力行为最长效的选择。"[12] 不过，在我看来，事情要更简单。在过去的一万年中，建设性战争一直都是减少

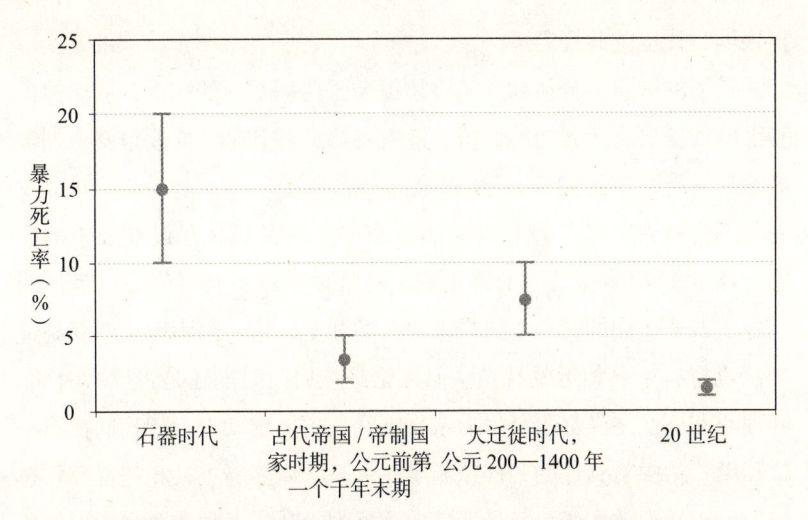

图 6.9　大图景：从公元前 10000—公元 2000 年的暴力死亡率

暴力的主要推动力，它创造出由利维坦统治的更大的社会，而利维坦为了在与其他利维坦的竞争中存活下来，就必须转变为专心惩处"非法"暴力的坐寇。平克提出来的另外四个因素——商业、女性化、同理心和理性都只是建设性战争带来和平后的产物，它们本身并非暴力减少的原因。

在商业方面，我们可以看得最清楚。在古代帝国/帝制国家时期和公元 1500 年以后的时期，"看不见的手"提高了商业合作带来的收益。但这只是因为"看不见的拳"提高了使用暴力的成本。无论是罗马帝国、汉朝、孔雀王朝还是近代的欧洲帝国，"看不见的拳"总是比"看不见的手"先行一步。在公元 200 年前后，亚欧大陆上的"看不见的拳"失败了，草原上的游牧民族从而横扫了古代帝国/帝制国家，而"看不见的手"也就随之失去了作用。只有在欧洲人的舰炮征服了海洋之后，全球贸易才取得腾飞，并在 19 世纪"世界警察"的时代达到了令人目眩的高度。到 20 世纪初，当"世界警察"的地位开始动摇时，贸易也就开始萎缩，暴力活动则增加了。我们随后将在第七章中看到，在新的"世界警察"于 1989 年确立之后，新的商业扩张的时代也就此开启了。

长期的图景十分清晰。利维坦提高了使用暴力的成本，从而使得和平的回报要大于暴力的回报。随着局势愈加和平，商业也就愈加容易蓬勃发展，进而提高了合作所能取得的收益。

不论在古代还是现代，同理心和理性主义都是建设性战争的产物。18世纪启蒙运动中的绅士们，经常援引古罗马时代的文献证明世界上普遍认同的同理心将带来永久的和平，这是因为曾经的罗马绅士们也持有十分相近的观点。但无论是在启蒙时期还是古罗马时期，同理心和理性主义都不是暴力水平下降的主要推动力。如我们在第一章和第二章中看到过的一样，儒学、佛教、斯多葛主义和基督教思想中的反对暴力的主张，都是在缔造了汉朝、孔雀王朝和罗马帝国的征服战争超过其高峰时才俘获了大量的拥趸。与之相类似，18世纪和19世纪欧洲充满同理心和理性主义的时代也发生在500年战争最可怕的阶段结束之后。这些思想层面的运动本身并不能缔造和平，而只能用来解释利维坦所打造的更安全的世界，并为之正名。我们在第三章中曾看到，当利维坦于公元第一个千年中崩塌、暴力水平重新攀升时，并没有任何哲学体系能够阻挡这种潮流。

女性化更是暴力水平下降的产物，而非其成因，这一点再清楚不过。当古代帝国/帝制国家的暴力水平下降时，几乎看不到任何女性赋权的痕迹；即便到了现代，也直到19世纪，甚至20世纪才能看到女性权利运动的身影，因为在这一时期，利维坦已经将暴力死亡率降低到了前所未有的程度。也许，只有当社会的和平程度达到一定水平时（暴力死亡率低于2%），女性才能拥有足够的权力抵挡男性的侵犯。在公元1750—1800年以前，人类社会从未使其暴力死亡率长期低于这一水平。然而，一旦达到了这一水平，我们就开始在欧洲和欧洲人的一些移民殖民地中看到女性化的迹象。

假设维持平克设定的分数不变（合作双方各得5分，打赢战斗得10分，打输丢100分，双方均选择战斗则各丢50分），我们再来看看这个游戏会有怎样的结果。在利维坦对攻击者施以扣除15分的惩罚之后，合作就变成了最有利可图的选择。因此，建设性战争降低了暴力水平。与此同时，平克提出的其他四种因素也开始作为乘数发挥作用。首先，和平促进了商业发展（公元前200年时的几个古代帝国/帝制国家和1700年时的欧洲都见证了这一现象）。即便商业奖励分数也低于平克所给的100分，商业的发展依然能够显著改变局势。即便我们只给10分的商业奖励分数，那么和平的商人社会也能获得15分的回报，而次佳的选择只会带来–5分（打赢一场战斗，然后被利维坦惩罚）。平克并没有给理性赋分，不过为了和平主义者的同理心给了他们5分。如果我们让理性和同理心分享这5分，那么维持和平所能得到的收益就会增加到20分。当暴力水平像1800年的欧洲一样降得非常低时，女性化运动就会兴起，从而让暴力的吸引力下降。

这一整套过程都依赖于利维坦的实力。利维坦不仅要有足以惩罚其子民的能力，也要有保护他们的能力。这是因为，利维坦与其子民进行的这场死亡博弈，同时也是利维坦与其邻近的利维坦一起进行的一场死亡博弈的一部分。如果一个利维坦总是能赢得建设性战争，每次都获得10分，那么它最终就可以支配它的邻国，吞并以前的对手。此时，这个利维坦就会变成类似罗马帝国的存在，贸易、同理心和其他种种都会在其内部——这个更加广阔的空间中蓬勃发展。假以时日，或许它将最终变成一个"世界警察"。

当然，现实世界要比"和平主义者困境"这种简单化了的游戏复杂混乱得多。我们在第五章中看到，在19世纪晚期，"世界警察"陷入一个始料未及的反馈环："世界警察"成功地让一个全球体系保持运转，从而使得所有国家都变得更富裕，而这将刺激新的工业革命，进而创造出竞争者，而后者足以削弱"世界警察"惩戒不轨行为的能力。到1914年，有好几个游戏参与者都认为，使用暴力所能带来的收益已经再次超过了进行和平合作的收益，从而招致了灾难性的后果。接着，情况变得更糟了。在20世纪30年代，和平主义者困境的游戏突然变成了一场鹰派与鸽派的博弈。大部分欧洲国家都被一战的血腥吓坏了,它们坚持不计一切代价维持和平的做法,为希特勒转向鹰派留下了空间。希特勒在1940年几乎赢得了这场博弈,随后在1941年和1942年又有过两次机会。到那以后,英国人、苏联人和美国人才终于意识到这个游戏应该怎样玩。自然,事已至此,这个游戏的逻辑使其只能有一条出路:1945年,同盟国在希特勒自己的暴力游戏中击败了他。欧洲和东亚的大部分地区化为了废墟,大约有一亿人丧生,美国还拥有了原子弹。

回报率完全变了,因为核武器开始把对使用暴力的惩罚分数增加到了无穷大。按照这个博弈游戏的冷酷规则,即便没有了能够独自施加惩罚的"世界警察",使用暴力者要想取得正回报,也只能非常谨小慎微地使用暴力——通过发动叛乱、政变和有限战争,总之不能让其武力引发暴力反击。如果两个超级大国中的某一个做了一件威胁到对方生存的事情,双方就都会输掉游戏。因此,逻辑就要求消除暴力,而苏联人和美国人也确实在几十年中设法避免了战争。但就像罗纳德·里根指出的那样,问题在于,世界上有两个拥有核武器的"半球警察",就好像"一家酒吧里,两个西部牛仔都拿着枪指着对方的脑袋——而且这个形势将永久地持续下去"[13]。一切都还好,只要这两个人中不要有哪一个心情特别不好。

超越彼得罗夫

博弈论在风景如画的加利福尼亚州圣莫尼卡取得了重大突破。20世纪50年代初,美国政府意识到死亡博弈进入了令人警惕的阶段,因此委托兰德公司客观而科学地找出避免毁掉整个世界的方法。兰德公司从常青藤盟校挖来一个又一个优秀的数学家,让他们计算这场博弈中每一个可能的举动所能带来的影响。

这些黑板前的战士是一群古怪的天才。如今知名度最高的要数约翰·纳什，畅销书和电影《美丽心灵》的主人公。纳什证明了，在能取得某种回报的情况下，相互仇视的敌手也能共同朝着一个双方均感满意的平衡点（数学家称之为"纳什均衡"）努力，而无须诉诸武力。这说明，只要博弈双方保持坚毅和理性，那么核威慑确实能发挥作用。不过，纳什本人的判断能力并没有让人们能对此产生信心。他开始出现幻听，并且因为在男洗手间的不雅暴露行为而被捕，因而没能通过安全筛查。后来，他又罹患了精神分裂症。

幸运的是，那些在核战争与和平之间做抉择的人虽然不及纳什聪明，但是比他更有理智。但由于没有"世界警察"，世界上未知的未知因素越来越多，就连艾森豪威尔这样坚毅的人也很快开始失眠了。他靠喝牛奶缓解溃疡症状，最终因为心脏疾病进了医院。一点点的计算失误或是意外事件都意味着世界末日。在理论上（黑板上一遍一遍进行的博弈），核威慑是完全有效的；而在现实中，世界的命运却要仰仗于彼得罗夫这样的人的瞬间判断。核威慑缺乏稳定性，而缺乏稳定性，也就谈不上什么进化稳定策略。

纵观历史，死亡博弈唯一稳定的解决方案就是有一方赢得这场博弈。这就意味着，要想终结彼得罗夫式的生死抉择，就必须由一个"半球警察"击败另一个"半球警察"。冷战中的军备竞赛、代理人战争、间谍活动和政变都是试图改变博弈局势的尝试，这些或缓或急的权力平衡的改变可能会让对方屈服（或是阻止对方让本方屈服）。在 20 世纪 80 年代初期，许多苏联战略家开始担心精确打击武器可能会终结苏联（实际上，"军事革命"这个字眼就是苏联分析家发明出来形容这种新技术的）。他们是对的，苏联会被终结，只不过并非通过这种方式。

美国的计算机化战争改变了欧洲的军事均势，苏联不得不开始寻找在不动用核武器的前提下进行战争的方式。不过，我们在事后来看，"星球大战"计划、"突击破坏者"方案以及其他新型武器的真正意义在于，针对它们的防范方案非常复杂而昂贵。苏联经济可以大量地生产坦克、卡拉什尼科夫冲锋枪、核弹头乃至洲际导弹,但不足以产出或是购买将在 20 世纪 90 年代战场上居统治地位的计算机化和智能化军事装备。

对苏联来说,这次战争成本的飞跃来得实在太不是时候。20 世纪 70 年代,中东地区的战争和革命造成油价飞涨,促进了苏联的石油出口,苏联的成功大部分要归功于此。然而,在 1980—1986 年,每桶石油的价格下滑了近 80%,使得苏联大部分可支配收入化为乌有。让克里姆林宫雪上加霜的是,在 1975—1985 年,美国工人的生产能力增强了 27%,西欧工人的生产能力增强了 23%,而苏联公民的产出仅仅增加了 9%,而东欧更是只增长了 1%。苏联的农业效率低下,其生产能力几乎停滞不前。结果,谷物进口量(尤其是从美国和加拿大的进口)增加了不止一倍,而这部分款项大多数要从美国盟国的银行中借来。债务危机一个接着一个。

克劳塞维茨曾有一句名言:"武力是战争的手段,用来将我们的意愿强加于敌人之上。"[14] 因此,克劳塞维茨认为,如果杀死敌人是打消其抵抗意志的最佳手段,那么就要果断地痛下杀手;如果杀戮不是最佳手段,那么就不应当在这上面浪费时间。美国在 20 世纪 40 年代末才采取的遏制战略的精髓就在于它体现了这一思想。大多数时候,美国的决策者都拒不接受鸽派的主张,即两个"半球警察"可以无限期地共存下去;大多数时候,美国的决策者也不会接受鹰派的主张,即只要美国更猛烈地发动代理人战争,就可以赢得最终的胜利。美国的决策者选择了一条依靠美国实力的中间道路。

美国继承了英国的衣钵,成为强大的外新月地带国家,并且同时继承了英国自由的利维坦的角色,倡导自由市场、自由选举和自由言论。美国的战略家们意识到,要想发挥自由的力量,就要发动自由的战争,将自由作为一种武器瓦解苏联人的抵抗意志。只有当"看不见的拳"为"看不见的手"做后盾时,美国才能发动这样一场战争。因此,尽管让人十分不快,美国不得不继续制造氢弹,发动代理人战争，并且与一些独裁者打得火热。但在这一过程中，美国的领导者必须记住，核武器、战争和野蛮本身不会带来胜利，能够为美国带来胜利的只有苏联的人民——他们在商店外排起长队，因为汽车发动不起来而高声咒骂，或是在黑市上购买布鲁斯·斯普林斯汀的唱片。渐渐地，"看不见的手"就挤干了苏联的意志。

美国的计划几乎算不上是什么秘密。早在1951年，美国社会学家大卫·理斯曼就在其短篇故事《尼龙战争》中半嘲讽半赞扬了这种计划。在这个故事中，五角大楼的高官们试图说服白宫进行自由的战争。他们说："如果让苏联人能看到美国的富足，他们就不会再忍受那些只能给他们坦克和间谍，却给不了他们真空吸尘器的主子了。"[15]总统同意了这个方案。于是，美国空军开始在苏联的上空投放大量的长袜和香烟。苏联随即解体。

当然，现实情况远没有这么简单。不过，渐渐地，斯大林和他的继任者们也开始意识到长袜的重要性。就在理斯曼的故事出版一年之后，苏联总理告诉中国的外交部长（据说是用开玩笑的口吻说）："美国人的主要军备……就是尼龙制品、香烟和其他商品……不，美国人不知道怎么打仗。"[16]然而，在20世纪50年代结束之前，苏联人就已经意识到，要想打赢这场尼龙战争，苏联人唯一能做的就是在意识形态上进行反击，驳斥美国人的主张，并且突出资本主义的不公平。由于核武器的出现意味着真刀真枪的战争，这无异于自杀，苏联人从未认真考虑过靠进攻经济繁荣的邻国、夺取富裕的省份或商路以解决经济衰落问题——在历史上，这些做法被成百上千的统治者采用过。与此相反，苏联的领导人咬牙坚持着这场拼消耗的自由战争，而苏联最终在这场战争中分崩离析。

苏共中央政治局之所以坐视这种情况发生，并非由于官僚们都被美国的反战歌曲所打动，而是因为他们很清楚，暴力并不能解决他们面临的问题。入侵联邦德国或是韩国，都无助于让苏联变得像美国一样富有而高产，而只会招致末日决战。在这30年中，苏联人一直拼

367

命地遮掩国家的裂痕，试图让苏联人民（甚至一些外人）相信苏联正在蓬勃发展。然而，到了 20 世纪 80 年代，连这种粉饰太平的做法都不再奏效了。

到这个时候，对于大多数西欧人来说，20 世纪 40 年代时的鸡蛋配额和其他的屈辱都已经成了遥远的回忆，而东欧人却常常真切地觉得这些不幸即将重演。"要想弄到点儿洗衣粉这样的基本生活必需品都十分艰难，"一位波兰护士回忆道，"根本没有洗发水，我只能用蛋黄来洗头……如果我们不知道其他国家的人们是怎样生活的，也许情况会不太一样。但我们很清楚别的国家的人过着怎样的日子。"[17] 如果此时还有什么人坚信苏联集团不会输掉这场经济战的话，那么 1986 年发生的切尔诺贝利核电站事故就彻底让他们绝望了。在这场惨剧中，乌克兰陷入了核辐射之中，而苏联政权的无能和虚伪暴露无遗，再也无法遮掩。

"我们不能再这样下去了。"[18] 1985 年，米哈伊尔·戈尔巴乔夫对他的夫人坦承道。几个小时之后，他就被任命为苏共总书记。非常时期需要非常办法。戈尔巴乔夫意识到，苏联的抵抗意志正在流失，因此他决定孤注一掷。他希望通过推动改革和开放重振经济；与此同时，还要不计一切代价地避免使用暴力，因为暴力只会带来糟糕的结果。

许多美国人认为，戈尔巴乔夫的政策是这场死亡博弈中的一记妙招（妙到这些美国人都弄不清楚苏联人到底要干什么）。"我当时很怀疑戈尔巴乔夫的动机，"时任美国国家安全顾问布伦特·斯考克罗夫特后来坦白道，"我担心戈尔巴乔夫会说服我们裁军，而苏联人的军事结构并不会因此发生什么重大变化。也许十年之后，我们就会因此而面临前所未有的重大军事威胁。"[19]

有一些时候，斯考克罗夫特的判断看上去是正确的。1986 年 10 月，里根和戈尔巴乔夫在雷克雅未克坐了下来，真的开始探讨禁止核武器的话题。此举让美国的防务专家们陷入了恐慌。苏联人或许害怕北约的新型高科技武器,但美国人知道那些神奇的武器没几个真正投入使用。因此,美国人也非常担心,因为一旦失去了核威慑的保护,美国在欧洲的常规军事力量就将面临规模更大的苏联大军的威胁。然而,戈尔巴乔夫并没有想要什么花招。渐渐地,人们意识到,戈尔巴乔夫是真的希望在不动用武力的前提下进行这场游戏。没有人知道该怎么做。

"我们(在 1989 年 1 月)上台的时候,是否知道即将发生什么呢?"后来,老布什总统在被问到这一话题时坦白说,"不,我们不知道。"[20] 即便老布什通过某种方式预见到了 1989 年会发生什么,并且在他的就职演说中宣称苏联将在他的任期之内垮台、俄罗斯的疆域将退回 1918 年时的水平的话,所有人都认为这位彻头彻尾的现实主义者、中央情报局前局长发疯了。在过去的四十多年时间里,美国一直在盘算、谋划甚至下杀手,一切都是为了动摇苏联人的意志。然而,当大结局真的上演时,所有人都始料未及。

在老布什就任总统的几个月后,匈牙利的一个官方委员会宣布,1956 年该国针对苏联的暴乱,是"为了对抗羞辱了整个国家的寡头权力体制而进行的人民起义"[21]。在斯大林的时代,这样一份报告等同于集体遗言。即便是在赫鲁晓夫或是勃列日涅夫的时代,此举也会招致严重的后果。然而,戈尔巴乔夫不仅没有枪毙任何人,他甚至默认了这份宣言。

1989 年 6 月,受到鼓舞的匈牙利人公开为受苏联人干涉后被处决的前总理纳吉·伊姆雷举行了国葬。20 万人参加了国葬,苏联却没有任何反应。匈牙利总理未请示任何国家,直接宣布,由于预算紧张,他没有办法翻修匈牙利和奥地利边界的铁丝网;而且,鉴于旧的铁丝网违反了健康与安全方面的规定,它们必须被清理掉。这样一来,"铁幕"上就将出现一道几百千米长的缺口。民主德国的共产党人惊慌失措,要求克里姆林宫出面干预,却只得到了这样的回答:"我们无能为力。"[22]

戈尔巴乔夫认为,任何程度的退让,都比因为使用暴力而导致整个苏维埃体系崩溃更好。并非所有人都同意戈尔巴乔夫的观点。1989年12月,蛮横的罗马尼亚独裁者尼古拉·齐奥塞斯库命令军队向示威者开枪。整个罗马尼亚群起反对他的统治,而苏联人依然一言不发。在圣诞节的那天,轮到人们向齐奥塞斯库及其妻子开枪了。

同样步履维艰的民主德国共产党人走向了另一条道路:开放了柏林墙。民主德国人涌向了西方,联邦德国人也来到了东方。形形色色的人们在柏林墙上起舞,或是拿锤子开始拆毁柏林墙。仍然没有什么事发生。"德国人走过边界,去见另一边的德国人,你怎么可能朝他们开枪呢?"戈尔巴乔夫在第二天说道,"这样的政策必须改变。"[23]

罗马尼亚发生的事情或许说明戈尔巴乔夫是正确的。然而,到了1989年夏,苏联人几乎没有挽回的余地了。改变某一项政策的结果,就是人们又开始施加无法抵御的压力,要求更改下一项政策。在柏林墙倒塌后不到三个月,民主德国总理告诉戈尔巴乔夫,两个德国想要合并为一个德国。戈尔巴乔夫回答说,除非统一后的德国实行非军事化、奉行中立,否则他不能同意。美国人收到了一份提议,但老布什总统拒绝撤出身在联邦德国的25万美国人。不过,戈尔巴乔夫还是从民主德国撤出了30万苏联军队,而新生的、再度统一的德国则加入了北约。

我们从事后看来,在德国人、波兰人、匈牙利人、捷克人、斯洛伐克人、罗马尼亚人和保加利亚人都脱离了苏联阵营之后,自然也就不用奇怪爱沙尼亚人、立陶宛人、拉脱维亚人、白俄罗斯人、乌克兰人、亚美尼亚人、格鲁吉亚人、阿塞拜疆人、车臣人、哈萨克人、乌兹别克人、土库曼人、吉尔吉斯人、塔吉克人和蒙古人会效法。不过,有一些现象即便在今天看来仍然不同凡响:俄罗斯人也决心抛弃这个帝国,并且宣布退出苏维埃体系。1991年圣诞节,戈尔巴乔夫正式签署命令,苏联解体。

戈尔巴乔夫在这场博弈中拒绝使用暴力,结果没有得到良好的回报。然而,唯一的替代方案——使用暴力压制东欧国家,抵制美国人推翻苏联的举动只会带来更加糟糕的结果。苏联被打败了，被毫不客气地赶出了内新月地带，甚至丢掉了心脏地带的一大部分。但至少在这一切发生的过程中，人们几乎没有使用暴力。1983年，当彼得罗夫做出生死抉择时，有5亿人命悬一线；而当冷战终于走到尽头时，却只有不到300人丧生。

美国赢得了建设性战争史上最重大和最出乎意料的一场胜利（图6.10）。世界上有了一位新的"世界警察"。

图6.10 值得欢笑：米哈伊尔·戈尔巴乔夫和罗纳德·里根终结了"铁幕"和冷战，10亿人免于死亡，活到了新的一天

资料来源：Copyright © Corbis

第七章

地球最后的、最好的希望

美利坚帝国（1989年—？）

从这儿到不了那儿

2012年11月26日星期一，这是奇迹般的一天。在这一整天中（实际上，是从星期日晚上10点半到星期二上午10点20分），纽约没有任何一个人被用枪、用刀或是任何一种方式杀死。自从人们开始在1994年（当时的纽约平均每天会有14人被杀）进行综合数据统计以来，这还是第一次出现这样的情况。如果我们继续向上追溯，会发现上一个没有发生任何暴力死亡的日子出现在五十多年之前，但当时的案件记录并不精确，纽约的人口也比现在少50万。总的来说，在2012年，每两万个纽约人中只有一个死于暴力，这很可能是历史最低水平。

当然，美国不只有纽约这一个地方。2012年，芝加哥的凶杀率上升了1/6；而在加利福尼亚州圣贝纳迪诺，那里半数的房主的负债额超过其房屋价值，市政府也已经破产，凶杀率飙升了50%（"门上锁，枪上膛。"[1] 该市的检察官建议道）。就在2012年临近尾声时，康涅狄格州小镇纽敦的一个精神病患者开枪射杀了20名小学生、6名学校工作人员、他自己的母亲，最后饮弹自尽。但就全美国而言，纽约市要比纽敦镇更具代表性：尽管有着这些噩梦般的例外，美国的凶杀率在2012年依然下降了。

实际上，纽约的情况不仅在美国具有代表性，就全世界大部分地区而言都具有代表性。杀人事件在总体上呈减少趋势。在 2004 年，大约每 1.3 万人中会有 1 人被杀害；到了 2010 年，这个比例下降到了 14 500 ∶ 1。战争中的死亡人数也呈现出相同趋势。国与国之间的战争通常是规模最大、最为血腥的冲突类型，但这样的战争几乎消失了。政权崩溃后的内战仍然存在（2012 年，每 400 个叙利亚人中就有 1 人死于内战），但数据表明，内战发生的频率也在下降。

从全球平均水平来看，在 2012 年，每 4 375 人中有 1 人死于暴力。这就意味着，在今天活在世界上的人中，仅有 0.7% 会死于暴力。这个数字在 20 世纪是 1%~2%，在古代帝国/帝制国家时期是 2%~5%，在草原大迁徙时代的亚欧大陆是 5%~10%，在石器时代则是骇人听闻的 10%~20%（图 7.1）。这个世界终于开始朝着丹麦的方向前进了，而丹麦也在不断进步中：在 2009 年，每 11.1 万名丹麦人中才会有 1 人被杀害，这意味着一个人在一生中死于暴力的风险仅为 0.027%。最棒的是，2013 年世界上的核弹头数量是 1986 年（也就是布鲁斯·斯普林

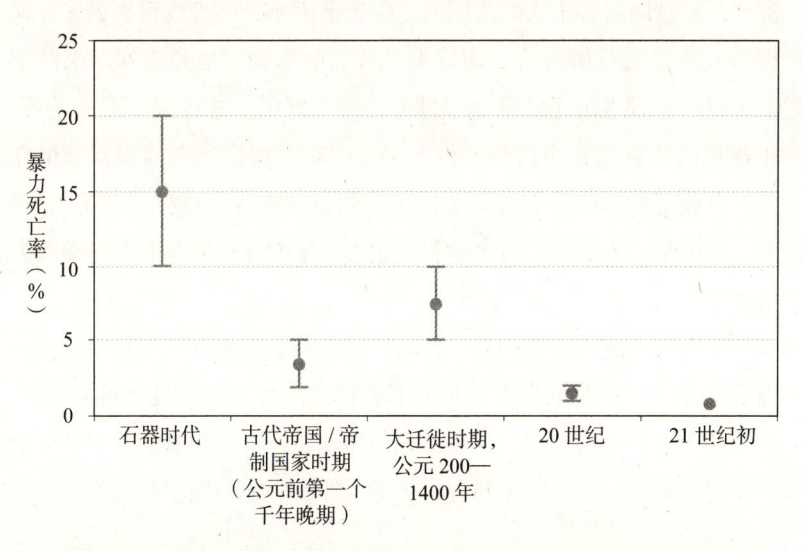

图 7.1 几乎就要成功：公元前 10000—公元 2013 年的暴力死亡率

斯汀重新录制《战争》一曲的同一年）时的 1/20。50 年前，只有美国空军中最为出色的人员才能进入战略空军司令部（该部门负责投放核武器）；而今天，大部分美国空军军官把加入这个部门视作职业生涯上的自杀行为。

好消息还不限于此。如同在过去的几千年中经常发生的那样，暴力死亡率的下降伴随着繁荣水平的提升。1989 年，当美国无可争议地成为"世界警察"时，人均财富产出刚刚超过 5 000 美元。★ 而在 2011 年，人均财富产出已经翻了一番。亚洲获益最多，因为中国的沿海地区、东南亚的部分地区以及印度的一些地区在这一时期完成了它们自身的工业革命。这促成了历史上最大规模的农民向城市的大迁徙，使得至少 20 亿人口脱离了绝对贫困（世界银行将每天收入低于 1 美元定义为绝对贫困）。拉丁美洲、非洲和东欧在经历了分别由债务危机、艾滋病传播和政权更迭造成的短暂退步之后，从 2000 年起也都开始取得进步（图 7.2）。

引人注目的图 7.1 和图 7.2 表明，这个世界不仅变得更安全、更富有，并且随着各个大陆之间的差距逐渐缩小，它也变得更公平。而更引人注目的是所有这一切好消息背后的解释，也是贯穿本书的那个观点：建设性战争让这个星球变得更美好了。这种说法充满矛盾，违背我们的直觉，而且令人很不快（同时，就像我在前言提到的那样，在我开始研究长期战争史之前，我也从未有过这样的念头）。然而，考古学、人类学、历史学和演化生物学的证据看起来都是颇令人信服的。

在四亿年前，暴力作为一种赢得争端的手段出现了（最初出现在想要吃掉其他鱼类的远古鲨鱼和不想被吃掉的其他鱼类之间）。暴力是一种非常有效的方式，几乎所有动物现在都会使用暴力。有些动物甚至进化到可以集体使用暴力，而一旦涉及领地问题，暴力就可能会

★ 按 1990 年国际美元计价。如果按照当前的市场汇率计算，2011 年的全球人均 GDP 更接近于 12 000 美元。

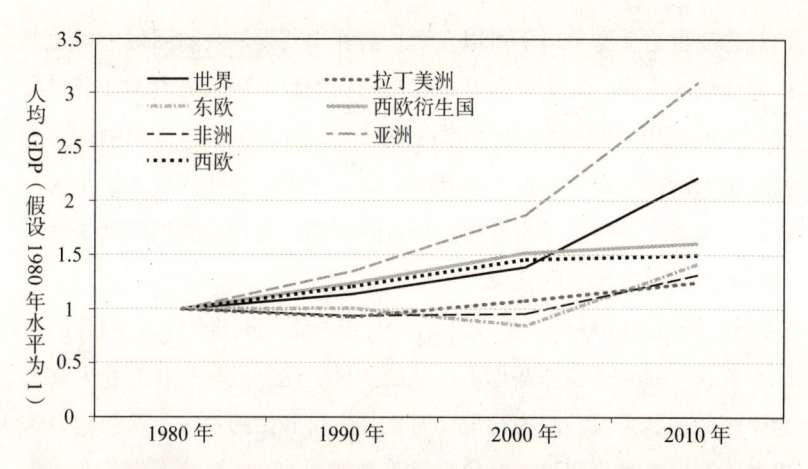

图7.2 富国更富，穷国富得更快：1980—2010年，世界不同地区的财富增长速度。从全球层面来看，2010年的人均财富是1980年的2.2倍；在亚洲，这一数字则是3倍。非洲人和拉丁美洲人在20世纪80年代变得更穷，东欧人在20世纪90年代也面临相似情形，但他们都从2000年开始逐渐缩小与西北欧国家及其移民殖民地（澳大利亚、加拿大、新西兰和美国）之间的差距

变为致命的手段。战争就这样出现了。

在生物进化的大树上，人类的历史不过是一根短短的枝条，但也是迄今为止最不寻常的一根枝条。人类不仅可以在基因上进行进化，还实现了文化上的进化。这样一来，我们无须坐等成千上万代人的自然选择改变我们，便可以通过改变我们自身行为方式的办法，应对死亡博弈中各种行为的回报率的改变。因此，从上一个冰期末期开始，我们找到了通过使用暴力降低使用暴力的回报率（充满矛盾性的一个说法）的方法。

在公元前10000年之后，世界开始变暖了，各种各样的动物和植物都开始迅速繁衍。对大部分物种来说，一旦等着吃食的嘴的数量超过了食物供给量，它们就再度陷入了艰难的生活中。然而，在幸运纬度带的人类却通过文化上的演化解决了这一问题——他们变成了农民。农耕有其代价，但同时也供养了多得多的人口。拥挤的人口产生了囚笼效应。对于黑猩猩来说（或许对冰期的人类也是如此），其领

地观念使得杀死竞争对手可以在死亡博弈中获得最高的回报。而随着囚笼效应的出现，人类可以通过将被击败的敌人融入更大的社会来取得更高的回报。"融合"是个苍白的词汇，因为在这一过程中，掺杂着大量的劫掠、强奸、奴役和迁移。不过，由于那些将自己转化为坐寇的征服者最终在竞争中胜出，所有这一切暴力行径的长期结果就是带来和平与更高水平的繁荣。

到公元前 3500 年，坐寇开始演变成真正的利维坦。它们有能力征收税款，并且惩罚那些拒不服从的子民。这一过程从我们今天称之为中东的地区发端，因为这里同时也是农耕开始的地方，从而使得这里的囚笼效应最为明显，竞争也最为激烈。不过，在接下来的几千年中，幸运纬度带的大部分地区都走上了相同的道路。

亚欧大陆幸运纬度带的每个地区都经历了顺序相似的军事革命（在第三章中提过，由于一些原因，尤其是没有马匹，使得美洲大陆的情况有些不同）。首先出现的是防御工事，以应对突袭；相应地，进攻方学会了怎样围攻无法爬越的城墙。接着，在亚欧大陆，人们用青铜制成了进攻用的武器和防御用的盔甲。然后出现的是军事纪律，它使得生性狂野的年轻人奋不顾身发动进攻，面对着残暴的敌人能坚守阵地。到了公元前 1900 年，欧亚草原上的牧民们学会了用马具把马匹套在双轮战车上，从而为战场上带来了充满速度和流动性的兵种。到公元前 1200 年，地中海地区的战士们找到了反击的方法。不过，在公元前第一个千年里，军事策略转为大规模铁甲步兵作战，这些步兵征服了亚欧大陆幸运纬度带上的各个帝国/帝制国家。

每一次军事革命都是一场矛与盾的竞赛。不过，就像我在本书中一直强调的那样，进化论者所说的"红桃皇后效应"并不适用于战争。参与竞赛的人们并不会留在原地，因为这场竞赛会改变参与其中的社会。每一次军事革命都要求利维坦变得更强大，而更强大的利维坦则可以进一步地降低暴力死亡率。

所谓的独特的西方式战争的理论也不适用。这种理论认为，希腊人在古时候发明出了一种战争方式，使得欧洲的战士比世界上其他地方的战士都更善战。实际上，幸运纬度带上的各个民族都发明出了建设性战争，而建设性战争创造出了更强大、更安全、更富足的利维坦。在公元前第一个千年，人们创造出了辉煌的长安、华氏城、特奥蒂瓦坎和罗马城。

不过，本书的另一个主题是，战争中的一切都是充满矛盾的。在公元前第一个千年里，亚欧大陆的建设性战争达到了克劳塞维茨所说的"顶点"。达到"顶点"之后，那些此前带来成功的行为转而开始酿造灾难。古代帝国/帝制国家的扩张使得它们不断地与草原发生越来越多的联系。草原上具有高度机动性的骑手可以征服遥远的距离，几乎随心所欲地袭击帝国/帝制国家。而缔造了帝国/帝制国家的步兵大军却难以在干旱的草原上生存。从中国到欧洲，骑兵在战场上取得了支配地位。在超过1 000年的时间里（大约为公元200—1400年），幸运纬度带和草原陷入了建设性战争和反建设性战争的可怕循环之中。每一次建设性战争都会创造出更大、更安全、更富裕的社会，而每一次反建设性战争都会让这些社会再度分崩离析。利维坦失去了它们的牙齿，暴力死亡率开始攀升，繁荣的景象破灭。

在不久的将来，体质人类学家就将能完成足够多的骨骼研究，从而得出暴力死亡率的精确数字。不过，就目前而言，我们还只能依靠在本书第一章至第三章中检视过的粗略证据。如果要研究史前时期，我们可以用20世纪的石器时代社会与之相类比，并佐以数量很少但在不断增加的遗骸证据。如果要研究古代帝国/帝制国家和草原大迁徙时期的情况，我们就只能依赖于当时的文字记载。我在前文中提到，这些文字记载基本可以让我们确信，暴力死亡率在古代帝国/帝制国家时期下降了（第一章和第二章），随后又在公元200年前后升高了（第三章）。不过，到目前为止，必须承认的是，我们还没有办法知道暴力死亡率究竟下降或上升了多少。

根据我的估算，古代帝国/帝制国家时期的暴力死亡率为2%~5%，而到了封建的无政府时代，暴力死亡率又攀升到 5%~10%。当然，随着人们发现越来越多的证据，我的估算肯定会被证明是不准确的。但在我看来，这正是学术进步的途径：先由一个研究者做出推测，再由别的研究者驳倒他的推测，并给出更好的推测。即便我的这次推测谬以千里，但至少我希望此举能够刺激其他研究者搜集更好的证据，采用更好的方法，然后指出我究竟错在什么地方，反驳我的推测。

到了公元第二个千年的中叶，我们获得了更可靠的数据支持。此时，利维坦，尤其是欧洲的利维坦，用火器封闭了草原民族驰骋的道路，用远洋船只打通了航路，从而使利维坦获得了重生。这两项发明都源于东亚，却在西欧得到了优化，并在这里打破了建设性战争与反建设性战争的循环。

我在第四章中提到，发生这一切的原因仍然不是所谓西方式战争方式，而是地理因素。一方面，欧洲的政治地理状况（由许多个征战不休的小王国组成）使得能造出性能更优良的火器的国家在争斗中获益；另一方面，欧洲的实际地理状况（距离美洲的距离仅为东亚到美洲距离的一半）使得欧洲人比亚洲人更容易发现新世界，并从中掠夺资源、开拓殖民地。欧洲人之所以能展开对整个世界的 500 年战争，并不是因为欧洲人比世界上的其他人更充满活力（或是更邪恶），而是因为地理环境使他们能比其他人更容易做到这点。

500 年战争迫使欧洲人重新定义了建设性战争，因为他们的征服战争造就了太过庞大的社会，从而改变了游戏的规则。他们发现，在一个洲际帝国的时代，大部分新增的国家财富并不来自劫掠，甚至也不来自从子民身上压榨出来的税金。借助国家的力量，使尽可能多的人以尽可能自由的方式在越来越大的市场中进行贸易，才是带来最多财富的方法。

始于欧洲西北部的永不停息的竞争迫使这些利维坦采取了开放秩序，从而使得市场之"看不见的手"与政府之"看不见的拳"和谐地协作。英国在 18 世纪 80 年代开始了工业革命，随后成为世界上第一个"世界警察"。英国的舰队、财富和外交官们监管着全世界的秩序。然而,尽管暴力死亡率下降到了新低,繁荣程度攀升到了新高,但"世界警察"也有其"顶点"。英国治下的和平为英国带来了诸多对手,进而使得英国无力再承担"世界警察"的职责。从1914年开始,人类历史上最可怕的多场战争把英国赶下了"世界警察"的宝座,一直到75年之后才由美国接替了它的位置。此时的美国,统领着一个更加开放的秩序,创造出了更低的暴力死亡率和更多的财富。

以上是一个宏观的故事。要想看到这样的趋势,就必须如我在本书前言中所说的那样,站在全球的高度看待整个人类的历史,并且从全部四个角度去审视历史(个人、军事史、技术以及进化)。在我看来,通过这样的宏观叙事,我们就可以看出战争究竟有什么好处,当然也会看到战争让我们付出了怎样的代价。

"战争有什么好处"的答案,既充满矛盾,又那么骇人听闻。战争的好处是让人类更安全、更富裕,然而做到这一点的途径却是大规模的杀戮。但既然战争确实有其好处,我们就不能说战争中的苦难和死亡都毫无意义。再看看图7.1和图7.2吧,如果能选择如何从贫穷、暴力的石器时代进步到和平而繁荣的时代,我确信很少有人会愿意选择战争。但实现进化(这也是人类历史的真谛)的驱动力并非我们的意愿,而是死亡博弈的残酷逻辑。

如果看看这套逻辑从冰期的末期到今天都给我们带来了些什么,那么它将把我们带向何方,似乎也就很清楚了。我们从由觅食者组成的团体,演变成了利维坦,再演变到了"世界警察";那么,接下来的一步就应该是组成一个世界政府,将暴力的回报率压制到零,所有国家都应该达到丹麦的水平。在经历了本书描述的血腥恐怖的历史之后,人类最终将获得一个皆大欢喜的结局,就仿佛诺曼·安吉尔的《大幻想》一书(我在第五章的开头部分提过此书)的结尾。当这本书于1910年面世时,整个世界已经有95年没有发生大国战争了。在这段时期,全球总收入翻了一番,而凶杀率至少在欧洲下降了一半。因此,安吉尔和他的拥趸们认为,我们即将迎来一个没有战争的世界。

事实并非如此,但《大幻想》仍然值得一读。这是因为,安吉尔做出错误判断的原因,同样适用于今天。如我们在第五章中看到的那样,19世纪世界各国朝着丹麦的方向前进的趋势是不可持续的。"世界警察"的角色扮演得越好,它的对手就会越多;而它的对手越多,"世界警察"就越难尽好它的职责。图7.2似乎在告诉我们,历史正在重演。在21世纪的第二个10年,美国巨人对世界的掌控要比19世纪60年代时的英国更加彻底,但美国似乎在重走英国的老路。美国把全球秩序维持得越好,其潜在的对手就变得越富有、越强大。未知的未知在激增,赌徒们已经跃跃欲试。我们越是朝着丹麦的方向迈进,这个目标就似乎离我们越远。

当我第一次来到美国的新英格兰地区时,一个在这里住了一辈子的人给我讲了一个古老的笑话,描述这个地区的居民有多么固执。笑话说,有一个游客(通常会说是来自纽约的游客)在神秘的马萨诸塞州(或者是缅因州)迷路了。在开车兜了一个小时的圈子之后,他决定停下来问问路。他找到了一位面容枯槁的当地人。这个当地人一会儿想出来一条可行的路线,但随后又自己否定了它,如是反复多次。最后,这个当地人疲惫地摇了摇头,说:"你从这儿到不了那儿。"[2]

这种建议无疑毫无帮助。然而,如果我们再回过头去看看图7.2与第五章开头的那些图表有多么相似的话,可能会发现,比起安吉尔乐观的解读,这个笑话中的说法更贴近现实。或许我们没有在面对"红桃皇后效应",但可能在面对龟兔赛跑。人类跑得很快,因此确实有所进步:暴力死亡率下降了,繁荣水平提升了。然而,尽管我们不断接近丹麦,但我们可能永远无法达到那个目标。换句话说,我们从这儿就根本到不了那儿。兔子拼命地向前跑,但乌龟总是领先那么一点点儿,创造出新的对手、新的未知的未知或者甚至创造出新的钢铁风暴。根本不会有什么皆大欢喜的结局。

在这最后一章里,我想说的是,无论是安吉尔的皆大欢喜,还是新英格兰人令人不悦的结尾,这两者对未来要发生的事情都没有什么指导意义。安吉尔的观点(各国之间的经济联系使得战争不可能发生)在100年前是错的,在今天仍然是错的;而新英格兰人所说的"我们从这儿到不了那儿"也是错误的。

我们似乎在走向最糟糕的世界。一方面,这个世界要比上一个"世界警察"衰落时(19世纪70年代至20世纪第二个10年)更加不稳定;另一方面,这个世界上的武器要比20世纪40—80年代美苏以互相保证毁灭来威胁人类时的武器更加致命。尽管暴力死亡率在过去的40年中稳步下滑,尽管世界大战看起来在21世纪第二个10年的中段不可能打起来,但未来的40年将是人类历史上最危险的40年。

不过,如果我们能退后一步,远离细节,用我们在第一章至第六章中审视长期的暴力史的眼光去审视接下来的几十年,我们就会注意到不一样的东西。无论如何,只要我们从这个更宏大的角度看过去,就会发现,或许我们可以"从这儿到那儿",即便这个"那儿"并非我们原本预计的那个终点。

金星与火星

多年以来,美国政府会定期出版一本名叫《国防计划指导》的小册子,以此总结归纳官方的国家大战略。大部分时候,这本小册子的内容都很乏味。然而,就在1992年2月,也就是苏联解体后仅仅两个月,负责起草新的《国防计划指导》的委员会却做了一件令人惊讶的事情:它讲了实话。

这本指导手册指导美国如何做好"世界警察"。文件中说,尽管美国不应该"认为自己有责任纠正世界上的所有错误,但我们有责任有选择性地去纠正那些不仅威胁我们的自身利益,也威胁我们的盟国和友邦的利益的错误,或是可能严重危害国际关系的错误"[3]。这意味着美国要完成一项壮举:

> 我们首要的任务,是阻止可能像苏联一样带来威胁的新的对手的出现,不论这个对手是崛起于苏联的领土之上,或是世界其他地方。这……就要求我们致力于阻止任何敌对势力控制重要的区域。我们所说的重要的区域,指的是某个区域的资源,在牢固的控制之下,足以供给一个新的全球霸权的崛起。这样的区域包括西欧、东亚、苏联前领土以及亚洲西南部。

这份文件一落入媒体之手,就迅速引发了一场政治风暴。日后成为美国总统的乔·拜登批评说,这份文件"就是要创造一个'美国治下的和平',而这种局面是不可能实现的"。美国国防部在遭受抨击之后,在其最终版的文件中说得含蓄了一些。但不论美国国防部选择了怎样的措辞,美国在过去二十多年中所苦苦追寻的,正是"美国治下的和平"[4](其中有一些年头里,乔·拜登本人就在白宫里服务)。

如果政治家们要从"英国治下的和平"之中汲取些什么经验的话,那就是"美国治下的和平"也是可以实现的,至少可以持续几十年。总体来看,美国从1989年以来的经历与英国在19世纪晚期的经历惊人地相似,即便偶有例外,也并不让人意外。

最引人注目的例外无疑是西欧,这一地区也是1992年计划制订者关注的四个潜在的问题地区中的第一个。在英国和美国分别充当"世界警察"的两个时期,西欧地区经历的相似性是十分明显的。在19世纪晚期,西欧经济在由英国保障的市场之中蓬勃发展,随后富有而强大的德国就在19世纪90年代成了英国最致命的对手。到了20世纪晚期,西欧经济再次在由美国保障的市场中蓬勃发展,而很多政治家(其中的欧洲政治家要比美国政治家更多)开始担心重新获得统一的德国会重走老路。("人们说,'如果德国的情况不好,那可真是件糟糕的事情,'"一名法国官员半开玩笑地说,"我倒是要说,这有什么糟糕的?要知道,一旦德国的情况好了,他们通常就会在六个月之后打到香榭丽舍大道了。"[5])

但这并没有成为现实。相反,西欧国家走向了另一个方向。它们的选择不仅使得美国全球霸权和英国全球霸权之间的相似性变得不那么站得住脚,更对本书中的所有观点发起了挑战。西欧国家远没有变成"世界警察"的对手,反而几乎彻底不再把暴力当作一种政策工具。令人惊讶的事情正在发生。大约多达五亿人走到了一起,自愿而非受暴力胁迫地开始组成一个更大、更安全、更富有的社会,这可是历史上的头一回(图7.3)。

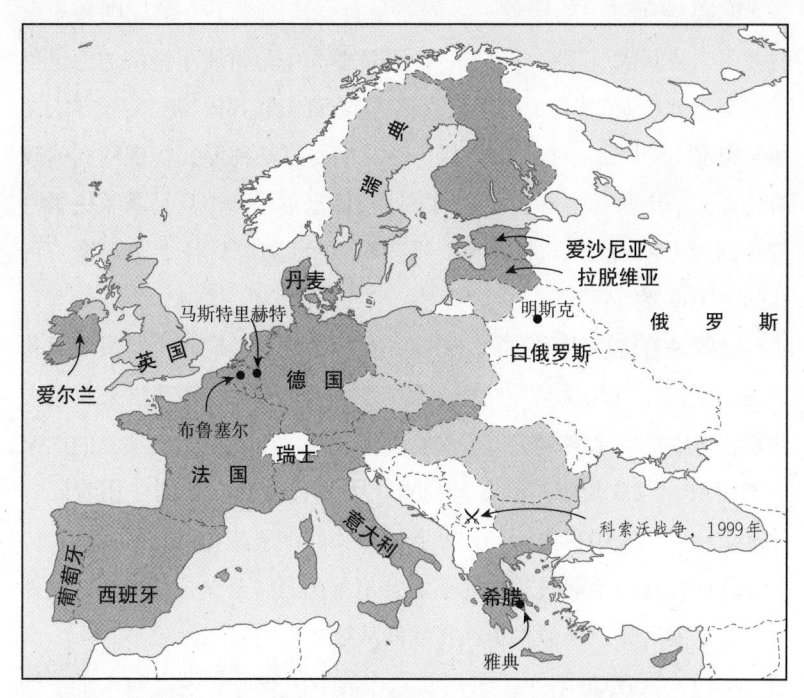

图7.3 一个(几乎)没有战争的世界:本章中提及的欧洲地名。深灰色的国家为欧盟和欧元区成员国,浅灰色的国家仅为欧盟成员国(截至2014年)

这是一次具有划时代意义的转变,同时也是一次静悄悄的转变。我在这个地区(为避免纠纷,把英国也算在这地区之内)度过了人生的前 27 年,却没有意识到这个转变正在进行。说实在的,电视上没有什么东西比欧盟的那些官员又发表了一项什么声明(净是关于什么他们允许我吃什么东西、喝什么东西以及这些东西应当使用多大型号的容器来盛放)能让我更快地把电视机关上了。

但我和上百万与我一样对欧洲事务缺乏兴趣的人一样,都大错特错了。欧洲共同体(欧洲联盟在 1993 年更名前的名称)最大的特点就是乏味。旧时的利维坦使用暴力造就政治上的统一,随后使用政治手段(如果需要的话,也可以使用更多的暴力)缔造经济上的统一;然而,今天的西欧却把这个历史上最成功的公式颠倒了过来。这些无名英雄通过一场接着一场的委员会会议编织了一张规则和规章的大网,将其成员国整合进同一个经济单元中,再使用经济的力量创造一个政治单元。"我们的终极目标,"德意志联邦银行的前领导人在 1994 年说道,"是一个政治目标……我们要以某种形式实现欧洲的政治统一。一个联邦也好、一个国家联合体也罢,哪怕只是联系更紧密一些的国家联盟。"[6] 这样一来,"经济上的联盟(只是)实现这一目标的一个重要工具"。

这既是有史以来政治家们做出的最笨的尝试,同时也是最勇敢的尝试。不过,自从《马斯特里赫特条约》于 1992 年签署以来,这个体系在过去的三十多年中似乎一直在运转着。欧洲依然由独立的国家拼凑而成,但从爱尔兰到爱沙尼亚,大多数欧洲人共同使用着同一种货币和同一家中央银行,接受着同一家欧洲法院和议会的裁决和统治,还可以自由地通过边境而不需要出示护照。至少直到现在,这种基于共识的乏味道路似乎正在将欧洲从这儿带到那儿。

不过,就在 2010 年,采用欧元作为本国货币的国家陷入了一场债务危机之中(更准确地说,是生产效率较高的北方国家和生产效率较低的南方国家之间的国际收支平衡危机),并且因此暴露出这种基于条约组建的联盟的局限性。老式的利维坦可以动用暴力解决问题。例如,在1850年,英国就曾经派遣炮艇逼迫希腊赔偿。然而,在新的欧洲,德国就不可能为了重塑财政纪律而把坦克开上雅典街头。

欧盟完全依靠市场的"看不见的手"的作用,而不使用军事力量这"看不见的拳"保障其规则的实施。这样一来,欧盟就似乎游走在深渊的边缘了。2011年末,瑞士瑞银集团公开表示担忧,担心这场危机最后会沦落到用武力解决的境地。瑞银集团的分析师表示:"几乎所有现代法币货币联盟的崩溃都伴随着某种形式的威权政府或军政府的出现,甚至爆发内战。"[7]这样的前景的确令人担忧。不过,到本书写作的时候(2013年年中),尽管欧盟的政策饱受批评(它们采取的措施仅限于让这些陷入债务危机的国家不至于崩溃,但也仅止于此),但似乎避免了灾难的发生。希腊尽管经历了失业率飙升、街头暴力示威,乃至政治危机,但是这个国家仍然留在欧元区之内。爱尔兰、葡萄牙、西班牙、意大利甚至法国尽管都面对着越来越多的压力,但这些国家也并没有垮掉。与其说这次危机会拆散欧洲,还不如说这是一次进一步推动政治集权的机遇。或许,欧洲的管理者们不需要一枪一弹,就可以完成拿破仑和希特勒没能完成的任务。

有鉴于此,诺贝尔奖委员会将2012年的诺贝尔和平奖颁发给了欧洲联盟。这可谓实至名归:截至当时,欧盟公民之间的凶杀率是世界上最低的;欧盟各国政府都取消了死刑;欧盟完全弃绝了内部的战争,并且基本上弃绝了对外的战争。欧盟以外的欧洲人有时还能看到使用暴力带来的好处,比如俄格战争。然而,在欧盟内部,几乎没人再持有这样的观点。在欧盟"共同安全与防务政策"中,欧盟仍然保留了使用武力的权力,但只有英法曾经使用过这样的权力,并且都是为了在以前的殖民地地区进行维和活动。即便当某些军事行动借口"制止人道主义灾难"时(比如1999年在科索沃的行动),西欧国家政府仍然会显得小心翼翼,以致时常让它们的美国盟友感到恼火。或许,新的欧洲式战争的常态将是发生在2012年的那离奇的一幕:一架瑞典飞机在白俄罗斯首都明斯克上空空投了 800 只泰迪熊玩偶，每只泰迪熊身上都带着一个写有"实行言论自由"[8]的标语签，而白俄罗斯的应对方式仅仅是撤掉了负责边境巡逻和空军的将军。

2003 年，民意调查机构发现，只有 12% 的法国人和 12% 的德国人认为战争在有些情况下是情有可原的；而在美国，这一数字是 55%。在 2006 年，英国、法国和西班牙的受访者甚至表示，好战的美国人才是对世界和平的最大威胁。"今天，在重要的战略和国际事务方面，"美国战略家罗伯特·卡根表示，"我们可以说，美国人来自火星，而欧洲人来自金星。"[9]

欧洲人和美国人在暴力问题上越来越明显的分歧引发了诸多评论，但其实这一现象并不值得大惊小怪。欧洲人来自金星，正是因为美国人来自火星。如果没有美国充当"世界警察"，欧洲就不可能有采取鸽派战略的空间。但反过来说，如果欧洲不采取鸽派战略，美国也无力充当"世界警察"。如果欧盟在过去的这些年里表现得更加鹰派，那么美国的地位一定会在反制欧洲的过程中遭到削弱，就像 100 年前，英国的"世界警察"地位在对抗德国的过程中遭到了削弱一样。火星和金星，就像马尔斯和维纳斯①一样需要彼此。

在 1945—1989 年，对西欧来说，参与死亡博弈的最佳方式，就是要为了帮助美国阻止苏联而显得足够好战，但又不能太过好战而引起美国人的警觉（欧洲人和美国人对这一平衡点的位置有分歧，因而导致法国在 1966 年宣布退出北约的统一军事指挥体系）。不过，在 1989 年之后，欧洲不再面临任何严重的安全威胁，而且可以依赖美国出面惩戒任何鹰派国家。因此，西欧国家变得越加鸽派了（欧洲人和美国人就到底哪个鹰派国家应当受到惩罚也有分歧，因此造成了 2003 年欧洲人的反美浪潮）。结果是，与一个世纪前的英国政府不同，

---

① 在英文中，火星（Mars）和金星（Venus）分别也有马尔斯（罗马神话中的战神）和维纳斯（罗马神话中的爱与美的女神）的意思。马尔斯和维纳斯为情人关系。——编者注

美国政府从来不需要担心其创造的财富和安全环境会让欧洲国家在发展壮大之后，反过来挑战美国的"世界警察"地位。

当然，欧洲的鸽派倾向并没有彻底结束外新月地带、内新月地带和心脏地带彼此之间的冲突。从17世纪开始，英国的大战略一直都围绕着与更广阔的世界建立联系，并且阻止任何国家主宰欧洲大陆。"我们没有永远的盟友，也没有永久的朋友，"时任英国外交大臣帕麦斯顿勋爵在1848年说道，"只有永恒的利益。"[10]根据这一逻辑，他应当会理解英国为什么没有加入欧元区，为什么还要在2016年就其欧盟成员国身份举行全民公投，并且为什么有时表现得不像其邻国那样鸽派。

东欧人对于鸽派的态度也心存疑虑。东欧国家位于心脏地带与内新月地带之间，缺乏可以用于抵御强大的德国和俄罗斯的天然屏障。因此，东欧国家也觉得它们面对了几个世纪的那个战略问题并没有解决。像英国一样，一些东欧国家的政府不想过于依赖由德国主导的欧洲联盟，因而更多地倒向了美国这个"世界警察"。然而，权力本身也是个充满矛盾性的东西。美国不希望它最好的朋友们与欧盟太过疏离，因为这样一来就会打破美国所需要的平静。

西欧并没有脱离死亡博弈。与此相反，西欧国家更富有技巧性地进行着这场博弈，依靠足以惩戒鹰派国家的"世界警察"享受作为鸽派国家的好处。而美国也如此，借助西欧国家的鸽派行为，维持了自己的"世界警察"地位。对于欧洲联盟获得2012年的诺贝尔和平奖，我并无异议；不过，诺贝尔奖委员会在2009年颁发给贝拉克·奥巴马的诺贝尔和平奖，其实更应该颁发给1945年以来的历任美国总统，正是他们的集体努力使得欧洲的实验变得可能。

美国的布尔战争

如果说，在尽量避免制造出对手的这个任务上，美国在西欧地区表现最好的话，那么其在亚洲西南部的表现可能是最差的。自从柏林墙倒塌之后，美国已经在亚洲西南部地区进行了三场战争（如果算上2012年对利比亚的空袭，就是四场战争），而且，美国可能需要点儿运气才能避免在21世纪第二个10年中在这里进行第四场战争（或者是第五场）[①]。在这一地区，我们可以看到，新旧两代世界警察所面对的问题格外相似。

实际上，在过去的100年中，亚洲西南部地区的战略意义发生了天翻地覆的变化。在麦金德的时代，奥斯曼帝国和波斯帝国对"世界警察"来说意义重大，因为这两个国家都横亘在英国通过苏伊士运河前往印度的交通要道上（图7.4）。从高加索山脉到兴都库什山脉，英国和俄国的探险家与间谍们角逐了几十年，这甚至被吉卜林称为"大博弈"[11]。俄罗斯军队吞并了今天中亚的"斯坦"们（哈萨克斯坦、乌兹别克斯坦、土库曼斯坦、吉尔吉斯斯坦和塔吉克斯坦），而英国的红衫军也吞下了阿富汗，却消化不了。

把这场大博弈变成今天的样子的因素，当然就是石油。1859年，（美国宣称的）世界上第一口油井在美国宾夕法尼亚州泰特斯维尔开凿。在那之后的几十年中，美国一直都是石油生产的中心。但在1871年，亚洲西南部的石油开采开始了。不久，俄国开发者就在阿塞拜疆的巴库开采出了这种黑色黄金。西方的石油商紧随其后。1901年，英国的一位投机商买下了波斯2/3的石油开采权。1933年，加利福尼亚标准石油公司开发了沙特阿拉伯第一处油田。为了满足美国、欧洲和日本的需求，石油产量在20世纪60年代激增。到20世纪70年代中叶，波斯湾沿岸地区每天靠石油可以获得超过四亿美元的收入。

西方的报纸热衷于报道阿拉伯的百万富翁们又在什么地方买下了历史性的地标。不过，从表面看来，美国在塑造其所需的石油自由市场方面的成功，使得它不太可能在亚洲西南部创造出一个敌手。在20世纪60年代，中产阶级孱弱、教育体系不完善、地区性的腐败成

[①] 就在本书的翻译过程中，美军对伊拉克和叙利亚境内的"伊斯兰国"极端组织进行了空袭。——译者注

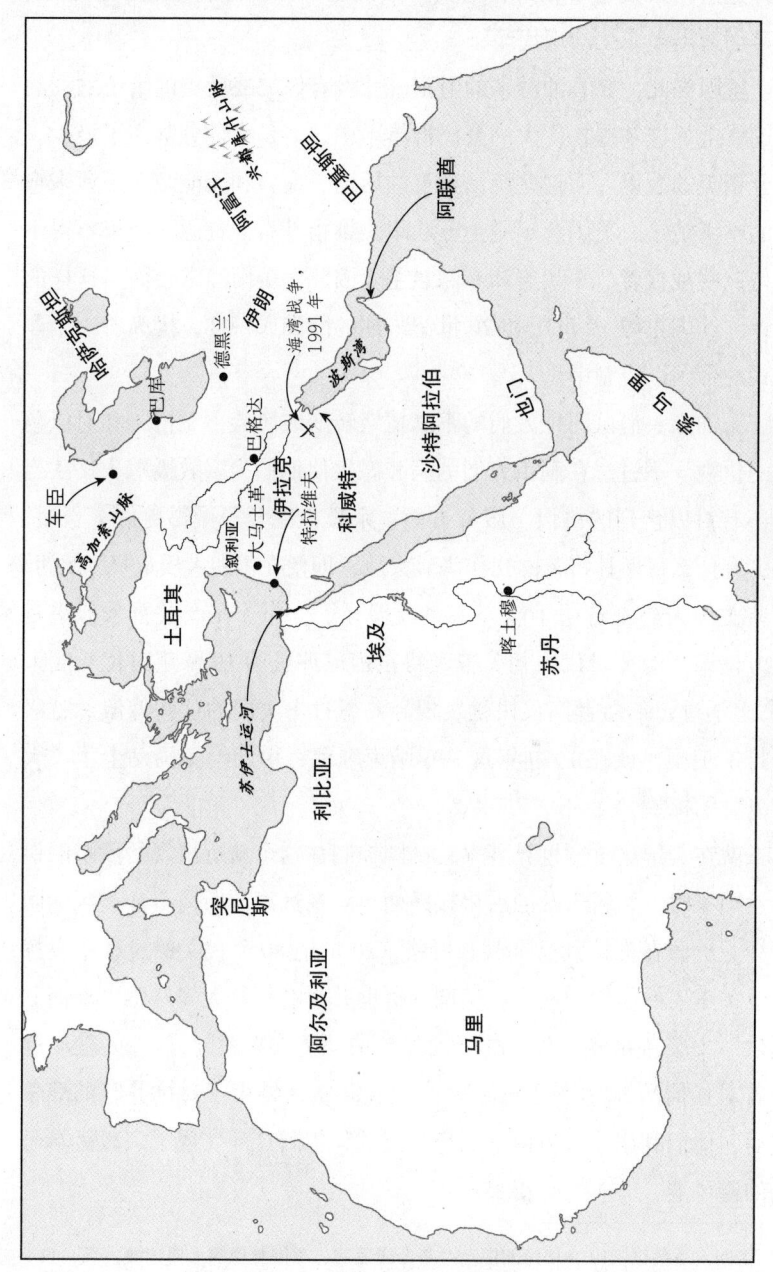

图 7.4 新的大博弈：从阿尔及利亚到阿富汗

风，这些因素使得哪怕最富有的产油国也不太有可能完成工业革命，或是创造出多元化的现代经济。

正因如此，靠石油赚来的财富，并没有像二战后美国给予欧洲的援助资金那样掌握在广大的公民群体手中，而是大部分落入了极少一部分精英的手里。而这些统治精英的压迫、谎言和无能激发了愈来愈多的不满情绪。美国急于避免苏联集团染指其石油资源，结果不得不支持一些独裁者、军政府和专制君主。因此，美国经常会面对这样的批评：美国正像19世纪和20世纪早期的欧洲人一样，操纵着一个非正式的帝国以控制中东。

石油寡头们试图把人们的不满情绪转变成民族主义情绪和对以色列的仇视。不过，在利用人们的满腔怒火使他们为宗教极端主义（当然还有对以色列的仇恨）服务方面，宗教极端分子做得更好。当时，很少有什么穆斯林将美国视作头号大敌，即便在伊朗人质危机①期间，一些美国人还寄希望于能与宗教极端分子合作（在今天看来似乎是天方夜谭，但《时代周刊》曾经将霍梅尼评选为1979年时代年度人物）。不过，革命者们很快就发现，要想打击美国的这些傀儡，就必须打击美国。就在1979年这一年结束之前，伊朗给美国贴上了"大魔鬼"的标签。

就在美国这个"世界警察"试图控制住这个新近出现的愤怒的伊斯兰国家时，始料未及的后果接踵而至。在远离波斯湾石油产区的阿富汗，美国在支持其反抗苏联侵略（20世纪80年代）的过程中发挥了至关重要的作用。然而，美国的援助并没有赢得太多好感，反而制造出一支装备精良、久经战阵的阿拉伯"圣战军团"。这些人随时准备着对任何敌人发动"圣战"，并且在阿富汗结束了对抗苏联的战争之后，他们利用了战争留下的一片混乱，将阿富汗变成了宗教极端分子的避风港。

---

① 伊朗人质危机，1979年伊朗伊斯兰革命爆发后，美国驻伊朗大使馆被占领，数十名美国外交官和平民被扣留为人质。——译者注

更糟糕的还在后面。1990年，在萨达姆·侯赛因入侵了科威特之后，美国迅速将军队开进了海湾地区以保护沙特阿拉伯的油田。在20世纪80年代，萨达姆与革命后的伊朗开战，残酷镇压了伊拉克境内的宗教极端分子，还试图发展核武器。有鉴于此，美国的行动似乎应当赢得阿拉伯人的心。然而，穆斯林看到的却是异教徒的军队踏上了阿拉伯的圣地，越来越多的穆斯林开始怀疑美国人的动机。

1991年的海湾战争和随后对伊拉克的严厉制裁阻止了伊拉克，使其不会成为《国防计划指导》手册的起草者所忧心的"亚洲西南部"的敌手。然而，在接下来的10年中，美国的战略家们（乃至所有人）都将惊讶于宗教极端分子的变化。所有能够改变伊斯兰世界的力量——石油财富、对阿拉伯国家统治者的反抗、阿富汗的圣战者、对出现在沙特阿拉伯的美国人的憎恨、对以色列的永无止境的敌意，最终都汇聚到了一个人的手中：奥萨马·本·拉登。2002年，本·拉登给美国人写了一封公开信。他在信中说：

> 在你们的监督之下，那些充当你们代理人的（伊斯兰）国家的政府每天都在攻击我们……你们靠着自己的国际影响力和军事威慑，用微不足道的价格窃取了我们的财富和石油，这实在是人类历史上规模最大的盗窃……你们的军队占领了我们的国家；你们的军事基地布满了我们的国家；你们腐蚀了我们的土地，为了保护犹太人的安全侵犯了我们的圣洁。[12]

此时，本·拉登的"基地"组织已经以全体穆斯林的名义向美国宣战，并且杀害了3 000名美国人。

从20世纪90年代末开始，"基地"组织就作为一种新型的对手出现在"世界警察"面前。从大多数方面来看，"基地"组织都比《国防计划指导》手册的起草者在1992年担心的那些国家要弱小。的确，如果"基地"组织或是其附属组织掌握了核武器，可能会杀死比

"9·11"事件丧生人数多上千倍的人。然而，如果某些国家获得了核武器，可能会造成更严重的后果。这些亚洲西南部国家的政府拥有税收收入，并且有足够的空间隐藏上百颗核弹头。只要它们愿意，就可以制造出能够将死亡威胁远播到欧洲的导弹。假以时日，如果这些国家再找到合适的盟友，地球上就将不再存在安全的地方了。相反，除非"基地"组织能找到某个国家作为后台，否则它是无法做到这一点的，它也永远无法像一个世纪之前的德国和美国威胁英国的地位那样，威胁美国作为"世界警察"的地位。

不过，"基地"组织确实代表了另外一种威胁，这种威胁在19世纪晚期由英国主宰的世界体系中也曾出现过。像现在一样，恐怖主义和宗教极端主义在当时也是很流行的对付"世界警察"的方式。早在19世纪80年代至20世纪第二个10年，无政府主义者和宗教极端分子都曾经享受过一段"黄金时代"，他们曾经用子弹和炸弹夺走沙皇和总统的性命。被英国人称作"疯狂的马赫迪"的穆罕默德·艾哈迈德·马赫迪曾经在苏丹创立了类似"基地"组织的机构。1883年，"疯狂的马赫迪"的追随者将一位英国指挥官率领的一支万余人的埃及军队屠戮殆尽。第二年，他们占领了喀土穆，并且杀死了另一名英国将军。1899年，英国与埃及签订《英埃共管苏丹协定》，苏丹沦为英国殖民地，并且英国在苏丹驻军到了1956年。

本·拉登与"疯狂的马赫迪"有着诸多相似之处，但是要比后者危险得多，因为他有着成熟的计划。本·拉登清楚，"基地"组织不可能直接威胁到美国的生存，因此他选择了一个由两步组成的间接方案。第一步，是要用暴力推翻任意一个在他看来不够伊斯兰化的政权，从阿尔及利亚到印度尼西亚（这些政权被"基地"组织称作"近敌"），继而建成一个由虔诚的信徒组成的哈里发国家。第二步，要让美国（"远敌"）陷入其既打不起又无法理解的战争中，直到美国精疲力竭地决定不再支持那些非伊斯兰化的政权。"到那个时候，""基地"组织的二号人物解释道，"历史就将发生一次新的转折，真主保佑，历史将抛弃美利坚帝国和犹太人政府主宰的世界。"[13]

在我写作本书的时候,看起来似乎历史并没有发生这次转折。"基地"组织并没有能推翻任何一个"近敌"。相反,由于被"基地"组织杀死的阿拉伯人远远多于美国人,"基地"组织在整个中东地区引发了恐惧和憎恨。"基地"组织的附属组织或许能够从利比亚和叙利亚的动荡局势中获益,但那些在本·拉登起事前就已经建立起伊斯兰统治的国家(阿富汗、苏丹和索马里),却又抛弃了伊斯兰统治;与此同时,那些被宗教极端分子施加以强大压力的国家(阿尔及利亚、马里、也门和巴基斯坦)仍然安然地矗立在具有重大战略意义、富含石油资源的海湾之外。只有巴基斯坦,由于其拥有核武器,可能会对全球秩序构成真正的威胁(奥巴马总统在这一地区事务方面的前任特别顾问经常说:"阿富汗的稳定不是必需的,但巴基斯坦的稳定是必需的。"[14])。

为了遏制"基地"组织对"近敌"的战争,美国采取了这样的大战略:通过推动民主化改革打消宗教极端分子诉求的吸引力。小布什总统曾经说:"我们要把消息传递到从大马士革到德黑兰的广大地区,告诉他们自由可以是每一个国家的未来选择。在中东地区的心脏地带建立一个自由的伊拉克,将是全球民主革命运动的分水岭。"[15]

虽然仍有争议,但2011年以来突尼斯、利比亚、埃及和也门专制统治的倒台证明了这一战略的正确性。不过,就像小布什本人意识到的那样:"现代化不等同于西方化,中东地区的代议制政府将会体现出它们自己的文化特征。"[16]摆脱了独裁统治的阿拉伯选民经常会把选票投给宗教极端分子,但直到本书写作时,此事带来的后果仍然不明确。埃及军队在2011年抛弃了独裁者,但又在两年之后推翻了选举产生的宗教极端主义总统。在利比亚,宗教极端分子在推翻卡扎菲统治的内战中站稳了脚,利用他们从卡扎菲政权夺取的武器,把"圣战"传播到了马里。而叙利亚,像以前的索马里和黎巴嫩一样,变成了一块军阀纷争的土地,其中一些军阀就像"基地"组织一样热衷暴力。总的来说，经历"阿拉伯之春"之后的地区确实出现了一些民主化的迹象，但高度不稳定。这些地区大部分是贫困的，统治水平低下，而且他们不相信美国人，更加不相信以色列人。对于这样的现状，小布什和拉登谁更不高兴，真的很难说。

"基地"组织计划的第二步，就是让美国陷入各种各样的毁灭性战争中，最终迫使美国放弃广大的伊斯兰内新月地带。现在看来，这部分计划有了一个良好的开端。本·拉登已经预料到了，由于"基地"组织在2001年如此沉重地打击了美国，美国必然会选择入侵阿富汗将他彻底干掉。这样一来，美国就陷入了其有史以来参加过的最漫长的一场战争之中。美国将反恐战争扩大到了对伊拉克的入侵，这很难算作"9·11"事件的直接回应，但美国进军巴格达这样的事件，恰恰是本·拉登所希望看到的那种过度反应。

不过，本·拉登认为分身乏术的美国要么走向破产，要么选择从亚洲西南部脱身。他的这一判断失误是灾难性的。美国并没有选择这两条道路，而是坚持了下来，杀掉了本·拉登，并且基本完成了"打击、瓦解、击败'基地'组织"[17]（贝拉克·奥巴马对这一目标的描述）的任务。不过，为了完成这一目标，美国被迫要面对一系列新的问题，而这些问题与一个世纪之前英国所面对的问题惊人地相似。

美国在2003年入侵伊拉克之后所面对的战争局势，与布尔战争非常类似。1899—1902年，英国与南非共和国、奥兰治自由邦之间爆发了布尔战争。布尔战争和伊拉克战争都是先发制人的战争，旨在消除未来的威胁。在1899年和2003年，批评家都将战争的罪责归咎于由自私自利的政客和商人组成的卑鄙联盟，他们都是因为觊觎某种自然资源——南非的黄金和钻石、伊拉克的石油，才发动了战争。但将英美这两个"世界警察"带进战争的政客却经常视他们自己为人道主义者，而不是实利主义者。他们认为自己发动战争的目的是保护那些被践踏的民族（伊拉克的什叶派穆斯林和库尔德人、布尔战争中的非洲黑人）。但不论哪种说法更有理，英国和美国的战争选择都让本国内部出现了意见分歧,并且让昔日的盟友站在了自己的对立面。

布尔战争和伊拉克战争的最大区别在于战争的初始阶段。2003年,美国军队横扫了伊拉克军队,而在1899年,英国人却连战连败,他们错误地让士兵排成密集的队列穿过开阔的地带,结果遭受了火炮和来复枪的无情打击。然而,在不到18个月的时间里,参战的英军数量就已经足以将布尔人的军队击溃。而就像美国人在104年后所面对的情况一样,英国人发现他们的敌人逐渐分散消失,最后变成了各地的反抗军。

1900年的英军和2003年的美军都是用来打常规战争的。起初,他们都发现对付反抗军不是件容易的事。英国军队需要在茫茫草原上追击一支支小派遣队(布尔人将之称为"敢死队")。"我们随时准备好听从'上马!'的命令,"一名军官回忆道,"我们确实上了好多次马,但不论我们的动作多快,我们总是不够快。"[18] 在一个世纪之后,一位与其心情差不多的美国海军陆战队员告诉新来的指挥官:"长官,我们每天做的事情就是出去巡逻,直到碰到 IED(简易爆炸装置,就是土制炸弹),然后我们就呼叫救伤直升机,之后我们再返回基地;第二天又是如此,如是反复。"[19]

英军和美军都很快找到了应对之策。新的指挥官们(英军的赫伯特·基钦纳和美军的大卫·彼得雷乌斯)分别找到了对付反抗军的策略,从而占据了上风。但两个"世界警察"都为胜利付出了代价,因为对付非正规军的最佳方法就是采用时任美国副总统迪克·切尼所说的"黑暗的手段"[20],而这样的行径在国内和在盟国都不会受到欢迎。

美国开始暗中监视本国公民,无限期地羁押囚犯,并且不承认他们有受到《日内瓦公约》保护的权利。美国折磨了一些战俘,把另外一些俘虏送到了可以肆意妄为的地方。在放弃这些手段之后,美国采用无人机进行"定点清除"的做法又遭到了反对。不过,比起英国人在南非人身上使用的手段,美国人的手段完全不能算是"黑暗"了。

基钦纳焚毁了上千座农场,杀死反抗者的牛,把他们的家人赶进集中营。差不多有 1/4 的被羁押的人(其中大部分是女人和孩子)死于疾病和饥饿。

总体来看,尽管也有一些失误,但美国应对其"布尔战争"的方式要比英国人好得多。美国人流了更少的血,花了更少的钱,造成的创伤也更少。大约有 150 万美军士兵曾在伊拉克服役,其中只有不到 5 000 人丧生;英国人派到南非去的军队人数与美国人相仿,死亡人数却达到了 2.2 万人(其中大部分死于疾病)。在美军占领期间,差不多每 300 个伊拉克平民中有 1 个死于暴力,其中大多数还是在派系斗争中死于其他伊拉克人和外国激进分子之手;而英军占领期间的暴力死亡率要高出 9 倍,布尔战争中每 30 个南非人就有 1 个死于暴力。美国人所付出的军费,连贷款利息也算入其中的话,一共是大约 2.4 万亿美元,大体相当于美国 2011 年 GDP 的 1/6;而英国人在布尔战争中耗费了 2 110 亿英镑,相当于英国 1902 年 GDP 的 1/3。

最终,英国和美国都赢得了它们的布尔战争,但为了取得所谓的胜利,英美都不得不降低了胜利的标准。在英国人的逼迫下,南非战前的领袖保罗·克鲁格被迫流亡海外,但保罗·克鲁格要求的大部分权利,战后的南非政府基本从英国人那里得到了,而且这个政府的统治者仍然是战争时的反抗者们。与此相似,美国推翻了萨达姆,结果伊拉克人选举出来的政府与反抗军和伊朗都有着密切的联系。

看起来,在内新月地带资源丰富的地区,"世界警察"要想陷入一场布尔战争式的战争很容易,但要想从中脱身则既困难又昂贵,还会造成内部的分裂。如果"世界警察"决心已定,那么它几乎肯定能打赢布尔战争;而如果一个"世界警察"总是去打布尔战争,那么它恐怕也不会在"世界警察"的这个位子上坐太久了。

英国从中吸取了以上教训,因此尽量避免再发生布尔战争式的战争。至于美国是否会追随英国的脚步,只有时间能告诉我们。从积极方面看,"基地"组织及其附属组织在总体上处于衰退期,美国对波斯湾地区石油的依赖度也在下降（由于能源利用率的提高和美国本土石油产量的激增，美国在2014年的能源进口量应该是1987年之后最低的）。但从消极方面看，阿富汗战争的结局似乎比伊拉克战争更令人失望，"阿拉伯之春"则导致了经济崩溃和美国信誉度的下降（尤其是在2013年9月，叙利亚问题的外交努力遭遇失败之后）。此外，伊朗距离掌握核武器只有咫尺之遥。基辛格曾在伊拉克战争情况最糟的时候警告："（伊朗获得核武器）将是美国最大的战略梦魇。"[21] 从那时开始，美国对伊朗采取了一系列措施，包括严厉制裁、暗杀科学家，以及发动网络攻击。这些措施迫使伊朗坐到了谈判桌前，但是伊朗人已经取得的核技术方面的进展是无法再倒退的。

如果伊朗给导弹装上了可以进行实战的核弹头，那么它有可能与以色列，甚至与美国开战。不过，伊朗完全没有必要这么激进，因为在全世界知道伊朗能在短时间内部署核武器之后，它大可以借此威慑它的邻国。美国和亚洲西南部的国家可能不得不学会适应这一局面，就像美国和东北亚国家已经学会适应拥有核武器的朝鲜一样。不过，另一种可能是，由于伊朗即将拥有核武器，这会促使伊朗那些富有的邻国，包括土耳其、沙特阿拉伯和阿联酋在内，也迫不及待地要在核武器的发展上达到与伊朗相近的水平。如果事态发展到这一步，以色列和（或）美国可能就会觉得有必要再发动一场先发制人的战争——一场胜过所有布尔战争的战争。因为，进行这样的一场战争，也比在整个中东进行一场核战争的前景要好得多。

截至本书撰写时，亚洲西南部消耗了美国国防预算的差不多1/6。即便美国能成功地避免在这一地区再进行一场布尔战争，鉴于恐怖主义、宗教极端主义和伊朗核计划的持续威胁，以及这一地区石油资源的重要性（至少在短期内如此），美国在这一地区的国防开支不太可能在短时间内缩减。如果亚洲西南部仍然是美国最主要的军事重心，那么这种程度的开支是可以接受的，然而，在未来十年的种种不确定性之中，这个假设的前提的不确定性或许是最高的。

难免会进行的类比

"在预测我们下一场军事行动的性质和地点方面,我们有着完美的纪录,"2011年,美国国防部长罗伯特·盖茨对西点军校的学生们说,"我们一次都没猜对过。"[22]

但军方的努力从来都不曾停止。不管怎么说,方案还是要制订的,武器系统也还是要采购的。到了20世纪90年代,随着苏联解体和许多场国与国之间冲突的消弭,越来越多专家认为世界上不会再发生大规模战争了。2001年后在伊拉克和阿富汗进行的战争似乎证实了这种判断。从现在起,美国人似乎只需要应对反抗军的战斗了。

正因如此,当我在2012年初有机会造访位于加利福尼亚州欧文堡的美国陆军国家训练中心时★,我发现自己身处一个仿造的中东村庄之中,其中到处是清真寺和讲阿拉伯语的演员。我和一些人在一个尚未完工、烈风阵阵的屋顶上观看一场演习。演习中,一支部队正要将一些"阿富汗长老"护送到一处会议现场,而假扮的恐怖分子将在街巷中发动伏击。随着一声震耳欲聋的巨响,一个垃圾桶中的炸弹爆炸了。狙击手们从窗口和小山坡上开火。一辆悍马车坏在了一个关键的十字路口处。整个现场十分喧嚣,尘土飞扬,一片混乱(图7.5)。不过,这支护送队还是设法杀出了一条血路。

坐落在莫哈韦沙漠中的欧文堡的面积有罗得岛州那么大。美军士兵在被派遣到海外之前,欧文堡是他们要去的最后一处训练基地。在过去的三十多年中,这里的情况就能体现出美国人对即将到来的军事冲突的设想。如果我在这个训练中心刚刚开办时的20世纪80年代造访,就会看到数百辆坦克远距离对射、战斗机漫天飞舞以及步兵营对中欧城镇的仿造建筑发动进攻。但在2005年,这一切都变了样,因为美军对反抗军的重视程度更高了。所有的仿造楼房都被推倒了,只

★ 在此,我要再次感谢已经退役的卡尔·艾肯伯里将军及欧文堡的将士们为我安排这次访问。

图7.5 真正的战争游戏：2011年，在加利福尼亚州欧文堡的美国陆军国家训练中心一处仿造的中东村庄里，看上去一切都乱了套

资料来源：Department of Defense photos

留了一座仿造的小镇作纪念。在那些仿造楼房曾经矗立的地方，我所看到的那些清真寺尖塔和伊斯兰学校拔地而起。

如果我以后再有机会造访，莫哈韦沙漠中的场景或许会再次发生变化。当"世界警察"足以压制任何敌手时，战争的形式就会是镇压反抗军。不过，美国军队正在提出这样的问题：这样的情形还会持续多久呢？要盼望最好的情况，但也要做好最坏的打算。训练中心正在把坦克弄回来。仿造的中东场景将变成各种各样的场景，从闪电战式的突破到对付歹徒的枪战。新的场景可以用来演绎从叙利亚到韩国的各个地点。不争的事实是，美军又一次把大战提上了训练日程。

美国这个"世界警察"在亚洲西南部付出了诸多努力。然而，有一个迹象正变得越来越明显：美国阻止战略性敌手崛起的能力衰减得最厉害的地方实际上是东亚。在亚洲大陆的外新月地带——从日本到雅加达的一系列岛链，总体情况良好。实际上，从某种意义上讲，东亚外新月地带的发展很像西欧地区。日本，就像联邦德国一样，在1945年进行了非军事化，并被军事占领，随后又部分地重新军事化，并且在美国的监督下被接纳进了世界市场。韩国、中国台湾、中国香港和新加坡也一个接着一个地变成了经济巨人。不过,即便在日本经济速度超过联邦德国、其持有的美国国债数量达到惊人高度的20世纪80年代,也没有什么人认为美国把日本变成了它的敌手。

然而,东亚的内新月地带的情况则截然不同。中国不仅控制着上千千米的内新月地带的海岸线,还拥有一部分亚欧大陆心脏地带的土地。如果德国在两次世界大战中打赢任何一场,它所处的地理位置就将与中国相似。2000年以来,这样的地理环境使得中国成为世界上最大的经济体之一。然而,在工业革命发生之后,这样的地理环境却使得中国需要通过外新月地带进口自然资源、出口制成品。每年,有价值五万亿美元的商品穿越中国南海,这不仅使得马六甲海峡具有了重要的战略意义,甚至使得诸如南沙群岛和西沙群岛这样的小礁石也充满了战略意义。

当中华人民共和国于1949年成立时,外新月地带的"世界警察"们似乎用足以遏制中国经济的岛链包围了中国。中国最初的反应是下一剂猛药。在前五年内,中国志愿军开赴朝鲜战争的战场,并筹划"武力解放台湾",希望借此打破"世界警察"的封锁。接着,中国转而全凭意志力来实现在工业革命上的"大跃进"。结果,农民们大炼钢铁,反而导致大面积饥荒。中国领导者错误发动了"文化大革命",号召年轻的共产党员们以毛泽东思想作为武器,在建设新的共产主义社会之前打破一切"旧的事物"(包括经济)。"文化大革命"再一次带来了灾难。

到了1972年,情况已经很糟,中国感到必须释放出开放的信号,以在最大的可能限度内进行改变。此前,理查德·尼克松一直试图拉近中美关系,共同对抗苏联。现在,令世人震惊的是,中国邀请尼克松访华。"这是改变世界的一个星期。"[23] 尼克松不无夸张地宣称。毛泽东去世之后,20世纪70年代末,邓小平意识到中国必须通过持续数十载的年均8%的经济增长来避免更可怕的饥荒的发生。于是中国向世界经济敞开了大门。既然中国无法靠武力冲破岛链，经济上的开放可以改善与美国之间的关系。

邓小平的改革开放政策带来了好处。在20世纪90年代，有1.5亿农民离开了贫困的内陆地区，来到了沿海的工厂工作，相当于每年增加一个芝加哥的城市人口。农民迁徙到城市之后，其收入平均会增长50%；与此同时，由于新增的城市人口也需要食物，那些仍然务农并且向城市出售食物的农民也可以获得每年6%的收入增长。到2023年，中国经济规模已经是其1978年的346倍。

这还仅仅是个开始。在2006年，中国的道路上每天要新增1.4万辆汽车，铺设的新路则接近8.5万千米。据官方预计，到2030年，中国将再新增4亿城市人口。为了容纳这些新增城市人口，中国将要建设的房屋总量是世界上目前正在兴建的房屋总量的一半还多。1976—2006年，中国占世界经济总量的比例增加了一倍还多，从2.37%上升到了5.31%。而在此期间，美国的占比则出现了下滑。尽管美国仍然处于领先地位（占全球GDP的26.68%），但不可否认的现实是，"世界警察"现在有了一个对手。

美国之所以让中国成为其对手，其中的原因与19世纪晚期英国让德国和美国成为其对手的原因是一样的："世界警察"本身在这一过程中也变得更加富有。实际上，从经济角度来看，中国的崛起对美国是件极大的好事。由于来自中国的商品非常便宜，大多数美国工人的生活水平提高了，即便他们的工资水平并没有什么提高。中国通过购买高达一万亿美元价值的美国国债，实际上又把它赚得的利润借给了美国，这样一来，美国人就总是有钱继续购买中国的商品。最后，中国的廉价商品带来的通货紧缩压力，又可以抵消廉价的中国信贷带来的通货膨胀压力。皆大欢喜。

历史学家尼尔·弗格森和经济学家莫里茨·舒拉里克将互惠的"世界警察"和它的亚洲朋友称作"中美国"（"Chimerica"）[24]——中国和美国的联合。不过，这个词语真正的巧妙之处在于，"中美国"

本身也是一头奇美拉怪兽。整个世界终将从这场迷梦中醒来。无论是在经济学家层面还是在战略层面，每一种行为都有其"顶点"。而一旦越过了这一顶点，就像克劳塞维茨所说的，"就会发生剧变，遭到反击"[25]。

在 2004 年，趋势就已经发生了变化。在那一年，《商业周刊》宣称"中国价格"[26]已经变成了"美国工业社会最可怕的一个词"。2008 年，随着经济规律再次发作、西方世界的资产泡沫破裂，这一变化完成了。到 2009 年 4 月，当这次大滑坡还未见底时，二十国集团领导人就聚集在伦敦，起草出一个应对方案。东道主英国的一位与会人士表示，他们最大的希望就是整个会议期间非常流行的一则笑话能够成真："过去，资本主义挽救了中国；今后，中国则挽救了资本主义。"[27]

有句谚语说，当心你在祈求的事情，因为它没准会成真。对美国的外交人员和工业家来说，中国在挽救资本主义中的作用，使得"中国价格"成了他们最害怕的一个词。中国已经成为经济领域中的一个庞然大物，其巨大的体量正把西太平洋地区吸引向一个以中国为中心的轨道。就在 2009 年，韩国、日本都主动向中国示好。缠绕中国的岛链即将断裂。

最重要的问题是，这样的前景究竟对"世界警察"意味着什么。中国告诉我们，这不会带来什么严重的后果。从 2004 年开始，中国就一直用"和平崛起"[28]描述自己日益提高的影响力。中国政府坚称，中国不会挑战美国的世界体系，而是要参与这个体系，并且接受这个体系的规则。为了避免"和平崛起"这个字眼仍显张扬，中国政府又在 2008 年更进一步，把这个说法换成了"和平发展"[29]。中国的发言人解释说，这是古老的中国文化的一部分，深深植根于儒家思想之中。中国不愿意使用武力解决争端，而更愿意以德服人，因为合作可以让大家都过得更好。

美国也曾屡屡对自身的政策做出类似的解读。早在 1821 年，约翰·昆西·亚当斯就曾宣称，美国要通过"以身作则的仁爱与同情心"[30]在世界上留下自己的印记。不过,尽管说得动听,美国经常诉诸武力。实际上,纵观历史,巨大的地缘政治转变往往会伴随着可怕的暴力。15—19 世纪的欧洲崛起带来了 500 年战争,1914—1945 年经济重心从欧洲向北美洲的转移则引发了一场钢铁风暴。或许这次的情况会有所不同。但如果西太平洋地区向以中国为中心的轨道移动意味着这一地区将脱离美国的轨道的话,那么这可能会给"世界警察"带来致命的后果。

中国的领导人既不会是儒家思想推崇的圣人,也不会是像一些西方批评家指责的恶人。他们只会和整个世界的历史中出现过的领导者们一样。但这已经足以让美国人感到警觉。像世界其他国家一样,中国也必须进行这场死亡博弈。从 20 世纪 80 年代以来,中国在这场博弈中做得一直不错,这就意味着中国像所有成功者一样,在鸽派策略有效时就采取鸽派策略,而在鸽派策略无效时采取鹰派策略。中国并不会用孔子的思想代替麦金德的战略思想。用记者罗伯特·卡普兰的话说,中国是一个"非常现实的国家"[31]。

中国人意识到了他们在军事上的弱点、外交上的孤立和战略上的弱势。因此,在毛泽东之后,整整一代中国人一面追求军事现代化,一面又避免发生冲突。在 1989—2011 年,中国的军费开支几乎增长了 7 倍,而在全球反恐战争中投入甚巨的美国人,其军费开支只增长了 1/4。★

用战略家爱德华·勒特韦克的话说,在今天的中国和 19 世纪 80 年代的德国之间,我们"难免会进行类比"[32]。不过,尽管这两个国家都为了将工业实力转化为军事实力投入了巨资,但中国花钱的方式要比德国更聪明。德国的威廉皇帝打造了一支战列舰舰队,明目张胆地挑战,而中国则用另一种聪明的方式挑战美国。

★ 如果我们将时间段设置为 1998—2010 年,也就是美国国防开支的最低点和最高点,那么美国的国防开支差不多增长了一倍,但这一增幅还不到同期中国国防开支增幅的 1/3。

中国的投资大部分花在了潜艇、地雷和短程弹道导弹上。这些装备无法挑战美国在海洋上的霸权,但足以让美国远离中国的近海。据《纽约时报》报道,中国"试图在太平洋西部获得更多的战略空间,这样一来美国的战略性武器就无法穿越黄海和东海"[33]。中国可能距离成功很近了:2009年,兰德公司进行的战争推演表明,中国大陆到2013年就将有能力赢得在台湾上空的制空权。中国大陆的数千枚导弹将迅速压制台湾的陆基战斗机,而美国战机将被迫从部署在导弹射程之外或远在关岛的航母上起飞。

中国如果只需要依靠自己的经济实力就足以解决所有争端,并获得有利于自己的结果的话,那么这一切都不重要,而并非如此。到2010年,中国日渐壮大的实力已经惊动了它的一些邻国,使它们联合起来共同对付中国巨人。很自然地,当鸽派政策不再奏效时,中国就变得更加鹰派了。中国与日本、菲律宾、越南甚至印度进行了一系列的对峙活动。围绕着一个又一个无人定居的珊瑚礁,各国的飞机呼啸而过,护卫舰用高压水枪互相射击,渔民遭到抓捕。"中国全社会逐渐有了钓鱼岛局势恶化到最坏的思想准备。"[34]《环球时报》警告道。

2011年年中,当环太平洋地区的各国政府都在审视自己的未来选择时,我有幸受邀到堪培拉参加澳大利亚战略政策研究所的一次会议。★在澳大利亚看来,该国尤其处于进退两难的境地。2009年,当整个西方世界都陷入衰退时,澳大利亚能幸免于此,很大程度上是因为中国对煤炭和铁的巨大需求刺激了该国矿业和大宗商品的繁荣。到2011年,澳大利亚是富裕国家之中唯一实现连续20年持续经济增长的国家。用澳大利亚战略政策研究所主任、退役少将彼得·阿比盖尔的话说,对于许多澳大利亚人来说,这意味着"澳大利亚将要在某一阶段做出一次抉择:是选择其最重要的经济伙伴(中国),还是选择其最重要的安全伙伴(美国)"[35]。

★ 对此次邀请我要再次表示感谢。

在全球金融危机最严重的时期,澳大利亚已经暗示了它将做出怎样的选择。"在澳大利亚政府看来,"2009年公布的一份国防白皮书中写道,"美国的持续存在最有利于这一地区的战略稳定。"[36] 但正如澳大利亚的记者们无情地指出的那样,澳大利亚政府的想法根本就是一团糨糊:这份白皮书中先是宣称澳大利亚的安全伙伴有着最重要的位置,接着又开始讨论澳大利亚怎样才能继续赢得经济伙伴的青睐。

我参加的那次会议,旨在澳大利亚政府发表其下一份国防白皮书之前理清这一团乱麻。会上的讨论开放而激烈,从战略的本质一直探讨到城市化和能源问题,但在整个会议期间,我却能分明感受到整个会议室中弥漫着不安。我们讨论的每一种选择似乎都弊大于利:与经济伙伴分道扬镳会毁掉澳大利亚;与安全伙伴分道扬镳会让澳大利亚无力对抗中国;即便澳大利亚神奇般地维持了现有的平衡,矿业的持续增长最终会扭曲其经济结构,进而毁掉澳大利亚。

就我个人而言,当我离开堪培拉的时候,比去的时候更不清楚未来会发生什么。不过,就在幕后,更重要的对话正在进行中。起初,这些对话看上去更具有决定性:澳大利亚政府放弃了模棱两可的表态,宣称"澳大利亚与美国将协调双方的军事姿态,为双方共同的安全利益服务"[37]。2011年11月,贝拉克·奥巴马飞往堪培拉。"不要怀疑,"他对澳大利亚国会说,"美国将在21世纪全力投入亚太地区……我们将调配一切所需的资源,来维持在这一地区强大的军事存在……我们将遵守我们的承诺。"[38] 在接下来的几个月中,类似的会谈在整个岛链带上进行着。一个接一个国家仿效澳大利亚,发表了声明。接着,是一系列的集体安全协议的签署,一些国家则做出了重大的政策转向。

然而,这些新的确定性来得快,去得也快。2013年5月,澳大利亚新的国防白皮书放弃了之前的强硬表态,并且大幅削减了军事开支。"如果说中国人会将之前的表态视作一块挑衅的红布的话,"位于悉尼的洛伊国际政策研究所的罗里·梅德卡尔夫认为,"那么我们就难免将澳大利亚的新政策视同升起一面白旗。"[39] 新上任的解放军副总参谋长戚建国对此表示，"美实力相对下降，主导亚太心有余而力不足"[40]。

或许，我在堪培拉感到困惑是很正常的。在西太平洋地区，未知的未知所组成的迷雾比世界上任何地方的都更加浓厚，一切都是未知数。然而，这也是最重要的抉择将发生的地方。"如果我们对中国的应对出现失误，"一位美国的内幕人士坦承，"那将是未来三十年内人们所能记住的唯一一件事。"[41]

打破岛链

在应对中国的过程中，美国可能犯的最可怕的错误与一个世纪前英国可能对德国犯下的错误一样：与之开战。

在美国的专家看来，最易于想象的引发军事冲突的情境，就是中国控制了钓鱼岛、南沙群岛、西沙群岛或是其他类似的领土，并且寄希望于美国人的软弱反应会使得其盟友抛弃美国，从而打破岛链。然而，几乎没人认为这种情境会成真。2011年，《外交政策》杂志请一些专家就未来10年发生中美战争的可能性打分，分数范围从1分（不可能）到10分（肯定会发生）。[42] 没有一个专家给出高于5分的分数，平均分仅为2.4分。非专业人士也表示赞同。同一年，美国的独立性民调机构皮尤研究中心发现，只有20%的美国人将中国视作最大的国际威胁，而2009年时这一比例为40%，且当时中国得到的分数位居第一（排名第二的朝鲜所得比例为18%）。[43]

之所以说这种围绕岛屿展开对战情境的发生看起来可能性很低，是因为在西方专家看来，尽管中国军事实力在进步，但美国仍然占有压倒性的优势。如果中国采取攻势，美国人将采用所谓"空海一体战"[44] 对中国发动反击。美国有着完备的电子战方案，并将以此作为攻势的序幕，使中国的电网和金融陷入瘫痪，并使其卫星和监控系统失效，再干扰中国的指挥和控制系统。美国的巡航导弹和弹道导弹可以在飞行数千千米之后依然保持打击偏差在 4~9 米之内，从而可以摧毁中国的军用跑道和地对空防御系统。无法被侦测到的隐形战机（B-2 轰炸机、F-22 战斗机乃至 F-35 战斗机）将深入内陆，摧毁导弹发射台。中国可能在几个小时之内就丧失主动权。

中国的专家们似乎也认为围绕这些岛屿展开的对战是不明智的。实际上，他们认为真正的安全风险并非中国发动的进攻，而是美国发动先发制人的打击。在 20 世纪 50 年代，美国曾经将坦克推进到鸭绿江边，还两次威胁要对中国发动核战争。2002 年，业内人士称，中国认为美国增强了其在亚太地区的军事部署，加强了美日军事联盟以及与印度的战略合作，改善了与越南的关系，引诱着巴基斯坦，在阿富汗巩固了亲美政府，并且增加了对台湾的军售，中国似乎在遭到围攻，美国拓展了其前哨，并从东、南和西这三个方向对中国施压。在某些人看来，死亡博弈的残酷逻辑似乎会鼓励美国在仍然可能的时候利用其在军事方面的领先优势，无端地对崛起中的对手发动打击，以此为自己再赢得一辈人的"世界警察"地位。

当然，这是最不可能出现的一种情况。"世界警察"，像现实生活中的警察一样，一旦对无辜者动粗就将蒙受巨大的名誉损失，将付出更高的代价。如果被打击的对象同时还是"世界警察"的债主的话（正如中国与美国的关系），那么对其进行突然袭击就将是非常糟糕的主意。美国治下的和平，就像英国治下的和平一样，对外交和经济手段的依赖度与对军事的依赖度一样高。就算美国打赢一场先发制人的战争，这场胜利对美国人的损害程度将几乎近于其对被打击对象的损害程度。

如果说有谁会从这样一场战争中获利的话，那么很可能是俄罗斯——在 1992 年《国防计划指导》的起草者心目中第四位有威胁的地区。在 10 年时间里，他们对俄罗斯复仇的担心似乎是不必要的，因为俄罗斯的经济一落千丈。在 20 世纪 90 年代，俄罗斯的经济产值下滑了 40%，实际工资水平下降了 45%。1998 年，俄罗斯政府债务违约。俄罗斯人的生活水平迅速下降：在 2000 年，俄罗斯人的平均寿命要低于他们的祖父母辈。俄罗斯仍然拥有世界上最大的核武库，但是人们甚至不知道俄罗斯的导弹是否还能应用于实战。俄军在车臣面对宗教极端分子的战争中，表现得很糟糕。

然而，自20世纪90年代以来，情况发生了很多变化。依靠石油和天然气出口，俄罗斯的人均GDP在2000—2012年增长了一倍。克里姆林宫宣布了一项耗资6000亿美元的潜艇和导弹革新计划。在原有的苏联红军的基础上，俄罗斯精选出了规模更小、更加灵活、可以执行出击任务的部队。俄罗斯的威胁程度依然远远低于苏联，而且如若其石油出口收入果真如世界银行所预料的那样从2015年开始下滑，其威胁程度可能会继续下降。不过，即便如此，美国的攻击姿态如果将中国推进俄罗斯的怀抱，那么这将是"世界警察"所能面对的最糟糕的情况。一个控制着亚欧大陆心脏地带和一大片内新月地带的中俄联盟将是麦金德最大的梦魇。

一段时间以来，俄罗斯和中国进行着松散的合作，联手阻挠美国在叙利亚、伊朗、巴基斯坦和朝鲜问题上的一些方案。不过，中俄两国之间的矛盾——俄罗斯对越南和印度的军售，中国购买俄罗斯石油和天然气的问题，以及两国在矿物丰富的哈萨克斯坦和蒙古国的竞争——也使得两国的合作无法深化。美国如果在战场上击败中国，那么美国非但不能延长其"世界警察"的任期，还将使其越过战略"顶点"，使得中国在除俄罗斯之外别无选择。这正是美国一直试图避免的战略灾难。

显而易见，尽管自2009年以来发生了诸多的小摩擦和政策转换，使用武力的代价对任何参与方来说仍实在太过高昂了，而其所能带来的收益又极其低下。很难想象会有哪个国家会在21世纪第二个10年在东亚地区挑起大国之间的战争——就如同在19世纪70年代，当英国刚刚露出要失去对整个世界的控制权的迹象时，人们也可能想象有哪个国家会在欧洲发动战争。直到40年之后，随着英国的经济增速持续低于其对手，英国的实力继续相对衰落，最终导致有人点燃了导火线。在我看来，这样的历史类比是需要我们担心的。如果从 21 世纪第二个 10 年至 50 年代的这 40 年如 19 世纪 70 年代至 20 世纪第二个 10 年的那 40 年一样发展，那么我们将经历历史上最危险的阶段。

当然，历史并不一定会重演。在未来 40 年中，很多事情都可能会发生变化。中国的增长可能会陷入停滞，就像日本在 20 世纪 90 年代时那样。或者，美国经济可能会获得新的增长点，从页岩和沥青砂中获取天然气和石油的革命或许会为其注入新的动力。通过这一充满希望的革命（也有人把这视作重大的威胁：环保主义人士公开谴责新兴的液压技术），人们将可以从原本被视作毫无利用价值的源头获得大量的能源。另有一些经济学家则认为，纳米技术和 3D 打印技术带来的"第三次工业革命"[45] 将让美国的生产力实现更加迅猛的增长。或许，如同历史上已经发生过多次的那样，美国将再一次挫败人们对它的抨击。在 20 世纪 30 年代，很多人认为美国已经被毁掉了，结果美国不仅重整旗鼓，而且还在 20 世纪 40 年代打败了纳粹德国。20 世纪 70 年代，又有些人开始唱衰美国，结果美国在 20 世纪 80 年代又击败了苏联人。或许，美国并不会陷入那场 40 年的循环，而是从 21 世纪第二个 10 年的颓势中复苏，并且在 21 世纪 20 年代胜过中国。

不过，从当前的趋势来看，上述前景不太可能发生。在接下来的几十年中，中国的增长很可能会放慢，但大部分经济学家认为，中国的经济增速仍然会高于美国的经济增速。例如，经济合作与发展组织预计，中国经济的增速将从 2013 年的 9.5% 下滑到 2030 年的 4%，但在这段时间内，美国经济的历年年增速都不会高于 2.4%。美国国会预算办公室的预期要更加悲观，认为美国在 21 世纪 20 年代的年经济增速最高仅为 2.25%；还有些金融分析师预计美国长期年均增速仅为 1.0%~1.4%。

大部分人都预期中国经济将在 2017—2027 年超越美国（按照《经济学人》杂志的说法，这很可能会发生在 2019 年，并且几乎肯定会在 2022 年前发生）。据普华永道会计师事务所预计，到 21 世纪 50

年代，中国的 GDP 将比美国高出 50%，而经济合作与发展组织的经济学家则认为这一数字将超过 70%。他们还一致认为，印度经济到那时也将赶上甚至超过美国（表 7.1）。

表 7.1 后美国时代的世界？

	2011 年	2030 年	2050 年
美国	13.6	21.2	38.8
中国	10.8	33.3	66.2
印度	4.1	13.3	43.4
	2012 年	2030 年	2060 年
美国	15.2	23.4	38.0
中国	11.3	30.6	53.9
印度	4.5	13.7	34.7

注：上半部分为普华永道对 2011—2050 年美国、中国和印度 GDP 的预测（数值 1=1 万亿美元，以 2011 年美元购买力平价计）；下半部分为经济合作与发展组织对 2012—2060 年美国、中国和印度 GDP 的预测（数值 1=1 万亿美元，以 2005 年美元购买力平价计）

美国之所以能在 21 世纪第二个 10 年中期占据绝对的军事优势，不仅是因为美国的经济总量高于中国（2012 年时，大约是 15 万亿美元对 12 万亿美元），而且美国花费在军费上的比例更高。然而，这点也在发生变化。中国的军事投入在 1991—2001 年增长了一倍还多，又在其后的 10 年中增长了两倍，但其增速很可能在 21 世纪第二个 10 年放缓。然而，美国的军费开支在减少。2013 年 3 月，由于没有办法解决其高达 16.7 万亿美元的巨债（平均到每个纳税人身上是 14.8 万美元），美国政府只能选择全面削减预算。军事开支在 2012 年时还高达 6 900 亿美元，到 2013 年则削减到 4 750 亿美元；到 2023 年，按实际价值衡量，美国的军事开支将低于其 2010 年的水平。

中国还要花费几十年时间才能赶上美国的军事预算（两国在 2012 年差距为 2 280 亿美元）；而即便预算追上了美国的，美军在领先世界一个世纪之后所积累的士气、指挥控制和综合能力等方面的优势也不会迅速丧失。但这可能并非最重要的一点。英国的海军在正面对抗中并不一定会输给任何一个国家,但英国早就在实际上失去了其"世界警察"的地位。如果美国的经济实力不再足以供养一支可以迅速威慑任何国家的强大武装力量,那么美国可能很快就会面临与英国一样的命运。美国智库布鲁金斯学会的迈克尔·奥汉隆警告称,在21世纪第二个10年,"美国的基本战略诉求可能被迫发生重大转变……尽管这不会迅速削弱美国或其武装力量,但对我们所生活的这个世界来说已经足够危险"[46]。

2010年,当时即将离任的美国参谋长联席会议主席警告:"对我们的国家安全威胁最大的,是我们的债务问题。"[47]然而,这一说法实际上在两个层面上轻视了美国的问题:首先,债务问题仅仅是美国相对经济衰落这一深层问题的表象(图7.6);其次,美国的经济问题不仅威胁其自身的安全,更威胁了整个世界的安全。

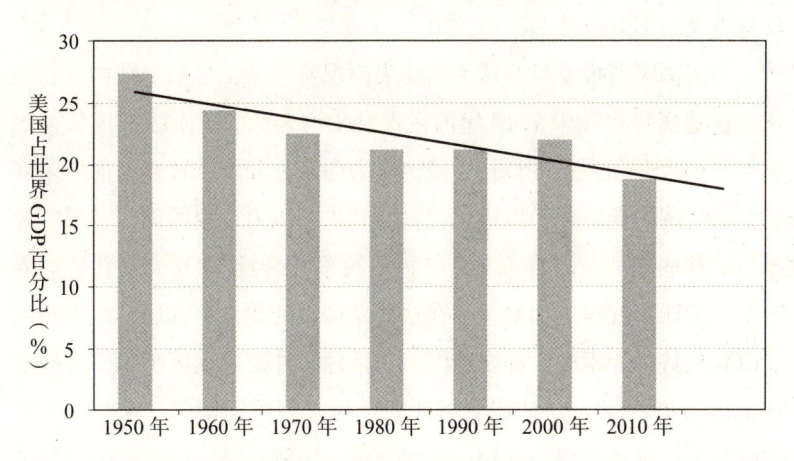

图7.6 下坡路:美国相对世界其他地区的经济衰落——20世纪50—70年代的逐渐下滑,20世纪80—90年代的部分反弹,以及2000年以来的迅速下滑

如果美国经济在过去60年中的下行趋势再持续40年,美国将失去其作为"世界警察"所必需的经济支配权。像1900年前后的英国一样,美国可能不得不把自己的一部分管辖区交给其盟友,从而使未知的未知

411

迅速增加。对在21世纪第二个10年乃至20年代的崛起中的国家来说，做出任何可能导致与美国开战的冒险举动都是愚蠢的。但到了21世纪30—40年代，情况可能就会大为不同了。如果美国经济无法得到重振，那么21世纪50年代可能就会与20世纪第二个10年有许多的共同点，因为没人再确信"世界警察"仍然可以靠武力对付任何人了。

危险年代

美国国家情报委员会每四年都会为新当选或连任成功的美国总统提供一份战略预见报告。*该委员会在2012年出版的《全球趋势2030》中警告称："我们正在深入未知水域。"[48] 他们认为，在21世纪第二个10年，真正的问题并非美国未能阻止新的对手的出现，《国防计划指导》的起草者们在20年前担忧的大国之间的政治摩擦可能仅仅是更大的不确定性的冰山一角。

美国国家情报委员会认为，在表面现象之下，是七个结构性的变化。这些变化将在未来10年内慢慢发生：全球中产阶级的成长，更多人掌握致命和毁灭性科技，经济实力向东方和南方转移，前所未有的范围广阔的老龄化，城市化，食物和水源压力，美国重新实现能源自给。这些趋势并非都不利于"世界警察"，但至少它们都让"世界警察"的职责变得更加复杂。在这些结构性变化之上，还有六个"可能改变局势的因素……即全球经济、治理、冲突、地区不稳定、技术和美国的角色"[49]。这些因素可能在任何时刻发挥作用，在几个星期的时间内改变地缘政治面貌。而浮在最上层的，是一群短期的"黑天鹅事件"：从流行性疾病，到可能使全球电力供应陷入瘫痪的太阳风暴，再到欧元的崩溃。

★ 我曾于2011年7月受邀做报告，并参与过数次在硅谷举行的会议。在此，我要感谢美国国家情报委员会主席前任顾问麦特·伯罗斯和大西洋理事会战略规划项目主任班宁·加勒特的邀请。

在1870—1914年这段不安宁的岁月里,自然有其独有的不确定性。然而,美国国家情报委员会指出,我们今天还要额外面对一项全新的挑战:气候变化。从1750年到今天,人类已经排放了数以千亿吨计的二氧化碳,而其中有1/4是在2000—2010年之前排放的。2013年5月10日,大气中二氧化碳的浓度超过了百万分之四百,达到了80万年以来的最高值。1910—2010年,平均气温升高了0.8摄氏度,而有记录以来最热的10个年头都在1998年以后。

迄今为止,这一现象产生的影响还很小,但最坏的影响已经出现在被美国国家情报委员会称作"不稳定弧形带"[①]的地区。这一新月形区域贫穷、干旱、政局动荡,但又通常拥有丰富的能源储量。从这一地区传出的消息通常都是坏消息。在近几十年中,浇灌叙利亚和伊拉克大部分土地的幼发拉底河的水量减少了1/3,而其流域地区的地下水位在2006—2009年每年要下降约0.3米。2013年,埃及甚至暗示说,如果埃塞俄比亚执意在尼罗河兴建大型水坝,埃及将不排除诉诸武力。极端气候将给这一弧形地带带来更多的干旱、粮食歉收及数以百万计的难民。这些将诱发更多的布尔战争。

然而,最大的不确定性在于,气候变化是个彻头彻尾的未知因素:科学家们完全不知道接下来会发生什么。2013年,美国国家航空航天局报告称,"五年期全球气温平均数在过去的10年中保持不变"[50](图7.7)。这或许是个好消息,因为它可能意味着气温对碳水平变化的敏感度并没有气象学家们想的那么高。如果是这样的话,全球变暖的程度可能就会维持在预测值的低位,即在1985—2035年,全球气温仅仅会提高0.56摄氏度。这也可能是坏消息,因为它可能意味着碳水平与气候之间的关系比人们想象得更不稳定。如果是这样的话,气温有可能会在经历了2002—2012年的平稳期之后迅速飙升。

[①] 在美国国家情报委员会发布的《全球趋势2025》中,将不稳定弧形带定义为,"从拉丁美洲的安第斯地区,延伸到撒哈拉以南非洲、中东和高加索地区,并穿过南亚北部地区"的弧形带。——编者注

尽管很少有什么科学界的争论具有如此非凡的战略性意义，但美国的预算削减方案却迫使中央情报局在 2012 年底（也就是《全球趋势 2030》出版前不久）关闭了其气候变化与国家安全中心，而此举可能意味着我们将面对更多的不确定性。

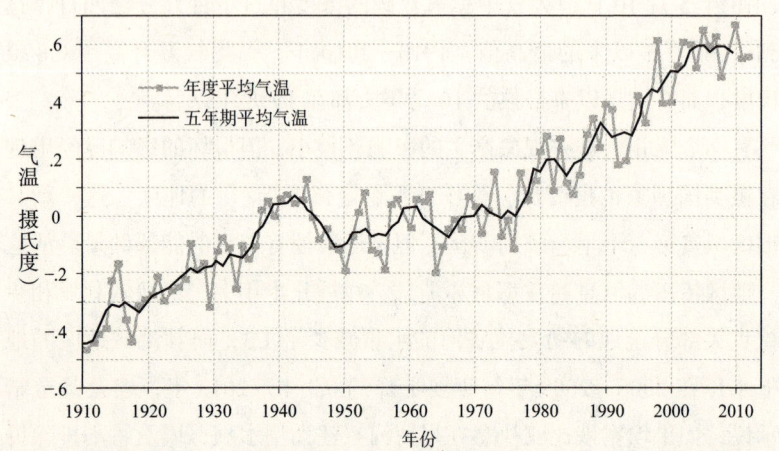

图 7.7 战略性科学：美国国家航空航天局估算的 1910—2010 年的全球变暖趋势。灰线表示年度平均气温，黑线表示五年期平均气温。令许多科学家感到惊讶的是，黑线竟然在 2002 年之后趋于平直

不过，尽管有这些负面因素，美国国家情报委员会仍然对远至 2030 年（也就是该报告研究范围的截止点）的未来持相对乐观的态度。"世界警察"将面临越来越大的经济压力，但仍然可以胜任其职责；如此一来，尽管"大国之间可能会发生冲突，但我们不认为……有任何紧张关系或双边冲突足以引发全面的大战"[51]。不仅如此，大国摩擦可能造成的死亡人数也在呈下降趋势。现在世界上的核弹头数量已经不足以消灭全人类了：如果在 21 世纪第二个 10 年中期发生一场交战双方都竭尽全力的核战争，可能会有几亿人丧生。这一数字要高于二战造成的死亡人数，但要比彼得罗夫做出生死抉择的那一刻面临生命危险的人数（超过 10 亿人）少得多。随着时间的推移，战争可能造成的死亡人数的规模很可能会进一步下降。许多大国都准备进

一步削减核武器数量；2013年，美国由于资金原因停止了在洛斯阿拉莫斯的钚生产，从而使得美国不可能在短期内恢复核武器的制造。

核弹头不仅在数量上减少，其爆炸威力也在减小。核弹技术已经有75年的历史了。在核弹刚被发明出来的时候，炸弹从飞机上丢下去如果能落在预定目标位置800米以内，那都是一件不容易的事情。瞄准问题的解决靠的是数百万吨级爆炸威力核武器的巨大爆炸威力：直接夷平整座城市。但在今天，精确制导的武器可以将打击精度控制在几十厘米之内，这就使得那些巨大而昂贵的氢弹显得没有存在的必要了。精准的低当量核弹头，甚至精确制导的常规炸弹已经基本上取代了氢弹。

很重要的是，使精确制导炸弹成为可能的计算机技术也让我们拥有了可以投入实战的反导弹防御手段。这项技术还有很长的路要走，今天的防御系统还无法阻挡数百枚具有诱导和反制功能的导弹的猛烈袭击。不过，在1999年至今的16次试验中，美国的陆基中段防御系统拦截了半数来袭的洲际弹道导弹。2012年11月，以色列的"铁穹"防空系统取得了更好的成绩：面对来自加沙地带的速度更慢、距离更近的火箭弹，该系统拦截了90%的目标（图7.8）。

在未来的10年或20年中，战争的计算机化将会更进一步，并且将使得战争的血腥程度下降，至少在起步阶段会如此。20世纪80年代，当苏联试图镇压阿富汗反抗军时，苏联军队对阿富汗反抗军所在的村庄发动了地毯式的轰炸，造成上万人丧生。与之相反，从2002年开始，美国开始越来越多地使用远程操纵无人机在阿富汗执行任务。像精确制导导弹一样，这些无人机★比其他可选武器的造价更低廉（顶级的MQ–9收割者的造价约为2 600万美元，而一架F–35战斗机的预计造价为2.35亿美元），而且造成的死亡人数会更少。无人

★ 这里的用词也是有争议的。空军更喜欢使用"远程控制飞机"，旨在强调它们依然是飞机，而且依然有驾驶员在控制；陆军和海军使用"无人飞行载具"；而民间则喜欢用"无人机"这一说法。作为一个平民，我也更愿意用"无人机"。不过，在军事圈里，"无人机"这个词通常指那些用来进行射击训练的自动器具。

机在阿富汗和巴基斯坦执行任务期间究竟造成了多少平民死亡，仍含糊不清，各方给出的估算从一两百到一两千不等。不过，即便是最高的估算数字，也要比使用其他手段达成目标可能造成的死亡人数要少得多（比如派遣特种部队或是动用常规空袭）。

图7.8 "铁穹"防空系统：2012年11月17日，以色列一枚反导弹导弹即将拦截一枚射向特拉维夫的火箭弹

资料来源：AP Photo / Tsafrir Abayov

　　截至2011年，空军无人机已经有过100万小时的现役飞行时间，仅在2011年当年就出击2 000次。通常，无人机会在疑似目标的4 000多米上空盘旋，既不会被看到，也不会被听到。无人机最长可以盘旋3个星期之久。复杂的摄像头（其造价大约是MQ–1捕食者总造价的1/4）将记录下目标的一举一动，并将图像通过一系列卫星和中继站传送到位于美国内华达州的克里奇空军基地。在基地中，有两名机组成员坐在狭小但凉爽而舒适的控制室中（我有幸在2013年实地参观过★），一个小时又一个小时地盯着发光的监视器，以了解嫌疑目标的"生活模式"[52]。

★ 为此，我要再次感谢已经退役的卡尔·艾肯伯里将军和克里奇空军基地的工作人员。

在大多数情况下，无人机的任务都不会有什么结果。他们可能最终会发现嫌疑目标只是一个普通的阿富汗人，仅仅因为线人对他们不满，或是线人的警惕性太高而被错误地指定为目标。不过，如果摄像机真的记录下了一些可疑的行为，地面部队就会得到进行抓捕的命令。为了尽量避免发生枪战，抓捕通常在深夜进行。如果警觉的反抗分子听到了直升机或悍马军车的轰鸣而打算躲藏或是逃跑的话，无人机就会用红外线将他标记出来。这种标记用肉眼是看不到的，但配备了夜视仪的部队可以借此很方便地进行抓捕。为了尽可能地躲避无人机的注意，圣战者的活动几乎都要瘫痪了。2012年，马里叛军被提醒，他们应该"避免任何无线电通信"[53]，"避免在开放场所聚集"。这样一来，他们也无法进行任何有效的行动。

在阿富汗，无人机成了对付叛军行动中的"耳目"，并且在大约1%的任务中还会成为"牙齿"。空军机组成员被严格限制于仅在哪些情况下才能进行打击。但当嫌疑目标进行明显带有敌意的活动时，比如在卡车的尾部架设迫击炮，远在内华达的飞行员只需扣一下操纵杆上的扳机，就可以发射一枚精确制导的"地狱火"导弹干掉他。（在巴基斯坦和也门，美国在严格意义上来说并没有参战，但美国中央情报局在这些地方有独立运行的秘密无人机项目。由于交战规则不同，且在这些地方没有太多地面部队可以动用，因此，他们可以比美国空军更频繁地使用导弹和炸弹进行打击。不过，2010—2013年，当地平民的伤亡数字也大幅下降了。）

无人机是机器人技术应用的一个小小开端，它正在改变由人类直接参与的常规战争。这一技术的扩展并没有人们预计的那么快（在2003年，美国联合作战司令部预测，"2015—2025年……联军在战术层面上将基本实现机器人化"[54]），但也不像其反对者预计的那么慢。"我很怀疑计算机是否有朝一日能聪明到执行所有的作战任务。"历史学家马克斯·布特在2006年说道。他进而预言说："人们将只会使用机器去做那些简单、肮脏或是危险的工作。"[55]

真实的情况会在这两种极端的设想之间。在过去的 40 年中，机器正逐渐接手那些节奏最快、技术复杂程度最高的作战任务；而在未来的 40 年中，这一趋势将会加速。目前，只有靠载人战机取得制空权之后，无人机才会被投入使用。这是因为，如果战争双方还在争夺制空权，行动缓慢的无人机面对敌方战斗机、地对空导弹或是信号屏蔽器的时候，就都只有坐以待毙的份儿了。坐在内华达的操作台前控制阿富汗上空的无人机，这感觉会很奇怪，有点儿像灵魂出窍（我在克里奇空军基地尝试控制过几分钟的模拟器），因为从你移动操纵杆到飞行器做出反应，其间大约有 1.5 秒的延迟（毕竟信号要通过中继站和卫星环绕地球）。如果有更好的通信技术，或者将飞行员布置在更接近飞行器的位置，可以缩短这一延迟；而考虑到光速也是有极限的，所以这一延迟不可能消失。在电影《壮志凌云》里表现的那种顶尖空军的超音速搏杀中，每一毫秒都可能改变局势。因此，远程控制的飞机永远都无法与载人战斗机进行较量。

2009 年发表的一份空军研究报告认为，解决方法是让人类远程驾驶飞机，以保证人类"参与其中"[56]，也就是让战机组成混合编队，用一架载人机作为三架无人机的长机。每一架无人机都有自己的目标（空对空格斗、压制地面火力、轰炸等），而长机则负责"监督一些决定的执行"。长机可以推翻无人机做出的决定，但"随着人工智能技术的发展，系统将可以在无人类介入的情况下，在法律和政策允许的范围内进行作战决策和行动"。

无人战斗机的试验已经在进行中。2013 年 7 月，有一架无人战斗机甚至降落在航空母舰的跑道上（图 7.9），而这已经是（人类）海军飞行员从事的各项任务中最为困难的一项。空军认为，到 21 世纪 40 年代后期，"科技的进步将使得 OODA（包以德循环理论，包括观察、调整、决策、行动）步骤在几微秒甚至几纳秒之内完成"。不过，如果我们有一天能达到这样的水平，就有一个显而易见的问题会冒出来：那为什么还要人类参与其中呢？

图7.9　许看不许摸！2013年，一架由诺思罗普·格鲁曼公司制造的X-47B无人隐形战斗机从美国海军"布什"号航空母舰上空呼啸而过。它随后成功在该舰上降落，从而成为史上第一架自行降落在航空母舰甲板上的无人机

资料来源：Department of Defense photos

这个问题的答案同样显而易见：我们不相信我们的机器。如果苏联人在1983年相信了彼得罗夫的程序，或许我们中间的很多人今天都已经不在人世了；而在1988年，美国海军"文森斯"号倒是相信了他们的机器，结果击落了一架伊朗客机，造成290名平民丧生。没人希望这样的悲剧重演。"我们已经没法理解微软的Windows（视窗）系统了，"普林斯顿大学科学与全球安全项目的一位研究员开玩笑说，"所以我们当然也没法理解像人类一样复杂的智能程序。"他继而发问道："那么，我们为什么要制造出这样的东西，还将它武装起来呢？"[57]

这个问题的答案仍十分显而易见：因为我们别无选择。联合国要求禁止研制和使用"致命自动化机器人"[58]，全球范围的"停止杀手机器人"运动也获得了越来越广泛的支持。但一旦到了21世纪50年代，当极超音速战机开始进行相互较量时，能在几纳秒之内完成OODA步骤的机器人无疑会击败反应速度在毫秒数量级的人类。到了那个时候，这个问题就没什么好辩论的了。在军事革命的历史上，人们总是会研制并使用新的武器，因为如果他们不这样做，他们的敌人

可能就会抢先这样做。

在美国陆军前中校托马斯·亚当斯看来，现代战争已经超出了"人类的领域"[59]，因为我们使用的武器已经变得"太快、太小、太多……并且共同构筑成了一个太过复杂的环境，使得人类没有能力指挥这些武器"。机器人技术"正在迅速地把我们引向一个我们并不想要的方向，但是我们很可能无力避免这一趋势"。（我在内利斯空军基地听过一则笑话：未来的空军将仅由一个人、一条狗和一台计算机组成。人的任务是喂狗，狗的任务则是阻止人接触计算机。）

按照现在的趋势，机器人可能会从21世纪40年代开始在战斗中替代人类。而且，大约就在那一时期，"世界警察"可能会逐渐失去对国际秩序的掌控。在20世纪第二个10年，正是"世界警察"的衰落与革命性的新型武器（无畏舰、机枪、飞机、速射火炮、内燃机引擎）的组合终结了那个战争规模更小、血腥程度更低的世纪，并且开始了一场钢铁风暴。21世纪40年代有望出现相似的组合。

这一相似的组合是否会带来与20世纪第二个10年一样糟（甚至更糟）的后果，人们意见迥异。战略预测家乔治·弗里德曼给出了最具体且最大胆的预测：高度发达的太空情报体系将支配2050年的战争。在他看来，美国的实力将依赖于一系列大型空间站，这些空间站由数十个小卫星环绕并保卫着，就好像今天的航空母舰由驱逐舰和护卫舰保卫着一样。这些围绕地球作轨道运动的舰队将监管地球。它们会在必要时发射导弹打击目标，但更多的时候仅仅是搜集并分析数据，协调极超音速无人机群的行动，并指导地面战争。弗里德曼认为，在地面战场，"关键性的武器将是装甲步兵——被包裹在动力装甲之内的单兵……他就像是由一个人组成的坦克，只是威力更加致命"[60]。

21世纪中叶战争的焦点，也就是克劳塞维茨所说的"集中兵力"，将是旨在使太空舰队"失明"的电子战和运动战。接着，为机器人提供能量的电厂将遭到攻击。弗里德曼认为："电力对21世纪战争的意义，就相当于石油对20世纪战争的意义。"他预计，"战争将真的成为一场世界大战——但鉴于人们在武器精度和速度上取得的技术进步，这时的战争将不会是一场总体战"。弗里德曼的意思是，在这样的战争中，平民将只能充当看客，焦急地看着经由机器人技术武装的战士们一决雌雄。一旦有一方输掉了机器人战争，他们将迅速陷入绝望的境地，要么投降，要么死亡。战争到这时就会结束，既不会像彼得罗夫的年代那样可能造成数十亿人死亡，甚至也不会像希特勒的时代那样造成上亿人死亡。按照弗里德曼的估算，那时的战争很可能会造成五万人死亡——仅仅比美国每年死于汽车事故的人多一点儿。

我很愿意相信这个相对光明的情境——谁不会呢？但过去一万年中的战争经验告诉我们，要让这一情境成真十分困难。当我在本书第二章中第一次提到军事革命时，我曾说，太阳底下没有新鲜事。大约在 4 000 年前，亚洲西南部的士兵们用马匹强化了自己。这些依靠双轮战车强化己身的战士，远胜过了那些依旧依靠自己双脚的步兵，其带来的战争结果在某种意义上也很像弗里德曼预计的结果。在公元前 1400 年前后，一旦一方输掉了战车大战，其步兵和平民就会陷入绝望的境地，要么投降，要么死亡。

在公元前第一个千年里，新的强化方式出现了。在印度，骑在大象上的士兵主宰了战场。在公元的第一个千年，大草原上的人们用高头大马强化了自己，从而涌现出骑兵这一兵种。在这两个时期，一旦战争爆发，步兵和平民通常也只能指望己方会在大象战或骑兵战中胜出，失败的那一方依然会陷入绝望的境地。

然而，接下来发生的事情就与弗里德曼的设想不同了。无论是双轮战车、大象兵还是骑兵，都不会在进行了外科手术般的进攻，消灭掉对方的双轮战车、大象兵或骑兵后，就立刻罢手。人们并不会在大战结束后冷静地计算利弊得失，让没有防御能力的步兵和平民与胜利方商讨投降事宜。战争，是无法羁绊的狂野暴力。当高科技的骑兵和大象兵的决战尘埃落定之时，失败的一方不论投降与否，通常要面对的命运都是被屠戮。双轮战车主宰战场的时代发生了无数的惨剧；大

421

象时代的战争是如此惨烈，以至孔雀王朝的阿育王在公元前 260 年拒绝再使用暴力；到了骑兵主宰世界的时代，从匈王阿提拉到成吉思汗，情况变得愈加糟糕。

所有迹象，尤其是核武器时代的迹象都表明，如果人类在 21 世纪中叶爆发大战，那么战争形势很可能不会像弗里德曼设想的那么乐观，而是更像以往的战争。政治学家保罗·布雷肯认为，我们已经进入了第二核时代。20 世纪 40—80 年代美苏对峙的时期是第一核时代。那是一个可怕但又简单的时代，因为双方一旦开启核战争，必然造成互相毁灭，这反而创造出某种稳定的局面。与之相反，第二核时代在目前看来没有那么可怕，因为保有的核弹头数量要比之前少得多，但第二核时代的形势绝不简单。比起冷战时期，参与方更多，每一方的武力都更单薄，也没有什么大家共同遵守的规矩可言。参与方不再受到互相保证毁灭的制约，因为印度、巴基斯坦和以色列（如果伊朗拥有核武器的话）都清楚，如果自己可以先发制人，就可以使其死敌丧失进行反击的能力。到目前为止，反导弹防御和"世界警察"的实力仍然保障着秩序。但"世界警察"如果真的在 21 世纪 30 年代以后失去其可信度，那么核武器数量的激增、军备竞赛，乃至先发制人的打击都可能会成为现实。

如果在 21 世纪 40 年代或 50 年代发生大战，那么战争很可能不会局限于大国之间以对方的计算机系统、空间站和机器人为目标的高科技战争，而会是一场在南亚、亚洲西南部或者东亚地区将所有人都卷入其中的核战争。第三次世界大战很可能会与前两次世界大战一样混乱、激烈，而且血腥得多。大规模的电子战、太空战、机器人战、化学战和核战将如同大刀一样砍向对方由数据防御和反导弹系统组成的铠甲。一旦这层铠甲破裂（这是必然的），火焰、辐射和疾病的风暴就将席卷毫无防护的机体。这场战争很可能像以往许多战争一样，双方都并不知道战争的真实胜负走向，直到灾祸突然降临到自己或者对方，甚至双方的头上。

这是个很可怕的情境。然而，如果21世纪第二个10年至50年代真的重演了19世纪70年代至20世纪第二个10年的剧本——"世界警察"衰落、未知的未知因素激增、武器变得越发具有毁灭性——那么这个情境就会越来越可能成真。

如果是这样的话，新英格兰地区的那句话或许就是真的了：也许我们真的没法从这儿到那儿。

除非，"那儿"并非我们所设想的那样。

合而为一

战略的奥义在于你要知道你的目标究竟是什么，只有这样你才能去研究怎样达成这个目标。在过去的200多年里，倡导和平的人们所设想的"那儿"是一个没有战争的世界，与康德设想的大致相同。他们设想，如果人们能自觉地弃绝暴力，就可以实现那样一个世界。玛格丽特·米德坚称，战争是我们发明出来的一种东西，因此我们也可以再消灭它。歌曲《战争》的词作者认为，站起来高喊"战争毫无益处"就可以终结战争。政治学家没有那么理想主义，但其中很多人也认为，通过做出自觉的选择（建设更好、更民主、更包容的社会），可以让我们从"这儿"到达"那儿"。

然而，我在本书中所追寻的长期历史却给我们指出了一条截然不同的道路。我们之所以杀戮，是因为死亡博弈的残酷逻辑鼓励杀戮。总体而言，我们做出的选择并不会改变这场博弈中的收益，而博弈中的收益情况会改变我们的选择。这就是为什么我们不可能简简单单地靠决定终止战争来终止战争。

不过，长期历史同时还给出了另一种更加积极的结论。我们并没有陷入"红桃皇后效应"，并非注定要重演"世界警察"通过创造出自己的敌手摧毁自我的悲剧，直到彻底葬送人类文明。在过去的一万年里，我们取得的一切成就都并非让我们停步不前，而是改造了我们的社会，改变了博弈中的收益。在接下来的几十年中，博弈中的收益有可能发生巨大的改变，从而将整个死亡博弈转变为完全不同的东西。我们正要开始进行死亡博弈的最终局。

要想解释这一隐秘的说辞，我要暂时远离战争的恐怖，重拾起我的另两本拙作——《西方将主宰多久》《文明的度量》中的观点。我在本书第二章的末尾提到，在这两本书里，我提出了一个社会发展指数，用来衡量从冰期末期至今的 15 000 年中各个不同的社会在取得其所需资源的能力方面的优劣程度。这个指数的评分范围是 0~1 000 分，其中 1 000 分代表在 2000 年（亦是该指数终止的年份）时的通常条件下所能取得的最高分。

有了这个指数，我曾经半开玩笑地问道，如果我们预测未来的分数，会发生怎样的情况呢？在任何一种预测中，预测的结果都取决于我们所做的假设。因此，我相对保守地发问，如果 21 世纪社会发展的速度与 20 世纪时一样，未来会是怎样的呢？即便是这样保守的假设，也会带来令人惊讶的结果：到 2100 年，发展指数将跃升到 5 000 分。从拉斯科洞窟里的野牛壁画到你今天读的这本书，这中间的发展程度是 900 分；而从今天到 2100 年，我们还将取得 4 000 分的发展。

我只能用"难以想象"来形容这一预测——实际上，这确实是难以想象的，因为如此迅猛的发展意味着就连人类意识本身都会在这个世纪中发生改变。计算机化不仅在改变战争，也在改变一切，包括我们这种动物。生物演化赋予了我们强大的大脑，使我们可以发明出文化的进化。现在，文化的进化也达到了一个高峰，使得我们创造出的机器将开始反过来影响我们的生物进化。而这将把死亡博弈转变为死亡的终局，有可能让暴力不再有用武之地。

对于战争的未来，很难想象还有什么事情会更重要。不过，通过最近一两年的一些交流，我发现技术人士和安全分析人士看待世界的方式有很大的区别。在技术人士看来，根本就没有"过度乐观"这回事，一切皆有可能，情况会比我们预计的更好。而在国际安全的世界里，坏的总是会变得更坏，情况永远比我们意识到的还要糟糕。安全分析人士经常将技术人士看成梦想家，认为他们迷失在乌托邦式的幻想之中，看不到战略现实永远会超越那些技术上的玩意儿；而技术人士则经常视安全人士为陷在旧模式里的恐龙，不明白计算机化将打消他们的一切烦恼。

当然，也有例外。美国国家情报委员会的报告就试图将这两种观点糅合在一起，而由技术人士埃里克·施密特和安全专家贾雷德·科恩合著的《新数字时代》亦如是。冒着精神分裂的危险，我将沿着他们的道路，在本节剩余的部分里先介绍技术人士的预测，再在下一节中切换到安全人士对现实的考量。这两者的结合，将为我们提供一个既令人振奋，又让人担忧的短期前景。

技术人士的出发点是一个显而易见的事实：如果计算机的功能强大到可以实时控制战斗机，那么它也可以做到更多的事。虽然没人能说准"更多"是多少，但数以百计的未来学家还是给出了他们的预测。很自然地，他们的预测大相径庭。而且，如果一定要从他们的预测中找出什么确定无疑的事情的话，那就是，他们的预测中至少会像小说家儒勒·凡尔纳和乔治·赫伯特·威尔斯的科幻小说一样充满了谬误，那些小说出版于近百年前。但出于同样的原因，如果我们不把这些预测拆分开来，而是把它们作为一个整体看待的话，当代的未来学家就会像维多利亚时代晚期的未来学家一样，指出那些正在改变这个世界的大趋势——如果谈到大趋势，那么凡尔纳和威尔斯做出正确预测的地方可能要比错误的更多。

当代未来学家取得最多共识的地方（也是《黑客帝国》系列电影的核心理念）是，我们正在与我们的机器融合。这是个很容易得出的预测，只要看看我们从1958年第一架心脏起搏器投入使用以来（或者可以从种植第一颗假牙、安装第一条木制假腿算起）所做的事情就可以知道了。不过，21世纪的人类与机器的融合要更为宏大。不仅仅是我们会与机器融合，通过我们的机器，我们还会与彼此相融合。

这一说法背后的思想是很简单的。在你的脑——那团 1.2 千克重的魔法里（关于人类的脑，我在第六章中讨论了很多），每秒钟有 1 万兆个电信号在大约 220 亿个神经元之间来回传递。这些信号塑造了你独特的思维方式以及组成你的记忆的 10 万亿条信息，从而塑造了你。尽管机器的功能也在进步，但目前还没有哪台机器能接近这一自然奇迹的水准。

在过去的半个世纪中，计算机的运算能力、速度和性价比几乎每年都会翻倍。1965 年时，在当时的新款 IBM（国际商用机器公司）1130 计算机上花上一美元，只能得到每秒千分之一次运算的运算能力。而到了 2010 年，同样的一美元可以得到超过每秒 100 亿次运算的运算能力。到本书英文版面世的 2014 年，这一数字可能已经继续翻倍到了 1 000 亿次以上。如今，便宜的笔记本式计算机可以比 50 年前的巨大的大型机以更快的速度做更多的运算。我们甚至可以制造出几个分子大小的计算机，其体积小到可以被注入我们的静脉血管中，以改编我们的细胞对抗癌症。如果时间倒退一个世纪，这一切听起来都像是巫术。

在最著名的技术领域未来学家、时任谷歌工程总监雷·库兹韦尔看来，这样的趋势只要保持到 2029 年，我们就能拥有功能强大到足以扫描出人类大脑神经元结构的扫描仪和能进行实时的相应程序运算的计算机。库兹韦尔认为，到那时，世界上就会有两个你：一个，是原来的未经改良的生物版本的你，随着时间的推移会渐渐老去；另一个，是新的、不会随时间改变、基于机器的你。库兹韦尔指出，更棒的一点是，基于机器的人与人之间分享信息过程之简单，就如同今天我们在计算机之间传递文件一样。到 2045 年，如果这一趋势继续下去，就将产生极其强大的超级计算机，它可以承载全世界 80 亿人的神经元扫描数据。碳基智能和硅基智能将合并为一个全球意识，其思维能力将让历史上出现过的一切相形见绌。库兹韦尔将这一刻称为"奇点"："到这样一个未来时期，技术进步的速度之快、影响之深远……将使其看起来在以无限快的速度发展。"[61]

这是非凡的想法。当然，会有很多人不认同这样的情景，其中包括一些顶尖的科学家和其他的未来学家。他们说话通常很直率。科幻作家肯·麦克劳德认为，奇点只是一场"技术宅人们的狂想"[62]；颇具影响力的技术批评家叶夫根尼·莫洛佐夫认为，所有这些"数据未来的鬼扯"[63]不过是"电子时代的辉格党史观理论"①。（我不完全确定这句话的意思，但显然不是什么赞美。）一位神经科学家在2012年一次会议上的话更加直白。"扯淡。"[64]他说。

不过，也有些人抱着与物理学家尼尔斯·玻尔相似的观点。玻尔曾经对一位同事说："我们一致认为你的理论很疯狂。我们的分歧在于，你的理论是否疯到了有朝一日能够成真的地步。"[65]有些人认为，也许库兹韦尔还不够疯狂。2012年，在未来学家中进行的一次调查显示，他们预计技术奇点将会到来的平均时间点是2040年，这要比库兹韦尔的预计早5年。主管人脑项目的神经科学家亨利·马克拉姆甚至认为，如果欧盟能够援助10亿欧元的经费，人类在2020年就能达到技术奇点。

如果我们从预言转回到实验室，会发现（或许并不会感到太惊讶），尽管没有人能预测出具体的结果，但是大的趋势确实正在走向将一切都计算机化的方向。在拙作《西方将主宰多久》中，我曾提到这一领域的发展，所以在此处我不会着墨太多。不过，我还是要在这里讲述两个在脑对脑接口领域（用更通俗的话说，就是通过互联网实现心灵感应）的重大进展，它们都发生在《西方将主宰多久》英文版于2010年出版之后。

要想把人类意识通过机器连接在一起，第一个要求就是要有能够阅读我们颅内电信号的机器。2011年，加利福尼亚大学伯克利分校的

---

① 辉格史观，由历史学家赫伯特·巴特菲尔德提出的一个概念，指以当代社会的视角研究过去，以现在的道德标准评判历史事件、历史人物，认为历史必然朝当前的现状发展。——编者注

神经科学家们在这个方向上前进了一大步。他们让志愿者观看影片片段，与此同时测量血液流经志愿者视觉皮质的情况，并利用计算机程序将测量到的数据转换成图像。他们得到的结果很粗糙、模糊，甚至有点儿让人摸不着头脑。但主导这一项目的神经科学家杰克·加兰特却已经有十足的把握说："我们打开了通往我们意识画面的一扇窗。"[66]

就在几个月之后，加利福尼亚大学伯克利分校的另一个研究团队记录下了测试者在倾听时的大脑电活动，随后使用计算机将这些信号又翻译成了语句。这两个试验都很麻烦：第一个试验要求志愿者躺在功能性磁共振成像扫描仪上长达几个小时，而第二个试验只能在做过脑部手术的病人身上进行，以便将电极直接放进颅骨。"要想实现真正的读心术，还有很长的路要走。"[67] 牛津大学神经科学教授简·史努普在评估此项研究时总结道。但他接着补充道："这不是能或不能的问题，而只是时间问题……我们可以想象这在未来十年内可能成真。"

要通过互联网实现心灵感应的第二个要求是找到将电信号从一个大脑传递到另一个大脑的方法。2012年，杜克大学神经科学家米格尔·尼科莱利斯展示了这一方法：他设法让在他祖国巴西的老鼠控制了北卡罗来纳州的老鼠的身体。试验开始之前，那些南美洲的老鼠先进行了一项学习：如果它们能在看到闪光后去碰一个杠杆，就可以得到食物。连接它们头部的电极将这一脑部活动通过互联网传播到了连接北美洲老鼠头部的电极上，结果有70%的时候，那些从未经过训练、也看不见闪光的北美洲老鼠也去触碰了杠杆，得到了食物。

70%的成绩远远称不上完美，老鼠的大脑比起人脑也简单得多，而且推一个杠杆也不算什么太有挑战性的任务。但尽管有各种各样技术上的问题，有一件事看起来是肯定的：脑对脑接口技术不会停留在让老鼠通过互联网控制彼此的爪子的程度。这项技术可能会按照与库兹韦尔的设想截然不同的方向发展（尼科莱利斯将库兹韦尔的设想称为"吹大牛"[68]），但它仍然会发展。（实际上，尼科莱利斯预计人类最终实现的目标与库兹韦尔的设想差不多，只不过是从相反的方向实现该设想：他认为，人们并不会把他们的大脑扫描数据上传到计算机上，而是会把小型计算机植入他们的大脑中。）

既然专家们也无法就细节达成共识，那么我们选取某一个预言，然后去苦苦追寻之的意义也不大。然而，假装这一切都没有发生的意义更小。或许，我们应该遵循纳米技术之父、诺贝尔化学奖得主理查德·斯莫利充满智慧的名言。斯莫利定律（我喜欢这么称呼它）告诉我们："当一名科学家说某件事有可能时，他们通常低估了要实现这件事要花上多少时间。然而，如果科学家说某件事是不可能的，他们通常是错的。"[69] 不论脑对脑接口技术的精度如何，或是我们喜欢这项技术与否，它就像陆军中校托马斯·亚当斯口中的战场上的机器人一样，会把我们带向一个我们或许不想去，但很可能无法回避的地方。

这个新的地方，可以说是我们的演化中的一个新阶段。早在十万年前，严酷的冰期生存环境使得有着巨大的脑的惊人变异生物——我们人类，胜过并取代了所有更早的原人种类。那些被取代了的原人也通过有性繁殖带来的随机基因变异创造出了同样的变异体，其中有些也在无尽的自然选择的压力下发扬光大。原人应该不会情愿创造出最终让自己灭绝的"怪物"，但它们并没有选择的权利。

种瓜得瓜，种豆得豆。现在，在经过了 1 000 个世纪之后，我们在做着与原人曾做的十分相似的事情。只不过，我们的速度要更快，并且不是通过生物的演化，而是通过文化的进化实现的。为了在这个十分拥挤、气候又在变暖的世界里生存，我们正在创造出新的有着巨大的脑的惊人变异体——用机器将我们未经改良的、个体的、生物性的意识融合进某种超个体中。从某种意义上说，我们正在创造的是一种终极的开放秩序，它打破了个体之间的壁垒。年龄、性别、种族、阶级、语言、教育程度，你能想象到的一切都消融进了这个超个体之中。

也许，这一过程会发展到分享思想、记忆和性格为止（尼科莱利斯的设想）。或者，它会发展到个体性和物质化的身体都不再重要（库兹韦尔的设想）。甚至，它可能会走得更远，被我们居高临下地称作"人工智能"的东西可能将彻底取代低效、旧式的动物体智能。我们不知道究竟会怎样，但如果长期的历史具有一些借鉴意义的话，我们不得不怀疑新的变异体，也就是新版本的我们会通过这样或那样的方式彻底取代旧的我们，就如同我们曾经取代尼安德特人一样。

再一次，我们发现太阳底下没有新鲜事。脑对脑接口技术只不过是一个古老故事的最新篇章罢了。20亿年前，细菌开始相互融合，组成简单的细胞。又过了3亿年，简单的细胞开始融合成更为复杂的细胞；再过了9亿年，复杂的细胞开始融合成多细胞的动物体。在每一个阶段，更简单的生物体会放弃一部分功能（某种意义上，是它们的自由的一部分），以变成一个更大、更复杂的生物体的更加特别的一部分。细菌不再是细菌，却成了细胞的一部分；细胞不再是独立的细胞，而获得了动物，最终又获得了意识；也许，现在我们即将失去我们个体的动物性，因为我们即将变成一种新的事物。这种新的事物与我们智人之间的差别，就好比我们与远古的细胞之间的差别。

说得温和一点儿的话，死亡博弈产生的影响是巨大的。2 000年前，古罗马历史学家李维曾讲过一个故事。有一段时间，罗马城严重分裂了。穷人群起反对富人，还把富人称作"寄生虫"。就在局势越发紧张的时候，杰出的元老梅奈纽斯·阿格里帕来到叛乱者的营地谈和。"很久很久以前，"阿格里帕对他们说，"人体的各个部分并不像今天这样相安无事，而是各有各的想法。"[70]一些器官觉得，胃什么都不做，全靠别的器官供给它食物。"于是，"阿格里帕说，"这些器官决定，从今以后，手不再把食物放到嘴巴里，嘴也不再接受任何食物，牙齿也不再咀嚼。然而，尽管这些愤怒的器官试图制服的是胃，垮掉的却是整个身体。"叛乱者听懂了他的意思。

随着脑对脑接口技术的发展，阿格里帕的比喻将越来越接近现实。或许，这项技术还会让暴力的回报率降到零。如果这样的话，那么"怪兽"也会随着我们基本的动物性一起消失。而且，对于融合在一起的智能来说，靠暴力解决分歧也不再有任何意义（不论在那个时候"分歧"和"暴力"意味着什么），这就好像我不会通过割掉我自己的鼻子来表示对脸的敌意一样。

或许，这一切并不会发生。如果意识可以融合成一个超个体，确实如同细胞可以融合成身体一样，那么与此同时，冲突可能也会演进到新的形态。毕竟，我们的身体本身就在进行无休止的争斗。孕妇与她们尚未出世的婴儿争夺着血液和其中的糖分。如果母亲在这场争夺中过于成功，胎儿就可能受到损害，乃至死亡；如果胎儿太过成功，那么母亲可能就会患上先兆子痫或是妊娠糖尿病，而这可能会威胁母婴双方的生命。超个体可能会面对相似的冲突，或许其中的各部分会对能量展开争夺。

现在，大约每40个人中就有1个人的细胞内部正在斗争，其中被称作B染色体的东西靠人体的化学成分活，却拒不参加基因的交换；大约每500个人中就有1个罹患癌症，因为体内的一些细胞拒绝停止复制，不顾这给身体其他部分带来了多大代价。为了保护我们免受这些祸害和外部病毒的侵害，我们的身体演化出了多道微小的防线。超个体可能也需要做类似的事情，甚至可能需要制造出相当于抗体的东西，来消灭外部的入侵者和内部的捣乱鬼。毕竟，我想我们大多数人都曾有过切身体会，在病毒面前，机器就像动物一样脆弱。

还有许多事可以去设想。不过，我们可以确定的一点是，通过机器连接人脑的技术的加速发展，我们在过去十万年的死亡博弈中遵循的旧规则即将到达它们的顶点。我们即将进入全新的死亡博弈的终局。如果我们表现不好，那么可能会给自己带来无止境的恐怖后果。如果我们表现得很好，那么，在21世纪结束之前，也许长久以来的关于没有战争的世界的梦想，就真的可以成为现实了。

死亡博弈的终局

"战争中的一切都很简单，"克劳塞维茨说，"但是最简单的事情反而是困难的。"[71] 在死亡博弈的终局中，情况也是如此。要想在这场博弈中做好，将是件容易事，但同时也是非常困难的。

之所以说这场终局很简单，是因为一旦我们知道了我们的目标——"那儿"究竟是哪儿，以及战争究竟有什么好处，那么在理论上，我们就能轻松知道怎样从这儿到达那儿。我在前文已经说了，我认为"那儿"就是一切计算机化，而战争的好处在于它可以创造出利维坦及其终极形态——"世界警察"，而它们可以通过把使用暴力的成本提高到不可触及的程度来维持和平。由此，我们或许可以得出结论：这个世界需要一个"世界警察"，它应当随时准备好用武力来维持和平，直到万事万物的计算机化使得"世界警察"的存在不再必要。如果我们无法拥有一个"世界警察"，那么唯一可能面对的结果就是19世纪70年代至20世纪第二个10年的重演，而且这一次世界上已经有了核武器。由于美国是唯一有能力成为"世界警察"的国家，因此，就像亚伯拉罕·林肯在一个半世纪前说过的那样，美国依然是"地球上最好的，也是最后的希望"[72]。如果美国失败了，那么整个世界都将失败。

就在我写作本书的时候（2013年），在美国的政治界正在进行一场大辩论——有人认为美国这个超级大国应当"更加主动"[73]，另一些人则认为美国应当"收缩"[74]。前者表示，更加主动的姿态意味着美国仍然要坚持"积极管控全球安全局势与促进自由经济秩序的大战略，这一战略在过去的60年中为美国带来了非凡益处"[75]；而后者表示，"是时候放弃美国的霸权战略，转而采取克制战略了……放弃全球改革的重任，把重心放在保护美国狭义的国家安全利益上……这将有助于在长期保障美国的繁荣与安全"[76]。

长期的历史告诉我们，这两种意见都是对的，至少是对了一半。美国必须先采取主动姿态，再收缩回来。如我们在第四章中看到的，当15世纪的欧洲人发动了其对整个世界的500年战争时，冲锋在前的是欧洲旧式的帝国主义者，他们会对被征服的人民进行掠夺、征税。然而，500年战争的成功创造出了太过巨大的社会，这导致他们越过了其"顶点"。到18世纪，能够让"看不见的手"与"看不见的拳"进行协作的开放秩序开始产生比传统帝国/帝制国家更多的财富和实力。其结果，就是第一个"世界警察"出现了。英国成功地实施管理着全球范围的开放秩序，结果创造出富有而强大的敌国，这样一来，英国体系的成功也越过了它的"顶点"。

接着，如我们在第五章中看到的，这带来了钢铁风暴和更加强大的"世界警察"——美国。现在，新的"世界警察"的成功正在将世界推向终极的开放秩序。在这一秩序中，"看不见的手"将不再需要"看不见的拳"。而这不仅意味着美国这个"世界警察"的由盛转衰，更意味着所有"世界警察"的由盛转衰。今天，美国仍然是不可缺少的国家，因此它必须采取主动的姿态；而一旦它越过了"世界警察"的"顶点"，美国就需要收缩。"美国治下的和平"将让位于"技术治下的和平"[77]（这个词语来自未来学家爱伊莎·卡纳和帕拉格·卡纳），我们将不再需要"世界警察"。

到那时，一切都将变得非常简单——直到我们开始问那些安全分析人士第一时间就已经想到的问题。到那个时候，我们就会发现，最简单的事情也是非常困难的。我们不可能仅仅通过使用科学技术就消除掉人类的防卫困境。实际上，甚至与机器融合这件事本身就是本章中提及的所有结构性变化、可能改变局势的因素和"黑天鹅事件"中最具不稳定性的一个，因为这一过程将非常不均衡。

就在我写下这行字的时候，我所在的位置距离美国加利福尼亚州硅谷的心脏地带圣何塞只有24千米的直线距离。在我所在的这条街朝向圣克鲁斯山一侧，刚刚搬来的新邻居是一名在谷歌眼镜项目工作的工程师；在我上班的路上，我经常会看到无人驾驶的汽车（它们经常以接近限速上限的速度行驶）。然而，如果我生活在乍得或是南苏丹（这两个国家在2021—2022年《联合国人类发展报告》中排名榜尾），我想我很可能不会有这样的邻居，或是见到这样的车辆。圣何塞是世界上最富裕、最安全的城市之一，而乍得首都恩贾梅纳则是最贫穷、最危险的城市之一。因此，很自然地，已经很安全、富裕的地方（尤其是圣何塞）朝向万事万物计算机化前进的速度就会比其他地方更快。

开放秩序的成功离不开包容，因为其市场越大、自由度越高，整个体系的运转就会越好。因此，技术人员通常对万事万物的计算机化有信心，认为这一趋势将在中长期打破屏障，让整个世界变得更美好。然而，纵观历史，不论是农耕技术、利维坦的形成，还是化石燃料的使用，先采用先进技术的人群相较于后采用的人群总是有优势。开放秩序并不会以平等的条件接纳每一个人，而人们对被开放秩序接纳的热情度也并不相同。在18世纪，殖民美洲的欧洲人把非洲人带进了大西洋的开放秩序之中，但非洲人起初的身份是奴隶；在19世纪，工业化的欧洲人和美洲人经常使用枪炮迫使非洲人和亚洲人进入更大的市场。

我们很难想象这样野蛮的欺凌行径会在21世纪重演（富有的北方国家用武力强迫扫描南方国家人们的大脑？），但在短期内，计算机化很可能会扩大第一世界国家与其他国家之间的差距。在未来的10~20年中，计算机化可能会引发更多（而不是更少）的冲突，因为这一趋势将扰乱经济、加剧不公平感（这种不公平感已经引发了宗教极端分子的暴力行径）。世界上可能会产生更多的恐怖主义、布尔战争乃至政权崩溃。

脑对脑接口技术的破坏性作用还不仅仅体现在贫穷的南方国家上。从20世纪80年代以来，世界上最富裕的国家已经经历了程度比较温和的计算机化，而这已经加剧了它们国内的不平等程度。从中长期来看，随着人类通过机器融合为一体，这种差异就会变得没有意义；而如果一小部分财富精英和智力精英在脑对脑接口技术的发展中领先（看起来这很有可能），那么在短期内，这些技术统治者或许就会凌驾于所有人之上，他们所取得的居高临下的地位将是今天顶尖的

1%的人群梦想中的地位。

有一则真实性存疑的故事是这样说的。小说家弗朗西斯·斯科特·菲茨杰拉德曾在一次聚会上宣称："富人与你我不一样。"欧内斯特·海明威随即反驳道："是不一样,他们更有钱。"[78]然而,现在到了菲茨杰拉德反击的时候了。在接下来的几十年中,一种新型的富人真的会变得与其他人不一样。

就预测来说,这些富人与其他人到底有多不一样,和其他任何事一样众说纷纭。不过,依我看来,由纳米技术专家转行为小说家(他同时也是美国国家情报委员会的顾问)的拉梅兹·南姆给出的设想是难以超越的。南姆所写的《联结》是我迄今读到的唯一一本带有生物工程学附录的小说。在这本书中,南姆告诉我们,2036年版《牛津英语词典》将包含一些我们不熟悉的单词。比如,超人类,其定义是"通过强化其某一或多个重要方面的能力,从而超越了普通人类极限的人类"[79];再比如,后人类,其定义为"经过极端的技术改变的人类,其状态已经超越了超人类,因而不再被视为人类"。按照南姆的《牛津英语词典》的说法,超人类是"在人类演化层面上再进一步",而后人类则是"人类演化上的又一次重大飞跃"。

南姆所写的故事发生在2040年。他认为,到那个时候,富有的国家里不仅有了大量的超人类,更产生了最初的少数几个后人类。冲突越来越多。充满理想主义、受过高等教育的精英少年设法让每个人都有机会成为后人类,激发潜能,放下依赖;而保守的美国,作为"世界警察",试图控制这项技术并保卫原有的人类生存方式;而崛起中的美国的对手试图利用后人类来获得战略优势。在这本书的续集《十字星》中,恐怖分子也参与其中,他们使用融合了的人类智能进行政治谋杀。整个世界走到了战争的边缘,各种人类都付出了血的代价。

尽管《联结》和《十字星》都只是故事,但它们很好地描绘出了人类与机器融合或人类通过机器融合之后所带来的混乱,以及摆在我们面前的种种选择的复杂性。比如，如果"世界警察"过于冒进，试图严格控制发展，或是在自身已经越过"顶点"时仍然不肯放弃"世界警察"的角色，那么，它将面对的是愈演愈烈的反对浪潮、超负荷运转以及经济衰败，而这些很有可能会给它带来它一直试图避免的军事挑战。如果采取这样的战略，那么我们无疑将输掉死亡博弈的终局。在本书中，我之所以花费大量笔墨探讨所谓西方式战争理论，就是因为这种理论似乎会鼓励过度自信的冒进行为。由于有着继承自古希腊时期的军事传统，维克托·戴维斯·汉森告诉我们："除了他们自己，致命的西方军队对其他力量无所畏惧。"[80] 但我已经阐述过了，这并非长期历史所表现出来的趋势。实际上，在 21 世纪，对"世界警察"构成最大挑战的恰恰是非西方的军队。要想维护现有秩序，我们需要依靠的是明智的判断和对资源的合理运用，而不是什么古希腊的传统。

如果说太过冒进或长期硬撑会导致我们输掉最终局，那么，在另一方面，太过回撤或回撤得太早则会让失败来得更快。如果"世界警察"擅离职守，那么未来倒未必会像 19 世纪 70 年代至 20 世纪第二个 10 年那样目睹危机的慢慢积累，而更可能像 20 世纪 30 年代那样面对突然爆发的大灾难——在那个卑劣而虚伪的 10 年里，英国这位"世界警察"奄奄一息，美国人不愿意接替英国，而英国的敌手们为了解决自己的问题，不惜把一切赌注都押在武力解决之上。从长期来看，"世界警察"必然要回撤，但是如果这一切都发生在很短的时间内，就会招致灾难。

一切都取决于从"美国治下的和平"到"技术治下的和平"这一转换过程的时机把握，以及"世界警察"在履行其职责期间所面对的越来越多的困难积累情况（如果当前的经济趋势持续下去的话）。我在前文提到，在 21 世纪第二个 10 年，乃至 21 世纪 20 年代，美国仍将保持无可撼动的地位；而到了 21 世纪 30 年代、40 年代乃至 50 年代以后，美国就将越来越难以威慑住它的对手。我还提到，大多数未来学家认为，我们可能在21世纪40年代达到人类与机器实现融合的奇点阶段。如果这些预测都成真的话，我们或许就没有什么可担心的了。在21世纪20年代，这个世界上的麻烦会越来越多，分歧越来越严重，局势也会越发紧张，而在这一时期，"世界警察"的实力仍然足以承受这些压力。到了21世纪30年代，"世界警察"将开始感到力不从心。但与此同时，随着"技术治下的和平"开始将暴力置于解决问题的方案之外，"世界警察"也恰好到了应当回撤的时候。而到了21世纪40—50年代，正当"世界警察"已经无力履行其职责的时候，这个世界也恰恰不再需要它了。万事大吉。

但万事万物的计算机化真的会如此遂人心愿吗？我们距离21世纪40年代仅有30年之遥（以本书写作时间算），即便这30年中发生了剧烈的技术变革，我们也远没法确定我们能否在这30年中将自己与机器融合在一起。不过，未来学家们坚持认为，这种误解根源于人们没有看到技术变革的速度：技术变革是呈指数级增长的，不断地翻倍增长，而不是呈线性增长。他们有时候会说，假设你租了一栋夏日别墅。当你来到这栋别墅的时候，池塘中盛开着一朵美丽的百合花。过了一个星期，百合花变成了2朵；又过了一个星期，就有了4朵。接着，你就很不情愿地回去上班了。又过了两个月的时间，你才终于又有机会继续休假。当你回到这栋别墅的时候，已经有超过1 000朵百合花在迎接你了。你离开时的4朵百合花双倍增长了8次，它们甚至多到把整个池塘遮掩了起来。

假设，在1983年彼得罗夫进行生死抉择的那一年，发生了相当于一朵百合花的技术变革，接着每朵百合花每六年增殖一次。到我写作本书的2013年，百合花已经翻倍了5次，也就是说我们现在拥有32朵百合花——这比1983年时的数量要多得多，但远远还不足以填满整个池塘。但到了2025年，百合花的数量将达到128朵。到了2043年，也就是库兹韦尔设想中的奇点即将到来之前，我们将有超过1 000朵百合花。最初的池塘，也就是我们，这些未经改良的生物体的人类，将被遮掩在成片盛开的超人类与后人类的技术百合之下。

我们在21世纪第二个10年中期拥有的那30几朵百合花，代表的就是类似谷歌眼镜、互联网乃至操纵其他老鼠身体的老鼠之类的小玩意儿。在人类五万年以来的生活方式上，这是些不错的小点缀，但也仅此而已。到21世纪20年代末，那时的200朵左右的百合花可能代表着一些时不时会被误认为是人类的人工智能、一点点儿心灵感应的苗头以及一些基本上生活在虚拟现实中的人类。但到那个时候，百合花的数量仍然远远不足以填满池塘。到21世纪30年代中期，我们将看到曲线拐点（在统计学家的语言中，这一点表示数量增长真正进入迅速增长的阶段）。到那时，每一年人类所看到的变革都会超过从20世纪80年代至21世纪第二个10年所有变革的总量。到了21世纪40年代，当变革的速度已经快到随时在发生的时候，"世界警察"就可以退休了。

不过，这些计算的前提是，运算能力的指数级增长将继续按照过去50年中的速度增长。但这一前提没有遵循斯莫利的定律：凡事皆有可能，但其实现所需的时间比我们设想的要长。如果斯莫利的定律对万事万物的计算机化也有效的话，那么当"世界警察"在21世纪40年代失去对世界的控制的时候，我们可能距离死亡博弈最终局的结尾还有很长一段距离。即便技术的百合之花的增殖周期从我之前假设的6年仅仅温和增加到10年，那么这也会使得技术曲线拐点的来临时间推迟到21世纪60年代，并且将奇点的到来推后到21世纪80年代。

如果"世界警察"在21世纪40年代跌倒在地，那么随后就将有70年的时间，人类既不在"美国治下的和平"中，又不在"技术治下的和平"中。在这个斯莫利定律生效了的世界里，全人类不会融到一个单一的超个体中，而是在21世纪50年代融入多个相互不兼容的脑对脑网络中，每一个网络都由一个不同的大国支配。随着这些网络开始争夺中立的市场份额,我们可能会看到19世纪非洲争夺战的高科技版本,各个网络都会试图将对手赶出世界的某一片区域。到那时,气候变化可能会剧烈影响不稳定弧形带,杀手机器人的出现可能会打破力量的均衡局面,与机器融合所需的基础设施和能源设施可能会成为新的袭击目标。认为自己在技术转型方面拥有暂时优势的国家可能会试图利用这一优势,将自己的意愿用暴力手段强加于他人之上。而更可能出现的情况是,一个落后的政府或许会孤注一掷,在敌人的优势变得无可撼动前发动袭击。

末日之战即将打响。

战争!将会有什么好处?

但我相信,这不会是故事的结局。

我乐观的依据,是长期历史清晰揭示出的人类的过往记录。我们没能凭许愿就让战争不复存在,因为这根本就是不可能实现的,但我们非常善于应对死亡博弈中收益的改变。在我们存在于地球之上的大部分时间里,我们都是好战且热衷于使用暴力的动物,因为这样的性格给我们带来了好处。但自我们发明了建设性战争以来的一万年中,我们在文化上发生了进化,我们的暴力程度变得越来越低,因为这样可以获得更高的收益。随着核武器于1945年问世,这场博弈中的收益情况发生了前所未有的迅速变化,而我们的反应也随之加速。因此,今天一个人死于暴力的可能性是石器时代的大约1/20。

设想一下,假如我提前50年写了这本书,并且在1964年(而不是2014年)出版了这本书——当时,第三次柏林危机刚刚过去还不到三年,古巴导弹危机仅结束两年,中国再过几个月就会试验它的第一颗原子弹,美国海军陆战队再过一年就会在越南登陆;假设我还在这本书中预言说,人类已经十分适应死亡博弈中收益的变化,因此在25年之内,苏联就会放弃使用武力,推倒柏林墙,再自行解体,在这些过程中都不放一枪，更不要提使用什么核导弹了。即使我没有胆大到提出，中国将成为世界第二大经济体，我怀疑我仍将遭遇口诛笔伐，但事实将证明我是对的。那么现在，让我们回到现实之中，同样的逻辑让我相信，我们将可以像以往应对常规的博弈那样玩好这场死亡博弈。

我们要做的事情很容易，但也如克劳塞维茨所说的那样很难，因为只有奇点在早于"世界警察"崩溃前到来，人类才会赢得死亡博弈的终局。如果我们真的能够从"这儿"到达"那儿"，那么"世界警察"就必须在尽可能长的时间里保持强大。这就意味着，美国必须在未来的四十多年时间里维持其军事开支水平和备战水平，使其仍为一个可以信赖的利维坦。美国必须能够为了保障全球秩序随时准备好进行武力威吓，甚至真的动用武力。但美国在这方面的花费又不能太高，以免导致倾向于主动出击的政治共识瓦解；美国也不能太过咄咄逼人地使用自己的军事优势，免得盟友因此疏远它。要应对所有这些挑战，美国人需要让他们的金融体系良好运转，维持经济增长，投资基础科学，同时继续寻觅与那些引领美国走过冷战岁月的领导人同样水准的领导者。这很简单，但也很难。

万事万物的计算机化进程发展得越快，我们就越有可能在"世界警察"衰微而引发新的钢铁风暴之前实现从"美国治下的和平"到"技术治下的和平"的转变。但即便在最坏的情况下，也就是斯莫利的定律生效的情况下，美国也必须随时准备好"付出不论何种代价、承担不论何种负担、面对不论何种艰险"，完成它的使命，就如同约翰·肯尼迪在 1961 年第一次说出这句话时一样。在 2013 年 9 月，当本书进入制作过程时，2/3 的美国人告诉民意调查机构，他们反对在叙利亚使用任何形式的武力[81]；而美国（如同两次世界大战之间的英国）如果一样厌倦了它作为"世界警察"的角色，我们可没有任何后备方案。

总体来看，美国为保障全球秩序而付出的努力将惠及其海外盟友，但不可避免地，并非所有时候都如此。这就意味着，美国的盟友们在这场博弈终局中也将扮演重要的角色。有时,它们需要把事实告诉美国,让"世界警察"听到逆耳忠言;有时,它们需要通过外交、金钱甚至武力手段支持"世界警察"。最重要的是,它们需要有足够的智慧,知道应该在何时为全球战略牺牲自己的局部利益,要意识到这个整体将大于各部分之和。

而最艰难的抉择,将落在"世界警察"的对手身上。它们变得越富有,它们的行动对于这场博弈终局的结果的影响力就越大。100多年以前,"世界警察"英国的两个最大的崛起中的对手是德国和美国。德国的威廉皇帝认为,他唯一可行的道路就是采取那些会动摇全球秩序的冒险举动,而美国则找到了在保证自己利益的同时,仍然能够(至少是大部分时候)支持"世界警察"的办法。"轻声细语,手持大棒。"[82]这是美国前总统西奥多·罗斯福的建议。之后崛起的"世界警察"的对手,自己手里就握着大棒。因此,它们的领导人需要在罗斯福和威廉之间选择一个作为自己的榜样。美国可以为对手营造和平发展的空间,同时喝止其鲁莽的冲动,从而可以在很大程度上影响其对手的抉择。但归根结底,美国的对手倾向于罗斯福的程度越高,这个世界赢得死亡博弈最终局的概率也就越大。

有一句罗马格言说,如果你想要和平,那就做好打仗的准备。[83] 2 000年前,卡加库斯和阿古利可拉在格劳庇乌山选择了兵戎相见,而不是和谈。在这2 000年里,几乎所有事情都发生了变化,但这句格言依然是真理。《战争》这首歌唱错了。战争并非一无是处,因为尽管我们不情愿去面对这个事实,但是战争是我们所能找到的使人类从暴力死亡率高达10%~20%的石器时代小社会发展到今天暴力死亡率低于1%的巨大的全球化社会的唯一途径。战争让这个星球变得更和平、更繁荣。我们的和平与繁荣程度如此之高,使得战争几乎,但尚未,终结它自己。因此,在这里,我们将看到这个充满矛盾性的故事的最终的一个矛盾:如果我们真的想得到一个战争在其中毫无用处的世界,就必须意识到,战争在这一过程中将扮演不可或缺的角色。

致　谢

在写作本书的过程中，我得到了许多人慷慨的帮助与支持。本书的写作，离不开斯坦福大学人文科学院和胡佛研究所的支持，以及我的妻子凯西·圣约翰的鼓励、耐心和高昂的情绪。

在我写作本书的过程中，达龙·阿西莫格鲁、戴维·伯基、劳拉·贝茨、麦特·伯罗斯、埃里克·基斯基、丹尼尔·克鲁、班宁·加勒特、阿扎·加特、德博拉·戈登、史蒂夫·哈伯、戴维·霍洛韦、帕拉格·卡纳、菲尔·克莱因海因茨、史蒂夫·勒布朗、拉梅兹·南姆、乔希·奥伯、斯蒂芬·平克、吉姆·鲁滨逊、沃尔特·沙伊德尔、凯西·圣约翰、彼得·图尔钦、理查德·兰厄姆和艾米·莱盖特阅读并点评了书稿。在此，我要再次感谢他们的建议和支持。由于我的固执，有的意见我未能接受；或是由于我的愚钝，有的意见我未能理解，在此我也要为此致歉。

彼得·阿比盖尔、达龙·阿西莫格鲁、戴维·阿米蒂奇、阿尔·柏格森、麦特·伯罗斯、班宁·加勒特、埃尔赫南·赫尔普曼、迈克·麦考密克、迪克·奥尼尔、吉姆·鲁滨逊、彼得·图尔钦及诺曼·瓦苏曾邀请我参加十分有收获的会议，卡尔·艾肯伯里则邀请我前往位于欧文堡的美国陆军国家训练中心以及位于内华达州的克里奇空军基地和内利斯空军基地。我要对他们致以谢意。此外，我还要感谢梁春越、马克·派伊以及欧文堡、克里奇和内利斯的其他人员对我的帮助。

劳拉·贝茨、乔治·考吉尔、阿扎·加特、史蒂夫·哈伯、戴维·莱廷、彼得·图尔钦和理查德·兰厄姆允许我拜读了他们尚未发表的文章；除他们之外，约斯特·克劳威尔、贾雷德·戴蒙德、尼尔·弗格森、维克托·戴维斯·汉森、鲍勃·霍恩、保罗·肯尼迪、卡拉·凯尔克高、阿德里安娜·梅厄、乔希·奥伯、理查德·萨勒、拉里·史密斯、迈克·史密斯、休·斯特罗恩、巴里·施特劳斯、罗布·滕皮奥及巴里·温格斯特与我进行了有趣的长谈，这些谈话或多或少地对本书的写作提供了帮助。

最后，本书的出版离不开我的经纪人桑迪·迪杰斯特拉和阿拉贝拉·斯坦的鼓励，以及我的编辑们——Farrar, Straus and Giroux 出版社的埃里克·钦斯基及 Profile Books 出版社的丹尼尔·克鲁的帮助。与他们和他们团队的合作十分美妙。

注 释

所有链接最后确认日期是 2013 年 9 月 22 日。

前言

1. D. Hoffman 2009, p. 11.

2. 这句话常被认为是托洛茨基说的,但其实可能是误译了他在 1940 年 6 月写给 Albert Goldman 的一封信(http://en.wikiquote.org/wiki/Leon_Trotsky#Misattributed)。

3. Norman Whitfield and Barrett Strong, "War" (1969). Whitfield 和 Strong 最开始为 Temptations 乐队创作了这首歌,后者将其收录于 1970 年的专辑 *Psychedelic Shack* 中,但从未作为单曲发行。斯塔尔于 1970 年晚些时候,重新录制了这首歌曲,大受欢迎。

4. Neville Chamberlain, speech from 10 Downing Street, September 30, 1938, reported in the *Times*, October 1, 1938, www.thetimes.co.uk/tto/archive/.

5. Whitfield and Strong, "War."

6. Luttwak 2001, p. 2.

7. Liddell Hart 1967, p. 368. 哈特借用了圣保罗对恶魔的评价 (Romans 3:8)。我不敢想象他会怎么议论谷歌的企业口号——"不作恶"(Google Code of Conduct, April 8, 2009, http://investor.google.com/corporate/code-of-conduct.html; Paul Buchheit 和 Amit Patel 最先提出了这一口号)。

8. Professor Chris Bobonich, Stanford University, Fall 1999.

9. Richardson 1960, pp. ix–x. 这些话实际是理查森的编辑写的,是对理查森原意的提炼。

10. Thomas Hobbes, *Leviathan* (1651), chap. 17.

11. Job 41:33–34 (King James Version).

12. Hobbes, *Leviathan*, chap. 17.

13. Jean-Jacques Rousseau, *A Discourse upon the Origin and the Foundations of Inequality Among Mankind* (1755), pt. 1.

14. Ronald Reagan, first inaugural address, Washington, D.C., January 20, 1981, www.presidency.ucsb.edu/ws/index.php?pid=43130#axzz1iWuZS4P3.

15. Ronald Reagan, "Remarks to Representatives of the Future Farmers of America," July 28, 1988, www.reagan.utexas.edu/archives/speeches/1988/072888c.htm. 里根的这句话经常被错误引用："英语里最可怕的9个词是：我是政府派来帮忙的。"

16. Ronald Reagan, "Address to the Republican State Central Committee Convention," September 7, 1973, http://en.wikiquote.org/wiki/Ronald_Reagan.

17. Tilly 1975, p. 42.

18. Gat 2006, p. 663.

19. Keeley 1996, p. 178.

20. Pinker 2002, p. 56.

21. Pinker 2011, p. xxiv.

22. Tony Iommi, "War Pigs," released on Black Sabbath's album *Paranoid* (Vertigo, 1970; Warner Brothers, 1971).

23. Kathy St. John, personal communication, October 2008.

24. William Shakespeare, *Henry V* (1599), 1.1.1.

25. Keynes 1923, p. 80.

26. Keynes to Duncan Grant, December 15, 1917, quoted in Moggridge 1992, p. 279.

27. N. Ferguson 2004, p. 11.

28. Cited in Andrew Roberts 2011, p. 10.

第一章

1. 我所引用的卡加库斯的演讲来自塔西佗所著的《阿古利可拉传》拉丁文版本（Agricola 30，出版于公元98年前后），经我大致翻译，并做了删减。据塔西佗称，他自己的版本只是"据说是（卡加库斯）所说"（Agricola 29），所以我觉得自由发挥下也不是问题，毕竟就卡加库斯的凯尔特语的演讲原文来说，我的英文版本和塔西佗的拉丁文版本很难说哪个更接近。

古罗马文献中经常使用"喀里多尼亚"来表示今苏格兰地区，但我们不知道那里的人是否认同自己是"喀里多尼亚人"，所以我让卡加库斯称呼众人为"北方的子民们"（带乔治 R.R. 马丁的风格）。塔西佗还不加区地用"不列颠尼亚人"称呼居住在今英格兰、威尔士和苏格兰的人，我们也同样不知道当时的那些人是否认同这一称谓。Mattingly 2006; Mattingly 2011, pp. 81–93, 219–36.

2. 引自赫尔穆特·毛奇（也被称为"老毛奇"）。他的原话更晦涩难懂。Hughes 1995, pp. 43–45.

3. Tacitus, *Agricola* 38.

4. Cicero, *Letters to My Brother Quintus* 1.1.34 (60/59 B.C.).

5. Tacitus, *Germania* 14 (A.D. 98).

6. Philip of Pergamum, *FGrH* 95 T1 (30s B.C.). Translation modified from Chaniotis 2005, p. 16. 菲利普《历史》一书仅余此句流传至今。

7. Polybius 10.15.

8. Jerusalem Talmud (composed ca. A.D. 200–400), Ta'anit 4:5.

9. Crassus, quoted in Plutarch, *Life of Crassus* 2 (published ca. A.D. 120).

10. Tacitus, *Annals* 1.2 (left unfinished at Tacitus's death in A.D. 117).

11. Horace, *Odes* 4.5.17–19 (published ca. 15 B.C.).

12. Epictetus, *Discourses* 3.13.9 (published around A.D. 108).

13. Edward Gibbon, *History of the Decline and Fall of the Roman Empire* (London, 1776), vol. 1, chap. 3.

14. Tacitus, *Annals* 14.17.

15. Bosnian Croat informant, cited in Goldhagen 2009, p. 212.

16. Hobbes, *Leviathan*, chap. 17.

17. Tacitus, *Annals* 3.25.

18. Cicero, *Against Verres* 1.40 (published 70 B.C.).

19. Pliny the Elder, *Natural History* 14.2 (published A.D. 79).

20. Gibbon, *Decline and Fall*, vol. 1, chap. 3.

21. Olson 2000, pp. 6–14.

22. 可能源自恺撒在公元前 47 年写给其罗马一友人的信（quoted in Plutarch, *Life of Caesar* 50. Suetonius, *The Deified Julius* 37, 文字略有出入）。

23. Uru'inimgina of Lagash, ca. 2360 B.C., trans. in J. Cooper 1986, no. 9.

24. *Corpus Inscriptionum Latinarum* 11.11284 (ca. A.D. 250–260), trans. in MacMullen 1974, p. 43.

25. Rodney King, May 1, 1992, www.youtube.com/watch?v=2Pbyi0JwNug&playnext=1&list=PLB874144170217AF6&index=15.

26. Winston Churchill, speech at the White House, June 26, 1954, published in *The New York Times*, June 27, 1954, p. 1.

27. Philip of Pergamum, *FGrH* 95 T1 (30s B.C.). Translation modified from Chaniotis 2005, p. 16.

28. Taken from the discussion in Ricks 2009, pp. 50–51.

29. Plutarch, *Life of Pompey* 28 (ca. A.D. 120).

30. Tacitus, *Agricola* 21.

31. Nye 2011, p. 21.

32. Unnamed American officer in Vietnam (1965), cited in Karnow 1986, p. 435.

33. Matthew 22:21 (King James Version).

34. Paul, Romans 13:1 (King James Version).

35. Plato, *The Laws* 626a (ca. 355 B.C.).

36. Golding 1954, chap. 8.

37. Mead 1928, pp. 14, 16, 19.

38. Ibid., p. 198.

39. Mead 1940.

40. Borofsky 2005, p.4

41. Chagnon 1997, pp. 11–13.

42. Chagnon 1997, p. 9.

43. Ibid., p. 20.

44. Mead 1928, p. 10.

45. Fa'apua'a Fa'amu, interview with Galea'i Poumele, November 13, 1987, trans. in Freeman 1989, p. 1020, with the original Samoan text at p. 1021n5.

46. Diamond 2008, p. 75.

47. Williams 1984 (1832), p. 128.

48. Ibid., p. 131.

49. Fukuyama 2011, p. 14.

第二章

1. 关于这句话，最广为人知的出处是 Zoë Akins 在 1930 年上演的同名戏剧，1932 年被改编为电影时，更名为《希腊人有一种说法》(另名《三个百老汇女孩》)。

2. Herodotus, *The Histories* 9.62–63 (published ca. 430 B.C.).

3. Ibid., 7.210（这实际上是他对公元前 480 年的温泉关战役的评价）。

4. V. D. Hanson 2001, p. 5.

5. V. D. Hanson 1989, p. 9.

6. Keegan 1993, pp. 332–33.

7. From *Models on Sealing and Investigation* (late third century B.C.), trans. in Lewis 1990, p. 247.

8. Ashoka, Major Rock Edict XIII, trans. in Thapar 1973, p. 256.

9. Ashoka, Major Rock Edict XI, trans. in Thapar 1973, pp. 254–55.

10. Ashoka, Major Rock Edict V, trans. in Thapar 1973, p. 252.

11. Ashoka, Pillar Edict VII, trans. in Thapar 1973, p. 266.

12. Ashoka, Kandahar Bilingual Rock Inscription, Aramaic text, trans. in Thapar 1973, p. 260.

13. http://discovermagazine.com/2011/jan-feb/89.

14. Pliny the Elder, *Natural History* 6.20.

15. Ibid., 12.41.

16. R. Lee 1979, p. 390.

17. Caesar, *Gallic War* 1.1, 11, 18.

18. Carneiro 1970.

19. M. Mann 1986, pp. 39–40.

20. Krepinevich 1994, pp. 30–31.

21. Ecclesiastes 1:9–10 (King James Version).

22. Hopi story, trans. in Lomatuway'ma et al. 1993, pp. 275–97.

23. Lewis Carroll, *Through the Looking-Glass, and What Alice Found There* (1871), chap. 2.

24. Trans. in Jacobsen 1976, pp. 77–78.

25. Muhammad Ali, interview in Manila, October 1, 1975, quoted in www.nytimes.com/books/98/10/25/specials/ali-price.html.

26. Sargon of Akkad (2330 B.C.), trans. in Kuhrt 1995, pp. 55, 53.

27. *Mahabharata* 4 (47) 31.6–7, 18–20, cited in Drews 1992, p. 125.

28. William Shakespeare, *Henry V* (ca. 1599), 4.1.

29. Sima Qian, *Shiji*, trans. in Bloodworth and Bloodworth 1981, p. 74.

30. *Arthashastra* 2.2.13 and 10.5.54, trans. in Rangarajan 1992, pp. 657, 659.

31. *Mahabharata*, Shanti Parvan 67.16 (compiled between 400 B.C. and A.D. 450; discussed in Thapar 1984, pp. 117–18).

32. Ashoka, Major Rock Edict XIII (ca. 255 B.C.), trans. in Thapar 1973, p. 255.

第三章

1. Vindolanda tablets 2.164 (written around A.D. 100), http://vindolanda.csad.ox.ac.uk/TVII-164.

2. Augustus's will (A.D. 14), quoted in Tacitus, *Annals* 1.11.

3. Clausewitz, "The Culminating Point of the Attack," trans. in Howard and Paret 1976, p. 566.

4. Clausewitz, *On War* (1832), bk. 7, chap. 5, trans. in Howard and Paret 1976, p. 528.

5. Luttwak 2001, p. 16.

6. Clausewitz, *On War*, bk. 7, chap. 5, trans. in Howard and Paret 1976, p. 528.

7. Herodotus 1.106.

8. See L. Wright 2006, pp. 297–330.

9. President Dwight D. Eisenhower, news conference, April 7, 1954, www.mtholyoke.edu/acad/intrel/pentagon/ps11.htm.

10. *Book of the Former Han* 94b, p. 3804 (published A.D. 111), trans. in Lewis 2009, p. 148.

11. *Book of the Later Han* 70, p. 2258 (published early fifth century A.D.), trans. in Lewis 2009, p. 263.

12. Summers 1982, p. 1.

13. Cassius Dio, *Roman History* 72.7 (published ca. A.D. 230). 关于这部分的狄奥原书已经失传，仅在11世纪70年代拜占庭学者Ioannis Xiphilinos的著述中保有经删节的简要几段。

14. Ammianus Marcellinus, *Histories* 25.1.12–13 (published ca. A.D. 380).

15. Herodotus 4.64.

16. Ammianus Marcellinus, *Histories* 31.2.

17. *Book of the Later Han* 70, p. 2258, trans. in Lewis 2009, p. 263.

18. Toynbee 1957, p. 265.

19. Treaty of Dover, March 10, 1101, trans. in Chaplais 1964, no. 1.

20. Regino of Prüm, *Chronicon*, bk. 2, entry for 888 (written around A.D. 906), trans. in Kirshner and Morrison 1986, p. 56.

21. Adam Smith, *An Inquiry into the Nature and Causes of the Wealth of Nations* (1776), bk. 5, chap. 2, art. 3.

22. Ibid., bk. 3, chap. 4.

23. *Chronique de Bertrand du Guesclin* (late fourteenth century), line 7254. Quoted in Charrière 1839, p. 264.

24. Yang Xuanzhi, *Memories of Luoyang* (A.D. 547), trans. in Jenner 1981, p. 142.

25. Prince of Gurgan, *The Book of Qabus* (ca. A.D. 1080), trans. in Morgan 1988, p. 12.

26. Emperor Taizong, *Zizhi Tongjian* 192, p. 6026, cited in Wechsler 1979, p. 131.

27. Wei Zhuang, *Lament of the Lady of Qin* (ca. A.D. 890), trans. in Kuhn 2009, p. 17.

28. Ammianus Marcellinus 31.6.4.

29. Priscus, *History*, frag. 6 (written ca. A.D. 475).

30. Anonymous, *Life of Hypatius* 104, trans. in Heather 2006, pp. 309–10.

31. Giovanni da Pian del Carpine, *Ystoria Mongalorum* (ca. A.D. 1250), trans. in Dawson 1955, pp. 37–38.

32. Giovanni Miniati da Prato, *Narrazione e disegna della terra di Prato*, cited in Origo 1957, p. 61.

33. Unnamed chronicler, cited in Huizinga 1955, p. 23.

34. Kirch 2010, p. 117.

35. Toyotomi Hideyoshi, Sword Collection Edict 2 (1588), trans. in Tsunoda et al. 1964, p. 320.

36. Hassig 1992, p. 146.

37. *Cantares mexicanos* (sixteenth century), cited in M. Smith 2003, p. 183.

38. Shakespeare, *Henry V*, 4.3, 40–60.

第四章

1. Rudyard Kipling, "The Man Who Would Be King," first published in the series Indian Railway Library 5 (Allahabad: A. H. Wheeler, 1888). I cite it from *The Bombay Edition of the Works of Rudyard Kipling* (London: Macmillan, 1913), with quotations from vol. 3, pp. 171, 174, 178–79, 186.

2. Zhu Yuanzhang, in *Veritable Records of the Ming*, Hongwu 12/6b (compiled ca. 1400), trans. in Chase 2003, p. 34.

3. Niccolò Machiavelli, *Discourses on the First Decade of Titus Livy* 2.17 (written ca. 1517, published 1531).

4. Machiavelli, *The Art of War* 7.1 (written 1519–20, published 1521).

5. Roger Boyle, Earl of Orrery, *A Treatise on the Art of War* (1677), p. 15, cited in Parker 1996, p. 16.

6. Ogier Ghiselin de Busbecq, letter 3 (1560), cited in Ross and McLaughlin 1953, p. 255.

7. Lala Mehmed Pasha, memorandum to Grand Vizier Yemishchi Hasan Pasha (ca. 1600), quoted in Imber 2002, p. 284.

8. V. D. Hanson 2001, pp. 19, 20.

9. V. D. Hanson 1989, p. 9.

10. V. D. Hanson 2001, p. 5.

11. Frank 1998, p. 2.

12. Battle participant (1653), cited in Capp 1989, pp. 80–81.

13. Qi Jiguang, *Practical Arrangement of Military Training*, zaji 6/11b (1571), cited in Chase 2003, p. 165.

14. Alfred, Lord Tennyson, "The Charge of the Light Brigade" (1854).

15. Sinan Pasha (ca. 1450–1500), cited in Inalcik 1969, p. 102.

16. Tahmasp I, *Memoirs* (1524), cited in Dale 2010, p. 88.

17. Iskandar Beg Munshi, *History of Shah 'Abbas the Great* (ca. 1620), trans. in Savory 1978, p. 523.

18. Jean Chardin, *Travels in Persia, 1673–1677*, cited in Dale 2010, p. 113.

19. Colonel Robert Monro, cited in M. Roberts 1965, p. 258.

20. http://blogs.wsj.com/washwire/2008/09/03/steele-gives-gop-delegates-new-cheer-drill-baby-drill/tab/article/.

21. Blaise de Montluc, *Commentaires* (1592), cited in David Bell 2007, p. 36.

22. Richard Brinsley Sheridan, *Saint Patrick's Day* (1775), 1.2.

23. Philip Saumarez (1747), cited in Herman 2004, p. 261.

24. Samuel Pepys (1677), cited in Coote 2000, p. 271.

25. *The Diary of Samuel Pepys*, September 30, 1661, www.pepysdiary.com/archive/1661/09/30/.

26. Ibid., October 7, 1665, www.pepysdiary.com/archive/1665/10/07/.

27. Ibid., June 14, 1667, www.pepysdiary.com/archive/1667/06/14/.

28. 这句话未必是真的，但即使路易十四没这么说，他也是这么做的。

29. Daniel Defoe, *The Complete English Tradesman* (1725), vol. 1, chap. 25.

30. Jean-Paul Rabaut Saint-Etienne, cited in David Bell 2007, p. 48.

31. As told by Aztec informants to Bernardino de Sahagún (1530s), cited in León-Portilla 2006, p. 85.

32. Letter to Juan de Oñate (1605), cited in Kamen 2003, p. 253.

33. Smith, *Wealth of Nations*, bk. 4, chap. 7, pt. 1.

34. N. Ferguson 2003, pp. 59–113.

35. Unnamed African chief, cited in T.D. Lloyd 1984, p. 37.

36. Sultan of Gujarat (1509), cited in Pearson 1987, p. 56.

37. Jan Pieterszoon Coen, letter to Directors 17, December 27, 1614, cited in Parker 1996, p. 132.

38. Captain George Cocke, quoted in Pepys, *Diary*, February 2, 1664, www.pepysdiary.com/archive/1664/02/02/.

39. Peshwa Balaji Baji Rao (1730s), cited in L. James 1997, p. 10.

40. Edmund Burke, opening speech in the impeachment of Warren Hastings, London, February 15, 1788, cited in Bond 1859, p. 42.

41. Bengali survivor of the Battle of Buxar (1764), cited in L. James 1997, p. 41.

42. Anonymous author of *Magnae Britanniae Notitia; or, The Present State of Great Britain* (London, 1718), p. 33, cited in Colley 2009, p. 59.

43. Calculated at www.measuringworth.com/ppoweruk/ using average earnings; if the amount is measured in terms of the retail price index, Clive merely walked off with

$25 million.

44. Burke, debate on the India Bill, London, December 1783, cited in Parker 1996, p. 117.

45. Shakespeare, *Henry VI, Part 3* (1591), 2.6.73.

46. Smith, *Wealth of Nations*, bk. 1, chap. 1.

47. Ibid., bk. 4, chap. 2.

48. North et al. 2009.

49. William Pulteney, First Earl of Bath (1743), cited in Brewer 1989, p. 91.

50. Smith, *Wealth of Nations*, bk. 4, chap. 7, pt. 3.

51. Ibid.

52. Thomas Paine, *Common Sense* (1776), first section. Available at www.gutenberg.org.

53. Alexander Hamilton, "Views on the French Revolution" (1794), cited in Wood 2009, p. 302.

54. Ambassador John Adams to Thomas Jefferson, October 9, 1787, cited in Wood 2009, p. 214.

55. Smith, *Wealth of Nations*, bk. 4, chap. 2.

56. Lyrics by James Thomson and music by Thomas Arne, first performed in *The Masque of Alfred* (1740).

57. Clausewitz, *On War*, bk. 8, chap. 3, trans. in Howard and Paret 1976, p. 591.

58. U. S. Constitution, Preamble (1787), www.archives.gov/exhibits/charters/constitution_transcript.html.

59. George Washington to François-Jean de Beauvoir de Chastellux, April 25, 1788, cited in David Bell 2007, p. 74.

60. Immanuel Kant, *Perpetual Peace* (1795), www.constitution.org/kant/perpeace.htm.

61. Clausewitz, *On War*, bk. 8, chap. 3, trans. in Howard and Paret 1976, p. 592.

62. Captain Dupuy to his sister, January 25, 1794, cited in David Bell 2007, p. 180.

63. Jean-Baptiste Carrier, December 20, 1793, cited in David Bell 2007, p. 182.

64. Lazare Carnot (1794), cited in Howard 2009, p. 80.

65. Charles Dickens, *Dealings with the Firm of Dombey and Son: Wholesale, Retail, and for Exportation* (1846), chap. 1.

66. Bernard and Hall 1844, p. 6.

67. Armine Mountain (1842), cited in Fay 1997, p. 222.

68. General Gerard Lake, November 1803, cited in Barua 1994, p. 599.

69. Samuel Colt, report to Parliament (1854), cited in McPherson 1988, p. 16.

70. Henry Havelock, July 12, 1857, cited in E. Stokes 1986, p. 59.

71. *Caledonian Mercury,* October 15, 1821, p. 4.

72. Darwin 2009.

73. Henry John Temple, Viscount Palmerston, speech to Parliament, August 6, 1839, cited ibid., p. 36.

74. Slogan in James Polk's 1844 presidential campaign, cited in Foreman 2010, p. 25.

75. President James Buchanan, December 1858, cited in Foreman 2010, p. 39.

76. Prime Minister David Cameron, interview at Amritsar, India, February 19, 2013, cited in www.dailymail.co.uk/news/article-2281422/David-Cameron-talks-pride-British-Empire-stops-short-giving-apology-Amritsar-massacre.html.

77. Particularly Stannard 1993.

78. Rudyard Kipling, "The White Man's Burden: The United States and the Philippine Islands," *McClure's,* February 12, 1899.

79. Henry Labouchère, "The Brown Man's Burden," *Literary Digest*, February 1899, www.swans.com/library/art8/xxx074.html.

80. Lieutenant Murray, local commission report on Nepal (1824), cited in L. James 1997, p. 73.

81. Anonymous pamphlet (1773), cited in L. James 1997, p. 49.

82. Regulating Act (1773), cited in L. James 1997, p. 52.

83. Edmund Burke, opening speech in the impeachment of Warren Hastings, London, February 15, 1788, cited in N. Ferguson 2003, p. 55.

84. Calcutta Supreme Court, circular order, July 10, 1810, cited in Kolsky 2010, p. 28.

85. Judge J. Ahmuty, Calcutta, December 3, 1808, cited in Kolsky 2010, p. 27.

86. Aurangzeb, December 1663, cited in Ikram 1964, p. 236.

87. Rammohun Roy (1823), cited in S. Bayly 1999, p. 459.

88. Rammohun Roy, cited in Fernández-Armesto 2010, p. 740.

89. Rammohun Roy (1832), cited in C. Bayly 2004, p. 293.

90. Hackney 1969, p. 908.

91. Acemoglu and Robinson 2012, p. 211.

92. Tsar Nicholas II, August 24, 1898, cited in Sheehan 2008, p. 22.

93. Bertha Felicitas Sophie Freifrau von Suttner (Baroness von Suttner and Countess Kinsky von Wchinitz und Tettau), statement at the First Hague Conference, May 1899, cited in Sheehan 2008, p. 30.

第五章

1. Lord Salisbury (prime minister 1895–1902), quoted in Fyfe 1930, p. 63.
2. Angell 1913 (originally published 1910), pp. 295, 361.
3. Lloyd George 1933, p. 52.
4. Churchill 1931, pp. 27–28.
5. Tuchman 1984.
6. William Gilbert and Arthur Sullivan, *The Pirates of Penzance*. The opera premiered on December 31, 1879, in New York (perhaps a sign of the times) and came to London in 1880.
7. Secretary of Defense Donald Rumsfeld, February 12, 2002, press briefing, Washington, D.C., www.defense.gov/transcripts/transcript.aspx?transcriptid=2636.
8. Mackinder 1904, p. 434.
9. Ibid., p. 436.
10. Walther Rathenau, "Deutsche Gefahren und neue Zielen," *Neue Freie Presse* (Vienna), December 25, 1913, trans. in Fischer 1974, p. 14.
11. Kaiser Wilhelm II to Alexander Count Hoyos, July 4, 1914, trans. in Herwig 2009, p. 9.
12. Chancellor Theobald von Bethmann Hollweg, cited in Stevenson 2004, p. 34.
13. Kurt Riezler, secret document prepared for von Bethmann Hollweg, September 9, 1914, trans. at www.wwnorton.com/college/history/ralph/workbook/ralprs34.htm.
14. 亨奇于1914年8—9月访问第二集团军总部时，Edward Jenö von Egan-Krieger上尉陪同在场，但直到后者于1965年去世后，才发表了这篇文章。Trans. in Herwig 2009, p. 266.
15. Lieutenant Colonel Schmidt, 133rd Reserve Infantry Regiment, September 9, 1914, trans. in Herwig 2009, p. 302.
16. Charles de Gaulle, cited in de la Gorce 1963, p. 102.
17. General John French, minutes, January 1915, cited in Strachan 2003, p. 163.
18. Keegan 1998, p. 321.
19. Lieutenant Teller, April 22, 1915, cited in Corrigan 2003, p. 165.
20. Wilfred Owen, "Dulce et Decorum Est" (1917), lines 21–24.
21. Second Lieutenant Murray Rymer Jones, cited in Hart 2008, p. 20.
22. Kaiser Wilhelm II, July 30, 1914, cited in Strachan 2001, p. 696.
23. von Ludendorff 1920.
24. V. D. Hanson 1989, p. 9.
25. Biddle 2004, pp. 28, 35.

26. Owen, "Dulce et Decorum Est," lines 9–10.

27. Major J. F. C. Fuller, memorandum, "Strategic Paralysis as the Object of the Decisive Attack," May 1918, cited in Watts and Murray 1996, p. 382.

28. Fuller, lecture given in London (1932), cited in Watts and Murray 1996, p. 382 n35.

29. Field Marshal Sir Douglas Haig, "Backs to the Wall" Order, April 11, 1918, cited in Edmonds 1951, p. 305.

30. Usually attributed to Captain Lloyd Williams, June 3, 1918, although some sources name Major Frederic Wise. Cited in Keegan 1998, p. 407.

31. Prime Minister David Lloyd George, speech to Parliament, November 11, 1918, cited in *Hansard*, November 11, 1918, col. 2463.

32. Pepys, *Diary*, September 30, 1661, www.pepysdiary.com/archive/1661/09/30/.

33. Field Marshal Sir Henry Wilson (1921), cited in N. Ferguson 2006, p. 320.

34. Andrew Bonar Law (1922), cited in N. Ferguson 2006, p. 320.

35. Noyes 1926, pp. 436–37.

36. Thomas Jefferson, first inaugural address, Washington, D.C., March 4, 1801, http://en.wikisource.org/wiki/Thomas_Jefferson%27s_First_Inaugural_Address.

37. President Woodrow Wilson, speech to the U.S. Senate, January 22, 1917, https://www.mtholyoke.edu/acad/intrel/ww15.htm.

38. Woodrow Wilson, speech in London, September 1918, cited in Mazower 2012, p. 128.

39. President Theodore Roosevelt, January 4, 1915, cited in www.theodoreroosevelt.org/TR%20Web%20Book/TR_CD_to_HTML342.html.

40. Lloyd George, September 1918, cited in Mazower 2012, p. 128.

41. Nehru 1942, p. 638.

42. Vladimir Lenin, Moscow, March 1919, cited in Mazower 2012, p. 177.

43. Nikolai Bukharin, Moscow, March 1919, cited in Degras 1965, p. 35.

44. H. James 2009, pp. 47–48.

45. British Chiefs of Staff, October 1932, cited in N. Ferguson 2006, p. 321.

46. Goldsworthy Lowes Dickinson (1913), cited in J. Morris 1978, p. 306.

47. Orwell 1937, chap. 9.

48. Adolf Hitler, *Mein Kampf* (Munich: Eher, 1924).

49. Lieutenant Colonel Ishiwara Kanji (1932), cited in Yasuba 1996, p. 553n30.

50. Anonymous Japanese worker, quoted in Taya Cook and Cook 1992, p. 49.

51. Azuma Shiro, interviewed for the film *In the Name of the Emperor* (1995), cited in I. Chang 1997, p. 49.

52. Lieutenant Colonel Tanaka Ryukichi, Nanjing, December 1937, cited in N. Ferguson 2006, p. 477.

53. Mackinder 1904, p. 437.

54. Ishiwara (1932), cited in Totman 2000, p. 424.

55. Kaiser Wilhelm II, mentioned in a letter from Admiral Henning von Holtzendorff to Chancellor Georg Michaelis, September 14, 1917, trans. in Lutz 1969, pp. 47–48.

56. Hitler, meeting at the Reich Chancellery, Berlin, November 5, 1937, cited in Evans 2005, p. 359.

57. N. Ferguson 2006, p. 315.

58. Liddell Hart 1965, vol. 1, p. 164.

59. Citino 2004, p. 79.

60. Churchill, speech to Parliament, June 4, 1940, quoted in Churchill 1949, p. 104.

61. Secretary of War Anthony Eden and Brigadier Charles Hudson, secret meeting in York, June 5, 1940, cited in Andrew Roberts 2011, p. 88.

62. General Franz Halder to Louise von Benda, July 3, 1941, cited in Weinberg 2005, p. 267.

63. Anastas Mikoyan, memoirs, June 30, 1941, cited in Bullock 1993, p. 722.

64. Adolf Hitler to Joseph Goebbels, July 25, 1938, cited in Evans 2005, p. 577.

65. Churchill, speech to the House of Commons, May 13, 1940, cited in Churchill 1949, p. 24.

66. Churchill, speech to the House of Commons, June 18, 1940, cited in Churchill 1949, p. 198.

67. Hitler, meeting at the Reich Chancellery, Berlin, November 5, 1937, cited in Evans 2005, p. 359.

68. Hermann Göring, cited in Weinberg 2005, p. 238.

69. Churchill 1950, p. 539.

70. Emperor Hirohito, radio broadcast, August 15, 1945, cited in Frank 1999, p. 320.

71. Churchill, cabinet minutes, August 1941, cited in Mazower 2012, p. 195.

72. Malcolm Muggeridge, *Diary,* December 16, 1945, cited in Kynaston 2007, p. 133.

73. Vere Hodgson, diary, March 19, 1950, cited in Kynaston 2007, p. 510.

74. General Colmar von der Goltz, letter (1916), cited in Strachan 2003, p. 123.

75. J. A. Quitzow, "Penang Experiences" (January 27, 1942), cited in Bayly and Harper 2004, p. 120.

76. Dean Acheson, speech at West Point Military Academy, December 5, 1962.

77. Winston Churchill, speech at Westminster College, Fulton, Missouri, March 5, 1946, www.nato.int/docu/speech/1946/s460305a_e.htm.

78. Undersecretary of State Dean Acheson (1946), cited in Mazower 2012, p. 222.

79. N. Ferguson 2006, p. 592.

80. President Dwight D. Eisenhower, National Security Council meeting, September 24, 1953, cited in E. Thomas 2012, p. 102.

81. Captain William Brigham Moore, Offutt Air Force Base, Nebraska, March 15, 1954, quoted in Rosenberg and Moore 1981, p. 25.

82. N. Ferguson 2004a. *Empire*: N. Ferguson 2003.

83. Kagan 2012, p. 40.

84. General Hastings Lionel Ismay, 1st Baron Ismay (1949), cited in D. Reynolds 1994, p. 13.

85. Montgomery 1954, p. 508.

86. Kaufman and Wolfe 1980, p. 33. 这一短语源自电影《太空先锋》（华纳兄弟，1983），而不是汤姆·沃尔夫的小说。

87. NBC broadcast, October 5, 1957, cited in E. Thomas 2012, p. 253.

88. Nikita Khrushchev, April 1962, cited in Fursenko and Naftali 1997, p. 171.

89. Eisenhower, March 1953, cited in Rosenberg 1983, p. 27.

90. Labour MP Gerald Kaufman, June 1983, cited in Marr 2007, p. 450.

91. Secretary of Defense Harold Brown, statement to a joint meeting of the House and Senate Budget Committees, January 31, 1979, cited in Odom 1988, p. 115.

92. President John F. Kennedy, interview with Arthur Schlesinger, October 1961, cited in E. Thomas 2012, pp. 408–9.

93. General Cao Van Vien, April 1972, cited in Summers 1982, p. 119.

94. Colonel Oleg Gordievsky (KGB resident designate in London and double agent, 1982–85), quoted in Sebestyen 2009, p. 88.

第六章

1. Charles Darwin, *On the Origin of Species by Means of Natural Selection* (London: John Murray, 1859), chap. 4.

2. Shakespeare, *Romeo and Juliet* (1599), 3.1.4.

3. Hölldobler and Wilson 2010.

4. Wrangham and Peterson 1996, p. 223.

5. Yerkes 1925, chap. 13. 耶基斯当时不知道猩王子是倭黑猩猩，倭黑猩猩直到 1928 年才被确认为独立的物种，耶基斯原以为他遇到的是一只特别漂亮的黑猩猩。

6. D. Morris 1967, p. 63. 50年来的研究使得《裸猿》的内容严重过时，但这本书仍值得一读。

7. Diamond 1992, p. 75.

8. Stringer and Andrews 2012, p. 157.

9. 这句话常被认为是毕加索说的，但 Bahn (2005) 不同意。毕加索显然对洞穴壁画不感兴趣。

10. Pinker 2011, p. 678.

11. Henrich et al. 2010.

12. Pinker 2011, p. 680.

13. Ronald Reagan, March 23, 1983, cited in Gaddis 2005a, p. 225.

14. Clausewitz 1976, p. 75.

15. Riesman 1964 (first published 1951), p. 64.

16. Stalin to Zhou Enlai, August 1952, quoted from a transcript provided to me by David Holloway.

17. Alina Pienkowska, undated interview, cited in Sebestyen 2009, pp. 217–18.

18. Gorbachev 1995, p. 165.

19. Bush and Scowcroft 1998, pp. 13–14.

20. Ibid., p. xiii.

21. Hungarian report, June 1989, cited in G. Stokes 1993, p. 100.

22. Interview on the CNN television series *Cold War* (1998), episode 23, cited in Gaddis 2005a, p. 241.

23. Gorbachev, interview on the CNN television series *Cold War* (1998), episode 23, cited in Gaddis 2005a, p. 250.

第七章

1. City attorney of San Bernardino, California, quoted in Friend 2013, p. 29.

2. I owe this insight to Dick Granger, December 1983.

3. Zalmay Khalilzad and Scooter Libby, February 18 draft of the 1992 *Defense Planning Guidance*, www.gwu.edu/~nsarchiv/nukevault/ebb245/index.htm.

4. Senator Joseph Biden, quoted in *Washington Post*, March 11, 1992, p. A1, www.yale.edu/strattech/92dpg.html.

5. Unnamed French official, quoted in *Financial Times*, October 17, 2002, and cited in Kagan 2003, p. 63.

6. Helmut Schlesinger (1994), cited in Deo et al. 2011, p. 16.

7. Deo et al. 2011, p. 1.

8. Quoted from Belarusian News Photos, August 2012, www.bnp.by/shvedy-

dejstvitelno-sbrosili-na-belarus-plyushevyx-medvedej-na-parashyutax.

9. Kagan 2003, p. 3.

10. Lord Palmerston, speech to the House of Commons, reported in *Hansard*, March 1, 1848, col. 122.

11. Rudyard Kipling, *Kim* (London: Macmillan, 1901), chap. 12.

12. Osama bin Laden, "Letter to America," mid-November 2002, cited in www.guardian.co.uk/world/2002/nov/24/theobserver.

13. Ayman al-Zawahiri, *Knights Under the Prophet's Banner* (2001), cited in L. Wright 2006, p. 46.

14. Special Adviser Richard Holbrooke, cited in Sanger 2012, p. 132.

15. President George W. Bush, speech at the U.S. Chamber of Commerce, November 6, 2003, http://georgewbush-whitehouse.archives.gov/news/releases/2003/11/20031106-2.html.

16. Ibid.

17. President Barack Obama, speech at the White House, March 27, 2009, www.whitehouse.gov/the_press_office/Remarks-by-the-President-on-a-New-Strategy-for-Afghanistan-and-Pakistan/.

18. Major F. M. Crum (First Battalion, King's Royal Rifles), *Memoirs of an Unconventional Soldier* (1903), cited in Citino 2002, p. 60.

19. Unnamed U.S. marine to Brigadier General Larry Nicholson, February 2009, quoted in Chandrasekaran 2012, p. 4.

20. Vice President Dick Cheney, interview on *Meet the Press,* NBC, September 16, 2001, available at www.youtube.com/watch?v=X56PBAEkzYg.

21. Henry Kissinger to Michael Gerson, September 2005, cited in Woodward 2006, p. 409.

22. Secretary of Defense Robert Gates, speech at West Point, February 25, 2011, www.defense.gov/speeches/speech.aspx?speechid=1539.

23. President Richard Nixon, toast at a dinner in Shanghai, February 27, 1972, cited in D. Reynolds 2000, p. 329.

24. Ferguson and Schularick 2007.

25. Clausewitz, *On War*, bk. 7, chap. 5, trans. in Howard and Paret 1976, p. 528.

26. *BusinessWeek,* December 6, 2004, p. 104.

27. Foreign Secretary David Miliband, interview with *Guardian*, cited in "May the Good China Preserve Us," *Economist,* May 21, 2009, www.economist.com/node/13701737.

28. Zheng 2005.

29. Dai 2010.

30. John Quincy Adams, speech to the House of Representatives, July 4, 1821, http://fff.org/explore-freedom/article/john-quincy-adams-foreign-policy-1821/.

31. R. Kaplan 2012, p. 196.

32. Luttwak 2012, p. 56.

33. Shi Yinhong, professor of international relations at Renmin University, May 28, 2013, cited in www.nytimes.com/2013/05/29/world/asia/china-to-seek-more-equal-footing-with-us-in-talks.html?ref=world&_r=1&.

34. *Global Times,* January 11, 2013, www.globaltimes.cn/content/755170.shtml.

35. Abigail 2012, p. 74.

36. Commonwealth of Australia 2009, p. 43.

37. Hawke and Smith 2012, p. 53.

38. Barack Obama, speech to the Australian Parliament, Canberra, November 17, 2011, www.whitehouse.gov/the-press-office/2011/11/17/remarks-president-obama-australian-parliament.

39. Rory Medcalf, director of the international security program of the Lowy Institute, Sydney, May 7, 2013, http://thediplomat.com/2013/05/07/breaking-down-australias-defense-white-paper-2013/.

40. Lieutenant General Qi Jianguo, "An Unprecedented Great Changing Situation," *Study Times,* January 21, 2013, trans. by James Bellacqua and Daniel Hartnett at www.cna.org/sites/default/files/research/DQR-2013-U-004445-Final.pdf.

41. Unidentified American diplomat, quoted in Sanger 2012, p. xix.

42. www.foreignpolicy.com/articles/2011/02/22/the_future_of_war.

43. http://people-press.org/files/legacy-pdf/692.pdf.

44. Krepinevich 2010; van Tol et al. 2010.

45. Rifkin 2011.

46. O'Hanlon 2013, pp. 30, v.

47. Admiral Michael Mullen, interview with CNN, August 25, 2010, www.cnn.com/2010/US/08/27/debt.security.mullen/index.html.

48. National Intelligence Council 2012, pp. v, 3.

49. National Intelligence Council 2008, p. 61.

50. Hansen et al. 2013, p. 1.

51. National Intelligence Council 2012, p. xii.

52. Unclassified briefing by Colonel James Hecker, 432nd Air Wing, Creech Air Force Base, Nevada, March 5, 2013.

53. Quoted in Byman 2013, p. 40.

54. Joint Forces Command 2003, p. 5.

55. Boot 2006, p. 442.

56. U.S. Air Force 2009, p. 41.

57. Mark Gubrud, research associate at Princeton University's Program on Science and Global Security, interview with *Mother Jones*, May 3, 2013, www.motherjones.com/politics/2013/05/campaign-stop-killer-robots-military-drones.

58. United Nations 2013.

59. Adams 2011, p. 5.

60. G. Friedman 2009, pp. 202, 211.

61. Kurzweil 2005, pp. 5, 24.

62. MacLeod 1998, p. 115.

63. Evgeny Morozov, www.newrepublic.com/article/books-and-arts/magazine/105703/the-naked-and-the-ted-khanna#.

64. Unnamed neuroscientist, Swiss Academy of Sciences meeting, Bern, January 20, 2012, www.nature.com/news/computer-modelling-brain-in-a-box-1.10066.

65. Niels Bohr to Wolfgang Pauli, Columbia University, 1958, cited in *Economist*, August 24, 2013, p. 71.

66. Jack Gallant, professor of neuroscience at the University of California, Berkeley, September 2011, quoted at www.sciencedaily.com/releases/2011/09/110922121407.htm.

67. Jan Schnupp, professor of neuroscience at Oxford University, February 1, 2012, quoted at www.dailymail.co.uk/sciencetech/article-2095214/As-scientists-discover-translate-brainwaves-words–Could-machine-read-innermost-thoughts.html.

68. Miguel Nicolelis, professor of neuroscience at Duke University, February 18, 2013, quoted at www.technologyreview.com/view/511421/the-brain-is-not-computable/.

69. Richard Smalley, October 2000, quoted in washingtonmonthly.com/features/2000/0010.thompson.html.

70. Livy, *History of Rome* 2.32 (translation mine).

71. Clausewitz, *On War*, bk. 1, chap. 7, trans. in Howard and Paret 1976, p. 119.

72. President Abraham Lincoln, second annual message to Congress, December 1, 1862, www.presidency.ucsb.edu/ws/?pid=29503.

73. Brooks et al. 2013, p. 142.

74. Posen 2013, pp. 117–18.

75. Brooks et al. 2013, p. 42.

76. Posen 2013, pp. 117–18.

77. Khanna and Khanna 2012.

78. F. Scott Fitzgerald and Ernest Hemingway (possibly 1936), as discussed at www.nytimes.com/1988/11/13/books/l-the-rich-are-different-907188.html.

79. Naam 2013a, p. 23.

80. V. D. Hanson 2001, p. 24.

81. www.cnn.com/2013/09/09/politics/syria=poll=main/index.html.

82. Theodore Roosevelt (then governor of New York) to Henry L. Sprague, January 26, 1900, www.loc.gov/exhibits/treasures/images/at0052as.jpg.

83. Unattributed Roman proverb. The closest version preserved in Roman literature is "Qui desiderat pacem, praeparet bellum," in Vegetius, *On Military Matters* (ca. A.D. 400).

延伸阅读

关于战争的书籍和论文可谓浩如烟海，任何人穷尽几生也看不完，因此我只选取了对我影响最大的作品。身为学者的乐趣之一就是我得以有偿阅读我感兴趣的任何作品，因此尽管我一再精选，仍然有数百部作品推荐给你们。

但在海量的研究成果中，我特别推荐以下十几部作品，如果没有它们，我可能永远不会动笔写《战争》这本书。Azar Gat's *War in Human Civilization* (2006)，无疑是所有对战争漫长历史的研究的起点；Jared Diamond's *Guns, Germs, and Steel* (1997) 和 Robert Wright's *Nonzero* (2000)，是将进化和历史结合起来的绝佳范例；Richard Wrangham and Dale Peterson's *Demonic Males* (1996)，仍是关于灵长类动物（尤其人类）暴力的最佳书籍；Lawrence Keeley's *War Before Civilization* (1996)，开创了史前战争研究的新篇章；Steven Pinker's *Better Angels of Our Nature* (2011)，对现代暴力进行了宏伟的描述；Edward Luttwak's *Strategy* (2001) 和 Rupert Smith's *Utility of Force* (2005)，将克劳塞维茨的理论研究和现代战争史结合了起来；Kenneth Chase's *Firearms* (2003)，一部被忽视的比较军事史经典；Paul Kennedy's *Rise and Fall of the Great Powers* (1987) 和 Niall Ferguson's *Empire* (2003)，对过去几百年的战争史进行了宏大展望；最后但不是最重要的，John Keegan's *Face of Battle* (1976)，在我看来，是迄今为止最好的战场经历史。

由于资料不计其数，我所涉及的每个主题都存在争议，所以与某些专家意见相左是在所难免的。在争议较大，或与大多数人存在分歧的地方，我会特别注明，但受限于篇幅，无法对每一点穷尽书目。

"延伸阅读"包含大众通俗读物、学术综述、专项问题研究。在选择时，我尽量采用较近出版的、自带大量参考书目的英文作品。除报纸上的短篇报道外，我会列出作者姓氏、具体出版日期，详细信息可见"参考文献"部分。

所有链接最后确认日期是 2013 年 9 月 22 日。

前言

1983 年 9 月 26 日事件：我借用了 D. Hoffman 的叙述（2009. pp. 6-11）。时至今日，我们仍不知道 1983 年苏联导弹究竟指向哪儿，部分原因是许多俄罗斯导弹仍指向相同的目标。感谢 David Holloway 与我讨论这段历史。

20 世纪 80 年代核战争可能造成的伤亡：Daugherty et al. 1986; B. Levi et al. 1987/88. U.S.。军事演习：Bracken 2012, pp. 82–88。

Thompson and Smith 1980 传达了欧洲反核运动的情绪，Sabin 1986 很好地描述了我在学生时代经历的英国背景。1986 年的核储备：Norris and Kristensen 2006, p. 66。

有关暴力衰减的争论：Pinker 2011, pp. 507-8, 557。

Civilizing Process: Elias 1982 (1939)。统计数据：Eisner 2003, 详细阐释于 in Spierenburg 2008。Roth 2009 将分析扩展到美国。

War Before Civilization: Keeley 1996, 在 LeBlanc and Register 2003 和 Gat 2006, pp. 3–145 中进一步扩展。Brian Ferguson 2013 挑战了这些对史前死亡率的估计。

Statistics of Deadly Quarrels: Richardson 1960. 一些学者对理查森关于 1820 年以来人类变得不那么好战的结论提出了复杂（在我看来，并不是非常有说服力）的反驳；Wilkinson（1980）讨论了以上争论。

死亡数据库：由于现在数据库很多（无疑还有更多我不知道的），我把数据库分为四大类：战争、种族灭绝、恐怖活动、谋杀。但这么分有些粗暴，因为这些类别相互交叠，不同研究者的定义也不同（例如 Rudy Rummel 将纳粹在东欧对平民的大屠杀归为"种族灭绝"，而大多数数据库将其归为"战争"）。由于定义不同，数据也不可避免存在分歧、差别，没有任何两个数据库的数据完全相同。

死于战争：Brecke 1999, 2002; Cederman 2003; Clodfelter 1993; Eck and Hultman 2007; Eckhardt 1992; Ganzel and Schwinghammer 2000; Gleditsch et al. 2002; Hewitt et al. 2008; Human Security Centre 2005, 2006; Human Security Report Project 2007, 2008, 2009, 2011, www.hsrgroup.org/; Lacina 2009; Lacina et al. 2006; Levy 1983; Peace Research Institute of Oslo, www.prio.no/CSCW/Datasets/Armed-Conflict/Battle-Deaths; Sarkees 2000; Singer and Small 1972; Sorokin 1957; Steckel and Wallis 2009; Stockholm International Peace Research Institute 2012; Uppsala Conflict Data Project, www.prio.no/CSCW/Datasets/Armed-Conflict/UCDP-PRIO, with discussion in Themnér and Wallensteen 2012; M. White 2011, http://users.erols.com/mwhite28/; Q. Wright 1942。

死于种族灭绝：Harff 2003, 2005; One-Sided Violence Dataset, www.pcr.uu.se/research/ucdp/datasets/; Rummel 1994, 1997, 2002, 2004。

死于恐怖活动：National Consortium for the Study of Terrorism and Responses to Terrorism, www.start.umd.edu/gtd/。

死于谋杀：Eisner 2003; Krug et al. 2002; Spierenburg 2008; Roth 2009。

暴力的总体水平：Global Peace Index, www.visionofhumanity.org/。极端例子：Gerlach 2010。

对数据库的分析及其类别：Chirot and McCauley 2006; Dulic 2004; Lacina and Gleditsch 2005; Levy and Thompson 2011; Long and Brecke 2003; Obermeyer et al. 2008; Adam Roberts 2010; Roberts and Turcotte 1998; Spagat et al. 2009。

对 2001 年以来阿富汗的死亡人数存在分歧：http://atwar.blogs.nytimes.com/2012/08/21/calculating-the-human-cost-of-the-war-in-afghanistan/。

War in Human Civilization: Gat 2006. *Sex at Dawn*: Ryan and Jethá 2010 (to be read with the equally impassioned response *Sex at Dusk* [Saxon 2012])。*The End of War*: Horgan 2012. *War, Peace, and Human Nature*: Fry 2013. *Winning the War on War*: Goldstein 2011. *Better Angels*: Pinker 2011. *World Until Yesterday*: Diamond 2012.

《利维坦》及其批评者：Parkin 2007。法国的替代品：David Bell 2007, pp. 52–83。

战争和国家：Tilly 1975, 1985。

关于美国内战的 5 万本书：Keeley 1996, p. 4。

希特勒和纳粹利维坦：Evans 2005; Mazower 2008。

帝国主义类型"菜单"：N. Ferguson 2004, pp. 7–13。

第一章

格劳庇乌山战役：这需要一个很长的注解。首先，我们并不知道这一战是在哪里打的。但与 St.Joseph（1978）以来的大多数历史学家一样，我认为是在苏格兰的阿伯丁郡本纳希的山坡上。

我们也无法确定究竟发生了什么。我写下的每个细节都是基于古代文献中的真实事件描述，但我们不知道所有事情或其中部分事情是否发生在那一天，可能所有事情都并非发生在那一天，甚至根本没发生过［Lendon（1999）讨论过对罗马战役的描述的复杂性］。总的来说，我主要依靠塔西佗的《阿古利可拉传》29–38（出版于约公元 98 年），并通过其他文献中关于喀里多尼亚人战术和武器的细节来辅证（particularly Tacitus, *Agricola* 11 and *Germania* 4; Strabo, *Geography* 4.5.2, 7.1.2; Diodorus of Sicily 5.30.5; and Julius Caesar, *The Gallic War* 5.14）。我还借鉴了关于罗马战术的大量现代文献（Goldsworthy 1996, 2003, and 2006 都很精彩），关于古代战斗如何合理运作的现代模型（Sabin 2000, 2007），以及战役分析（W. S. Hanson 1987, pp. 129–39, and Campbell 2010）。

由于很少有现代作家参加过骑兵冲锋，而古代文献的描述很笼统，所以在描述辅助兵进攻时，借鉴了温斯顿·丘吉尔（1930, chap. 15）对 1898 年英国军团在恩图曼会战中最后一次大规模骑兵冲锋的目击描述。

我让卡加库斯在战斗前穿上了锁子甲，因为虽然罗马作家反复说不列颠人作战时不穿盔甲,但在几个前罗马时期的墓里发现了锁子甲(Mattingly 2006, p. 48)。时至83年,喀里多尼亚的将领们很可能身披锁子甲去战斗。

塔西佗对罗马帝国主义的态度,说起来很复杂(Sailor 2011, Woolf 2011)。他娶了阿古利可拉的女儿,一直称赞阿古利可拉传播了罗马文明,并批评图密善强令阿古利可拉放弃征服不列颠。但同时他借用罗马之外的民众的理想化的单纯来强调罗马的堕落,将罗马强纳不列颠的行为视为奴隶化不列颠,并为卡加库斯撰写了激动人心的演讲。

关于罗马帝国,volumes 8–11 of the second edition of the *Cambridge Ancient History* (published 1989-2000) 提供了大量细节。Woolf 2012 给出了很好的概述。Gat 2006, pp. 3–322, 很好地解释了古代战争和政府的演进。特拉维夫的颅骨:Cohen et al. 2012。秘鲁的人体骨骼:Arkush and Tung 2013。*The Routledge Handbook of the Bioarchaeology of Human Conflict* (Knüsel and Smith 2013) 出版于本书印刷时,其中有几篇精彩论文。

日常蛮族暴力:Caesar, *Gallic Wars* 6.16–24;Tacitus, *Germania* 13–15;Strabo, *Geography* 4.4。日耳曼人的盾牌和长矛就像罗马人的托加:Tacitus, *Germania* 13。柳条笼:Caesar, *Gallic Wars* 6.16。

Mattingly(2006, 2011)认为罗马作家歪曲了他们所描述的人民,Hingley (2000, 2005)讨论了维多利亚时代对帝国的态度如何影响了对罗马的考古。

罗马、暴力和地中海东岸:Chaniotis 2005; Eckstein 2006, pp. 79–117。土匪:Shaw 1984。海盗:de Souza 1999。

罗马征服前的西方社会:Wells 1999。沼泽人(a.k.a. Pete Marsh):Brothwell 1986。人祭、人头等:K. Sanders 2009。阿尔肯恩格:www.sciencedaily.com/releases/2012/08/120814100302.htm。

丹伯里:Cunliffe 1983。芬科:www.dailymail.co.uk/sciencetech/article-1378190/Iron-Age-mass-grave-reveals-slaughter-women-children.html。

死亡、奴役和罗马的战争:Epirus, 167 B.C.: Livy 45.33–34。掠夺城市:Polybius 10.15 (describing events in 209 B.C.)。恺撒在高卢:Goldsworthy 2006, pp. 184–356。高卢战争中的死亡情况:Plutarch, *Life of Julius Caesar* 15; Pliny the Elder, *Natural History* 7.92。公元66—73年犹太战争的伤亡情况:Josephus, *Jewish War* 6.420。132—135年起义(又称"巴尔·科赫巴起义")的伤亡情况:Cassius Dio 69.14。古代的统计数字很少有可靠的,伤亡总数可能被严重夸大,但数字肯定很大,足以证明卡加库斯的观点。

公元前1世纪的罗马暴力情况已有详细分析:See Lintott 1968; Nippel 1995; Riggsby 1999; and Harries 2007。

埃利亚斯论罗马帝国:Elias 1992, pp. 222–29。

罗马贵族重塑自己:Gleason 1995; Harris 2004。罗马治下的和平:Woolf

(1993)。Parchami(2009)比较了罗马治下的和平、英式和平与美式和平,正如我在本书后几章所做的,但他主要集中于帝国的理论而非后果。海盗行为的减少: Braund 1993。

维尔列斯: Cicero, *Against Verres* (published 70 B.C.)。

罗马经济增长: Bowman and Wilson 2009; Scheidel and Friesen 2009; Scheidel 2010, 2012. On maritime trade, Harris and Iara 2011。我要感谢 Richard Saller, Walter Scheidel, Rob Stephan, John Sutherland, and Peter Temin 对此话题的讨论。我讨论不同类别的证据,并在 Morris 2013, pp.66–80 阐述了自己的观点。

罗马皇帝的实际行动: Millar 1977. Suetonius, *The Twelve Caesars* (published ca. A.D. 120), 对卡里古拉、尼禄、提比略和图密善的罪孽有生动的描述。流寇和坐寇: McGuire and Olson 1996; Olson 2000。匪徒与政府之间的差异: Tilly 1985。Diamond 2012, pp. 79–118, 很好地描述了政府如何更改法律和压制暴力。

乌鲁卡基那的法律: J. Cooper 1986, pp. 70–78。

罗德尼·金: *Report of the Independent Commission on the Los Angeles Police Department* (1991), www.parc.info/client_files/Special%20Reports/1%20-%20 Chistopher%20Commision.pdf。录像带: www.youtube.com/watch?v=0w-SP7iuM6k&feature=related。

庞贝: Seager 2002。

伊拉克的伤亡情况, 2006–9: 准确数字存在争议, 但大多资料来源都采用了这种模式。我所采用的数据来自"伊拉克联军伤亡统计"(http://icasualties.org/) 和"伊拉克死亡统计"(www.iraqbodycount.org/database/)。F. Kaplan 2013。

硬实力、软实力和巧实力: Nye 2011。

希腊城市中暴力的减少: van Wees 1998。殴打奴隶: Old Oligarch 1.10。雅典和 5 世纪的城市: I. Morris 2009。同盟: Mackil 2013 是最佳分析,尽管与我的不同。托勒密八世和阿塔罗斯三世: 我采用的资料是 Gruen 1984, pp. 592–608 and 692–709。最重要的译本是 Austin 1981, nos. 214 and 230。

Lord of the Flies: Golding 1954。戈尔丁和太平洋: Carey 2010, p. 110。

Coming of Age in Samoa: Mead 1928。

让五角大楼悬浮起来: 诺曼·梅勒的新闻体作品 *Armies of the Night* (1968) 非同寻常。

雅诺玛米人: Chagnon 1997. 自 1970 年来, 夏侬和蒂姆·阿施还发行了 22 部关于雅诺玛米人的好电影: www.anth.ucsb.edu/projects/axfight/updates/yanomamofilmography.html。谋杀与生殖: Chagnon 1988。在厄瓜多尔的瓦拉尼人中, 暴力死亡率高于雅诺玛米人, 暴力分子也比和平人士多: Beckerman et al. 2009。

对夏侬的批评: Tierney 2000, 2001。关于大屠杀的指责: www.bbc.co.uk/news/world-latin-america-19413107; www.bbc.co.uk/news/world-latin-america-19460663。

Borofsky（2005）试图中立，而 Dreger（2011）有力地驳斥了 Tierney 的指控。José Padilha 在 2010 年的电影 *Secrets of the Tribe* 甚至指控夏侬的一些批评者与雅诺玛米儿童存在非法性关系。夏侬（2013）对他所说的"两个危险的部落——雅诺玛米人和人类学家"做出了值得一读的描述。

对玛格丽特·米德的批评：Freeman 1983, 1989, 1999。也有很多维护她的意见（如 Shankman 2009）。

关于人类学田野调查沦为艺术表演：Faubion et al. 2009, 并参考了其他例子。

20 世纪死亡率：见前言部分。

石器时代的暴力：Keeley 1996, LeBlanc and Register 2003, and Gat 2006 是很好的综述 Fry。2013 的几篇论文（尤以 B. Ferguson 2013 为重）坚称 Keeley、LeBlanc、Register 和 Gat 错了，但我不赞同。Nivette（2011）列出了主要的人类学研究，很有用，强调了各种差异及普遍的高暴力水平。对小规模社会的战争进行的几次单独的跨文化调查 (Otterbein 1989; Ross 1983, 1985) 发现，这些社会中 85%~90% 的人在大多数年份会开战。Arkush and Allen 2006 是对考古发现的很好的回顾。

新几内亚的司机：Diamond 2008。诉讼详情：Baltar 2009; www.stinkyjournalism.org/latest-journalism-news-updates-149.php#。案件被驳回：Jared Diamond's personal communication, February 3, 2012。

The Hidden Life of Dogs: E. M. Thomas 1993. *The Harmless People*: E. M. Thomas 1959. 死亡率：Knauft 1985, p. 379, table E, 表明 1.3% 的桑人和 1.3% 的底特律人死于暴力（桑人统计年份是 1920—1955 年，底特律是 1980 年）。McCall and Shields 2008 discuss the San case. *The Gods Must Be Crazy*: In Afrikaans, Ster Kinekor, 1980; general release in English, 20th Century Fox, 1984.

与西方接触造成的小规模社会的暴力：B. Ferguson 1992, 1995, and 2013, with references to earlier papers.

萨摩亚的山地堡垒：Best 1993（有几个放射性碳素日期要早得多，including one of 1500 ± 80 BP from Luatuanu'u; but, as Best points out, p. 433, 早期数据缺乏与萨摩亚的明确关联）。萨摩亚-汤加战争的传说：Ella 1899。萨摩亚、汤加的考古学：Kirch 1984。俱乐部和战争独木舟：Krämer 1995, p. 391。

考古学界的退役军人：Wheeler 1958 is a classic。考考纳里斯：Schilardi 1984。

冰人：最初的发现, Spindler 1993; 箭头, Pertner et al. 2007; 致命一击, Nerlich et al. 2009, Gostner et al. 2011; 红血球, Janko et al. 2012; 葬礼仪式, Vanzetti et al. 2010。

乌鸦溪：Zimmerman and Bradley 1993; Willey 1990; Willey et al. 1993。圣脊：Potter and Chuipka 2010; www.sciencenews.org/view/feature/id/64465/title/Massacre_

at_Sacred_Ridge。

The Origins of Political Order: Fukuyama 2011。

第二章

普拉提亚战役：Lazenby 1993 进行了极好的描述。Briant 2002, pp. 535–42, 讨论了波斯人的观点。

西方式战争：V. D. Hanson 1989, 2001; Keegan 1993。

Scarre and Fagan 2007 对早期文明进行了简明的概述。

新世界国家：Smith and Schreiber 2005, 2006, with references。特奥蒂瓦坎的人祭和帝国主义：Sugiyama 2005。罗马角斗士：Futrell 2006。罗马角斗士骨架：Kanz and Grossschmidt 2006。瓦里人墓葬：news.nationalgeographic.com/news/2013/06/130627-peru-archaeology-wari-south-america-human-sacrifice-royal-ancient-world。在关于中美洲的最好作品中，Ross Hassig (1992, p. 60) 问道："是否存在特奥蒂瓦坎和平？"他的答案是："可能没有。"

帕提亚：Curtis and Stewart 2007。

关于汉朝整体：Lewis 2007。汉朝战争：Lewis 1990。中国的统一：Hsu 1965; Lewis 1999。殷商：Loewe 2006, pp. 166–67。罗马法律和汉朝法律比较：Turner 2009。汉朝的和平：Loewe 1974; Loewe and Wilson 2005; Lewis 2000, 2007。

《政事论》的发现：Shamasastry 1967, p. vi。谋杀，*Arthashastra* 4.7; 袭击的侦察规则：3.19; 医生，2.36.10; 虐待动物，3.10.30–34; 暴力的类型，4.10–11; 吐口水和呕吐，3.19.2–4 (= Rangarajan 1992, pp. 427–30, 435, 329, 292, 438–39, 437). 解释的问题：Thapar 1973, pp. 218–25; Mukherjee 2000, pp. 159–64。

希腊方面关于印度的资料：现存的片段翻译于 www.sdstate.edu/projectsouthasia/upload/Megasthene-Indika.pdf。

守法的印度人：Megasthenes frag. 27 (reported in Strabo 15.1.53–56); 没有破坏或屠杀，frag. 1 and 33 (Diodorus of Sicily 2.36; Strabo 15.1.40); 前后的脚印，frag. 29 (Strabo 15.1.57); 狗，frag. 12 (Strabo 15.1.37)。

阿育王的城市官员：Major Rock Edict V。农村官员：Pillar Edict IV。巡视：Major Rock Edict VIII。阿育王的统治：Thapar 1973。阿育王和佛教：Seneviratna 1994。

孔雀王朝的自然：Compare Mookerjee 1966, Mukherjee 2000, and Thapar 2002, pp. 174–208。考古学方面，Allchin 1995, pp. 187–273; Chakrabarti 1999, pp. 262–318。

汉朝生活标准：Hsu 1980; Wang 1982。

三杨庄：Kidder et al. 2012。罗马的丝绸服饰：Pliny, *Natural History* 6.20。

孔雀王朝的经济增长：Megasthenes frag. 1 (Diodorus of Sicily 2.36); Thapar 2002, pp. 188–89; Allchin 1995, pp. 200–221, 231–37; J. Marshall 1951, pp. 26, 87–110。

孔雀王朝经济：Saletore 1973。生活标准：Allchin 1995。比塔：J. Marshall 1911-12。塔克西拉：J. Marshall 1951。塔克西拉的孔雀王朝遗址位于第二层。

印度的奇迹：Megasthenes frags. 1, 16, and 59 (quoted in Diodorus of Sicily 2.36; Pliny, *Natural History* 8.14.1; Aelian, *History of Animals* 16.2)。罗马与印度的贸易：Tomber 2008; Pliny, *Natural History* 6.26, 12.41。穆里吉斯纸莎草纸：Rathbone 2001。罗马帝国 GDP：Scheidel and Friesen 2009 推算是 200 亿塞斯特提乌斯。罗马军费：Duncan-Jones 1994。穆里吉斯的发掘工作：Cherian et al. 2007; www.hindu.com/2011/06/12/stories/2011061254420500.htm。

农业的起源：Diamond 1997 是最清楚的，G. Barker 2006 是最全面的。est. ≠ 高团伙：R. Lee 1979, pp. 390-91。埃杜维和赫尔维梯：Goldsworthy 2006, pp. 184-204，其中有很好的说明。

限制：Carneiro 1970。囚笼：M. Mann 1986, pp. 46-49。Keith Otterbein 2004 持相反观点：随狩猎转到农业，暴力减少，但证据似乎指向了相反方向。

罗马十字架刑：Appian, *Civil Wars* 1.120（出版于约 150 年），关于公元前 71 年斯巴达克斯的追随者被大规模钉死的事件。Maslen 和 Mitchell（2006）解释了这一可怕的机制。Zias 和 Sekeles（1985）描述了 1 世纪被钉死在十字架上的一名受害者，他的脚上还钉着一枚铁钉。

1991 年海湾战争的伤亡情况：Keaney and Cohen 1998。20 世纪 70 年代军事事务的变革：Martinage and Vickers 2004。Krepinevich 1994, Knox and Murray 2001, and Boot 2006 都将其放在过去 7 个世纪的背景中。

石器时代的战斗：Q. Wright 1942, pp. 62-88, and Turney-High 1949 是典型的战争仪式化理论的作品。与往常一样，Keeley（1996）、LeBlanc and Register（2003）、Gat（2006）说得很清楚。美国西南部的突袭行动：LeBlanc 1999。

"红桃皇后效应"：Van Valen 1973; Ridley 1993。

早期的防御工事：杰里科：Bar-Yosef 1986; McClellan 2006。梅尔辛：Garstang 1956。乌鲁克：Liverani 2006。

乌鲁克、布拉克丘和哈布巴卡比拉的关系：Rothman 2001。布拉克丘的战斗：http://news.nationalgeographic.com/news/2007/09/070907-syria-graves.html。早期埃及：Wengrow 2006。

马尼拉的震颤：www.youtube.com/watch?v=D_y7FiCryb8。苏美尔的战争与社会：Kuhrt 1995, pp. 29-44。阿卡得的萨尔贡：Liverani 2003。

印度河文明和崩溃：Rita Wright 2009。

马的驯化与战车的发明：Anthony 2009; Outram et al. 2009。

战车战争：Chakravarti 1941, pp. 22-32; Drews 1988, 1992; Shaughnessy 1988。The *Nova* documentary "Building Pharaoh's Chariot" (http://video.pbs.org/video/2331305481/)，首展于 2013 年，极出色。重量：Piggott 1983, p. 89。

472

最早的弓箭：Brown et al. 2012; Lombard 2011。

所罗门的战车：1 Kings 10:29。奴隶价格：Exodus 21:32。赫梯人的文字：*Instructions of Kikkuli* (Nyland 2009)。战车的数量：Drews 1992, pp. 106n6 and 133–34。

公元前 1600 年前后肥沃新月地带的战争规模和国家权力：Hamblin 2006; Spaliger 2005; van de Mieroop 2007, pp. 119–78, 2011; pp. 151–239。

战车时代的和平与繁荣：See, for example, Akkermans and Schwartz 2003, pp. 327–59; Kemp 2012; Cline 2010; von Falkenhausen 2006。

剑的类型：D. H. Gordon 1953。公元前第二个千年的欧洲战争：Harding 2000, pp. 275–85; Kristiansen 2002; Kristiansen and Larsson 2005, pp. 212–47。关于新的剑出现地点存在争议，我支持 Drews 1992, pp. 192–208, 和 Harding 2000。

青铜时代社会的崩溃：Drews 1992; Cline 2013。贸易的衰落：S. Murray 2013。我试图量化公元前 1200 年后希腊人口和生活水平下降（诚然是一个极端案例）(I. Morris 2007)。

铁的采用：Snodgrass 2006, pp. 126–43。

亚述和以色列的国家复兴：Kuhrt 1995, pp. 385–546; van de Mieroop 2007, pp. 195–231。

骑兵的起源：Anthony 2009; Anthony and Brown 2011。

亚马逊人：Herodotus 4.110–17; Mayor, forthcoming。基泰女战士：Guliaev 2003。

提格拉-帕拉萨三世：Tadmor and Yamada 2011 收集了主要证据。欧亚大陆西侧的帝国：Morris and Scheidel 2009; Cline and Graham 2011。

尽管在古代文献中战争很重要，但对于军队究竟是如何作战的，却存在惊人的争议。关于亚述：see Archer 2010; G. Fagan 2010; Nadali 2010; Scurlock 1997。关于波斯：see Briant 1999; Tuplin 2010。关于希腊：see V. D. Hanson 1989; van Wees 2004; Kagan and Viggiano 2013。关于马其顿：see Hamilton 1999; A. Lloyd 1996。关于共和时期的罗马：see Keppie 1984; Goldsworthy 2003。

布匿战争：Goldsworthy 2000; Miles 2011。

国家的规模：有很多计算的方法，为了保持一致，我使用了单一套数字，建立在 Taagepera 1978, 1979 的基础上。

中国古代的战争：Lewis 1990, 1999; di Cosmo 2011; Sawyer 2011。长平之战：Sima Qian, *Shiji* 73, pp. 2333–35, trans. in B. Watson 1993, pp. 122–24。第一位皇帝：Portal 2007。秦汉律法：Hulsewé 1955, 1985。

古印度的战争：Chakravarti 1941; Dikshitar 1987; Thapliyal 2010。锁子甲步兵：*Arthashastra* 9.2.29, trans. in Rangarajan 1992, p. 644。大象：Kistler 2007。

恒河流域国家的崛起：Allchin 1995, pp. 99–151; Chakrabarti 1999; Eltsov 2008; Erdosy 1988; Raychaudhuri 1996, pp. 85–158; Thapar 1984。

社会发展指数：I. Morris 2010, 2013。

第三章

文德兰达信件：Bowman and Thomas 1994 and http://vindolanda.csad.ox.ac.uk/。天气，nos. 234, 343；啤酒，no. 190；袜子，no. 346；食物，nos. 301, 302。Bowman 1994 讨论了这些信件。阿富汗的电子邮件和博客：Burden 2006; Tupper 2010。

图密善的妒忌：Tacitus, *Agricola* 39–40。罗马的战略形势：Luttwak 1976, pp. 51–126。

公元9年的罗马败仗：Wells 2003, with nice illustrations in the 2009 special edition of the magazine *Ancient Warfare*。卡尔克里泽公园：www.kalkriese-varusschlacht.de/。

克劳塞维茨：Howard（2002）是很好的入门作品。

罗马帝国的距离成本：http://orbis.stanford.edu/。

汉朝的边疆：C. Chang 2007; Hsieh 2011。悬泉置：www.dartmouth.edu/~earlychina/research-resources/conferences/changsha-bamboo-documents.html。译本很少，我参考了 Hsieh 2011, pp. 221–38。

欧亚草原游牧民族：Beckwith 2009 and Golden 2011 对历史做了很好的简短回顾，J. D. Rogers 2012 讨论了游牧国家的形式。Dani and Masson 1992 (vols. 2–4), Harmatta 1994, Litvinsky 1996 和 Sinor 1990 给出了更多细节。Di Cosmo 2002b 和 Hildinger 2001 侧重于军事方面，E. Murphy 2003 和 Jordana et al. 2009 提出了可证明高度暴力的骨架方面的证据。

亚述骑兵：Dalley 1985。亚述的衰落：Liverani 2001; Melville 2011。公元前590年斯基泰首领被杀：Herodotus 1.106。

非对称战争：我认为 Burke 2011, Coll 2004, Clarke 2007, 和 Joint Chiefs of Staff 2012 很有帮助。"消灭"本·拉登：Coll 2004, pp. 369–584; L. Wright 2006, pp. 297–330。

公元前513年大流士缺乏骑兵：Herodotus 4.136。

汉族骑兵：C. Chang 2007, pp. 177–81。汉武帝的战争：Loewe 1986, pp. 152–79。

与草原游牧民族打交道的策略：Barfield 1989; di Cosmo 2002a。

中情局现金派发：Woodward 2003, pp. 139–50。在托拉博拉山区的贿赂：Burke 2011, p. 69。

西方式战争：见第二章所列资料来源。

波斯人向骑兵转变：Tuplin 2010。汉朝骑兵：Chang 2007, pp. 177–81。斯基泰人、月氏人和贵霜人：Liu 2001; Mukherjee 1981, 1988。贵霜帝国的马术雕塑：Lebedynsky 2006, p. 62。

羌人的战争：Lewis 2007, pp. 147–51, 253–64。

日耳曼社会：Todd 1992; Wells 1999。萨尔马特人：Herodotus 4.117。

哥特人迁徙：Heather 1996, pp. 11-50。马可·奥勒留和马科曼尼战争：Birley 1987。

萨珊王朝骑兵：Farrokh 2005, 2009。

公元200—400年的罗马军队演变：Elton 2007; Rance 2007。关于罗马帝国晚期的兵力存在严重争议，see Treadgold 1995, pp. 55-57。

2世纪的瘟疫：McNeill 1976, pp. 93-119; Stathakopoulos 2007。气候变化：McCormick et al. 2012。

汉朝的衰落：Beck 1986。汉朝之后的中国：Dien 1990, 2007; Lewis 2009a。

罗马3世纪危机：Duncan-Jones 2004; Scheidel 2002; Witschel 2004。

波斯萨珊王朝：Daryaee 2009; Dignas and Winter 2007。百乘王朝：R. K. Sharma 1999。

据我所知，最近没有书对公元200—600年欧亚大陆上所有帝国的危机进行比较，但Christian 1998, pp. 209-303从草原游牧民族的角度提供了有用的调查结论。

公元1—1400年各国面积：为保持一致，我采用的是Taagepera（1979）的数据。他的数据集跳过了一些时期，而且对南亚的情况不大了解，我在已出版的地图确定了这些数据。

汤因比：McNeill 1989。寻求草原历史规律性的科学方法：Turchin 2003, 2006, 2009, 2010; Turchin and Nefedov 2009。

军事上的反革命：Bloch（1961）、Ganshof（1961）现在已经很过时，但仍有价值（见下文他们的批评者）。Herlihy（1970）对原始资料的收集工作很完善。

黑斯廷斯战役：Howarth（1981）仍然是经典作品。无序的中世纪军事：Morillo 2006。

欧洲中世纪的战争：Contamine 1984; Verbruggen 1997, 2004。Bachrach 2006, 2011认为在西欧，骑兵从不重要，但这是少数人的观点。Maas 2005; O'Donnell 2008. 7世纪危机：Haldon 1997; Howard Johnston 2010。穆斯林的征服和哈里发：H. Kennedy 2004, 2007。查士丁尼：Barbero 2004; McKitterick 2008。

西欧的多重效忠：Bloch 1961, pp. 211-18。库西勋爵：Tuchman 1978, pp. 246-83。

对欧洲封建化的批判：E. Brown 1974; S. Reynolds 1994。

西欧以外的封建主义争论。中国：Graff 2002a, pp. 37, 256; Lewis 2009a, pp. 54-85。印度：R. S. Sharma 1985, 2001; Chattopadhyaya 2010。阿拔斯哈里发：M. Gordon 2001; H. Kennedy 2001。拜占庭：Haldon 1993; Treadgold 1997。西欧整体：Wickham 2005。

罗马晚期和中世纪欧洲的暴力：Tuchman 1978精彩绝妙，see also Halsall 1998;

Canning et al. 2004, pp. 9–89; W. Brown 2010; McGlynn 2010; Shaw 2011。

6—7世纪的中国：Twitchett 1979; Graff 2002a, pp. 92–204; Lewis 2009b。

骑兵及其与欧亚草原的关系：Skaff 2012。铁山之战：Graff 2002a, pp. 183–89; 2002b。

公元883年的长安：Kuhn 2009, pp. 16–17。唐朝的灭亡：Somers 1979。

最早的火器：Needham 1986; Chase 2003, pp. 30–33; Lorge 2008, pp. 32–44。

匈人围攻战：Heather 2006, pp. 300–312。尼科波利斯：Poulter 1995。蒙古围城战争：T. May 2007, pp. 77–79。围攻巴格达：T. May 2007, pp. 130–34。围攻襄阳和樊城：Lorge 2005, pp. 83–87。

塔劳里战役：Sarkar 1960, pp. 32–37。中世纪印度骑兵：Bhakari 1980, pp. 55–61。

越来越多的游牧民族国家：Di Cosmo 1999; Chaliand 2004。

申河之战：T. May 2007, p. 123。第二次霍姆斯之战：Amitai-Preiss 1995, pp. 179–201。

游牧民族的死亡人数：M. White 2011, pp. 59–153, 这几个章节讨论了欧亚草原游牧民族和对其进行反击的帝国的死亡人数。White批评最近历史学家淡化屠杀规模的趋势是正确的，但他自己的一些估计（如755—763年安史之乱的3 600万和成吉思汗的4 000万）似乎过高。

帖木尔：Manz 1989。

西欧谋杀情况：Eisner 2003, with discussion in Spierenburg 2008, pp. 1–42。

卡德法尔修士：Twenty-one books by Ellis Peters, beginning with *A Morbid Taste for Bones* (London: Macmillan, 1977) and ending with *Brother Cadfael's Penance* (London: Headline, 1994)。

幸运纬度带外的农业传播：G. Barker 2006 细节丰富。太平洋地区的"囚笼"：Kirch 1984, using the revised chronology in Kirch 2010, pp. 126–27。夏威夷建设性战争：Kirch 2010; Kolb and Dixon 2002。Sahlins 2004 很好地描述了18世纪夏威夷的战争，强调其与公元前5世纪希腊的伯罗奔尼撒战争的相似性。

纳瓦霍人的战争：McNitt 1990; Trafzer 1990。

日本的战争和国家的形成：Berry 1989; Farris 1996; Ferejohn and Rosenbluth 2010; Friday 2003; Ikegumi 1997; Turnbull 2002, 2012; 最后但同样重要的一点，James Clavell's epic novel *Shogun* (1975) 和相应的电视短剧 (NBC, 1980), 设定在17世纪早期。丰臣秀吉入侵朝鲜：Swope 2009。拆毁城堡和禁书：Parker 1996, pp. 144–45。

非洲国家的形成：Ehret 2002。大津巴布韦：Pikirayi and Vogel 2001。

历史上的自然实验：Diamond and Robinson 2010。

阿兹特克武器：Hassig 1988; Pohl 2001。美洲野马的灭绝：Haynes 2009。

公元前1000年的安第斯铜器加工：Kolata 1993, pp. 61–62。西潘王：Alva and Donnan 1993。

欧洲人比美洲原住民更理性：V. D. Hanson 2001, pp. 170–232。

美洲原住民比欧洲人更和平：P. Watson 2012。

玛雅历：Aveni 2001; Hassig 2001。浮田和灌溉：Sanders et al. 1979, pp. 252–81。

破译玛雅：Coe 2012。玛雅战争：Webster 1999。

阿兹特克"鲜花战争"：Compare Keegan 1993, pp. 110–11, with Hassig 1992, pp. 145–46。

大陆轴：Diamond 1997, pp. 360–70。生物群区：Ricklefs 2001。Turchin et al. 2006 和 Laitin et al. 2012 尝试用其他机构甚至语言的传播数据来检验戴蒙德的理论，表明大陆轴可能在其他许多方面很重要。

抵达阿拉斯加的弓箭：B. Fagan 2012, p. 63。抵达墨西哥：Hassig 1992, p. 119。

特奥蒂瓦坎：见第二章的参考文献，以及 Cowgill 2013 关于城市陷落的内容。托尔特克人：Diehl 1983; Smith and Montiel 2001。阿兹特克人：M. Smith 2003。阿兹特克社会中的暴力：Carrasco 1999。中美洲的战争和国家的形成：Brown and Stanton 2003; Eeckhout and Le Fort 2005; Hassig 1988, 1992; Sherman et al. 2010; Webster 1999。

美国西南部：Cordell and McBrinn 2012。西南地区的战争：LeBlanc 1999; Rice and LeBlanc 2001。卡霍基亚：Pauketat 2004。

科曼奇人的国家：Hämäläinen 2008 (with pp. 243 and 352 on the Mongol analogy)。

阿金库尔：See J. Barker 2007 and the superb account in Keegan 1976, pp. 79–116 (with pp. 106–7, 关于成堆的尸体的不真实性)；当然，莎士比亚的 *Henry V*. Kenneth Branagh's 1989 是有史以来最伟大的战争电影之一。确切的伤亡情况有争议：See Reid 2007, pp. 275–76。

休达：Boxer 1969, pp. 15–19。

第四章

单独讨论 1415—1914 年这段时间的书籍并不多，但有几部出色的作品涵盖了这一时期的大部分内容或将其作为全文的部分内容来讨论。我特别受益于 Chase 2003, Cipolla 1965, Headrick 2010, P. Kennedy 1987, Lorge 2008, McNeill 1982, Parker 1996, C. Rogers 1995, 和 Simms 2013。On the British Empire, volumes 1–3 of *The Oxford History of the British Empire* are the standard reference works.

卡菲里斯坦：Rudyard Kipling, "The Man Who Would Be King," 首次发表于 Indian Railway Library 5 (Allahabad: A. H. Wheeler, 1888), 此后多次再版，并由约翰·休斯顿改编为一部优秀影片，由迈克尔·凯恩和肖恩·康纳利主演 (Allied

Artists, 1975)。

詹姆斯·布鲁克：Runciman 1960。乔塞亚·哈伦：Macintyre 2004。

早期中国火器：Chase 2003, pp. 30–55; Lorge 2008, pp. 69–75。大足石窟：Lu et al. 1988。中国东北的铜火铳：Needham et al. 1986, pp. 111–26, 147–92。

早期印度火器：Khan 2004。波斯火器：Woods 1999, pp. 114–20。牛津插画：Hall 1997, pp. 43–44。

关于欧洲火器腾飞有许多深入研究：Hall 1997, P. Hoffman 2011, 和 Lorge 2008 与我的解释有重大差异。

西方战争方式：Lynn 2003 对 Hanson 的论点进行了详细的反驳。

Firearms: A Global History to 1700: Chase 2003.

伊凡雷帝：De Madariaga 2006。中国造船业：Needham 1971。郑成功的航程：Dreyer 2006。欧洲造船业：Gardiner and Unger 2000。大航海：Fernández-Armesto 2006。亨利王子：Russell 2000。海盗战争：Earle 2003。亚洲的欧洲枪支：Chase 2003; Lorge 2008。对游牧民族的胜利：Perdue 2005。

奥斯曼帝国、萨非王朝和莫卧儿帝国：Dale 2010; Hathaway 2004; Streusand 2010。萨非王朝的繁荣：Floor 2000。莫卧儿帝国的繁荣：Richards 1994。奥斯曼帝国的繁荣：Inalcik and Quataert 1994。

1600 年前后的长江三角洲的生产力：Allen et al. 2011。印度南部和孟加拉地区：Parthasarathi 2011, pp. 68–78。美洲的农作物：C. Mann 2011。

亚洲工资的证据：Pamuk 2007, with references。关于印度的争论：Parthasarathi 2011, pp. 37–46; Broadberry and Gupta 2006; R. Allen 2007。

阿拔斯大帝：Blow 2009。1593 年的斩首：Dale 2010, p. 93。

明朝文学中的暴力：Robinson 2001。关于明朝暴力的统计：Tong 1991。

明清之际的大灾难：Struve 1993。死亡人数：M. White 2012, pp. 223–30, 但他估计的 2 500 万似乎过高。

欧洲火枪术、演习、齐射和训练：See particularly Parker 1996 and C. Rogers 1995。

近年来，一些历史学家淡化了欧洲军事改革的新颖性 (for example, P. Wilson 2009, pp. 186–87) 或欧洲军事领先于其他文化的规模 (for example, Black 1999), 但我不认为他们的论点很有说服力。

海军新战术：De Glete 1999。

七双备用的丝质长袜：David Bell 2007, p. 39。

英国海军、佩皮斯和财政：J. D. Davies 2008。

"内阁的战争"：Duffy 1987。飞头：Hainsworth and Churches 1998, p. 125。

金融解决方案：Bonney 1999, 与西欧以外的地区的比较见 Yun-Castalilla et al. 2012。

1720 年的金融崩溃：N. Ferguson 2008, pp. 119–75, 分析得很好。

葡萄牙帝国：Boxer 1969。西班牙帝国：Kamen 2003。

印加人骨架上的弹孔：Murphy et al. 2010。哥伦布交换：Crosby 1972, 2003; C. Mann 2011。美国原住民人口崩溃：C. Mann 2005。50% 的估计来自线粒体 DNA 证据：O'Fallon and Fehren-Schmitz 2011。

詹姆斯镇食人事件：Horn et al. 2013。

1750 年前的印度：Asher and Talbot 2006。

英国在印度的战争：Judd 2010; S. Gordon 1993。R. Cooper 2003 认为马拉塔军队可比肩英军，但这很难解释现实结果。

陶顿之战：Boylston and Knüsel 2010。查理三世：www.dailymail.co.uk/news/article-2273535/500-years-grisly-secrets-Richard-IIIs-lost-grave-revealed-King-discovered-car-park-stripped-tied-suffered-humiliation-wounds-death.html。

欧洲绥靖（1500—1750）：Elias 1982 (1939); Spierenburg 2008; Pinker 2011。西欧的市场经济与社会变革：Braudel 1981-84 仍是最优选择，欧洲人更努力工作：De Vries 2008。

大西洋经济：Findlay and O'Rourke 2007。运到大西洋彼岸的非洲人数量：Inikori and Engermann 1992。战争、政治和贸易：Tracy 1991。贸易增长：Findlay and O'Rourke 2007, pp. 227−364。统计数据：pp. 260, 314。

亚当·斯密：Phillipson 2010。

17 世纪末英国的转型：Pincus 2010。开放的秩序：North et al. 2009。Acemoglu and Robinson 2012 提出了类似的观点。18 世纪英国的自由和政府：Brewer 1989。

欧洲的工资：R. Allen 2001, 2003。

早期美利坚合众国：Wood 2009。

18 世纪的大英帝国：C. Bayly 1989; P.J. Marshall 1998–2000。

人民的战争：David Bell 2007。美国人民：Wood 1991。美国独立战争：在所有优秀作品中，我最喜欢的是 Middlekauff 2007 和 Ferling 2009。

18 世纪哲学家谈永久和平：David Bell 2007, pp. 52-83。

法国大革命：Blanning 1996。大屠杀：Broers 2008。拿破仑战争：Rothenberg 2006。海军战争：Mostert 2008。

尽管年代久远，霍布斯鲍姆（1962, 1975, 1987）关于 19 世纪的三部曲仍是伟大的历史类著作。

工业革命：R. Allen 2009; Wrigley 2010。

鸦片战争：Fay 2003。

技术变革与帝国主义：Headrick 2010。

白人移民殖民地：Duncan Bell 2007; Belich 2009。

欧洲军队与其他军队的差距：Callwell 1909 是典型的目击者叙述。David 2006 描述了英国的经验；Porch 2000 警告不要夸大其词。

美国南北战争：相关文献汗牛充栋。McPherson 1988 将战争作为文中背景；Keegan 2009 为事件提供了新视角。

伊散德尔瓦纳战役：David 2004, pp. 124–58。阿杜瓦：Jonas 2011。

西方海军与世界其他地区的差距：Herwig 2001。

19 世纪英国和世界体系：N. Ferguson 2003; Darwin 2009。

死亡人数一般见 M. White 2011, with references。人口数据取自 Maddison 2003。美洲疾病死亡率：见上。"美洲大屠杀"：Stannard 1993。认为在印度战争中有 1 000 万人死亡，但大多数历史学家认为少于 100 万 (see David 2006)。饥荒和印度人死亡率：Fieldhouse 1996。Davis 2001 将饥荒强烈归咎于英国。刚果：Hochschild 1998。

吉卜林《白人的负担》反响：Gilmour 2002。

印度的无政府状态和东印度公司的镇压：Washbrook 1999。印度的暴力犯罪：Fisch 1983, Yang 1985, 和 Singha 1998 记录了印度法庭对人际暴力的惩戒，然而最近的研究，如 Kolsky 2010 和 T. Sherman 2010（后者延至 20 世纪），倾向于关注英国人对印度人的暴力，而非更广泛的消除暴力的努力。Wiener 2008 研究了澳大利亚、肯尼亚、加勒比地区和印度。

拉姆莫汉·罗伊：Sen 2012。

历史学家对大英帝国的评价千差万别。Gott 2011 是我见过最负面的。

欧洲暴力事件的减少：Spierenburg 2008。美国的暴力：Roth 2009。战争中的偶然联系：M. White 2011。

19 世纪经济增长：Frieden 2006, pp. 13–123。

图 4.14：Data from Maddison 2003。

海牙会议：Sheehan 2008, pp. 22–26。

第五章

The Great Illusion: Angell 1910（该书以扩展版多次再版，与大多数历史学家一样，我引用的是 1913 年的第 4 版）。关于安吉尔本人：Ceadel 2009。

极端化的 20 世纪：Hobsbawm 1994。

萨拉热窝：Dedijer 1966 采用标准的学术分析，D. Smith 2009 给出了最新的一般性分析。

1914 年伤亡情况：Stevenson 2004, pp. 75–76。

1914 年参战决定：以下分析都很好：Hamilton and Herwig 2003, McMeekin 2011, Stevenson 2004, pp. 3–36, and Strachan 2001, pp. 1–102。关于战争可能不会爆发的方式：Beatty 2012。

March of Folly: Tuchman 1984.

英国 GDP：Maddison 2010。新工业和海军实力的增长：Broadberry 1998；P. Kennedy 1987, pp. 194–249; Trebilock 1981。19 世纪 60 年代美德的战争比较：Förster and Nagler 1999。19 世纪末金融对英国的世界体系的中心地位：Cain and Hopkins 2000。

图 5.1：Data from Bairoch 1982。图 5.2：Data from Maddison 2003。图 5.3：Data from P. Kennedy 1987, table 20。

英国干预和美国南北战争：H. Fuller 2008; Foreman 2010。大和解：Perkins 1968。英美的海军：O'Brien 1998。英国的海军同盟：Sumida 1989。

地理和战略：Mackinder 1904, with Kearns 2009。

1871 年之前的德国：Sheehan 1989; C. Clark 2006。俾斯麦：Lerman 2004。A.J.P. Taylor's *Bismarck* (1967) 现在略显过时，但仍不失为一本好书。1890 年之后的德国：P. Kennedy 1980; C. Clark 2009。德国的战略意图：Fritz Fischer 1967, 1974 提出，德国在 1914 年的目标是统治世界，从而掀起了一场激烈的辩论。Strachan 2001, pp. 52–54, 对这场辩论做了简要回顾，而 Mulligan 2010 整体描述了 1870—1914 年一整个时期。

1914 年夏的债券市场：N. Ferguson 1998, pp. 186–97。

1905—1913 年的危机：Jarausch 1983。

关于一战的记叙，我最喜欢的是 Strachan 2003 的概述，Stevenson 2004 的中篇研究和 Strachan 2001 对战争第一年的全面叙述。

关于施里芬计划，见 Zuber 2011, 应与 *War in History* 期刊上的激烈辩论一起阅读，先读 Zuber's 1999 paper。关于东线战争，Stone 1975 和 Showalter 1991 仍是经典之作。

德国的"九月计划"：Fischer 1967; N. Ferguson 1998, pp. 168–73。

1914 年马恩河会战：Herwig 2009。

海上战争：Strachan 2001, pp. 374–494; Massie 2003。非洲：Strachan 2001, pp. 495–643; Paice 2010。

1914 年的战争手段：Howard 1985。*Storm of Steel*: Jünger 2003, 译自 1961 年德文版。Jünger 于 1920 年首次出版的 *In Stahlgewittern*，但在随后的版本中做了大量修改。笨驴指挥雄狮：A. Clark 1962 是一个经典的说法。一战中的军事学习：Doughty 2008; Lupfer 1981; W. Murray 2011, pp. 74–118; Travers 2003。

战时经济：Broadberry and Harrison 2005; Chickering and Förster 2000。

《战马》：英国国家剧院改编自 Michael Morpurgo 的同名小说（1982 年出版），于 2007 年首演，给观众留下了战争另一面的深刻印象。相较之下，Steven Spielberg 在 2011 年的电影就没这么令人难忘了。

指挥和控制：Sheffield 2001; Sheffield and Todman 2008。技术修复：Travers

1992; Echevarria 2007。毒气伤亡：Corrigan 2003, pp. 173–74。坦克：Childs 1999。空战：M. Cooper 1986。

自然减员：Harris and Marble 2008。每场杀戮的成本：N. Ferguson 1998, p. 336。

圣战：Aksakal 2011。潜艇战：Halpern 1994。大西洋生命线：Burk 1985。

俄国灭亡：Figes 1997。

现代体系：Biddle 2004。暴风突击队：Gudmundsson 1995（Griffith 1996 认为英军比德军更早掌握了渗透战术）。*A Farewell to Arms*: Hemingway 1929. 德军 1918 年的攻势：Zabecki 2006; Hart 2008。盟军反攻：Boff 2012。

英国 1919 年计划：J.F.C. Fuller 1936, pp. 322–36。投降：N. Ferguson 2004, debated in Dollery and Parsons 2007 and A. Watson 2008。H1N1 流感和德国的失败：Barry 2004; Price-Smith 2009, pp. 57–81。

战时世界：P. Kennedy 1987, pp. 275–343; N. Ferguson 1998, pp. 395–432; Frieden 2006, pp. 127–72。1918 年后的英国财政状况：Boyce 1987; N. Ferguson 2001, pp. 45–47, 125–27。

威尔逊和国际联盟：R. Kennedy 2009; Mazower 2012, pp. 116–53。

苏俄国内战争：Figes 1997, pp. 555–720; Lincoln 1999。（由大卫·里恩于 1965 拍摄的影片《日瓦戈医生》给我留下了不可磨灭的印记。该片改编自帕斯捷尔纳克同名小说，由奥马尔·沙里夫、朱莉·克里斯蒂主演）。苏波战争：N. Davies 2003。

1929 年的崩溃和随后的银行危机：H. James 2009, pp. 36–97。

对大英帝国信心减弱：J. Morris 1978, pp. 299–318, 是经典的阐释。苏联的暴力：Conquest 2007; Naimark 2010; Snyder 2010。苏联经济：Davies et al. 1994。石原莞尔：Peattie 1975。日本侵华：Mitter 2013。南京大屠杀：I. Chang 1997。1939 年苏联对日作战：S. Goldman 2012。

关于二战：文献众多，以至 Max Hastings 2007, p. 559, 说"相关内容不过是相应作者的自鸣得意"，但我还是中意 Beevor 2012, Evans 2009, Hastings 2011, 和 Andrew Roberts 2011 的中篇报告，以及 Weinberg 2005 丰富的细节。N. Davies 2006 对结局的混乱性做出了卓越的分析。

希特勒思想的发展：Kershaw 2000。

闪电战的发展：Muller 1996, W. Murray 1996, and Gat 2000, 表明英国人的固执己见不像 Liddell Hart 和 Fuller 等坦克专家所说。关于闪电战的实践，Guderian 1992 (1937) 是经典之作，但他并未用过这个词。该词似乎是《时代周刊》记者在 1939 年创造的（Guderian 说他的想法来自 Liddell Hart，这一表述未见于德文原文，显然是之后应后者要求加入的）Guderian 1992, p. 16。

法国沦陷：E. May 2001. Bloch 1999 (1946)。卷入其中的勇敢的亲历者的叙述,主观但有力。

为什么德国差点赢了:Mercatante 2012。

希特勒内部暴力:在众多文献中,Evans 2005 仍是一个好起点。一战中的大屠杀:Hull 2005; Kramer 2007。可能的最伟大的德国:N. Ferguson 2006, p. 315。挨饿的苏联城市:Weinberg 2005, p. 267。盟军如何获胜:Overy 1995。二战所得:W. Murray 2011, pp. 119–261。

同盟国经济:Harrison 1998。关于美国,Herman 2012 可读性很强。

如果希特勒赢了:关于这点小说家的设想最有趣(尤其是 R. Harris 1992 和 Sansom 2012)。

英美世界秩序的愿景:Ryan 1987。美国对欧洲的设想:Harper 1996。苏联对欧洲的设想:Applebaum 2012。

英国的亚洲帝国的崩溃:Bayly and Harper 2004。

关于冷战的概述:D. Reynolds 2000 and Gaddis 1997 and 2005a 都有出色的简短的概述。Leffler and Westad 2010 内涵丰富,CNN 的 24 集纪录片 *The Cold War* (1998) 有出色的镜头和采访。欧洲以外的冷战:Westad 2005; Brands 2010。

炸弹:Rhodes 1987, 1996, and 2007 必读。

世界政府:Baratta 2004。联合国:Mazower 2012。

美国核战略:Rosenberg 1983; Jervis 1990; Freedman 2003。苏联核战略:Garthoff 1958; Holloway 1994; Fursenko and Naftali 2006。欧洲核战略:Heuser 1997。一枚百万吨级炸弹的影响:Freedman 2003, p. xiii。遏制:Gaddis 2005b。

民主和平:Doyle 1983 (Kinsella et al. 2005)。西方谋杀水平:Eisner 2003, table 1; Roth 2009, figure I.1。More generally, Spierenburg 2008, pp. 165–205; and Roth 2009, pp. 435–68。

美国情结和欧洲:De Grazia 2006。汽车保有量:Figures from Sandbrook 2005, p. 121; and Patterson 1996, p. 71。

图 5.13:数据来自 Maddison 2003。"西欧"显示了 Maddison 的 29 个国家的得分,"东欧"显示了 7 个。Maddison 将民主德国和联邦德国合计计算,我将其计入"西欧",所以"东欧"的表现被低估了(但不足以对线条走势有大的改变)。1950 年的东欧数据不可靠。

苏联的经济增长:Spufford 2010 是一本古怪而引人入胜的书。Lowe 2012 对战后东欧、西欧做了一个很好的比较。

1962 年的死亡预计:N. Friedman 2000, pp. 284–85。

图 5.14:Data from Norris and Kristensen 2006; Kristensen and Norris 2012, 2013。

柏林危机:Kempe 2011。古巴导弹危机:Fursenko and Naftali 1998。和平运动:Wittner 2009。*Dr. Strangelove*: Columbia Pictures, 1964.

越南:在越南档案解密前所撰写的报告中,Karnow 1997 最好;解密后,数

Nguyen 2012 极出色。战略：Summers 1982; Krepinevich 1986。

20 世纪 60—80 年代可能的战争形式：Dinter and Griffith 1983。N. Friedman 2000, pp. 271-442, 对战略全局有出色叙述，Hoffenaar et al. 2012 记录了各国作战计划。*The Third World War*: Hackett et al. 1978。我从苏联 1983 年战争计划中提出了苏联计划使用的核武器数量（N. Friedman 2000, pp. 424-25）。

美国关于缓和局势的辩论大多发表于 *Commentary* and *Foreign Affairs*。20 世纪 70 年代的大局：N. Ferguson et al. 2010。

阿富汗：Feifer 2009。中国的重新定位：Lüthi 2008; Macmillan 2008。美国 20 世纪 80 年代的军事集结：Zakheim 1997。1983 年 11 月战争恐慌：Rhodes 2007, pp. 154-67。

第六章

关于进化和人类行为，E. O. Wilson 1975 仍是经典作品。Diamond 1997 和 Robert Wright 2000（在我看来）是最有趣的历史应用。

猿和人的战争：Wrangham and Peterson 1996 是必不可少的。猿和人的政治：De Waal 1982。

贡贝战争：Goodall 1986, pp. 503-16; Wrangham and Peterson 1996, pp. 5-18。

人类和黑猩猩基因组的相似性：Chimpanzee Sequencing and Analysis Consortium 2005（98% 相似度掩盖了一些技术困难）。人和黑猩猩从 800 万~700 万年前的祖先处分化：Landergraber et al. 2012。

对古道尔的批评：See particularly Power 1991, with discussion in Wrangham 2010 [古道尔团队实际上是第一个强调喂养黑猩猩将带来扭曲的（Wrangham 1974）]。夏依的辩解：见第一章。

20 世纪 70 年代以来观察到的黑猩猩战争：Wrangham 2010; M. Wilson 2013。恩戈戈战争：Mitani et al. 2010。少数灵长类动物学家、人类学家对此仍有怀疑 (for example, Sussman and Marshack 2010; B. Ferguson 2011)。

黑猩猩的极度暴力：De Waal 1986; Goodall 1991。De Waal 1982 做得很好，把暴力问题放在首位。

万巴的情况：Idani 1991; Wrangham and Peterson 1996, pp. 209-16。倭黑猩猩 (pygmy chimpanzees/*Pan paniscus*)：De Waal 1997; Furuichi and Thompson 2008。倭黑猩猩的生殖器摩擦：Fruth and Hohmann 2000。

生命和单细胞生物起源：文献众多（Dawkins 2004 是有趣、古怪的例子），但 Margulis and Sagan 1987 很难被超越。Dawkins 1989, Dennett 1995, 和 Coyne 2009 是我最喜欢的关于生物进化的作品，而 Christian 2004 和 Robert Wright 2000 将生物故事与人类历史联系了起来。意识的进化：Dennett 1991; Hofstadter 2007。

博弈论：Poundstone 1992 引人入胜地描述了这一领域的历史，堪称其中经典，von Neumann 和 Morgenstern 那令人生畏的作品 *Theory of Games and Economic Behavior* (1944)，是"20 世纪最有影响力、最多人阅读的书之一"(p. 41)。Schelling 1960 是对军事感兴趣的读者的最佳切入点。

进化稳定策略：Maynard Smith 1982 最好，同时 Dawkins 1989, pp. 68–87，做了极清晰的总结。人类中的暴力离群者：Raine 2013。人类暴力的公理基础：Anderson and Bushman 2002。

数量在黑猩猩攻击中的重要性：Wilson et al. 2012。

社会动物：De Waal and Tyack 2003。从博弈论角度，有很多关于社会性进化的作品 (Axelrod 1984 is a classic)，同时 Shultz et al. 2011 讨论了灵长类动物的社会性进化。合作与竞争：Bowles and Gintis 2010。

蚂蚁：Hölldobler and Wilson 1990; D. Gordon 2000。超个体：Hölldobler and Wilson 2008。兵蚁：Gotwald 1995。蚂蚁之间的沟通：D. Gordon 2010。

领地意识：Wrangham and Peterson 1996。

倭黑猩猩的同类相食行为：Fowler and Hohmann 2010。

现代类人猿进化的化石证据：Klein 2009, pp. 112–26。目前发现的唯一的黑猩猩化石得益于肯尼亚较干燥的气候，位于其分布范围的最东端 (McBrearty and Jablonski 2005)。

刚果河的形成：J. Thompson 2003, with Caswell et al. 2008, p. 11, on dating。

黑猩猩和倭黑猩猩 DNA 分化：Caswell et al. 2008。刚果河阻碍基因流动：Eriksson et al. 2004。

黑猩猩和倭黑猩猩饮食分化的原因：Wrangham and Peterson 1996, pp. 220–30; Potts 2004; Furuichi 2009; Hohmann et al. 2010。Sapolsky 2006 提供了更多关于环境变化如何快速影响灵长类动物暴力的证据，这次是关于倭黑猩猩的。

黑猩猩的强奸：在进化论者和女权主义者之间有一个长期的争论，即强奸是一种适应性，允许本来没有竞争力的男性传播他们的基因，还是一种男性压迫的工具。毫不奇怪，答案似乎是两者皆是 (Muller and Wrangham 2009)。

黑猩猩的精子竞争：Diamond 1992, pp. 72–75。强调了雌性黑猩猩为利用雄性黑猩猩的性欲和侵略性，达到自己的生殖目的而使用的方法。大猩猩：Fossey 1983; Harcourt and Stewart 2007。

精子竞争理论：Birkhead 2002。

倭黑猩猩中最小的性暴力：Hohmann and Fruth 2003。雌雄倭黑猩猩联盟的重要性：Furuichi 2011。母亲在调和倭黑猩猩性竞争方面的重要性：Surbeck et al. 2011。

猩王子：Yerkes 1925。耶基斯著名的灵长类动物实验室设在耶鲁大学，但在耶基斯于 1925 年从哈佛大学搬到那里之前，猩王子就去世了。

人类进化概述：Klein 2009 细节丰富；Stringer and Andrews 2012 图文并茂。

我们对 *Sahelanthropus*, *Ardipithecus*, 和 *Australopithecus* 的了解正在迅速提升（更不用说几个新确认的属）：See White et al. 2009; Dirks et al. 2012; Haile-Selassie et al. 2012; Berger et al. 2013。南方古猿的大脑：http://meeting.physanth.org/program/2013/session16/bienvenu-2013-the-endocast-of-sahelanthropus-tchadensis-the-earliest-known-hominid-7-ma-chad.html。

牙齿、块茎和根部：Lee-Thorp et al. 2012。直立行走：Klein 2009, pp. 271–78。

昂贵的脑组织：Aiello and Wheeler 1995; Fish and Lockwood 2003。大脑在过去的 300 万年里的增长：McHenry and Coffing 2000。猿类中的工具使用：Roffman et al. 2012; Sanz et al. 2013。

早期智人：Aiello and Antón 2012。匠人：Antón 2003。气候和匠人的进化：Magill et al. 2012。大脑：Rightmire 2004。

早期用火：Berna et al. 2012。

烹饪和成对的关系：Wrangham 2009。倭黑猩猩狩猎：Surbeck and Hohmann 2008。

关于所有与（人类）乳房和阴茎有关的事项：Yalom 1998; Hickman 2012。阴茎、睾丸和乳房大小：Diamond 1992, pp. 72–76。

原人暴力的骨骼证据：Wu et al. 2011, with table S2 (available at www.pnas.org/content/suppl/2011/11/14/1117113108.DCSupplemental/pnas.201117113SI.pdf#nameddest=ST2), containing fifty-three examples; Walker 2001。

石器时代人类的暴力模式：Keeley 1996; Gat 2006。与黑猩猩暴力的相似性：Wrangham and Glowacki 2012。人类男性青年团伙和黑猩猩成年雄性团伙的相似性：Wrangham and Wilson 2004。黑猩猩通常对其他社群的成员有敌意，但 de Waal 1989 年描述了猿类不使用暴力解决冲突的策略。黑猩猩的死亡率：Hill et al. 2001; M. Wilson 2013。雄性和暴力：Ghiglieri 1999。

原人走出非洲：Klein 2009, pp. 279–372，给出了一个详尽的观点。新物种的发现：Meyer et al. 2012。海德堡人的交流：Martinez et al. 2012。石制矛头：Wilkins et al. 2012。

尼安德特人：Mithen 2005。刺伤：Shanidar 3 and St. Césaire 1, 其中提及了 Walker 2001, p. 585。石制武器：Lazuén 2012。骨头断裂模式：Berger and Trinkaus 1995。吃人：Klein 2009, pp. 574–76。

现代大脑：J. Allen 2009; Pinker 1997。

冰期及其末期：N. Roberts 1998; Mithen 2003。

现代人类的完全进化：Klein 2009, pp. 615–751。Shea 2011 讨论了五万年前智人行为的可变性和现代性。

我在《文明的度量》一书中更全面地解释了我对文明演变及其与生物进化的关系的看法。(I. Morris 2013, pp. 6–24, 252–63.) Whiten 2011 and Whiten et al. 2011,

在我写《文明的度量》时无缘拜读,这两本都是关于人类文化如何演变及其与其他猿类文化关系的宝贵作品。

黑猩猩文化:Wrangham 2006; Boesch 2012。倭黑猩猩文化:Hohmann and Fruth 2003。

十万年前的致命矛刺:Walker 2001, p. 585。

人类文化多样性的演变:Foley and Mirazón Lahr 2011。

尼安德特人的基因组:Green et al. 2010。丹尼索瓦人的 DNA:Rasmussen et al. 2011。尼安德特人的灭绝:Finlayson 2010。

黑猩猩稳定的等级制度:De Waal 1982。

弗雷迪、奥斯卡和刀疤:*Chimpanzee* (Disneynature 2012, directed by Alastair Fothergill and Mark Linfield)。

和平主义者的窘境:Pinker 2011。

博弈论和 20 世纪 50—60 年代的核战略:Poundstone 1992; Freedman 2003, pp. 165–78。

约翰·纳什:Nasar 1998。

北约和苏联在 20 世纪 80 年代的战争目的:Odom 1988; Heuser 1998。

"尼龙战争":Riesman 1951。

冷战的最后阶段仍有争议,但除了第五章引用的资料,我发现 Gaidar 2007, Grachev 2008, 和 Sebestyen 2009 提供了俄罗斯方面的视角。

第七章

纽约的凶杀案:www.cnn.com/2012/11/28/justice/new-york-murder-free-day/index.html。芝加哥:www.huffingtonpost.com/2013/01/28/chicago-homicide-rate-201_n_2569472.html。圣贝纳迪诺:Friend 2013。纽敦:www.nytimes.com/2012/12/16/nyregion/gunman-kills-20-children-at-school-in-connecticut-28-dead-in-all.html。美国暴力死亡率:www.fbi.gov/about-us/cjis/ucr/crime-in-the-u.s/2012/preliminary-semiannual-uniform-crime-report-january-june-2012。

2004 年全球统计数据:Geneva Declaration on Armed Violence and Development, www.genevadeclaration.org/fileadmin/docs/Global-Burden-of-Armed-Violence-full-report.pdf。2010 年全球统计数据:United Nations Office on Drugs and Crime, www.unodc.org/unodc/en/data-and-analysis/homicide.html。2012 年全球暴力死亡率:World Health Organization, www.who.int/violence_injury_prevention/vio lence/en/。叙利亚内战:www.cnn.com/2013/01/02/world/meast/syria-civil-war/index.html。国际战争的频率:Uppsala Conflict Data Program and Peace Research Institute of Oslo, www.pcr.uu.se/research/ucdp/datasets/ucdp_prio_armed_conflict_dataset/。内战的下降趋势:Hegre 2013, drawing on Peace Research Institute of Oslo data。

核弹头的数量：See Kristensen and Norris 2012a, 2012b。最著名的毁灭风险指数，the *Bulletin of the Atomic Scientists*' "Doomsday Clock" (www.thebulletin.org/content/doomsday-clock/timeline)，相当具有误导性，目前设定为离午夜 5 分钟，比古巴导弹危机时更接近世界末日。

核武器是自断前程：Panel discussion at Nellis Air Force Base, Nevada, March 5, 2013。

人均 GDP：Maddison 2010。图 7.2 基于这些数据绘制而成，采用世界银行的数据 (http://data.worldbank.org/indicator/NY.GDP.PCAP.CD) 转化为麦迪逊的按 1990 年美元购买力计。

美国"世界警察"问题：Ikenberry 2011。英美"世界警察"的异同之处：N. Ferguson 2003, 2004a。

1992 年《国防计划指导》初稿：www/gwu.edu/~nsarchiv/nukevault/ebb245/index.htm。《纽约时报》的泄密及所引起的反应，March 8, 1992：www.nytimes.com/1992/03/08/world/us-strategy-plan-calls-for-insuring-no-rivals-develop.html。

1989 年以来的美国外交关系：Herring 2011, pp. 899–964。美国与欧洲：R. Kagan 2002。

欧盟和美国的 GDP：Maddison 2010。

欧洲一体化：Gillingham 2003。财政一体化：H. James 2012。瑞银报告：Deo et al. 2011。关于德国政策，《经济学人》关于德国的特别报告（2013 年 6 月 15 日）写得很好，《金融时报》关于欧盟未来的特别报告（2013 年 5 月 15 日）亦不逊色。经合组织的经济展望 (www.oecd.org/eco/economicoutlook.htm) 对后续事件很有价值。

欧洲非军事化：Sheehan 2008。共同安全和防御政策：Deighton 2011; http://eeas.europa.eu/cfsp/index_en.html; Catherine Ashton 于 2013 年 5 月 7 日在斯坦福大学午餐会上的言论。

白俄罗斯空投事件：www.nytimes.com/2012/08/02/world/europe/in-belarus-a-teddy-bear-airdrop-vexes-lukashenko.html?_r=1&ref=europe。

2003 年的民意调查：Sheehan 2008, p. xvi。2006 年的民意调查：www.guardian.co.uk/world/2006/jun/15/usa.iran。

欧洲的战略现实：R. Kaplan 2012。美国为保英国留欧而施加的压力：www.independent.co.uk/news/world/politics/barack-obama-piles-pressure-on-david-cameron-over-eu-exit-8458116.html。

大博弈：Hopkirk 1990 非常精彩。

亚洲西南部的石油：Yergin 1991。

20 世纪 70 年代中期的石油开支：Based on Yergin 1991, pp. 792–93。

美国和伊朗：Milani 2011。年度人物霍梅尼：*Time*, January 7, 1980 (www.

time.com/time/specials/packages/article/0,28804,2019712_2019694_2019594,00.html)。《时代周刊》收到了 1.4 万多封投诉信。本·拉登和"基地"组织：L. Wright 2006 很出色。

布尔战争：Pakenham 1979 仍然是最好的。伊拉克战争：相关文献非常多，但 Ricks 2006 and 2009 仍然是很好的简述。

美国的酷刑：Greenberg 2005。无人机杀戮：Cavallaro et al. 2012; http://openchan nel.nbcnews.com/_news/2013/02/04/16843014-justice-department-memo-reveals-legal-case-for-drone-strikes-on-americans?lite。

美国在伊拉克的伤亡人数：www.defense.gov/news/casualty/pdf。伊拉克平民伤亡情况：www.iraqbodycount.org/analysis/numbers/ten-years/。布尔战争的成本：Pakenham 1979, 与英国 GDP 的比较来自 Maddison 2010。

美国石油进口量的下降：U.S. Energy Information Administration, www.eia.gov/fore casts/steo/report/us_oil.cfm。2005 年进口量达到高峰，即每天 1 250 万桶；1987 年的水平是 600 万桶。

伊朗核计划受阻：Sanger 2012, pp. 141–240, www.foreignpolicy.com/articles/2013/11/19/stuxnets_secret_twin_iran_nukes_cyber_attack。伊朗的核选择：Bracken 2012, pp. 155–60。

大规模战争的结束：Hammes 2006。Gray 2005 总结并批评了这些预测。欧文堡的中东村庄：www.good.is/posts/picture-show-iraq-in-the-mojave/。美国对日本经济增长的担忧：Vogel 1980。

中国南海 5 万亿美元的贸易额：Luttwak 2012, p. 206。

军费：Data from the SIPRI Military Expenditure Database, http://milexdata.sipri.org。

中国与德国的类比：Luttwak 2012, pp. 56–67。

兰德公司的战争游戏：Shlapak et al. 2009。

ASPI 会议论文集（*Global Forces 2011*），www.aspi.org.au/publications/publications_all.aspx。澳大利亚 2009 年国防白皮书：www.defence.gov.au/whitepaper/。反应：Lyon and Davies 2009。

美国-亚洲支点：Clinton 2011。

对中美战争风险的估计：www.foreignpolicy.com/articles/2011/02/22/the_future_of_war。皮尤研究中心民调：http://people-press.org/reports/pdf/692.pdf。

空海之战：Krepinevich 2010; van Tol et al. 2010, with debates at http://thediplomat.com/the-naval-diplomat/2013/08/19/airsea-battle-vs-offshore-control-can-the-us-blockade-china/。美国的网络战计划：www.guardian.co.uk/world/interactive/2013/jun/07/obama-cyber-directive-full-text。

中国的战略选择：Tellis and Tanner 2012; Bracken 2012, pp. 195–211。

军事现代化：www.reuters.com/article/2012/07/30/us-russia-putin-navy-idUSB

RE86T1D320120730; www.foreignpolicy.com/articles/2012/09/05/building_a_better_bear。收入下降：www.worldbank.org/en/country/russia/overview。

页岩革命：M. Levi 2013。第三次工业革命：Rifkin 2011。

2010—2060 年经济增长预计：OECD, www.oecd.org/eco/outlook/lookingto2060.htm; Congressional Budget Office, www.cbo.gov/publications/43907。较低估计：www.economist.com/blogs/buttonwood/2012/11/economic-outlook; Pricewater-houseCoopers, www.pwc.com/en_GX/gx/world-2050/assets/pwc-world-in-2050-report-january-2013.pdf; *Economist*, www.economist.com/blogs/graphicdetail/2013/06/daily-chart-0。

中国和美国的军事预算：http://milexdata.sipri.org。

到 2030 年的全球趋势：National Intelligence Council 2012。不稳定弧形带：National Intelligence Council 2008。

二氧化碳排放量：http://co2now.org。可能的后果：L. Smith 2010; www.sciencemag.org/site/special/climate2013/。

幼发拉底河："Less Fertile Crescent," *Economist,* March 9, 2013, p. 42, www.economist.com/news/middle-east-and-africa/21573158-waters-babylon-are-running-dry-less-fertile-crescent。埃及和埃塞俄比亚：www.reuters.com/article/2013/06/10/us-ethiopia-egypt-nile-war-idUSBRE95911020130610。

2002—2012 年平均气温：Hansen et al. 2013; "A Sensitive Matter," *Economist*, March 30, 2013, pp. 77–79, www.economist.com/news/science-and-technology/21574461-cli mate-may-be-heating-up-less-response-greenhouse-gas-emissions。

中情局气候变化与国家安全中心关闭：http://eenews.net/public/Greenwire/2012/11/19/1。

核弹头的数量：Kristensen and Norris 2012, 2013。美国的钚设施被搁置：www.lasg.org/press/2013/NWMM_22Feb2013.html。陆基中段导弹防御系统：www.mda.mil/system/gmd.html。"铁穹"系统：http://nation.time.com/2012/11/19/iron-dome-a-missile-shield-that-works/#ixzz2Ci0JS7Us。

我在 2013 年 3 月 5 日对内华达州克里奇空军基地的访问中了解到很多关于无人机项目的情况。PBS *Nova* 节目"无人机的崛起"（www.pbs.org/wgbh/nova/military/rise-of-the-drones.html）对其历史进行了很好的描述，*Foreign Affairs* 92.4（2013 年 7 月 /8 月）上的两篇论文（Byman 2013, Cronin 2013）介绍了公众辩论中的主要问题。

MQ-9 成本：www.dod.mil/pubs/foi/logistics_material_readiness/acq_bud_fin/SARs/DEC%202011%20SAR/MQ-9%20UAS%20REAPER%20-%20SAR%20-%2031%20DEC%202011.pdf。F-35 成本：www.defense-aerospace.com/article-view/feature/141238/**f_35-lot-5-unit-costs-exceed-$223m.html。

无人机造成的平民伤亡：www.propublica.org/article/everything-we-know-sofar-about-drone-strikes, with links to competing estimates. 巴基斯坦的伤亡人数：http://natsec.newamerica.net/drones/pakistan/analysis；www.thebureauinvestigates.com/2013/07/22/get-the-data-the-pakistan-governments-secret-document/。

Singer 2009 是对机器人战争的一个很好的介绍。官方报告：Joint Forces Command 2003, U.S. Air Force 2009。呼吁暂停：United Nations 2013; www.hrw.org/news/2013/05/28/us-take-lead-against-lethal-robotic-weapons。停止杀手机器人运动：www.stopkillerrobots.org。美国关于致命无人机政策的最新声明（2012 年 11 月）：www.dtic.mil/whs/directives/corres/pdf/300009p.pdf。

2050 年的战争：G. Friedman 2009。

第二核时代：Bracken 2012。

社会发展指数：I. Morris 2010, 2013。

技术和安全视角的结合：National Intelligence Council 2008, 2012; Schmidt and Cohen 2013。

大脑和奇点：Kurzweil 2005, 2013。关于预测的调查：http://fora.tv/2012/10/14/Stuart_Armstrong_How_Were_Predicting_AI。人类大脑计划：www.humanbrainproject.eu; www.wired.com/wiredscience/2013/05/neurologist-markam-human-brain/all/。

对奇点理论的批评：See particularly Morozov 2013。Kurzweil 2013, pp. 266–82, 回答了一些反对意见。

伯克利电影实验：www.sciencedaily.com/releases/2011/09/110922121407.htm, with footage at www.youtube.com/watch?v=nsjDnYxJ0bo。伯克利说话实验：www.plosbiology.org/article/info:doi/10.1371/journal.pbio.1001251。大鼠心灵感应实验：www.nature.com/srep/2013/130228/srep01319/full/srep01319.html, with discussion at http://singularityhub.com/2013/03/11/brains-of-two-rats-linked-half-way-across-the-world/。

超个体人类：Robert Wright 2000。

我们身体内部的竞争：Ridley 1996, pp. 11–34, 说得很清楚。

政策辩论：Brooks et al. 2013; Posen 2013。

技术治下的和平：Khanna and Khanna 2012。

计算机化和财富不平等：http://krugman.blogs.nytimes.com/2012/12/08/rise-of-the-robots/?_r=0; Cowen 2013。

Nexus and *Crux*: Naam 2013a, 2013 b.

参考文献

Abigail, Peter. "Australia's Next Defence White Paper: An ASPI Update." In *Global Forces 2011*, pp.71–81.Canberra:Australian Strategic Policy Institute, 2012.Available at www.aspi.org.au/publications/publications_all.aspx.

Acemoglu, Daron, and James Robinson. *Why Nations Fail: The Origins of Power, Prosperity, and Poverty*. New York: Crown, 2012.

Adams, Thomas. "Future Warfare and the Decline of Human Decisionmaking." *Parameters* 41.4 (2011), pp. 5–19. www.carlisle.army.mil/USAWC/Parameters/Articles/2011winter/Adams.pdf.

Aiello, Leslie, and Susan Antón, eds. "Human Biology and the Origins of *Homo*," supplement, *Current Anthropology* 53.S6 (2012), pp. S267–S478.

Aiello, Leslie, and Peter Wheeler. "The Expensive-Tissue Hypothesis: The Brain and the Digestive System in Human and Primate Evolution." *Current Anthropology* 36 (1995), pp. 199–221.

Akkermans, Peter, and Glenn Schwartz.*The Archaeology of Syria*. Cambridge, U.K.: Cambridge University Press, 2003.

Aksakal, Mustafa. " 'Holy War Made in Germany'? Ottoman Origins of the 1914 Jihad." *War in History* 18 (2011), pp. 184–99.

Aldhouse-Green, Miranda. *Dying for the Gods: Human Sacrifice in Iron Age and Roman Europe*. Stroud, U.K.: Tempus, 2001.

Allchin, F. Raymond. *The Archaeology of Early Historic South Asia*. Cambridge, U.K.: Cambridge University Press, 1995.

Allen, John. *Lives of the Brain: Human Evolution and the Organ of Mind*. Cambridge, Mass.: Belknap Press, 2009.

Allen, Robert. "The Great Divergence in European Wages and Prices from the Middle

Ages to the First World War." *Explorations in Economic History* 38 (2001), pp. 411–47.

———. "Poverty and Progress in Early Modern Europe." *Economic History Review* 56 (2003), pp. 403–43.

———."India in the Great Divergence." In Timothy Hatton et al., eds., *The New Comparative Economic History*, pp. 9–32. Cambridge, Mass.: Harvard University Press, 2007.

———. *The British Industrial Revolution in Global Perspective*. Cambridge, U.K.: Cambridge University Press, 2009.

Allen, Robert, et al. "Wages, Prices, and Living Standards in China, 1738–1925: In Comparison with Europe, Japan, and India." *Economic History Review* 64.S1 (2011), pp.8–38.

Alva, Walter, and Christopher Donnan. *The Lords of Sipán*. Los Angeles: Fowler Museum, 1993.

Amitai-Preiss, Reuven. *Mongols and Mamluks: The Mamluk-Ilkhanid War, 1260–1281*. Cambridge, U.K.: Cambridge University Press, 1995.

Anderson, Craig, and Brad Bushman. "Human Aggression." *Annual Review of Psychology* 53 (2002), pp. 27–51.

Angell, Norman. *The Great Illusion: A Study of the Relation of Military Power to National Advantage*. 4th ed. London: G. P. Putnam's Sons, 1913.

Anthony, David. *The Horse, the Wheel, and Language: How Bronze Age Riders from the Eurasian Steppes Shaped the Modern World*. Princeton, N.J.: Princeton University Press, 2009.

Anthony, David, and Dorcas Brown. "The Secondary Products Revolution, Horse-Riding, and Mounted Warfare." *Journal of World Prehistory* 24 (2011), pp. 131–60.

Antón, Susan. "Natural History of *Homo erectus*." *Yearbook of Physical Anthropology* 46 (2003), pp. 126–70.

Applebaum, Anne. *Gulag: A History of the Soviet Camps*. New York: Penguin, 2003.

———.*Iron Curtain: The Crushing of Eastern Europe, 1944–1956*. New York: Doubleday, 2012.

Archer, Robin. "Chariotry to Cavalry: Developments in the Early First Millennium." In Fagan and Trundle 2010, pp. 57–80.

Arkush, Elizabeth, and Mark Allen, eds. *The Archaeology of Warfare: Prehistories of Raiding and Conquest*. Gainesville: University Press of Florida, 2006.

Arkush, Elizabeth, and Tiffany Tung. "Patterns of War in the Andes from the Archaic to the Late Horizon: Insights from Settlement Patterns and Cranial Trauma." *Journal of*

Archaeological Research 21 (2013), pp. 307–69.

Asher, Catherine, and Cynthia Talbot. *India Before Europe*. Cambridge, U.K.: Cambridge University Press, 2006.

Austin, Michel. *The Hellenistic World from Alexander to the Roman Conquest*. Cambridge, U.K.: Cambridge University Press, 1981.

Aveni, Anthony. *Skywatchers*. 2nd ed. Austin: University of Texas Press, 2001.

Axelrod, Robert. *The Evolution of Cooperation*. New York: Basic Books, 1984.

Bachrach, Bernard. "Verbruggen's 'Cavalry' and the Lyon-Thesis." *Journal of Medieval Military History* 4 (2006), pp. 137–63.

———. *Early Carolingian Warfare: Prelude to Empire*. Philadelphia: University of Pennsylvania Press, 2011.

Bahn, Paul. "A Lot of Bull: Pablo Picasso and Ice Age Art." *Munibe* 57 (2005), pp. 217–23.www.aranzadi-zientziak.org/fileadmin/docs/Munibe/200503217223AA.pdf.

Bairoch, Paul. "International Industrialization Levels from 1750 to 1980." *Journal of European Economic History* 11 (1982), pp. 269–333.

Baltar, Michael. " 'Vengeance' Bites Back at Jared Diamond." *Science* 324 (2009), pp. 872–74.

Baratta, Joseph. *The Politics of World Federation*. Westport, Conn.: Praeger, 2004.

Barbero, Alessandro. *Charlemagne: Father of a Continent*. Berkeley: University of California Press, 2004.

Barfield, Thomas. *The Perilous Frontier: Nomadic Empires and China, 221 BC–AD 1757*. Oxford: Blackwell, 1989.

Barker, Graeme. *The Agricultural Revolution in Prehistory*. Oxford: Oxford University Press, 2006.

Barker, Juliet. *Agincourt: Henry V and the Battle That Made England*. Boston: Back Bay Books, 2007.

Barry, John. *The Great Influenza*. New York: Penguin, 2004.

Barua, Pradeep. "Military Developments in India, 1750–1850." *Journal of Military History* 58 (1994), pp. 599–616.

Bar-Yosef, Ofer. "The Walls of Jericho: An Alternative Interpretation." *Current Anthropology* 27 (1986), pp. 157–62.

Bayly, Christopher. *Imperial Meridian: The British Empire and the World, 1780–1830*. London: Longman, 1989.

———. *The Birth of the Modern World, 1780–1914*. Oxford: Blackwell, 2004.

Bayly, Christopher, and Tim Harper. *Forgotten Armies: Britain's Asian Empire and the War with Japan*. London: Allen Lane, 2004.

Bayly, Susan. "The Evolution of Colonial Cultures: Nineteenth-Century Asia." In Porter 1999, pp. 447–69.

Beardson, Timothy. *Stumbling Giant: The Threats to China's Future*. New Haven, Conn.: Yale University Press, 2013.

Beatty, Jack. *The Lost History of 1914: Reconsidering the Year the Great War Began*. London: Walker, 2012.

Beck, B. J. Mansfeld. "The Fall of the Han." In Twitchett and Loewe 1986, pp. 317–76.

Beckerman, Stephen, et al. "Life Histories, Blood Revenge, and Reproductive Success Among the Waorani of Ecuador." *Proceedings of the National Academy of Sciences* 106 (2009), pp. 8134–39.

Beckwith, Peter. *Empires of the Silk Road: A History of Central Eurasia from the Bronze Age to the Present*. Princeton, N.J.: Princeton University Press, 2009.

Beevor, Antony. *The Second World War*. Boston: Little, Brown, 2012.

Belich, James. *Replenishing the Earth: The Settler Revolution and the Rise of the Anglo-World, 1783–1939*. Oxford: Oxford University Press, 2009.

Bell, David. *The First Total War: Napoleon's Europe and the Birth of Warfare as We Know It*. Boston: Houghton Mifflin, 2007.

Bell, Duncan. *The Idea of Greater Britain: Empire and the Future of World Order, 1860–1900*. Princeton, N.J.: Princeton University Press, 2007.

Berger, Lee, et al. "*Australopithecus sediba*." *Science* 340 (2013), pp. 163–200.

Berger, Thomas, and Erik Trinkaus. "Patterns of Trauma Among the Neandertals." *Journal of Archaeological Science* 22 (1995), pp. 841–52.

Berna, Francesco, et al. "Microstratigraphic Evidence of In Situ Fire in the Acheulean Strata of Wonderwerk Cave, Northern Cape Province, South Africa." *Proceedings of the National Academy of Sciences* 109 (2012), pp.1215–20.

Bernard, W. D., and W. H. Hall. *Narrative of the Voyages and Services of the Nemesis, 1840 to 1843*. Vol. 1. London: H. Colburn, 1844.

Berry, Mary. *Hideyoshi*. Cambridge, Mass.: Harvard University Press, 1989.

Best, Simon. "At the Halls of the Mountain Kings: Fijian and Samoan Fortifications: Comparison and Analysis." *Journal of the Polynesian Society* 102 (1993), pp. 385–447.

Bhakari, S. K. *Indian Warfare: An Appraisal of Strategy and Tactics of War in the Early Medieval Period*. New Delhi: Munshiran Manoharlal, 1980.

Biddle, Stephen. *Military Power: Explaining Victory and Defeat in Modern Battle*.

Princeton, N.J.: Princeton University Press, 2004.

Birkhead, Tim. *Promiscuity: An Evolutionary History of Sperm Competition.* Cambridge, Mass.: Harvard University Press, 2002.

Birley, Anthony. *Marcus Aurelius: A Biography.* 2nd ed. New Haven, Conn.: Yale University Press, 1987.

Black, Jeremy. *Warfare in the Eighteenth Century.* Washington, D.C.: Smithsonian, 1999.

Blanning, Timothy. *The French Revolutionary Wars, 1787–1802.* London: Hodder & Stoughton, 1996.

Bloch, Marc. *Feudal Society.* 2 vols. Trans. L. A. Manyon. First published in French, 1939–40. London: Routledge, Kegan Paul, 1961.

———. *Strange Defeat: A Statement of Evidence Written in 1940.* First published in French, 1946. New York: Norton, 1999.

Blow, David. *Shah Abbas: The Ruthless King Who Became an Iranian Legend.* London: I. B. Tauris, 2009.

Boesch, Christophe. *The Real Chimpanzee: Sex Strategies in the Forest.* Cambridge, U.K.: Cambridge University Press, 2009.

———. *Wild Cultures: A Comparison Between Chimpanzee and Human Cultures.* Cambridge, U.K.: Cambridge University Press, 2012.

Boesche, Roger. *The First Great Political Realist: Kautilya and His Arthashastra.* Lanham, Md.: Lexington Books, 2003.

Boff, Jonathan. *Winning and Losing on the Western Front: The British Third Army and the Defeat of Germany in 1918.* Cambridge, U.K.: Cambridge University Press, 2012.

Bond, E. A., ed. *Speeches of the Managers and Counsel in the Trial of Warren Hastings.* Vol. 1. London: Longman, Brown, Green, Longmans & Roberts, 1859.

Bonney, Richard, ed. *The Rise of the Fiscal State in Europe, c. 1200–1815.* Oxford: Oxford University Press, 1999.

Boot, Max. *War Made New: Technology, Warfare, and the Course of History, 1500 to Today.* New York: Gotham Books, 2006.

Borofsky, Robert. *Yanomami: The Fierce Controversy and What We Can Learn from It.* Berkeley: University of California Press, 2005.

Bowles, Samuel, and Herbert Gintis. *A Cooperative Species: Human Reciprocity and Its Evolution.* Cambridge, U.K.: Cambridge University Press, 2011.

Bowman, Alan. *Life and Letters on the Roman Frontier.* London: British Museum Press, 1994.

Bowman, Alan, and J. D. Thomas. *The Vindolanda Writing Tablets (Tabulae*

Vindolandenses II*)*. London: British Museum Press, 1994.

Bowman, Alan, and Andrew Wilson, eds. *Quantifying the Roman Economy*. Oxford: Oxford University Press, 2009.

Boxer, C. R. *The Portuguese Seaborne Empire, 1415–1825*. 2nd ed. London: Hutchinson, 1969.

Boyce, Robert. *British Capitalism at the Crossroads, 1919–1932*. Cambridge, U.K.: Cambridge University Press, 1987.

Boylston, Anthea, and Christopher Knüsel, eds. *Blood Red Roses: The Archaeology of a Mass Grave from the Battle of Towton, AD 1461*. 2nd ed. Oxford: Oxbow, 2010.

Bracken, Paul. *The Second Nuclear Age: Strategy, Danger, and the New Power Politics*. New York: Times Books, 2012.

Brands, Hal. *Latin America's Cold War*. Cambridge, Mass.: Harvard University Press, 2010.

Braudel, Fernand. *Civilization and Capitalism, 15th–18th Century*. 3 vols. Trans. Siân Reynolds. New York: Harper and Row, 1981–84.

Braund, David. "Piracy Under the Principate and the Ideology of Imperial Eradication." In Rich and Shipley 1993, pp. 195–212.

Brecke, Peter. "Violent Conflicts 1400 A.D. to the Present in Different Regions of the World." 1999. www.inta.gatech.edu/peter/PSS99_paper.html.

———. "Taxonomy of Violent Conflicts." 2002. www.inta.gatech.edu/peter/taxonomy.html.

Briant, Pierre. "The Achaemenid Empire." In Raaflaub and Rosenstein 1999, pp. 105–28.

———. *From Cyrus to Alexander: A History of the Persian Empire*. Winona Lake, Ind.: Eisenbrauns, 2002.

Broadberry, Stephen. "How Did the United States and Germany Overtake Britain? A Sectoral Analysis of Comparative Productivity Levels, 1870–1990." *Journal of Economic History* 58 (1998), pp. 375–407.

Broadberry, Stephen, and Bishnupriya Gupta. "The Early Modern Great Divergence: Wages, Prices, and Economic Development in Europe and Asia,1500–1800." *Economic History Review*, n.s. 59 (2006), pp.2–31.

Broadberry, Stephen, and Mark Harrison, eds. *The Economics of World War I*. Cambridge, U.K.: Cambridge University Press,2005.

Broers, Michael. "The Concept of 'Total War' in the Revolutionary-Napoleonic Period." *War in History* 15 (2008), pp. 247–68.

Brooks, Stephen, et al. "Lean Forward: In Defense of American Engagement." *Foreign Affairs* 92.1 (January/February 2013), pp. 130–42.

Brothwell, Don. *The Bog Man and the Archaeology of People.* London: British Museum, 1986.

Brown, Elizabeth. "The Tyranny of a Construct: Feudalism and Historians of Medieval Europe." *American Historical Review* 79 (1974), pp. 1063–68.

Brown, Kathryn, and Travis Stanton, eds. *Ancient Mesoamerican Warfare.* Walnut Creek, Calif.: AltaMira, 2003.

Brown, Kyle, et al. "An Early and Enduring Advanced Technology Originating 71,000 Years Ago in South Africa." *Nature*, November 7, 2012. doi:10.1038/nature11660.

Brown, Warren. *Violence in Medieval Europe.* London: Longmans, 2010.

Bullock, Alan. *Hitler and Stalin: Parallel Lives.* New York: Vintage, 1993.

Burden, Matthew. *The Blog of War: Front-Line Dispatches from Soldiers in Iraq and Afghanistan.* New York: Simon & Schuster, 2006.

Burk, Kathleen. *Britain, America, and the Sinews of War, 1914–1918.* New York: HarperCollins, 1985.

Burke, Jason. *The 9/11 Wars.* New York: Allen Lane, 2011.

Bush, George H. W., and Brent Scowcroft. *A World Transformed.* New York: Knopf, 1998.

Byman, Daniel. "Why Drones Work: The Case for Washington's Weapon of Choice."*Foreign Affairs* 92.4 (July/August 2013), pp. 32–43.

Cain, P. J., and Anthony Hopkins. *British Imperialism, 1688–2000.* 2nd ed. London: Longman, 2000.

Callwell, C. E. *Small Wars: Their Principles and Practice.* 3rd ed. London: War Office, 1909.

Campbell, Duncan. *Mons Graupius AD 83.* Oxford: Osprey, 2010.

Canning, Joseph, et al., eds. *Power, Violence, and Mass Death in Pre-modern and Modern Times.* Aldershot, U.K.: Ashgate, 2004.

Capp, Bernard. *Cromwell's Navy: The Fleet and the English Revolution, 1648–1660.* New York: Oxford University Press, 1989.

Carey, John. *William Golding: The Man Who Wrote "Lord of the Flies."* New York: Free Press, 2010.

Carneiro, Robert. "A Theory of the Origin of the State." *Science* 169 (1970), pp. 733–38.

Carrasco, David. *City of Sacrifice: The Aztec Empire and the Role of Violence in Civilization.* Boston: Beacon Press, 1999.

Caswell, Jennifer, et al. "Analysis of Chimpanzee History Based on Genome Sequence Alignments." *PLoS Genetics* 4 (2008). doi:10.1371/journal.pgen.1000057.

Cavallaro, James, et al. *Living Under Drones: Death, Injury, and Trauma to Civilians from US Drone Practices in Pakistan*. Stanford, Calif., and New York: Stanford Law School and NYU School of Law, 2012. Available at http://livingunderdrones.org/.

Ceadel, Martin. *Living the Great Illusion: Sir Norman Angell, 1872–1967*. Oxford: Oxford University Press, 2009.

Cederman, L.-E. "Modeling the Size of Wars: From Billiard Balls to Sandpiles." *American Political Science Review* 97 (2003), pp. 135–50.

Chagnon, Napoleon. "Life Histories, Blood Revenge, and Warfare in a Tribal Society." *Science* 239 (1988), pp. 985–92.

———. *Yanomamö*. 5th ed. New York: Harcourt Brace College Publishers, 1997.

———. *Noble Savages: My Life Among Two Dangerous Tribes—the Yanomamö and the Anthropologists*. New York: Simon & Schuster, 2013.

Chakrabarti, Dilip. *India: An Archaeological History*. New Delhi: Oxford University Press, 1999.

Chakravarti, P. K. *The Art of War in Ancient India*. First published 1941. Reprint, Delhi: Low Price Publishers, 2010.

Chaliand, Gerard. *Nomadic Empires from Mongolia to the Danube*. Trans. A. M. Berrett. New Brunswick, N.J.: Transaction, 2004.

Chandrasekaran, Rajiv. *Little America: The War Within the War for Afghanistan*. New York: Knopf, 2012.

Chang, Chun-shu. *The Rise of the Chinese Empire: Nation, State, and Imperialism in Early China, ca. 1600 B.C.–A.D. 8*. Ann Arbor: University of Michigan Press, 2007.

Chang, Iris. *The Rape of Nanking: The Forgotten Holocaust of World War II*. New York: Penguin, 1997.

Chaniotis, Angelos. *War in the Hellenistic World*. Oxford: Blackwell, 2005.

Chaplais, Pierre. *Diplomatic Documents Preserved in the Public Record Office*. Vol. 1, *1101–1307*. London: Public Record Office, 1964.

Charrière, E., trans. *Chronique de Bertrand du Guesclin* Vol. 1. Paris: Typographie du Firmin Didot Frères, 1839. http://archive.org/stream/chroniquedebert00saingoog #page/n8/mode/2up.

Chase, Kenneth. *Firearms: A Global History to 1700*. Cambridge, U.K.: Cambridge University Press, 2003.

Chattopadhyaya, B. *The Making of Early Medieval India*. 2nd ed. Oxford: Oxford University Press, 2010.

Cherian, P. J., et al. "The Muziris Heritage Project: Excavations at Pattanam—2007." *Journal of Indian Ocean Archaeology* 4 (2007), pp. 1–10.

Chickering, Roger, and Stig Förster, eds. *Great War, Total War: Combat and Mobilization* on the Western Front,1914–1918. Cambridge, U.K.: Cambridge University Press, 2000.

Childs, David. *A Peripheral Weapon? The Production and Employment of British Tanks in the First World War.* Westport, Conn.: Praeger, 1999.

Chimpanzee Sequencing and Analysis Consortium. "Initial Sequence of the Chimpanzee Genome and Comparison with the Human Genome." *Nature* 437 (2005), pp. 69–87.

Chirot, Daniel, and Clark McCauley. *Why Not Kill Them All? The Logic and Prevention of Mass Political Murder.* Princeton, N.J.: Princeton University Press, 2006.

Christian, David. *A History of Russia, Central Asia, and Mongolia.* Vol. 1, *Inner Eurasia from Prehistory to the Mongol Empire.* Oxford: Blackwell, 1998.

———. *Maps of Time: An Introduction to Big History.* Berkeley: University of California Press, 2004.

Churchill, Winston. *My Early Life, 1874–1904.* New York: Charles Scribner's Sons, 1930.

———. *The World Crisis, 1911–1918.* Abr. ed. First published in 5 vols., 1923–31. New York: Charles Scribner's Sons,1931.

———. *The Second World War.* Vol. 2, *Their Finest Hour.* Boston: Houghton Mifflin, 1949.

———. *The Second World War.* Vol. 3, *The Grand Alliance.* Boston: Houghton Mifflin, 1950.

Cipolla, Carlo. *Guns, Sails, and Empires: Technological Innovation and the Early Phases of European Expansion, 1400–1700.* New York: Random House, 1965.

Citino, Robert. *Blitzkrieg to Desert Storm: The Evolution of Operational Warfare.* Lawrence: University Press of Kansas, 2004.

———. *The Quest for Decisive Victory: From Stalemate to Blitzkrieg in Europe, 1899–1940.* Lawrence: University Press of Kansas, 2009.

Clark, Alan. *The Donkeys.* New York: Morrow, 1962.

Clark, Christopher. *Iron Kingdom: The Rise and Downfall of Prussia, 1600–1947.* Cambridge, Mass.: Belknap Press, 2006.

———. *Kaiser Wilhelm II: A Life in Power.* New York: Penguin, 2009.

Clarke, Richard. *Against All Enemies: Inside America's War on Terror.* New York: Free Press, 2007.

Clavell, James. *Shogun.* New York: Delacorte Press, 1975.

Cliff, Roger, et al. *New Opportunities and Challenges for Taiwan's Security.* Santa Monica, Calif.: RAND Corporation, 2011. www.rand.org/content/dam/rand/pubs/conf_proceedings/2011/RAND_CF279.pdf.

Cline, Eric, ed. *The Oxford Handbook of the Bronze Age Aegean*. Oxford: Oxford University Press, 2010.

———. *1177 B.C. The Year Civilization Collapsed*. Princeton, N.J. Princeton University Press, 2013.

Cline, Eric, and Mark Graham. *Ancient Empires*. New York: Cambridge University Press, 2011.

Clinton, Hillary. "America's Pacific Century." *Foreign Policy* 191 (November/December 2011). www.foreignpolicy.com/articles/2011/10/11/americas_pacific_century.

Clodfelter, Micheal. *Warfare and Armed Conflicts: A Statistical Reference*. 3 vols. London: McFarland, 1992.

Coe, Michael. *Breaking the Maya Code*. 3rd ed. London: Thames & Hudson, 2012.

Cohen, H., et al. "Trauma to the Skull: A Historical Perspective from the Southern Levant (4300BCE–1917CE)." *International Journal of Osteoarchaeology* 20 (2012). doi:10.1002/oa.2258.

Coll, Steve. *Ghost Wars: The Secret History of the CIA, Afghanistan, and bin Laden, from the Soviet Invasion to September 10, 2001*. New York: Penguin, 2004.

Colley, Linda. *Britons: The Forging of a Nation, 1707–1837*. 3rd ed. New Haven, Conn.: Yale University Press, 2009.

Commonwealth of Australia. *Defending Australia in the Asia Pacific Century: Force 2030*. Canberra: Department of Defence, 2009.

Conquest, Robert. *The Great Terror: A Reassessment*. New York: Oxford University Press, 2007.

Contamine, Philippe. *War in the Middle Ages*. Trans. Michael Jones. Oxford: Blackwell, 1984.

Cooper, Jerrold. *Sumerian and Akkadian Royal Inscriptions: Pre-Sargonic Inscriptions*. Winona Lake, Ind: Eisenbrauns, 1986.

Cooper, Malcolm. *The Birth of Independent Air Power*. London: Unwin, 1986.

Cooper, Randolf. *The Anglo-Maratha Campaigns and the Contest for India*. Cambridge, U.K.: Cambridge University Press, 2003.

Coote, Stephen. *Samuel Pepys: A Life*. London: Hodder & Stoughton, 2000.

Cordell, Linda, and Maxine McBrinn. *Archaeology of the Southwest*. 3rd ed. Walnut Creek, Calif.: Left Coast Press, 2012.

Corrigan, Gerald. *Mud, Blood, and Poppycock: Britain and the First World War*. London: Cassell, 2003.

Cowen, Tyler. *Average Is Over: Powering America Beyond the Age of the Great*

Stagnation. New York: Dutton, 2013.

Cowgill, George. "Possible Migrations and Shifting Identities in the Central Mexican Epiclassic." *Ancient Mesoamerica* 24 (2013), pp. 1–19.

Coyne, Jerry. *Why Evolution Is True*. New York: Viking, 2009.

Cronin, Audrey Kurth. "Why Drones Fail: When Tactics Drive Strategy." *Foreign Affairs* 92.4 (July/August 2013), pp. 44–54.

Crosby, Alfred. *The Columbian Exchange: Biological and Cultural Consequences of 1492*. Westport, Conn.: Westview Press, 1972.

———. *Ecological Imperialism: The Biological Expansion of Europe, 900–1900*. 2nd ed. Cambridge, U.K.: Cambridge University Press, 2003.

Cunliffe, Barry. *Danebury: Anatomy of an Iron Age Hillfort*. London: Batsford, 1983.

Curtis, Vesta Sarkhosh, and Sarah Stewart, eds. *The Age of the Parthians*. London: I. B. Tauris, 2007.

Dai Bingguo. "Adhere to the Path of Peaceful Development." *Waijiaobu Wangzhan*, December 6, 2010. Trans. Xinhua News Agency. http://china.usc.edu/ShowArticle.aspx?articleID=2325.

Dale, Stephen. *The Muslim Empires of the Ottomans, Safavids, and Mughals*. Cambridge, U.K.: Cambridge University Press, 2010.

Dalley, Stephanie. "Foreign Chariotry and Cavalry in the Armies of Tiglath-Pileser III and Sargon II." *Iraq* 47 (1985), pp. 31–48.

Dani, A. H., and V. M. Masson, eds. *History of Civilizations of Central Asia*. 6 vols. Paris: UNESCO, 1992.

Darwin, John. *The Empire Project: The Rise and Fall of the British World-System, 1830–1970*. Cambridge, U.K.: Cambridge University Press, 2009.

Daryaee, Touraj. *Sasanian Persia: The Rise and Fall of an Empire*. London: Tauris, 2009.

Daugherty, William, et al. "The Consequences of 'Limited' Nuclear Attacks on the United States." *International Security* 10.4 (1986), pp. 3–45.

David, Saul. *The Indian Mutiny*. London: Penguin, 2003.

———. *Zulu: The Heroism and Tragedy of the Zulu War of 1879*. New York: Viking, 2004.

———. *Victoria's Wars: The Rise of Empire*. London: Penguin, 2006.

Davies, J. D. *Pepys's Navy: Ships, Men, and Organisation, 1649–1689*. Annapolis, Md.: Naval Institute Press, 2008.

Davies, Norman. *White Eagle, Red Star: The Polish-Soviet War, 1919–1920, and the "Miracle on the Vistula."* London: Random House, 2003.

———. *No Simple Victory: World War II in Europe, 1939–1945*. New York: Penguin, 2006.

Davies, R. W., et al., eds. *The Economic Transformation of the Soviet Union, 1913–1945*. Cambridge, U.K.: Cambridge University Press, 1994.

Davis, Mike. *Late Victorian Holocausts*. London: Verso, 2001.

Dawkins, Richard. *The Selfish Gene*. 2nd ed. Oxford: Oxford University Press, 1989.

———. *The Ancestor's Tale: A Pilgrimage to the Dawn of Evolution*. Boston: Houghton Mifflin, 2004.

Dawson, Christopher, ed. *The Mongol Mission: Narratives and Letters of the Franciscan Missionaries in Mongolia and China in the Thirteenth and Fourteenth Centuries*. New York: Sheed and Ward, 1955.

Dedijer, Vladimir. *The Road to Sarajevo*. New York: Simon & Schuster, 1966.

de Glete, Jan. *Warfare at Sea, 1500–1650: Maritime Conflicts and the Transformation of Europe*. London: Routledge, 1999.

Degras, Jane, ed. *The Communist International, 1919–1943: Documents* Vol. 2. London: Oxford University Press, 1965.

de Grazia, Victoria. *Irresistible Empire: America's Advance Through Twentieth-Century Europe*. Cambridge, Mass.: Harvard University Press, 2006.

Deighton, Anne. "The European Union, Multilateralism, and the Use of Force." In Strachan and Schepers 2011, pp. 315–32.

de la Gorce, Paul-Marie. *The French Army: A Military-Political History*. Trans. Kenneth Douglas. London: Weidenfeld and Nicolson, 1963.

de Madariaga, Isabel. *Ivan the Terrible*. New Haven, Conn.: Yale University Press, 2006.

Dennett, Daniel. *Consciousness Explained*. Boston: Little, Brown, 1991.

———. *Darwin's Dangerous Idea*. New York: Simon & Schuster, 1995.

Deo, Stephane, et al. "Euro Break-Up—the Consequences." *UBS Investment Research, Global Economic Perspectives*, September 6, 2011, pp. 1–18. Available at www.ubs.com/economics.

Department of Defense. *Quadrennial Defense Review Report February 2010*. Washington, D.C.: Department of Defense, 2010. www.defense.gov/qdr/.

———. *Annual Report to Congress: Military and Security Developments Involving the People's Republic of China 2012*. Washington, D.C.: Department of Defense, 2012. www.defense.gov/pubs/pdfs/2012_CMPR_Final.pdf.

———. *Military and Security Developments Involving the People's Republic of China 2013*.

Washington, D.C.: Office of the Secretary of Defense, 2013.www.defense.gov/pubs/2013_china_report_final.pdf.

de Souza, Philip. *Piracy in the Graeco-Roman World*. Cambridge, U.K.: Cambridge University Press, 1999.

De Vries, Jan. *The Industrious Revolution: Consumer Behaviour and the Household Economy, 1650 to the Present*. Cambridge, U.K.: Cambridge University Press, 2008.

de Waal, Frans. *Chimpanzee Politics: Power and Sex Among Apes*. Baltimore: Johns Hopkins University Press, 1982.

———. "The Brutal Elimination of a Rival Among Captive Male Chimpanzees." *Ethology and Sociobiology* 7 (1986), pp. 237–51.

———. *Peacemaking Among Primates*. Cambridge, Mass.: Harvard University Press, 1989.

———. *Bonobo: The Forgotten Ape*. Berkeley: University of California Press, 1997.

de Waal, Frans, and Peter Tyack, eds. *Animal Social Complexity: Intelligence, Culture, and Individualized Societies*. Cambridge, Mass.: Harvard University Press, 2003.

Diamond, Jared. *The Third Chimpanzee: The Evolution and Future of the Human Animal*. New York: HarperCollins, 1992.

———. *Guns, Germs, and Steel: The Fates of Human Societies*. 2nd ed. New York: Norton, 2005.

———. "Vengeance Is Ours." *New Yorker*, April 21, 2008, pp. 74–81.

———. *The World Until Yesterday: What Can We Learn from Traditional Societies?* New York: Viking, 2012.

Di Cosmo, Nicola. "State Formation and Periodization in Inner Asian History." *Journal of World History* 10 (1999), pp. 1–40.

———. *Ancient China and Its Enemies*. Cambridge, U.K.: Cambridge University Press, 2002a.

———, ed. *Warfare in Inner Asian History (500–1800)*. Leiden: Brill, 2002b.

———. *Military Culture in Imperial China*. Cambridge, Mass.: Harvard University Press, 2011.

Diehl, Richard. *Tula: The Toltec Capital of Ancient Mexico*. London: Thames & Hudson, 1983.

Dien, Albert, ed. *State and Society in Early Medieval China*. Stanford, Calif.: Stanford University Press, 1990.

———. *Six Dynasties Civilization*. New Haven, Conn.: Yale University Press, 2007.

Dignas, Beate, and Engelbert Winter. *Rome and Persia in Late Antiquity: Neighbours and Rivals*. Cambridge, U.K.: Cambridge University Press, 2007.

Dikshitar, V. R. *War in Ancient India*. Delhi: Motilal Banarsidass, 1987.

Diktötter, Frank. *Mao's Great Famine*. London: Bloomsbury, 2010.

Dinter, Elmar, and Paddy Griffith. *Not Over by Christmas: NATO's Central Front in World War III*. New York: Hippocrene, 1983.

Dirks, Paul, et al. "Geological Setting and Age of *Australopithecus sediba* from Southern Africa." *Science* 328 (2010), p. 205.

Dollery, Brian, and Craig Parsons. "Prisoner Taking and Prisoner Killing: A Comment on Ferguson's Political Economy Approach." *War in History* 14 (2007), pp. 499–512.

Doughty, Robert. *Pyrrhic Victory: French Strategy and Operations in the Great War*. Cambridge, Mass.: Harvard University Press, 2008.

Doyle, Michael. "Kant, Liberal Legacies, and Foreign Affairs." *Philosophy and Public Affairs* 12 (1983), pp. 205–35, 323–53.

Dreger, Alice. "*Darkness*'s Descent on the American Anthropological Association." *Human Nature* 22 (2011), pp. 225–46.

Drews, Robert. *The Coming of the Greeks: Indo-European Conquests in the Aegean and the Near East*. Princeton, N.J.: Princeton University Press, 1988.

———. *The End of the Bronze Age: Changes in Warfare and the Catastrophe ca. 1200 B.C.* Princeton, N.J.: Princeton University Press, 1992.

Dreyer, Edward. *Zheng He: China and the Oceans in the Early Ming Dynasty, 1405–1433*. New York: Pearson Longman, 2006.

Duffy, Christopher. *Military Experience in the Age of Reason*. London: Routledge, 1987.

Dulic, T. "Tito's Slaughterhouse: A Critical Analysis of Rummel's Work on Democide." *Journal of Peace Research* 41 (2004), pp. 85–102.

Duncan-Jones, Richard. "Economic Change and the Transition to Late Antiquity." In Simon Swain and Mark Edwards, eds., *Approaching Late Antiquity: The Transition from Early to Late Empire*, pp. 20–52. Oxford: Oxford University Press, 2004.

Earle, Peter. *The Pirate Wars*. New York: St. Martin's, 2006.

Echevarria, Antulio. *Imagining Future War: The West's Technological Revolution and Visions of Wars to Come, 1880–1914*. Westport, Conn.: Praeger, 2007.

Eck, K., and L. Hultman. "Violence Against Civilians in War." *Journal of Peace Research* 44 (2007), pp. 233–46.

Eckhardt, William. *Civilizations, Empires, and Wars: A Quantitative History of War*. Jefferson, N.C.: McFarland, 1992.

Eckstein, Arthur. *Mediterranean Anarchy, Interstate War, and the Rise of Rome*. Berkeley: University of California Press, 2006.

Economy, Elizabeth. *The River Runs Black: The Environmental Challenge to China's*

    Future. Ithaca, N.Y.: Cornell University Press, 2004.

———. "The Great Leap Backward?" *Foreign Affairs* 86.5 (2007), www.foreignaffairs.com/articles/62827/elizabeth-c-economy/the-great-leap-backward.

Edmonds, James. *A Short History of World War I*. Oxford: Oxford University Press, 1951.

Eeckhout, Peter, and Geneviève Le Fort, eds. *Wars and Conflicts in Prehispanic Mesoamerica and the Andes*. Oxford: John and Erica Hedges, 2005.

Ehret, Christopher. *The Civilizations of Africa: A History to 1800*. Charlottesville: University Press of Virginia, 2002.

Eisner, Manuel. "Long-Term Historical Trends in Violent Crime." *Crime & Justice* 30 (2003), pp. 83–142.

Elias, Norbert. *The Civilizing Process*. Trans. Edmund Jephcott. First published in German, 1939. Oxford: Blackwell, 1982.

Ella, S. "The War of Tonga and Samoa and the Origin of the Name Malietoa." *Journal of the Polynesian Society* 8 (1899), pp. 231–34.

Elton, Hugh. "Military Forces." In Sabin et al. 2007, pp. 270–309.

Eltsov, Piotr Andreevich. *From Harappa to Hastinapura: A Study of the Earliest South Asian City and Civilization*. Leiden: Brill, 2008.

Erdosy, George. *Urbanisation in Early Historic India*. Oxford: British Archaeological Reports, 1988.

Eriksson, J., et al. "Rivers Influence the Population Genetic Structure of Bonobos (*Pan paniscus*)." *Molecular Ecology* 13 (2004), pp. 3425–35.

Evans, Richard. *The Third Reich in Power*. New York: Penguin, 2005.

———. *The Third Reich at War*. New York: Penguin, 2009.

Fagan, Brian. *The First North Americans: An Archaeological Journey*. London: Thames & Hudson, 2012.

Fagan, Garrett. " 'I Fell upon Him Like a Furious Arrow': Toward a Reconstruction of the Assyrian Tactical System." In Fagan and Trundle 2010, pp. 81–100.

Fagan, Garrett, and Matthew Trundle, eds. *New Perspectives on Ancient Warfare*. Leiden: Brill, 2010.

Farris, William Wayne. *Heavenly Warriors: The Evolution of Japan's Military, 500–1300*. Cambridge, Mass.: Harvard University Press, 1996.

Farrokh, Kaveh. *Sassanian Elite Cavalry, AD 224–642*. Oxford: Osprey, 2005.

———. *Shadows in the Desert: Ancient Persia at War*. Oxford: Osprey, 2009.

———. *Iran at War: 1500–1988*. Oxford: Osprey, 2011.

Faubion, James, et al., eds. *Fieldwork Is Not What It Used to Be: Learning Anthropology's Method in a Time of Transition*. Ithaca, N.Y.: Cornell University Press, 2009.

Fay, Peter Ward. *The Opium War, 1840–1842*. 2nd ed. Chapel Hill: University of North Carolina Press, 1997.

Feifer, Gregory. *The Great Gamble: The Soviet War in Afghanistan*. New York: HarperCollins, 2009.

Feldman, Noah. *Cool War: The Future of Global Competition*. New York: Random House, 2013.

Fenby, Jonathan. *Tiger Head, Snake Tails: China Today, How It Got There, and Where It Is Heading*. New York: Simon & Schuster, 2012.

Ferejohn, John, and Frances Rosenbluth, eds. *War and State Building in Medieval Japan*. Stanford, Calif.: Stanford University Press, 2010.

Ferguson, Brian. "Savage Encounter: Western Contact and the Yanomami War Complex." In Brian Ferguson and Neil Whitehead, eds., *War in the Tribal Zone: Expanding States and Indigenous Warfare*, pp. 199–227. Santa Fe, N.M.: School of American Research, 1992.

———. *Yanomami Warfare*. Santa Fe, N.M.: School of American Research, 1995.

———. "Born to Live: Challenging Killer Myths." In Robert Sussman and C. R. Cloninger, eds., *Origins of Altruism and Cooperation*, pp. 249–70. Amsterdam: Springer, 2011.

———. "Pinker's List: Exaggerating Prehistoric War Mortality." In Fry 2013, pp. 112–31.

Ferguson, Niall. *The Pity of War: Explaining World War I*. London: Allen Lane, 1998.

———. *The Cash Nexus: Money and Power in the Modern World, 1700–2000*. New York: Basic Books, 2001.

———. *Empire: The Rise and Demise of the British World Order and the Lessons for Global Power*. New York: Basic Books, 2003.

———. *Colossus: The Price of America's Empire*. New York: Penguin, 2004a.

———. "Prisoner Taking and Prisoner Killing in the Age of Total War: Towards a Political Economy of Military Defeat." *War in History* 11 (2004b), pp. 148–92.

———. *The War of the World: Twentieth-Century Conflict and the Descent of the West*. New York: Penguin, 2006.

———. *The Ascent of Money: A Financial History of the World*. New York: Penguin, 2008.

Ferguson, Niall, and Moritz Schularick. " 'Chimerica' and the Global Asset Market Boom." *International Finance* 10.3 (2007), pp. 215–39.

Ferguson, Niall, et al., eds. *The Shock of the Global: The 1970s in Perspective*. Cambridge, Mass: Harvard University Press, 2010.

Ferling, John. *Almost a Miracle: The American Victory in the War of Independence*.

New York: Oxford University Press, 2007.

Fernández-Armesto, Felipe. *Pathfinders: A Global History of Exploration*. New York: Norton, 2006.

———. *The World: A History*. 2nd ed. Upper Saddle River, N.J.: Prentice Hall, 2010.

Fieldhouse, Donald. "For Richer, for Poorer." In P. J. Marshall, ed., *The Cambridge Illustrated History of the British Empire*, pp. 108–46. Cambridge, U.K.: Cambridge University Press, 1996.

Figes, Orlando. *A People's Tragedy: The Russian Revolution, 1891–1924*. London: Pimlico, 1997.

———. *The Crimean War: A History*. New York: Metropolitan Books, 2010.

Findlay, Ronald, and Kevin O'Rourke. *Power and Plenty: Trade, War, and the World Economy in the Second Millennium*. Princeton, N.J.: Princeton University Press, 2007.

Finlayson, Clive. *The Humans Who Went Extinct: Why Neanderthals Died Out and We Survived*. Oxford: Oxford University Press, 2010.

Fisch, Jörg. *Cheap Lives and Dear Limbs: The British Transformation of the Bengali Criminal Law, 1769–1817*. Wiesbaden: Franz Steiner, 1983.

Fischer, Fritz. *Germany's Aims in the First World War*. First published in German, 1961. New York: Norton, 1967.

———. *World Power or Decline? The Controversy over Germany's Aims in the First World War*. Trans. Lancelot Farrar et al. New York: Norton, 1974.

Fish, Jennifer, and C. A. Lockwood. "Dietary Constraints on Encephalization in Primates." *American Journal of Physical Anthropology* 120 (2003), pp. 171–81.

Floor, Willem. *The Economy of Safavid Persia*. Wiesbaden: Reichert, 2000.

Foley, Robert, and M. Mirazón Lahr. "The Evolution of the Diversity of Cultures." *Philosophical Transactions of the Royal Society B* 366 (2011), pp. 1080–89.

Foreman, Amanda. *A World on Fire: Britain's Crucial Role in the American Civil War*. New York: Random House, 2010.

Förster, Stig, and Jorg Nagler, eds. *On the Road to Total War: The American Civil War and the German Wars of Unification, 1861–1871*. Cambridge, U.K.: Cambridge University Press, 1999.

Fossey, Dian. *Gorillas in the Mist*. Boston: Houghton Mifflin, 1983.

Fowler, Andrew, and Gottfried Hohmann. "Cannibalism in Wild Bonobos (*Pan paniscus*) at Lui Kotale." *American Journal of Primatology* 72 (2010), pp. 509–14.

Frank, Andre Gunder. *ReOrient: Global Economy in the Asian Age*. Berkeley: University of California Press, 1998.

Freedman, Lawrence. *The Evolution of Nuclear Strategy*. 3rd ed. London: Palgrave,

2003.

Freeman, Derek. *Margaret Mead and Samoa: The Making and Unmaking of an Anthropological Myth*. Cambridge, Mass.: Harvard University Press, 1983.

——. "Fa'apua'a Fa'amu and Margaret Mead." *American Anthropologist* 91 (1989), pp. 1017–22.

——. *The Fateful Hoaxing of Margaret Mead: A Historical Analysis of Her Samoan Research*. Boulder, Colo.: Westview Press, 1999.

Friday, Karl. *Samurai, Warfare, and the State in Early Medieval Japan*. London: Routledge, 2003.

Friedman, George. *The Next 100 Years: A Forecast for the 21st Century*. New York: Doubleday, 2009.

Friedman, Norman. *The Fifty Year War: Conflict and Strategy in the Cold War*. Annapolis, Md.: Naval Institute Press, 2000.

Friend, Tad. "Home Economics." *New Yorker*, February 4, 2013, pp. 26–33.

Fruth, Barbara, and Gottfried Hohmann. "Social Grease for Females? Same-Sex Genital Contacts in Wild Bonobos." In Volker Sommer and Paul Vasey, eds., *Homosexual Behaviour in Animals*, pp. 294–314. Cambridge, U.K.: Cambridge University Press, 2006.

Fry, Douglas, ed. *War, Peace, and Human Nature: The Convergence of Evolutionary and Cultural Views*. Oxford: Oxford University Press, 2013.

Fukuyama, Francis. *The Origins of Political Order: From Prehuman Times to the French Revolution*. New York: Farrar, Straus and Giroux, 2011.

Fuller, Howard. *Clad in Iron: The American Civil War and British Naval Power*. Westport, Conn.: Praeger, 2008.

Fuller, J. F. C. *Memoirs of an Unconventional Soldier*. London: Nicholson & Watson, 1936.

Fursenko, Aleksandr, and Timothy Naftali. *One Hell of a Gamble: Khrushchev, Castro, and Kennedy, 1958–1964: The Secret History of the Cuban Missile Crisis*. New York: Norton, 1998.

——. *Khrushchev's Cold War: The Inside Story of an American Adversary*. New York: Norton, 2006.

Furuichi, Takeshi. "Factors Underlying Party Size Differences Between Chimpanzees and Bonobos." *Primates* 50 (2009), pp. 197–209.

——. "Female Contributions to the Peaceful Nature of Bonobo Society." *Evolutionary Anthropology* 20 (2011), pp. 131–42.

Furuichi, Takeshi, and Jo Thompson, eds. *The Bonobos: Behavior, Ecology, and*

Conservation. Amsterdam: Springer, 2008.

Futrell, Alison. *The Roman Games*. Oxford: Blackwell, 2006.

Fyfe, H. Hamilton. *Northcliffe, an Intimate Biography*. London: Allen and Unwin, 1930.

Gaddis, John Lewis. *We Now Know: Rethinking Cold War History*. Oxford: Oxford University Press, 1997.

———. *The Cold War: A New History*. New York: Penguin, 2005a.

———. *Strategies of Containment: A Critical Appraisal of American National Security Policy During the Cold War*. New York: Oxford University Press, 2005b.

Gaidar, Yegor. *Collapse of an Empire: Lessons for Modern Russia*. Trans. Antonina Bouis. Washington, D.C.: Brookings Institution Press, 2007.

Ganshof, François Louis. *Feudalism*. Trans. Philip Grierson. First published in French, 1947. London: Longmans, Green, 1952.

Ganzel, Klaus Jürgen, and Torsten Schwinghammer. *Warfare Since the Second World War*. Trans. P. G. Bach. London: Transaction Books, 2000.

Gardiner, Robert, and Richard Unger, eds. *Cogs, Caravels, and Galleons: The Sailing Ship, 1000–1650*. London: Chartwell Books, 2000.

Garstang, John. *Prehistoric Mersin: Yümük Tepe in Southern Turkey*. Oxford: Oxford University Press, 1953.

Garthoff, Raymond. *Soviet Strategy in the Nuclear Age*. New York: Praeger, 1958.

Gat, Azar. *British Armour Theory and the Rise of the Panzer Arm: Revising the Revisionists*. London: Macmillan, 2000.

———. *War in Human Civilization*. Oxford: Oxford University Press, 2006.

Gerlach, Christian. *Extremely Violent Societies: Mass Violence in the Twentieth-Century World*. Cambridge, U.K.: Cambridge University Press, 2010.

Ghiglieri, Michael. *The Dark Side of Man: Tracing the Origins of Male Violence*. New York: Basic Books, 1999.

Gilboy, George, and Eric Heginbotham. *Chinese and Indian Strategic Behavior: Growing Power and Alarm*. Cambridge, U.K.: Cambridge University Press, 2012.

Gilley, Bruce, and Andrew Nathan. *China's New Rulers: The Secret Files*. 2nd ed. New York: New York Review Books, 2003.

Gillingham, John. *European Integration, 1950–2003: Superstate or New Market Economy?* Cambridge, U.K.: Cambridge University Press, 2003.

Gilmour, David. *The Long Recessional: The Imperial Life of Rudyard Kipling*. New York: Farrar, Straus and Giroux, 2002.

Gleason, Maud. *Making Men: Sophists and Self-Presentation in Ancient Rome*. Princeton, N.J.: Princeton University Press, 1995.

Gleditsch, Nils Petter, et al. "Armed Conflict, 1946–2001: A New Dataset." *Journal of Peace Research* 39 (2002), pp.615–37.

Golden, Peter. *Central Asia in World History*. Oxford: Oxford University Press, 2011.

Goldhagen, Jonah. *Worse Than War: Genocide, Eliminationism, and the Ongoing Assault on Humanity*. New York: PublicAffairs, 2009.

Golding, William. *Lord of the Flies*. London: Faber and Faber, 1954.

Goldman, Marshall. *Petrostate: Putin, Power, and the New Russia*. New York: Oxford University Press, 2008.

Goldman, Stuart. *Nomonhan, 1939: The Red Army's Victory That Shaped World War II*. Annapolis, Md.: Naval Institute Press, 2012.

Goldstein, Joshua. *Winning the War on War: The Surprising Decline in Armed Conflict Worldwide*. New York: Norton, 2011.

Goldsworthy, Adrian. *The Roman Army at War, 200 BC–AD 100*. Oxford: Oxford University Press,1996.

———. *The Fall of Carthage: The Punic Wars, 265–146 BC*. London: Cassell, 2000.

———. *The Complete Roman Army*. London: Thames & Hudson, 2003.

———. *Caesar: Life of a Colossus*. New Haven, Conn.: Yale University Press, 2007.

Goodall, Jane. *The Chimpanzees of Gombe: Patterns of Behavior*. Cambridge, Mass.: Harvard University Press, 1986.

———. "Unusual Violence in the Overthrow of an Alpha Male Chimpanzee at Gombe." In Toshisada Nishida et al., eds., *Topics in Primatology*. Vol. 1, *Human Origins*, pp. 131–42. Tokyo: University of Tokyo Press, 1991.

Gorbachev, Mikhail. *Memoirs*. New York: Doubleday, 1995.

Gordon, D. H. "Swords, Rapiers, and Horse-Riders." *Antiquity* 27 (1953), pp. 67–78.

Gordon, Deborah. *Ants at Work: How an Insect Society Is Organized*. New York: Norton, 2000.

———. *Ant Encounters: Interaction Networks and Colony Behavior*. Princeton, N.J.: Princeton University Press, 2010.

Gordon, Matthew. *The Breaking of a Thousand Swords: A History of the Turkish Military of Samarra (AH 200–275/819–889 CE)*. Albany: State University of New York Press, 2001.

Gordon, Stewart. *The Marathas, 1600–1818*. Cambridge, U.K.: Cambridge University Press, 1993.

Gostner, Paul, et al. "New Radiological Insights into the Life and Death of the Tyrolean

Ice Man." *Journal of Archaeological Science* 38 (2011), pp. 3425–31.

Gott, Richard. *Britain's Empire: Resistance, Repression and Revolt*. London: Verso, 2011.

Gotwald, William. *Army Ants: The Biology of Social Predation*. Ithaca, N.Y.: Cornell University Press, 1995.

Grachev, Andrei. *Gorbachev's Gamble: Soviet Foreign Policy and the End of the Cold War*. Cambridge, U.K.: Polity, 2008.

Graff, David. *Medieval Chinese Warfare, 300–900*. London: Routledge, 2002a.

——. "Strategy and Contingency in the Tang Defeat of the Eastern Turks, 629–630." In Di Cosmo 2002, pp. 33–71.

Gray, Colin. *Modern Strategy*. New York: Oxford University Press, 1999.

——. *Another Bloody Century: Future Warfare*. London: Weidenfeld and Nicolson, 2005.

Green, Richard, et al. "A Draft Sequence of the Neandertal Genome." *Science* 328 (2010), pp. 710–22.

Greenberg, Karen, ed. *The Torture Debate in America*. Cambridge, U.K.: Cambridge University Press, 2005.

Greene, Joshua, and Jonathan Haidt. "How (and Where) Does Moral Judgment Work?" *Trends in Cognitive Sciences* 6 (2002), pp. 517–23.

Griffith, Paddy. *Battle Tactics of the Western Front: The British Army's Art of Attack*. New Haven, Conn.: Yale University Press, 1996.

Grossman, Dave. *On Killing: The Psychological Cost of Learning to Kill in War and Society*. Rev. ed. Boston: Back Bay Books, 2009.

Gruen, Erich. *The Hellenistic World and the Coming of Rome*. 2 vols. Berkeley: University of California Press, 1984.

Guderian, Heinz. *Achtung—Panzer!* Trans. Christopher Duffy. First published in German, 1937. London: Cassell, 1992.

Gudmundsson, Bruce. *Stormtroop Tactics: Innovation in the German Army, 1914–1918*. Westport, Conn.: Praeger, 1995.

Guliaev, V. I. "Amazons in the Scythia: New Finds at the Middle Don, Southern Russia." *World Archaeology* 35 (2003), pp. 112–25.

Gurwood, John, ed. *The Dispatches of Field Marshal the Duke of Wellington During his Various Campaigns in India, Denmark, Portugal, Spain, the Low Countries, and France, from 1799 to 1818*. Vol. 2. London: John Murray, 1834.

Hackett, John, et al. *The Third World War, August 1985: A Future History*. London: Sidgwick & Jackson, 1978.

Hackney, Sheldon. "Southern Violence." *American Historical Review* 74 (1969), pp. 906–25.

Haile-Selassie, Yohannes, et al. "A New Hominin Foot from Ethiopia Shows Multiple Pliocene Bipedal Adaptations." *Nature* 483 (2012), pp. 565–69.

Hainsworth, Roger, and Christine Churches. *The Anglo-Dutch Naval Wars, 1652–1674*. Stroud, U.K.: Sutton, 1998.

Haldon, John. *Byzantium in the Seventh Century*. Cambridge, U.K.: Cambridge University Press, 1997.

Hall, Bert. *Weapons and Warfare in Renaissance Europe: Gunpowder, Technology, and Tactics*. Baltimore: Johns Hopkins University Press, 1997.

Halpern, Paul. *A Naval History of World War I*. London: Routledge, 1994.

Halsall, Guy, ed. *Violence and Society in the Early Medieval West*. Woodbridge, U.K.: Boydell Press, 1998.

———. *Warfare and Society in the Barbarian West, 450–900*. London: Routledge, 2003.

Hämäläinen, Pekka. *The Comanche Empire*. New Haven, Conn.: Yale University Press, 2008.

Hamblin, William. *Warfare in the Ancient Near East to 1600 BC*. London: Routledge, 2006.

Hamilton, Charles. "The Hellenistic World." In Raaflaub and Rosenstein 1999, pp. 163–91.

Hamilton, Richard, and Holger Herwig, eds. *The Origins of World War I*. Cambridge, U.K.: Cambridge University Press, 2003.

Hammes, Thomas. *The Sling and the Stone: On War in the 21st Century*. Minneapolis: Zenith Press, 2006.

Handel, Michael. *Masters of War: Classical Strategic Thought*. 3rd ed. London: Routledge, 2000.

Hansen, James, et al. "Global Temperature Update Through 2012," January 15, 2013. www.nasa.gov/pdf/719139main_2012_GISTEMP_summary.pdf.

Hanson, Victor Davis. *The Western Way of War: Infantry Battle in Ancient Greece*. New York: Oxford University Press, 1989.

———. *Carnage and Culture: Landmark Battles in the Rise of Western Power*. New York: Anchor, 2001.

Hanson, William S. *Agricola and the Conquest of the North*. London: Batsford, 1987.

Harcourt, Alexander, and Kelly Stewart. *Gorilla Society: Conflict, Compromise, and Cooperation Between the Sexes*. Chicago: University of Chicago Press, 2007.

Harding, Anthony. *European Societies in the Bronze Age*. Cambridge, U.K.: Cambridge University Press, 2000.

Harff, B. "No Lessons Learned from the Holocaust? Assessing the Risks of Genocide and Political Mass Murder Since 1955." *American Political Science Review* 97 (2003), pp.57–73.

——. "Assessing Risks of Genocide and Politicide." In M. Marshall and Ted Gurr, eds., *Peace and Conflict 2005*. College Park, Md.: Center for International Development and Conflict Management, 2005.

Harmatta, Janos, ed. *History of Civilizations of Central Asia*. Vol. 2, *The Development of Sedentary and Nomadic Civilizations, 700 BC to 250 AD*. Paris: UNESCO, 1994.

Harper, John Lamberton. *American Visions of Europe: Franklin Delano Roosevelt, George F. Kennan, and Dean Acheson*. Cambridge, U.K.: Cambridge University Press, 1996.

Harries, Jill. *Law and Crime in the Roman World*. Cambridge, U.K.: Cambridge University Press, 2007.

Harris, Paul, and Sanders Marble. "The 'Step-by-Step' Approach: British Military Thought and Operational Method on the Western Front, 1915–1917." *War in History* 15 (2008), pp.17–42.

Harris, Robert. *Fatherland*. New York: Book Club Associates, 1992.

Harris, William. *War and Imperialism in Republican Rome, 327–70 BC*. Oxford: Clarendon Press, 1979.

——. *Restraining Rage: The Ideology of Anger Control in Classical Antiquity*. Cambridge, Mass.: Harvard University Press, 2004.

Harris, William, and Kristine Iara, eds. *Maritime Technology in the Ancient Economy*. Portsmouth, R.I.: Journal of Roman Archaeology, 2011.

Harrison, Mark. *The Economics of World War II: Six Great Powers in International Comparison*. Cambridge, U.K.: Cambridge University Press, 1998.

Hart, Peter. *1918: A Very British Victory*. London: Weidenfeld and Nicolson, 2008.

Hassig, Ross. *Aztec Warfare: Imperial Expansion and Political Control*. Norman: University of Oklahoma Press, 1988.

——. *War and Society in Ancient Mesoamerica*. Berkeley: University of California Press, 1992.

——. *Time, History, and Belief in Aztec and Colonial Mexico*. Austin: University of Texas Press, 2001.

Hastings, Max. *The Korean War*. New York: Simon & Schuster, 1987.

——. *Inferno: The World at War, 1939–1945*. New York: Knopf, 2011.

Hathaway, Jane. *The Arab Lands Under Ottoman Rule, 1516–1800*. London: Longmans, 2008.

Hawke, Allan, and Ric Smith. *Australian Defence Force Posture Review 2012*. Canberra: Australian Government, 2012.

Haynes, Gary, ed. *American Megafaunal Extinctions at the End of the Pleistocene*. Amsterdam: Springer, 2009.

Headrick, Daniel. *Power over Peoples: Technology, Environments, and Western Imperialism, 1400 to the Present*. Princeton, N.J.: Princeton University Press, 2010.

Heather, Peter. *The Goths*. Oxford: Blackwell, 1996.

——. *The Fall of the Roman Empire: A New History of Rome and the Barbarians*. New York: Oxford University Press, 2006.

Hegre, Håvard, et al. "Predicting Armed Conflict, 2010–2050." *International Studies Quarterly* 55 (2013). http://folk.uio.no/hahegre/Papers/PredictionISQ_Final.pdf.

Hemingway, Ernest. *A Farewell to Arms*. New York: Scribner's, 1929.

Henrich, Joseph, et al. "The Weirdest People in the World?" *Behavioral and Brain Sciences* 33 (2010), pp. 61–135.

Herlihy, David, ed. *The History of Feudalism*. Atlantic Highlands, N.J.: Humanities Press, 1970.

Herman, Arthur. *To Rule the Waves: How the British Navy Shaped the Modern World*. New York: Harper, 2004.

——. *Freedom's Forge: How American Business Produced Victory in World War II*. New York: Random House, 2012.

Herring, George. *From Colony to Superpower: American Foreign Relations Since 1776*. Oxford: Oxford University Press, 2011.

Herwig, Holger. "The Battlefleet Revolution, 1885–1914." In MacGregor Knox and Williamson Murray, eds., *The Dynamics of Military Revolution, 1300–2050*, pp. 114–30. Cambridge, U.K.: Cambridge University Press, 2001.

——. *The Marne, 1914: The Opening of World War I and the Battle That Changed the World*. New York: Random House, 2009.

Heuser, Beatrice. *NATO, Britain, France, and the FRG: Nuclear Strategies and Forces for Europe, 1949–2000*. Basingstoke, U.K.: Macmillan, 1997.

——. "Victory in a Nuclear War? A Comparison of NATO and WTO War Aims and Strategies." *Contemporary European History* 7 (1998), pp. 311–27.

Hewitt, J., et al., eds. *Peace and Conflict 2008*. Boulder, Colo.: Paradigm, 2008.

Hickman, Tom. *God's Doodle: The Life and Times of the Penis*. London: Square Peg, 2012.

Hildinger, Erik. *Warriors of the Steppe: A Military History of Central Asia, 500 B.C. to A.D. 1700.* New York: Da Capo, 2001.

Hill, Kim, et al. "Mortality Rates Among Wild Chimpanzees." *Journal of Human Evolution* 40 (2001), pp. 437–50.

Hingley, Richard. *Roman Officers and English Gentlemen: The Imperial Origins of Roman Archaeology.* London: Routledge, 2000.

———.*Globalizing Roman Culture: Unity, Diversity, and Empire.* London: Routledge, 2005.

Hobsbawm, Eric. *The Age of Revolution, 1789–1848.* New York: New American Library, 1962.

———. *The Age of Capital, 1848–1875.* New York: New American Library, 1975.

———. *The Age of Empire, 1875–1914.* New York: Vintage, 1987.

———. *The Age of Extremes: A History of the World, 1914–1991.* New York: Random House, 1994.

Hochshild, Adam. *King Leopold's Ghost.* New York: Mariner, 1998.

Hoffenaar, Jan, et al., eds. *Blueprints for Battle: Planning for War in Central Europe, 1948–1968.* Lexington: University Press of Kentucky, 2012.

Hoffman, David. *The Dead Hand: The Untold Story of the Cold War Arms Race and Its Dangerous Legacy.* New York: Random House, 2009.

Hoffman, Philip. "Prices, the Military Revolution, and Western Europe's Comparative Advantage in Violence." *Economic History Review* 64, Supplement 1 (2011), pp. 39–59.

Hofstadter, Richard. *I Am a Strange Loop.* New York: Basic Books, 2007.

Hohmann, Gottfried, and Barbara Fruth. "Use and Function of Genital Contacts Among Female Bonobos." *Animal Behaviour* 60 (2000), pp. 107–20.

———. "Culture in Bonobos? Between-Species and Within-Species Variation in Behavior." *Current Anthropology* 44 (2003), pp. 563–71.

———. "Intra- and Inter-sexual Aggression by Bonobos in the Context of Mating." *Behaviour* 140 (2011), pp. 1389–413.

Hohmann, Gottfried, et al. "Plant Foods Consumed by *Pan*: Exploring the Variation of Nutritional Ecology Across Africa." *American Journal of Physical Anthropology* 141 (2010), pp. 476–85.

Hölldobler, Bert, and Edward O. Wilson. *The Ants.* Cambridge, Mass.: Harvard University Press, 1990.

———. *Superorganism: The Beauty, Elegance, and Strangeness of Insect Societies.* New York: Norton, 2008.

———. *The Leafcutter Ants: Civilization by Instinct*. New York: Norton, 2010.

Holloway, David. *Stalin and the Bomb: The Soviet Union and Atomic Energy, 1939–1956*. New Haven, Conn.: Yale University Press, 1994.

Holman, Brett. "World Police for World Peace: British Internationalism and the Threat of a Knock-Out Blow from the Air, 1919–1945." *War in History* 17 (2010), pp. 313–32.

Hopkirk, Peter. *The Great Game: The Struggle for Empire in Central Asia*. London: John Murray, 1990.

Horgan, John. *The End of War*. San Francisco: McSweeney's, 2012.

Horn, James, et al. *Jane: Starvation, Cannibalism, and Endurance at Jamestown*. Jamestown, Va.: Jamestown Rediscovery Project, 2013.

Howard, Michael. "Men Against Fire: The Doctrine of the Offensive in 1914." In Peter Paret, ed., *The Makers of Modern Strategy*, pp. 510–26. Princeton, N.J.: Princeton University Press, 1985.

———. *War in European History*. Rev. ed. Oxford: Oxford University Press, 2009.

Howard, Michael, and Peter Paret, eds. *Carl von Clausewitz, On War*. Princeton, N.J.: Princeton University Press, 1976.

Howard-Johnston, James. *Witnesses to a World Crisis: Historians and Histories of the Middle East in the Seventh Century*. New York: Oxford University Press, 2010.

Howarth, David. *1066: The Year of the Conquest*. Harmondsworth, U.K.: Penguin, 1981.

Hsieh, Mei-yu. "Viewing the Han Empire from the Edge." PhD diss., Stanford University, 2011.

Hsu, Cho-yun. *Ancient China in Transition: An Analysis of Social Mobility, 722–222 B.C.* Stanford, Calif.: Stanford University Press, 1965.

———. *Han Agriculture: The Formation of Early Chinese Agrarian Economy (206 BC– AD 220)*. Seattle: University of Washington Press, 1980.

Huang, Ray. *1587, a Year of No Significance: The Ming Dynasty in Decline*. New Haven, Conn.: Yale University Press, 1981.

Hughes, Daniel, ed. *Moltke on the Art of War: Selected Writings*. New York: Ballantine, 1995.

Huizinga, Jan. *The Waning of the Middle Ages*. Harmondsworth, U.K.: Penguin, 1955.

Hull, Isabel. *Absolute Destruction: Military Culture and the Practices of War in Imperial Germany*. Ithaca, N.Y.: Cornell University Press, 2005.

Hulsewé, A. F. P. *Remnants of Han Law*. Vol. 1. Leiden: E. J. Brill, 1955.

———. *Remnants of Ch'in Law*. Leiden: E. J. Brill, 1985.

Human Security Centre. *Human Security Report 2005*. New York: Oxford University Press, 2005.

——. *Human Security Brief 2006*. Vancouver, B.C.: Human Security Centre, 2006.
Human Security Report Project. *Human Security Brief 2007*. Vancouver, B.C.: Human Security Report Project, 2007.
——. *Miniatlas of Human Security*. Washington, D.C.: World Bank, 2008.
——. *Human Security Report Project 2009*. New York: Oxford University Press, 2009.
——. *Human Security Report 2009/10*. New York: Oxford University Press, 2011.
Idani, Gen'ichi. "Cases of Inter-unit Group Encounters in Pygmy Chimpanzees at Wamba, Zaire." In Akiyoshi Ehara et al., *Primatology Today*, pp. 235–38. Amsterdam: Elsevier, 1991.
Ikegumi, Eiko. *The Taming of the Samurai*. Cambridge, Mass.: Harvard University Press, 1997.
Ikenberry, John. *Liberal Leviathan: The Origins, Crisis, and Transformation of the American World Order*. Princeton, N.J.: Princeton University Press, 2011.
Ikram, S. M. *Muslim Civilization in India*. Ed. Ainslee Embree. New York: Columbia University Press, 1964.
Imber, Colin. *The Ottoman Empire, 1300–1650: The Structure of Power*. London: Palgrave, 2002.
Inalcik, Halil. "Capital Formation in the Ottoman Empire." *Journal of Economic History* 29 (1969), pp. 97–140.
Inalcik, Halil, and Donald Quataert, eds. *An Economic and Social History of the Ottoman Empire, 1300–1914*. Cambridge, U.K.: Cambridge University Press, 1994.
Inikori, Joseph, and Stanley Engermann, eds. *The Atlantic Slave Trade: Effects on Economies, Societies, and Peoples in Africa, the Americas, and Europe*. Durham, N.C.: Duke University Press, 1992.
Jacobsen, Thorkild. *The Treasures of Darkness: A History of Mesopotamian Religion*. New Haven, Conn.: Yale University Press, 1976.
James, Harold. *The Creation and Destruction of Value: The Globalization Cycle*. Cambridge, Mass.: Harvard University Press, 2009.
——. *Making the European Monetary Union*. Cambridge, Mass.: Harvard University Press, 2012.
James, Lawrence. *Raj: The Making and Unmaking of British India*. New York: St. Martin's Griffin, 1997.
Janko, Marek, et al. "Preservation of 5300 Year Old Red Blood Cells in the Iceman." *Journal of the Royal Society Interface* (2012). doi:10.1098/rsif.2012.0174. http://rsif.royalsocietypublishing.org/content/early/2012/04/26/rsif.2012.0174.full.
Jarausch, Konrad. *The Enigmatic Chancellor: Bethmann Hollweg and the Hubris of*

Imperial Germany. New Haven, Conn.: Yale University Press, 1983.

Jelavich, Barbara. *History of the Balkans*. Vol. 2. Cambridge, U.K.: Cambridge University Press, 1983.

Jenner, W. J. F. *Memories of Loyang: Yang Hsüan-chih and the Lost Capital (493–534)*. Oxford: Clarendon Press, 1981.

Jervis, Robert. *The Meaning of the Nuclear Revolution: Statecraft and the Prospect of Armageddon*. Ithaca, N.Y.: Cornell University Press, 1989.

Jiang Qing. *A Confucian Constitutional Order: How China's Ancient Past Can Shape Its Political Future*. Trans. Edmund Ryden. Princeton, N.J.: Princeton University Press, 2013.

Joint Chiefs of Staff. *Decade of War*. Vol. 1, *Enduring Lessons from the Past Decade of Operations*. Suffolk, Va.: Joint and Coalition Operational Analysis, 2012. http://blogs.defensenews.com/saxotech-access/pdfs/decade-of-war-lessons-learned.pdf.

Joint Forces Command. "Unmanned Effects (UFX): Taking the Human Out of the Loop." Rapid Assessments Process (RAP) Report 03-10, 2003. www.hsdl.org/?view&did=705224.

Jonas, Raymond. *The Battle of Adwa: African Victory in the Age of Empire*. Cambridge, Mass.: Harvard University Press, 2011.

Jordana, Xavier, et al. "The Warriors of the Steppes: Osteological Evidence of Warfare and Violence from Pazyryk Tumuli in the Mongolian Altai." *Journal of Archaeological Science* 36 (2009), pp. 1319–27.

Jorgenson, J. *Western Indians*. San Francisco: Freeman, 1980.

Judd, Denis. *The Lion and the Tiger: The Rise and Fall of the British Raj, 1600–1947*. New York: Oxford University Press, 2010.

Jünger, Ernst. *Storm of Steel*. Trans. Michael Hofmann. First published in 1920; this translation from the final (1961) edition. London: Allen Lane, 2003.

Kagan, Donald, and Gregory Viggiano, eds. *Men of Bronze: Hoplite Warfare in Ancient Greece*. Princeton, N.J.: Princeton University Press, 2013.

Kagan, Robert. *Of Paradise and Power: America and Europe in the New World Order*. New York: Knopf, 2003.

———. *The World America Made*. New York: Knopf, 2012.

Kamen, Stanley. *Empire: How Spain Became a World Power, 1492–1763*. New York: Harper, 2003.

Kano, Takayoshi. *The Last Ape: Pygmy Chimpanzee Behavior and Ecology*. Stanford, Calif.: Stanford University Press, 1992.

Kanz, Fabian, and Karl Grossschmidt. "Head Injuries of Roman Gladiators." *Forensic*

Science International 160 (2006), pp. 207–16.

Kaplan, Fred. *The Insurgents: David Petraeus and the Plot to Change the American Way of War*. New York: Simon & Schuster, 2013.

Kaplan, Robert. *The Revenge of Geography: What the Map Tells Us About Coming Conflicts and the Struggle Against Fate*. New York: Random House, 2012.

Karnow, Stanley. *Vietnam: A History*. New York: Penguin, 1986.

Kaufman, Philip, and Tom Wolfe. *The Right Stuff: A Screenplay from Tom Wolfe's Book*. University Park, Pa.: Script City, 1980.

Keaney, Thomas, and Eliot Cohen. *Gulf War Air Power Survey: Summary Report*. Philadelphia: Diane, 1998.

Kearns, Gerard. *Geopolitics and Empire: The Legacy of Halford Mackinder*. New York: Oxford University Press, 2009.

Keegan, John. *The Face of Battle: A Study of Agincourt, Waterloo & the Somme*. New York: Viking Press, 1976.

———. *A History of Warfare*. New York: Vintage, 1993.

———. *The First World War*. New York: Vintage, 1998.

———. *The American Civil War*. New York: Vintage, 2009.

Keeley, Lawrence. *War Before Civilization: The Myth of the Peaceful Savage*. New York: Oxford University Press, 1996.

Keller, Andreas, et al. "New Insights into the Tyrolean Iceman's Origin and Phenotype as Inferred by Whole-Genome Sequencing." *Nature Communications* 3 (2012). doi:10.1038/ncomms1701.

Kemp, Barry. *The City of Akhenaten and Nefertiti: Amarna and Its People*. London: Thames & Hudson, 2012.

Kempe, Frederick. *Berlin 1961: Kennedy, Khrushchev, and the Most Dangerous Place on Earth*. New York: Putnam's, 2011.

Kennedy, Hugh. *The Armies of the Caliphs: Military and Society in the Early Islamic State*. London: Routledge, 2001.

———. *The Great Arab Conquests*. Philadelphia: Da Capo, 2007.

Kennedy, Paul. *The Rise and Fall of British Naval Mastery*. London: Allen Lane, 1976.

———. *The Rise of Anglo-German Antagonism, 1860–1914*. Boston: Allen Unwin, 1980.

———. *The Rise and Fall of the Great Powers*. New York: Vintage, 1987.

Kennedy, Ross. *The Will to Believe: Woodrow Wilson, World War I, and America's Strategy for Peace and Security*. Kent, Ohio: Kent State University Press, 2009.

Keppie, Lawrence. *The Making of the Roman Army: From Republic to Empire.* London: Routledge, 1984.

Kershaw, Ian. *Hitler, 1889–1936: Hubris.* New York: Norton, 2000.

Keynes, John Maynard. *A Tract on Monetary Reform.* London, 1923.

Khan, Iqtidar Alam. *Gunpowder and Firearms: Warfare in Medieval India.* New Delhi: Oxford University Press, 2004.

Khanna, Ayesha, and Parag Khanna. *Hybrid Reality: Thriving in the Emerging Human-Technology Civilization.* TED Books, 2012.

Kidder, Tristram, et al. "Sanyangzhuang: Early Farming and a Han Settlement Preserved Beneath Yellow River Flood Deposits." *Antiquity* 86 (2012), pp. 30–47.

Kinsella, David, et al. "No Rest for the Democratic Peace." *American Political Science Review* 99 (2005), pp. 453–72.

Kirch, Patrick. *The Evolution of Polynesian Chiefdoms.* Cambridge, U.K.: Cambridge University Press, 1984.

———. *How Chiefs Became Kings: Divine Kingship and the Rise of Archaic States in Ancient Hawai'i.* Berkeley: University of California Press, 2010.

Kirshner, Julius, and Karl Morrison, eds. *University of Chicago Readings in Western Civilization.* Vol. 4, *Medieval Europe.* Chicago: University of Chicago Press, 1986.

Kistler, John. *War Elephants.* Lincoln, Neb.: Bison Books, 2007.

Klein, Richard. *The Human Career: Human Biological and Cultural Origins.* 3rd ed. Chicago: University of Chicago Press, 2009.

Knauft, Bruce. *Good Company and Violence: Sorcery and Social Action in a Lowland New Guinea Society.* Berkeley: University of California Press, 1985.

Knox, MacGregor, and Williamson Murray, eds. *The Dynamics of Military Revolution, 1300–2050.* Cambridge, U.K.: Cambridge University Press, 2001.

Knüse, Christopher, and Martin Smith, eds. *The Routledge Handbook of the Bioarchaeology of Human Conflict.* London: Routledge, 2013.

Kolata, Alan. *The Tiwanaku.* Oxford: Blackwell, 1993.

Kolb, Michael, and B. Dixon. "Landscapes of War: Rules and Conventions of Conflict in Ancient Hawai'i (and Elsewhere)." *American Antiquity* 67 (2002), pp. 514–34.

Kolsky, Elizabeth. *Colonial Justice in British India: White Violence and the Rule of Law.* Cambridge, U.K.: Cambridge University Press, 2010.

Kramer, Alan. *Dynamic of Destruction: Culture and Mass Killing in the First World War.* Oxford: Oxford University Press, 2007.

Krämer, Augustin. *The Samoa Islands.* Vol. 2, *Material Culture.* First published in

German, 1902. Honolulu: University of Hawai'i Press, 1995.

Krentz, Peter. "Casualties in Hoplite Battles." *Classical Antiquity* 4 (1985), pp. 13–20.

Krepinevich, Andrew. *The Army and Vietnam*. Baltimore: Johns Hopkins University Press, 1986.

———. "Cavalry to Computer: The Pattern of Military Revolutions." *National Interest* 37 (1994), pp. 30–42.

———. *Why AirSea Battle?* Washington, D.C.: Center for Strategic and Budget Assessment, 2010. www.csbaonline.org/publications/2010/02/why-airsea-battle/.

Kristensen, Hans, and Robert Norris. "Chinese Nuclear Forces, 2011." *Bulletin of the Atomic Scientists* 67.6 (2011), pp. 61–87.

———. "Russian Nuclear Forces, 2012." *Bulletin of the Atomic Scientists* 68 (2012), pp. 87–97.

———. "US Nuclear Forces, 2013." *Bulletin of the Atomic Scientists* 69.2 (2013), pp. 77–86.

Kristiansen, Kristian. "The Tale of the Sword: Swords and Swordfighters in Bronze Age Europe." *Oxford Journal of Archaeology* 21 (2002), pp. 319–32.

Kristiansen, Kristian, and Thomas Larsson. *The Rise of Bronze Age Society: Travels, Transmissions, and Transformations*. Cambridge, U.K.: Cambridge University Press, 2005.

Krug, Etienne, et al. *World Report on Violence and Health*. Geneva: World Health Organization, 2002.

Kuhn, Dieter. *The Age of Confucian Rule: The Song Transformation of China*. Cambridge, Mass.: Harvard University Press, 2009.

Kuhrt, Amélie. *The Ancient Near East*. 2 vols. London: Routledge, 1995.

Kurzweil, Ray. *The Singularity Is Near: When Humans Transcend Biology*. New York: Viking, 2005.

———. *How to Create a Mind: The Secret of Human Thought Revealed*. New York: Viking, 2013.

Kynaston, David. *Austerity Britain, 1945–51*. London: Bloomsbury, 2007.

Lacina, Bethany. *Battle Deaths Dataset, 1946–2009: Codebook for Version 3.0*. Oslo: Center for the Study of Civil War and International Peace Research Institute, 2009.

Lacina, Bethany, and Nils Petter Gleditsch. "Monitoring Trends in Global Combat: A New Dataset in Battle Deaths." *European Journal of Population* 21 (2005), pp. 145–66.

Lacina, Bethany, et al. "The Declining Risk of Death in Battle." *International Studies Quarterly* 50 (2006), pp. 673–80.

Laitin, David, et al. "Geographic Axes and the Persistence of Cultural Diversity." *Proceedings of the National Academy of Sciences* 110 (2012). doi:10.1073/pnas. 1205

338109.

Landergraber, Kevin, et al. "Generation Times in Wild Chimpanzees and Gorillas Suggest Earlier Divergence Times in Great Ape and Human Evolution." *Proceedings of the National Academy of Sciences* 109 (2012), pp.15716–21.

Lazenby, J. F. *The Defence of Greece, 480–479 BC*. Warminster, U.K.: Aris & Phillips, 1993.

Lazuén, Talía. "European Neanderthal Stone Hunting Weapons Reveal Complex Behavior Long Before the Appearance of Modern Humans." *Journal of Archaeological Science* 39 (2012), pp. 2304–11.

Lebedynsky, Iaroslav. *Les Saces: Les "scythes" d'Asie, VIII siècle av. J.-C.–IV siècle apr. J.-C.* Paris: Errance, 2006.

LeBlanc, Steven. *Prehistoric Warfare in the American Southwest*. Salt Lake City: University of Utah Press, 1999.

LeBlanc, Steven, and Katherine Register. *Constant Battles: Why We Fight*. New York: St. Martin's Press, 2003.

Lee, Richard. *The !Kung San: Men, Women, and Work in a Foraging Society*. Cambridge, U.K.: Cambridge University Press, 1979.

Lee, Wayne, ed. *Warfare and Culture in World History*. New York: New York University Press, 2011.

Lee-Thorp, Julia, et al. "Isotopic Evidence for an Early Shift to C_4 Resources by Pliocene Hominins in Chad." *Proceedings of the National Academy of Sciences* 109 (2012). doi:10.1073/pnas.1204209109.

Leffler, Melvyn, and Odd Arne Westad, eds. *The Cambridge History of the Cold War*. 3 vols. Cambridge, U.K.: Cambridge University Press, 2010.

Lendon, John. "The Rhetoric of Combat: Greek Military Theory and Roman Culture in Julius Caesar's Battle Descriptions." *Classical Antiquity* 18 (1999), pp. 273–329.

Léon-Portilla, Miguel. *The Broken Spears: The Aztec Account of the Conquest of Mexico*. Rev. ed. Boston: Beacon Press, 2006.

Lerman, Katherine. *Bismarck*. London: Longmans, 2004.

Levi, Barbara, et al. "Civilian Casualties from 'Limited' Nuclear Attacks on the USSR." *International Security* 12.3 (1987/88), pp. 168–89.

Levi, Michael. *The Power Surge: Energy, Opportunity, and the Battle for America's Future*. New York: Oxford University Press, 2013.

Levy, Jack. *War in the Modern Great Power System, 1495–1975*. Lexington: University Press of Kentucky, 1983.

Levy, Jack, and William Thompson. *The Arc of War: Origins, Escalation, and Transformation*. Chicago: University of Chicago Press, 2011.

Lewis, Mark Edward. *Sanctioned Violence in Early China*. Albany: State University of New York Press, 1990.

———. "Warring States: Political History." In Michael Loewe and Edward Shaughnessy, eds., *The Cambridge History of Ancient China*, pp. 587–650. Cambridge, U.K.: Cambridge University Press, 1999.

———. "The Han Abolition of Universal Military Service." In Hans van de Ven, ed., *Warfare in Chinese History*. Leiden: E. J. Brill, 2000.

———. *The Early Chinese Empires: Qin and Han*. Cambridge, Mass.: Harvard University Press, 2007.

———. *China Between Empires: The Northern and Southern Dynasties*. Cambridge, Mass.: Harvard University Press, 2009a.

———. *China's Cosmopolitan Empire: The Tang Dynasty*. Cambridge, Mass.: Harvard University Press, 2009b.

Li, Bozhong. *Agricultural Development in Jiangnan, 1620–1850*. New York: St. Martin's Press, 1997.

Liddell Hart, Basil. *The Memoirs of Captain Liddell Hart*. 2 vols. London: Cassell, 1965.

———. *Strategy*. 2nd ed. London: Faber and Faber, 1967.

Lincoln, W. Bruce. *Red Victory: A History of the Russian Civil War, 1918–1921*. New York: Da Capo, 1999.

Lintott, Andrew. *Violence in Republican Rome*. London: Croom Helm, 1968.

Litvinsky, B. A. *History of Civilizations of Central Asia*. Vol. 3, *The Crossroads of Civilizations, AD 250 to 750*. Paris: UNESCO, 1996.

Liu, Xinru. *Ancient India and Ancient China: Trade and Religious Exchanges, AD 1–600*. Delhi: Oxford University Press, 1988.

———. "Migration and Settlement of the Yuezhi-Kushan." *Journal of World History* 12 (2001), pp. 261–92.

Liverani, Mario. "The Fall of the Assyrian Empire." In Susan Alcock et al., eds., *Empires*, pp. 374–91. Cambridge, U.K.: Cambridge University Press, 2001.

———. *Akkad, the First World Empire*. Padua: Sargon, 2003.

———. *Uruk: The First City*. London: Equinox, 2006.

Livi-Bacci, Massimo. *The Population of Europe: A History*. Trans. Cynthia De Nardi Ipsen and Carl Ipsen. Oxford: Blackwell, 2000.

Lloyd, Alan. "Philip II and Alexander the Great: The Moulding of Macedon's Army." In

Alan Lloyd, ed., *Battle in Antiquity*, pp. 161–98. London: Duckworth, 1996.

Lloyd, T. O. *The British Empire, 1558–1983.* Oxford: Oxford University Press, 1984.

Lloyd George, David. *War Memoirs of David Lloyd George, 1914–1918.* Vol. 1. Boston: Houghton Mifflin, 1933.

Loewe, Michael. *Crisis and Conflict in Han China, 104 BC to AD 9.* London: George Allen and Unwin, 1974.

———. "The Former Han Dynasty." In Twitchett and Loewe 1986, pp. 103–221.

———. *The Government of the Qin and Han Empires, 221 BCE–220 CE.* Indianapolis: Hackett, 2006.

Loewe, Michael, and Eva Wilson. *Everyday Life in Early Imperial China.* Indianapolis: Hackett, 2005.

Lomatuway'ma, M., et al., eds. *Hopi Ruin Legends.* Lincoln: University of Nebraska Press, 1993.

Lombard, Marlize. "Quartz-Tipped Arrows Older Than 60 ka: Further Use-Trace Evidence from Sibudu, Kwazulu-Natal, South Africa." *Journal of Archaeological Science* 58 (2011), pp. 1918–30.

Long, William, and Peter Brecke. *War and Reconciliation: Reason and Emotion in Conflict Resolution.* Cambridge, Mass.: MIT Press, 2003.

Lorge, Peter. *War, Politics, and Society in Early Modern China, 900–1795.* London: Routledge, 2005.

———. *The Asian Military Revolution: From Gunpowder to the Bomb.* Cambridge, U.K.: Cambridge University Press, 2008.

Lovejoy, Paul. *Transformations in Slavery: A History of Slavery in Africa.* 2nd ed. Cambridge, U.K.: Cambridge University Press, 2000.

Lowe, Keith. *Savage Continent: Europe in the Aftermath of World War II.* New York: St. Martin's Press, 2012.

Lu, Gwei-djen, et al. "The Oldest Representation of a Bombard." *Technology and Culture* 29 (1988), pp. 594–605.

Lupfer, Timothy. *The Dynamics of Doctrine: The Changes in German Tactical Doctrine During the First World War.* Leavenworth, Kans.: U.S. Army Command, 1981.

Lüthi, Lorenz. *The Sino-Soviet Split: Cold War in the Communist World.* Princeton, N.J.: Princeton University Press, 2008.

Luttwak, Edward. *The Grand Strategy of the Roman Empire.* Baltimore: Johns Hopkins University Press, 1976.

———. *Strategy: The Logic of War and Peace.* Rev. ed. Cambridge, Mass.: Belknap Press, 2001.

——. *The Grand Strategy of the Byzantine Empire*. Cambridge, Mass.: Belknap Press, 2009.

——. *The Rise of China vs. the Logic of Strategy*. Cambridge, Mass.: Belknap Press, 2012.

Lutz, Ralph Haswell, ed. *The Causes of the German Collapse in 1918*. London: Archon Books, 1969.

Lynn, John. *Battle: A History of Combat and Culture*. Boulder, Colo.: Westview Press, 2003.

Lyon, Rod, and Andrew Davies. *Assessing the Defence White Paper 2009*. Canberra:Australian Strategic Policy Institute Policy Analysis Paper 41, 2009. Available atwww.aspi.org.au/publications/publications_all.aspx.

Maas, Michael, ed. *The Cambridge Companion to the Age of Justinian*. Cambridge, U.K.: Cambridge University Press, 2005.

MacFarquhar, Roderick, and Michael Schoenhals. *Mao's Last Revolution*. Cambridge, Mass.: Harvard University Press, 2006.

Macintyre, Ben. *The Man Who Would Be King: The First American in Afghanistan*. New York: Farrar, Straus and Giroux, 2004.

Mackil, Emily. *Creating a Common Polity: Religion, Economics, and Politics in the Making of the Greek Koinon*. Berkeley: University of California Press, 2013.

Mackinder, Halford. "The Geographical Pivot of History." *Geographical Journal* 23 (1904), pp. 421–37.

MacLeod, Ken. *The Cassini Division*. New York: Orbit, 1998.

MacMullen, Ramsay. *Roman Social Relations, 50 B.C. to A.D. 284*. New Haven, Conn.: Yale University Press, 1974.

Maddison, Angus. *Statistics on World Population GDP and Per Capita GDP, 1–2008 AD* (2010). www.ggdc.net/maddison/Maddison.htm.

Magill, Clayton, et al. "Ecosystem Variability and Early Human Habitats in Eastern Africa." *Proceedings of the National Academy of Sciences* 110 (2012). doi:10.1073/pnas.1206276110.

Mahan, Alfred Thayer. *The Influence of Sea Power upon History, 1660–1783*. Boston: Little, Brown, 1890.

Mailer, Norman. *Armies of the Night: History as a Novel/The Novel as History*. New York: New American Library, 1968.

Mann, Charles. *1491: New Revelations of the Americas Before Columbus*. New York: Knopf, 2005.

——. *1493: Uncovering the New World Columbus Created*. New York: Knopf, 2011.

Mann, Michael. *The Sources of Social Power*. Vol. 1, *A History of Power from the*

Beginning to A.D. 1760. Cambridge, U.K.: Cambridge University Press,1986.

——. *The Sources of Social Power*. Vol. 3, *Global Empires and Revolution, 1890–1945*. Cambridge, U.K.: Cambridge University Press, 2012.

Marcus, George, and Michael Fischer. *Anthropology as Cultural Critique: An Experimental Moment in the Human Sciences*. Chicago: University of Chicago Press, 1988.

Margulis, Lynn, and Dorion Sagan. *Microcosmos: Four Billion Years of Microbial Evolution*. London: Allen & Unwin, 1987.

Marlantes, Karl. *What It Is Like to Go to War*. New York: Atlantic Monthly Press, 2011. Marr, Andrew. *A History of Modern Britain*. London: Macmillan, 2007.

Marshall, John. "Excavations at Bhita." *Annual Report of the Archaeological Survey of India* (1911–12), pp. 29–94.

——. *Taxila: An Illustrated Account of Archaeological Excavations*. 3 vols. Cambridge, U.K.: Cambridge University Press, 1951. Reprint, Varanasi: Bhartiya, 1975.

Marshall, P. J., ed. *The Writings and Speeches of Edmund Burke*. Vol.6, *India: The Launching of the Hastings Impeachment, 1786–88*. Oxford: Oxford University Press,1991.

——. "Britain and the World in the Eighteenth Century: I–III." *Transactions of the Royal Historical Society*, 6th ser.,8(1998), pp.1–18; 9(1999), pp.1–16; 10(2000), pp. 1–16.

Martinage, Robert, and Michael Vickers. *The Revolution in War*. Washington, D.C.: Center for Strategic and Budget Assessment, 2004. www.csbaonline.org/publications/2004/12/the-revolution-in-war/.

Martinez, Ignacio, et al. "On the Origin of Language: The Atapuerca Evidence." Paper delivered at the Eighty-First Annual Meeting of the American Association of Physical Anthropologists, Portland, Ore., April 12, 2012. www.physanth.org/annual-meeting/2012/aapa-meeting-program-2012.

Marx, Karl. *Pre-capitalist Economic Formations*. Trans. Jack Cohen. London: Lawrence & Wishart, 1964. Written in German, 1857–58, but not published.

Maslen, M. W., and Piers Mitchell. "Medical Theories on the Cause of Death in Crucifixion." *Journal of the Royal Society of Medicine* 99 (2006), pp. 185–88.

Massie, Robert. *Castles of Steel: Winning the Great War at Sea*. New York: Ballantine, 2003.

Mattingly, David. *An Imperial Possession: Britain in the Roman Empire*. London: Penguin, 2006.

——. *Imperialism, Power, and Identity: Experiencing the Roman Empire*. Princeton, N.J.: Princeton University Press,2011.

May, Ernest. *Strange Victory: Hitler's Conquest of France*. New York: Hill & Wang, 2001.

May, Timothy. *The Mongol Art of War: Chinggis Khan and the Mongol Military System.* London: Pen & Sword, 2007.

Maynard Smith, John. *Evolution and the Theory of Games.* Cambridge, U.K.: Cambridge University Press, 1982.

Mayor, Adrienne. *Amazons in Love and War.* Princeton, N.J.: Princeton University Press, 2014.

Mazower, Mark. *Hitler's Empire: How the Nazis Ruled Europe.* New York: Penguin, 2008.

———. *Governing the World: The Rise and Fall of an Idea, 1815 to the Present.* New York: Penguin, 2012.

McAlpin, Michelle. "Famine, Epidemics, and Population Growth: The Case of India." *Journal of Interdisciplinary History* 14 (1983), pp. 351–66.

McBrearty, Sally, and Nina Jablonski. "First Fossil Chimpanzee." *Nature* 437 (2005), pp.105–8.

McCall, Grant, and Nancy Shields. "Examining the Evidence from Small-Scale Societies and Early Prehistory and Implications for Modern Theories of Aggression and Violence." *Aggression and Violent Behavior* 13 (2008), pp. 1–9.

McClellan, Thomas. "Early Fortifications: The Missing Walls of Jericho." *Baghdader Mitteilungen* 18 (2006), pp. 593–610.

McCormick, Michael, et al. "Climate Change During and After the Roman Empire: Reconstructing the Past from Scientific and Historical Evidence." *Journal of Interdisciplinary History* 43 (2012), pp.169–220.

McGlynn, Sean. *By Sword and Fire: Cruelty and Atrocity in Medieval Warfare.* London: Cassell, 2010.

McGrew, William, et al., ed. *Great Ape Societies.* Cambridge, U.K.: Cambridge University Press, 1996.

McGuire, Martin, and Mancur Olson. "The Economics of Autocracy and Majority Rule: The Invisible Hand and the Use of Force." *Journal of Economic Literature* 34 (1996), pp.72–96.

McHenry, Henry, and Catherine Coffing. "*Australopithecus* to *Homo*: Transformations in Body and Mind." *Annual Review of Anthropology* 29 (2000), pp.129–46.

McKitterick, Rosamond. *Charlemagne: The Formation of European Identity.* Cambridge, U.K.: Cambridge University Press, 2008.

McLaughlin, Raoul. *Rome and the Distant East: Trade Routes to the Ancient Lands of Arabia, India, and China.* London: Continuum, 2010.

McMeekin, Sean. *The Russian Origins of the First World War.* Cambridge, Mass.:

Belknap Press, 2011.

McNeill, William. *Plagues and Peoples*. New York: Anchor, 1976.

——.*The Pursuit of Power: Technology, Armed Force, and Society Since AD1000*. Chicago: University of Chicago Press,1982.

——. *Arnold J. Toynbee: A Life*. New York: Oxford University Press, 1989.

McNitt, Frank. *Navajo Wars: Military Campaigns, Slave Raids, and Reprisals*. Albuquerque: University of New Mexico Press, 1990.

McPherson, James. *Battle Cry of Freedom: The Civil War Era*. New York: Oxford University Press, 1988.

Mead, Margaret. *Coming of Age in Samoa: A Psychological Study of Primitive Youth for Western Civilization*. New York: William Morrow, 1928.

——. "Warfare Is Only an Invention—Not a Biological Necessity." *Asia* 3 (1940), pp.402–5.

Melville, Sarah. "The Last Campaign: The Assyrian Way of War and the Collapse of the Empire." In Lee 2011, pp. 12–33.

Mercatante, Steven. *Why Germany Nearly Won: A New History of the Second World War in Europe*. Westport, Conn.: Praeger,2012.

Meyer, Matthias, et al. "A High-Coverage Genome Sequence from an Archaic Denisovan Individual." *Science* 338 (2012), pp. 222–26.

Middlekauff, Robert. *The Glorious Cause: The American Revolution, 1763–1789*. New York: Oxford University Press, 2007.

Milani, Abbas. *The Myth of the Great Satan: A New Look at America's Relations with Iran*. Stanford, Calif.: Hoover Institution Press, 2011.

Miles, Richard. *Carthage Must Be Destroyed*. New York: Penguin, 2011.

Millar, Fergus. *The Emperor in the Roman World*. London: Duckworth, 1977.

Miller, David. *The Cold War: A Military History*. London: Pimlico, 1998.

Misra, Amaresh. *War of Civilisations: India, A.D. 1857*. 2 vols. New Delhi: Rupa, 2008.

Mitani, John, et al. "Lethal Intergroup Aggression Leads to Territorial Expansion in Wild Chimpanzees." *Current Biology* 20.12 (2010), pp. R507–8.

Mithen, Steven. *After the Ice: Global Human History, 20,000–5000 BC*. Cambridge, Mass.: Harvard University Press, 2003.

——. *The Singing Neanderthals*. London: Weidenfeld and Nicolson, 2005.

Mitter, Rana. *China's War with Japan, 1937–1945: The Struggle for Survival*. London: Allen Lane, 2013.

Moggridge, Donald. *Maynard Keynes: An Economists' Biography*. London: Routledge, 1992.

Mohan, C. Raja. *Samudra Manthan: Sino-Indian Rivalry in the Indo-Pacific*. New York: Carnegie Foundation, 2012.

Montefiore, Simon Sebag. *Stalin: The Court of the Red Tsar*. New York: Knopf, 2004.

Montgomery, Bernard. "A Look Through a Window at World War III." *Journal of the Royal United Services Institute* 99 (1954), pp. 505–9.

Mookerjee, R. K. *Chandragupta Maurya and His Times*. Delhi: Motilal Banarsidass, 1966.

Moore, Gordon. "Cramming More Components onto Integrated Circuits." *Electronics* 38.8 (August 19, 1965), pp. 114–17. ftp://download.intel.com/research/silicon/moores paper.pdf.

Morgan, David. *Medieval Persia, 1040–1797*. London: Longman, 1988.

Morillo, Stephen. "Expecting Cowardice: Medieval Battle Tactics Reconsidered." *Journal of Medieval Military History* 4 (2006), pp. 65–73.

Morozov, Evgeny. *To Save Everything, Click Here: The Folly of Technological Solutionism*. New York: Public Affairs, 2013.

Morris, Desmond. *The Naked Ape: A Zoologist's Study of the Human Animal*. London: Corgi, 1967.

Morris, Ian. "The Greater Athenian State." In Ian Morris and Walter Scheidel, eds., *The Dynamics of Ancient Empires*, pp. 99–177. New York: Oxford University Press, 2009.

——.*Why the West Rules—for Now: The Patterns of History, and What They Reveal About the Future*. New York: Farrar, Straus and Giroux, 2010.

——. *The Measure of Civilization: How Social Development Decides the Fate of Nations*. Princeton, N.J.: Princeton University Press, 2013.

——. *Foragers, Farmers, and Fossil Fuels: How Values Evolve*. Princeton, N.J.: Princeton University Press, in press.

Morris, James [Jan]. *Farewell the Trumpets: An Imperial Retreat*. London: Faber and Faber, 1978.

Mostert, Noël. *The Line upon a Wind: The Great War at Sea, 1793–1815*. New York: Norton, 2008.

Muchembled, Robert. *A History of Violence: From the End of the Middle Ages to the Present*. Cambridge, Mass.: Polity, 2012.

Mueller, John. *The Remnants of War*. Ithaca, N.Y.: Cornell University Press, 2004.

Mukherjee, B. N. *Mathura and Its Society—the Saka-Pahlava Phase*. Calcutta: J. B. Enterprises, 1981.

——. *The Rise and Fall of the Kushana Empire*. Calcutta: J. B. Enterprises, 1988.

———. *The Character of the Maurya Empire*. Calcutta: J. B. Enterprises, 2000.

Muller, Martin, and Richard Wrangham, eds. *Sexual Coercion in Primates and Humans*. Cambridge, Mass.: Harvard University Press, 2009.

Muller, Richard. "Close Air Support: The German, British, and American Experiences, 1918–1941." In Murray and Millett 1996, pp. 144–90.

Mulligan, William. *The Origins of the First World War*. Cambridge, U.K.: Cambridge University Press, 2010.

Murphy, Eileen. *Iron Age Archaeology and Trauma from Aymyrlyg, South Siberia*. British Archaeological Reports International Series 1152. Oxford: Archaeopress, 2003.

Murphy, Melissa, et al. "Violence and Weapon-Related Trauma at Puruchuco-Huaquerones, Peru." *American Journal of Physical Anthropology* 142 (2010), pp. 636–49.

Murray, Sarah. "Trade, Imports, and Society in Early Greece, 1300–900 BC." PhD diss., Stanford University, 2013.

Murray, Williamson. "Armored Warfare: The British, French, and German Experiences." In Murray and Millett 1996, pp. 6–49.

———. *Military Adaptation in War with Fear of Change*. Cambridge, U.K.: Cambridge University Press, 2011.

Murray, Williamson, and Allan Millett, eds. *Military Innovation in the Interwar Period*. Cambridge, U.K.: Cambridge University Press, 1996.

Naam, Ramez. *Nexus: Mankind Gets an Upgrade*. New York: Angry Robot, 2013a.

———. *Crux: Upgrade in Progress*. New York: Angry Robot, 2013b.

Nadali, Davide. "Assyrian Open Field Battles: An Attempt at Reconstruction and Analysis." In J. Vidial, ed., *Studies on War in the Ancient Near East*, pp. 153–63. Münster: Ugarit, 2010.

Naimark, Norman. *Stalin's Genocides*. Princeton, N.J.: Princeton University Press, 2010.

Nasar, Sylvia. *A Beautiful Mind: The Life of Mathematical Genius and Nobel Laureate John Nash*. New York: Simon & Schuster, 1998.

National Intelligence Council. *Global Trends 2025: A Transformed World*. Washington, D.C.: Government Printing Office, 2008. Available at www.dni.gov/nic/global-trends.

———. *Global Trends 2030: Alternative Worlds*. Washington, D.C.: Office of the Director of National Intelligence, 2012. Available atwww.dni.gov/nic/globaltrends.

Needham, Joseph. *Science and Civilisation in China*. Vol. 4, *Physics and Physical Technology*. Pt.3, *Civil Engineering and Nautics*. Cambridge, U.K.: Cambridge University Press, 1971.

Needham, Joseph, et al. *Science and Civilisation in China*. Vol. 5, *Chemistry and Chemical Technology*. Pt. 5, *Military Technology, the Gunpowder Epic*. Cambridge, U.K.: Cambridge University Press, 1986.

Nehru, Jawaharlal. *Glimpses of World History: Being Further Letters to His Daughter, Written in Prison, and Containing a Rambling Account of History for Young People*. New York: John Day, 1942.

Nerlich, Andreas, et al. "New Evidence for Ötzi's Final Trauma." *Intensive Care Medicine* 35 (January 2009), pp. 1138–39.

Nguyen, Lien-Hang. *Hanoi's War: An International History of the War for Peace in Vietnam*. Chapel Hill: University of North Carolina Press, 2012.

Nippel, Wilfried. *Public Order in Ancient Rome*. Cambridge, U.K.: Cambridge University Press, 1995.

Nivette, Amy. "Violence in Non-state Societies: A Review." *British Journal of Criminology* 51 (2011), pp. 578–98.

Norris, Robert, and Hans Kristensen. "Global Nuclear Stockpiles, 1945–2006." *Bulletin of the Atomic Scientists*, July/August 2006, pp. 64–66.

North, Douglass, et al. *Violence and Social Orders: A Conceptual Framework for Interpreting Recorded Human History*. Cambridge, U.K.: Cambridge University Press, 2009.

Noyes, Alexander. *The War Period of American Finance*. New York: Putnam's, 1926.

Nye, Joseph. *The Future of Power*. New York: Public Affairs, 2011.

Nyland, Ann. *The Kikkuli Method of Horsetraining*. Rev. ed. Sydney: Maryannu Press, 2009.

Obermeyer, Ziyad, et al. "Fifty Years of Violent War Deaths from Vietnam to Bosnia: Analysis of Data from the World Health Survey Programme." *British Medical Journal* 336 (2008), pp. 1482–86.

O'Brien, Phillips Payson. *British and American Naval Power: Politics and Policy, 1900–1936*. Westport, Conn.: Praeger, 1998.

Odom, William. "Soviet Military Doctrine." *Foreign Affairs* 67.2 (Winter 1988), pp.114–34.

O'Donnell, James. *The Ruin of the Roman Empire*. New York: Harper Collins, 2008.

O'Fallon, Brendan, and Lars Fehren-Schmitz. "Native Americans Experienced a Strong Population Bottleneck Coincident with European Contact." *Proceedings of the National Academy of Sciences* 108 (2011), pp. 20444–48.

O'Hanlon, Michael. *A Moderate Plan for Additional Defense Budget Cuts*. Washington, D.C.: Brookings Institution, Policy Paper 30, February 2013. www.brookings.edu/~/media/Research/Files/Papers/2013/1/defense%20budget%20cuts%20ohanlon/defense%20budget%20cuts%20ohanlon.pdf.

Olson, Mancur. *Power and Prosperity*. New York: Basic Books, 2000.

Origo, Iris. *The Merchant of Prato: Daily Life in a Medieval Italian City*. Harmondsworth, U.K.: Penguin, 1957.

Orwell, George. *The Road to Wigan Pier*. London: Gollancz, 1937.

Otterbein, Keith. *The Evolution of War: A Cross-Cultural Study*. 3rd ed. New Haven, Conn.: Human Relations Area Files Press, 1989.

———. *How War Began*. College Station: Texas A&M University Press, 2004.

Outram, Alan, et al. "The Earliest Horse Harnessing and Milking." *Science* 323 (2009), pp.1332–35.

Overy, Richard. *Why the Allies Won*. New York: Norton, 1995.

Paice, Edward. *World War I: The African Front*. New York: Pegasus, 2010.

Pakenham, Thomas. *The Boer War*. London: HarperPerennial, 1979.

Pamuk, Sevket. "The Black Deathand the Origins of the 'Great Divergence' Across Europe, 1300–1600." *European Review of Economic History* 11 (2007), pp. 289–317.

Parchami, Ali. *Hegemonic Peace and Empire: The* Pax Romana, Britannica, *and* Americana. London: Routledge, 2009.

Parker, Geoffrey. *The Military Revolution: Military Innovation and the Rise of the West, 1500–1800*. 2nd ed. Cambridge, U.K.: Cambridge University Press, 1996.

Parkin, Jon. *Taming the Leviathan: The Reception of the Political and Religious Ideas of Thomas Hobbes in England, 1640–1700*. Cambridge, U.K.: Cambridge University Press, 2007.

Parthasarathi, Prasannan. *Why Europe Grew Rich and Asia Did Not: Global Economic Divergence, 1600–1850*. Cambridge, U.K.: Cambridge University Press, 2011.

Patterson, James. *Grand Expectations: The United States, 1945–1974*. New York: Oxford University Press, 1996.

Pauketat, Timothy. *Ancient Cahokia and the Mississippians*. Cambridge, U.K.: Cambridge University Press, 2004.

Payne, James. *A History of Force: Exploring the Worldwide Movement Against Habits of Coercion, Bloodshed, and Mayhem*. Sandpoint, Idaho: Lytton, 2004.

Pearson, M. N. *The Portuguese in India*. Cambridge, U.K.: Cambridge University Press, 1987.

Peattie, Mark. *Ishiwara Kanji and Japan's Confrontation with the West*. Princeton, N.J.: Princeton University Press, 1975.

Perdue, Peter. *China Marches West: The Qing Conquest of Central Eurasia*. Cambridge, Mass.: Harvard University Press, 2005.

Perkins, Bradford. *The Great Rapprochement: England and the United States, 1895–1914*. London: Athenaeum, 1968.

Pertner, A., et al. "Radiologic Proof of the Iceman's Cause of Death (ca.5,300BP)." *Journal of Archaeological Science* 34 (2007), pp. 1784–86.

Phillipson, Nicholas. *Adam Smith: An Enlightened Life*. New Haven, Conn.: Yale University Press, 2010.

Piggott, Stuart. *The Earliest Wheeled Transport*. Ithaca, N.Y.: Cornell University Press, 1983.

Pikirayi, Innocent, and Joseph Vogel. *The Zimbabwe Culture: Origins and Decline of Southern Zambezian States*. Walnut Creek, Calif.: AltaMira Press, 2001.

Pincus, Steve. *1688: The First Modern Revolution*. New Haven, Conn.: Yale University Press, 2010.

Pinker, Steven. *How the Mind Works*. New York: Norton, 1997.

———. *The Blank Slate: The Modern Denial of Human Nature*. New York: Viking, 2002.

———. *The Better Angels of Our Nature: Why Violence Has Declined*. New York: Viking, 2011.

Pohl, John. *Aztec Warrior, AD 1325–1521*. Oxford: Osprey, 2001.

Porch, Douglas. *Wars of Empire*. Washington, D.C.: Smithsonian, 2000.

Porter, Andrew, ed. *The Oxford History of the British Empire*. Vol. 3, *The Nineteenth Century*. Oxford: Oxford University Press, 1999.

Posen, Barry. "Pull Back: The Case for a Less Activist Foreign Policy." *Foreign Affairs* 92.1 (January/February 2013), pp. 116–28.

Potter, James, and Jason Chuipka. "Perimortem Mutilation of Human Remains in an Early Village in the American Southwest." *Journal of Anthropological Archaeology* 29 (2010), pp. 507–23.

Potts, R. "Paleoenvironmental Basis of Cognitive Evolution in Great Apes." *American Journal of Primatology* 62 (2004), pp. 209–28.

Poulter, Andrew. *Nicopolis ad Istrum: A Roman, Late Roman, and Early Byzantine City: Excavations, 1985–1992*. London: Society for the Promotion of Roman Studies, 1995.

Poundstone, William. *Prisoner's Dilemma: John von Neumann, Game Theory, and the*

Puzzle of the Bomb. New York: Random House, 1992.

Power, Margaret. *The Egalitarians—Human and Chimpanzee: An Anthropological View of Social Organization*. Cambridge, U.K.: Cambridge University Press, 1991.

Price-Smith, Andrew. *Contagion and Chaos: Disease, Ecology, and National Security in the Era of Globalization*. Cambridge, Mass.: MIT Press, 2009.

Pridemore, William. *Ruling Russia: Law, Crime, and Justice in a Changing Society*. Lanham, Md.: Rowman and Littlefield, 2007.

Qing, Jiang. *A Confucian Constitutional Order: How China's Ancient Past Can Shape Its Political Future*. Princeton, N.J.: Princeton University Press, 2012.

Raaflaub, Kurt, and Nathan Rosenstein, eds. *War and Society in the Ancient and Medieval Worlds*. Cambridge, Mass.: Harvard University Press, 1999.

Raaflaub, Kurt, et al. *Origins of Democracy in Ancient Greece*. Berkeley: University of California Press, 2007.

Raine, Adrian. *The Anatomy of Violence: The Biological Roots of Crime*. New York: Pantheon, 2013.

Rance, Philip. "Battle." In Sabin et al. 2007, pp. 342–78.

Rangarajan, L. N., ed. and trans. *Kautilya, The Arthashastra*. New Delhi: Penguin Books India, 1992.

Rasmussen, Morten, et al. "An Aboriginal Australian Genome Reveals Separate Human Dispersals into Asia." *Science* 334 (2011), pp. 94–98.

Rathbone, Dominic. "The 'Muziris' Papyrus (SB XVIII 13167): Financing Roman Trade with India." In *Alexandrian Studies II in Honour of Mostafa el Abbadi*, pp. 39–50. Bulletin de la Société d'Archéologie d'Alexandrie 46. Alexandria, 2001.

Raychaudhuri, Hemchandra. *Political History of Ancient India*. 8th ed. Delhi: Oxford University Press, 1996.

Reid, Peter. *Medieval Warfare: Triumph and Domination in the Wars of the Middle Ages*. New York: Carroll & Graf, 2007.

Reynolds, David. *Origins of the Cold War: International Perspectives*. New Haven, Conn.: Yale University Press, 1994.

———. *One World Divisible: A Global History Since 1945*. New York: Norton, 2000.

Reynolds, Susan. *Fiefs and Vassals: The Medieval Evidence Reinterpreted*. Oxford: Oxford University Press, 1994.

Rhodes, Richard. *The Making of the Atomic Bomb*. New York: Simon & Schuster, 1987.

———. *Dark Sun: The Making of the Hydrogen Bomb*. New York: Simon & Schuster, 1996.

———. *Arsenals of Folly: The Making of the Nuclear Arms Race*. New York: Knopf,

2007.

———. *Twilight of the Bombs: Recent Challenges, New Dangers, and the Prospects for a World Without Nuclear Weapons*. New York: Vintage, 2010.

Rich, John, and Graham Shipley, eds. *War and Society in the Roman World*. London: Routledge, 1993.

Richards, John. *The Mughal Empire*. Cambridge, U.K.: Cambridge University Press, 1994.

Richardson, Lewis Fry. *Statistics of Deadly Quarrels*. Pacific Grove, Calif.: Boxwood Press, 1960.

Ricklefs, Robert. *The Economy of Nature*. 5th ed. New York: Freeman, 2001.

Ricks, Thomas. *Fiasco: The American Military Adventure in Iraq*. New York: Penguin, 2006.

———. *The Gamble: General Petraeus and the American Military Adventure in Iraq, 2006–2008*. New York: Penguin, 2009.

Ridley, Matthew. *The Red Queen: Sex and the Evolution of Human Nature*. New York: Penguin, 1993.

———. *The Origins of Virtue: Human Instincts and the Evolution of Cooperation*. New York: Penguin, 1996.

Riesman, David. *Abundance for What?* Garden City, N.Y.: Doubleday, 1964.

Rifkin, Jeremy. *The Third Industrial Revolution: How Lateral Power Is Transforming Energy, the Economy, and the World*. New York: Palgrave Macmillan, 2011.

Riggsby, Andrew. *Crime and Community in Ciceronian Rome*. Austin: University of Texas Press, 1999.

Rightmire, G. Philip. "Brain Size and Encephalization in Early-to Mid-Pleistocene *Homo*." *American Journal of Physical Anthropology* 124 (2004), pp. 109–23.

Roberts, Adam. "Lives and Statistics: Are 90% of War Victims Civilians?" *Survival* 52 (2010), pp. 115–36.

Roberts, Andrew. *The Storm of War: A New History of the Second World War*. New York: Harper, 2011.

Roberts, D., and D. Turcotte. "Fractality and Self-Organized Criticality of Wars." *Fractals* 6 (1998), pp. 351–57.

Roberts, Michael. *Gustavus Adolphus: A History of Sweden, 1611–1632*. Vol. 2. London: Longman, Green, 1965.

Roberts, Neil. *The Holocene: An Environmental History*. 2nd ed. Oxford: Wiley-Blackwell, 1998.

Robinson, David. *Bandits, Eunuchs, and the Son of Heaven: Rebellion and the Economy of Violence in Mid-Ming China*. Honolulu: University of Hawai'i Press, 2001.

Roffman, Itai, et al. "Stone Tool Production and Utilization by Bonobo-Chimpanzees (*Pan paniscus*)." *Proceedings of the National Academy of Sciences* 109 (2012), pp. 14500–3.

Rogers, Clifford, ed. *The Military Revolution Debate*. Boulder, Colo.: Westview Press, 1995.

Rogers, J. Daniel. "Inner Asian States and Empires: Theories and Synthesis." *Journal of Archaeological Research* 20 (2012), pp. 205–56.

Roscoe, Paul. "*Dead Birds*: The 'Theater' of War Among the Dani." *American Anthropologist* 113 (2011), pp. 56–70.

Rosen, Stephen. *War and Human Nature*. Princeton, N.J.: Princeton University Press, 2005.

Rosenberg, David. "The Origins of Overkill: Nuclear Weapons and American Strategy, 1946–1960." *International Security* 7.4 (1983), pp. 3–71.

Rosenberg, David, and William Brigham Moore. "'Smoking Radiating Ruin at the End of Two Hours': Documents on American Plans for Nuclear War with the Soviet Union, 1954–55." *International Security* 6.3 (1981), pp. 3–38.

Ross, M. "Political Decision-Making and Conflict: Additional Cross-Cultural Codes and Scales." *Ethnology* 22 (1983), pp. 169–82.

———. "Internal and External Conflict and Violence: Cross-Cultural Evidence and a New Analysis." *Journal of Conflict Resolution* 29 (1985), pp. 547–79.

Roth, Randolph. *American Homicide*. Cambridge, Mass.: Belknap Press, 2009.

Rothenberg, Gunther. *The Napoleonic Wars*. Washington, D.C.: Smithsonian, 2006.

Rothman, Mitchell, ed. *Uruk Mesopotamia and Its Neighbors*. Santa Fe, N.M.: School of American Research Press, 2001.

Royal Society. *Brain Waves* Module 3: *Neuroscience, Conflict, and Security*. London: Royal Society, 2012.

Rummel, Rudy. *Death by Government*. Piscataway, N.J.: Transaction, 1994.

———. *Statistics of Democide*. Piscataway, N.J.: Transaction, 1997.

———. "20th-Century Democide." 2002. www.hawaii.edu/powerkills/20TH.HTM.

———. "One-Thirteenth of a Data Point Does Not a Generalization Make: A Reply to Dulic." *Journal of Peace Research* 41 (2004), pp. 103–4.

Runciman, Steven. *The White Rajahs: A History of Sarawak from 1841 to 1946*. Cambridge, U.K.: Cambridge University Press, 1960.

Russell, Peter. *Prince Henry "the Navigator": A Life*. New Haven, Conn.: Yale University Press, 2000.

Ryan, Christopher, and Cacilda Jethá. *Sex at Dawn: How We Mate, Why We Stray, and*

What It Means for Modern Relationships. New York: Harper Collins, 2010.

Ryan, Henry Butterfield. *The Vision of Anglo-America*. Cambridge, U.K.: Cambridge University Press, 1987.

Sabin, Philip. *The Third World War Scare in Britain: A Critical Analysis*. London: Macmillan, 1986.

———. "The Face of Roman Battle." *Journal of Roman Studies* 90 (2000), pp. 1–17.

———. *Lost Battles: Reconstructing the Great Clashes of the Ancient World*. London: Continuum, 2007.

Sabin, Philip, etal., eds. *The Cambridge History of Greek and Roman Warfare*. Vol. 2, *Rome from the Late Republic to the Late Empire*. Cambridge, U.K.: Cambridge University Press, 2007.

Sahlins, Marshall. *Apologies to Thucydides: Understanding History as Culture and Vice Versa*. Chicago: University of Chicago Press, 2004.

Sailor, Dylan. *Writing and Empire in Tacitus*. Cambridge, U.K.: Cambridge University Press, 2011.

Sakharov, Andrei. "The Danger of Thermonuclear War." *Foreign Affairs* 61.5 (Summer 1983), pp. 1001–16.

Saletore, R. N. *Early Indian Economic History*. London: Curzon Press, 1973.

Sandbrook, Dominic. *Never Had It So Good, 1956–63: A History of Britain from Suez to the Beatles*. London: Abacus, 2005.

Sanders, Karin. *Bodies in the Bog and the Archaeological Imagination*. Chicago: University of Chicago Press, 2009.

Sanders, William, et al. *The Basin of Mexico: Ecological Processes in the Evolution of a Civilization*. New York: Academic Press, 1979.

Sanger, David. *Confront and Conceal: Obama's Secret Wars and the Surprising Use of American Power*. New York: Crown, 2012.

Sansom, C. J. *Dominion*. London: Mantle, 2012.

Sanz, Crickette, et al. *Tool Use in Animals: Cognition and Ecology*. Cambridge, U.K.: Cambridge University Press, 2013.

Sapolsky, Robert. "A Natural History of Peace." *Foreign Affairs* 85.1 (2006), pp. 104–20.

Sarkar, Jadunath. *A Military History of India*. Calcutta: M. C. Sarkar & Sons, 1960.

Sarkees, Meredith. "The Correlates of War Data on War: An Update to 1997." *Conflict Management and Peace Science* 18 (2000), pp. 123–44.

Savory, Roger, trans. *History of Shah 'Abbas the Great*. Vol. 2. Boulder, Colo.: Westview Press, 1978.

Sawyer, Ralph. *Ancient Chinese Warfare*. New York: Basic Books, 2011.

Scarre, Christopher, and Brian Fagan. *Ancient Civilizations*. 3rd ed. Upper Saddle River, N.J.: Prentice Hall, 2007.

Scheidel, Walter. "A Model of Demographic and Economic Change in Egypt After the Antonine Plague." *Journal of Roman Archaeology* 15 (2002), pp. 97–114.

———. "The Monetary Systems of the Han and Roman Empires." In Walter Scheidel, ed., *Rome and China: Comparative Perspectives on Ancient World Empires*, pp. 137–207. New York: Oxford University Press, 2009.

———. "Real Wages in Early Economies: Evidence for Living Standards from 1800 BCE to 1300 CE." *Journal of the Economic and Social History of the Orient* 53 (2010), pp. 425–62.

———, ed. *The Cambridge Companion to the Roman Economy*. Cambridge, U.K.: Cambridge University Press, 2012.

Scheidel, Walter, and Steven Friesen. "The Size of the Economy and the Distribution of Income in the Roman Empire." *Journal of Roman Studies* 99 (2009), pp. 61–91.

Schelling, Thomas. *The Strategy of Conflict*. Cambridge, Mass.: Harvard University Press, 1960.

Schilardi, Demetrius. "The LHIIIC Period at the Koukounaries Acropolis, Paros." In J. A. MacGillivray and Robin Barber, eds., *The Prehistoric Cyclades*, pp. 184–206. Edinburgh: Edinburgh University Press, 1984.

Schmidt, Eric, and Jared Cohen. *The New Digital Age: Reshaping the Future of People, Nations, and Business*. New York: Knopf, 2013.

Scurlock, Joanne. "Neo-Assyrian Battle Tactics." In G. D. Young et al., eds., *Crossing Boundaries and Linking Horizons: Studies in Honor of Michael C. Astour on His 80th Birthday*, pp. 491–517. Bethesda, Md.: CDC Press, 1997.

Seager, Robin. *Pompey the Great: A Political Biography*. 2nd ed. Oxford: Wiley-Blackwell, 2002.

Sebestyen, Oleg. *Revolution 1989: The Fall of the Soviet Empire*. New York: Random House, 2009.

Sen, Amiya. *Rammohun Roy: A Critical Biography*. New York: Penguin, 2012.

Seneviratna, Anuradha, ed. *King Asoka and Buddhism*. Kandy, Sri Lanka: Buddhist Publication Society, 1994.

Shamasastry, Rudrapatnam, trans. *Arthashastra of Kautilya: Translation*. 8th ed. Mysore: University of Mysore Oriental Library Publications, 1967.

Shambaugh, David. *China Goes Global: The Partial Power*. New York: Oxford University Press, 2013.

Shankman, Paul. *The Trashing of Margaret Mead: Anatomy of an Anthropological*

Controversy. Madison: University of Wisconsin Press, 2009.

Sharma, R. K. *Age of the Satavahanas*. 2 vols. Delhi: Aryan Books International, 1999.

Sharma, R. S. "How Feudal Was Indian Feudalism?" *Journal of Peasant Studies* 12 (1985), pp. 19–43.

———. *Early Medieval Indian Society: A Study in Feudalisation*. Leiden: Brill, 2001.

Shaughnessy, Edward. "Historical Perspectives on the Introduction of the Chariot into China." *Harvard Journal of Asiatic Studies* 48 (1988), pp. 189–237.

Shaw, Brent. "Bandits in the Roman Empire." *Past & Present* 105 (1984), pp. 3–52.

———. *Sacred Violence: African Christians and Sectarian Hatred in the Age of Augustine*. Cambridge, U.K.: Cambridge University Press, 2011.

Shea, John. "*Homo* Is as *Homo* Was." *Current Anthropology* 52 (2011), pp. 1–35.

Sheehan, James. *Where Have All the Soldiers Gone? The Transformation of Modern Europe*. Boston: Houghton Mifflin, 2008.

Sheffield, Gary. *Forgotten Victory: The First World War: Myths and Realities*. London: Headline, 2001.

Sheffield, Gary, and Dan Todman, eds. *Command and Control on the Western Front*. London: History Press, 2008.

Sherman, Jason, et al. "Expansionary Dynamics of the Nascent Monte Albán State." *Journal of Anthropological Archaeology* 29 (2010), pp. 278–301.

Sherman, Taylor. *State Violence and Punishment in India*. London: Routledge, 2010.

Shlapak, David, et al. *A Question of Balance: Political Context and Military Aspects of the China-Taiwan Dispute*. Santa Monica, Calif.: RAND Corporation, 2009. Available at www.rand.org/topics/taiwan.html.

Showalter, Dennis. *Tannenberg: Clash of Empires*. Hamden, Conn.: Archon Books, 1991.

Shultz, Susanne, et al. "Stepwise Evolution of Stable Sociability in Primates." *Nature* 479 (2011), pp. 219–22.

Simms, Brendan. *Europe: The Struggle for Supremacy, from 1453 to the Present*. New York: Basic Books, 2013.

Singer, Joel David, and Melvin Small. *The Wages of War, 1816–1965: A Statistical Handbook*. New York: Wiley & Sons, 1972.

Singer, P. W. *Wired for War: The Robotics Revolution and Conflict in the 21st Century*. New York: Penguin, 2009.

Singha, Radhika. *A Despotism of Law: Crime and Justice in Early Colonial India*. Delhi: Oxford University Press, 1998.

Sinor, Denis. *The Cambridge History of Early Inner Asia*. Cambridge, U.K.: Cambridge

University Press, 1990.

Skaff, Jonathan Karam. *Sui-Tang China and Its Turko-Mongol Neighbors: Culture, Power, and Connections, 580–800*. New York: Oxford University Press, 2012.

Smith, David J. *One Morning in Sarajevo: 28 June 1914*. London: Phoenix, 2009.

Smith, Laurence. *The World in 2050: Four Forces Shaping Civilization's Northern Future*. New York: Dutton, 2010.

Smith, Michael. *The Aztecs*. 2nd ed. Oxford: Blackwell, 2003.

Smith, Michael, and Lisa Montiel. "The Archaeological Study of Empiresand Imperialism in Prehispanic Central Mexico." *Journal of Anthropological Archaeology* 20 (2001), pp. 245–84.

Smith, Michael, and Katharina Schreiber. "New World States and Empires: Economic and Social Organization." *Journal of Anthropological Research* 13 (2005), pp. 189–229.

——. "New World States and Empires: Politics, Religion, and Urbanism." *Journal of Anthropological Research* 14 (2006), pp. 1–52.

Smith, Rupert. *The Utility of Force: The Art of War in the Modern World*. New York: Vintage, 2005.

Snodgrass, Anthony. *Archaeology and the Emergence of Greece*. Edinburgh: Edinburgh University Press, 2006.

Snyder, Timothy. *Bloodlands: Europe Between Hitler and Stalin*. New York: Basic Books, 2010.

Sokolovsky, V. D. *Soviet Military Strategy*. 3rd ed. Ed. Harriet Fast Scott. London: Macdonald and Jane's, 1975.

Somers, Robert. "The End of the T'ang." In Twitchett and Fairbank 1979, pp. 682–788.

Sorokin, Pitirim. *Social and Cultural Change: A Study of Change in Major Systems of Art, Truth, Ethics, Law, and Social Relationships*. Boston: Extending Horizons, 1957.

Spagat, Mike, et al. "Estimating War Deaths: An Arena of Contestation." *Journal of Conflict Resolution* 53 (2009), pp. 934–50.

Spaliger, Anthony. *War in Ancient Egypt: The New Kingdom*. Oxford: Blackwell, 2005.

Spencer, Herbert. "Progress: Its Law and Cause." *Westminster Review* 67 (1857), pp. 445–85.

Spierenburg, Pieter. *A History of Murder: Personal Violence in Europe from the Middle Ages to the Present*. Cambridge, U.K.: Polity, 2008.

Spindler, Konrad. *The Man in the Ice*. New York: Three Rivers Press, 1993.

Spoor, F., et al. "Implications of New Early *Homo* Fossils from Ileret, East of Lake

Turkana, Kenya." *Nature* 448 (2007), pp. 688–91.

Springborg, Patricia, ed. *The Cambridge Companion to Hobbes's "Leviathan."* Cambridge, U.K.: Cambridge University Press, 2007.

Spufford, Francis. *Red Plenty: Industry! Progress! Abundance! Inside the Fifties' Soviet Dream.* London: Faber and Faber, 2010.

Stannard, David. *American Holocaust: The Conquest of the New World.* New York: Oxford University Press, 1993.

Stathakopoulos, Dionysios. *Famine and Pestilence in the Late Roman and Early Byzantine Empire.* Burlington, Vt.: Ashgate, 2004.

Steckel, Rick, and John Wallis. "Stones, Bones, and States: A New Approach to the Neolithic Revolution." 2009. www.nber.org/~confer/2007/daes07/steckel.pdf.

Stefflre, Volney. "Long-Term Forecasting and the Problem of Large-Scale Wars." *Futures* 6 (1974), pp. 302–8.

Stevenson, David. *Cataclysm: The First World War as Political Tragedy.* New York: Basic Books, 2004.

St. Joseph, J. K. "The Camp at Durno, Aberdeenshire, and the Site of Mons Graupius." *Britannia* 9 (1978), pp. 271–87.

Stockholm International Peace Research Institute. *SIPRI Yearbook 2012: Armaments, Disarmament, and International Security.* New York: Oxford University Press, 2012.

Stokes, Eric. *The Peasant Armed: The Indian Rebellion of 1857.* Ed. Christopher Bayly. Oxford: Clarendon Press, 1986.

Stokes, Gale. *The Walls Came Tumbling Down: The Collapse of Communism in Eastern Europe.* New York: Oxford University Press, 1993.

Stone, Norman. *The Eastern Front, 1914–17.* New York: Charles Scribner's Sons, 1975.

Strachan, Hew. *The First World War.* Vol. 1, *To Arms.* Oxford: Oxford University Press, 2001.

———. *The First World War.* London: Simon & Schuster, 2003.

———. "Strategy in the Twenty-First Century." In Strachan and Schepers 2011, pp. 503–23.

Strachan, Hew, and Sybille Schepers, eds. *The Changing Character of War.* Oxford: Oxford University Press, 2011.

Streusand, Douglas. *The First Gunpowder Empires: The Ottomans, Safavids, and Mughals.* Boulder, Colo.: Westview Press, 2010.

Stringer, Chris, and Peter Andrews. *The Complete World of Human Evolution.* 2nd ed. London: Thames & Hudson, 2012.

Struve, Lynn, ed. *Voices from the Ming-Qing Cataclysm.* New Haven, Conn.: Yale University Press, 1993.

Sugiyama, Saburo. *Human Sacrifice, Militarism, and Rulership: Materialization of State Ideology at the Feathered Serpent Pyramid, Teotihuacán*. Cambridge, U.K.: Cambridge University Press, 2005.

Sumida, Jon Tetsuro. *In Defense of Naval Supremacy: Finance, Technology, and British Naval Policy, 1899–1914*. London: Routledge, 1989.

———. *Inventing Grand Strategy and Teaching Command*. Baltimore: Johns Hopkins University Press, 1997.

Summers, Harry. *On Strategy: A Critical Analysis of the Vietnam War*. Novato, Calif.: Presidio Press, 1982.

Surbeck, Martin, and Gottfried Hohmann. "Primate Hunting by Bonobos at Kui-Kotale, Salonga National Park." *Current Biology* 18 (2008), pp. R906–7.

Surbeck, Martin, et al. "Mothers Matter! Maternal Support, Dominance Status, and Mating Success in Male Bonobos (*Pan paniscus*)." *Proceedings of the Royal Society* Series B 278 (2011), pp. 590–98.

Sussman, Robert, and Joshua Marshack. "Are Humans Inherently Killers?" *Global Nonkilling Working Papers* 1 (2010), pp. 7–26.

Swope, Kenneth. *A Dragon's Head and a Serpent's Tail: Ming China and the First Great East Asian War, 1592–1598*. Norman: University of Oklahoma Press, 2009.

Taagepera, Rein. "Size and Duration of Empires: Growth-Decline Curve, 3000 to 600 BC." *Social Science Research* 7 (1978), pp. 180–96.

———. "Size and Duration of Empires: Growth-Decline Curve, 600 BC to 600 AD." *Social Science Research* 8 (1979), pp. 115–38.

Tadmor, Hayim, and S. Yamada. *The Royal Inscriptions of Tiglath-Pileser III (744–727 BC) and Shalmaneser III (726–722 BC), Kings of Assyria*. Winona Lake, Ind.: Eisenbrauns, 2011.

Taya Cook, Haruko, and Theodore Cook. *Japan at War: An Oral History*. New York: Free Press, 1992.

Taylor, A. J. P. *Bismarck: The Man and the Statesman*. New York: Vintage, 1967.

Taylor, Sherman. *State Violence and Punishment in India*. Cambridge, U.K.: Cambridge University Press, 2010.

Tellis, Ashley, and Travis Tanner. *Strategic Asia, 2012–13: China's Military Challenge*. Seattle: National Bureau of Asian Research, 2012.

Thapar, Romila. *Asoka and the Decline of the Mauryas*. 2nd ed. Delhi: Oxford University Press, 1973.

———. *From Lineage to State: Social Formations in the Mid-First Millennium B.C. in the Ganga Valley*. Delhi: Oxford University Press, 1984.

———. *Early India from the Origins to AD 1300*. Berkeley: University of California Press, 2002.

Thapliyal, Uma Prasad. *Warfare in Ancient India: Organizational and Operational Dimensions*. New Delhi: Manohar, 2010.

Thayer, Bradley. *Darwin and International Relations: On the Evolutionary Origins of War and Ethnic Conflict*. Lexington: University Press of Kentucky, 2004.

Themnér, Lotta, and Peter Wallensteen. "Armed Conflicts, 1946–2011." *Journal of Peace Research* 49 (2012), pp. 565–75.

Thomas, Elizabeth Marshall. *The Harmless People*. New York: Knopf, 1959.

———. *The Hidden Life of Dogs*. New York: Houghton Mifflin, 1993.

Thomas, Evan. *Ike's Bluff: President Eisenhower's Secret Battle to Save the World*. New York: Little, Brown, 2012.

Thompson, E. P., and Dan Smith, eds. *Protest and Survive*. Harmondsworth, U.K.: Penguin, 1980.

Thompson, Jo. "A Model of the Biogeographical Journey from *Proto-Pan* to *Pan paniscus*." *Primates* 44 (2003), pp. 191–97.

Tierney, Patrick. "The Fierce Anthropologist." *New Yorker*, October 9, 2000, pp. 50–61.

———. *Darkness at El Dorado: How Scientists and Journalists Devastated the Amazon*. New York: Norton, 2001.

Tilly, Charles. "Reflections on the History of European State-Making." In Charles Tilly, ed., *The Formation of National States in Western Europe*, pp. 3–83. Princeton, N.J.: Princeton University Press, 1975.

———. "War Making and State Making as Organized Crime." In Peter Evans et al., *Bringing the State Back In*, pp. 169–91. Cambridge, U.K.: Cambridge University Press, 1985.

Todd, Malcolm. *The Early Germans*. Oxford: Blackwell, 1992.

Tong, James. *Disorder Under Heaven: Collective Violence in the Ming Dynasty*. Stanford, Calif.: Stanford University Press, 1991.

Tooze, Adam. *The Wages of Destruction: The Making and Breaking of the Nazi Economy*. New York: Penguin, 2006.

Toynbee, Arnold. *A Study of History*. Vol. 2. Abr. ed. New York: Oxford University Press, 1957.

Tracy, James. *The Political Economy of Merchant Empires*. Cambridge, U.K.: Cambridge University Press, 1991.

Trafzer, Clifford. *The Kit Carson Campaign: The Last Great Navajo War*. Norman: University of Oklahoma Press, 1990.

Travers, Timothy. *How the War Was Won: Command and Technology in the British Army on the Western Front, 1917–18.* London: Routledge, 1992.

———. *The Killing Ground.* London: Pen & Sword, 2003.

Treadgold, Warren. *Byzantium and Its Army, 284–1081.* Stanford, Calif.: Stanford University Press, 1995.

———. *A History of the Byzantine State and Society.* Stanford, Calif.: Stanford University Press, 1997.

Trebilcock, Clive. *The Industrialization of the Continental Powers, 1780–1914.* London: Longman, 1981.

Tsunoda, Ryusaku, et al., trans. *Sources of Japanese Tradition.* 2 vols. New York: Columbia University Press, 1964.

Tuchman, Barbara. *A Distant Mirror: The Calamitous Fourteenth Century.* London: Macmillan, 1978.

———. *The March of Folly: From Troy to Vietnam.* New York: Knopf, 1984.

Tuplin, Christopher. "All the King's Horse: In Search of Achaemenid Persian Cavalry." In Fagan and Trundle 2010, pp. 101–82.

Tupper, Benjamin. *Greetings from Afghanistan, Send More Ammo: Dispatches from Taliban Country.* New York: NAL, 2010.

Turchin, Peter. *Historical Dynamics: Why States Rise and Fall.* Princeton, N.J.: Princeton University Press, 2003.

———. *War & Peace & War: The Life Cycles of Imperial Nations.* New York: Pi Press, 2006.

———. "A Theory for Formation of Large Empires." *Journal of Global History* 4 (2009), pp. 191–217.

———. "Warfare and the Evolution of Social Complexity: A Multilevel Selection Approach." *Structure and Dynamics* 4 (2010), pp. 1–37.

Turchin, Peter, and Sergey Nefedov. *Secular Cycles.* Princeton, N.J.: Princeton University Press, 2009.

Turchin, Peter, et al. "East–West Orientation of Historical Empires and Modern Nations." *Journal of World Systems Research* 12 (2006), pp. 218–29.

Turnbull, Colin. *War in Japan, 1467–1615.* Oxford: Osprey, 2002.

———. *Tokugawa Ieyasu.* Oxford: Osprey, 2012.

Turney-High, Harry. *Primitive War: Its Practice and Concepts.* Columbia: University of South Carolina Press, 1949.

Twitchett, Denis, and John K. Fairbank, eds. *The Cambridge History of China.* Vol. 3, *Sui and T'ang China, 589–906.* Pt. 1. Cambridge, U.K.: Cambridge University Press,

1979.

Twitchett, Denis, and Michael Loewe, eds. *The Cambridge History of China*, Vol. 1. *The Ch'in and Han Empires, 221 B.C.–A.D. 220*. Cambridge, U.K.: Cambridge University Press, 1986.

United Nations. "Report of the Special Rapporteur on Extrajudicial, Summary, or Arbitrary Executions," April 9, 2013. www.ohchr.org/Documents/HRBodies/HRCouncil/RegularSession/Session23/A-HRC-23-47_en.pdf.

U.S. Air Force. "United States Air Force Unmanned Aircraft Systems Flight Plan, 2009–2047." 2009. www.fas.org/irp/program/collect/uas_2009.pdf.

van de Mieroop, Marc. *A History of the Ancient Near East*. 2nd ed. Oxford: Blackwell, 2007.

———. *A History of Ancient Egypt*. Oxford: Wiley-Blackwell, 2011.

van Krieken, Robert. *Norbert Elias*. London: Routledge, 1998.

van Tol, Jan, et al. *AirSea Battle: A Point-of-Departure Operational Concept*. Washington, D.C.: Center for Strategic and Budget Assessment, 2010. www.csbaonline.org/publications/2010/05/airsea-battle-concept/.

van Valen, Leigh. "A New Evolutionary Law." *Evolutionary Theory* 1 (1973), pp. 1–30.

van Wees, Hans. "Greeks Bearing Arms: The State, the Leisure Class, and the Display of Weapons in Archaic Greece." In Nick Fisher and Hans van Wees, eds., *Archaic Greece*, pp. 333–78. London: Duckworth, 1998.

———. *Greek Warfare*. London: Duckworth, 2004.

Vanzetti, A., et al. "The Iceman as a Burial." *Antiquity* 84 (2010), pp. 681–92.

Verbruggen, J. F. *The Art of Warfare in Western Europe During the Middle Ages*. 2nd ed. Woodbridge, U.K.: Boydell Press, 1997.

———. "The Role of Cavalry in Medieval Warfare." *Journal of Medieval Military History* 3 (2004), pp. 46–71.

Viner, Joseph. "The Implications of the Atomic Bomb for International Relations." *Transactions of the American Philosophical Society* 90 (1946), pp. 1–11.

Vogel, Ezra. *Japan as Number 1: Lessons for America*. New York: HarperCollins, 1980.

von Ludendorff, Erich. *The General Staff and Its Problems: The History of Relations Between the High Command and the German Imperial Government as Revealed by Official Documents*. Trans. F. A. Holt. New York: E. P. Dutton, 1920.

von Neumann, John, and Oskar Morgenstern. *Theory of Games and Economic Behavior*. Princeton, N.J.: Princeton University Press, 1944.

Walker, Philip. "A Bioarchaeological Perspective on the History of Violence." *Annual Review of Anthropology* 30 (2001), pp. 573–96.

Wang, Zhongshu. *Han Civilization*. New Haven, Conn.: Yale University Press, 1982.

Washbrook, Donald. "India, 1818–1860: The Two Faces of Colonialism." In Porter 1999, pp. 395–421.

Watson, Alexander. *Enduring the Great War: Combat, Morale, and Collapse in the British and German Armies, 1914–1918*. Cambridge, U.K.: Cambridge University Press, 2008.

Watson, Burton, trans. *Records of the Grand Historian*, Vol. 3. New York: Columbia University Press, 1993.

Watson, Peter. *The Great Divide: Nature and Human Nature in the Old World and the New*. New York: Harper, 2012.

Watts, Barry, and Williamson Murray. "Military Innovation in Peacetime." In Murray and Millett 1996, pp. 369–415.

Webster, David. "Ancient Maya Warfare." In Raaflaub and Rosenstein, 1999, pp. 333–60.

Wechsler, Howard. "T'ai-tsung (Reign 626–49) the Consolidator." In Twitchett and Fairbank 1979, pp. 188–241.

Weinberg, Gerhard. *A World at Arms: A Global History of World War II*. 2nd ed. Cambridge, U.K.: Cambridge University Press, 2005.

Weiss, H. K. "Stochastic Models for the Duration and Magnitude of a 'Deadly Quarrel.'" *Operations Research* 11 (1961), pp. 101–21.

Wells, Peter. *The Barbarians Speak: How the Conquered Peoples Shaped Roman Europe*. Princeton, N.J.: Princeton University Press, 1999.

——. *The Battle That Stopped Rome: The Emperor Augustus, Arminius, and the Slaughter of the Roman Legions in the Teutoburg Forest*. New York: Norton, 2003.

Wengrow, David. *The Archaeology of Early Egypt*. Cambridge, U.K.: Cambridge University Press, 2006.

Wheeler, Mortimer. *Still Digging: Adventures in Archaeology*. London: Pan, 1958.

White, Matthew. *The Great Big Book of Horrible Things: The Definitive Chronicle of History's 100 Worst Atrocities*. New York: Norton, 2011.

White, Tim, et al. "*Ardipithecus ramidus*." *Science* 326 (2009), pp. 60–105.

Whiten, Andrew. "The Scope of Culture in Chimpanzees, Humans, and Ancestral Apes." *Philosophical Transactions of the Royal Society B* 366 (2011), pp. 997–1007.

Whiten, Andrew, et al. "Culture Evolves." *Philosophical Transactions of the Royal Society B* 366 (2011), pp. 938–48.

Wickham, Chris. *Framing the Early Middle Ages: Europe and the Mediterranean, 400–800*. Oxford: Oxford University Press, 2005.

Wiener, Martin. *An Empire on Trial: Race, Murder, and Justice Under British Rule, 1870–1935*. Cambridge, U.K.: Cambridge University Press, 2008.

Wilkins, Jayne, et al. "Evidence for Early Hafted Hunting Technology." *Science* 338 (2012), p. 942.

Wilkinson, David. *Deadly Quarrels: Lewis F. Richardson and the Statistical Study of War*. Berkeley: University of California Press, 1980.

Willey, Patrick. *Prehistoric Warfare on the Great Plains: Skeletal Analysis of the Crow Creek Massacre Victims*. New York: Garland, 1990.

Willey, Patrick, et al. "The Osteology and Archaeology of the Crow Canyon Massacre." *Plains Anthropologist* 38 (1993), pp. 227–69.

Williams, John. *The Samoan Journals of John Williams, 1830 and 1832*. Ed. Richard Moyle. Canberra: Australian National University Press, 1984.

Wilson, Edward O. *Sociobiology: The New Synthesis*. Cambridge, Mass.: Harvard University Press, 1975.

Wilson, Michael. "Chimpanzees, Warfare, and the Invention of Peace." In Fry 2013, pp. 361–88.

Wilson, Michael, and Richard Wrangham. "Intergroup Relations in Chimpanzees." *Annual Review of Anthropology* 32 (2003), pp. 363–92.

Wilson, Michael, et al. "Ecological and Social Factors Affect the Occurrence and Outcomes of Intergroup Encounters in Chimpanzees." *Animal Behaviour* 83 (2012), pp. 277–91.

Wilson, Peter. *The Thirty Years' War: Europe's Tragedy*. Cambridge, Mass.: Harvard University Press, 2009.

Witschel, C. "Re-evaluating the Roman West in the 3rd C.A.D." *Journal of Roman Archaeology* 17 (2004), pp. 251–81.

Wittner, Lawrence. *Confronting the Bomb: A Short History of the World Nuclear Disarmament Movement*. Stanford, Calif.: Stanford University Press, 2009.

Wood, Gordon. *The Radicalism of the American Revolution*. New York: Vintage, 1991.

———. *Empire of Liberty: A History of the Early Republic, 1789–1815*. New York: Oxford University Press, 2009.

Woods, John. *The Aqquyunlu: Clan, Confederation, Empire*. 2nd ed. Salt Lake City: University of Utah Press, 1999.

Woodward, Bob. *Bush at War*. New York: Simon & Schuster, 2003.

———. *State of Denial*. New York: Simon & Schuster, 2006.

Woolf, Greg. "Roman Peace." In Rich and Shipley 1993, pp. 171–94.

———. *Tales of the Barbarians: Ethnography and Empire in the Roman West*. Oxford:

Wiley-Blackwell, 2011.

———. *Rome: An Empire's Story*. New York: Oxford University Press, 2012.

Wrangham, Richard. "Artificial Feeding of Chimpanzees and Baboons in Their Natural Habitat." *Animal Behaviour* 22 (1974), pp. 83–93.

———. *Catching Fire: How Cooking Made Us Human*. New York: Basic Books, 2009.

———. "Chimpanzee Violence Is a Serious Topic." *Global Nonkilling Working Papers* 1 (2010), pp. 29–47.

———, ed. *Chimpanzee Cultures*. Cambridge, Mass.: Harvard University Press, 2006.

Wrangham, Richard, and Luke Glowacki. "Intergroup Aggression in Chimpanzees and War in Nomadic Hunter-Gatherers." *Human Nature* 53 (2012), pp. 5–29.

Wrangham, Richard, and Dale Peterson. *Demonic Males: Apes and the Origins of Human Violence*. Boston: Houghton Mifflin, 1996.

Wrangham, Richard, and Michael Wilson. "Collective Violence: Comparisons Between Youths and Chimpanzees." *Annals of the New York Academy of Sciences* 1036 (2004), pp. 233–56.

Wright, Lawrence. *The Looming Tower: Al-Qaeda and the Road to 9/11*. New York: Knopf, 2006.

Wright, Quincy. *A Study of War*. 3 vols. Chicago: University of Chicago Press, 1942.

Wright, Rita. *The Ancient Indus*. Cambridge, U.K.: Cambridge University Press, 2009.

Wright, Robert. *Nonzero: The Logic of Human Destiny*. New York: Pantheon, 2000.

Wrigley, E. A. *Energy and the English Industrial Revolution*. Cambridge, U.K.: Cambridge University Press, 2010.

Wu, Xiu-Jie, et al. "Antemortem Trauma and Survival in the Late Middle Pleistocene Human Cranium from Maba, South China." *Proceedings of the National Academy of Sciences* 108 (2011), pp.19558–62.

Yadin, Yigael. *The Art of Warfare in Biblical Lands*. 2 vols. New York: McGraw-Hill, 1963.

Yalom, Marilyn. *A History of the Breast*. New York: Ballantine, 1998.

Yan, Xuetong. *Ancient Chinese Thought, Modern Chinese Power*. Trans. Edmund Ryden. Princeton, N.J.: Princeton University Press, 2011.

Yang, Anand, ed. *Crime and Criminality in British India*. Tucson: University of Arizona Press, 1985.

Yasuba, Yasukichi. "Did Japan Ever Suffer from a Shortage of Natural Resources Before World War II?" *Journal of Economic History* 56 (1996), pp. 543–60.

Ye, Zicheng. *Inside China's Grand Strategy: The Perspective from the People's Republic*. Trans. Guoli Liu and Steven Levine. Lexington: University Press of Kentucky, 2010.

Yergin, Daniel. *The Prize: The Epic Quest for Oil, Money & Power*. New York: Free Press, 1991.

Yerkes, Robert. *Almost Human*. London: Jonathan Cape, 1925.

Yun-Castalilla, Bartolomé, et al., eds. *The Rise of Fiscal States: A Global History, 1500–1914*. Cambridge, U.K.: Cambridge University Press, 2012.

Zabecki, David. *The German 1918 Offensives: A Case Study in the Operational Level of War*. London: Routledge, 2006.

Zakheim, Dov. "The Military Buildup." In Eric Schmertz et al., eds., *President Reagan and the World*, pp. 205–16. Westport, Conn.: Greenwood Press, 1997.

Zheng, Bijian. "China's 'Peaceful Rise' to Great-Power Status." *Foreign Affairs* 84.5 (2005), pp. 18–24.

Zias, J., and E. Sekeles. "The Crucified Man from Giv'at ha-Mivtar." *Israel Exploration Journal* 35 (1985), pp. 22–27.

Zimmerman, Larry, and Lawrence Bradley. "The Crow Canyon Massacre." *Plains Anthropologist* 38 (1993), pp. 215–26.

Zuber, Terence. "The Schlieffen Plan Reconsidered." *War in History* 6 (1999), pp. 262–305.

———. *The Real German War Plan, 1904–14*. London: History Press, 2011.

出版说明

《战争》，是美国斯坦福大学教授伊恩·莫里斯的作品之一。

一、此书从战争给人类社会可能带来的客观推动力进行阐述，作者强调的是战争的所谓长期"建设性"，而非鼓吹战争。同时，此观点仅为作者个人观点，不代表我社同意作者的说法，请读者在阅读时鉴别。

二、由于东西方政治环境与史学观点差异，此书对某些具体史实、国家定位的描述和解释，与我国通行的说法有诸多不尽相同之处，在这次出版时，我社对这些说法稍做修改。因受上下行文限制或其他原因而无法修改的部分，请读者在阅读时鉴别，这些内容仅代表作者个人观点，并不代表我社同意作者的说法。

中信出版集团